日本語教育入門

遠藤織枝・鄭起永 編

執筆
日本：櫻井　隆
多仁安代
長友和彦
谷部弘子
山下曉美
横山杉子

韓國：羅　福順
安　貞子
小笹克行
谷　誠司
水沼一法

부산외국어대학교 출판부

『日本語教育入門』編者・執筆者

<日本側執筆者>

遠藤織枝（えんどう・おりえ）
所属：文教大学　文学部
専門：日本語教育　社会言語学
略歴：お茶の水女子大学大学院修士課程修了。東海大学留学生別科、早稲田大学語学教育研究所、東京大学留学センター、在中国日本語研修センターでの留学生、中国日本語教師に対する日本語教育を経て、現在文教大学で留学生の日本語教育と日本語教員養成コースを担当。

桜井　隆（さくらい・たかし）
所属：明海大学　外国語学部　日本語学科
専門：言語学　日本語教育学
略歴：1948年生まれ。東京都出身。東京教育大学卒業。ドイツ、南アフリカに留学。東京大学大学院博士課程（言語学専攻）単位取得退学。オランダ・ライデン大学日本学科講師、東京大学留学センター非常勤講師などを経て、1993年より現職。

多仁安代（たに・やすよ）
所属：杏林大学　別科日本語研修課程
専門：教育史
略歴：横浜うまれ。杏林大学大学院国際協力研究科博士後期課程修了。学術博士。1997年より現職。論文に「芦田恵之助と南洋庁における日本語教育について」『日本語教育』74号、「日本植民地下台湾における日本語教育について」『日本語教育』83号などがある。

長友和彦（ながとも・かずひこ）
所属：お茶の水女子大学　人文科学研究科
専門：日本語教育学　第二言語習得論
略歴：1946年、宮城県生まれ。ハワイ大学大学院英語学科、南カリフォルニア大学大学院言語学科修了。1991より現職。著書に『Do-It-Yourself-Japanese:Through　Comics』『Talk Japanese Gambatte!』（講談社インターナショナル）等。

谷部弘子（やべ・ひろこ）
所属：東京学芸大学　教育学部
専門：日本語教育
略歴：筑波大学大学院地域研究科修士課程修了。1980年8月より83年7月まで国際交流基金の派遣により、在中国日本語研修センター日本語講師。筑波大学留学生教育センター非常勤講師、国際交流基金日本語国際センター日本語教育専門員を経て、現在に至る。

山下暁美（やました・あけみ）
所属：明海大学　外国語学部　日本語学科
専門：日本語教育
略歴：1988年、聖心女子大学大学院修士課程国語国文学専攻課程修了。国立メキシコ自治大学留学。著書に、「やりなおす日本語一試案（日系ブラジル人を中心に）」、『講座日本語教育第28分冊』（早稲田大学日本語研究教育センター）、「中南米の日本語教育の歴史」『講座日本語教育第26分冊』（同）

横山杉子（よこやま・すぎこ）
所属：東京大学大学院　工学系土木工学科専攻日本語教室
専門：日本語教育
略歴：国際基督教大学教養学部卒業。テンプル大学ジャパンTESOL修士課程修了。

＜韓国側執筆者＞

羅福順（な・ぼくすん）
所属：釜山外国語大学　日本語学部
専門：日本語教育　対照言語学
略歴：明海大学大学院応用言語学研究科博士後期課程修了。応用言語学博士。2003年より釜山外国語大学日本語学部非常勤講師。「会話における発話末の日韓対照研究」（博士論文）

安貞子（あん・じょんじゃ）
所属：釜山外国語大学　日本語学部
専門：日本語教育学
略歴：釜山外国語大学大学院博士課程修了。文学博士。2002年より釜山外国語大学日本語学部非常勤講師。「韓国人日本語学習者の学習ストラテジーに関する研究」（博士論文）

鄭起永（じょん・きよん）
所属：釜山外国語大学　日本語学部
専門：日本語教育学
略歴：東海大学大学院文学研究科修士・博士課程修了。文学博士。陸軍大学翻訳室、釜山外国語大学日本語科専任講師、助教授、東京学芸大学教育学部客員研究員、副教授を経て、現在、釜山外国語大学日本語学部教授。韓国日本学会常任理事。韓国マルチメディア言語教育学会理事。go!go!日本語学習サイト(http://gogojp.com)代表。著書に、『マルチメディアと日本語教育−その理論的背景と教材評価−』（凡人社）、『NEW NETWORK1,2,3』『インターネット時事日本語』（共著、時事日本語社）、『高等学校教育課程解説上・下』（共著、教育人的資源部）等

小笹克行（おざさ・かつゆき）
所属：東西大学　外国語学部　日本語科
専門：日本語教育学
略歴：1969年生まれ。広島県出身。同志社大学卒業。南山大学大学院外国語学研究科日本語教育専攻修士課程修了。現在東西大学外国語学部日本語科助教授兼同大学日本センター事務局長。著書に、『NEW NETWORK1,2,3』（共著、時事日本語社）。

谷　誠司（たに・せいじ）
所属：高麗大学　国際語学院
専門：日本語教育学
略歴：英国Stirling大学大学院 MSc in TESOL修了。韓国同徳女子大学大学院日語日文学科博士課程単位取得。韓国金剛大学通訳学部などを経て、2005年より現職。

水沼一法（みずぬま・かずのり）
所属：釜山外国語大学　通訳・翻訳大学院
専門：日本語教育学
略歴：東海大学大学院文学研究科修士修了。浦項総合製鉄株式会社人材開発院、昌信大学日本語科、東西大学日本語科を経て、2004年より現職。著書に、『NETWORK日本語』『NEW NETWORK1,2,3』（共著、時事日本語社）。

머리말

일본 국제교류기금의 2003년 조사에 의하면 일본국내외에서 일본어를 배우고 있는 학습자수는 약 248만 명에 이르는 것으로 나타났다. 일본어 학습자 수가 급증하기 시작한 1980년대부터 일본 국내에서는 일본어교육에 관한 연구 및 교재 개발이 활발히 이루어져 왔고 이제 일본어교육은 일본어교육학이라는 하나의 학문으로서 자리매김되고 있다.

일본국외의 학습자수로서는 세계 1위를 차지하고 있는 한국에서는 최근 일본어교육과 관련된 연구가 활발히 이루어지고 있다. 그러나 이러한 연구들은 일본과 일본어자체에 대한 연구 및 교재 개발이 그 대부분을 차지하고 있어 일본어교육에 관한 전반적인 지침서 역할을 할 수 있는 입문서는 매우 부족한 실정이다.

본서는 일본어교육에서 다루어야하는 전체적인 내용을 망라한 입문서로서『概説日本語教育』이라는 제명으로 일본 三修社에서 간행된 원서를 근간으로 한 편역저서이다. 원본 번역은 원안에 충실하는 것을 원칙으로 하였으나 독자의 이해를 돕기 위한 내용의 추가, 예문이나 주석을 다는 등의 가필을 행하였다. 특히 원본이 한국인 독자만을 상정하여 쓰여진 것은 아니므로 한국의 일본어교육 현장에서 필요하다고 판단되는 곳에는 한국적인 내용을 추가하여 일본어교육 현장에서 도움이 될 수 있도록 새롭게 편찬하였다.

그리고 원본은 각 분야의 일본어교육 전문가를 집필진으로 하여 총 9장으로 이루어져 있으나 본서는 한국 일본어교육 현장의 집필진이 쓴 4장이 추가되어 총 13장으로 이루어져있다.

그 내용은 크게 두 영역으로 나눌 수 있는데, 교수법과 교육내용에 대한 지도법, 교과서 분석 방법, 코스디자인, 수업지도안 작성, 컴퓨터를 활용한 일본어교육, 평가 등 일본어 교수와 직접 관련되는 실제적인 영역과 일본어교육의 역사, 교육과정, 언어학, 음성학, 제2언어습득이론, 이문화이해 등 실제적인 일본어교육의 배경이 되는 영역으로 이루어져 있다.

그리고 부록으로 한국의 제7차 일본어 교육과정 해설과 일본어교사 임용시험 기출문제를 실어 임용시험을 위한 준비에 도움이 될 수 있도록 하였다.

본서는 일본어교육의 입문 교재로서 2년여에 걸쳐 부산외대 일본어학부의 전공과목인 「일본어교육입문」과 교육대학원 「일어과교육론」의 강의 주교재로 사용하면서 수정·보완한 것으로, 한 학기동안 대학이나 대학원에서 교재로 사용할 수 있도록 일본어교육에 대한 전반적인 분야를 망라하여 다루고 있는 것이 특징이다.

따라서 일본어를 전공하는 학부생과 대학원생이 일본어교육에서 필요한 지식을 얻음과 동시에 학습자가 아닌 교수자의 입장에서 일본어교육의 내용과 방법에 관하여 같이 생각하고 토론해 볼 수 있는 기회를 마련함으로써 일본어교육의 흐름을 파악하게 하여 교육의 현장에 섰을 때 도움이 될 것을 목적으로 하였다.

현재 일본어교육의 교수자이거나 앞으로 일본어교육 현장에 서겠다는 꿈을 가진 학생들이 이 입문서를 발판으로 일본어교육의 더욱 세부적인 분야로 지식을 넓혀나가면서 훌륭한 교수자가 되는 데에 다소나마 도움이 되었으면 하는 바램이다.

앞으로도 계속적인 수정과 보완 작업을 통하여 잘 다듬어진 참신한 입문서의 모습으로 개편해 나갈 계획이다. 이 강의를 받는 학생들 뿐만 아니라 현재 일본어교육 현장에 있는 선생님, 일본어교육에 관심을 가진 분들의 많은 질정을 부탁드린다.

마지막으로 본서는 앞서 언급한 수업에서 얻은 학생들의 코멘트, 비판, 대안제시에 힘입어 이전의 강의교재보다 좀 더 발전된 모습으로 출판되게 되었음을 밝혀둔다. 수업에 적극적으로 참여해 준 부산외국어대학교 학부생과 대학원생들에게 이 자리를 빌어 감사의 말씀을 전하고, 편집에 많은 도움을 주신 부산외국어대학교 출판부 조 성자 선생님께도 감사의 말씀을 드린다.

2005년 8월

한국 집필진 일동

차례

제9장 수업지도안 작성과 수업의 실제

제10장 일본어 교육과 평가

제11장 이문화 이해와 일본사정

제12장 제2언어로서의 일본어 습득연구 265

제1장 세계의 일본어 교육 현황

세계의 일본어 교육

日本語教育の多様化ということがいわれて久しい。日本国内で、あるいは海外で実にさまざまな人が日本語を学んでいる。日本語を教えると一口にいっても、学習者の目的や国籍、レベルなどによって、教える内容や方法もさまざまである。本章では、どのような人々が、どこで、どのような形で日本語を学び、教えているのか、また、現在の日本語教育がどのような問題をかかえているのかを概観してみよう。

일본의 인구는 약 일억이천칠백만 명으로 그 대부분이 일본어를 모어로 생활하고 있다. 사용 인구수로 보면 세계의 언어 중에서 제 9위를 차지하고 있으며 일본의 경제력을 배경으로 일본어 학습자 수는 계속 증가하고 있는 추세이다.[1)]

이 장에서는 1990년 이후의 일본 국내외의 학습자 수와 교육기관 그리고 교사 수 등 전체적인 일본어 교육 현황을 살펴보기로 한다. 특히 한국의 일본어 교육 현황에서는 학습자 수와 교육기관, 교사 수의 현황과 함께 한국 일본어 교육의 문제점과 과제를 알아보기로 한다.

---

1) 2004년 1월 미국의 LA타임스가 언어 전문가들과 관련 기관들의 광범위한 자료를 토대로 발표한 '세계 언어 사용 분포'에 따르면, 전 세계에서 중국 북경어를 제1언어로 사용하는 사람이 7억 2600만 명으로 가장 많고 이어서△영어(4억2,700만명) △스페인어(2억6,600만명) △힌디어(1억8,200만명) △아랍어(1억8,100만명) △포르투갈어(1억6,500만명) △방글라데시어(벵갈어·1억6,200만명) △러시아어(1억5,800만명) △일본어(1억2,400만명) △독일어(1억2,100만명)의 순으로 사용자가 많다고 한다.

제1절 일본 국내의 일본어 교육 현황

1.1 학습자 · 교사 · 교육기관의 현황

일본 법무성의 조사에 의하면 1990년에는 외국인등록자 수가 처음으로 100만 명을 넘어섰으며 2003년 현재 일본에 살고 있는 외국인의 총 수는 1,915,030명에 이르렀다고 한다. 국적별로 보면 한국인이 압도적인 다수를 차지하고 있으나 80년대 후반부터 늘기 시작한 중국인, 필리핀인, 브라질인 등의 영향으로 등록자의 국적이 다양해지면서 일본 국내의 일본어 교육에서도 변화가 일기 시작했다. 물론 일본에서 살고 있는 외국인 모두가 일본어 교육을 필요로 하는 것은 아니지만 이러한 새로운 형태의 입국자의 존재가 일본어 교육이 다양화되는 배경을 이루게 한 것은 사실이다.

일본 문화청(文化庁)의 조사에 따르면 2003년 현재 일본 국내의 일본어 학습자 수는 135,146명으로 과거 최고를 기록하고 있다.

다음 <그림1> 은 일본 국내의 일본어 교육 현황의 추이를 학습자 수, 교사 수, 교육실시 기관 및 시설별로 나타낸 것이다.

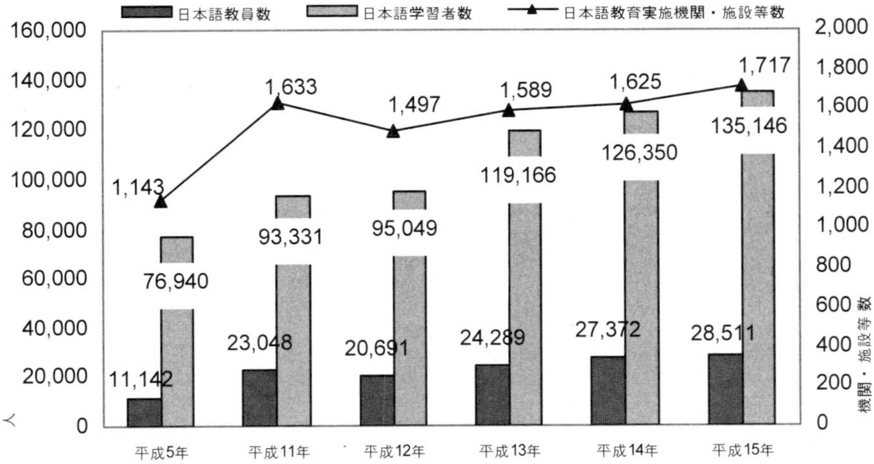

	平成5年	平成11年	平成12年	平成13年	平成14年	平成15年
日本語教育実施機関・施設等数	1, 143	1, 633	1, 497	1, 589	1, 625	1, 717
日本語教員数	11, 142	23, 048	20, 691	24, 289	27, 372	28, 511
日本語学習者数	76, 940	93, 331	95, 049	119, 166	126, 350	135, 146

<그림1> 일본국내의 일본어 교육 현황의 추이

출전 : 文化庁『日本国内の日本語教育の概要』

위의 그림에서 보면 일본 국내에는 1,717개의 일본어 교육 기관 및 시설이 있으며 일본어 교원 수는 28,511명이다. 그리고 일본어 학습자 수는 135,146명인데 지난 10년간의 추이를 보면 기관 및 시설 수는 1.5배, 교원 수는 2.6배, 학습자수는 1.8배로 증가한 것을 알 수 있다.

일본어 교육 실시기관 및 시설별 학습자수의 내역을 보면 일반시설이나 단체에서 일본어를 배우는 학습자가 71.3%(96,436명)를 차지하고 있으며, 다음으로 대학이 25.8%(34,880명), 단기대학이 2.0%(2,660명), 대학원이 0.7%(936명), 고등전문학교가 0.2%(234명)를 차지하고 있다.

이렇게 일본어학습자가 계속 늘고 있는 한편 일본어를 가르치는 사람이나 가르쳐보고 싶다는 사람들도 계속 증가하고 있는 추세이다. 직업으로서의 일본어교사를 생각하는 경우에 우선 문제가 되는 것이 그 전문성일 것이다.

「일본어 교육」이 학문 분야의 한 영역으로서 인정받게 된 것도 최근의 일이다. 일본 국내의 일본어학습자가 급증하고 그 교육체제가 문제가 되기 시작한 70년대 후반에 들어서 일본어교사의 질적 향상이 요구되었다.

1985년에는 민간교사 양성코스, 대학에서의 일본어 교육 전공・부전공에 상당하는 교과과목과 수업시간 등 일본어 교원양성을 위한 표준적인 교육 내용이 제시되었다.

1987년에는 「일본어 교육능력검정시험」이 실시되었고, 매년 6,000명 전후의 일본어교사와 일본어교사 지망자가 수험에 응시하고 그 중 약 20%가 합격하고 있다.

문화청의 조사에 따르면 2003년 현재 일본어교사양성 실시기관 및 시설수는 대학・대학원이 193군데, 단기대학이 17군데, 일반시설이나 단체가 184군데로 전체실시기관은 394곳으로 나타났다.

그리고 2003년 현재 일본어 교육기관에서 일하는 일본어교사는 약 28,511명으로 1993년의 11,000명과 비교하면 약 2.6배가 증가하였다. 또한 직무별로 보면 봉사단체에서 근무하는 교원이 14,464명으로 전체의 50%를 차지하고 있으며 그다음으로 비전임 및 겸임교원이 9,799명으로 34.4%, 전임으로 일자리를 가지고 있는 사람이 4,248명으로 전체의 14.9%를 차지하고 있다. 아직 일본어교사의 수요는 있다고 볼 수 있지만 현실적으로 지위를 찾으려 한다면 상당히 어렵다.

특히 전체의 약 70%를 차지하는 여성은 약 80%가 비상근직에 있다. 직장으로서는 불안정한 요소가 많고 대학의 일본어교원 양성과정을 수료해도 졸업 후 바로 국내 일본어 교육기관에서 전임직을 갖기는 어려운 실정이다.

이 외에도 여러 방면에서 일본어를 가르치고 있는 사람들이 있다. 재일외국인을 대상으로 실시한 조사(회답자 1,800명)를 보면, 공공기관과 민간 일본어학교에서 배우는 사람들 이상으로「재택지도(개인지도)」「현재의 직장」「일본어교실이나 써클(市, 町, 村 등의 자원봉사자단체에 의한 것)」등 학교기관 이외의 곳에서 배우는 사람이 많았다. 현재의 교사는 누구인가라는 질문에 대해서도「일본어 교육교사, 일본어 교육의 전문가」에 이어「친구, 아는 사람」「직장동료」등이 각 20%정도를 차지하고 있다. 동경도내에만도 区市町村(시・군・읍・면・동)이나 자원봉사 단체에 의한 일본어교실이 많이 있으며「수시접수, 자녀동반가능, 맨투맨지도」와 같은 기존의 일본어학교에서는 좀처럼 하기 어려웠던 유연한 자세로 대응하고 있다.

일본어학습자의 형태가 다양해짐에 따라 외국인과 접하는 여러 사람들이 일본어 교육의 일익을 담당하여 저변을 넓히고 또 그러한 사람들의 도움을 받지 않으면 대응할 수 없는 것이 현실이다.

1.2 학습자별 일본어 학습 목적

일본 국내의 일본어학습자는 학습 목적에 따라 크게 네 부류로 나눌 수 있다. 먼저 유학생・취학생 등 대학 교육을 전제로 하는 사람이 전체 학습자 수의 약 절반을 차지하고 있는데, 21세기 초에 유학생 10만 명을 받아들일 것을 목표로 하는 이른바「유학생 10만 명 수용구상」이 1984년에 제시된 이 후 성장률이 매우 두드러졌다.

현재 유학생의 90% 이상이 아시아지역 출신이며 80% 이상이 사비유학생이다. 그 대부분은「취학생」이라는 신분으로 일본에 들어와서 민간 일본어학교에서 1~2년 정도 일본어를 배워 입학시험을 치른 후에 대학이나 전문학교 등에 들어가게 된다. 유학생의 경우 각자의 전문 분야에서 연구 성과를 올리는 것이 제일 큰 목적일 것이다.

일본의 대학교육이 기본적으로 일본어로 이루어지고 있는 이상, 한정된 유학 기간 안에 학습 성과를 올리기 위해서는 일본에 오기 전에 어느 정도의 일본어 능력을 길러 두는 것이 바람직하다. 그러나 실제로는 일본어로 강의를 받고 전문서적을 읽어내며 논문이나 구두 발표를 할 수 있을 정도의 일본어 능력을 갖추고 일본에 오는 사람은 그리 많지 않다. 그러므로 각 대학기관에서는 학부 유학생에 대한 일본어와 일본사정 교육 이외에 유학생 센터나 유학생 별과 등에서의 일본어 예비교육, 그리고 연구생이나 대학원생에 대한 보충교육을 실시해서 대처하고 있다.

다음으로 기술 연수를 전제로 일본어를 배우는 사람들이 있는데 기술 연수생은 산업기술 습득이 목적이므로 일본에 와서 일본어를 배우기 시작한 지 3개월~6개월 정도가 지나면 기술 연수 현장에 나가게 된다. 일본어 학습의 첫 번째 목적이 직장내에서의 의사소통이므로 연수 현장에서 필요한 일본어를 단기간 내에 습득하지 않으면 안 된다. 직장에서의 긴급지시에 대응하거나 안전을 확보하기 위해서는 대학교육을 전제로 하는 학습자의 경우와는 당연히 학습내용이 달라져야 한다.

기술연수를 위한 일본어 교육은 지금까지 통산성(한국의 산업자원부에 해당) 소관인 「해외기술자연수협회」나 외무성(한국의 외교통상부에 해당) 소관인 「국제협력사업단」등 공기관이나 대기업 내의 일본어연수가 대부분이었지만 「기능실습제도」의 발족과 함께 최근에는 중소기업에서도 기능 연수생을 받아들일 수 있게 되어 다양한 곳에서 연수가 이루어지고 있다.

그리고 비즈니스맨, 어학교사, 외교관, 저널리스트, 변호사, 선교사, 예술이나 예능・흥행 관계자 등 여러 직종에 종사하는 사람들이 일본어를 배우고 있다. 이런 사람들은 일본어학습 그 자체를 목적으로 하는 사람은 오히려 소수파이며 대부분은 어떠한 학습 동기가 있어서 그 목적을 달성하기 위한 수단으로서 일본어를 배우고 있다.

그 외에 비즈니스 관련 업무를 위해 일본에 체재 중인 부모를 따라온 외국인 자녀나 1972년의 일・중 국교 회복을 기화로 귀국하게 된 중국의 귀국자 및 그 자녀들에 대한 교육은 문부과학성과 각 지방자치 단체의 협력으로 이루어지고 있다.

특히 1960년대 후반부터 사회적인 문제로 연구되어온 「귀국자녀교육」분야에서는 처음에는 외국에서 익힌 습관과 가치관을 없애려는 동화(同化)교육의 측면이 강했지만 80년대에 들어서면서 이문화이해의 관점에서 주위의 교사와 아동들에게 의식 개선을 바라는 이념이 확립되어 현재는 「일본으로의 적응, 특성신장, 상호계발」을 목표로 교재의 정비와 지도법이 많이 연구되고 있다.

다음은 일본어 학습자의 학습목적 및 일본어 교육 기관과 시설을 나타낸 것이다.

<표1> 학습 목적별 학습자와 주요 일본어 교육 시설

학습목적	학습자	교육기관 및 시설
대학(대학원) 진학	취학생	민간의 일본어 학교(각종학교, 전수학교) : (재)일본어 교육진흥협회
	유학생	고등전문학교, 대학, 대학원, (재)국제학우회 : 문부성 학술국제국교육문화교류실 등 : (재)일본국제교육진흥협회 (일본어능력검정시험실시)
기술연수	정부차원의 기술연수생	국제협력사업단(외무성)
	민간차원의 기술연수생	(재)해외기술자 연수협회(통산성) (재)오이스카 산업개발 협력단
	개발기업의 연수생	(재)국제연수협력기구가 인정하는 단체, 또는 개별기관
기타	외국인 자녀	초·중·고 및 인터내셔널 스쿨
	비즈니스맨	민간의 일본어 학교, 일본무역 진흥회 (기업내 연수) 등
	외교관	국제교류기금 일본어 국제센터 미국국무성 일본어 연수소
	인도네시아 난민	국제구원센터 : (재)아시아 복지교육재단
	중국귀국자 및 그 가족	귀국고아 정착 촉진센터 : (재)중국잔류고아 원호기금

제2절 일본 국외의 일본어 교육 현황

2.1 국외의 학습자 · 교사 · 교육기관의 현황

국제교류기금 일본어센터의 2003년 조사에 의하면 해외 각 기관에서 일본어를 배우고 있는 사람들은 약 235만 명(127개국) 정도라고 한다.

먼저 학습자 수(2,356,745명)를 국적별로 살펴보면 한국, 중국, 호주, 미국, 대만, 인도네시아, 타이, 뉴질랜드, 캐나다, 브라질 순인데 학습자수 제 1위인 한국은 약 89만 명으로 약 37.9%를 차지하고 있다. 제2위인 중국과 제3위인 호주의 학습자를 더하면 세계의 일본어학습자수의 약 70%를 차지하고 있다.

다음 <그림2>는 일본 국외에서 일본어를 학습하고 있는 학습자의 국적별 구성을 나타낸 것이다. 1998년의 조사와 비교하면 106개국에서 학습자가 증가했고 25개국에서 감소한 것으로 나타났다.

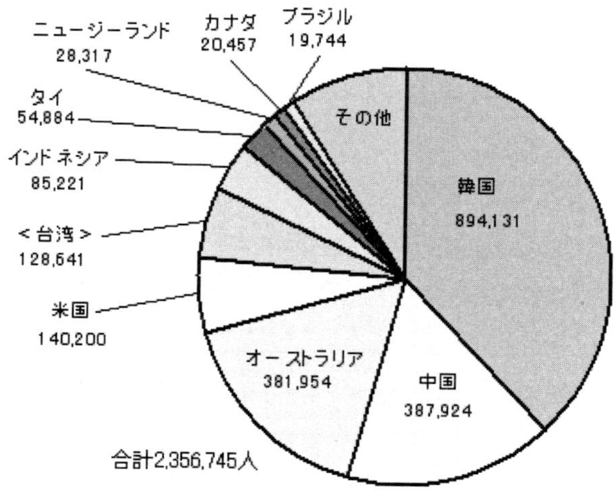

<그림2> 일본국외 학습자의 국적별구성

출전 : 국제교류기금 일본어센터『海外における日本語教育』2003년 조사

다음으로 세계의 여러 기관에서 일본어를 가르치고 있는 교사 수를 보면, 2003년 현재 약 33,124명인데 일본어교사 한사람이 맡고 있는 학습자 수는 초·중등교육기관에서 130명, 고등교육기관에서 47명, 학교 이외의 기관에서 30명으로 초등·중등교육기관에서는 한 명의 교사가 많은 학습자를 담당해야 하는 부담을 안고 있다.

즉, 고등교육기관에서는 질 높은 스태프를 갖추고 있는 나라일지라도 초·중등교육기관에서는 학습자의 증가만큼 교사의 공급이 좇아가지 못하는 실정이 계속되고 있다.

또한 지역을 불문하고 교사의 대우가 좋지 않기 때문에 우수한 학생이 교육현장에 남고 싶어 하지 않는 공통된 고민을 안고 있다. 앞으로 학습자의 양적 확대에서 질적 향상으로의 전환을 꾀하기 위해서는 우선 직업교사의 연수의 장을 넓히는 것이 제일 중요할 것이다. 국제교류기금 일본어국제센터에서는 1989년 개설 이래 해외의 일본어교사를 초대해서 장단기의 연수를 실시하고 있다. 경험이 적은 교사 중에는 교수법이나 교재연구 이전에 기초적인 일본어능력 향상이 필요한 사람도 적지 않다. 학습자와 모국어를 공유하고 자신도 일본어학습의 체험을 가진다는 외국인 일본어교사의 이점을 살린 교사연수가 이후로도 더 규모가 확대되어 충실하게 이루어져야 할 것이다.

다음 <그림3>은 일본어 교육 기관 수와 교사 수 및 학습자 수를 지역별로 나타낸 것이다.

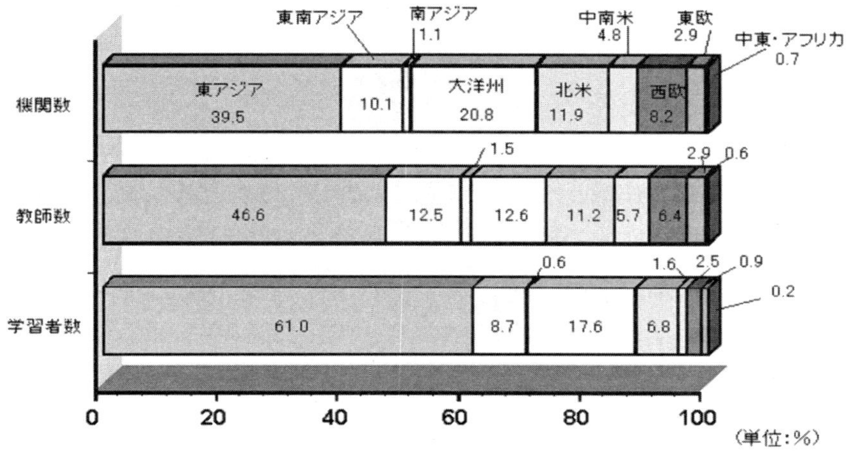

<그림3> 일본국외의 일본어 교육 기관수·교사수· 학습자수의 지역별 비율

출전 : 국제교류기금 일본어센터『海外における日本語教育』 2003년 조사

이 조사에서 특히 눈에 띄는 것은 학습자의 지역별 비율을 보면 전체의 약 60%가 동아시아의 학습자이며 일본어 교육에 종사하는 교사 수의 약 50% 정도가 이 지역에 집중되어 있다는 점이다.

그리고 일본어 교육 기관을 초등・중등교육 기관, 고등교육 기관(대학, 대학원, 전문대 등)과 학교교육 이외의 기관(학원, 대학의 공개강좌, 평생교육원, 조직내 교육 등)으로 나누어 학습자 수를 살펴보면, 초등・중등교육기관의 학습자가 약 65%, 고등교육기관의 학습자수가 약 23%, 학교교육이외의 기관의 학습자가 약12%를 차지하고 있다고 한다.

다음 표와 그림은 일본 국외의 일본어 교육 기관 수, 교사 수, 학습자 수의 추이를 나타낸 것이다.

<표2> 일본 국외의 일본어 교육 기관 수・교사 수・학습자 수

기관수	12,222기관
교사수	33,124명
학습자수	2,356,745명

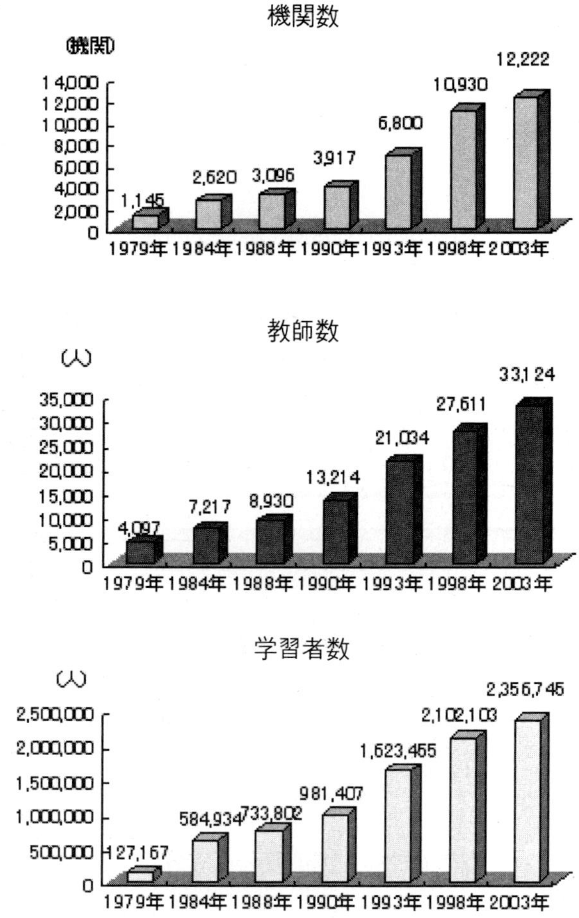

<그림4> 일본 국외의 일본어 교육 기관수 · 교사 수 · 학습자 수의 추이

출전 : 국제교류기금 일본어센터 『海外における日本語教育』 2003년 조사

국제교류기금의 조사가 시작된 1979년부터 2003년까지의 추이를 보면 기관 수는 10.7배, 교사 수는 8.1배, 학습자 수는 18.5배로 늘어난 것을 알 수 있다.

2.2 학습자별 일본어 학습 목적

다음으로 일본어 학습자의 학습 목적을 알아보자. 일본어 학습의 주요 목적은 나라에 따라서 혹은 교육단계에 따라 다르게 나타난다. 다음 그림은 교육 단계별 일본어 학습의 목적을 나타낸 것이다.

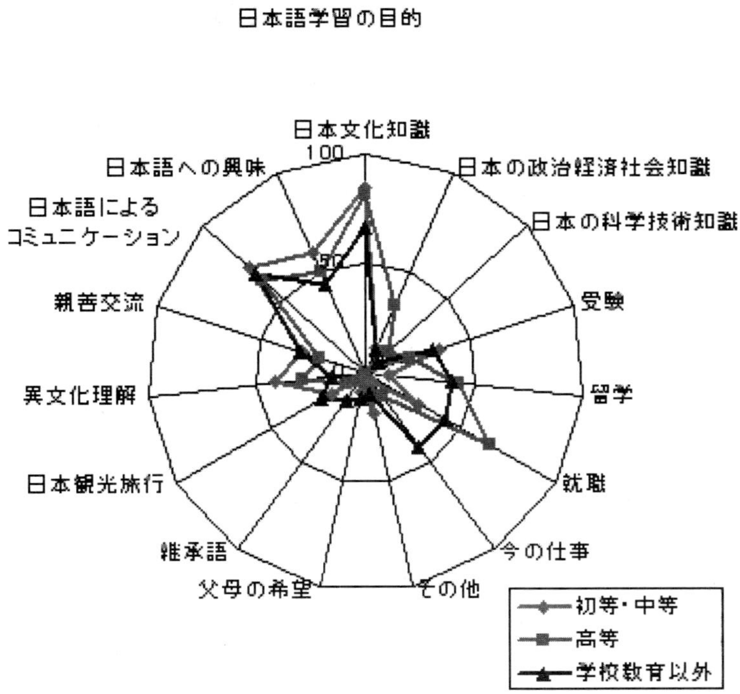

<그림5> 교육 단계별 일본어 학습의 목적

출전 : 국제교류기금 일본어센터『海外における日本語教育』2003년 조사

국제교류기금의 조사에 의하면 초등이나 중등교육기관에서 일본어를 배우는 학습자들의 일본어학습의 주목적은 이문화 이해나 수험준비를 위해서, 고등교육기관에서의 학습자들은 유학이나 장래의 취업을 위해서, 그리고 학교교육이외의 기관에서의 학습자들은 업무상 필요, 유학, 수험준비를 위해서라고 대답한 비율이 높았다고 한다.

그러나 교육단계에 상관없이 일본문화에 관한 지식을 얻고 싶다, 일본어를 사용한 커뮤니케이션을 하고 싶다, 일본어라는 언어에 대한 흥미가 있다라는 점이 주요 학습목적인 것으로 조사되었다.

제3절 한국의 일본어 교육 현황

한국에서의 일본어 교육은 학교 교육과 학교 이외의 교육으로 나눌 수 있는데 학습자 수와 기관 수, 교사 수 등의 현황과 그 교육상의 문제점을 중심으로 살펴보자.

3.1 한국에서의 일본어 학습자 · 교사 · 교육기관의 현황

국제교류기금 일본어 국제 센터의 2003년 조사에 의하면 한국에서는 3,333의 교육기관에서 894,131명의 학습자가 일본어 교육을 받고 있으며 교사 수는 6,231명인 것으로 나타났다.

학교 교육기관은 고등학교와 대학교가 중심을 이루고 있으나 최근에는 초등학교와 중학교에서도 학급활동으로서 일본어 교육을 실시하고 있는 학교가 늘어나고 있는데 특히 중학교에서는 2001년부터 제2외국어 선택과목으로서 정규 교육과정에 일본어가 포함되었다. 초·중등학교의 일본어 교육은 2003년 현재 2,527의 교육기관에서 780,573명의 학습자가 있으며 대학교육 기관 수는 269이며 학습자 수는 83,514명으로 나타났다.

또한 학교교육 이외에 일본어 교육을 실시하고 있는 기관수는 537이며 학습자수는 30,044명으로 나타났다. 여기에서 학교 이외의 교육기관이란 민간일본어학교, 기업체부속연수원, 대학부속연수원, 문화센터, 일본문화원, 재한 일본대사관, 재한 일본영사관 등을 말한다. 다음은 한국의 일본어학습자 수, 기관 수, 교사 수를 정리하여 도표로 나타낸 것이다.

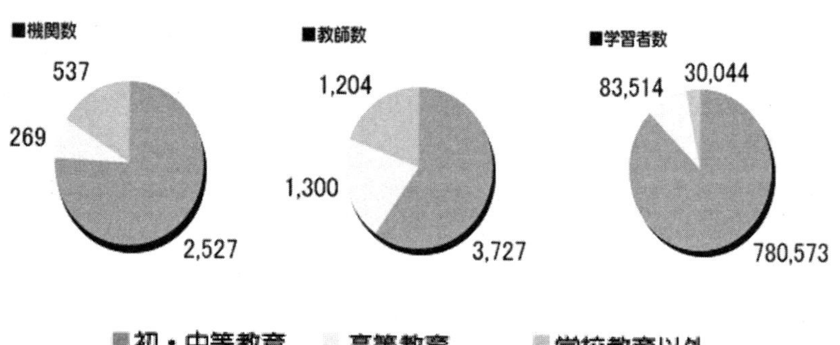

<그림6> 한국의 일본어 교육 기관수 · 교사수 · 학습자수
출전 : 국제교류기금 「海外(韓国) 日本語教育機関」2003년 조사

3.2 한국 일본어 교육의 문제점과 과제

3.2.1 문제의 소재

한국에서의 일본어 교육은 학교 교육 뿐만 아니라 학교 이외의 교육에서도 다양화되고 있으나 교육 내용 면에서는 적절한 교재의 부족, 일본 사회 문화에 관한 정보 부족, 교육 시설 및 설비부족, 교사 수의 부족 등의 많은 문제를 안고 있다. 이러한 문제는 정부차원에서의 일본어 교육정책의 부재와 전문가의 부재에 그 원인이 있다고 보여 진다.

그 결과 각 교육기관에서는 교육 목적 및 목표 제시와 학습동기 부여가 부족하기도 하고 교육과정을 결정할 때에도 학습자의 학습단계와 학습능률이 반영되지 못하고 교사중심으로 편성되어지는 경우가 많았다. 현재 한국의 대학 교원은 「외국어로서 일본어 교육」이 아직 성립되기 전에 일본의 국문과에 유학해서 배운 사람이 많고 그 전공은 일본문학 혹은 일본어학이기 때문에 일본어 교육목적과 방법을 어떤 식으로 해야 하는가 하는 실제교육에 관해서는 경시 해왔던 것이 사실이다.

따라서 이러한 연구와 교육의 불균형에서 오는 문제는 한국의 대학교 교육현장에 있는 사람에게는 이중 부담이 되고, 그에 따라 학습자는 효과적인 지도를 받을 수 없는 현상을 낳았다. 최근 연구자의 연구영역이 일본어 교육학과 일본지역학의 다양화가 계속되고 있으나 연구결과가 교육에 직접 반영되지 않는 한 이러한 문제는 당분간 계속될 것으로 생각된다.

고등학교 교사의 경우도 이와 같은 대학 교원에게 교육을 받고 있기 때문에 실제 교육에 필요한 교수법과 지도법, 교실활동 등이 익숙해져 있다고 말하기 어렵다. 또 일본인교사의 경우도 개인적인 능력과 노력으로 훌륭한 교사가 된 사람도 적지 않지만 일본어 교육의 이념과 방법론을 완전히 습득했다고는 말하기 어렵다.

그리고 한국의 교육현장에서 활동하고 있는 일본인 교사의 경우, 최근에는 일본어 교육을 전공한 전공자가 증가하고는 있으나 교육상의 경험이나 노하우가 쌓이기 전에 현실문제로 귀국해버리는 교사가 많은 실정이다. 교육의 질적 개선을 위해서도 그들이 한국의 교육 현장에서 노하우를 축척시켜 교육현장에서 활용할 수 있는 기반 마련의 필요성이 절실하다 하겠다.

3.2.2 금후의 과제

한국에서의 일본어 교육은 학습자 수의 증가와 학습자 층의 다양화에 교육 내용이 따라가지 못하는 실정이므로 많은 과제를 남기고 있다.

우선 학습자를 위해서는 한국인의 일본어학습자의 학습패턴을 조사하고 인지・정의・사회적인 습득이론의 연구를 통해 더 효율적인 일본어학습법을 제시할 필요가 있다.

또 교수법 측면에서도 한 학급당 학습자수가 많은 한국의 교실환경을 고려한 새로운 교수법의 개발과 적합한 지도법의 개발도 필요하다. 구체적으로는 악센트와 발음을 고려한 독해지도법, 한국인 학습자가 틀리기 쉬운 문법을 중심으로 한 작문지도법 연구, 그리고 회화지도법, 청해 지도법, 모국어 간섭의 영향으로 인한 표현상의 오류를 중심으로 한 문법지도법 등의 언어기능별 지도법 연구도 필요하다. 그 외에도 평가문제와 일본어와 한국어의 대조연구, 한국에서 이루어지고 있는 일본어 교육의 제반 문제연구 등이 필요 할 것이다.

언어의 배경을 이루고 있는 일본문화, 역사, 문학, 일본사정 교육과 이문화간의 커뮤니케이션, 비언어행동 등에 관한 연구도 필요하며 그 결과를 교육현장에서 어떻게 활용할 것인가에 대한 과제가 남아 있다.

또한 실제 현지 체험의 기회가 적은 학습자를 위해서는 한국에서 일본 관련의「인적 자원(리소스)」「물적 자원(리소스)」「사회적 자원(리소스)」 및 컴퓨터통신과 인터넷을 활용한「정보서비스 자원(리소스)」등의 리소스 조사와 활용방법에 관한 연구도 이루어져야 할 것이다.[2)]

물적 리소스의 하나인 일본어교재 문제는 매우 심각하다. 현재 한국의 고등학교와 대학교, 그리고 민간학교 등에서 사용하고 있는 교재는 학습자의 수준이나 목적에 맞는 교재가 부족하고 일본국내에서 유학생이나 취학생을 위해 만든 교재를 그대로 가져와서 사용하거나, 복수교재 일부를 편집해서 만든 교재가 많은 점도 문제이다. 앞으로는 교재작성 시에 한국적 일본어 교육에 부합되는 교재작성을 위한 기준의 설정과 교육목적과 교육기관에 맞는 교재개발이 필요하며 한국과 일본의 전문가에 의한 공동연구도 필요하다.

그 외에 교실활동에 필요한 교구의 연구, 오디오・비디오・컴퓨터 등의 교육기기의 활용 방안에 관한 교육공학적인 연구도 요구된다. 특히 컴퓨터는 기존의 교육매체를 통합한 형태로 교육내용을 제공 할 뿐만 아니라 나아가 일본어학습용 소프트웨어의 활용, 워드프로세서나 인터넷, 전자메일 등을 통한 일본어 교육에서의 활용 가능성이 큰 매체이므로 적극적인 활용이 필요하다.

---

2) 리소스란 어떤 것의 소재나 재료가 되는 것을 말하는데 어떤 것의 출처라는 의미도 갖고 있다. 학습리소스란 학습활동에 도움에 되는 환경이라 할 수 있는데, 교사는 중요한 인적 리소스 중의 하나이다. 물적 리소스로서는 교재, 서적, 신문, 잡지 등을 들 수 있고, 사회적리소스로서는 각종 연구회, 학회, 세미나 등을 들 수 있다. 또한, 정보서비스 리소스로서는 멀티미디어 시설 등을 들 수 있다.

앞으로는 일본에서 발신되는 일본어 교육 내용과 방법에 의존하지 않고 한국의 일본어 교육 사정에 맞는 독자적인 교육내용과 방법을 개발하여 한국에서 세계를 향하여 정보를 발신하면서 세계 각국의 일본어 교육과 상호교류를 해 나갈 필요가 있다.

(谷部弘子・鄭起永)

과제1

일본국내에서 일본어학습자가 증가한 가장 큰 원인은 무엇이며 학습목적별 교육기관을 조사하여 보자.

과제2

국제교류기금 일본어센터의 조사에 의하면 일본국외에서의 일본어 학습자 수나 기관수 등이 지역별 국적별로 편중되어 있다고 한다. 그 원인을 조사하여 발표해보자.

과제3

한국의 일본어 교육에서 시급히 해결해야 할 과제는 무엇이며 그 극복방안에 대한 의견을 제시해보자.

【참고도서】

上野田鶴子編(1991)『講座日本語と日本語教育16　日本語教育の現状と課題』明治書院
[月刊社会教育]　編集部 編(1993)『日本で暮らす外国人の学習権』 国土社
国際交流基金日本語国際センター(2003)『海外の日本語教育の現状-海外日本語教育機関調査』
田中宏(1995)『在日外国人-法の壁、心の溝-新版』岩波新書170
中西晃 編(1993)『国際教育論-共生時代における教育』創文社
日本語教育学会(1994)『日本語教育の概観』
文化庁国語課(1994)『異文化理解のための日本語教育Q&A』　大蔵省印刷局
日本教育学会　編(1994)「特集 年少者のための日本語教育」『日本語教育』83号
宮地裕・甲斐睦朗 編(1992)「特集 技術者養成のための日本語」『日本語学』10月号　明治書院
宮地裕・甲斐睦朗 編(1993)「特集 日本語教師の専門性の再検討」『日本語学』3月号　明治書院
李徳奉(2001)『일본어 교육의 이론과 방법』 시사일본어사

제2장 일본어 교육의 역사

제1절 일본 국내 일본어 교육의 역사

1.1 홋카이도와 사할린
1.2 오키나와
1.3 조선과 청국에서 온 유학생
1.4 전후의 일본어 교육

제2절 일본 국외 일본어 교육의 역사

2.1 조선
2.2 제정 러시아
2.3 중국
2.4 대만
2.5 미국
2.6 영국

제3절 한국 일본어 교육의 역사

3.1 제1기 (1945~1979)
3.2 제2기 (1980~1989)
3.3 제3기 (1990~1997)
3.4 제4기 (2000~)

일본어 교육의 역사

日本語教育はその時代の日本の文化、軍事、経済と相手の国家との関係と密接に結びついている。過去をふり返るのは、現在を見つめ直し、将来を展望するためである。外国人をめぐる日本人の姿勢が問われている今こそ、かつて日本語教育がどのように行われたかを、正しく理解することが重要なのである。本章では、大きく日本国内で行われた日本語教育と国外で行われた日本語教育を概観したうえで、特に韓国の日本語教育の歴史の部分は時代別に分けて詳述する。

제1절 일본 국내 일본어 교육의 역사

1.1 홋카이도(北海道)와 사할린(樺太)

홋카이도(北海道)에서 살고 있던 아이누인에 대한 일본어 교육은 마츠마에한(松前藩)이 아이누인의 일본어 사용이나 학습을 금지했기 때문에 실시되지 않고 있었으나 막부(幕府)는 러시아의 남하정책에 대응하기 위해 아이누인을 일본으로 끌어들이는 쪽으로 방침을 바꿨다.

그 후 메이지(明治)정부는 동화주의(同化主義)정책을 취해 아이누식 이름을 일본식 이름으로 바꿔 쓰게 하였다. 1872년에는 東京의 조죠지(増上寺) 경내에 학교를 설치하여 이시카리(石狩), 삿포로(札幌)등에서 35명을 모아 입학시켰다. 교육내용은 문자읽기나 글자쓰기 등이었다. 그러나 채 1년도 지나지 않아 행방불명, 질병, 귀향 등으로 불과 5명만이 남게 되어 이 계획은 실패로 끝나고 말았다.

1905년 포츠머스에서 조인된 러일강화조약에 따라 사할린의 북위 50도 이남이 일본영토가 되었다. 원주민인 아이누와 '기리야아크', '오로촌'족(族) 사람들에게는 교육소가 개설되어 일본어에 중점을 둔 간단한 읽기 쓰기, 계산 등을 가르쳤다.

1933년에는 호적법 개정에 따라 사할린의 아이누인도 홋카이도의 아이누인과 마찬가지로 일본국적을 가지게 되어 일본인 아동과 같은 공립초등학교에서 교육을 받게 되었다. 아이누인 이외의 원주민을 위해서는 1930년 시스카(敷香)교육소가 설치되었다.

1.2 오키나와(沖縄)

일본은 1879년에 오키나와현(沖縄県)을 설치하고 류큐(琉球)의 일본 귀속을 일방적으로 결정했다. 오키나와의 종주국임을 주장하던 청(清)나라는 일본이 현(県)을 설치한 것에 대해 항의를 했으나 청일전쟁에서 일본이 승리하자 귀속이 결정되었다.

현 설치 다음 해인 1880년에는 공립초등학교가 설치되어 일본어 교육에 중점을 둔 교육이 실시되었다. 오키나와현 학무위원에 의해 편찬된 일본어교재인 『沖縄対話』는 야마토어(공통어)와 오키나와 방언이 대역형식으로 되어 있었다.

오키나와현에서는 황민화운동에 발맞추어 방언을 사용한 아동에게는 징벌로 목에 '호우겐후다(方言札)'를 다는 독특한 운동도 실시되었다.

1.3 조선과 청국에서 온 유학생

일본 국내에서 일본인에 의한 일본어 교육이 주체적으로 이루어지게 된 것은 明治이후에 일본이 유학생을 받아들이고 나서부터이다.

한일수호조약이 체결된 조선에서는 서구의 기술이나 문명을 받아들인 일본을 배우기 위해서 1881년에 2명의 유학생이 파견되었고 1883년에는 경응의숙(慶応義塾)에 61명이 입학했다.

청일전쟁 다음 해인 1896년에는 청국에서 13명의 유학생이 파견되었는데 유학지를 일본으로 선택한 것은 근대화가 진행되고 있다는 점과 한자를 사용하고 있어서 학습하기 쉽다는 등의 이유에서였다.

청국 유학생은 1905년에는 1만 명까지 증가했고 1907년에는 중국 측의 「양에서 질」로의 정책전환에 따라 문부성 직할5교에 유학생을 입학시키는 「5교특약」이 성립되었다. 내용은 중국 측이 교육비를 부담하여 매년 165명의 유학생을 15년간 관교(官立) 5교에 입학시켜 각 학교의 입학시험에 급제한 자를 관비생으로 하려는 것이다.

1908년에는 1만5천 명까지 청국유학생이 증가했지만 신해혁명이 일어나려 했던 점 등 중국 쪽의 정국이 불안하게 되자 감소하여 1911년에는 불과 2000명 내외가 되었다.

1.4 전후의 일본어 교육

제2차 세계대전 후에 GHQ(연합국최고사령부)의 점령하에 놓이게 된 일본은 GHQ내에 설치된 일본지구학과(日本地区学科)에서 일본어 교육을 담당하였고 나가누마나오에(長沼直兄)가 미국대사관에서 선발된 점령군 장교를 대상으로 교육을 했다. 1946년에 재단법인 언어문화연구소가 설립되었고 부속기관으로 1948년에는 동경일본어학교를 설치했다.

1952년에 독립국가가 된 일본은 기술연수생을 받아들이거나 국비유학생을 유치하기 시작했다. 1954년에 '국비외국인유학생유치제도'가 발족되었고 1970년부터는 동경외국어대학에 부속일본어학교가 설립되어 문과계와 이과계 유학생을 통합해서 1년간 예비교육이 이루어졌다.

사비유학생은 직접 외국에서 일본 지망대학의 선발을 거쳐 입학하는 방법과 대학부속이나 민간의 일본어 교육기관에서 예비교육을 받은 후에 지망대학의 선발을 거쳐 입학하는 방법이 있다.

문부성(현 : 문부과학성)은 1963년 대학 진학 희망자를 위한 '사비외국인유학생통일시험'을 실시하였고 1983년부터는 사비외국인유학생통일시험의 시험과목에서 일본어를 분리시킨 '외국인일본어능력시험'을 국내외에서 실시하였다. 이 통일시험은 대학입학을 희망하는 사비유학생의 일본어능력 판정 기준의 하나가 되었으나 2002년부터는 일본유학시험(EJU)이 년 2회(6월과 11월) 일본 국내외에서 실시되고 있다.

일본유학시험은 독립행정법인 일본학생지원기구(日本学生支援機構)가 외국인이 유학생으로서 일본의 대학・대학원・단기대학・전문학교에 입학을 희망하는 경우, 일본의 대학 등에서 필요로 하는 일본어능력 및 기초학력의 평가를 목적으로 시행하는 시험이다.

또한 외무성 소관의 특수법인으로 1972년에 창설된 국제교류기금에서는 해외의 일본어 교육기관에의 교사파견, 일본어 변론대회의 조성, 일본어 교재개발 등 여러 가지 활동을 하고 있다. 그리고 1989년에는 부속기관으로 사이타마현(埼玉県)의 키타우라와(北浦和)에 '일본어국제센타'가 설립되었다.

1984년 당시 나카소네(中曾根)수상은 '유학생 10만명 계획'을 내세웠다. 이 발언에 힘입어 1985년에 일본어 학습자가 증가하기 시작하여 1988년에는 급격히 증가되었다. 유학생을 많이 받아들이기 위해서는 교육 시설이나 일본어 교원의 충실이 도모되어야 했지만 이 발언이 오히려 안이한 일본어학교 붐을 일으켰다.

1985년경부터 일본어학교가 불법 취업의 방패막이가 되는 상황이 사회문제가 되어 일본어학교, 일본어교사에 대해 일정한 기준을 세울 필요성이 대두되었다. 그 대책으로 1989년에 일본어 교육진흥협회가 문부성의 관할 하에 설립되어 일본어학교 인정에 관한 일을 하게 되었다. 그리고 1988년부터 '일본어 교육능력 검정시험'이 행해져 일본어 교원 자격 기준의 하나가 되었다.

제2절 일본 국외 일본어 교육의 역사

2.1 조선

일본은 1910년에 '한일병합조약'을 체결하고 조선을 합병하여 대만과 마찬가지로 식민지배 기관인 '조선총독부'를 '경성'에 설치했다. 교육정책의 근본은 '조선교육령'으로 정하고 개정 때마다 일본화(日本化)가 강화되었다.

1911년에 조선교육령이 공포되고 총독부의 교육방침이 내려졌다. 교육은 보통교육, 실업교육, 전문교육으로 나뉘어져 있었다. 보통교육의 제1의 목적은 일본어인 '국어'를 보급하는 것이었다. 관공립 학교에서는 교수 용어를 일본어로 하고 보통학교의 교과서는 조선어 및 한문 이외는 일본어로 기술되었다.

그리고 관공립학교 외에 조선인이나 외국인 경영의 사립학교도 존재하고 있었는데 1915년부터는 사립학교도 조선교육령에 준하도록 하고 국어(일본어)와 수신(修身)이 필수과목이 되었다.

1919년에 서울에서 일어난 민족운동인 3.1운동은 조선통치를 '무단정치'에서 '문화정치'로 이행시켰다. 사이토(斎藤)총독은 경찰력의 충실과 친일조선인의 우대정책 등의 방침을 세웠다. 1922년에 공포된 제2차 조선교육령에서는 새로운 과목으로 일본역사와 지리가 첨가되는 한편 조선역사와 지리는 삭제되었다. 종래의 조선어 및 한문을 합해서 조선어로 하고 수업시수를 줄여 총체적으로 국어(일본어)의 비중이 증가했다. 이 단계까지는 조선어가 필수 과목이었다.

다음 교육령 개정이 행해지기까지의 15년이라는 기간동안 학교의 보급과 함께 동화(同化)교육의 강화가 도모되었다.

1938년에 다시 개정된 제3차 조선교육령에서는 지금까지 필수과목이었던 조선어가 선택과목이 되었다. 게다가 총독부는 이 선택과목에도 압력을 가해 각 학교의 교장에게는 강제가 아닌 스스로 폐지하게 하는 형식을 취했다. 학교수업 이외에도 국어사용이 장려되어 청년단 등의 조직을 통해서 '신민화(臣民化)'가 적극적으로 추진되었다. 소학교는 다시 개칭되어 일본 국내와 같이 국민학교로 되었다.

또한 국민학교나 부설 간이학교를 이용해서 이루어지는 국어강습회를 증설했다. 그 외에도 '고쿠고(コクゴ)'교본의 배포, 신문, 라디오, 잡지 등에 의해서 '国語全解運動'이 전개되었다. 더우기 신사참배, 시국좌담회 등이 행해져 조선옷의 추방과 국민복의 제정, 조선이름을 일본 이름으로 바꾸는 '창씨개명' 등 생활의 전부를 일본화하는 수단이 취해졌다.

전쟁이 확대됨에 따라 1944년에는 조선 사람들에게도 징병제가 실시되었다. 일본군은 징병제에 의해 모집한 조선 사람들을 일본인 군대에 직접 투입하였으므로 군대생활에 지장을 초래하지 않도록 하기 위해서도 일본어 능력의 강화를 도모하였고 이러한 각종 일본어 교육이 일본의 패전까지 계속되었다.

2.2 제정 러시아

유럽에서 처음 공식적으로 일본어 교육이 이루어진 것은 18세기 러시아제국의 수도인 베델부르크에 있었던 일본어학교였다. 일본과의 통상을 원하고 있던 러시아는 일본어에 대한 필요성 때문에 표류해 온 일본인 덴베이(伝兵衛)에게 러시아어를 가르친 후, 1705년에 개설된 원로원 부속의 일본어학교에서 일본어를 가르치게 하였다. 1711년에 베델부르크에 보내진 사니마에이몽(三右衛門)은 덴베이의 조수가 되어 덴베이 사후에 1734년까지 일본어를 가르쳤다.

베델부르크의 일본어학교가 1754년에는 이루쿠츠쿠로 이전되어 5명의 표류민 중 3명도 이루쿠츠쿠로 옮겨가게 되었으나 그 3명의 일본인교사도 모두 사망하고 학생수도 얼마 되지 않아서 일본어 교육은 쇠퇴하게 되었다.

그 후에 러시아에서 본격적인 일본어 교육이 실시된 것은 베델부르크대학에서이다. 러시아에 귀화한 우라디미르 야마토후 코사이(橘 耕斎)가 1870년부터 동양학부에서 일본어를 가르쳤다. 코사이는 일본에 개국을 청한 러시아 사절인 푸차친과 동행한 통역이며 일본어 연구자인 고시케비치와 알게 되어 베델부르크로 건너갔다. 코사이(耕斎)는 1857년에는 고시케비치와 共編의 『和魯通言比考』를 작성했다.

2.3 중국

20세기 초에는 1만 명이나 되는 청국유학생이 일본에서 공부했으나 같은 시기에 「일본인 교습」이라고 불리는 많은 일본인이 중국 각지의 여러 학당에서 교육을 담당하고 있었다. 중국 측의 의도는 교육의 근대화를 꾀하고 인재를 육성하기 위한 것이었다. 한편 일본은 일본인 교습(교사)을 파견함으로써 대륙진출의 발판으로 삼으려 했다.

최전성기인 1905~6년경에는 500~600명을 가르쳤던 일본인교사도 중국의 교육이 정비되어감에 따라 감소되어 갔다. 일본인 교사는 1911년 신해혁명의 정치적인 혼란 때문에 격감되었고 또 1915년의 '対華21개조요구'를 계기로 반일 내셔널리즘이 고양되어 중국교육계에서 완전히 그 모습을 감추게 되었다.

2.4 대만

청일전쟁에서 승리를 거둔 일본은 1895년부터 제2차 세계대전 종결까지 50년간에 걸쳐 대만을 점유(領有)했다. 타이페이(台北)에는 식민지 지배를 위한 기관인 '대만총독부'를 설치했다.

총독부는 교육에 의해 대만인의 의식이 높아져 민족운동 등으로 발전되는 것을 두려워해서 교육정도를 낮게 억제함으로써 통치를 원활히 하려고 했다. 그러한 방침 가운데 '국어교육'이라고 불려진 일본어 교육은 ①공통어로서 ②문화발달의 수단으로서 ③동화의 수단으로서 필요하다고 했지만 최대의 목적은 동화(同化)에 있었다.

1896년 3월에 총독부직할 제학교관제가 공포되어 국어학교, 국어전습소, 국어학교 부속이 설치되었다. 국어학교 사범부가 교원 양성기관이며 국어전습소가 일본어 교육기관이었다. 국어 전습소는 전국의 14개소에 설치되었다.

중일전쟁이 확대되어 가자 일본정부는 대만을 중시하게 되어 통치의 3대 정책으로서 코바야시(小林)총독은 1939년에 '황민화, 공업화, 남진기지화'를 내세웠다. 황민화를 추진시키는 방법으로 일본어 교육은 학교교육뿐 아니라 사회교육에서도 활발히 이루어지게 되었다. 1898년에는 대만 공학교(公学校)령이 공표되어 거의 모든 국어전습소가 폐지되어 공학교가 되었다. 1922년의 교육령에서는 그때까지 따로 따로였던 대만인과 일본인을 같이 교육시키는 「内台人共学」을 실시하였다.

또한 일본어 강화책으로 1937년에는 '국어상용가정(国語常用家庭)' 제도가 설치되었고 1940년에 시작한 '창씨개명운동'으로 일본인 이름을 갖기 위해서는 국어 상용 가정이라는 것이 조건으로 붙여졌다. 이 외에도 국어연습회의 개최, 잡지발행, 라디오 방송에 의한 보급이 이루어졌다.

전세가 악화됨에 따라 1945년 1월에는 대만인에게도 징병검사가 이루어져 차례로 전장으로 보내졌다. 이렇게 50년간 계속된 일본어 교육도 일본의 패전과 함께 종지부를 찍었다.

2.5 미국

러일전쟁에서 일본이 승리를 거두자 미국은 일본을 가상적국의 하나로 생각하고 일본연구에 힘을 쏟기 시작했다. 미 육군은 1908년에 일본어습득을 위해 4명의 '어학 장교'를 일본에 파견했다. 어학 장교는 만주사변 후 중일전쟁으로 접어들면서 더욱 증원되어 당시 10여 명이 체재하고 있었으나 美日간의 긴장이 높아진 1940년에 폐지되었다.

1932년에 하버드대학에 동양학부가 설치되었다. 이것은 미국의 대일(対日)전략상의 필요성을 반영한 것이다. 지도를 맡은 사람은 러시아인인 에리셋프였다. 에리셋프는 동경제국대학에서 일본문학을 공부하고 일본학의 시조라고 불려지는 인물이었다. 그는 러시아혁명으로 인해 미국으로 건너간 후 하버드대학의 교수가 되어 동양학부를 발전시켰다.

미국은 제2차 세계대전 중에는 암호나 전신의 해독, 포로의 심문에 일본어가 필요하다고 생각했다. 그래서 군(軍)당국은 해군일본어학교, 육군일본어학교, 육군각과전문훈련대(ASTP) 등 3조직을 발족하여 일본어 교육을 실시하였고 재미일본인의 일본어 교육은 활발히 이루어지게 되었다.

또한 하와이에서도 1893년경부터 일본계 사람들(日係人)에 대한 일본어 교육이 실시되었는데 이 일본어 교육은 제2차 세계대전이 발발한 1941년까지 계속되었다. 2차 대전 중에는 일본계 2세들이 병사가 되어 일본어 암호 해독이나 일본인 포로의 심문을 도왔고 전후에는 진주군(進駐軍)으로서 미국에 충성을 다했다.

2.6 영국

영국에서 정식으로 일본어 교육이 실시된 것은 런던대학에 동양학부가 설치된 다음해인 1917년부터였다. 그러나 제2차 세계대전 초기까지는 학생수도 적었다.

그런데 제2차 세계대전에서 일본의 아시아침공이 확대되자 영국군정보부는 일본어를 읽고 말할 수 있는 영국인이 대량으로 필요하게 되었다. 그래서 런던대학 동양학부에 IQ가 높은 학생을 모집해서 일본어 교육을 실시하는 방법을 취했다. 동양학부의 일본어 특별코스는 일본어일반, 일본문의 해독, 번역 등의 5코스로 나누었다.

상기의 코스를 마친 영국인 하사관은 일본인 포로를 심문했다. 전후에는 일본인포로를 수용소에 모으거나 진주군이 되어 GHQ(연합국최고사령부)에서 근무하며 일본신문검열, 전범재판의 일본어자료 번역 등을 하였다.

이 일본어학교 졸업생 가운데는 전후 일본학 연구자가 되기도 하고 각 방면에서 일본과의 교류에 공헌을 한 사람도 많았다.

이외에도 2차 대전 중에는 필리핀, 미얀마, 말레이시아, 싱가폴, 인도네시아 등의 점령지에서도 일본어 교육이 행해졌다.

제3절 한국 일본어 교육의 역사

한국뿐만 아니라 세계 최초의 공식적인 일본어 교육기관은 조선시대의 사역원이라고 할 수 있다. 조선은 건국 후 곧 사역원을 설치하여 한어(漢語)와 몽고어, 여진어, 왜어(倭語)교육을 실시하였고 외교와 무역을 할 때 필요한 역관을 양성해왔다.

사역원에서는 역관 양성을 위한 언어교육뿐만 아니라 조선어판 伊呂波(1492년간행), 捷解新語(1676년간행), 隣語大方(1790년간행・1750년 성립), 倭語類解(1780년 성립) 같은 일본어 교육을 위한 교재나 사전종류도 간행하였다[3]. 이 시기의 일본어 교육은 한문 교육이 그러했던 것처럼 주로 낭독과 암기, 대역에 의한 교수법이었다고 생각된다.

한국에서 이루어진 일본어 교육의 역사를 돌이켜보면 시대별 특징에 따라 몇 단계로

---

3) 성립년도에 관해서는 여러 설이 있으나 여기에서는 『国語学研究事典』明治書院을 참고로 했다.

나눌 수 있는데 해방 이후부터 현재에 이르기까지의 일본어 교육은 크게 제1기에서 제4기로 나눌 수 있다[4].

3.1 제1기 (1945년~1979년)

이 시기에는 전후 반일감정에 의한 일본어 교육의 공백기에서 국제적, 사회적인 필요성에 의해 서서히 일본어 교육이 시작되는 초창기를 맞이한 시기이다.

이 시기의 변화를 좀 더 구체적으로 살펴보면 다음과 같다. 1945년부터 1960년경까지는 전쟁 후의 반일감정에 의해 일본어 교육이 불가능한 공백기를 맞이하는데 1961년에 한국외국어대학교에 한국 최초의 일본어과가 설치되었고, 또 1962년 국제대학교(현・西京大学校)에 일어일문학과가 설치된 것을 계기로 민간 일본어 교육 등에서도 일본어 교육이 서서히 시작되었다.

그 후 1965년 한일국교정상화와 함께 양국의 정치적・경제적 교류가 증가됨에 따라 일본어 교육의 필요성이 더욱더 증가하여 1973년에는 한꺼번에 계명대학교, 관동대학교, 상명여자대학교(현・상명대학교), 한남대학교, 성신여자대학교, 수도여자사범대학교(현・세종대학교), 건국대학교, 제주대학교 외 8개 학교에 일본어 관련학과가 설치되었을 뿐만 아니라, 이 해부터 고등학교에서의 일본어 교육이 처음으로 실시되면서 130개의 고등학교에서 일본어 교육이 시작되게 된 것이다.

이 시기의 일본어 학습자의 학습 동기는 주로 정치, 경제, 연구, 취직, 비즈니스가 목적으로 일과 관계되는 경우가 많았고, 교수법은 시행착오 단계로 품사중심의 문법대역법이 주로 이루어졌다. 또한 일반국민의 대일감정은 식민지시대의 영향으로 일본에 대한 부정적인 이미지밖에 가지지 못한 극단적인 시대였다.

3.2 제2기 (1980년~1989년)

이 시기는 일본어 교육의 부흥기라 할 수 있는데 1965년의 한일국교정상화 이후 시작된 정부 민간레벨의 다양한 정치 경제활동의 영향으로 일본어학습자가 대폭 늘어났다. 이러한 열기는 일본과의 민간수준의 경제관계가 깊어진 80년대 초부터 대부분의 대학에 일

4) 시대구분은 한국의 사회적 상황변동과 일본어 교육정책 및 학습자수의 변화를 고려해서 필자가 임의로 나누었다.

본어 관련 학과가 설치되고 고등학교에서의 일본어 교육의 확대, 민간 일본어학교 급증과 함께 1980년대 초부터 중반에 이르는 제1차 일본어학습 붐으로 이어졌다.

이 시기의 학습자의 학습 동기는 취직, 비즈니스 등 일이나 경제활동과 관계되는 경우가 많았고 교수법은 문법 대역법에서 오디오 링걸법으로 이행되어 갔다. 또한 일반국민의 대일감정은 양국간의 경제교류의 영향으로 일본에 대한 긍정적인 이미지를 가진 사람도 나와 이전부터 있던 부정적인 대일감정에 반해 긍정적인 이미지를 가진 사람도 있는 등 양극론의 시대라고 말할 수 있을 것이다.

3.3 제3기 (1990년~1997년)

1980년대 초부터의 급격한 일본어학습 붐은 일본어학습자의 양적 팽창에 대한 교육내용과 교육정책 등의 질이 미치지 못하는 결과를 낳았고 1980년대 후반부터 정체기를 거쳐 1990년대에는 조정기를 맞이한다. 이 시기에는 양국의 교류가 여러 방면에 걸쳐 이루어지고, 일본에 대한 한국인의 관심도 다양한 분야에 걸쳐 표출되었다.

이 시기의 학습자의 일본어 학습 동기도 취직, 비즈니스, 상호교류, 일본에 대한 관심, 이문화의 이해와 함께 다양화 되었고, 학습자 층도 일부의 전문가, 학생에서 일반시민까지 확대되었다.

이 시기의 특징은 일본 대중문화에 대한 관심의 증대이며 이것은 1999년 이후 일본문화개방으로 이어진다. 또 교수법은 오디오 링걸법에서 커뮤니커티브 어프로치로 이행되어 갔다.

한편 일반국민의 대일 감정은 양국간의 교류가 이미 다양화되었음에도 불구하고 대일본관의 논쟁으로 상징되듯이[5] 아직 감정적인 견해를 유지하는 다양화를 위한 모색의 시대였다고 여겨진다.

3.4 제4기 (2000년 이후)

양국의 문화교류가 점점 깊어지는 2000년부터 현재까지의 이 시기는 일본어 교육의 안정기라 할 수 있다. 이 시기에는 제2차와 제3차 일본 문화 개방에 이어 2000년에 일본

5) 전여옥(1994) 「일본은 없다」지식공작소、서현섭(1994) 「일본은 있다」고려원、임영훈(1995) 「일본은 일본이다」우리문학사 등의 대중적인 저술로 대표되는 것처럼 일본에 대한 관심의 증대와 함께 일본에 대한 여러 견해가 함께 공존하고 있었다.

어가 다시 대학입시에 채택되고 2001년부터 중학교에 일본어가 선택과목으로 정규교육과정에 들어 있으며, 2002년 월드컵 한일공동개최 등의 영향으로 한국에서의 일본어 교육이 안정기라고 하는 새로운 시기로 들어서고 있는 중이다.

이 시기의 학습자의 학습 동기는 종래의 경제적인 요인에서 상호교류, 이문화의 이해 등 일본에 대한 순수한 관심이 눈에 띈다. 교수법은 한국의 교육과정과 일본의 일본어 교육의 영향으로 커뮤니커티브 어프로치와 내츄럴 어프로치가 중심이 되고 있다. 또한 일반 국민의 대일 감정은 양국의 민간 레벨의 교류나 문화 경제 교류의 활성화로 다양한 일본관이 공존하는 다양화시대를 맞이하고 있다.

(多仁安代(たにやすよ)・鄭起永(じょんきよん))

과제1

세계의 일본어 교육의 현황과 각 나라별 일본어 교육의 특징을 조사해보자.

과제2

한국의 일본어 교육의 흐름을 시대별로 정리해보자.

【참고도서】

実藤恵秀(1960)『中国人日本留学史』くろしお出版
蔭山雅博(1983)「清末における教育近代化過程と日本人教習」 阿部　洋編『日中教育文化交流と摩擦』第一書房
高田銀次郎(1982)『樺太教育発達史』 旧植民地教育史資料集 3 青史社
浅野　誠(1983)『沖縄教育の反省と提案』 明治図書
阿部　洋編(1982)日中関係と文化摩擦』厳南堂
木村宗男(1991)「戦時南方占領地における日本語教育」『日本語と日本語教育』15　明治書院
森田芳夫(1982「韓国における日本語教育の歴史」『日本語教育』48号
稲葉継雄(1986)「韓国における日本語教育史」『日本語教育』60号
川村湊(1994)『海を渡った日本語―植民地の「国語の時間」』青土社
ハーバート・バッシン　加瀬英明訳(1981)　『米陸軍日本語学校』TBS ブリタニカ
鄭 起永(2003)「マルチメディアと日本語教育」凡人社
鄭 起永(2005)「日本語ICT活用教育研究の現状と課題」『日語日文学研究』52　韓国日語日文学会

제3장 한국의 교육 과정과 일본어 교육

한국의 교육 과정과 일본어 교육

本章では時代によって変わっていく教育課程と日本語教育課程の変遷を紹介する。第7次教育課程から新しく導入された中学校の生活日本語は基礎的な外国語の意思疏通能力を養ってその外国語を使う人たちの生活様式と考え方の理解を目標としている。そして、高校の日本語では意思疏通活動を中心に聞き、話し、読み、書きの領域に分けて体系的な活動中心の学習内容に文化理解教育と学習者中心の教授・学習活動を強調している。また、大学の教育課程と日本語の関連学科の教育課程を紹介する。

제1절 교육 과정이란?

1.1 교육 과정의 정의

'교육 과정(Curriculum)'이란 교육 목적을 달성하기 위하여 학교와 교사의 계획 하에 꾸며지는 학생들의 학습내용과 경험의 총체를 지칭한다. 이 용어가 교육학 분야에서 최초로 쓰인 것은 1918년 프랭크 보비트(F. Bobbit)의 "The Curriculum"이라는 책에서이다. 원래 Curriculum이라는 용어의 어원은 라틴어의 꾸레레 (curere)에서 온 말이며, 이 말은 말을 달리는 경주로를 의미하는 것으로 말이 경주를 할 때에는 다른 곳으로 가거나 이탈할 수 없다는 의미가 포함되어 있다.

그러므로 교육 과정이란 「교육목표와 교육내용을 학습자의 발달 단계에 맞게, 학교 및 지역 사회의 실태를 감안하여 수업 시수별로 조직하고, 교재의 선택 및 학습 활동과 평가방법을 편성하여 무슨 목적으로, 무엇을, 언제, 어디서, 어떻게 가르치고 학습할 것인가를 종합적으로 체계화한 교육의 전체 계획」[6]이라고 할 수 있겠다.

---

6) 이덕봉(1998)『日本語教育의 理論과 方法』시사일본어사 p.35

1.2 교육 과정의 유형

교육 과정의 유형은 종래의 교육 과정에 관한 제 학설의 변천 과정을 중심으로 다음의 4가지 유형으로 나눌 수 있다.

① 교과중심 교육 과정

교과중심 교육 과정은 학교에서 배우는 교수요목을 교육 과정으로 보는 입장이다. 즉, 지식의 체계를 중요시하는 교육 과정으로 학교에서 학생들이 배우는 모든 교재와 교과를 유일한 교육 과정으로 여긴다. 이러한 교과중심 교육 과정은 정해진 교과 내용만을 설명 위주로 가르치며 학생들은 그 내용을 암기하는 방법으로 교수 - 학습이 이루어진다.

교과중심 교육 과정의 구체적인 특징은 다음과 같다.

첫째, 교육의 주된 목표는 문화유산의 전달이다.

둘째, 교사중심 교육 과정이다.

셋째, 수업 방식에 있어서 설명 중심의 수업이 주로 이루어진다.

넷째, 주로 교과 영역 안에서만 학습활동이 이루어진다.

② 경험중심 교육 과정

경험중심 교육 과정은 교육 과정을 학교의 지도하에 학생들이 가지게 되는 모든 경험과 활동의 총체로 보았다. 이것은 1930년대 교과중심 교육 과정에 회의를 느끼기 시작하면서 도래되었으며 진보주의 교육의 대표자 격인 듀이(J. Dewey)의 영향을 받아 발달한 것으로 교육 과정 내용을 학습자의 흥미와 욕구에 두고, 학습자 중심의 자유로운 경험에 의한 학습을 지향한다.

경험중심 교육 과정의 특징은 다음과 같다.

첫째, 교육 과정 구성을 학습자의 흥미와 요구에 두며, 학습 내용을 학습의 장에서 결정한다.

둘째, 생활인의 육성을 강조하며 사회의 급격한 변화에 적응하는 인간을 육성하고자 한다.

셋째, 교과활동 못지 않게 과외활동(extra curricular activities)을 중요시한다.

넷째, 전인교육을 강조한다.

③ 학문중심 교육 과정

학문중심 교육 과정은 교육 과정을 구조화된 일련의 학습 결과로 보았다. 이는 교육 과정이 학문적 체계와 탐구방식을 강조하는 방향으로 조직되어야 한다고 보는 것이다.

1950년대에 접어들면서 미국의 스미스(M. Smith) 등 본질주의 학자들은 기존의 진보주의에 입각한 경험중심 교육 과정을 비판하면서 교육의 지적 수준을 높이는 방향으로 교육 과정을 개정할 것을 강력하게 주장하는 움직임이 일기 시작했다. 그런 가운데 1957년 소련이 스푸트니크(sputnik) 인공위성을 발사하게 되었고 이것은 미국의 자존심에 크나큰 상처를 주었으며 이러한 충격이 곧 미국의 교육 과정을 학문중심으로 변혁시키는 촉진제가 되었다.

이러한 학문중심 과정은 우선 학습자들이 탐구과정을 통해 스스로 발견의 희열을 가질 수 있다는 것을 큰 장점으로 꼽을 수 있다.

학문중심 교육 과정의 특징은 다음과 같다.

첫째, 지식의 구조를 강조한다.

둘째, 교육 과정은 나선형으로 조직되어야 한다.

셋째, 탐구과정을 중시한다.

④ 인간중심 교육 과정

인간중심 교육 과정은 교육 과정을 학교에서 학생들이 갖게 되는 모든 경험과 활동의 총체로 보았는데, 이것은 전인교육 실천계획으로서의 교육 과정이다.

1970년대에 들어와 고도의 산업사회에 따른 인간소외 현상이 심각한 사회 문제로 대두되고 더구나 학문중심 교육 과정이 지나치게 지식과 학문을 강조하고 구체화함으로써 그 지식이 개인적 측면과 사회적 측면에서 적절한 발전을 기하는 데 그리 큰 공헌을 하지 못했다는 비판을 받게 되면서 대두되기 시작했다.

따라서 교육은 학문적 체계나 조직만 강조할 것이 아니라 인간소외, 물질 만능의 풍조, 청소년 비행 등의 문제에 관심을 가지고 인간형성과 인류의 가치실현이라는 점에 역점을 두고 실행되어야 한다는 요구를 받게 되었다.

인간중심 교육 과정의 특징은 다음과 같다.

첫째, 자아의 실현(self actualization)을 목표로 한다.

둘째, 잠재적 교육 과정을 표면적 교육 과정과 마찬가지로 중요시 한다는 특징을 가지고 있다.

셋째, 학교 환경의 인간화를 위하여 노력한다.

넷째, 인간중심 교육 과정에서는 인본주의적 교사를 가장 필요로 한다.

이상의 교육 과정의 네 가지 유형을 도표로 정리하여 나타내면 다음과 같다.

표1 <교육 과정의 유형>

	시대	바라보는 입장(시각)	내용	특징
① 교과 중심	~ 1930	학교에서 배우는 교수요목을 교육 과정으로 봄	교사중심 교육, 설명중심, 주로 교과 영역 안에서 만의 학습활동, 암기식.	교육의 주된 목표는 문화 유산의 전달.
② 경험 중심	1930 ~ 1960	학교의 지도하에 학생들이 가지게 되는 모든 경험과 활동의 총체로 봄	학습자의 흥미와 요구, 상호 작용적으로 생기는 경험의 체계를 강조함. 학습내용은 학습의 장에서 결정함.	교과활동 외 과외 활동을 중시함. 급격한 변화에 적응하는 인간육성 강조. 전인교육 강조.
③ 학문 중심	1960 ~ 1970	구조화된 일련의 학습 결과	지식의 구조를 강조. 교육 과정은 나선형으로 조직되어야 함. 탐구과정 중시.	학습자들이 탐구과정을 통해 스스로 발견의 희열을 가질 수 있는 큰 장점을 가지고 있음.
④ 인간 중심	1970 ~	전인 교육, 실천 계획으로서 학교에서 학생들이 갖게 되는 모든 경험과 활동의 총체	교육은 학문뿐 아니라, 인간소외, 물질만능의 풍조, 청소년비행 등의 문제에 관심을 요구, 자아 실현을 목표로 함.	잠재적 교육도 표현적 교육과 마찬가지로 중요시함. 학교 환경의 인간화를 위해 노력함. 인본주의적 교사를 가장 필요로 함.

제2절 교육 과정의 변천에 따른 한국의 일본어 교육

한국의 학교 교육은 교육 과정에 따라 이루어지고 있다. 여기에서는 제 1차에서 제 7차까지의 각 교육 과정기의 특징과 함께 일본어 교육을 중심으로 살펴보고자 한다.

2.1 제1차 교육 과정기 (1954~1963)[7)]

이 시기의 교육 과정에는 최소한의 필수적인 교육 내용만 표시하여 국가 기준으로서의 교육 과정임을 명확히 한 교과중심의 교육 과정이었다.

외국어 교육에서는 영어, 독일어, 프랑스어, 중국어 중에서 선택하여 기본적인 문법 구조, 회화 능력, 해당 국가의 문화이해를 목표로 하였다. 일본어는 제 1차 교육 과정기에서는 채택되지 않았다.

2.2 제2차 교육 과정기 (1963~1973)

이 시기의 교육 과정의 개념은 '학교의 지도하에 학생들이 가지는 경험의 총체'로 경험중심 교육 과정이었다.

외국어 교육 과정은 처음에는 동일한 과목군으로서 영어II, 독일어, 프랑스어, 중국어 과목이 개설되고 1969년에 에스파니아어가 신설되었다.

또한 이때 대학에서도 일본어를 선택과목으로 이수시키고 대학에 일본어과 신설을 점차 확대하였으며 대학입시와 대학원 입시에도 일본어를 시험과목으로 추가하였다. 그리고 교직교과목에도 일본어과를 신설하는 등 일련의 일본어 교육 확대 방안을 검토하고 있다고 발표하였다. 외국어과 전체 목표로는 언어의 4기능 배양과 이를 토대로 한 우리 문화의 소개, 외국과 외국인에 대한 이해 증진을 통한 국제적인 협조심, 사물에 대한 견식, 그리고 판단력의 배양을 강조하였다.

2.3 제3차 교육 과정기 (1973~1981)

이 시기의 교육 과정의 개념은 '각 학문 간에 내재해 있는 지식 연구 과정의 체계적인 조직'으로 학문중심 교육 과정이었다.

이 시기부터 영어와 제2외국어가 분리되었고 외국어과의 일반 목표는 언어의 4기능 배양과 이를 토대로 한 우리 문화와 현황의 개략적인 소개, 외국과 외국인에 대한 이해를

---

7) 교육 과정기의 시대 구분은 교육 과정 고시년도를 기준으로 하였다. 따라서 '교육 과정기'와 실제로 시행된 연도 및 시행되는 기간은 다르다. 예를 들면 제7차 교육 과정의 시행 시점은 2000년이며 완전 시행연도는 2004년이다. 그리고 시행 시점은 초등과 중등에서도 다른 경우가 있는데 초등학교의 제7차 교육 과정 시행 시점은 2000년, 중학교는 2001년, 고등학교는 2002년이다.

증진시켜 국제적인 협력의식과 사물에 대한 견식을 넓혀 우리의 발전을 도모한다라고 설정하였다.

1973년에 신설된 일본어의 경우 다른 외국어가 언어의 4기능별로 나눈 뒤, 그 하위 항목으로 언어재료를 설정하고 있는 것과 달리, 언어기능과 언어기능 학습에 필요한 자료가 되는 어휘, 문형, 문법사항 등의 언어재료를 분리하여 별도로 제시하고 있다. 언어기능은 듣기와 말하기, 읽기, 쓰기 순으로 기술하고 있는데 듣기와 말하기를 맨 먼저 제시한 점에서 음성 언어를 중요시했음을 알 수 있다.

2.4 제4차 교육 과정기 (1981～1987)

이 시기에는 종래의 교과 중심, 경험 중심, 학문 중심 교육으로의 접근과 동시에 변화와 미래에 대한 인식을 강조한 연구개발형 교육 과정이다.

모든 외국어 과목이 처음으로 형식과 내용에 있어 동일한 체재로 통일되었으며 언어사용 능력의 배양, 국제적인 안목의 향상, 그리고 이를 통한 우리 문화의 발전을 강조하였다. 그 다음 각 과목별로 동일한 체재로 목표, 내용, 지도 및 평가상의 유의점 순으로 크게 구분하여 제시하였다. 특히 지도 및 평가상의 유의점은 지도와 평가로 나누어 제시되었는데 평가는 교수·학습 활동의 법적인 검증을 위해 제4차 교육 과정에서 처음으로 규정되었다.

이수할 어휘 수는 일본어의 경우 이전의 교과 과정에서 정한 3,000낱말 내외에서 2,200낱말 내외로 제한하고 기본 어휘는 최고 754낱말로 제시되었다. 이는 일상생활에서 사용빈도가 높은 어휘를 필수 어휘로 제시하여 생활 일본어 학습이 효율적으로 이루어지도록 한 것이라 볼 수 있다.

2.5 제5차 교육 과정기 (1987～1992)

이 시기의 교육 과정의 개념은 '국가 수준의 문서화 된 개괄적인 교육 내용의 기준'으로 정의되며 기존의 교육 과정에서 부분적으로 개선이 필요한 부분만 개정하였다.

외국어과 교육 과정도 올림픽 유치 등의 시대적인 배경과 외국어 교수법 등의 변화를 반영하여 이전의 외국어과 교육 과정의 추상적인 진술을 가급적 구체화하며, 문법 중심의 교육을 지양하고 실제의 의사소통능력 향상을 도모할 수 있도록 수정하였다.

문장보다 담화를, 정확성보다 유창성을 중시하게 되었으며 4개의 언어기능을 통합적 접근 방법으로 다루게 되었다. 일본어과 교육 과정은 고등학교 일본어 교육에서의 교양과 기본 어휘 교육의 중요성을 지적하였다. 이수할 어휘 수는 일본어의 경우 1,800낱말 내외로 축소되었으며 기본어휘는 최고 846낱말로 제시되었다.

2.6 第6차 교육 과정기 (1992～1997)

이 시기의 교육과정은 제5차 교육 과정의 문제점을 검토한 결과, 교육 과정 결정의 분권화, 구조의 다양화, 내용의 적정화, 운영의 효율화에 개정의 중점을 두었다.

외국어과의 일반 지침으로서 외국어 교육의 필요성, 실용적인 언어 사용 능력의 중요성, 그리고 외국어과의 일반 목표가 제시되었다.

第6차 교육 과정에 나타난 편제상의 특징으로서는 외국어Ⅰ, 외국어Ⅱ의 교육과정으로 구분하여 제시되었으며 과목별로 '성격'이 새로 추가되었고 평가 항목이 독립적으로 제시된 점을 들 수 있다. '성격'적 특성으로는 외국어Ⅰ은 듣기와 말하기의 음성언어 능력 배양에 치중하였고 외국어Ⅱ는 읽기와 쓰기의 문자언어 능력을 강조하였다.

일본어과 교육과정의 중점적인 개정 내용으로 '교사 위주가 아닌 학생 중심의 교육, 목표보다는 과정을 중시하는 교육, 정확성보다는 유창성을 중시하는 교육, 학생의 자율 학습을 중시하는 교육' 등 4가지를 들고 있다.

어휘량에 있어서는 전체적으로 감소를 보이는데, '일본어Ⅰ' 과정이 600어, '일본어Ⅱ' 과정이 800어로 제시되었으며 기본 어휘표에 제시된 어휘 수는 771개이다.

2.7 第7차 교육 과정기 (1997～)

第7차 교육 과정은 21세기의 세계화·정보화 시대를 주도할 자율적이고 창의적인 한국인 육성을 목적으로 하였다.

중점적인 개정내용으로는 국민공통 기본 교육 과정의 편성, 학생선택 중심 교육 과정의 도입, 수준별 교육 과정의 도입, 재량활동의 신설과 확대, 학습량 최적화와 수준 조정, 교육 과정 평가 체제 확립, 창의성과 정보능력 배양에 있다.

외국어 교과목은 고등학교 2, 3학년에서 배우게 되는 일반 선택과목과 심화 선택과목으로 편성되었다. 일본어Ⅰ은 기초적인 수준에서 의사소통능력을 기르는 일반 선택과목이고 일본어Ⅱ는 다양하고 높은 수준의 의사소통 능력을 기르는 과정이다.

제 7차 외국어과 교육 과정의 중점사항 중의 하나는 교수 · 학습 분량의 적정화로 학생들의 수업 부담을 경감하도록 하는 것인데 예를 들면 어휘의 경우 일본어의 사용 어휘 수는 900어이며 기본어휘 수는 833어이다.

제3절 제7차 교육 과정과 중학교의 일본어 교육

3.1 생활 외국어 과목 개발의 배경

1997년에 개발 · 공포된 제 7차 교육 과정의 편성 운영 체제는 종전의 교육 과정과 크게 바뀌어 초등학교 1학년부터 고등학교 1학년까지 10년 동안 10개의 국민 공통 기본 교과 교육 이외에 재량 활동 시간을 두고 학생의 창의적 능력을 기를 수 있는 활동과 선택 과목을 선택하여 이수할 수 있도록 구성되었다. 이 가운데 생활 외국어는 중학교 재량 활동 시간에 한문, 컴퓨터, 환경과 함께 선택 과목으로 편성되었는데 독일어, 프랑스어, 스페인어, 중국어, 일본어, 러시아어, 아랍어 등의 7개 과목이 있다.

새로운 세기에 대비하여 현행 영어와 기타 외국어의 불균형을 지양하고, 이제까지의 영어 교육 중심의 외국어 교육 정책에서 국제화와 지역 분권화에 효과적으로 대처할 수 있는 정책의 일환으로 중학교에서 재량 활동 시간에 생활 외국어를 선택 과목으로 설치하고, 교육 과정을 개발한 것은 매우 시의적절하다고 할 수 있다. 중학교에서 생활 외국어를 교육함으로써 학생들로 하여금 기초적인 외국어 의사소통 능력을 기르고, 해당 언어 사용 국민의 문화를 이해하게 하고, 더 나아가 일찍부터 세계인으로서의 의식을 가지게 하여 국제 사회를 이해하는 데 도움을 줄 수 있을 것이다.

3.2 생활 외국어 과목의 성격과 특징

생활 외국어에는 독일어, 프랑스어, 스페인어, 중국어, 일본어, 러시아어, 아랍어의 7개 과목이 있다. 이 7개 언어를 사용하고 있는 나라들은 각기 사용하는 언어가 다름은 물론이고, 다른 역사적 · 지리적 배경, 종교, 관습, 습관, 제도, 규범 등을 가지고 있는 국가들로서, 생활 외국어라는 과목으로 한데 묶어 그 특징적인 성격을 기술하는 데 어려움이 있다.

다양한 인종적, 사회적, 문화적 배경을 가지고 있는 여러 나라의 언어 교육의 성격을 규정하기 위해서는 7개 과목이 가지는 보편적인 특징을 중심으로 분석·제시해 보면 다음과 같다.

첫째, 중학교 '생활 외국어' 과목의 7개 외국어는 전 세계 수십 억(약 25억 명)의 인구가 모국어 또는 제 2언어로 사용하고 있는 외국어로 그 실용적, 교양적인 가치가 매우 높다는 것이다.

둘째, 21세기는 국제화·정보화 사회로 세계가 한 울타리 안에서 공존하는 삶을 영위하여야 하는데 이와 같은 삶을 위하여 외국어 의사소통 능력을 기르는 일은 무엇보다도 선행되어야 하며 이런 의미에서 중학교부터 생활 외국어를 교육하는 것은 매우 바람직한 일이라 할 수 있다.

셋째, 학습자들은 초급 수준의 생활 외국어를 익혀 해당 외국어 사용자와 기초적인 의사소통을 하며, 아울러 상급 학교에 진학하여 해당 외국어를 계속 학습할 수 있는 바탕을 마련한다.

넷째, 학습자들은 '생활 외국어' 과목을 통하여 외국어에 대한 흥미를 느끼며, 외국인의 일상생활과 그들의 생활양식에 대한 이해의 폭을 넓혀 보다 긍정적이고 적극적인 생활태도를 기르고, 나아가 세계 속의 한국인으로서 손색없는 행동 양식의 바탕을 기를 수 있도록 한다.

3.3 생활 외국어 과목의 목표

생활 외국어과 7개 외국어 과목은 공통의 목표를 가지고 있다. 생활 외국어 과목의 목표는 총괄 목표와 총괄 목표를 구체화한 하위 목표로 구분된다. 하위 목표는 다시 6개 항목으로 구분되고, 각 항목은 교육 과정 '내용'에 구체화되어 제시된다.

총괄 목표는 크게 두 가지로 요약될 수 있는데, 하나는 기초적인 외국어 의사소통 능력을 기르는 것이고, 다른 하나는 해당 외국어 사용인들의 생활양식과 사고방식의 이해를 통하여 궁극적으로는 그들의 문화를 이해할 수 있는 바탕을 마련하는 것이다.

하위 목표는 다음과 같이 6개 항목으로 구분된다.

가. 일상생활에 관한 간단한 말을 듣고 이해한다.

나. 간단한 화제에 대해 구두로 의사소통한다.

다. 일상생활에 관련된 간단한 어휘 또는 문장을 읽고 이해한다.
라. 쉬운 어휘 및 간단한 문장을 쓸 수 있다.
마. 해당 외국어 사용 국민의 일상생활 문화에 대한 이해의 폭을 넓혀 우리의 문화를 새롭게 인식하고 올바른 가치관을 가진다.
바. 해당 외국어로 의사소통하려는 적극적인 태도를 가진다.

3.4 생활 외국어 일본어 교과의 내용

중학교 생활 외국어 과목의 내용 체계는 의사소통 활동과 언어 재료로 구분되어 제시된다. 의사소통 활동이란 외국어 교육의 핵심 내용인 듣기, 말하기, 읽기, 쓰기 활동을 의미한다. 언어 재료는 발음, 문자, 어휘, 문법, 의사소통 기능 예시문, 문화 항목으로 구성되어 있다. 생활 외국어 일본어 교과의 내용은 다음과 같이 구성되어 있다.

가. 의사소통 활동

일상생활에서 주고받는 기본적인 인사와 자기 의사 및 태도를 표현할 수 있고, 대화에 능동적으로 참여하는 태도를 기르기 위하여 다음과 같은 학습 활동을 전개한다.

(1) 듣기
(가) 짧은 낱말을 들어 구분한다.
(나) 간단한 어구나 문을 들어 그 뜻을 알아본다.
(다) 인사, 의사 표현, 태도 표현과 관련된 말을 듣고 그 뜻을 알아본다.
(라) 상대편의 말을 바른 자세로 듣는다.

(2) 말하기
(가) 실물이나 그림을 보고 간단하게 말한다.
(나) 짧은 모범 대화를 따라서 말해 본다.
(다) 인사, 의사 표현, 태도 표현에 관한 대화를 한다.
(라) 자연스러운 자세로 말한다.

(3) 읽기

(가) 가나 문자를 알아들을 수 있도록 낭독한다.
(나) 가나로 된 간단한 어구나 문장을 자연스럽게 낭독한다.
(다) 인쇄 문자와 영상 문자를 말하듯이 낭독한다.
(라) 그림이 곁들여진 글을 읽고 그 뜻을 알아본다.
(마) 짧은 글을 읽고 그 뜻을 알아본다.

(4) 쓰기
(가) 가나 문자를 바르게 적어 본다.
(나) 가나로 된 단어를 듣고 적어 본다.
(다) 간단한 어구나 문장을 듣고 그대로 적어 본다.
(라) 인사, 의사 표현, 태도 표현과 관련된 말을 글로 적어 본다.

나. 언어 재료
(1) 의사소통 기능
다음과 같은 의사소통 기능 중에서 생활 일본어의 수준에 맞는 언어 능력을 효율적으로 기른다. 보다 자세한 내용은 아래 제시된 의사소통 기능 예시문을 참조한다.
(가) 인사 기능 : 인사, 소개, 안부, 칭찬, 축하, 사과, 감사 등을 위한 표현
(나) 정보 전달의 기능 : 설명, 정보 전달, 제안, 조언, 대답, 추측 등의 표현
(다) 의사・태도의 전달 : 반대, 부정, 놀람, 희로애락, 반문 등의 표현
(라) 요구의 기능 : 질문, 허가, 확인, 선택, 설명, 의뢰, 지시 등의 표현

- 다음은 중학교 일본어 교육 과정에서 우선적으로 이수하기를 권장하는 의사소통 기능 항목과 예시문이다. 기능 항목은 크게 나누어 인사 행동, 담화의 전개, 자기의 의사 표현, 상대의 행동 요구, 감정과 태도 표현으로 나누고, 각각의 항목에 하위 항목을 설정하였다. 여기에 명기되지 않은 기능도 필요에 따라 첨가하여 사용할 수 있다.
- 예시문은 중학교 일본어 교육 과정에 필요한 문장의 구조, 문장의 종류, 기타 어법에 관한 사항을 참고할 수 있도록 의사소통 기능별로 제시한 것이다. 예시문에 제시되지 않은 문장도 필요에 따라 포함시킬 수 있다.

[의사소통 기능 예시문]

기능	세부	항목	예시문
인사 기능	가. 인사	·일상의 인사 ·만남	おはようございます。こんにちは。こんばんは。
		·헤어짐	さようなら。 おやすみなさい。
		·초면 인사	はじめましてキムです。 どうぞよろしく。
	나. 축하		たんじょうびおめでとうございます。
	다. 감사		ありがとうございます。
	라. 사과		おそくなってすみません。
정보 전달 기능	가. 설명	·안내	ここは としょかんです。
		·보고	きのうは がっこうでやきゅうをしました。
		·시간	バスで30ぷんぐらい かかります。
		·위치	そのみちをまっすぐにいくとひだりがわにゆうびんきょくがあります。でんわは あそこにあります。
		·이유	かぜをひいたのでびょういんへいきます。
	나. 정보 전달	·전달	たなかさんもくるんだそうです。
		·희망 ·의향	ワープロを ならおうとおもっています。
	다. 대답	·승낙	はい, わかりました。
		·거절	いいです。
의사 태도 전달 기능	가. 부정, 비난		そんなことはないですよ。
	나. 희로 애락		このほんはとてもおもしろいです。
	다. 반문		おおさかへですか。
요구 기능	가. 질문		ゆうびんきょくは、どこですか。
	나. 허가		えんぴつでかいてもいいですか。
	다. 선택		コーヒーとジュ-スがありますがどちらがいいですか。
	라. 설명		どこかちかくにやすいみせはありませんか。 ゆうびんきょくへいくにはどういったらいいでしょう。 ワープロって なんですか。
	마. 의뢰		もうすこしおおきいのはありませんか。
	바. 지시		ちょっとまってください。

(2) 발음

현대 일본어의 공통어 발음으로 한다.

(3) 문자

문자는 히라가나, 가타카나를 사용하고, 한자는 사용하지 않는 것을 원칙으로 하되, 숫자와 같은 기초 학습에 필요하다고 생각되는 문자에 한하여 적절히 사용할 수 있다.

(4) 어휘

일반계 고등학교 교육 과정의 기본 어휘 중 200 낱말 내외를 사용한다.

(5) 문법

문법에 관한 사항은 고등학교 일본어과 교육 과정 [별표 I]에 제시된 예시문의 해당 사항을 참고한다. 다만 다음 문법 사항은 다루지 않기로 한다.

(가) 고어적인 표현(예 : べし, まい)

(나) 사역+수동형 표현(예 : ~せられる, ~させていただく)

(다) 복문

(6) 문화

(가) 생활 일본어는 기초적인 언어 능력의 신장뿐만 아니라 일본인의 생활을 이해하는 데에도 역점을 두어 내용을 일본인의 일상생활에 관한 소재를 위주로 선택하되, 일본에 대한 관심을 높이고, 의사소통 습득에 도움이 되는 것으로 한다. 단, 일상생활과 관련된 문화의 설명은 우리말로 표현하여도 된다.

① 개인 생활과 일상적인 인간관계에 관한 것

② 교우 관계와 학교생활에 관한 것

③ 기본적인 사회생활에 관한 것

(나) 내용 구성에 있어서는 다음 사항을 유의한다.

① 학생의 흥미, 필요, 지적 수준 등을 고려하여 의사소통 의욕을 유발할 수 있는 것으로 한다.

② 내용은 실제 생활에서 사용될 수 있는 것으로 하되 일본의 일상생활을 이해할 수 있는 것으로 한다.

③ 듣기, 말하기, 읽기, 쓰기는 연계성을 가지도록 구성한다.

제4절 제7차 교육 과정과 고등학교의 일본어 교육

4.1 제 6차 교육 과정에서의 일본어 교육의 성격과 특징

일본어과 교육 과정은 제3차 교육 과정에서 제6차 교육 과정에 이르기까지 말하기, 듣기, 읽기, 쓰기의 언어 4기능을 고루 습득하는 것을 중심으로 한 목표의 전개와 일본 문화의 이해를 중시한 것으로 기본적인 골격은 달라진 것이 없다. 다만 4기능 중 어느 기능을 중시하느냐에 따라 기능의 배열 순서가 달라져 왔을 뿐이다. 제6차 교육 과정에 이르러서는 이해는 이해끼리 묶고 표현은 표현끼리 묶어 이해를 우선으로 하여 그 중에서도 듣기를 우선으로 하고 있다. 또한 일본어Ⅰ,Ⅱ를 따로 구분하여 보다 세부적인 교육 과정을 구성한 점도 새로운 변화라 하겠다.

제6차 교육 과정 일본어과의 성격에는 다음과 같은 사항들이 포함되어 있다.

첫째, 일본의 국제적 지위에의 대응과 상호 협력, 지속적인 교류에 도움을 주는 과목으로서의 일본어이다.

둘째, 이해 기능과 표현 기능을 고르게 기르되, 듣기와 말하기에 중점을 두어 의사소통 능력을 신장하는 기초 과정이다.

셋째, 일본어Ⅰ에서는 듣기와 말하기에 중점을 두고, 일본어Ⅱ에서는 읽기와 쓰기에 중점을 두고 있다.

넷째, 일본어와 일본에 흥미를 갖도록 돕는다.

다섯째, 단순한 의사소통의 도구로서만이 아니라 자신의 생각과 느낌 등을 일본어로 표현할 수 있는 기초능력을 기른다.

여섯째, 건전한 사고방식을 가진 민주 시민으로 자라는 바탕을 배양한다.

일곱째, 일본 문화의 이해를 통하여 국제화 시대에 능동적으로 대처할 수 있는 기초적 역량을 배양한다.

여덟째, 실업계 학생도 선택 과목으로 이수할 수 있도록 한다.

종래의 일본어 학습이 일본의 정보 흡수를 목표로 하여 수동적 학습으로 일관되어 왔던 것과는 달리, 구어 중심의 학습을 통해 인적 교류 및 국제화에 능동적으로 참여할 수 있는 능력 배양에 과목의 성격을 설정한 것이다.

다음으로 제6차 교육 과정에서의 일본어 교육의 두드러진 특징은 다음과 같다.

첫째, 교사 위주가 아닌 학생 중심의 일본어 교육이다.

둘째, 목표보다는 과정을 중시하는 교육이다.

셋째, 정확성보다는 유창성을 중시하는 교육이다.

넷째, 학생의 자율 학습을 중시하는 교육이다.

특히, 정확성보다 유창성을 중시한 점은 발음과 문법상의 오류에 개의치 않고 대화의 속도에 자신의 사고 속도를 맞춰 자연스럽게 대화에 참여하는 것을 의미한다. 정확한 일본어에 우선하여 대화의 흐름을 중시하고 대화에 보다 적극적으로 참여할 수 있도록 하는 데 중점을 둔 점이 이제까지의 일본어 교육 방향과 크게 달라진 점이라 하겠다.

4.2 제 7차 교육 과정에서의 일본어 교육의 성격과 특징[8)]

제7차 교육 과정의 중점적인 개정내용으로는 국민공통 기본 교육 과정의 편성, 학생선택 중심 교육 과정의 도입, 수준별 교육 과정의 도입, 재량활동의 신설과 확대, 학습량 최적화와 수준 조정, 교육 과정 평가 체제 확립, 창의성과 정보능력 배양에 있다.

외국어 교과목은 고등학교 2, 3학년에서 배우게 되는 일반 선택과목과 심화 선택과목으로 편성되었다. 일본어 I 은 기초적인 수준에서 의사소통능력을 기르는 일반 선택과목이고 일본어II는 다양하고 높은 수준의 의사소통 능력을 기르는 과정이다.

그리고 제7차 교육과정의 외국어과 전체적으로도 다음과 같은 지향점을 두고 개정 되었다.

목표면 - 건전한 인성과 창의성을 함양하는 기초 기본 교육의 충실

내용면 - 국제화 정보화에 적응할 수 있는 자기 주도적 능력의 신장

운영면 - 학생의 능력, 적성, 진로에 적합한 학습자 중심의 교육 실천

제도면 - 지역 및 학교 교육 과정 편성, 운영의 자율성 확대를 기본 방향으로 설정

좀더 구체적으로 보면 제7차 일본어 교육과정은 정보화, 세계화라는 시대적 사회적 요구를 반영하여 다음 사항에 중점을 두어 개발하였다.

4.2.1 제 7차 일본어 교육과정 개정의 중점 사항

(1) 교수・학습 분량의 적정화

제7차 교육과정에서는 제6차 교육과정에 비해 교수・학습 분량을 하향 조정하여 학생들의 수업 부담을 경감하도록 하였다. 학습 부담을 경감시키는 방법으로는 교육과정의 내용 중, 언어를 구성하는 언어재료 가운데서 실제로 학생들에게 가장 부담을 주는 학습어휘와 문법요소를 축소하였다. 사용 어휘의 경우 제6차에서 1400개 이던 것이 제7차에서는 900(기본어휘 수 833)어로 축소하였고, 다루지 않아야 할 문법요소들도 추가하였다.

(2) 의사소통활동 중심의 외국어 교육

외국어를 배우는 근본목적은 외국어 의사소통능력을 기르는 것이다. 의사소통능력이란 일반화자가 의사소통상황과 맥락에 맞도록 언어를 구사하는 능력으로 설명될 수 있다. 이러한 의사소통능력을 기르기 위해서는 제시된 의사소통기능과 그 기본표현을 의사소통활동 중심으로 습득하여야한다고 지적하고 있다. 의사소통활동이란 의사소통목표 달성을

8) 자세한 내용은 부록 「제7차 교육과정에서의 고등학교 일본어 교육 과정 해설」 참조 (p.348~407)

위해 수행하는 학습활동으로 듣기, 말하기, 읽기, 쓰기 활동을 중심으로 전개되는 학습활동을 의미한다. 의사소통 활동을 통하여 학생들은 언어 능력뿐만 아니라 의사소통 상황에 따라 적절히 언어를 사용할 수 있는 능력을 습득할 수 있다.

(3) 문화이해 교육의 중시

제6차와 비교하여 제7차 개정의 새로운 점은 문화이해 교육 중시라고 할 수 있다. 의사소통 능력의 습득을 목표로 하는 외국어 교육에서 문화 이해 교육이 매우 중요하므로 외국어 교육 과정 내용 체계 가운데 언어 재료에 문화 항목을 별도로 제시하였다.

인간이 가지고 있는 정신적(그림, 음악, 시, 소설, 종교, 철학, 사상 등)이고 물질적(의복, 건축물, 음식 등 가시적)인 세계를 포함하는 개념으로, 언어는 문화를 구성하고 전달하는 기본 조건이라 할 수 있다. 그러한 의미에서 문화 이해가 없는 언어 교육은 무의미하다. 앞에서도 언급했지만 언어교육의 궁극적인 목표가 의사소통능력의 습득에 있다고 볼 때, 의사소통능력은 언어지식뿐 아니라 사회, 문화에 대한 지식까지의 습득을 필요로 한다.

문화이해 교육의 내용에는 학생들의 흥미를 유발할 수 있는 소재를 다룰 것을 강조하였고, 외국인의 일상생활 문화를 폭넓게 다루되, 우리나라의 문화에 관한 것도 다루도록 하여 문화상대주의에 대한 의식의 중요성을 강조하였다.

(4) 학습자 중심 교수·학습 활동의 강조

학생들이 흥미를 가지고 수업에 참가 할 수 있도록 학습자 중심의 교수·학습 활동을 강조하였다. 학생들이 그룹 활동과 체험활동을 통하여 외국어에 자연스럽게 흥미를 가지고 접할 수 있도록 게임, 역할놀이, 과제 수행 등의 학습활동을 제안하였다. 이는 언어자체를 교수·학습하는 방법을 지양하고 언어를 도구로 활발한 의사소통활동을 하도록 유도하기 위함이다.

교사는 단지 가르치는 주체가 되어서는 안 되고 학생들의 의사소통 욕구를 불러일으키는 역할에 더욱 비중을 두어야 할 필요가 있으며, 경우에 따라서는 학생에게 필요한 정보를 제공해 주고 오류를 수정해 주는 모니터의 역할을 해야 한다. 이렇게 함으로써 교사는 학생들의 학습 과정을 관찰하면서 활동 도중에 학생들에게 필요한 부분을 보완해 줄 수 있다.

(5) 과목별 내용 체계의 유연성 강조

제7차 교육과정에서는 과목별로 목표, 내용, 교수·학습방법, 평가 등의 항목을 기술하는데 있어서 하위 체계를 통일하지 않고 과목의 특징을 살려 제시할 수 있도록 하였다. 예컨대 내용체계 가운데 언어재료에 있어서 프랑스어과와 일본어과는 언어학습의 우선 단위를 의사소통기능으로 보고, 이 의사소통기능을 습득하는데 필요한 언어적 요소들인 발음, 어휘, 문법 등은 2차적인 것으로 보고 있다. 반대로 독일어, 스페인어, 중국어, 러시아어, 아랍어는 언어 학습에 있어서 가장 작은 단위인 발음, 어휘, 문법의 순으로 제시하였다. 이는 과목별로 언어 학습의 방향과 언어요소 제시의 우선적 순서를 함축하고 있는 것으로 볼 수 있으며 과목별로 강조의 주안점이 다르다는 것을 알 수 있다. 또, 과목에 따라 기본 어휘표를 I, II로 구분하지 않고 통합 제시한 것 등이 과목의 특징을 살려 과목별 체제의 유연성을 강조한 예가 될 수 있다.

4.2.2 제 7차 일본어 교육과정의 특징

외국어로서의 일본어 교육의 주된 목표는 일본어에 의한 의사소통능력을 기르는 데에 있다. 제6차 교육 과정부터는 의사소통능력을 중심으로 한 실용성을 중시한 일본어 교육을 지향하고 있으며, 제7차 교육 과정에서도 의사소통능력 중시는 제6차와 동일하지만 문화의 이해와 상황에 맞는 언어 사용 능력의 신장을 더욱 강조하고 있는 점이 특징이다.

(1) 제7차 교육 과정에서의 두드러진 특징

① 교육 과정의 구조를 의사소통기능 중심으로 듣기, 말하기, 낭독, 읽기, 쓰기로 구성

② 문화이해를 강화하고 의사소통활동에 참여하는 태도 평가

③ 정확성보다는 유창성을 강조

④ 인터넷에 의한 일본어 정보 검색활동을 신설하였고, 멀티미디어 시설을 이용한 교수법 권장

⑤ 1,2 권 모두 음성언어 중심 교재 편성

⑥ 의사소통기능중심 학습체제 구축

⑦ 교사중심이 아닌 학생중심의 수업이 되도록 개편

⑧ 다양한 학습과정을 진단하고 평가하는 성취도 평가 및 수행평가 강조. 또한 말하기 듣기 중심 평가 필요성 제시

(2) 언어의 4기능 중심 의사소통 활동의 특징

의사소통 활동의 전개가 이해 활동과 표현 활동으로 구분되어 있던 제6차 교육 과정과는 달리, 제7차 교육 과정에서는 의사소통기능 중심의 학습체제를 구축하면서 종전의 듣기, 말하기, 읽기, 쓰기의 순서로 다시 환원되었는데 언어의 4기능을 통한 특성을 살펴보면 다음과 같다.

첫째, 듣기 활동은 들어 이해하는 청해 활동과 들은 대로 행동하기 및 상대방의 말을 듣는 태도 등으로 구성된다. 듣는 활동을 먼저 제시하는 것은 언어를 인지함에 있어 먼저 청각을 통해 청각 영상으로 형성하는 것이 시각 영상을 형성하는 것보다 효과적이기 때문이다.

둘째, 말하기 활동에서는 따라서 말하기와 자연스럽게 말하기를 강조하고 있고, 언어 행동과 관련된 문화적 특징을 알고 말하기와 여러 사람 앞에서도 자신 있게 말하는 활동을 주된 내용으로 하고 있다. 즉, 실제 언어 장면에 구체적으로 적용할 수 있는 말하기 학습을 제시하고 있는 것이다.

셋째, 읽기 활동에서는 종전의 '일본어 Ⅰ'과목이 구두 언어 중심으로 구성되었던 것과는 달리, 제7차 교육 과정에서는 읽기와 쓰기도 병행하도록 되어 있다. 제7차 교육 과정의 읽기 활동에 새롭게 추가된 학습활동은 요점 파악과 영상 문자의 독해 및 인터넷 검색 등이다. 독해에 있어서 문장의 부분적인 의미 이해보다 전체적인 요점을 파악하는 데에 중점을 둔 것이다. 특히, 인터넷 검색활동을 학습에 충분히 활용하여 정보검색에 흥미를 가지도록 하는 것도 중요하다.

넷째, 쓰기 활동은 문자를 바르게 쓰기, 듣고 받아쓰기, 의사소통 관련 쉬운 표현을 글로 적어 보기, 일본어로 전자 우편 보내기, 일본어로 일기 쓰기 등이다. 히라가나와 가타카나를 필순에 맞게 바르게 쓸 수 있도록 지도하되, 글자 지도는 초기에 집중적으로 실시하는 방법과 말을 배워 가면서 자연스럽게 익히게 하는 방법이 있다.

제6차와 제7차 고등학교 일본어 교육 과정 의 성격과 특징을 비교하여 표로 나타내면 다음과 같다.

<표 2> 6차와 7차 교육 과정의 성격 비교

제6차 교육 과정	제7차 교육 과정
일본어 Ⅰ · 이해 기능과 표현 기능을 고르게 기르되, 듣기와 말하기에 중점을 두어 의사소통 능력을 신장하는 기초 과정이다. 일본어 Ⅱ · 이해 기능과 표현 기능을 고르게 기르되, 읽기와 쓰기에 중점을 두어 의사소통 능력을 신장하는 '일본어 Ⅰ'의 심화 과정이다.	일본어 Ⅰ · 기초적인 듣기, 말하기, 읽기, 쓰기 기능을 가르쳐서 의사소통 능력을 배양하는 과목이다. · 일반 선택 과목이다. 일본어 Ⅱ · 기초적인 듣기, 말하기, 읽기, 쓰기 기능을 학습하여 좀더 심화된 의사소통 능력 습득의 토대를 마련하는 과목이다. · 우리 고유의 문화를 초보적인 수준에서 알리는 데 필요한 기초적인 의사소통 능력을 배양하는 과목이다. · 심화 선택 과목이다.

<표 3> 6, 7차 특징 비교

제6차 교육 과정	제7차 교육 과정
① 학생중심의 일본어 교육 ② 목표보다 과정을 중시하는 교육 ③ 정확성보다 유창성을 중시하는 교육 ④ 학생의 자율학습을 중시하는 교육	① 시각적 활동보다는 듣기 활동을 효과적으로 봄(듣기) ② 실제 언어 장면에 적용할 수 있는 말하기 학습 제시(말하기) ③ 읽기활동에서는 쓰기도 병행(읽기) → 인터넷 정보검색 학습도 중요히 봄 ④ 일본어로 일기쓰기, 전자우편 보내기 등(쓰기)

다음으로 제7차 고등학교 일본어 교육 과정에서의 일본어I과 일본어II를 비교하면 다음과 같다.

<표 4> 제7차 고등학교 일본어 교육 과정

<table>
<tr><th></th><th>일본어 I</th><th>일본어 II</th></tr>
<tr><td>성격</td><td>표 2와 동일</td><td>표 2와 동일</td></tr>
<tr><td>목표</td><td>쉬운 일본어를 이해하고 표현할 수 있는 기초적인 의사소통 능력을 기르며, 일본인의 일상생활에 대한 관심과 이해를 가진다.</td><td>언어와 문화에 대한 관심과 이해를 깊게 하여 국제 교류에 능동적으로 참여하는 태도를 가진다.</td></tr>
<tr><td>내용</td><td>의사소통(듣기, 말하기, 읽기, 쓰기)
언어재료(의사소통기능, 발음, 문자, 어휘, 문법, 문체, 문화)</td><td>일본어I보다 심화적이며 일본문화에 대한 관심을 높이기 위한 내용전개.</td></tr>
<tr><td rowspan="2">교수학습 방법</td><td colspan="2">수업의 전 과정을 의사소통 기능의 습득을 중심으로 구성함. 학생 개개인의 습득수준에 맞는 학습을 전개하도록 함. 일본인의 행동양식에 대한 이해를 깊게 할 수 있는 일상장면을 적극 활용한다.</td></tr>
<tr><td colspan="2">일본어I과 II는 교수학습방법 동일. II에서는 PC활용이 첨부됨</td></tr>
<tr><td rowspan="2">평가</td><td>요점파악 능력과 능동적 태도를 중심으로 평가</td><td>유창성 중심으로 일본어 구사능력 평가</td></tr>
<tr><td colspan="2">의사소통기능을 중심으로 언어의 4기능을 모두 평가하되 말하기와 듣기에 중점을 둠</td></tr>
</table>

제5절 교육 과정과 대학교의 일본어 교육

5.1 고등교육법과 대학교육

1997년에 고등교육법이 제정되기 전까지는 1949년 12월에 제정된 교육법에서 고등교육을 규정하고 있다. 법률 제 86호로 공포된 이 교육법에 나타난 고등교육 기관 중에서 오늘날 우리의 상식으로 고등교육 기관이라고 할 수 있는 기관의 유형은 '대학', '사범대학', '고등기술학교 전공과', 그리고 '각종학교' 4가지 유형이다.

최초의 교육법이 공포된 지 3개월도 안 된 1950년 3월 10일 제1차 개정학제가 공포되었고, 제1차 개정학제의 특징은 2년이었던 사범학교의 수업연한을 3년으로 하고, 초급대학제도를 도입하였다는 점이다. 이 때의 초급대학에는 중학교 졸업을 입학자격으로 하는 4년제 초급대학과 고등학교 졸업을 입학자격으로 하는 2년제 초급대학이 병존하였다.

그리고 1951년 3월 20일 실시된 제2차 개정학제는 초급대학의 수업연한을 2년으로 단축함으로서 6-3-3-4의 기간학제가 제도화되고, 고등교육과 중등교육의 경계가 점차 뚜렷해지기 시작했다

1963년의 제3차 개정학제 때에는 사범학교의 기능이 교육대학이라고 하는 고등교육기관에 맡겨짐으로서 중등교육과 대학교육의 기능분화가 좀 더 뚜렷해진 시기였다. 제3차 개정학제의 특징은 첫째, 사범학교제를 폐지하고, 초등학교 교원양성기관으로 2년제 교육 대학제를 도입하여 이 대학 입학자격을 고등학교 졸업으로 하였다는 점, 둘째, 2년제 사범 대학제를 폐지하고 중학교와 고등학교 교원양성은 4년제 사범대학이 맡게 하였다는 점, 셋째, 기술 인력의 수요에 부응하여 중견 산업기술 인력을 양성하기 위하여 중학졸업을 입학자격으로 하는 5년제의 "실업고등전문학교"제를 도입하였다는 점이다.

제4차 학제개정은 1968년 11월에 이루어지는데 이 학제의 특징은 국립대학 부설로 2년제 초급대학 수준의 방송통신대학이 신설되고, 초급대학 유형의 간호학교가 나타나고 있는 점이다. 이는 고등교육의 대중화 과정에서 나타난 과도적 현상으로서, 당시의 급증하는 초급대학 수요를 짐작케 한다. 제5차 학제개정은 1970년에 있었는데 이때는 초급대학 수준인 전문학교 제도가 도입된다. 그리고 이러한 초급대학 유형의 전성기는 1977년이 개정학제 때까지 지속된다.

1977년 12월에 공포된 제8차 개정학제에서는 초급대학, 실업고등전문학교 및 전문학

교가 전문대학으로 개편된다. 이러한 개편의 직접적인 이유는 초급대학과 실업고등전문학교에 대한 사회적 수요가 현격하게 줄어들어 더 이상의 존립이 어려웠기 때문이라고 생각한다.

그 後 1980년에 있었던 제9차 개정학제에서는 2년제 교육대학이 4년제로 승격 개편되고, 한 캠퍼스 내에서 초·중등 교사를 동시에 양성하는 종합 교원양성대학으로서 「한국교원대학」이 창설된다. 그리고 국립대학교 부설로 되어 있던 방송대학이 한국방송대학이라는 국립대학으로 분리하여 독립적인 학교체제로 발전하였고, 1981년부터는 4년제 학사과정으로 개편된다. 또한 1980년대 초 도입된 개방 대학은 졸업정원제로 중도 탈락한 학생들에게 계속교육을 받을 수 있는 기회를 부여하고 산업체가 요구하는 기술인력 양성을 위한 것이었다.

고등교육법은 1997년 12월 13일 법률 제5439호로 제정되어 그 역사가 짧은 편이다. 현재 고등교육법에 의한 고등교육기관의 종류에는 대학, 산업대학, 교육대학, 전문대학, 방송대학·통신대학 및 방송통신대학, 기술대학, 각종학교가 있으며, 이때 신설된 '기술대학'은 산업체에 근무하는 근로자를 대상으로 하는 초급대학 수준의 고등교육 기관이다.

세계화, 정보화, 지식기반 사회 속에 살고 있는 현대 사회에서 대학부설의 각종 사회교육원의 설치, 시간등록제도입, 가상대학의 운영 등은 새로이 시도되는 교육형태로 평생교육제도 기반의 일환이라고 볼 수 있다. 이러한 시도는 학점 은행제와 함께 앞으로 상당기간 동안 새로운 대학수요 창출에 막대한 힘을 발휘하게 될 것이다.

5.2 대학교의 일본어 교육

1946년에 서울대학교에서 일찍이 영어영문학과, 독어독문학과, 불어불문학과가 개설되었고 1954년에 한국외국어대학에 영어과, 독어과, 불어과 그리고 중국어과가 개설되었다. 그러나 1961년에 이르러 비로소 한국외국어대학에 일본어과가 개설되고 그 이듬해인 1962년에 현재의 서경대학교인 국제대학교에 일어일문학과가 개설되었다.

그 後, 1970년대에 들어서서 여러 대학에 일어일문학과와 일어교육과가 급격히 늘어났다. 한국대학교육협의회가 제시한 일어일문 관련학과의 교육목표를 살펴보면 첫째로, 일본어(학)와 문학, 그리고 일본의 역사와 문화에 대한 지식습득을 통해 교양과 지성을 갖춘 인간을 길러내는 것을 목표로 삼아야 한다. 둘째로 일본어학이나 일본문학, 더 나아가서는 일본의 역사와 문화에 대한 전문지식을 갖춘 인재 양성에 목표를 두어야 한다고 하고 있다.

각 대학마다 학과의 명칭에 따라서 그 지향하는 교육목표는 조금씩 다르기는 하나 대체로 전공과목의 교육에 중점을 두고 있는 듯하다. 현재 한국의 대부분의 대학에서는 졸업에 필요한 최저 학점을 140학점으로 설정하고 있고, 교양교육과 전공교육의 비율은 대학에 따라 차이가 있다. 대학의 일본어 교육에서 문제가 되는 것은 학문성과 실용성의 균형을 어떻게 유지해 나아가느냐에 있다. 현재는 대부분의 대학들에서 교양과목은 전체 이수학점의 30%정도 차지하고 있고 그 대부분의 학점을 저학년에서 취득하도록 되어 있다.

현재 4년제 대학 일본어 계열 학과의 종류에는 일어일문학과, 일본어과, 일어교육과, 일본학과, 일본어학과, 일어통역과 등이 있고 각 학과의 종류와 특성, 그리고 대학에 따라 개설 강좌에 차이가 있다.

대부분의 일본어 계열 학과는 1/2에 가까운 강좌를 어학 기능 과목에 할애하고 있어서, 언어 구사 능력 신장에 주력하고 있으며, 또 다른 주력 부분은 언어 이론과 문학 교과로 이 세 분야가 주력과가 되고 있다. 학과 종류별로는 일어일문학과의 문학 교과와 일본학과의 일본학 관련 교과의 비중이 큰 점과 통역과의 문학 강좌 비중이 낮은 점을 들 수 있다.

5.3 대학교 일본어 교육 교과 과정의 실례

고등교육법과 대학교 일본어과에 대하여 앞에서 살펴보았는데, 그러면 현재 일본어과의 교과 과정이 실제로 어떻게 편성되고 있는지 알아보기 위해서 부산외국어대학교 일본어학부의 교육 목적과 목표 그리고 전공 교과 과정을 실례로 들어보았다.

(1) 교육 목적

국제사회에서 능동적으로 활약할 수 있는 실무형 일본어 전문가 양성을 교육목적으로 한다.

(2) 교육 목표

세계화, 지방화, 정보화 시대를 맞이하여 사회 전반에 걸쳐 일본과의 관계가 심화 확대되어가고 있는 가운데 실용 일본어를 기본으로 한 통・번역교육과 일본언어문화(어학, 문학, 문화)에 대한 체계적인 교육을 통하여 한·일 양국의 상호관련 분야에서 능동적으로 활약할 수 있는 실무형 국제 전문인 양성을 목표로 한다.

(3) 세부교육 목표

가. 일본어통·번역 전문가 양성

- 통역 이론의 습득 및 다양한 통역 연습을 통한 통역 전문가를 양성한다.
- 독해 및 작문 능력의 향상과 번역 연습을 통한 번역 전문가를 양성한다.
- 문화 및 관광 지식의 습득과 일본어 표현 능력의 극대화로 관광관련 분야의 자격 취득을 목표로 한다.
- 컴퓨터를 활용한 정보 분석 능력의 배양과 무역 용어의 숙지를 통해 비즈니스 무역 전문가를 양성한다.

나. 일본 언어문화 전문가 양성

- 일본어학에 관한 특성을 이해하고, 일본어 연구 방법을 숙지함으로써 일본어학 전문가를 양성한다.
- 일본문학에 관한 기초이론 습득 및 문학작품의 이해와 감상을 통해 일본문학 전문가를 양성한다.
- 일본의 역사, 문화 및 지역사정 전반에 대한 이해를 통해 일본지역 전문가를 양성한다.
- 일본어 학습 이론 및 지도 이론을 습득함으로써 일본어 교육 전문가를 양성한다.

이상과 같은 교육 목적과 교육 목표에 따른 일본어학부의 교과 과정과 교육 목표 체계도는 다음과 같다.

<2005학년도 일본어학부 교과 과정>

<table>
<tr><th>학년</th><th>교과구분</th><th>일본어통번역전공</th><th>일본언어문화전공</th></tr>
<tr><td>1</td><td>학부기초
(필수)
9/9</td><td colspan="2">(1) 기초일본어Ⅰ (2) 기초일본어Ⅱ
(1) 기초일본어회화Ⅰ (2) 기초일본어회화Ⅱ
(1) 일본어발음연습 (2) 일본어와진로</td></tr>
<tr><td>2</td><td>학부공통
15/15</td><td colspan="2">(1) 초급일본어회화Ⅰ (2) 초급일본어회화Ⅱ
(1) 일본어독해 (2) 일본어문법
(1) 초급일본어작문 (2) 중급일본어작문
(1) 일본역사와 문화 (2) 일본어워드프로세스와인터넷
(1) 시청각일본어 (2) 일본한자</td></tr>
<tr><td rowspan="2">3</td><td>전공기본
6/6</td><td colspan="2">(1) 중급일본어회화Ⅰ (2) 중급일본어회화Ⅱ
(1) 일본지역사정 (2) 일본영화의 이해와 감상</td></tr>
<tr><td>전공심화
12(6)/12(6)</td><td>(1) 시사일본어
(1) 관광일본어
(2) 비즈니스일본어회화
(2) 한일번역연습
(1) 홈스테이일본어 *
(2) JPT 일본어 *</td><td>(1) 일본어학개론
(1) 일본문학개론
(2) 일본어 교육입문
(2) 일본문학작품의이해와감상
(1) JLPT/EJU 일본어 *
(2) 인턴쉽일본어 *</td></tr>
<tr><td rowspan="2">4</td><td rowspan="2">전공심화
9(6)/9(6)</td><td colspan="2">(1) 고급일본어회화Ⅰ (2) 고급일본어회화Ⅱ</td></tr>
<tr><td>(1) 한일통역연습
(2) 한일문장구역
(1) 노트테이킹연습 *
(2) 일본지역문화탐방 *</td><td>(1) 한일다문화커뮤니케이션
(2) 일본지역과언어
(1) 한일비교문학 *
(2) 한일대조언어학 *</td></tr>
<tr><td>계</td><td>102(24)</td><td>51(6)/51(6)</td><td>51(6)/51(6)</td></tr>
</table>

주) ① *으로 표시한 과목은 편성과목으로 계절학기나 격년제 등으로 개설 예정인 교과목임.
② 1학년 2학기 <일본어와 진로>는 팀티칭으로 운영함.
③ 학부기초과정과 학부공통과정 중 언어의 4영역(읽기/듣기/말하기/쓰기) 과목은 공동 교재를 사용한 연계교육으로 운영함.

◀ 2005년도 교육 목표 체계도 ▶

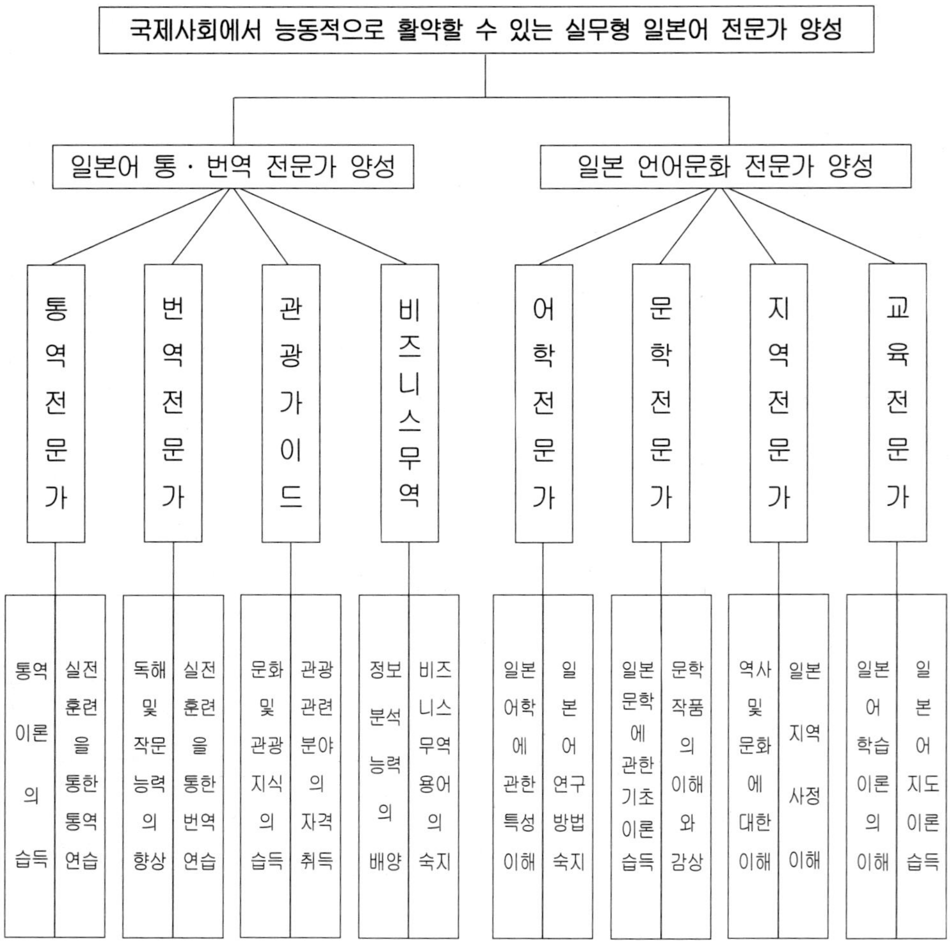

부산외국어대학 일본어학부는 2006년도부터 일본어대학으로 새롭게 태어난다. 국제사회에서 능동적으로 활약할 수 있는 실무형 일본어 전문가 양성이라는 교육 목표 아래 일본어 통번역 전공, 일본 언어문화 전공, 호텔관광 일본어 전공, 비즈니스 IT 일본어 전공으로 전공이 세분화 되며 각 전공의 특성에 맞는 체계적인 교육이 이루어지게 된다.

2006년도 이후의 일본어대학의 교육 목표 체계도는 다음과 같다.

◀ 2006년도 교육 목표 체계도 ▶

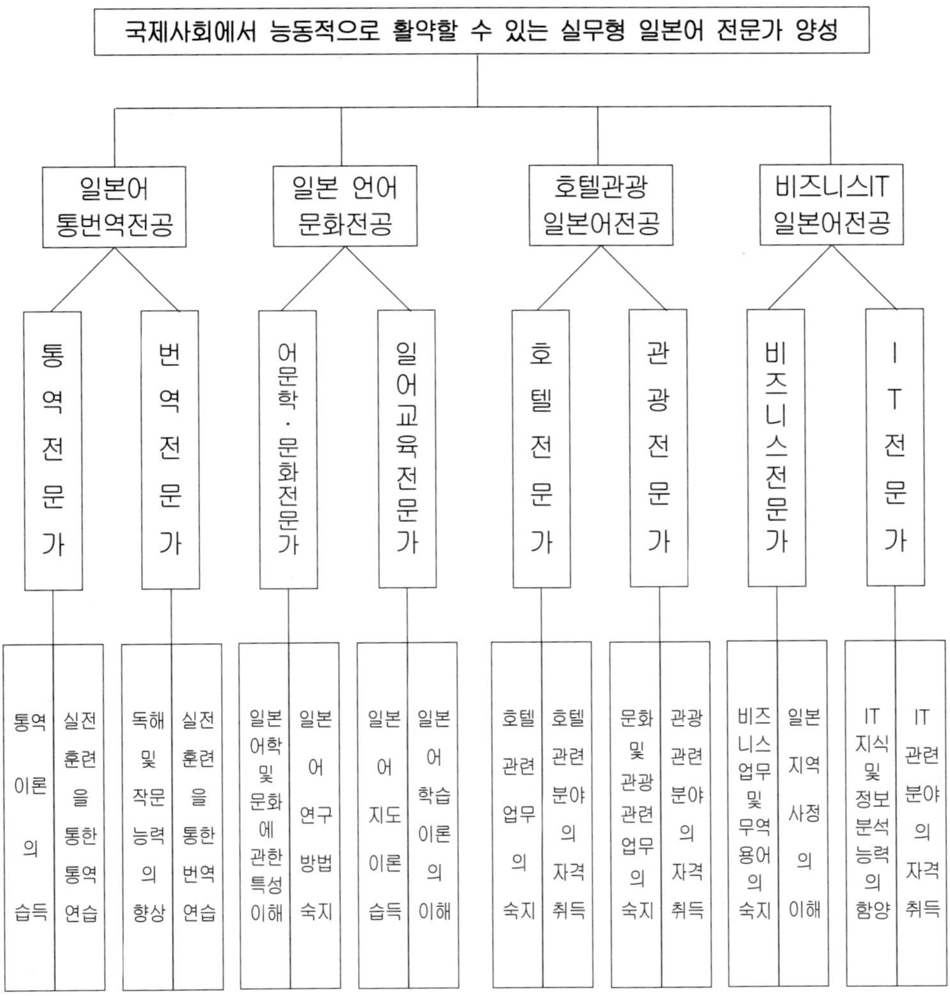

과제1

교육 과정의 유형에는 어떠한 종류가 있으며 그 특징을 서술하시오.

과제2

제7차 교육 과정은 문화이해를 강조하고 있다. 문화이해 교육의 구성상 유의점은 무엇인가?

과제3

제7차 교육 과정의 고등학교 일본어에서 듣기 활동에 새롭게 추가된 학습 활동은 무엇인가?

과제4

제6차, 제7차 교육 과정의 기본 어휘 수 및 사용 어휘 수를 조사하고 어휘 지도상의 유의점에 대해 알아보자.

(鄭起永(じょんきよん)・羅福順(なぼくすん))

【참고도서】

교육부 (2000)『고등학교 교육 과정 해설 -⑫외국어-』교육부 고시 1077-15호

교육인적자원부 중학교 교육 과정 해설 5 (외국어(영어),재량활동한문,컴퓨터,환경,생활), 대한교과서(주)

구평회 편 (2003)『교육학』도서출판 신수서원

김경희외 3인(2001)『교육학』학지사

김대현 김석우(2002)『교육 과정 및 교육평가』학지사

김숙자(1994)「韓国의 日本語教育의 現況과 課題 -대학의 실태를 중심으로-」,『日語日文学研究』第25輯, 韓国日語日文学会

김효자외 2인(1999)『교사용지도서 일본어Ⅰ』지학사

박부권(1998)『대학유형별 발전추세』동국대학교

유지원(2003)『희소전공 일본어』도서출판 열린교육

이덕봉(1998)『日本語教育의 理論과 方法』시사일본어사

이명희・정희영(2004)『일본어교과교육의 이론과 실제』책사랑

http://www.kncis.or.kr/(교육과정 정보 서비스)

제4장 일본어 교육과 음성학

일본어 교육과 음성학

音声学(phonetics)は、現実の発音を研究する学問である。舌をどう動かし、口をどう開くかというような、具体的なことがらが考察の対象となる。こうした知識は現場の発音の指導に直接応用できる。黒板に図を書いて舌の位置を示したり、「口の開き方をもう少し大きく」など具体的な指示を与えたりすることができるようになるのである。音声に関わる研究として、もうひとつ音韻論という分野がある。音声学と音韻論は別のものであるが、日本語教育では一括して扱っている。学問的な厳密さを欠くが、日本語教育の実状に合わせて、ここでもその両方をとくに区別なく述べることとする。

제1절 음성학이란?

언어는 사람의 생각이나 감정을 표현하고 전달하는 데 쓰이는 가장 중요한 수단이다. 사람이 의사소통의 수단으로 사용하는 말소리를 음성이라고 한다. 즉 인간이 자신의 의사나 사상을 전달하기 위하여 음성기관을 이용하여 발화되는 음이라 할 수 있다. 그러나 음성기관을 사용하더라도 딸국질이나 재채기처럼 생리적이거나 반사적인 것은 음성이라고는 하지 않는다.

음성을 과학적으로 연구하는 분야를 음성학이라 하고 언어음의 구조와 체계를 연구하는 분야를 음운론이라고 한다.9) 그러나 이 두 분야는 대립적인 것이 아니며 상호보완적이고 매우 밀접한 관계에 있다. 최근에는 음성학과 음운론을 접목시켜 음성을 객관적으

9) 음운론(音韻論)은 음소(音素)의 체계와 악센트 등을 연구하는 언어학의 한 분야로, 말의 의미를 구별하는데 유효한 음적(音的) 단위를 설정하는 것을 목적으로 한다. 예를 들면, 「雨」라는 말을 할 때 /a/라는 음은 개인차, 건강상태, 정신상태, 장면 등에 따라 음성학적으로는 여러 가지 음(音)으로 나타날 가능성이 있다. 그렇지만 커뮤니케이션상에서는 「雨」로서 통용된다. 그것은 음의 차이가 의미의 차이를 나타내지 못하기 때문이다. 음운론은 이러한 「음의 차이」나 「의미의 차이」와의 관련을 설명하기 위하여 생겨난 것이다. 음운론에서는 의미를 구별하는데 필요한 음의 최소단위를 음소(音素)라고 하며 / /로 나타낸다. 『はじめての日本語教育』(1997)アスク講談社 p.67

로 철저하게 분석한 다음에 이를 바탕으로 언어음의 구조를 체계화하고 이론화하려는 움직임이 점차 일반화되어 가고 있다.

제2절 음성기호

음성학에서 각각의 구체적인 발음을 표시할 때는 특별한 기호를 사용한다. 그것은 일반적으로 「발음기호」라고 하며 정식으로는 「음성기호」라고 한다. 이것은 영어학습에서 자주 들어 익숙해진 말이기는 하지만 우리가 영어를 배우기 위해서만 필요한 것은 아니다. 어떤 언어의 발음이라도 나타낼 수 있고 또 널리 국제적으로 통용되고 있는 것을 「국제음성기호」라고 하는데 그 영어명인 International Phonetic Alphabet의 머리글자를 따서 「IPA」라고도 한다. 그것을 표기할 때에는 통상적인 알파벳과는 다르다는 것을 밝히기 위해 [ ]라는 기호 안에 넣어서 표시한다. 예를 들면 「か行」의 자음 발음은 [k]가 된다.

다음은 국제음성기호를 표로 나타낸 것이다.

국제음성기호(IPA)

<모음>

	前舌		中舌		後舌
狭	i y		ɨ ʉ		ɯ u
		ɪ ʏ		ʊ	
半狭	e ø		ɘ ɵ		ɤ o
			ə		
半広	ɛ œ		ɜ ɞ		ʌ ɔ
	æ		ɐ		
広	a ɶ				ɑ ɒ

※ 기호가 2개인 것은 오른쪽이 원순음, 왼쪽이 비원순음.

<자음>

	両唇音	唇歯音	歯音	歯茎音	後部歯茎音	反り舌音	硬口蓋音	軟口蓋音	口蓋垂音	咽頭音	声門音
破裂音	p b		t d			ʈ ɖ	c ɟ	k g	q ɢ		ʔ
鼻音	m	ɱ	n			ɳ	ɲ	ŋ	ɴ		
震え音	ʙ		r						ʀ		
弾き音			ɾ			ɽ					
摩擦音	ɸ β	f v	θ ð	s z	ʃ ʒ	ʂ ʐ	ç ʝ	x ɣ	χ ʁ	ħ ʕ	h ɦ
側面摩擦音			ɬ ɮ								
接近音		ʋ	ɹ			ɻ	j	ɰ			
側面接近音			l			ɭ	ʎ	ʟ			

※기호가 2개인 것은 오른쪽이 유성음, 왼쪽이 무성음. 회색으로 채워진 부분은 조음이 불가능한 것으로 생각되는 부분.

出典: フリー百科事典『ウィキペディア（Wikipedia）』http://ja.wikipedia.org/wiki/

국제음성기호는 로마자 소문자를 기본으로 하고 부족한 것은 로마자를 변형하여 만든 기호를 사용하며 원칙적으로 하나의 음성을 하나의 기호로 표시하고 있다.

제3절 모음 · 자음 · 반모음

언어에서의 음(音)은 크게 모음(母音)과 자음(子音)으로 구별된다.

모음(vowel)은 발음할 때에 폐에서 입 밖으로 내보내지는 숨의 흐름이 아무런 방해도 받지 않는 음이다. 예를 들면 [a]라고 할 때 입을 크게 벌리고 발음을 한다. 이 때 숨의 흐름을 방해하는 것은 없다.

한편 자음(consonant)이란 숨의 흐름이 어떤 방해를 받는 것이다. 예를 들면 [p] 라는 발음을 할 때 반드시 양 입술을 다물지 않으면 안 된다. 입을 닫고 숨의 흐름을 한 번은 차단하고 있는 것이다.

또 [s]라는 발음을 할 때는 혀가 윗 앞니 뒤쪽에 닿을 정도로 접근해서 굉장히 좁은 틈을 만든다. 그 틈새로 숨이 흘러나갈 때의 발음이 [s]라는 음인 것이다. 이와 같이 자음에서는 숨이 흐르는 길을 폐쇄하거나 좁게 하는 등의 방해가 동반된다.

반모음(semi-vowel)이란 모음과 자음의 중간이다. 숨의 흐름에 다소의 방해를 받지만 그리 큰 방해는 아니다. 구체적인 예를 들면 [w]이다. 이 발음을 하기 위해서는 입술을 둥글게 해야 한다. 그 때문에 숨의 흐르는 길은 다소 좁혀져 있기는 하지만 극단적으로 좁아진 것은 아니다.

3.1 모음

모음을 분류하는 방법에는 여러 가지가 있으나 입 속에서의 혀의 고저, 전후 그리고 입술을 오므리고 폄에 따른 입술 모양을 기준으로 분류하는 것이 일반적이다.

즉 입이 벌어지는 정도, 혀의 위치, 그리고 입술을 둥글게 하는 정도가 있는지 없는지의 3가지 요소로 결정된다. <그림1>에 나타나 있는 것이 음성학에서 기본모음(cardinal vowels)을 나타낸 그림이다.

세로는 입이 열리는 정도를 나타낸다. 아래로 갈수록 입이 열리는 정도가 크다. 따라서 [i]는 입이 열리는 정도가 가장 작고 [a]는 입을 가장 크게 열어 발음한다는 의미다.

좌우는 혀의 위치를 나타낸다. 왼쪽으로 갈수록 혀의 앞쪽에서 발음된다. 왼쪽의 세로선 위에 놓여진 모음은 모두 혀가 앞에 위치할 때의 모음이므로 「전설모음(前舌母音)」이라고 한다. 이에 반해 오른쪽으로 갈수록 혀는 뒤쪽으로 끌어당기듯이 발음된다. 오른쪽의 세로선상의 모음은 「후설모음(後舌母音)」이다.

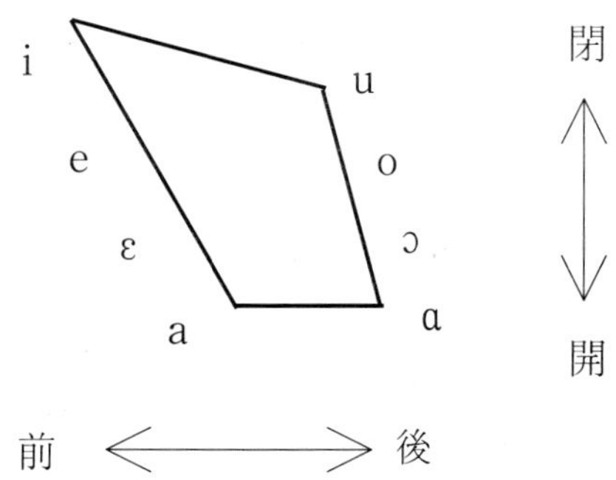

<그림1> 기본 모음

일본어 모음은 [a] [i] [u](엄밀히 말해서 [ɯ][10]) [e] [o]의 5가지이다. 위의 그림에서 나타난 모음을 모두 사용하는 것은 아니다. 따라서 일본어의 모음을 나타내기 위해서는 위의 사각형을 간략화하여 다음과 같은 삼각형 그림을 사용해서 나타내는 경우가 많다.

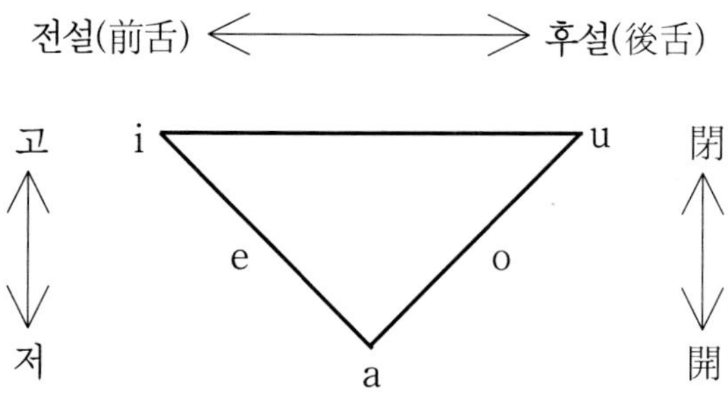

<그림2> 일본어 모음

일본어 모음을 입술 모양, 혀의 위치, 혀의 높이에 따라 정리하면 다음과 같다.

10) 한국어의 「우」는 원순모음이지만 일본어의 「ウ」 는 비원순모음이므로 입술을 둥글게 하여 발음하지 않도록 해야 한다.

<일본어 모음의 입술모양, 혀의 위치, 혀의 높이>

모음	입술모양	혀의 위치	혀의 높이
あ [a]	비원순	후설	저
い [i]	비원순	전설	고
う [ɯ]	비원순	후설	고
え [e]	비원순	전설	중
お [o]	원순	후설	중

3.2 자음

자음은 위에서도 말한 것처럼 숨의 흐름이 어떤 방해를 받는 음이다. 따라서 자음을 결정하는 요소는 그 숨의 흐름을 방해하는 장소와 방해하는 방법, 그리고 성대(声帯)의 진동여부 등의 3가지이다.

3.2.1 **조음점(調音点)**

숨의 흐름에 방해를 주는 장소를 「조음점」이라고 하는데 먼저 입 안에서 그 장소를 가리키는 명칭을 알아야 한다. 입 안의 각 부위의 명칭은 다음과 같다.

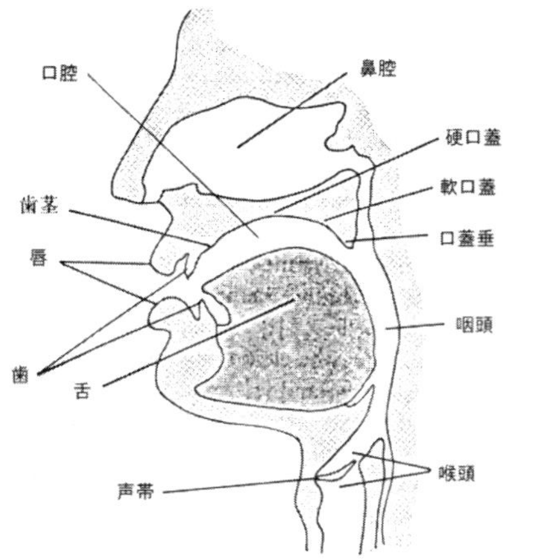

口腔 (oral cavity) 구강
鼻腔 (nasal cavity) 비강
唇 (lips) 입술
歯 (teeth) 이
歯茎 (alveolar ridge) 잇몸
舌 (tongue) 혀
硬口蓋 (hard palate) 경구개
軟口蓋 (soft palate) 연구개
口蓋垂 (uvula) 구개수
咽頭 (pharynx) 인두
喉頭 (larynx) 후두
声帯 (vocal cord) 성대
声門 (glottis) 성문

<그림3> 음성기관과 각부의 명칭

자음은 조음점이나 조음방법을 기준으로 분류할 수 있는데 먼저 조음점에 의한 분류를 보기로 하자. 예를 들면 [p]는 윗입술과 아랫입술의 접촉에서 조음이 되므로 「양순음(両唇音)」이라고 한다. 마찬가지로 [b]와 [m]도 양순음에 속한다.

조음점을 기준으로 한 자음에는 양순음 이외에 치조와 설단의 접촉에서 조음되는 치경음, 경구개와 설면의 접촉에서 조음되는 경구개음, 연구개와 설근의 접촉에서 조음되는 연구개음, 호기가 후두의 성문을 나오며 미끄러지는 소리인 성문음 등이 있다.

3.2.2 조음법(調音法)

음을 만드는 방법을 「조음법」이라고 한다. 조음법의 종류에는 몇 가지가 있는데 그 주된 것은 아래와 같다.그리고 각각의 조음법에 따라 발음을 할 때 성대를 진동시키는 경우와 그렇지 않은 경우가 있다. 성대의 진동을 동반한 音을 「유성음(有声音)」이라고 하고 그렇지 않은 音을 「무성음(無声音)」이라고 한다. 예를 들면 か行에서의 자음 [k]는 무성음이고 が行에서의 자음 [g]는 유성음이다.

성대의 진동여부는 손가락을 가볍게 목에 대고 발음해 보면 쉽게 판단할 수 있다. 그래서 성대가 진동을 하고 있으면 손가락 끝에 미세한 떨림이 전해져 온다. 진동하고 있지 않으면 그런 감각은 없다.

조음법에 따라 자음을 분류하면 다음과 같다.

① 폐쇄음(閉鎖音)또는 파열음(破裂音)

일단 숨의 흐름을 차단했다가 막힌 숨을 단숨에 내뿜는 音을 말한다. 숨의 흐름을 차단한다는 점에 주목하면 폐쇄음이라 하고, 그 후에 파열하듯이 숨을 내뿜는 다는 점에 주목하면 파열음이라고 불려진다.

무성음에서는 ぱ行의 자음 [p], た・て・と 의 자음 [t], か・く・こ의 자음 [k] 등이 있고 유성음에서는 ば行의 자음 [b], だ・で・ど의 자음 [d], が行의 자음 [g] 등이 있다.

② 마찰음(摩擦音)

마찰음은 기류(気流)가 겨우 빠져나갈 정도의 매우 작은 틈을 이루어 그 사이로 새어나오는 음이다.

무성음에서는さ・す・せ・そ의 자음 [s]와 し의 자음 [ʃ] 등이고 유성음에서는 ざ・ず・ぜ・ぞ의 자음 [z]와 は・へ・ほ의 자음 [h] 등이다.

③ 파찰음(破擦音)

파열에 이어서 마찰이 일어나서 나는 음이다. 무성음에서는 つ의 자음 [ts] 와 ち의 자음 [tʃ] 등이고 유성음에서는 ず／づ (語頭)에서의 ず [dz] 와 じ의 [ʤ] 등이다.

④ 비음(鼻音)

비음은 정지음과 같이 기류(気流)통로가 완전히 막히나 연구개를 약간 내려뜨리고 그 뒤로 빠져 비강(鼻腔)을 자유롭게 통하여 나오는 음이다.

모든 유성음이 이에 해당되는데 예를 들면 [m], [n] 등이 있다.

3.3 반모음

반모음은 모음과 자음의 중간적인 성격을 가진 음이라 할 수 있는데 단독으로는 나타나지 않으며 항상 모음을 동반하므로 반모음이라 불린다. 바로 뒤에 오는 모음으로 이동하여 가는 음이므로 이동음이라고도 하며 접근음이라고도 하는데 지속시간이 매우 짧은 것이 특징이다. 일본어의 반모음은 ヤ行의 [j] 와 ワ行의 [w] 의 두 가지이다.

다음 표는 일본어의 자음과 반모음을 조음점과 조음법에 따라 분류하여 나타낸 것이다. 11)

11) 이 표는 高見沢孟 監修 (1997)『はじめての日本語教育』アスク講談社 p.74를 참고하여 만든 것이다.

<일본어 자음과 반모음의 조음점과 조음법>

調音法＼調音点		両唇音	歯(茎)音	歯茎硬口蓋音	硬口蓋音	両唇・軟口蓋音	軟口蓋音	口蓋垂音	声門音
破裂音	無声音	P	t				k		ʔ
		ぱ行	た, て, と				か行		
	有声音	b	d				g		
		ば行	だ, で, ど				が行		
摩擦音	無声音	ɸ	s	ʃ	ç				h
		ふ	さ, す, せ, そ	し	ひ				は, へ, ほ
	有声音		z	ʒ					
			ざ, ず, ぜ, ぞ	じ (語中)					
破擦音	無声音		ts	tʃ					
			つ	ち					
	有声音		dz	dʒ					
			ず	じ (語頭)					
鼻音	有声音	m	n		ɲ		ŋ	N	
		ま行	な, ぬ, ね, の		に			ん	
はじき音	有声音		ɾ						
			ら行						
半母音	有声音				j	w			
					や, ゆ, よ	わ			

※점선 아래는 그 음에 해당하는 일본어 자음과 반모음을 나타낸 것이다.
예를 들면 p는 ぱ行의 ぱ、ぴ、ぷ、ぺ、ぽ 발음시 나타나는 음이다.
아울러 위 표에서 각 자음의 특징을 성대진동의 유무, 조음점, 조음법으로 살펴볼 수 있는데, [p]는 성대진동을 동반하지 않는 무성음이며, 소리를 만들어내는 조음점에서 보면 양순음이다. 그리고 조음방법에서 보면 양 입술에 의해 숨이 일순 차단되었다가 터져나오는 폐쇄음(파열음)이다.

제4절 음소 · 음절 · 박

4.1 음소

발음은 사람에 따라 각각 미묘하게 다르다. 예를 들면 「ら行」자음 하나만 보더라도 모든 사람들이 완전히 같은 발음을 하는 것은 아니다. 혀를 굴리는 발음도 있는가 하면 영어의 [l]에 가까운 발음도 있다. 여러 발음이 있지만 그것은 모두 「ら行」자음으로 인식된다. 우리들이 말을 들을 때는 「ら行 자음」이라는 하나의 형태로 보고 각각의 발음을 그 형태에 맞추어서 이해하고 있는 것이다. 이렇게 해서 정리된 음의 추상적인 형태가 「음소(音素)」이다. 음소를 나타내는 기호를 음소기호라 한다. 이것은 음성기호와는 다른 것으로 / / 라는 기호 안에 넣어 구별한다. 예를 들면 「ら行」자음의 음소는 /r/로 표시한다.

하나의 음소가 현실에서 발음되는 경우에는 여러 다른 음으로 나타난다. 그 하나하나의 다른 음을 이음(異音)이라 부른다. [r] 도 [l] 도 /r/의 이음이다.

어떤 음이 같은 음소의 이음인가, 혹은 다른 음소에 속한 것인가를 판단하기 위해서는 바꿔 넣어서 의미가 변하는지에 대한 여부를 보면 된다. そら(空 : 하늘)는 [sora] 로도 [sola] 로도 의미가 변하지 않지만 [soba] 로는 다른 의미, 즉 면류의 「そば」가 되어 버린다. 따라서 [b] 는 /r/의 이음 아니라 별도의 음소/b/에 속한 음이라는 말이다.

이와 같이 そら [sora] 와 そば [soba] , かく [kaku] 와 さく [saku] 와 같이 하나의 음의 대립만으로 의미의 구별이 되는 단어의 짝을 최소대립항(最小対立項 : minimal pair)이라고 부른다.

일본어 음소는 총 23개인데 모음 음소, 자음 음소, 반모음 음소, 특수 음소별로 나타내면 다음과 같다.

1) 모음 음소 : /i/ /e/ /a/ /o/ /u/
2) 자음 음소 : /p/ /b/ /t/ /d/ /c/ /k/ /g/ /s/ /z/ /h/ /r/ /m/ /n/
3) 반모음 음소 : /j/ /w/
4) 특수 음소 : /N/ /Q/ /R/

4.2 음절

음절(音節)이란 「단음 또는 음소보다 한 단계 상위의 음성학적 단위」또는 「그 언어의 화자가 그 이상 구분해서 발음할 수 없는 음성의 단위」라고 할 수 있는데 청각적으로 경계가 느껴지는 말소리의 기본 단위이다.

일본어의 음절은 거의 대부분이 모음으로 끝난다. 모음으로 끝나는 음절을 「개음절(開音節) : open syllable」이라고 하며 자음으로 끝나는 음절은 「폐음절(閉音節 : closed syllable」이라고 한다. 일본어에서 폐음절은 촉음(促音) 「っ」과 발음(撥音) 「ん」으로 끝나는 것뿐이지만 한국어나 영어에서는 폐음절이 많이 나타난다. 예를 들면 한국어에서의 감 [kam]이나, 신문 [sinmun], 영어에서의 hot [hɔt]이나 take [teik] 등등 많은 예를 들 수 있다.

4.3 박 (拍 · モーラ)

일본어 연구에서 음절이라는 것이 자주 거론되는데 일본어의 감각의 기초가 되고 있는 것은 박(拍)이라는 단위이다. 일본어의 박(拍)이란 「시간적으로 거의 같은 길이로 발음되는 가나 한 글자(요음의 경우는 두 글자)에 해당되는 말소리의 단위」라고 할 수 있다. 하이쿠(俳句)[12]에서 「五・七・五」라는 것은 음절 수가 아니라 사실은 박이며 특수박이라 불리는 장음, 촉음, 발음(撥音)도 각각 1박(拍)이다. 예를 들면 「がっこう (学校)」라는 단어의 음절수는 2가지 [gak]과 [ko :]이다. 그러나 이 단어를 하이쿠에 맞추어 읽어가기 위해서 손꼽아 헤아릴 때는 「が・っ・こ・う」의 4개가 된다. 이것이 박(拍)의 수이다.

「音節 =拍 」이라고 제시하고 있는 책도 있지만 이 두 개는 엄연히 다른 것이므로 음절의 다른 명칭이 박(拍)이라고 오해해서는 안 된다.

예) <박(拍)과 음절수>

단어	박(拍)	음절
たてもの (建物)	た · て · も · の (4)	た · て · も · の (4)
せんせい (先生)	せ · ん · せ · い (4)	せん · せい (2)
いっぱい (一杯)	い · っ · ぱ · い (4)	いっ · ぱ · い (3)
しょくじ (食事)	しょ · く · じ (3)	しょ · く · じ (3)

12) 일본고유의 단시로 5·7·5의 3구 17음으로 이루어진다.

제5절 악센트 · 억양 · 프로미넨스

5.1 악센트 (accent)

일본어의 악센트는 어떤 부분을 높게 발음하거나 낮게 발음하는 것에 의해 표시된다. 올리고 내리는 변화 속에서 가장 중요한 것은 높은 부분에서 낮은 발음 부분으로 변하는 곳이다. 이것을 악센트의 폭포(滝 : 타키)라고 하며 이것만 나타내면 기본적으로 일본어 악센트를 나타낼 수가 있다.

이에 반해 영어 등의 악센트는 단어 안에 있는 음절을 강하게 발음하는 것에 의해 표현된다. 이것을 강약 악센트(stress accent)라고 한다.

악센트의 차이에 따라 의미의 차이가 생기는데 이렇게 의미의 차이를 나타낸다는 점에서 보면 악센트가 음소와 같은 역할을 한다고 볼 수 있다. (【음소】 절에서 말한 바와 같이 「空」와 「そば」의 차이를 가져오는 것은 음소/r/과 음소/b/의 차이다).

따라서 악센트도 음소의 일종이라고 생각하고 이것을 「초분절음소(超文節音素 : superasegmental phoneme)」라고 하기도 한다.

일본어 악센트의 두 가지 커다란 특징은 다음과 같다. 13)

1) 한 단어 및 한 문절(文節)에서는 첫째 박과 둘째 박은 높이가 반드시 다르다.

예 : 「わたし(私)」「かんこく (韓国)」「にほん (日本)」

2) 한 단어 및 한 문절(文節)에는 높은 박(의 연속)이 한 곳 밖에 없다. 즉, 높은 박으로부터 한 번 낮은 박으로 이동하면 다시 올라가지 않는다.

예 : 「かんこくが (韓国が)」 (×) → 「かんこくが (韓国が)」 (○)

다음으로 악센트는 두 가지 기능을 가진다.

1) 단어의 변별(弁別)기능

악센트는 단어 안의 일부를 두드러지게 해서 의미의 차이를 나타낸다.

예 : 「あめ (雨)」 와 「あめ (飴)」, 「はし (箸)」와 「はし (橋)」

13) 한일일어일문학회 (2004)『NEW NETWORK 1』시사일본어사 p.94

그러나 모든 동음이의어(同音異議語)를 악센트로 구별할 수는 없다.

2) 통어(統語)기능(단어의 경계를 나타내는 기능)

통어기능이란 문장에서 어디까지가 하나의 단어 또는 문절의 덩어리인가를 정하는 기능이다. 여기서는 악센트에 따라서 문장의 의미가 달라지기 때문에 악센트가 통어기능을 가진다는 것을 알 수 있다.[14)]

예 : それはわたしが　もうしました。　(もう、しました)

それはわたしが　もうしました。　(申しました)

5.2 억양 (intonation)

하나의 문장을 말하면 그 말에는 멜로디와 같은 발음의 고저(高低)변화가 동반된다. 문장 음조(音調)의 오름과 내림을 인토네이션(イントーネーション)이라고 한다. 예를 들면 의문문에서는 문장의 말미(末尾)가 높아진다.

인토네이션은 문장의 형태에 따라서도 다르지만 또한 각각의 언어에는 특유의 인토네이션이 있다. 억양이 다르면 의미는 통하지만 왠지 부자연스러운 느낌이 난다. 외국인 같은 말투라는 인상을 주는 한 원인으로 일본어답지 않은 인토네이션을 들 수 있다.

5.3 프로미넨스 (prominence)

문장 안에서 어떤 사실을 강조하고 싶은 경우에는 그 부분을 강하게 발음해서 두드러지게 한다. 두드러지게 표현한 부분을 프로미넨스라고 한다.

예를 들면 「**どこ**へ行きますか」라는 질문에 대하여 「**学校**へ行きます」라고 대답할 경우, 「どこ」와 「学校」부분을 강하게 발음하게 되는데 이런 경우에 「どこ」와 「学校」가 바로 프로미넨스에 해당한다.

---

14) 예문인용 : 田中真一・窪薗晴夫(1999) 『日本語の発音教室』くろしお出版 p.57

제6절 그 외의 영역

음성학이라는 학문은 이론을 이해하는 것만으로는 충분하지 않다. 실제로 음성기호를 보고 스스로 그 발음을 해보아야 한다. 또한 다른 사람의 발음을 듣고 그것이 어떤 종류의 음인가, 악센트는 어디에 있는가 등을 알아내는 능력을 익혀두어야 한다. 그러기 위해서는 전문가에게 소수의 인원으로 훈련을 받을 수 밖에 없다. 그러한 기회가 주어지지 않는 경우에는 최소한 테이프를 이용해서라도 음성에 대한 감각을 키워나가야 한다.

위에서 기술한 것은 발음에 중점을 둔 조음(調音)음성학(articulatory phonetics)이다. 여기에서는 다루지 않았지만 음파를 분석하고 음의 특징을 파악하는 음향(音響)음성학(acoustic phonetics)도 있다. 이것에는 기계가 필요한데 최근에는 기기의 발달에 의해 이 분야는 눈부신 진보가 있었다. 일본어 발음연습에도 이러한 기기의 이용을 생각할 수 있다.

(桜井(さくらい) 隆(たかし))

과제1

일본어의 음소에는 어떠한 것이 있는지 알아보자.

과제2

일본어 자음 하나하나에 대해 실제로 발음할 때의 조음점(調音点)과 조음법(調音法)을 설명할 수 있도록 해보자.

과제3

'促音' '撥音' 은 구체적으로 어떤 발음인가를 생각해 보자.(어떤 경우에도 하나의 정해진 발음을 하고 있다는 것은 아니다)

【참고도서】

小泉保 (1993)『言語学入門』大修館書店
城生佰太郎 (1988)『音声学』(テープ付き) アポロン社
高見沢孟 監修 (1997)『はじめての日本語教育』アスク講談社
田中真一・窪薗晴夫(1999)『日本語の発音教室』くろしお出版
中条 修 (1989)『日本語の音韻とアクセント』
服部四郎 (1984)『音声学』(テープ付き) 岩波書店
文化庁 (1971)『音声と音声学』(日本語教育指導 参考書1) 大蔵省印刷局
マルンベリ(1970)『音声学』白水社 (クセジュ文庫)
한일일어일문학회 (2004)『NEW NETWORK 日本語 1』시사일본어사

제5장 일본어 교육과 언어학

일본어 교육과 언어학

言語学は、言語とはなにかを研究する、独立した学問である。言語に関することならおよそすべてが研究対象になる。ここではそのなかから、日本語教育に直接関係ある分野にしぼって概説する。分野を限定するにあたっては、日本語教育能力検定試験の出題範囲に従った。

この章の全体を通して、とくに重要な視点がふたつある。日本語をユニークな存在であるとはじめから決めてかかるのではなく、世界の諸言語のなかでどのような位置にあるのかを客観的に考察すること。もうひとつは、人間の言語に共通の特徴を理解することである。

제1절 언어학이란?

언어학(Linguistics)이란 인간이 사용하는 언어에 대한 과학적인 연구를 하는 학문이라고 정의할 수 있다. 언어학에서의 연구대상은 언어의 본질, 단위, 구조뿐만 아니라 각각의 언어에 대해 그 언어의 음성, 문법, 의미 등을 연구하며 나아가 언어연구의 방법, 음성언어와의 관계, 언어의 보편성 문제 등도 그 대상으로 삼고 있다.

모든 언어에 공통되는 특징에서 벗어나 각각의 구체적인 언어를 연구하기 위해서는 그 언어를 자세하게 분석해 보게 된다. 언어학에서는 '음운론 · 형태론 · 통어론 · 의미론' 으로 나누어 연구하는 것이 일반적이다. 이 네 가지 분야에 대해 간단히 알아보자.

먼저 음성에 관한 「음운론(phonology)」을 살펴보자. 음운론은 말의 의미를 구별하는데 유효한 음적(音的) 단위를 설정하는 것을 목적으로 하는 연구 분야이다. 지금까지의 언어학에서는 음성을 중시하고 있다. 언어를 학습할 때는 문자에 많이 의지하지만 문자는 사라져도 언어는 존재할 수 있다. 예를 들면 아이누어(アイヌ語)는 문자를 가지고 있지 않지만, 입에서 입으로 전해짐으로써 언어는 존재해 왔다. 따라서 문자보다도 음성 쪽이 보다 기본적이며 중요하다고 할 수 있는 것이다.

다음으로 「형태론(morphology)」에 대해 살펴보면 형태론이란 의미를 가진 최소의 단위인 형태소(morphoneme) [15]를 연구하는 분야이다. 단어(word)는 의미를 가진 최소의 단위는 아니다. 예를 들면 '*夕焼け*'라는 것은 해질 녘에 서쪽 하늘이 붉게 되는 현상을 가리키는 하나의 단어인데 이 단어는 다시 '*夕*'와 '*焼け*'로 분리할 수 있다. 이 각각의 의미를 가진 최소의 단위를 '형태소'라고 한다.

다음으로 「통어론(또는 통사론 syntax)」은 문장 중의 말(단어)의 배열과 문장의 구조를 밝히려는 분야이다. 예를 들면 일본어에서는 동사가 가장 마지막에 온다는 것 등도 이 분야의 연구 대상이 된다.

위의 두 가지 즉, 형태론과 통어론을 통합한 것이 보통 문법(grammar)이라고 불려지는 것이다. 또한 일반 어학 교육에서 취급하는 문법 내용은 대부분이 형태론이며 통어론이 차지하는 비율은 얼마 되지 않는다. 일본어 교육에서도 어순을 의식적으로 설명하는 일은 적은 것 같다.

다음으로 「의미론(semantics)」은 말(단어)의 의미, 말과 말의 의미관계, 관용구 등에서의 구(句)의 의미를 연구하는 분야이다. 즉 단어, 문장, 담화 등 언어의 각 레벨에 대한 의미를 연구대상으로 한다. 예를 들면 「話す」 「言う」 「しゃべる」라는 세 단어가 가지는 의미의 차이는 다르다. 또한 「足が出る」의 경우, 말 그대로 발이 밖으로 나오다라는 뜻도 있지만 관용구로서의 의미는 달라진다. 의미론은 이러한 의미들이 어떻게 결정되며 이해되는지에 관한 연구 분야라고 할 수 있다.

이렇게 보면 언어학이 독립된 학문인 것 같은 생각이 들지만 고립해서 존재하는 것은 아니다. 언어학이 독자적으로 발전하면서 다른 학문의 성과를 받아들임으로써 언어학 연구를 더욱 발전시킬 수 있다. 언어학과 관련된 학문으로서 사회언어학(Sociolinguistics), 심리언어학(psycholinguistics), 컴퓨터언어학(computational linguistics) 등이 있다.

---

15) 형태소란 의미를 가진 언어의 최소 단위라 할 수 있다. 예를 들면, 「本」이나 「箱」등의 단어는 그 이상 작은 단위로 나눌 수 없으므로 하나의 형태소이다. 「本箱」는, 「本(ほん)」과 「箱(はこ)」라는 두 개의 의미로 나눌 수 있으므로 두 개의 형태소로 되어 있다. 또한, 「箱(はこ)」과 「箱(ばこ)」의 경우 음은 다르지만 의미적으로는 같으므로 하나의 형태소로 보고 「箱(ばこ)」는 「箱(はこ)」의 이형태(異形態)라고 한다.

제2절 언어의 본질

일본어든 영어든 혹은 아라비아어든 간에 일반적으로 인간의 언어라면 모든 것에 공통되는 특징이 있다. 이것은 인간의 언어란 어떠한 것인가에 대한 대답이기도 하다. 즉, 언어의 본질을 밝히는 것이라고도 할 수 있겠다. 지금까지 위대한 언어학자가 고찰해 온 것 중에서 대표적인 것을 몇 개 들어보겠다.

2.1 언어의 자의성

소쉬르(Saussure)는 『일반언어학강의』에서 여러 가지를 기술하고 있는데 그 중의 하나로 「언어의 恣意性(arbitrariness)」이라는 것이 있다.

언어는 기호(記号)의 일종이다. 기호의 개념은 모든 언어의 바탕에 깔려 있으며 기호로서의 언어를 언어기호라 부른다. 언어기호는 음성과 같이 형식적 측면을 구성하는 것과 그것이 연상시켜주는 개념으로 구성되어 있다. 소쉬르는 전자를 씨니피앙(シニフィアン · 기호표현), 후자를 씨니피에(シニフィエ · 기호내용)라고 말하고 있다.

예를 들어 우리가 책상이라는 낱말을 들었을 때, 우리가 들은 소리는 물질적인 표현, 즉 기호표현에 해당되며 그것이 연상시켜주는 이미지(개념)가 기호내용이다. 그런데 이 관계는 필연적인 이유에 의한 것은 아니다. 예를 들면 교실에서 책이나 노트를 펴는 받침대를 우리는 '책상'이라고 칭하지만, 그것을 'つくえ'라고 하지 않으면 안 되는 필연성은 없다. 일본어 사회에서는 그것을 'つくえ'라고 하는 습관이 되어 있기 때문에 그렇게 부르고 있는 것일 뿐이다. 다른 언어 사회에는 다른 이름이 있다. 예를 들면 영어를 사용하는 나라에서는 그것을 'desk'라고 한다. 이와 같이, 표현하는 것(음)과 표현되는 것(의미)의 관계에 필연성이 없다는 것을 언어의 자의성이라고 한다. 이것은 언어의 본질적인 특징의 하나이다.

2.2 이중분절

프랑스의 언어학자 마르치네는 「二重分節(double articulation)」이라는 개념을 들고 있다. 문장은 먼저 여러 개의 의미를 가진 단위(형태소)로 나누어진다. 다음에 그 의미를 가진 단위는 다시 발음 단위(음소)로 나누어진다. 이와 같이 2단계로 분해할 수 있는 것이 인간 언어의 특징이라는 것이다. 분명히 동물의 울음소리 등은 인간의 말과 매우 비슷한 기능을 하지만 2단계로 분리되지는 않는다.

의미에 따라 몇 개의 부분으로 나눌 수 있는 것을 제1차 분절, 나누어진 부분들을 각각의 의미와는 관계없이 음의 단위로 나눌 수 있는 것을 제2차 분절이라고 한다. 예를 들면, hanagasaita (花が咲いた) 라는 문장은 hana-ga-saita의 세 부분으로 나누어진다. 그 각각은 다시 h-a-n-a, g-a, s-a-i-t-a라는 음의 단위로 나눌 수 있다.

유한한 요소(분절단위)들이 순환적으로 반복 적용되어 문장을 생성해 내는 이러한 이중분절의 존재는 인간 언어의 중요한 특징을 이루고 있다.

2.3 랑그(langue)와 파롤(parole)

소쉬르는 언어는 랑그와 파롤이라는 두 가지 측면을 가지고 있다고 하였다. 우리가 실제 사용하고 있는 개인적이며 구체적인 발화를 파롤이라고 하는데 이 개인적인 발화에 의미 부여를 해주어 발화행위를 가능하게 하는 추상적 체계를 랑그라고 하였다.

파롤은 개인적인 발화이므로 연령, 성별, 직업에 따라 각기 다를 수 있다. 이러한 차이가 있음에도 불구하고 우리들이 커뮤니케이션이 가능한 것은 모어화자는 공통적이고 추상적인 체계인 랑그를 가지고 있기 때문이다. 즉, 우리가 말을 할 때 그 발화행위가 상대방에게 이해되기 위해서는 구성원 모두가 공유하는 그 언어의 사회적 관습이나 약속, 즉 어휘나 문법체계 등이 있어야 한다. 랑그란 바로 그러한 언어규칙이자 사회의 약속이다.

즉, 우리는 우리들 언어의 음운체계, 어휘체계, 단어체계나 문법체계 등에 관한 지식이 없으면 상대방과 의사소통을 할 수 없다. 말을 이해시키려면 상대방과 그 언어의 코드를 같이 해야 하기 때문이다.

소쉬르에 따르면 과학으로서의 언어학 연구는 무한한 발화 행위인 파롤에 대한 연구가 아니라 한정된 수의 랑그, 즉 체계에 대한 연구가 되어야 한다는 것이다.

2.4 언어의 생산성

언어의 또 하나의 커다란 특성 중의 하나로 촘스키 이론에서 말하는 언어의 「生産性(productivity)」이라는 것이 있다. 언어에서 만들어질 수 있는 문장의 수는 무한대이다.

그러나 언어는 문장을 만드는 제한적이고 일관적인 법칙을 가지고 있다. 우리들은 이러한 법칙을 알고 있으며 이러한 법칙을 새로운 문장을 만들고 다른 사람이 사용한 문장을 이해하는데 적용할 수 있다. 예를 들면 우리들은 지금까지 읽은 적도 들은 적도 없는 문장을 이해할 수 있다. 분명히 매일 아침 펼쳐보는 신문 기사에 있는 하나하나의 단어는 이전부터 알고 있는 것이지만 그 문장은 처음으로 읽는 것이다. 그런데도 우리들은 당황하는 일도 없이 그것을 이해할 수 있을 뿐만 아니라 상황에 따라 그 장소에서 필요한 문장을 새롭게 만들어 낼 수 있다. 즉, 무한히 많은 수의 문장을 몇 개의 요소를 결합시켜 표현 할 수 있다는 것이다.

이러한 창조성이 인간 언어의 특징이라는 것이다. 여기에 따르면 '일본어를 할 수 있다'는 것은 그때 그때의 각기 다른 장소에서 상대가 말하는 새로운 일본어 문장을 이해하고 스스로도 문장을 만들어 낼 수 있다는 것이다. 그러므로 몇 개의 정해진 문구를 통째로 암기하고 있는 것만으로는 '말을 할 수 있다'라고는 할 수 없다.

언어학 이론 중 변형생성문법(変形生成文法)이론은 이러한 인간 언어의 특성, 즉 지금까지 한번도 들어보지 못한 문장을 발화하고 이해할 수 있는 능력을 형식화하는 것을 그 목표로 하고 있다.

제3절 비교 언어학 · 대조 언어학

3.1 비교 언어학

「비교 언어학」은 유럽의 언어를 근원으로 해서 발달했다. 따라서 우선 일본어에서 벗어나 유럽언어를 예로서 설명하는 것이 좋겠다.

세계에는 약 3000 내지 5000개의 언어가 존재하는데 이들은 아무런 관련도 없이 존재하는 것은 아니다. 어떤 언어와 어떤 언어는 서로 비슷하다. 예를 들면 영어와 독일어에서는 유사한 단어가 쉽게 발견된다.

영어	독일어	영어	독일어
better	besser	brother	Bruder
foot	Fuss	feather	Feder
water	Wasser	other	ander

이들은 전체적으로는 아주 비슷하지만 자세히 보면 규칙적인 대응관계가 있는 것을 알 수 있다. 단어의 밑줄 친 부분에 주목하기 바란다. 영어에서 t, th인 것은 독일어에서는 각각 s, d이다. 이와 같은 대응관계를 '음운대응(音韻対応)'이라고 한다.

이러한 규칙적인 대응이 존재하는 것은 단순한 우연은 아니다. 영어도 독일어도 예전부터 존재한 공통 선조의 언어에서 뻗어 나왔다고 생각된다. 이 공통 선조의 언어를 '공통조어(共通祖語)'라고 한다.

이와 같이 두 개 이상의 언어를 비교해서 그 유사에서 음운대응을 찾아내고 언어 관계를 밝히는 학문을 비교 언어학(比較言語学)이라고 한다.

역시 '비교'와 뒤에서 기술하는 '대조'는 다르다. 언어학에서 말하는 '비교'라는 것은 공통의 조어를 가졌다고 생각되는 두 개 이상의 언어를 비교해서 음운대응을 찾아내고자 하는 경우에만 사용된다.

비교하는 단어는 무엇이든지 다 되는 것은 아니다. 예를 들면 일본어 'セ-タ-'와 영어 'sweater'는 비슷하다고 해도 비교 언어학에서는 아무 의미도 없다. 일본어 セ-タ-는 처음 영어에서 도입된 외래어이기 때문에 비슷한 것은 당연하다. 이와 같은 유사는 일본어와 영어가 공통 선조에서 뻗어 나왔다는 증거는 되지 않는다.

비교해야 할 것은 기본적인 단어이다. 예를 들면 친족의 명칭(「父」「母」등) 또는 기본적인 동사(「行く」「食べる」등)이다. 왜냐하면 이러한 말은 그 언어 본래의 것이 많고 외래어와 같이 외부요소가 깊숙이 파고 들어가는 경우가 극히 드물기 때문이다.

3.2 대조 언어학

일본어 교육의 현장에서 가장 도움이 되는 것이 「대조 언어학」일 것이다. 그날 그날의 수업에서 바로 응용할 수 있는 분야이다.

'대조'도 '비교'도 모두 두 가지 이상의 언어를 비교하는 것이다. 그러나 그 목적은 다르다. 비교는 '비교 언어학' 단락에서도 서술한 바와 같이 음운대응을 찾고 언어계통을 밝히는 것이다. 따라서 비교해야 할 언어는 같은 계통에 속할 것으로 예상되는 언어이다. 일본어와 영어처럼 분명히 계통이 다른 언어는 처음부터 비교의 대상이 되지 않는다.

한편 '대조'라는 것은 각각의 언어가 어떻게 다르며 같은 점은 무엇인가를 밝히는 것이다. 비교하는 언어는 어떤 언어라도 좋다. 영어와 일본어를 비교하면 여러 가지 점에서 차이가 분명해 질 것이다. 또 일본어와 한국어를 비교하면 이 두 언어 사이에 많은 유사점이 있다는 것이 밝혀질 것이다. 유사점을 정리해 가면 그것은 유형론으로 이어진다.

외국어를 배울 때 자신이 사용하는 말과 다른 사항이나 개념은 이해하기 어렵다. 예를 들면 일본어의 'あげる'와 'くれる'는 영어를 쓰는 사람에게는 양쪽 모두 'give'이기 때문에 차이를 이해하기는 어렵다. 학습자 입장에서는 일본어의 어떤 점이 어려운가를 인식하기 위해서 외국어와 일본어의 차이를 정확하게 파악해 두지 않으면 안 된다.

학습자의 말과 일본어에는 차이가 있음에도 불구하고 무의식적으로 자신의 모어(말)의 영향을 받아 실수해 버리는 경우가 있다. 예를 들면 중국인의 '歷史と関係あるの遺蹟'이라는 일본어에서는 'の'가 필요 없는 것이다. 이것은 중국어의 '历史有关系的遗迹'를 직역했기 때문에 잘못된 것이다. '我的大学'은 '私の大学'로 바꾸어도 괜찮지만, '的'이 항상 'の'로 번역되는 것은 아니다. 습득할 목표언어에 모어의 영향(특히 나쁜 영향)이 나타나는 현상을 '간섭'이라고 한다. 이러한 경우에 자신의 모어(말)의 영향으로 틀렸다는 사실을 설명해 주면 이해가 잘 될 것이다. 왜 틀렸는가를 밝히는 분석작업을 '오용분석'이라고 하는데 대조 언어학은 오용분석에 유력한 단서를 줄 수 있다.

대조 언어학이라고 하면 언어의 상이점을 부각시킨다는 측면만이 강조되는 경향이 있는데 유사점을 아는 것도 중요하다. 외국어를 배울 때 자신의 언어와 비슷한 점은 곧 배울 수 있다. 예를 들면 한국어를 모국어로 하는 사람에게는 'は'와 'が'의 적절한 사용은 그다지 어렵지 않다. 일본어 'が'는 한국어의 '이/가', 'は'는 '은/는'에 해당된다는 것을 알면 자신의 말인 한국어에 기초해서 그것을 활용시키는 일이 가능할 것이다. 물론 양자에 미묘한 차이는 있으나 영어를 말하는 사람들처럼 'が'와 'は'의 차이가 전혀 이해가 안 되는 일은 없을 것이다.

일본어 교육에서 필요한 것은 일본어와 일본어를 배우는 학습자 언어와의 대조이다. 따라서 일본어교사는 일본어뿐만 아니라 학습자의 언어에 관해서도 다소 소양을 가지는 것이 바람직하다. 이것은 직접법으로 가르치는 경우에도 필요한 지식이다. 특히 일본어 학습자가 많은 나라의 말(한국어, 중국어 등)에 대해서는 최소한의 지식 정도는 갖추어 두어야 할 것이다.

제4절 계통분류 · 유형론

4.1 계통분류

비교 언어학 연구를 하면 여러 언어가 어떤 조어(祖語)에서 뻗어 나와 생성되었는가의 관계가 밝혀진다. 이것을 근거로 세계의 언어를 분류할 수 있다. 이것이 「계통분류」이다. 어떤 공통조어에서 뻗어 나온 언어 그룹의 총칭을 어족(language family)이라 칭한다.

또한 그 중의 어떤 언어에서 다시 갈라진 하위그룹을 어파(language group)라고 말한다. 계통분류는 특히 유럽계 언어에 관해서 가장 잘 정리되어 있다. 그것은 인도 언어와도 관련이 있기 때문에 이 언어 그룹 전체는 인도 · 유럽어족 (印欧語族)이라고 한다.

다음은 각 어족에 속하는 언어를 나타낸 것이다.

① 인도 · 유럽어족

로망스 어파 포르투칼어 · 스페인어 · 프랑스어 · 이탈리아어

게르만 어파 영어 · 독일어 · 네덜란드어 · 덴마크어 · 스웨덴어

슬라브 어파 러시아어 · 폴란드어 · 불가리아어 · 체코어

인도 · 이란 어파 페르시아어 · 힌디어

② 알타이 어족 16)

몽골어 · 터키어

③ 중국 · 티벳 어족

중국어 · 티벳어 · 태국어 · 미얀마어

④ 오스트로 · 아시아 어족

베트남어

여기에서 주의해야 할 것은 사용하는 문자의 종류와 계통 분류는 관계가 없다는 것이다. 문자는 그 언어의 본질과는 관계없이 교체 가능한 것이다. 예를 들면 일본어는 한자와 かな를 섞어 쓰는 것이 보통이지만 그것을 로마자로 쓸 수도 있다. 그러나 사용하는 문자를 바꾸어 본 것일 뿐이며 일본어는 일본어이다. 로마자로 쓴다고 해서 유럽 언어에 가까워지는 것은 아니다.

---

16) 한국어의 계통에 관해서는 여러 가지 설이 있으나 알타이어족에 속한다고 보는 것이 일반적이다.

또 중국어나 한국어를 말하는 사람들은 일본어 교육에서는 '한자계'라는 말로 일괄되는 경우가 많으나 언어 계통이 같다는 것은 아니다. 중국・티벳어족 안에 한국어는 들어있지 않다. 중국어는 전혀 다른 문자를 가진 태국어 등과 같은 어족으로 분류되고 있다.

4.2 유형론 (タイポロジー)

다음으로 언어를 그 계통과는 관계없이 단순히 형식상의 유사함에 따라 분류하려는 연구가 있다. 그러한 경우에 어떠한 형식에 따르는가에 따라 여러 가지 유형론을 생각할 수 있다. 가장 넓게 알려져 있는 것은 형태소 타입에 따른 분류이다. 여기에는 고립어, 교착어, 굴절어를 생각할 수 있다.

4.2.1 고립어

고립어란 어미의 변화나 접사의 활용이 없이 낱말 자체는 아무런 변화가 없이 전후 분절적으로 고립하여 있으며 개념을 나타내는 말의 어순이나 위치에 따라 문법적 관계를 나타내는 언어로서 중국어, 타이어 등이 이에 속한다.

我愛你 (나는 당신을 사랑합니다.)

이 예문의 주어는 '我'이지만 주어라는 문법 기능은 어순에 의해 나타나 있다. 동사 앞에 있는 명사 (또는 대명사)가 주어이며 동사 뒤에 있는 명사 (또는 대명사)가 목적어인 것이다. 일본어의 '私は'의 'は'나, 'あなたを'의 'を'에 상응하지 않는다.

위의 예문에서 '我'와 '你'의 위치를 바꿔 넣으면 주어와 목적어의 관계는 바뀌어 버린다.

你愛我 (당신은 나를 사랑합니다)

각각의 대명사의 어형은 변화시키지 않고 'は'나 'を' 등의 조사와 결합한 경우도 없다. '我'・'你'이라는 단어 하나하나가 단독으로 그대로 사용되고 있기 때문에 '고립어'라는 것이다.

이 타입에 속하는 것은 타이어, 베트남어, 티벳어 등이다.

4.2.2 교착어

교착어는 문법적 기능을 어간과 어미의 결합연속에 의해 나타내는데, 어미변화가 굴절어와 같이 밀접하지 않아 쉽게 분리해 낼 수 있으며 어간 안의 변화도 거의 없다. 한국어,

일본어 및 우랄알타이어족이 이에 속한다.

私は あなたを 愛しています。

이 예문에서 주어는 '私'이다. 그러나 주어라는 문법 기능은 조사 'は'에 의해 나타내어진다. 이 대명사와 조사의 결합은 강해서 마치 아교로 달라붙어져 있는 것 같기 때문에 '교착어'라고 하는 것이다.

전술한 바와 같이 한국어, 터키어, 몽골어, 핀란드어 등 대부분의 언어가 이 언어에 속한다. 그러므로 일본어는 독특한 존재라기보다는 전형적인 교착어라 할 수 있겠다.

4.2.3 굴절어

굴절어는 어형과 어미의 변화로써 낱말이 문장 중에서 차지하는 여러 가지 관계를 표시하는 언어로 라틴과 희랍어 및 유럽의 여러 언어들이 이 유형에 속한다. 여기에서 말하는 '굴절'이라는 것은 어형변화라는 의미이다. 영어의 I-my-me 라는 격변화나 go-went-gone 과 같은 동사의 시제에 따른 변화는 모두 '굴절'이다.

I love you.

이 문장에서 I는 '나'라는 의미와 '주어'라는 문법 기능 두 가지를 가지고 있다. 그러나 어디까지가 '나'이고 어디까지가 '주어'라는 문법상의 역할을 나타내고 있는가는 분리할 수 없다.

또 주어와 목적어를 바꾸어도 그대로는 문법적으로 바른 문장이 되지 않는다.

You love I.

위의 문에서 '나'가 목적어인 것을 나타내기 위해서는 I의 어형을 바꾸지 않으면 안 된다. 결국 1인칭 대명사를 '굴절'시킬 필요가 있는 것이다.

You love me.

me는 '나'와 '목적어'를 나타내고 있다.

이러한 타입의 언어가 굴절어이다. 이 타입에는 라틴어, 러시아어 등 유럽 언어의 대부분이 이 언어에 속한다.

이상과 같이 언어는 위의 특징 중 어느 것이든 하나만을 가지고 있는 것은 아니다. 순수한 고립어나 순수한 교착어 등은 존재하지 않는다. 많든 적든 그 특징 중 어느 것인가를 다 가지고 있다. 단지 전체로서 어느 경향이 강한가에 의해 나누어지고 있는 것이다.

언어 외의 면에 주목해서 분류하는 것도 가능하다. 예를 들면 어순이다. 주어(S)・목적어(O) · 동사(V)가 어떠한 순으로 나타나는가를 분류 기준으로 한다. SVO (주어-동사-목적어)라는 어순을 취하는 언어에는 영어나 중국어 등이 있다. SOV (주어-목적어-동사) 어순은 일본어뿐만 아니라 한국어, 터키어, 핀란드어, 타미르어 등 많은 언어에 보인다.

4.2.4 일본어의 위치

그러나 세계의 모든 말이 계통에 따라 분류되어 있는 것은 아니다. 어떤 어족에 속하는지 알 수 없는 언어도 많다. 그 중에서 가장 계통 불명으로 알려진 언어가 바로 일본어다. 그러나 전혀 어떤 단서도 없는 것은 아니다.

일본어는 알타이어족과 어느 정도는 관계가 있다고 생각된다. 왜냐하면 몇 개의 공통된 특징이 있기 때문이다. 예를 들면,

① 명사 뒤에 조사가 붙는 구조를 가진다.
② 동사는 문장의 가장 뒤에 온다.
③ r로 시작되는 단어가 없다(일본어의 ラ行音으로 시작되는 말은 모두 외래어나 한자어로 순수한 일본어 〔和語〕는 없다).

영어와 독일어처럼 일본어와 음운대응을 가진 언어는 발견되지 않았다. 비교 언어학 이론에서는 음운 대응이 발견되지 않으면 같은 계통의 언어로 인정할 수 없는 것이다.

또한 일본어는 한국어와 꽤 밀접한 관계에 있다고 말할 수 있다. 왜냐하면 문법이 아주 비슷하기 때문이다. 어순은 대부분 그대로이며 한 마디 한 마디 기계적으로 바꿔 넣으면 거의 완벽한 번역이 가능하다.

일본어와 한국어는 그 외에도 공통되는 요소가 있다. 바로 한자어이다. '会社' '自動車' '駅' 등 완전히 같은 어형이 많다. 발음은 다소 다르지만 이것도 그대로 응용이 가능하다. 따라서 한국어를 할 수 있는 사람은 일본어 문법이나 많은 단어를 고생해서 배울 필요가 없다.

발음 면에서는 일본어가 남태평양 언어와 아주 비슷하다고 한다. 구체적인 예를 들면 인도네시아어나 필리핀의 타갈로그어 등이다. 두 언어 모두 모음 수는 다섯 개이며 음절은 모음으로 끝나는 음절(개음절)이 많다. 자음 수도 그다지 많지 않다. 이러한 특징은 일본어와 남태평양 섬들의 언어(아우스토로네시아 어족의 여러 언어)와 어떠한 관계가 있다는 것을 말해주는 것이라 할 수 있다.

세계의 언어 중 일본어는 계통불명이며 독립된 존재이기는 하다. 그러나 다른 언어와

아주 동떨어져 있는 것은 아니다. 공통된 특색을 가진 언어는 일본 주변에 어느 정도 있다.

그와 같은 공통성이 있는 언어를 모어로 하고 있는 사람들은 일본어 실력 향상이 빠르다. 마찬가지로 일본인도 한국어나 알타이계의 여러 언어를 배우는 경우에는 문법에서 그렇게 고생하는 경우는 없을 것이다. 자신의 언어와 매우 흡사한 외국어를 배우는 것은 쉬운 일이다. 일본어가 독특한 언어이며 외국인에게는 배우기 어렵다고 하는 것은 근거 없는 말이다. 그것은 단순한 생각에 지나지 않는다. 물론 일본어에는 독특한 특징이 있다. 그러나 그것을 가지고 일본어가 특별나다고 한다면 세계의 모든 언어가 특별나다라는 말이 될 것이다.

제5절 사회언어학

5.1 경어

언어의 가장 중요한 기능은 다른 사람과의 커뮤니케이션이라 할 수 있다. 사람과 사람의 네트워크가 사회를 만들고 말(언어)은 그 속에서 사용되고 있는 것이다. 따라서 말과 사회와의 관계를 연구하는 것은 매우 중요하고 할 수 있다. 「사회언어학」은 말과 사회와의 관계 및 구체적인 장면에서의 언어사용 방법을 연구대상으로 하는 분야이다.

사회언어학이 활발해진 것은 비교적 최근의 일이지만 국어학자는 그 이전부터 이런 종류의 문제에 관심을 기울여왔다. 대인관계나 사회생활 속에서 말이 어떻게 구분되어 사용되고 있는가라는 연구는 국어학의 한 분야가 되었고 그것은 '언어생활'이라는 이름으로 불려지고 있다. 사회 언어학에서의 경어를 예로 들어 보자.

일본어에서는 경어처럼 대우에 따라 구분해서 사용해야 하는 말이 있기 때문에 이 분야가 중요시 된다. 경어는 상대와 자신과의 관계에 따라 사용방법이 정해지므로 언어와 사회의 관계를 밝혀두지 않으면 안 되는 것이다.

그러나 경어라는 것은 일본어 특유의 것은 아니다. 일본어에는 '食べる'에 대해 'めしあがる'라는 표현이 있지만 똑같이 한국어에도 '먹다'에 대해 '잡수시다'라는 말이 있다. 또 자바어에는 더 복잡한 경어체계가 존재한다.

경어를 일본어에만 나타나는 현상이라고 생각해서 이것을 일본어가 더 독특하고 외국인에게는 어렵다고 생각하는 것은 오해이다. 필요한 것은 상대에 따라 사용하는 말을 바꾸는 현상을 이해하고 외국인이라도 알기 쉽게 정리해서 나타내는 것이다.

'정중(공손)'한 말씨와 친한 친구 사이에 쓸 수 있는 말씨의 차이는 의외로 크다.

ご飯を食べましょう。

飯を食おう。

이 두 가지에 공통되는 부분은 적다. 위와 같이 한자를 사용해서 쓰면 같은 요소가 많은 것 같이 생각되지만 귀로 들으면 전혀 다르다. 차이를 두드러지도록 하기 위해서 かな만으로 적어 보자.

ごはんを　たべましょう。

めしを　くおう。

일본어 교육에서 문제 삼는 것은 위의 말씨이다. 그러나 사회에 나가면 종종 아래의 말을 듣게 된다. 처음 들었을 때는 이해할 수 없을 것이다.

이러한 경우에 학습자는 교실에서 배웠던 일본어가 실제로는 쓸모가 없는 것이었다는 불만을 품게 된다. 그러나 먼저 익혀 두어야 할 것은 어디에서 사용해도 실례가 되지 않는 일본어이다. 따라서 정중한 'です' 'ます'체부터 들어가지 않을 수 없다. 예삿말을 가르칠 때에는 먼저 어떤 상대에게, 어떤 장면에서 사용할 것인가를 충분히 이해시킨 뒤에 해야 한다.

사회언어학 또는 언어생활은 사회와 언어 양쪽에 걸친 분야이다. 따라서 단순한 말에 대한 지식만이 아니라 일본 사회에 대한 이해도 요구되는 것이다. 정중한 '말씨' 외에 '선배・후배'(이것은 연배의 상하는 아니다) 와 같은 일본적인 사회통념도 아울러 거론하지 않으면 안 된다.

또한 장면에 따라 말씨를 바꾸는 일도 필요하다. 허물없는 장면에서 개인적인 이야기를 할 때와 회의석상에서 업무상의 이야기를 할 때에는 같은 상대라도 말을 바꾸지 않으면 안 된다. 이것은 경어만의 문제가 아니라 문체에도 관계될 수 있다. 예를 들면 '今日'과 '本日'은 같은 의미라도 사용하는 장면이 다르다. 그것은 필연적으로 문체의 차이를 가져온다. 이러한 유의어의 차이에 대해 일본어학습자들로부터 자주 질문을 받는데, 그 차이는 말의 의미에서가 아니라 사용하는 상대나 장면, 또는 문체의 차이에서 오는 경우가 많다.

5.2 위상어(位相語)

위상어란 성별, 연령, 직업, 지방 등의 소속사회에 따라 독특하게 쓰이는 말이라고 할 수 있다. 구체적으로 말하면 방언, 여성어, 유아어, 은어, 문어체, 구어체 등이다.

방언이라고 하면 '시골(지방)의 말'이라고 생각하는 경향이 많다. 그러나 수도인 동경에도 동경의 방언이 있다. 방언이라는 것은 언어의 지역적인 변종인 것이다. 언어학에서는 특히 엄밀함을 기해서 '지역방언'이라고 하는 경우가 있다. 이것을 일본어능력검정시험 출제범위에서는 '지역 언어'라는 명칭으로 칭하고 있다.

언어의 변종은 지역에 의해서만 발견되는 것은 아니다. 남성과 여성의 말씨에도 차이가 있으며 노인과 젊은이에도 각각 언어의 변종이 보인다. 또 직업이 다르면 사용하는 말도 다르다. 재판관이 법정에서 사용하는 말씨 등도 상상하는 것이 어렵지 않을 것이다. 이와 같이 사회 안에서의 입장에 따른 언어 변종을 「위상어(사회방언이라고도 함)」라고 한다. 이것을 「계층언어」라고도 하는데 사회계층에 의한 언어 변종이라는 정도의 의미일 것이다.

일반적인 사회규범으로서 사람은 각각의 사회적 입장에 어울리는 말씨를 사용할 것으로 기대된다. 단지 일본어 교육에서는 여러 사회를 배경으로 하는 학습자를 상대로 하기 때문에 누구에게라도 통용되는 표현을 선택하지 않을 수 없다. 따라서 1인칭 대명사도 'わたし, ぼく, あたし, わし'등의 여러 가지 중에서 누가 사용해도 무난한 'わたし'를 선택하는 경우가 많다.

제6절 언어와 국가

6.1 다언어(多言語) 사회

일본어에는 여러 가지 변종이 있지만 그것은 모두 일본어라는 틀안에 들어간다. 그러나 일본에서 사용되고 있는 언어가 일본어뿐 만은 아니다. 일본에는 고유의 언어로서 일본어 이외에 아이누(アイヌ)어가 존재한다. 사용 인구라는 점에 있어서는 커다란 격차가 있지만 언어로서는 동등하며 개별적인 언어이다. 일본을 단순히 '단일언어국가' 라고 하는 것은 분명히 잘못이다.

또한 일본국내에는 한국어를 모어로 하는 사람들(재일한국・조선인)이나 중국어를 사용하는 사람들(화교)도 적지 않다. 더욱이 최근에는 여러 언어를 사용하는 사람들이 세계 각지에서 모여들고 있다.

일본사회에서는 일본어가 공용어로서 통용되고 있다. 그러나 이것은 '습관'이며 엄밀히 말하면 일본어를 국가의 언어로 하는 법적인 근거는 없다. 그리고 학교교육에서 일본어를 사용해야만 한다는 규정도 없다. 그것을 불편하게 생각하는 사람이 있어도 지금까지는 불만의 소리가 사회를 뒤흔들 정도는 되지 않았다. 일상생활 속에서는 일본어 이외의 언어의 존재를 마음에 두지 않고 한 국가와 한 언어의 결합은 당연한 것으로 인식되어 왔다.

이러한 상황은 세계적으로 보면 드물고 예외적인 것이다. 한 나라 안에 복수의 언어가 사용되고 있는 경우는 종종있다. 그 대표적인 예로 자주 거론되는 것은 벨기에(북부=네덜란드어, 남부=프랑스어), 또는 캐나다(퀘벡시=프랑스어, 그 외=영어)가 있다. 그러나 먼 구미에서 예를 찾지 않더라도 아시아의 여러 나라는 거의 전부가 다언어 사회이다. 대만에는 중국어(대만어와 북경어) 외에 고산족(高山族)의 언어가 있다. 중국에서는 소수민족의 독자적인 문자에 의한 출판도 이루어지고 있다. 필리핀이나 인도네시아에서는 광대한 지역에 펼쳐진 섬들에 수십 개의 언어가 존재한다.

6.2 언어 정책

언어 정책(language policy)이란 것은 국가기관이나 정당, 여러 단체, 보도기관 등에서 국민들의 언어사용을 의식적으로 변화시키려는 일련의 행동이라 할 수 있다. 언어의 선택문제, 언어의 일부분을 바꾸거나 개혁하려 할 때, 언어습관에 관한 문제가 발생할 경우, 이 언어정책에 의해서 어떤 조치가 취해지게 된다.

특히, 다언어 국가에서는 언어에 대해 정부가 어떠한 정책을 취하는가가 중대한 의미를 가진다. 자신의 언어를 자유롭게 사용할 권리가 침해받았다고 생각되면 사람들은 강한 불만을 품게 된다. 그 집단의 세력이 강하면 언어의 자유를 요구하며 분리 독립 운동이나 무력충돌이 일어날 가능성도 있다. 언어문제는 때로는 나라의 존립을 좌우하는 일까지 있어서 정부의 주의 깊은 대처가 요구되고 있다.

이러한 언어에 관한 심각한 문제는 일본에서는 보이지 않는다. 지금까지 정책상으로 문제가 되어 온 것은 고작 국어심의회에 따른 표기나 문법정리와 일본어의 보급이다. 그러나 소수민족의 권리옹호나 난민수용이 전세계적인 추세이므로 일본국내의 소수언어 집단에 대해서도 어떠한 정책을 취할 필요성이 대두되고 있다.

6.3 국제 공통어와 국가

언어와 사회의 관계는 경어 문제처럼, 언어를 사용하는 현실 장면에서 말을 하는 사람 한 사람 한 사람이 주의하지 않으면 안 되는 문제가 있다. 이것은 미시적(micro)시점에서의 연구이다. 한편 언어와 국가의 관계처럼 큰 관점에서의 언어와 사회의 관계를 거론하는 경우는 거시적(macro) 시점에서의 연구이다. 사회언어학에는 이 두 가지 시점이 있다.

최근에 많은 외국인이 일본어를 학습하고 있지만 이것도 일본 사회와의 관계에 의한 것이다. 일본경제가 발전했기 때문이다. 일본어 그 자체가 최근 몇 년 만에 갑자기 매력적인 것으로 변했기 때문이 아닌 것이다.

경제력이나 군사력이 강한 나라의 말이 국제적인 공통어로서 사용되게 되는 것이다. 현재 세계에서 가장 널리 사용되고 있는 언어는 영어인데, 이것은 19세기에는 영국이, 20세기에는 미국과 영어를 사용하는 나라가 연이어 세계를 지배했기 때문이다.

국력이 약해지면 국제적으로 사용되는 언어의 힘도 약해진다. 일찍이 동아시아에서는 한문이 국제적인 공통어였지만 청나라 멸망 이후 그러한 전통은 없어졌다. 또한 소비에트 연방의 붕괴에 의해 러시아어의 세력이 급속히 감퇴하고 있다.

지금 세계의 여러 나라 사람들이 일본어를 배우고 있지만 일본의 경제력이 약해지면 일본어는 다시 극동의 한 섬나라의 말로 되돌아가버릴 가능성이 있다.

제7절 그 외의 분야

언어학에서 말하는 「문자론(graphonomy)」이라는 것은 문자의 본질, 세계의 문자의 계통 등을 연구하는 분야이다.

한편 '일본어 교육에서의 문자론'이라는 것은 한자・カタカナ・ひらがな의 유래나 그 사용상의 구별이 문제가 되는 것 같다. 또 국어분야에서 '표기법'이라는 용어로 표현되는 것은 바른 가나사용법(かなづかい)이나 送りがな규칙, 또는 한자의 사용제한 등이다. 이와 같은 '바른 표기법'은 언어학에서는 일반적으로 정서법(authography)이라고 부른다. 초·중학교의 국어교육에서는 이것을 엄격한 규칙으로써 가르치고 있지만 국어심의회에서 제정되는 送りがな규칙 등은 어디까지나 하나의 기준을 정한 것이지 절대적인 것이 아니라는 점도 인식해 두어야 할 것이다.

「。」나 「、」또는 「 」괄호 등의 사용법에 관한 규칙은 언어학에서는 '구독법(punctuation)'이라 하며 독립적인 하나의 분야로 되어 있으나 일본어 교육에서는 표기법 속에서 취급하는 경우가 많다.

언어학의 영역은 이것만이 아니다. 또한 일본어 교육에 직접 관련된 분야는 그 밖에도 있다. 특히 최근에 활발해지고 있는 다음 두 가지 분야에 주목하기 바란다.

하나는 「화용론(語用論·pragmatics)」이다. 이것은 말을 한 사람의 의도를 살피는 분야이다. 예를 들면 「今日は暑いですね」라고 말한 경우에 그것은 말 그대로 '기온이 높다'라는 의미뿐이라고는 한정할 수 없다. 「クーラーを入れろ」라는 의미일 수도 있다. 이런 경우는 「今日は暑いですね」라는 말 그 자체의 의미와 화자가 말하려는 의도는 다르다는 것을 나타낸다. 언어 그 자체의 의미를 연구하는 '의미론'과는 달리 화자의 의도를 밝히는 일이 필요하다. 특히, 실제로 말을 사용하는 상황에서 이것은 중요하다. 「ちょっとむずかしいです」라는 일본어 표현은 「少しむずかしい」라는 것이 아니라 「できません」이라는 명확한 거절의 의사표명이라는 것을 알아야 한다.

또 하나는 언어와 언어가 접촉해서 생기는 언어를 연구하는 피진(pidgin) 연구이다. 예를 들면 영어를 쓰는 사람이 일본어를 불완전하게 배워서(또는 일본인이 영어를 불완전하게 배워서) 「Me Smith-san ne.(ミー、スミスさんね。=私はスミスです)」라는 것과 같은 문장을 만드는 경우가 있다. 두 개의 말이 서로 섞여 있고 문법도 간단하게 되어 있다. 이것이 하나의 표현형식으로 정착되고 가령 일시적으로라도 많은 사람에게 사용되었다면 그것이 피진이다. 일본어와 외국어가 혼합되는 현상은 그다지 없었지만 앞으로는 이러한 것이 나타날 가능성도 있다. 이러한 분야에 관한 지식은 일본어 교육에 있어서도 반드시 중요한 부분이 될 것이다.

(桜井(さくらい) 隆(たかし))

과제1

일본어와 한국어의 공통점과 차이점을 조사해보자.

과제2

세계의 여러 언어에 대해 그 어족, 사용지역의 분포를 조사해 보자.

【참고도서】

田中春美 他(1978)『言語学のすすめ』 大修館
田中春美 他(1982)『言語学演習』 大修館
田中春美 他(1994) 『入門 言語の科学』 大修館
ジョージ・ユール (1987)『現代言語学20章』 大修館
徳川宗賢・真田真治編(1991) 『新・方言学を学ぶ人のために』 世界思想社

제6장 교과서분석의 실제

교과서분석의 실제

韓国では「教科書分析」、その中でも特に高校日本語教科書の分析に関する論文が多く見られる。韓国の高校で用いられる教科書は教育人的資源部が定める教育課程に基づいているが、第2次教育課程期に日本語が第2外国語科目として加えられて以来、現行の第7次教育課程に至るまで、それぞれの教育課程を反映した高校日本語教科書が出版されてきた。

本章では、高校日本語教科書の「教科書分析」の実践例を「教科書全体に関するもの」、「語彙に関するもの」、「文型に関するもの」の三つの分野にわたって紹介し、若干の考察を加える。

제1절　교과서분석이란?

일본어 교육계에서 말하는 '교과서분석'은 일반적으로 교사가 어떤 특정한 클래스에서 사용할 교과서를 선정할 때 하는 것이라고 생각하기 쉽고 또 그렇게 정의되는 경우가 많다. 그러나 교과서분석은 반드시 특정한 클래스에서 사용할 교과서를 전제로 한다고 만은 할 수 없다. 다시 말해서 교과서분석은 그 목적에 따라 다음의 두 가지로 나눌 수 있다.

첫째는 앞에서 언급한 바와 같이 교사가 교육현장에서 특정한 클래스를 전제로 한 커리큘럼 디자인의 일부로서 행하는 것이다. 즉 이미 출판되어 있는 교과서 중에서 그 클래스에 맞는 교과서를 선택하기 위하여, 그리고 부교재는 어떤 것을 사용하여 수업을 하면 좋을지를 알기 위해 행하는 교과서분석이다. 이 교과서분석은 실제의 수업에서 사용할 교과서에 대한 분석이므로 개별적인 항목뿐만 아니라 교과서를 사용할 때에 필요한 항목을 전반적으로 살펴 볼 필요가 있다.

둘째는 특정한 클래스에서 사용할 교과서를 전제로 하지 않고 연구자 혹은 현장의 교사가 일반적인 학습자를 위해 보다 나은 교과서의 개발에 도움이 되고자 행하는 교과서분석이다.

교과서분석시의 기준을 제시한 것에는 몇 가지가 있는데 그 중에서 리버스(Rivers 1981)는 '좋은 교과서의 기준'으로서 다음의 7가지를 들고 있다.

① 구체적인 조건에 대한 적절성

코스의 목표, 학습자의 연령이나 능력, 수업 시간 수나 집중도에 적절한가?

② 교사나 학습자에 대한 적절성

교수법이나 테크닉에 일치되는가? 보조교재, 교사용 안내서, 워크북, 그 외에 편리하게 사용할 수 있는가?

③ 언어와 내용의 적절성

현실세계를 반영한 테마나 상황이 흥미로우며 인공적이지 않고 자연스러운 언어로 묘사되어 있는가?

④ 언어사항의 선택과 배열의 적절성

발음, 문법, 어휘의 사용이 적절한가? 읽기나 쓰기지도, 연습, 복습, 테스트 등의 배열이 적절한가?

⑤ 활동예의 적절성

현실성 있는 학습, 실제의 언어교섭, 연습의 다양성, 그 이외의 활동이 흥미롭게 준비 되어 있는가?

⑥ 실용적인 면에 있어서의 적절성

시리즈인가? 삽화, 지도, 인쇄상태, 가격, 입수가능한가?

⑦ 즐거움 지수

교사그룹이 즐겁게 이용할 수 있으며 다양한 교수법에 대응할 수 있는가?

(名柄 1991 pp.133-134)

이러한 기준이 타당하다고 생각되나 현장의 교사가 커리큘럼 디자인 안에서 행하는 교과서분석에서는 무엇보다도 신속성이 요구된다. 따라서 이러한 기준을 토대로 분석방법을 시스템화 하고자 하는 경향이 있다.

그런데 특정한 클래스에서 사용할 교과서를 전제로 하지 않는 교과서분석의 경우에는 각 연구자, 혹은 교사가 관심을 가지고 있는 개별적인 항목에 대해 시간을 들여 보다 깊이 분석해 가는 것이므로 분석방법도 매우 다양하다. 이 경우 분석항목과 분석방법도 각각의 연구자나 교사에게 맡겨져 있다. 이러한 교과서분석에 대한 연구가 거듭되면 '보다 좋은 교과서 작성'으로 계속 이어질 것이다. 그러나 분석항목과 분석방법이 어느 한 쪽으로 치우쳐서는 효율적인 연구를 기대하기 어려울 것이다.

본 장에서는 과거의 교과서분석에 관한 논문 중 몇 가지를 실례로 들어 이를 참고로 하여 교과서분석의 구체적인 방법을 소개하고자 합니다.

제2절 한국 고등학교 일본어 교과서의 변천

한국 고등학교의 외국어 교과서는 교육 과정에 따라 만들어지고 있다. 조문희(2001 pp.601-615)는 한국 고등학교의 일본어 교과서 변천사를 정리하였는데, 이것을 토대로 여기서는 지금까지 실시된 각 교육 과정기에 만들어진 교과서들을 개관하고자 한다.

* 제1차 교육 과정기(1955.8~1963.2)

고등학교의 외국어교육은 1955년 8월에 고시된 제1차 교육과정으로 시작되었으나 일본어교육은 제1차 교육 과정기에는 실시되지 못하였다.

* 제2차 교육 과정기(1963.2~1974.12)

1972년 문교부는 고등학교에서 제2외국어 중의 하나로 일본어를 가르치기로 하였다. 한국 고등학교의 최초의 일본어교과서는 1973년에 출판된 일본어연구회편 "日本語読本(上)"이며, 그 해 3월 학기부터 사용되었다. 1975년에는 일본어교육연구회편 "日本語読本(下)"도 출판되었으며 이 교육 과정기에는 Ⅰ종도서[17] 1종 2권이 사용되었다.

* 제3차 교육 과정기(1974.12~1981.12)

1978년에 Ⅱ종도서[18]를 대상으로 검정 공고가 실시되었다. 일본어 과목은 2책의 신청이 있었으나 합격본을 내지 못했다. 결국 다른 제2외국어 과목의 교과서가 Ⅱ종도서로 편찬된데 비해, 일본어 과목의 교과서는 한국일어일문학회에 의뢰하여 Ⅰ종도서로 발행되었다. 제2차 교과서와 비교할 때 제2차에서는 30단위이었던 단위 수가 제3차에서는 10-12단위로 줄어든 점과도 관계가 있어 어휘수가 제2차 교과서의 거의 반 정도로 줄어서 일본어과 교육과정이 사용할 수 있게 한 어휘수와는 큰 차이가 있었다.

17) 교육부가 저작권을 가진 도서로 교육부가 편찬하되 연구 기관 또는 대학 등에 위탁하여 편찬하였다.
18) 출판사에서 만들어 교육부 장관의 검정을 받은 도서이다.

* 제4차 교육 과정기(1981.12~1988.3)

이 교육 과정기에는 검정도서(Ⅱ종도서) 5종 상하 10권이 출판되었다. 언어기능과 교양적인 면을 통합한 일반목표 아래 언어기능은 습득순서에 따라 듣기, 말하기, 읽기, 쓰기의 순으로 그리고 언어재료는 소재, 발음, 어휘, 문형, 문법의 순으로 제시되었으며 평가란을 신설하여 학습평가의 이론적 준거를 마련하였다. 또한 생활 주변에서 사용빈도가 높은 어휘를 필수어휘로 제시하여 생활 일본어 학습이 효율적으로 이루어지도록 하였다.

제4차 교육과정에서 특기할 만한 것은 일본어 인정도서가 출판된 점으로 인정도서는 보완적 측면이 강하여 선택 교과의 교과서로 활용되고 있으며 지역 특성을 살릴 수 있다는 장점이 있다. 이때 2종의 인정도서[19]가 만들어 졌는데 이 책들은 방송 통신을 통한 일본어교재였다. 따라서 출석 수업용 교과서보다 자학자습을 할 수 있도록 해석을 곁들여서 만들어졌다.

* 제5차 교육 과정기(1988.3~1992.10)

제5차 교육과정기에는 검정도서 8종 상하 16권과 인정도서 2종이 출판되었다. 제5차 교과서의 특징으로는 제4차 교과서에 대한 문제점 지적과 기본어휘의 반영률을 높일 것을 주장한 점, 그리고 어휘 수, 과 수, 쪽 수 등 교과서 분량이 줄어든 점을 들 수 있다. 인정도서 2종은 제4차 교과서와 같이 방송통신을 통한 일본어 교재였다.

* 제6차 교육 과정기(1992.10~1997.12)

제6차 교과서는 검정도서 12종 24권과 인정도서 외고용 9종, 가사·실업용 1종이 만들어졌다. 검정도서인 "일본어Ⅰ"은 듣기와 말하기에, "일본어Ⅱ"는 읽기와 쓰기에 중점을 두고 있다. 제5차까지는 본문, 문형, 회화, 연습문제 식의 구성으로 일관하던 체제가 듣기, 읽기, 말하기, 쓰기 식의 4기능을 중심으로 바뀌었다. 인정도서 중 외고용 9종은 검정도서 "일본어Ⅰ, Ⅱ"를 마친 후에 사용할 것을 원칙으로 하고 있다. 그리고 가사·실업용으로는 "일본어Ⅰ"을 마친 학생들을 염두에 둔 "관광 일본어"가 출판되었는데, 이것은 한국과 일본을 왕래하는 사람들이 압도적으로 많아서 고등학교에서도 관광 일본어 교육이 필요하다는 현실적인 요청에 의해 출판된 것이다.

---

19) "서울특별시, 직할시 및 도 교육장을 관할 구역 내 학교의 교과목에 관한 교과서 또는 지도서가 없거나 교과서 또는 지도서를 사용하기 곤란한 때와 교과서 또는 지도서를 보충할 필요가 있을 때에는 교육부 장관에게 인정도서의 승인을 신청, 그 승인을 얻은 도서이다."(조문희 2001 p.608)

* 제7차 교육 과정기(1997.12~)

"일본어Ⅰ"은 언어의 4기능을 기초적인 수준에서 모두 다루어 균형 잡힌 의사소통능력을 기르는 과목이고, "일본어Ⅱ"는 일본인의 행동 양식과 일본문화를 이해하여 한일 간의 각종 교류활동의 일익을 담당할 수 있는 인재를 기르기 위한 과목이라고 한다. 일본 국제교류기금 일본어국제센터의 홈페이지 "일본어교육 국별정보 2004년도 한국"의 "학습환경 교재"에 따르면, "일본어Ⅰ"은 12권, "일본어Ⅱ"는 4권이 있다고 보고되어 있다.

제3절 교과서분석의 실례

본 절에서는 1990년부터 1997년까지 한국에서 발표된 한국의 고등학교 일본어 교과서 분석에 관한 논문의 개요를 몇 가지 소개하고자 한다. 여기서 소개하는 논문은 "**韓國 日本語學關係研究文獻 一覽**"(1998)에 기재되어 있는 것이다[20]. 소개대상을 1990년~1997년으로 정한 것은 제5차 교육과정의 일본어과 시행 연도[21]가 1990년이며, "**韓國 日本語學關係研究文獻 一覽**"(1998)의 기재 논문의 상한이 1997년이기 때문이다.

본 절에서는 교과서 분석례를 소개하고 이를 고찰함으로써 교과서분석 방법을 배우는 것을 목적으로 하며, 이를 토대로 한 현행 교육과정의 교과서분석은 학습자(독자)의 몫으로 남기고자 한다.

이하에서는 1945년부터 1997년에 걸친 논문 중에서 논문 수가 가장 많았던 '교과서 전체를 대상으로 한 분석, 어휘를 대상으로 한 분석, 문형을 대상으로 한 분석'의 세 분야[22]에서 논문을 두 편씩 실었다.

실례로 제시하는 분야별 논문은 저자와 논문제목을 명기한 후 논문의 목적, 연구대상, 분석방법 순으로 정리한다.

---

20) 이것은 한국의 대표적인 일본어 관련 연구목록이라 할 수 있으므로 이에 따랐다.
21) 金相愛 (1991 p.2), 金正愛 (1992 p.1) 등에 따름.
22) 논문수는 水沼(2004 p.51)에 따름.

3.1 교과서 전체를 대상으로 한 분석

李德奉(1996)「제6차 교육과정에서 본 현행 일본어 교과서의 체재」

1) 목적

제6차 교과서가 교육과정을 어느 정도 반영하고 있는가를 분석하여 교육과정과 교과서의 관계를 구체적으로 밝혀 금후의 교과서 제작을 위한 참고자료로 제시한다.

2) 연구대상

제6차 10종 교과서 Ⅰ, Ⅱ 전20권.

3) 분석방법

가. 전체적인 분석

제6차 교과서가 총 단원 수 중 몇 단원에서 어느 syllabus를 채택하고 있는가를 알아본 후, 단원 전개과정[23]과 각 활동에 할애된 쪽수를 알아봐서 각 교과서의 전체적인 특징을 분석한다.

나. 교육과정의 목표, 내용, 방법 평가 체계별 분석

제6차 교육과정의 특징을 목표, 내용, 방법 평가별로 정리하여 그것을 분석기준으로 제6차 교과서가 교육과정의 특징을 어느 정도 충실히 반영하고 있는가를 분석한다.

ㄱ. 목표	· 여러 가지 목표 중에서 그 핵심인 의사소통기능 신장에 대해서 분석한다. 말하기의 학습활동이 듣기, 읽기와 연계성이 주어져 있는가의 문제와, Ⅰ권의 말하기와 Ⅱ권의 쓰기 활동이 충실하게 계획되어 있는가를 기준으로 교육목표 반영 정도를 알아 본다.
ㄴ. 내용	· 제6차 교육과정에서 요구되고 있는 소재(1. 일상생활에 관한 소재, 2. 의사소통 기능 지도에 도움이 되는 것, 3. 일본인의 일상생활 이해에 도움이 되는 것, 4. 건전한 사고와 협동정신을 기르는 데 도움이 되는 것)를 어느 정도 다루고 있는가를 알아본다. · 내용 구성면에 있어서 각 언어기능들이 연계성을 가지고 구성되어 있는가를 알아본다. · 학습단계의 관점에서 일본어Ⅰ, Ⅱ권의 내용 중 읽기 부분이 설명문과 대화체 중 어느 것으로 제시되어 있는가, 교육과정이 일본어Ⅱ권에서 중점을 두도록 요구하고 있는 독해활동을 어느 정도 다루고 있으며 쓰기 활동 중 서간문이 어느 단계에서 다루어지고 있는가 알아본다. · 제6차 교육과정이 지향하는 대로 쉽고 재미있는 내용으로 구성되어 있는가를 알아본다.
ㄷ. 방법	· 교과서의 내용이 듣기와 말하기에 중점을 두어 제작되어 있는가를 보기 위하여 할애된 쪽수를 알아본다. · 학생 중심의 활동이 되도록 재미있게 구성되어 있는가를 보기 위하여 역할 놀이, 독해 활동과 같은 활동을 어느 정도 다루고 있는가를 알아본다. · 자율학습의 관점에서 부록이나 단원 뒷부분에 어떤 것을 제시하고 있는가를 알아본다.
ㄹ. 평가	· Ⅰ권에서는 듣기와 말하기에, Ⅱ권에서는 읽기와 쓰기에 중점을 두어 평가하도록 되어 있는 교육과정이 어느 정도 방영되어 있는가를 알아본다.

23) 각 단원에 있어서 학습내용, 듣기, 읽기, 말하기, 쓰기, 의사소통 기능, 연습문제 등이 어떤 순서로 제시되어 있는가를 나타낸다.

다. 정리

제6차 교과서가 교과과정을 어느 정도 반영하고 있는가를 syllabus, 목표, 내용, 방법, 평가 등 다섯 가지 항목별로 ○:우수,△:양호,×:미흡의 3단계로 평가한다.

金泰鎬(1997)「제6차 교육과정의 일본어 교과서에 나타난 문제점과 개선 방향」

1) 목적

가. 문법, 번역식 교수법에 익숙해져 있는 교사들이 제6차 교육과정에 의한 교과서를 사용할 때 나타나는 문제점을 고찰하여 금후의 고등학교에서 일본어 교육의 개선 방향을 제시하고자 한다.

나. 제6차 교육과정의 교과서에서 사용되고 있는 문법 용어들을 살펴보고, 어떠한 문법 용어가 한국인의 언어 감각에 맞는 체계적이고 실용적인 문법 용어인가를 고찰하고자 한다.

2) 연구대상

제6차 10종 교과서 Ⅰ, Ⅱ 전20권.

3) 연구방법

가. 고등학교 10종 교과서를 사용할 때의 문제점

ㄱ. 이수 단위와 학습량	·제6차 교육과정이 제시하고 있는 학습량, 그리고 고등학교 10종 교과서에 나타나는 단원수, 쪽수, 별개어수[24], 한자수를 알아 본다.「일본어능력시험」의 기준, 그리고 인문계, 실업계 각 고등학교에서「일본어 Ⅰ, Ⅱ」에 배정되어 있는 단위와 대조하여 적절한 학습량을 고찰한다.
ㄴ. 교과서와 보조 교재	·교과서의 크기, 종이의 질 등이 학생들의 교과서에 대한 애착과 흥미를 유발할 수 있는 정도인가를 알아 본다. ·자율학습의 관점에서 듣기 테이프가 포함되어 있는가, 그리고 교과서의 부록에서 어떤 것을 다루고 있는가를 알아 본다. ·의사소통 기능의 신장, 그리고 일본 문화의 이해를 위하여 필요한 보조교재, 특히 시청각 교재가 있는가를 알아 본다.
ㄷ. 의사소통 기능	·의사소통 기능의 신장의 효과적인 역할 놀이와 게임과 같은 활동이 고등학교의 현실(학생수, 교실의 크기, 수업시간 등)과 대조하여 가능인가를 고찰한다. ·고등학교 10종 교과서의 제5과까지의 제목을 제시하여 실생활에서 사용하지 않는 문장들이 없는가를 알아 본다. ·의사소통을 중시하는 학습에서의 문법 지도는 어떻게 해야 할 것인가를 고찰한다. ·교육과정에서 강조하고 있는 듣기 기능이 평가에 어느 정도 반영되어 있는가를 알아 본다.

나. 문법용어

고등학교 10종 교과서가 사용하고 있는 문법 용어(1.형용사와 형용동사의 명칭, 2.동사 활용의 종류, 3.동사의 활용형)를 살펴 보고, 학생들에게 보다 체계적이고 한국인의 언어 감각에 맞는 문법 용어를 고찰한다.

교과서 전체를 대상으로 한 연구들에 볼 수 있는 대표적인 분석방법으로서는 'syllabus를 조사하는 것', '단원의 구성을 조사하는 것', '학습량을 조사하는 것' 등을 들 수 있다. 이러한 분석은 바람직한 교과서상을 생각해 볼 수 있는 근거가 될 수 있을 것이다. 또한 각 교과서의 전체상과 함께 학습량도 비교할 수 있으므로 교과서 선택시 참고가 될 수 있다고 본다.

고등학교 교과서의 경우에는 교육과정이라는 명확한 기준이 있으므로 그것이 어느 정도 반영되어 있는가를 전반적으로 보는 것이 대단히 중요할 것이다. 그런 의미에서는 다양한 시점에서 교육과정의 반영 정도를 검증하고자 시도하고 있는 **李德奉**(1996)의 분석방법이 많은 참고가 되리라 여겨진다.

3.2 어휘를 대상으로 한 분석

3.2.1 특정어휘에 한정되지 않는 것

金相愛(1991)「第五次教育課程による日本語教科書の語彙分析に関する研究」

1) 목적

자료의 구체적인 조사와 분석을 통해 앞으로의 개선점과 보다 효과적인 학습자료의 조건이란 무엇인가를 생각한다.

2) 연구대상

제5차 8종 교과서 상, 하 전16권.

3) 분석방법

가. 품사별 어휘분석

ㄱ. 우선 전 교과서의 어휘를 '명사, 동사, 부사, 대명사, 형용사, 형용동사, 감동사,

24) 두 번 이상 나오는 단어는 중복을 피하고 한 단어로 계산하는 방법으로, 여기서 나오는 수를 말한다(이한섭 1997 p.74).

접속사, 연체사, 조사, 조동사'와 같이 11가지의 품사로 나눈다. 단, 외래어는 별개로 다룬다.

ㄴ. 이 자료들에 대하여 종수별 공통어휘(수)[25]를 찾아 비교・분석한다. 분석은 종수별 공통어휘에서 누락된 '제5차 교육과정 기본어휘' 등을 대상으로 한다.

예) 8종 교과서에서 공통되는 동사는 '会う, 合う, 上がる, 開く' 등 261개가 있고, 7종 교과서에서는 '愛する, 現わす, 移す, かむ' 등 8개가 있다.

8종 교과서에서 공통되는 동사에서 누락된 '제5차 교육과정 기본어휘'는 '移す, かむ'이고, 누락된 교과서는 "박영"과 "천재" 이다.

나. 종합 어휘분석

ㄱ. 8종 교과서 공통어휘에서 누락된 '제5차 교육과정 기본어휘' 를 찾는다(상기 '가' 와 같이 품사별로 분류한 것이 아님).

ㄴ. 각 교과서 어휘에서 누락된 '제5차 교육과정 기본어휘' 를 찾아 비교한다.

ㄷ. 제4차의 각 교과서 어휘에서 누락된 '교육과정 기본어휘' 수와 누락률을 구하여 상기 'ㄴ'의 결과와 비교・분석한다.

누락률(%)= x차의 한 교과서의 어휘에서 누락된 'x차 교육과정 기본어휘' 수 ÷ 'x차 교육과정 기본어휘' 수 × 100 (x = 4, 5)

ㄹ. 제5차의 각 교과서에서 품사별로 분류한 어휘 수를 찾아 그 결과를 교과서 간에 비교・분석한다(상기 '가'와 같이 종수별로 조사한 것이 아님).

<표 1>[26]

교과서[27] / 품사	금성A	금성B	동아	박영	보진	지학	진명	천재
명사	1006	995	955	1061	1003	945	812	904
대명사	23	22	22	24	21	22	20	23
동사	411	414	379	388	421	390	318	423
형용사	102	97	98	99	106	103	97	109
형용동사	48	50	51	53	44	50	43	61
이하생략	----	----	----	----	----	----	----	----

25) '종수별 공통어휘' 란 본 장의 필자가 만든 용어로 예를 들어, 8종 교과서에서 공통되는 어휘, 7종 교과서에서 공통되는 어휘(8종 교과서에서 공통되는 어휘는 포함되지 않음), 6종 교과서에서 공통되는 어휘(7・8종 교과서에서 공통되는 어휘는 포함되지 않음), 이하, 5종~1종 교과서에서도 같은 요령으로 찾은 공통어휘를 말한다. 후술되는 '3.2.3 조 문희(1996)'의 '종수별 공통문형' 도 같은 요령으로 구한다.

26) <표1>과 <표2>는 金相愛(1991)의 논문에 있는 표를 편의상 일부 생략・수정하여 작성한 것이다. 이하에서 나오는 표도 필요에 따라 위와 동일한 방법을 취했다.

27) 소개대상으로 삼은 논문에서 달리 사용된 교과서 약칭은 다음과 같이 통일한다. 저자, 출판연도, 교과서명,

ㅁ. 제4차 교과서의 교과서별 별개어수와 '제4차 교육과정 지도어휘수'[28]의 양적인 차이와 제5차 교과서의 교과서별 별개어수와 '제5차 교육과정 지도어휘수'와의 양적인 차이를 비교·분석한다.

ㅂ. 제5차 8종 교과서 중 어떤 한 교과서와의 종수별 공통어휘수 및 종수별 공통어휘율을 구하여 비교한다.[29]

x종 공통어휘율(%)= x종 공통어휘수 ÷ 한 교과서의 별개어수 × 100 (x=8~1)

<표 2>

공통어휘 / 교과서	8종	7종	6종	5종	4종	3종	2종	1종*	해당 교과서의 별개어수
금성A	865 44.7	140 7.2	89 4.6	110 5.7	120 6.2	143 7.4	185 9.6	282 14.6	1,934 100(%)
금성B	865 44.7	144 7.4	102 5.3	115 5.9	131 6.8	149 7.7	188 9.7	241 12.5	1,935 100(%)
동아	865 47.6	118 6.5	84 4.6	105 5.8	122 6.7	129 7.1	175 9.6	219 12.1	1,817 100(%)
박영	865 45.2	119 6.2	81 4.2	98 5.1	123 6.4	147 7.7	198 10.4	281 14.8	1,912 100(%)
보진	865 44.4	138 7.1	87 4.5	99 5.1	113 5.8	134 6.9	204 10.4	309 15.8	1,949 100(%)
지학	865 44.9	111 6.1	65 3.6	93 5.2	110 6.1	151 8.4	183 10.1	227 12.6	1,805 100(%)
진명	865 54.0	137 8.5	82 5.1	89 5.5	81 5.1	124 7.7	118 7.4	107 6.7	1,603 100(%)
천재	865 45.7	110 5.8	67 3.5	91 4.8	115 6.1	138 7.3	183 9.7	325 17.1	1,894 100(%)

* '1종 공통어휘'란 한 종류의 교과서에서만 취급되는 어휘를 말한다.

출판사는 金相愛(1991)를 참고로 하였다.
박희태·유제도(1989) 고등학교 일본어, 금성출판사 → "금성A"
이인영·이종만(1989) 고등학교 일본어, 금성출판사 → "금성B"
오경자·신영언(1989) 고등학교 일본어, 동아출판사 → "동아"
김우열·정치훈(1989) 고등학교 일본어, 박영사 → "박영"
손대준·권만혁(1989) 고등학교 일본어, 보진제 → "보진"
김효자(1989) 고등학교 일본어, 지학사 → "지학"
이현기·佐久間勝彦(1989) 고등학교 일본어, 진명출판사 → "진명"
김봉탁·양순혜(1989) 고등학교 일본어, 천재교육 → "천재"

28) **權海珠** (1987 p.15)에 따라 교육과정의 목표를 달성하기 위해 필요하다고 제시된 어휘수를 말한다. 제4차 교육과정에서는 2,200개 내외, 제5차 교육과정에서는 1,800개 내외, 제6차 교육과정에서는 1,400개 내외의 어휘수가 제시되어 있다(金英愛 1996 p.10).

29) '종수별 공통어휘(수)'를 구하는 방법에는 이와 같은 '교과서 지정형', 또는 하기'ㅅ'과 같은 '교과서 비지정형'이 있음을 지적할 수 있다.

ㅅ. 제4차 교과서의 총 어휘의 종수별 공통어휘수와 종수별 공통어휘율을 구한다. 그리고, 제5차 교과서에서도 동일한 작업을 하여 제4차 교과서의 조사결과와 비교 · 분석한다.

x종 공통어휘율(%)= x종 공통어휘수÷전 교과서 어휘의 별개어수[30]× 100(x=5~1, 8~1)

<표 3> 제4차 5종 교과서의 공통어휘표

공통어휘	5종	4종	3종	2종	1종
단어수	648	422	491	848	2,640
비율(%)	12.8	8.4	9.7	16.8	52.3

<표 4> 제5차 8종 교과서의 공통어휘표

공통어휘	8종	7종	6종	5종	4종	3종	2종	1종
단어수	865	156	117	140	220	360	714	2,009
비율(%)	18.8	3.4	2.6	3.1	4.8	7.9	15.6	43.8

교과서 어휘에서 누락된 '교육과정 기본어휘'와 누락률을 구하는 것은 각 교과서가 어휘면에서 교육과정의 도달 목표에 어느 정도 맞추려는 지를 확인하는 작업이라고 할 수 있다. 그것은 교육과정에서 정한 '기본어휘' 라는 것이 교육과정의 도달 목표를 실현하기 위하여 작성된 것이기 때문이다.

각 교과서의 종수별 공통어휘(수)를 구하는 것은 어휘면에서 각 교과서의 공통성을 알아보기 위해서 실시한다. 표 2에서 알게 된 것은 어떤 한 교과서와 나머지 전 교과서와 공통되는 어휘는 적어도 약 45%정도는 된다는 사실이다[31].

그리고 표 3, 4를 보면 교과서 종류가 많아진 제5차 교과서가 제4차 교과서보다 전 교과서에 공통되는 어휘의 비율이 높아졌다는 것을 알 수 있다.

다음은 전체 어휘를 대상으로 하지 않고 특정한 품사나 단어에 한정해서 조사를 하는 예를 보도록 하자.

30) '전 교과서 어휘의 별개어수'란 각 교과서 어휘의 별개어수를 더한 것이 아니라 전 교과서 어휘 중에서 같은 단어가 중복되는 경우는 이를 한 단어로 취급하여 계산한 수를 말한다.

31) 각 논문에서 정한 '단어(조사단위)' 설정기준이 달라 조사결과에도 다소의 차가 있을 수 있다.

3.2.2 특정어휘에 한정되는 것

高浩錫(1990)「高等學校 日本語教科書 分析 - 動詞의 語彙와 그 活用을 中心으로 -」

1) 목적

일본어 교육에 있어서 동사어휘에 좀 더 효율적으로 접근할 수 있도록 하는데 그 목적이 있다.

2) 연구대상

제5차 8종 교과서 상, 하 전16권.

3) 분석방법

가. 각 교과서 간의 동사어휘 비교

ㄱ. 동사어휘의 별개어수	동사어휘의 별개어수를 교과서별로 찾아 비교·분석한다.
ㄴ. 종수별 공통 동사어휘(수)와 종수별 공통 동사어휘율	8종 교과서의 종수별 공통 동사어휘(수)와 종수별 공통 동사어휘율을 구하여 분석한다.
ㄷ. 한 교과서의 동사어휘와 나머지 교과서 간의 종수별 공통 동사어휘수 및 종수별 공통 동사어휘율	8종 교과서 중 한 교과서의 동사어휘와 나머지 교과서간의 종수별 공통 동사어휘수 및 종수별 공통 동사어휘율을 구하여 비교·분석한다.

나. 기타 어휘자료와의 비교

ㄱ. 각 교과서에서 누락된 교육과정 기본어휘	각 교과서 어휘에서 누락된 '제5차 교육과정 기본어휘'의 동사어휘를 찾아 분석한다.
ㄴ. 교육과정 기본어휘에 없는 어휘	교과서 4종 이상에 나오는 동사어휘 중 '제5차 교육과정 기본어휘'에 없는 것을 찾아 분석한다.
ㄷ. 8종 교과서와 다른 어휘 자료와의 비교	제5차 8종 교과서와 "集計資料[32]"나 "Neustupný어휘[33]" 간의 종수별 공통 동사어휘수 및 종수별 공통 동사어휘율을 구하여 비교·분석한다.
ㄹ. 각 교과서의 어휘와 다른 어휘자료와의 비교	제5차 8종 교과서 중 각 교과서의 어휘와 "集計資料"나 "Neustupný어휘"간의 공통 동사어휘수 및 공통 동사어휘율을 구하여 비교한다.

---

32) "日本語教育 基本語彙 第1次集計資料 ―二千語"의 약칭. 国立国語研究所 日本語教育センター(1978).

33) J.V Neustupný(1977)의 "A Classified List of Basic Japanese Vocabulary"의 약칭. 호주의 일본어 학습자들을 대상으로 한 일본어 교육의 기본적인 어휘로서 편자가 주관적으로 1,796어를 선정한 것이다(高浩錫 1990 p.4).

<표 5>

공통어휘 / 비교자료	9종	8종	7종	6종	5종	4종	3종	2종	1종	해당 자료 동사의 별개어수
集計資料	219 (56.0)	20 (5.1)	5 (1.3)	13 (3.3)	15 (3.8)	26 (6.6)	28 (7.2)	30 (7.7)	35 (9.0)	391 (100 %)
Neust	191 (66.6)	10 (3.5)	7 (2.5)	11 (3.8)	13 (4.5)	17 (5.9)	10 (3.5)	15 (5.2)	13 (4.5)	287 (100 %)

<표 6>

교과서 / 비교자료	금성A	금성B	동아	박영	보진	지학	진명	천재
각 교과서의 별개어수	415	418	377	405	445	399	328	388
集計資料	280 (67.5)*	278 (66.5)	282 (74.8)	276 (68.1)	283 (63.6)	293 (73.4)	272 (82.9)	268 (69.0 %)
Neust	230 (56.1)	230 (55.0)	234 (62.1)	226 (55.8)	226 (50.8)	240 (60.2)	225 (68.6)	218 (56.2 %)

* 공통 동사어휘율(%) = "集計資料"("Neustupný어휘")와의 공통 동사어휘수 ÷ 각 교과서의 별개어수 × 100

어휘를 분석한 논문이 비교적 많이 쓰이는 경향이 있는데 그 이유 중의 하나로서 '~어휘'와 같이 이미 조사 및 정리된 자료가 많기 때문이라는 점을 들 수 있겠다. 1945년~1997년에 걸쳐 쓰여진 한국 고등학교 일본어 교과서 어휘에 관한 논문에서는 총8종 12자료를 비교대상으로 삼고 있음을 확인하였다(水沼 2004 p.51).

그 자료 중 몇 권을 소개하자면 한국의 교육부(구 문교부)에서 나온 제 4·5·6차 교육과정의 '기본어휘', 国立国語研究所(1978)의 "日本語教育基本語彙 第1次集計資料 ―二千語", 동 연구소(1984)의 "日本語教育のための基本語彙調査"(2,000어 및 6,000어), J.V Neustupný (1977)의 "A Classified List of Basic Japanese Vocabulary" 등을 들 수 있다[34].

이와 같은 자료가 있으면 비교 대상이 되는 다른 교과서(예를 들면, 일본에서 출판된 교과서 등)의 어휘 데이터베이스를 일일이 만들지 않아도 되고 한국 고등학교 교과서의 어휘 데이터베이스만 만들면 이를 토대로 바로 비교 작업을 할 수 있다.

34) 교육과정의 기본어휘는 **高浩錫**(1990)·**金相愛**(1991)·**金正愛**(1992) 등 다수의 논문에서 사용되고 있다. 国立国語研究所(1978)는 **高浩錫**(1990)、国立国語研究所(1984)는 **曺永湖**(1995·1996) 등에서 사용되고 있고 J.V Neustupný(1977)는 **高浩錫**(1990)에서 사용되고 있다.

3.3 문형을 대상으로 한 분석

李琪淑(1995)「高等學校 日本語 教科書 比較 分析 – 形容詞를 中心으로 –」

1) 목적

형용사의 용법이 각 교과서에 어떤 형식으로 제출되어 있는가를 검토하고, 형용사문의 도입 순서에 대해 각 교과서마다 비교 · 분석하여 다음 일본어 교과서의 출판에 참고가 되었으면 하는 데 그 목적이 있다.

2) 연구대상

제5차 8종 교과서 상 전8권.

3) 분석방법

가. 'い形容詞'와 'な形容詞'의 과별분포와 제출순서	'Aい+N形, Aい+です(でしょう)形, Aく+て形' 등[35]'い形容詞'의 과별분포[36]와 제출순서를 교과서별로 조사하여 비교· 분석한다. 'な形容詞'도 같은 방법으로 조사하여 비교· 분석한다.
나. 모든 문형 중에서의 'い形容詞· な形容詞'의 제출순서	명사, 동사등을 포함한 모든 문형이 처음으로 나오는 과를 조사하여, 전 문형 중 'い形容詞· な形容詞'의 제출순서를 교과서별로 비교· 분석한다. 예) "금성B"에서의 문형은 'Nです' – '~に Nが あります(います)' – 'Aいです, AいN, Aく ありません' – 'Aかったです, Aく なかったです' – 'Nでした' – 'V (る), V(る)N' – 'Vます' – 'Aです' – 'Vて, Vたり' – 'AなN'....등의 순으로 제출되어 있다.
다. 문제점을 제기	상기 '가, 나'에서 얻어진 데이터 등을 바탕으로 形容詞의 분포· 명칭과 학습시간 등에 대한 문제점을 제기한다.

이 논문에서는 'い形容詞 · な形容詞'의 활용형의 제출순서와, 과별분포 등을 조사하여 교과서별로 비교 · 분석하고 있다.

문형에 관한 교과서분석은 이 논문처럼 문형의 제출순서를 찾는 것이 가장 많이 사용되는 분석방법 중의 하나이다. 이러한 제출순서에 관한 조사는 어휘에 관한 논문에서는 잘 사용되지 않는 방법이었다. 제출순서 조사를 통해 분석대상 교과서가 센텐스 패턴 교과서인지, 스피치 패턴 교과서인지의 분류도 가능하다는 주장도 있다(조문희1996).

---

35) 'N'은 명사, 'A'는 형용사, 'V'는 동사를 나타낸다.

36) 어떤 문형이 몇 개의 과에서 제출되어 있는지를 나타낸다.

다음은 한 품사의 문형만을 취급하지 않고 다양한 문형을 취급한 예이다.

조문희(1996)「문형분석 – 현행 고등학교 일본어 교과서를 중심으로 –」

1) 연구대상

제6차 10종 교과서 Ⅰ, Ⅱ 전20권.

2) 분석방법

각 교과서의 문형을 초급문형과 중급문형으로 분류한 후, 아래와 같이 조사・분석한다. 분류기준은 **北條**(1981, 85, 86, 89)과 조문희(1995)의 문형분류기준을 중심으로 정하였다(조문희 1996 p.198).

가. 초급문형의 별개문형수[37]를 교과서별로 찾아 비교・분석한다. 중급문형도 동일한 방법으로 비교・분석한다.

나. 10종 교과서 간의 종수별 공통 초급문형수와 종수별 공통 초급문형률을 구하여 비교・분석한다. 중급문형도 동일한 방법으로 비교・분석한다.

다. Ⅰ권만 마쳤을 경우와 Ⅱ권까지 전부 마쳤을 경우, 각각 어느 정도의 일본어 습득이 가능한지를 조사하기 위해, 자동사, 타동사, 가능, 가정, 수급, 수동, 사역, 경어등이 Ⅰ, Ⅱ권 중 어느 쪽에서 다루는지 등을 교과서별로 조사하여 비교・분석한다.

라. 문형 제출순서를 교과서별로 조사하여 제출순서의 주된 경향을 분석한다. 문형 제출순서에 따라 각 교과서를 센텐스 패턴 교과서와 스피치 패턴 교과서로 분류한다[38].

마. 문형 추출의 문제점에 대하여 고찰한다.

(小笹克行(おざさかつゆき)・水沼一法(みずぬまかずのり))

과제1

좋은 교과서의 기준에 대해 조사한 뒤 자신이 생각하는 좋은 교과서의 기준을 근거를 가지고 설명해 보자.

---

37) '별개문형수' 란 본고의 필자가 만든 용어로 두 번 이상 나오는 문형의 중복을 피하여 한 문형으로 계산하여 얻어지는 문형 수를 말한다.

38) "고전적인 센텐스 패턴 교과서에서는 문형제시의 순서가 어느 정도는 일치하고 있다"(조문희 1996 p.181)는 것을 분석 근거로 삼는다.

과제2

교과서분석을 하려고 한다면 어떤 점에 대해서 조사해 보고 싶은지 생각해 보고 실제로 몇 권의 교과서를 분석해 보자.

과제3

한국의 일본어 교과서분석에서 가장 많이 이루어지는 분야와 가장 저조한 분야에 대해 알아보고 그 이유에 대해 생각해 보자.

과제4

어휘나 문형등을 대상으로 한 교과서분석에 관한 논문 중 최근에 나온 것을 몇 편 수집하여 조사방법을 정리해 보자.

【참고도서】

Ⅰ. 교과서 분석의 실례로 든 논문

1. 교과서 전체를 대상으로 한 분석
   - **李德奉**(1996) 제6차 교육과정에서 본 현행 일본어 교과서의 체재, **日本學報 第37輯, 韓國日本學會**
2. 어휘를 대상으로 한 분석
   - 2.1 특정 품사나 단어에 한정되지 않은 것
     - 金相愛 (1991) 第五次教育課程による日本語教科書の語彙分析に関する研究, **韓國外國語大學校** 教育大学院 日本語教育専攻 教碩
   - 2.2 특정 품사나 단어에 한정되는 것
     - **高浩錫** (1990) **高等學校 日本語 敎科書 分析** – **動詞**의 **語彙**와 그 **活用**을 **中心**으로 –, **啓明大學校 敎育大學院 日語敎育專攻 敎碩**
3. 문형을 대상으로 한 분석
   - **李琪淑** (1995) **高等學校 日本語 敎科書 比較 分析** –**形容詞**를 **中心**으로– , **高麗大學校 敎育大學院 日語敎育專攻 敎碩**
   - 조문희(1996) 문형분석 – 현행 고등학교 일본어 교과서를 중심으로 – , **日本學報 第37輯 韓國日本學會**

Ⅱ. 조사대상으로 한 논문에서 사용된 문헌(본 장에서 언급한 것에 한함)

(한국어)

조문희(1995) 중급코스디자인을 위한 초급교과서 분석, 일어일문학연구 제26집

(일본어・영어)
北條淳子(1981) 中級段階における学習内容 —練習問題の作り方—, 講座 日本語教育 17分冊, 早稲田大学語学教育研究所
________(1985) 初級における文型とその指導, 講座日本語教育 21分冊 同上
________(1986) 初級後半における文型指導の実際 —目的を表わす文型を中心に—, 講座日本語教育 22分冊 同上
________(1989) 新しい教授法のシラバス, 講座日本語教育 24分冊 同上
国立国語研究所(1984) 日本語教育のための基本語彙調査, 秀英出版
国立国語研究所 日本語教育センター(1978) 日本語教育基本語彙 第一次集計資料 —二千語, 第一研究室内部資料
J.V Neustupný(1977) *A Classified List of Basic Japanese Vocabulary*, Monash University, Department of Japanese, Melbourne

Ⅲ. 본 장에서 사용한 문헌(【참고도서】Ⅰ・Ⅱ에서 소개한 문헌은 제외)

(한국어)
權海珠1987) 現行 高等學校 日本語 敎科書 語彙의 **頻度** 및 **分布**에 관한 **研究, 慶尙大學校 敎育大學院 日本語敎育專攻 敎碩**
金英愛(1996) **現行 高等學校 日本語 敎科書 語彙**에 관한 **研究, 慶尙大學校 敎育大學院 日語敎育專攻 敎碩**
金正愛(1992) **現行 高等學校 日本語 敎科書 語彙**의 **頻度** 및 **分布**에 관한 **研究, 慶尙大學校 敎育大學 日本語敎育專攻 敎碩**
이한섭 (1997) 일어학 개설, 한신문화사
이한섭 (1998) **韓國 日本語學關係研究文獻 一覽, 高麗大學出版部**
조문희 (2001) 일본어 교과서 변천사 연구 -고등학교를 중심으로-, **日本學報 第49輯, 韓國日本學會**

(일본어・영어)
曺永湖(1995) 韓国高校日本語教科書の語彙に見られる特徴, 東北大学文学部日本語学科論集 第5号 東北大学
曺永湖(1996) 高校日本語教科書における使用語彙の特徴-第6次教育課程による検定教科書の分析 - , **日本學報 第37輯 韓國日本學會**
名柄迪・中西家栄子・茅野直子(1991) 日本語教授法③ 実践日本語教授法, バベルプレス
水沼一法 (2004) 日本語教科書分析の現状に関する調査研究 — 韓国における教科書分析を中心に —, **日語日文學 第24輯, 大韓日語日文學會**
Rivers,W.M. (1981) Teaching Foreign Language Skills. 2nd edition. Univ. of Chicago Press.

일본 국제교류기금 일본어국제센터 ""일본어교육 국별정보 2004년도 한국"의 "학습환경 교재"
http://www.jpf.go.jp/j/japan_j/oversea/kunibetsu/2004/index.html

Ⅳ. 제7차 교육과정에 따른 교과서 분석에 관한 논문 목록

(국내학술잡지 기사)

1) **閔光準** (2003)「제7차 교육 과정에 따른 중·고등학교 일본어 교과서의 음성 항목 분석」**日本語學研究** 제8집 (2003. 9) pp.87-100
2) **趙南星** (2003)「제7차 교육과정 고등학교 일본어Ⅱ의 의사소통 기능에 대하여」**日本語學研究** 제8집 (2003. 9) pp.163-180
3) 朴舜愛·閔陽子 (2003)「第7次日本語教科書のドリル」**日本語文學** 제23집 (2003. 10) pp.91-116
4) 谷誠司 (2002)「第7次学習指導要領高校日本語Ⅰ教科書における「学習達成度を測定する問題」の分析」**日本學報** 제53집 (2002. 12) pp.53-64
5) **趙南星** (2001)「고등학교 일본어 교과서의 어휘 오용」**日本文化學報** 10 (2001.2) pp.121-138
6) **趙南星** (2001)「고등학교 일본어 교과서의 문법 오용」**日語日文學** 15(2001.5) pp.9-27

(석, 박사 논문)

1) 김경섭(2004)「제7차 교육과정 고등학교 일본어 교과서 사용한자 실태조사 연구」순천대 교육대학원
2) 한연화(2004)「의사소통기능 향상을 위한 게임을 활용한 일본어 교수 방안 연구 : 제 7차 교육과정 일본어 교과서 (Ⅰ)을 중심으로」부산대 교육대학원
3) 추정교(2004)「제6·7차 고등학교 일본어 교과서에 사용된「から」·「ので」표현 비교 분석」순천대 교육대학원
4) 이훈애(2003)「일본어 교과서에 나타난 문화 내용 연구 : 제7차 교육과정 고등학교 일본어 교과서를 중심으로」한서대 교육대학원
5) 공원희(2003)「제6·7차 고등학교 일본어 교과서 내용분석에 관하여 : 연습문제를 중심으로」경희대 교육대학원
6) 유호진(2003)「고등학교 일본어교과서(I)에 나타난 구어체 표현에 관한 비교 분석 : 제5·6·7차를 중심으로」경희대 교육대학원
7) 전명숙 (2003)「고등학교 일본어 교과서에 나타난 문화 관련 내용 분석 : 제7차 교육과정에 따른「일본어I」을 중심으로」계명대 교육대학원
8) 이은선 (2003)「의사소통능력향상을 위한 고등학교 일본어(I)교과서 분석 : /「듣기」를 중심으로」단국대 교육대학원
9) 이은희 (2003)「고등학교 일본어 교과서의 한자고찰 : 제7차 교육과정 일본어교과서 I을 중심으로」경희대 교육대학원
10) 윤일(2003)「제 7차 교육 과정 고등학교 일본어 교과서의 희망 표현 분석」건국대 대학원
11) 이은정(2003)「제6·7차 교육과정 고등학교 일본어 교과서의 문화교육 내용 분석」건국대 교육대학원
12) 최동규(2003)「제7차 교육과정 중·고등학교 일본어 교과서의 의뢰 표현 분석」건국대 교육대학원
13) 박은미(2003)「제5·6·7차 교육과정 고등학교 일본어교과서 비교분석 : 의음어·의태어를 중심으로」경희대 교육대학원
14) 김성희(2003)「일본어 조사 오용례에 관한 고찰 : 제7차 교육과정 일본어 교과서에 나오는 격조사를 중심으로」한국외국어대 교육대학원
15) 김성찬 (2003)「고등학교 일본어Ⅰ 교과서의 문화 분석 : 제7차 교육과정 교과서를 중심으로 대전대 교육대학원
16) 김옥경 (2003)「제7차 교육과정에 제시된 문형에 관한 고찰 : 고등학교 일본어Ⅰ교과서를 중심으로」한국외국어대 교육대학원
17) 이문희 (2003)「제 7차 고등학교 교과서에 나타난 문화 내용 분석」단국대 교육대학원
18) 차수영 (2003)「고등학교 일본어 교육에서의 문학작품 활용 방안 : 일본어(Ⅰ) 교과서와의 병용을 중심으로」부산대 교육대학원
19) 하영애(2003)「제7차 교육과정의 고등학교 일본어Ⅰ 교과서에 나타난 문화내용 분석」경상대 교육대학원
20) 문미옥(2003)「중학교 생활일본어 교과서 분석 : 의사소통기능 중심으로」고려대 교육대학원

21) 임준근(2003)「第7차 교육과정「일본어Ⅰ」교과서에 제시된 문형에 관한 고찰」관동대 교육대학원
22) 김영미 (2003)「第7차 교육과정에 있어서의 문형에 관한 일 고찰 : 고등학교 일본어 교과서Ⅰ을 중심으로」대구가톨릭대 교육대학원
23) 노 미 (2003)「고등학교 일본어 교과서의 문화내용에 관한 연구 : 제6차 및 제7차 교육과정 교과서의 비교를 중심으로」 고려대 교육대학원
24) 박희경(2003)「第7차 고등학교 교육과정의 일본어 교과서 분석 : 문화요소를 중심으로」 경남대 교육대학원
25) 정혜진(2003)「第7차 교육과정 일본어 교과서의 어휘 조사 연구」한남대 교육대학원
26) 오세원(2003)「한국 고등학교 일본어 교과서에 반영된 일본문화교육의 현황 : 제7차 교육과정에 따른 12종 교과서를 중심으로」전남대 교육대학원
27) 정원란(2003)「일본어 교과서의 중요어휘 조사 연구 : 제7차 교육과정 일본어Ⅰ 읽기부분을 중심으로」 단국대 교육대학원
28) 박선홍(2003)「제 7차 교육과정에서의 일본어 교과서 분석 : 제6차 교과서와 제7차 교과서의 경어 비교를 통해서」인제대 교육대학원
29) 기수정(2003)「제 7차 교육과정 고등학교 일본어 교과서의 문화 내용 분석」 부산외국어대 교육대학원
30) 박정희(2003)「일본 상용한자의 독법에 관한 연구 : 제 7차 교육과정 고등학교 일본어 교과서를 중심으로」 한남대 교육대학원
31) 임현아(2003)「게임을 활용한 고등학교 일본어 교과서 어휘 지도법 연구」 계명대 교육대학원
32) 김도희(2003)「일본어 교육에 있어서 ICT(정보통신기술) 활용 방안 : 제7차 고등학교 일본어 교과서 중심으로」 중앙대 교육대학원
33) 김혜숙(2003)「第7차 일본어 교과서의 문화내용 분석」 군산대 교육대학원
34) 연문영(2003)「고등학교 일본어 교과서에 나타난 희망표현 분석 : 제7차 교육과정 일본어 Ⅰ을 중심으로」 경희대 교육대학원
35) 정은수(2003)「고등학교 일본어 교과서의 한자에 관한 연구 : 7차 교육과정의 4종을 중심으로」 경기대교육대학원
36) 서인숙(2003)「고등학교 일본어 교과서 삽화 오류 분석 : 제7차『일본어Ⅰ』교과서를 중심으로」 고려대 교육대학원
37) 유소정(2003)「第7차 교육과정 고등학교 일본어 교과서의 경어표현에 관한 고찰」 한국외국어대 교육대학원
38) 허인영(2003)「현행 일본어 교과서에 나타난 의성어・의태어 고찰 : 6차・7차 교육과정 고등학교 일본어 교과서를 중심으로」 동국대 교육대학원
39) 오주순(2003)「 第7차 고등학교 일본어교과서에 나타난 의문표현의 양상에 관한 고찰」 한국외국어대 교육대학원
40) 관항웅 (2003)「韓国の高校日本語教科書における不適切な会話文の分析」 상명대 대학원
41) 안희진(2003)「교과서에 나타난 복합동사 고찰 : 제6차・제7차 교육과정을 중심으로/ 동국대 교육대학원
42) 신은영 (2003)「고등학교 일본어 교과서의 문화내용에 대한 고찰 : 제 7차 교육과정을 중심으로」 인천대 교육대학원
43) 박혜영(2003)「고등학교 일본어 교과서에 나타난 문화・비언어행동 연구」 중앙대 교육대학원
44) 김선희(2003)「일본 음식문화에 대한 인지도 연구 : 제7차 교육과정에 의한 고등학교 교과서 분석을 중심으로」 부산외국어대 교육대학원
45) 최문자(2003)「고등학교 일본어 교과서에 나타난 경어표현 분석 : 제7차 교육과정 일본어 교과서(Ⅰ, Ⅱ)를 중심으로」 부산대 교육대학원
46) 정경석(2003)「고등학교 일본어 교과서에 나타난 수수동사의 고찰 : 제7차 교육과정 일본어 교과서(Ⅰ)을 중심으로」 부산대 교육대학원
47) 윤혜진(2003)「일본문화 교육의 교과내용 분석 : 제7차 교육과정 고등학교 일본어 교과서(Ⅰ)을 중심으로」 부산대 교육대학원

제7장

일본어 교육의 내용과 지도법

일본어 교육의 내용과 지도법

ここでは、日本語教育として教育される内容とその方法を考えていく。学習者のニーズが多様になっていて、さまざまなケースが存在するので、どの場合にもそのまま適応できるとはかぎらないが、考え方、とらえ方の例として示してみる。 これらをもとに、他のいくつかの対象に向けた教育内容と指導法をそれぞれ考えてみてほしい。

일본어 교육의 내용은 일본 전반에 관한 것을 가르치는 「일본사정」과 「일본어」그 자체에 대한 교육이 있다. 양자는 서로 상호 관련되어 있어서 명확하게 구분 짓기는 어려우나 내용 중심의 일본사정과 언어표현 중심의 일본어로 나누어서 그 교육내용과 지도법을 살펴보기로 한다.

제1절 일본사정의 교육 내용과 지도법

학습자에 따라 필요로 하는 일본사정의 내용은 달라서 연소자에게 필요한 것, 유학생이나 취학생에게 필요한 것, 일상 생활자로서 필요한 사항, 직업인으로서 요구되는 것은 각각 다르다.

연소자에게는 일본이나 일본어 자체에 대해 흥미를 가질 수 있는 항목을 가르치는 것이 중요하다. 그러므로 학습자 본인이 관심을 가지는 사항이나 알고 싶어 하는 내용, 필요로 하는 내용을 중심으로 한 교육내용이 필요하다.

유학생이나 취학생을 대상으로 한 일본사정 교육은 학습자가 일본에서의 각자의 전공과 관련된 유학생활이 보다 자연스럽고 보다 풍부하게 이루어질 수 있도록 하기 위한 지식과 정보를 제공하기 위해 필요한 것이다. 해외에서 일본어를 배우는 학습자에게는 그 일본어의 배경과 환경을 알기 위해 빠뜨릴 수 없는 정보를 얻는 장이 된다.

일본사정 교육이라 하면 종래에는 일본고유의 전통행사, 일본인 고유의 생활양식, 풍

습, 습관 등을 소개하는 것이라고 생각되었다. 그래서 연말연시 행사나 히나마쯔리(ひなまつり), 단고노색구(端午の節句), 다나바타(たなばた), 오츠키미(お月見) 등을 소재로 해서 일본의 계절이나 일본인의 계절감 등과 연결시켜 가르치는 경우가 많았다.

또한 일본의 역사를 일본사정교육으로서 한 해 동안 대학에서 가르치는 경우도 있었다. 그 결과 나라시대, 헤이안시대, 가마쿠라시대 정도까지의 사회제도, 귀족제도, 무사계급에 대해서는 잘 알고 있지만 현대와의 연결이 전혀 되지 않는 역사 교육으로 끝나 버리는 경우도 있었다.

더욱이 해외에서는 옛 전통에 관한 것만이 강조되어 그것을 열심히 배운 사람일수록 현실의 일본과의 차이로 힘들어하는 일도 종종 있었다.

일본의 전통이나 역사에 대한 흥미 때문에 일본어를 배우는 사람들에게는 종래의 일본사정 교육의 내용이 적합했었는지도 모르겠으나 최근 국내외의 일본어학습의 목적과 동기는 전혀 다르다. 경제발전을 이룩하고 기술이 발달한 일본에 대한 흥미가 중심이다. 이러한 사람들이 알고 싶어 하는 일본사정은 현재 일본사회에서 일어나고 있는 다양한 사회현상, 경제사정, 기술사정, 거기에 사는 사람들의 다양한 생활사정인 것이다.

일상 생활자를 위해 필요한 일본 사정으로는 인사, 역, 병원, 시청, 우체국 등의 이용방법, 이웃과의 교제방법, 쓰레기 배출방법, 관혼상제의 에티켓 등 일상생활에 관한 전반적인 것들이 포함된다.

이것들은 일본어 초급교재의 제재로서 다루어지는 경우가 많고 일본사정을 제재로 해서 일본어를 배우게 되는데 교재를 통해 단계적으로 배워나갈 시간적인 여유가 없는 사람에게도 일본에서 생활하는 한 필요한 것이기 때문에 일본어 교육과 동떨어진 이러한 정보만을 지도해야 하는 경우도 발생한다.

직업인으로서는 기업 등의 조직구성, 그 안에서 인간관계의 진행방법, 커뮤니케이션 방법, 취업활동 수행을 위한 관행이나 습관 등의 일본 사정 정보가 요구된다.

일본사정 교육에 대해서는 제11장에 다시 자세히 서술되어 있다.

제2절 일본어 교육의 대상과 내용

2.1 학습자별 일본어 교육내용

일본어 교육에서 요구되는 레벨도 내용도 학자에 따라 각각 다르기 때문에 우선 학습자별로 정리해 보겠다. 레벨에 대해서는 [표1]이 그 기준이 된다.

[유학생, 취학생]

일상생활 수행에 지장이 없는 회화, 청취능력에서 대학에서의 전문 교육을 받을 수 있고 논문을 쓸 수 있을 때까지. 입문, 초급, 중급, 상급

[전문가, 연구자]

① 일본어, 일본어 교육의 전문가

일본어 교육, 일본어학에 관한 교육 연구를 충분히 행할 수 있는 레벨의 일본어 입문~상급이상

② 일본어 이외의 분야에서의 연구를 충분히 행할 수 있는 레벨의 일본어 입문~상급

[생활자]

① 정주(定住)예정자

입문에서부터 모든 생활면에서의 운용능력. 「정착촉진센타」등에서 교육의 대상이 되는 것은 초급단계이며 이후는 자조노력에 달렸다. 듣기, 말하기 중심, 입문에서 일본인과 같은 레벨까지 입문~초급

② 주재자와 유학생의 가족

일상생활에 지장이 없는 회화, 청취능력. 입문, 초급

<표1> 外国人留学生に対する日本語教育カリキュラム策定のための基本的枠組み
川瀬生郎「カリキュラム・学習段階」(『日本語教授法』おうふう1989)

項目 / 学習段階	A. 到達目標	B. 言語要素 ①音声②文字 ③語彙④文法	C. 言語技能 (聞く・話す・読む・書く)	D. 言語行動内容例	E. 学習時間・期間	F. 学習形態
1. 入門期	学習に必要な基礎的・準備的能力の獲得	① 準備的な発音・簡単発話 ② 仮名 ③ 300語 ④ 簡単な発話・応答に必要な文型	・教師の発話する短い語句が聞き取れる ・標準的な発話に近い音で語句が言える ・平仮名の読み書き、片仮名の読み書きができる	教室内での簡単な応答、自己紹介、日常の挨拶	50時間 (25時間×2週)	教室内学習と活動プログラムの併用
2. 初級	日常生活に必要な会話能力の獲得、文章理解のために必要な基礎的能力の獲得	① 標準的な発話 ② 漢字300字 ③ 1500語 ④ 基本的な文型・文法事項	・短い文を用い簡単な応答ができる ・初対面の相手に質問依頼ができる ・簡単な指示説明が理解できる ・平易な仮名漢字交わり文が読める	買物、道を尋ねる、案内、説明、伝言、注文、メニュー、メモ	250時間 (25時間×10週)	
3. 中級	一般的な会話能力の獲得、平易な表現による文章の理解能力の獲得	① 一般的な環境での発話 ② 漢字1000字 ③ 6000語 ④ やや高度の文型・文法事項	・まとまりのある談話の内容が理解でき、眼前にいない相手との対話ができる ・ある主題についての短い文章が理解でき、平易な文章が書ける	相談、電話、旅行、報告、手紙	300時間 (25時間×12週)	
4. 上級	社会生活上必要な会話能力の獲得、一般的の文章の理解能力の獲得	① 特殊な環境での発話 ② 漢字1500~2000字 ③ 8000~10000語 ④ 高度な文型・文法事項	・テレビ、ラジオを聴取し、その内容について話し合える ・複数の相手との討論に参加できる ・簡単な手紙、文章が書ける	VTR、テレビ、ラジオ、討論、スピーチ、交渉、ゼミ	300時間 (25時間×12週)	
5. 上級以上(専門分野)	専門領域の学習に必要な言語能力の獲得	専門分野学習に必要な言語要素、特にその分野での語彙文字	・専門領域に関し、必要な言語活動ができる	講義、講演、レポート、実験、研究室	300時間 (25時間×12週)	学習目的に応じ中級レベルから行う、専門教師、チューター参加

[연소자]

① 난민가족의 어린이 입문~상급

초보에서 공교육을 받을 수 있을 때까지, 생활 전반에 걸친다.

② 귀국학생 입문~상급이상

교과로서의 국어과 학습의 지원, 학교생활에 적응하기 위한 일본어 능력

③ 인터내셔널 스쿨의 아동학생 입문~상급

연소자의 외국어로서의 일본어

[노동자]

① 연수노동자

기업에서의 연수를 받는데 필요한 일본어, 조직 내에서의 의사소통에 지장이 없는 레벨까지 입문~중급

② 영업, 취재활동에 종사하는 사람

자료, 문헌의 독해력. 회의에 참가해서 토론할 수 있는 청해, 회화능력까지 상급이상

레벨에 따른 교육내용은 다르지만 이 레벨은 일반적으로, 초급, 중급, 상급의 세 단계로 나눈 것이다. 좀 더 상세하게 나눌 경우는 초급 전에 입문기, 상급 다음에 상급 이상을 넣어서 5단계로 나누는 경우도 있다. 레벨별 교육항목, 시간 수, 도달 목표 등의 기준은 표1에 나타나 있다. 이하 낮은 레벨에서 높은 레벨로 가면서 가르칠 내용을 생각해보자.

2.2 초급 교과서의 교육 내용

학교나 교실에서 일정한 커리큘럼 아래에서 가르칠 경우에 기본적인 사항을 평이한 것에서 난해한 것으로 배열된 교재를 사용해서 진행해 가는 경우가 많다. 교과서는 가르칠 내용과 가르칠 방법을 구체화한 것으로 교재를 만드는 방법에는 각 작성자의 일본어 교육의 내용과 교수법이 반영되어 있다.

교재에는 이것만은 알아두었으면 하는 단어, 문자, 문형의 기본적인 것을 선택하여 그것을 가르친다는 방향의 것과 말은 커뮤니케이션의 성립을 위해 있는 것이므로 그 커뮤니케이션을 원활하게 하기 위한 언어활동을 가르쳐야 된다는 방향이 있다.

전자는 문형중시, 구조 실러버스[39] 중심이며 후자는 커뮤니커티브 어프로치, 장면 실러버스형, 기능(機能)중시 등이라고 할 수 있다. 그러나 양자를 확실히 구분해서 전자만 또는 후자만을 지도한다는 것은 현실적으로는 불가능하며 문형 중시형이라도 그 문형을 가르치는 데에는 어떤 장면을 설정해서 가르치는 것이며 어떤 표현의도가 있어서 그것을 수행하기 위해 어떤 문형을 사용하는 것이다.

39) 한국에서는 일반적으로 실러버스를 교수요목(가르칠 내용의 일람표)이라고 한다. 구조 실러버스는 가르쳐야 할 내용을 문법 항목을 중심으로 구성한 것이다. 예를 들면「~は~です」「~に~があります」와 같은 문형을 제시한다. 기능 실러버스는 문장 전체가 가진 기능을 중심으로 구성된 것이다. 구체적인 항목으로서「頼む」「謝る」등을 들 수 있다. 실러버스에 관해서는 8장에서 다시 자세히 다루고 있다.

커뮤니케이션 중시형 방법을 취한다고 해도 그 커뮤니케이션을 하는 기준이 되는 문장에는 몇 개의 패턴이 있고 그 형태에 맞춘 문장으로 커뮤니케이션이 이루어지므로 문형을 제외하고서는 생각할 수 없는 것이다.

기본적인 문형과 단어, 문자를 먼저 설정하고, 그것을 적당한 장면 속에서 지도하거나 필요한 장면의 회화를 상정해서 그것을 자연스럽게 응용할 수 있도록 하는 방향으로 진행하거나 하는 방법의 차이가 있다.

문형, 장면, 표현의도로서 몇 개의 초급 교과서에서 다루는 것은 다음과 같다.

A 文型の例 (『日本語初歩』[40]による)

1 ーはーです。 ーはーですか。
2 ーはーではありません。
3 ーにーがあります。
4 ーにーがいます。
5 ーはいくらですか。
6 ーへいきます。
7 ーをします。
8 ーてーをします。
9 ーてください。
10 ーはーがすきですか。ーはーができますか。
11 ーのほうがーです。
12 ーはーです。ーたらーです。
13 ーれ/ーられました。
14 ーせ/させます。
15 ーをあげます/もらいます/くれます
ーてあげます/ーてもらいます/ーてくれます など

B 場面の例 (『An Introduction to japanese』[41]による。以下『IMJ』)

1 飛行機の中で時間をきく。
2 買い物をする。路上で尋ねる。

40) 鈴木忍・川瀬生郎『日本語初歩』国際交流基金編 凡人社 1981
41)『An Introduction to Modern Japanese』水谷修・水谷信子著 ジャパンタイムズ 1977

3 路上でホテルを尋ねる。ホテルで人や場所を尋ねる。
4 先生の家を訪問する。
5 人を紹介する。
6 京都の写真を見せる。
7 鎌倉へ行く。
8 日本語のクラスで
9 魚つり。
10 図書館で。
11 家で夫と妻の会話
12 学生と教授との会話
13 会社で課長と課員の会話
14 秘書が入院中の上司を見舞う。
15 祭り。
16 就職を祝う。

이들 B의 경우는 그 장면에서 이루어지는 일본어를 주고받는 그 자체가 교수내용이 되는 것-2, 5, 10등-과 필요한 회화문을 가르치기 위해 설정된 장면으로 그 장면은 일시적으로 선정된 것에 지나지 않는 것-1, 2, 6, 9등-이 있다. 초보학습자에게 있어서 반드시 이러한 장면에서 회화를 주고 받는 것이 필요해서 선정된 것은 아니다.

이것은 A의 문형을 어떠한 장면의 회화문에 적용시키는가에 따라 쇼핑, 도서실, 병문안, 배웅 등의 장면을 설정해서 회화를 진행시키는 과가 있는 것과 같은 대처의 방법이 되고 있다.

장면 중심이라고 해도 그 장면 고유의 회화문을 가르치는 것만은 아니다.

C 表現意図の例 (阪田雪子「日本語教育の内容」『日本語教授法』[42]による)

1 人やものの一致，不一致を表す言い方。
2 ものや人，動物などの存在，非存在を表す。
3 動作，作用を表す言い方。
4 性質や情態を表す言い方。

---

42) 木村宗男, 他編 『日本語教授法』おうふう 1989

5 比較を表す言い方。
6 依頼を表す言い方。
7 好き，嫌いを表す言い方。
8 欲求，希望。
9 経験の有無。
10 能力の有無，可能かどうか。
11 意思，予定，計画。
12 推量，不確定な判断を表す言い方。
13 勧め，申し出，誘いを表す言い方。
14 許可，不許可を表す言い方。
15 当然，義務，必要を表す言い方。
16 原因，理由を表す言い方。
17 仮定を表す言い方。
18 逆説を表す言い方。
19 伝聞を表す言い方。
20 受け身を表す言い方。
21 使役を表す言い方。
22 授受を表す言い方。　　　など

이들 C의 표현의도 7이 A-10의 문형에 실어 문장화되는 것이며 또한 C-20이 A-13에, C-21이 A-14, C-22가 A-15에 각각 대응되므로 A와 C는 종이의 양면관계에 있다. 앞에서 공격하는가 뒤에서 공격하는가의 차이로 가르치는 사항은 같아지는 것이다.

A, B, C로 나누어서 나열해보았는데 이것은 어디까지나 정리방법이며 각각의 교과서가 이들을 나누는 방법 중에서 어느 하나만으로 성립되는 경우는 거의 없다.

예를 들면 A-9의 문형은 C-6, 8의 요구 의뢰의 표현의도를 가지는 것이고, B-2의 장면을 사용해 회화문이 전개되는 것이며, A-11의 문형은 C-5의 비교의 표현의도를 가지는 것으로 B-7의 가마쿠라의 장면에서 나라(奈良)의 대불(大仏)과의 비교라는 화제로 사용되고 있다. 이와 같이 A,B,C가 유기적으로 연결된 형으로 교과서가 만들어져 있는 것이다.

2.3 입문, 초급기의 어휘교육 내용

유학생이나 취학생을 대상으로 한 경우에 한정해서 보면 학습자들의 일상생활의 범위, 흥미의 대상, 일본어학습의 목적 등 공통되는 부분이 많기 때문에 그 학습자들에게 우선 필요한 어휘, 즉 초기에 가르쳐야하는 어휘를 선정하게 된다. 그러나 공통부분이 많다고 해도 우선 필요한 어휘 1,000개 2,000개를 선정하는 것은 그렇게 간단하지 않다.

한마디로 유학생, 취학생이라고 해도 그 생활의 장이 홋카이도인지, 오사카인지에 따라 계절단어가 다르고 그에 부수되는 의식주 관계의 단어에 차이가 난다. 또한 인구 1000만을 넘는 수도권에 사는 것과 인구 20만인 학원도시에 사는 것은 생활관련 어휘도 다르다.

연수생이나 사회인을 대상으로 한다면 다시 다른 관점에서 기본적인 어휘의 선정이 필요하게 된다.

따라서 학습자가 우선 일상생활을 지장 없이 영위하도록 하기 위한 어휘 선정이라고 해도 다 똑같지는 않지만 하나의 대체적인 방향을 제시하기 위해 초급 교과서 4종과 타마무라(玉村)(1987)「일본어 교육 기준어휘 2,570어[43]」에 공통되는 어휘를 열거해 보겠다.

이 교과서 4종이라는 것은 주로 연수생을 대상으로 하는『신일본어기초』[44], 주로 유학생, 취학생을 대상으로 하는『일본어 초보』,『일본어초급』[45], 주로 유학생 사회인을 대상으로 하는『IMJ』이다.

단 명사는 각각의 교과서가 취급하는 제재, 토픽에 좌우되어 공통되는 것이 적다고 생각되므로 이를 제외한 동사, 형용사, 형용동사, 부사, 접속사에 대해 살펴보겠다.

<초급교과서(4종) 와 玉村(1987)를 합해서 다섯 종의 어휘 중에서 4종에 공통되는 어휘>

(○표시는 5종에 공통되는 어휘)

【동사】

ア행

あう　あがる　あく　○あける　○あげる　○遊ぶ　集まる　集める　○洗う　○ある
○歩く　○言う　○行く　○急ぐ　いたす　○いただく　○いらっしゃる　○い(居)る
○い(要)る　○入れる　受ける　○歌う　打つ　選ぶ　○起きる　○置く　○おくる

---

43) 玉村文郎「日本語教育基準語彙2570語」『日本語の語彙・意味(2)』日本語教師養成通信 講座 1987
44)『新日本語の基礎』海外技術者研修教会編　スリーエーネットワーク　1992
45)『日本語初級』東京外国語大学日本語教育センター編　三省堂　1988

怒る ○教える おっしゃる ○覚える ○思う 泳ぐ ○おりる お(居)る ○終わる

カ행

○買う ○返す ○帰る ○かかる ○書く ○かける ○貸す ○かたづける かぶる ○借りる かわる ○考える ○聞く ○着る 切る ○くださる ○来る ○くれる ○消す ○困る こむ こわす

サ행

散歩する 死ぬ ○しめる しまる 紹介する ○調べる ○知る ○失礼する ○吸う すく 捨てる ○住む ○する ○座る

タ행

倒れる ○出す た(立, 建)つ 頼む ○食べる 足りる ○違う ○使う ○疲れる ○つ(点)く ○つくる ○つける 蓮れる でかける ○できる ○出る ○と(迫)まる と(止, 留)まる と(止, 留)める ○取る

ナ행

○なおす なく なさる ○習う ○なる ○ねる 盗む のこる ○飲む ○のる

ハ행

○入る ○始める ○働く ○話す ○払う 晴れる 拾う ○降る 吹く ふとる ほめる

マ행

○曲がる 見える みがく ○見せる ○見る ○持つ ○もらう

ヤ행

○休む やせる やむ ○やめる やる ○呼ぶ ○読む

ワ행

○わかる ○忘れる 渡る 笑う

【형용사】

ア행

○青い ○赤い ○明るい ○あたたかい ○新しい ○暑い 熱い ○危ない 甘い ○いい ○忙しい ○痛い うれしい ○大きい ○遅い ○重い ○おもしろい

カ행

○からい かわいい 暗い 黒い

サ행

○さびしい ○寒い ○白い ○少ない 涼しい せまい

タ행

○高い 正しい 楽しい ○小さい ○近い 冷たい ○遠い

ナ행

○長い ねむい

ハ행

○はやい ○低い ○広い ○古い ○ほしい

マ행

短い ○難しい

ヤ행

○やさ(易)しい ○安い

ワ행

○若い ○悪い

【형용동사】

あんな いや ○いろいろ ○同じ 簡単 きらい ○きれい けっこう ○元気 こんな ○残念 ○じょうず じょうぶ 親切 すき そんな たいせつ だめ どんな ひま 不便 便利 らく

【부사】

○あまり ○いくら ○いちばん ○いつも さっき ずいぶん ○すぐ ずっと ○ぜひ 全然 ○そう そろそろ だいたい だいぶ ○たいへん ○たくさん たぶん ○ちょっと ○どう どうか ○どうぞ どうき ときどき ○とても ○どうして はじめて ○まっすぐ ○また ○まだ ○もう もし ○もっと ゆっくり よく よろしく

【접속사】

しかし じゃ ○そして それから それで たとえば ○でも

이 어휘들의 의미상 분포는 기본적인 일본어를 빠짐없이 모은 것이 아니라 일본어 학습자상(像)과 그들의 생활에 필요한 어휘를 상정해서 선정한 어휘여서 치우치는 부분이 있다.

『분류 어휘표』[46]의 인간의 동작, 사회생활, 자연에 관한 어휘는 많지만 인간의 성질, 일생, 문화에 관한 어휘는 적다. 또 접속사가 7개밖에 나오지 않는데 이것은 초급에서는 단순한 구문인 짧은 문장이 중심이고 구와 구, 문과 문의 접속 변화가 적다는 것을 나타내고 있다.

다음은 일본어능력시험 4급에서 출제되는 어휘를 정리한 것이다. 일본어능력 4급 시험은 일본어를 150시간 정도 학습한 초급레벨의 학습자가 도전할 수 있는 시험이다. 능력시험 4급에서 기준으로 삼고 있는 어휘는 800어 정도이다. 초급교과서에서 다루어지고 있는 어휘와의 공통점과 차이점을 비교해 보자. 그리고 초급교과서에서는 언급되지 않고 있는 어휘일지라도 일상생활에서 잘 쓰이는 어휘는 학습자의 수준에 맞게 적절히 소개하는 것도 좋은 방법일 것이라 생각된다.

<일본어능력시험 4급에서 다루어지는 어휘>

1) 명사(대명사)

あ行	あお(青), あか(赤), あき(秋), あさ(朝), あさごはん(朝御飯), あさって, あし(足) , あした, あそこ, あたま(頭), あちら, あっち, あと(後) ,あに(兄), アパート, あめ（雨）, あめ（飴）
	いえ（家）, いかが, いくつ, いくら, いけ（池）, いしゃ（医者), いす, いちばん, いつ, いつか（五日）, いっしょ（一緒）, いつつ（五つ）,いぬ（犬）, いま（今）, いみ（意味）, いもうと（妹), いりぐち（入り口）, いろ（色）, いろいろ
	うえ（上）, うしろ（後ろ), うた（歌）, うち, うみ（海）, うわぎ（上着）
	え（絵), えいが（映画), えいがかん（映画館), えいご（英語), えき（駅), エレベーター
	おかあさん(お母さん）, おかし(お菓子）, おかね(お金), おくさん(奥さん), おさけ（お酒), おさら（お皿）, おじ(叔父・伯父）, おじいさん, おちゃ(お茶), おとうさん(お父さん）, おとうと（弟）, おとこ(男）, おとこのこ(男の子）, おととい, おととし, おとな(大人）, おなか, おなじ（同じ）おにいさん（お兄さん）, おねえさん（お姉さん）, おば（叔母・伯母）, おばあさん, おふろ（御風呂), おべんとう(お弁当）, おまわりさん, おんがく(音楽）, おんな(女）, おんなのこ(女の子)

46)『分類語彙表』国立国語研究所 1964

か行	がいこく(外国) , がいこくじん(外国人), かいしゃ(会社), かいだん(階段), かいもの(買い物) , かお(顔) , がくせい(学生), かさ(傘), かぜ(風) , かぜ(風邪), かぞく(家族), カップ, かてい(家庭) , かど(角), かばん, かびん(花瓶), かみ (紙) , カメラ, かようび (火曜日), からだ (体) , カレー, カレンダー, かわ (川) ,がわ(側)
	き(木), きいろ(黄色) , きた(北), ギター, きっさてん(喫茶店), きって(切手) , きっぷ (切符), きのう (昨日), きゅう(九), ょうだい(兄弟) ,きょねん(去年) , きキロ(グラム) , キロ(メートル), ぎんこう (銀行), きんようび (金曜日)
	く (九) , くすり(薬), くだもの(果物), くち(口) , くつ(靴) , くつした(靴下), くに(国), くもり(曇) , クラス, グラム, くるま (車) ,くろ (黒)
	けいかん(警官), けさ(今朝) , けっこう(結構), けっこん(結婚) ,げつようび(月曜日) , げんかん(玄関)
	こうえん(公園) ,こうさてん(交差点) ,こうちゃ(紅茶) ,こうばん(交番),こえ(声) ,コート,コーヒー, ごご(午後) ,ここのか(九日) , ここのつ(九つ) ,ごぜん(午前) , こちら, こっち, コップ, ことし(今年),ことば(言葉) ,こども(子供) ,ごはん(御飯) , コピー・する, こんげつ(今月), こんしゅう (今週) , こんばん (今晩), ご(五)

さ行	さい(歳) , さいふ(財布) , さかな(魚) ,さき (先) , さくぶん (作文) , ざっし (雑誌) , さとう (砂糖) , さらいねん (さ来年) , さん (三) , さんぽ (散歩)
	し (四) ,しお (塩) ,じかん (時間) , しごと(仕事) , じてんしゃ(自転車) , じびき(字引) , しつもん (質問) , じしょ(辞書) ,した(下) , しち (七) , じどうしゃ(自動車), じぶん(自分) ,しゃしん(写真) , シャツ, シャワー, じゅう(十) , しゅうかん(週間) , じゅぎょう(授業) , しゅくだい (宿題) , しょうゆ, しょくどう (食堂) , しろ (白)
	すいようび(水曜日), スカート, すこし(少し) ,ずつ, ストーブ, スプーン, スポーツ, ズボン, スリッパ
	せい(背) ,せいと(生徒) , セーター, せっけん, せびろ(背広) , ゼロ,せん(千) , せんげつ(先月) ,せんしゅう (先週) , せんせい (先生) , せんたく (洗濯) , ぜんぶ (全部)
	そうじ (掃除) , そこ, そちら, そと (外) , そば, そら (空)

た行	だい(台) , だいがく(大学) , たいしかん(大使館) , だいどころ(台所), タクシー, たち, たて (縦) ,たてもの (建物), たばこ, たべもの (食べ物) , たまご (卵) , だれ (誰) , だれか (誰か) , たんじょうび (誕生日)
	ちかく(近く), ちかてつ(地下鉄), ちず(地図), ちち(父) , ちゃいろ(茶色), ちゃわん, ちゅう(中),
	ついたち(一日) ,つくえ (机)
	て(手) ,テープ, テープレコーダー ,テーブル,てがみ(手紙) ,でぐち(出口) ,テスト, デパート,テレビ,てんき(天気) ,でんき(電気) ,でんしゃ(電車) ,でんわ (電話)
	と (戸) ,ど (度) , ドア, トイレ, どうぶつ (動物), とお (十) ,とおか (十日) , とき (時) , ときどき (時々) ,とけい (時計) ,どこ, ところ (所) ,とし(年) , としょかん (図書館) , どちら, どっち, どなた, となり (隣), ともだち (友達) , どようび (土曜日) ,とり (鳥) , とりにく (とり肉) , どれ

な行	ナイフ, なか(中), なつ（夏), なつやすみ（夏休み), など, なな（七), ななつ（七つ) ,なに（何), なまえ（名前) ,なん（何)
	に(二), にく(肉), にし(西), にち(日), にちようび(日曜日), ニュース, にわ（庭)
	ねこ（猫), ねん（年)
	ノート, のみもの（飲み物)

は行	は（歯), パーティー, はい(杯), はいざら（灰皿), はがき(葉書), はこ（箱), はし(橋), おはし, はじめ（初め), バス, バター, はたち（二十歳), はち（八), はつか（二十日), はな(花), はな（鼻), はなし（話), はは（母), はれ（晴れ), はる（春), はん（半), ばん（晩), ばん（番), パン, ハンカチ, ばんごう（番号), ばんごはん（晩御飯), はんぶん（半分)
	ひがし(東), ひき(匹), ひこうき(飛行機), ひだり(左), ひと(人), ひとつ(一つ), ひとつき(一月), ひとり(一人), ひゃく(百), びょういん(病院), ひらがな, ひる(昼), ひるごはん（昼御飯)
	フィルム, ふうとう（封筒) ,プール, フォーク, ふく（吹く) ,ふく（服), ふたつ（二つ) ,ぶたにく（豚肉) ,ふたり（二人) ,ふつか（二日), ふゆ（冬) ,ふろ, ふん（分), ぶんしょう（文章)
	ページ, ベッド, ペット, へや（部屋), へん（辺), べんきょう（勉強) ,ペン
	ぼうし（帽子), ボールペン, ほか（外), ポケット, ポスト, ボタン, ホテル, ほん（本) ほんだな（本棚), ほんとう(本当)

ま行	まい(枚), まいあさ(毎朝), まいつき(毎月), まいしゅう(毎週), まいにち（毎日), まいとし（毎年), まいばん(毎晩), まえ(前), まち(町), まっすぐ, マッチ, まど(窓), まん(万), まんねんひつ(万年筆)
	みぎ(右), みせ（店), みず（水) ,みち（道), みっか(三日), みっつ(三つ), みどり（緑), みなさん, みなみ（南) ,みみ（耳), みんな
	むいか(六日), むこう(向こう), むっつ(六つ), むら（村)
	め(目), メートル, めがね（眼鏡)
	もう, もくようび(木曜日), もしもし, もっと, もの（物), もん(門), もんだい(問題)

や行	や（屋) ,やおや(八百屋), やさい（野菜), やすみ（休み) ,やっつ(八つ) ,やま(山)
	ゆうがた（夕方), ゆうびんきょく(郵便局), ゆうはん（夕飯), ゆうべ, ゆき（雪)
	ようか(八日), よっか(四日), よっつ(四つ), ようふく（洋服), よこ（横), よる（夜)

ら行	らいげつ（来月), らいしゅう（来週), らいねん（来年), ラジオ, ラジカセ
	りゅうがくせい(留学生), りょうしん(両親), りょうり(料理), りょこう(旅行)
	れい(零), れいぞうこ（冷蔵庫), レコード, レストラン, れんしゅう(練習)
	ろうか(廊下), ろく(六)

わ行	ワイシャツ

2) 동사

あ行	あける(開ける), あげる(上げる), あそぶ（遊ぶ), あびる(浴びる）, あらう(洗う), ある, あるく(歩く), いう（言う), いく(行く), いる, いれる(入れる), うまれる(生まれる）, うる(売る), おきる（起きる）, おく(置く), おしえる(教える）, おす(押す) ,おぼえる(覚える）, およぐ(泳ぐ), おりる（降りる）, おわる（終わる）
か行	かう（買う）, かえす（返す）, かえる（帰る）, かかる, かく（書く）, かける, かす（貸す）, かりる（借りる),きえる（消える）, こたえる（答える）,こまる（困る）
さ行	さく（咲く）, さす, しぬ（死ぬ）, しまる（閉まる）, しめる（閉める）, しめる（締める）, しる（知る）, すう（吸う）,すむ（住む）,する, すわる（座る）,そうじする（掃除する）
た行	だす(出す), たつ(立つ), たのむ(頼む), たべる(食べる), ちがう(違う), つかれる(疲れる),つく(着く), つくる(作る),つとめる(勤める), でかける(出かける), とぶ（飛ぶ）, とめる(止める), とる(取る), とる(撮る)
な行	なく(鳴く）, なくす(無くす）, ならう(習う), ならぶ（並ぶ）, ならべる（並べる）, なる, ぬぐ（脱ぐ）, のぼる（登る）のむ（飲む）, のる（乗る）
は行	はいる(入る), はく , はじまる(始まる), はたらく(働く), はなす(話す), はる, はれる(晴れる), ひく(引く）,ひく（弾く）ふく（吹く）,ふる（降る）
ま行	まがる（曲がる）,みがく,みせる（見せる）,もつ（持つ）
や行	やすむ（休む）, やる, よぶ（呼ぶ）, よむ（読む）
ら行	りょこうする（旅行する）, れんしゅうする（練習する）
わ行	わかる（分かる）, わすれる（忘れる）, わたす（渡す）, わたる（渡る）

3) 형용사 · 형용동사

형용사	あかるい(明るい）, くらい(暗い), あたたかい, すずしい(涼しい), あたらしい(新しい）, ふるい(古い）, おそい, はやい, おもい（重い), かるい, つまらない, おもしろい, つよい, よわい, ひくい, たかい（高い）, あつい（暑い), さむい（寒い）, あつい（熱い）, つめたい（冷たい）, あつい（厚い), うすい, あまい, からい, おいしい, まずい, おおきい（大きい）, ちいさい（小さい）,せまい, ひろい(広い）, やすい（安い), たかい(高い）, ちかい(近い）, とおい, ながい(長い), みじかい, ほそい, ふとい(太い）, むずかしい, やさしい, わるい, いい, うるさい, おおい（多い), すくない（少ない), ぬるい(温い)
형용동사	すき, きらい, じょうず, へた, しずか

4) 부사

부사	あまり, いつも, すぐに, たくさん, たぶん, だんだん, ちょうど, ちょっと, とても, どう, どうして, どうぞ, どうも, なぜ, はじめて（初めて）, また, まだ, ゆっくり

5) 기타

연체사	おおきな(大きな), この, こんな, その, ちいさな(ちいさな) , どの, どんな
접속사	そして (そうして) ,それから, それでは, では, でも
접속조사	ながら(~しながら)
부조사	だけ, くらい·ぐらい
접미어	かい(回), かい(階), ~かげつ(か月), ころ · ごろ, さつ(冊),~じゅう(中), すぎ, ほん · ぼん · ぽん(本)

6) 인사표현

おはようございます。こんにちは。こんばんは。
では、また。さよなら/さようなら。(では) おげんきで。おやすみなさい。
はじめまして。(どうぞ、)よろしく。こちらこそ。おねがいします。
(どうも) ありがとうございます · ました。すみません。(いいえ) どういたしまして。
いただきます。ごちそうさま (でした) 。
いらっしゃい (ませ) 。ごめんください。しつれいしました。しつれいします。

제3절 각 분야별 교육 내용 및 지도법

3.1 발음교육의 내용과 지도법

[모음과 자음]

일반적으로 모음부터 가르치는데 이때 입을 여는 방법 순으로 イーエーアーオーウ라고 진행하는 경우와 アーイーウーエーオ로 진행하는 경우가 있다.

입 모양, 혀의 위치 등을 그림으로 나타내어 교사가 모델이 되거나 테잎을 들려주어 학습자에게 연습시키게 되는데 ア/a/, イ/i/라고 단음만을 반복하는 것이 아니라 アイ, アウ, アエ, アオ, イア, イウ, イエ, イオ 등 모음끼리 조합해서 그 음의 차이를 의식하면서 발음시키고 귀로 익히도록 한다.

모음으로는 「ウ」가 음성기호 [ɯ]이고 기본 모음[u]보다 입을 조금 더 벌리며 혀가 뒤로 당겨지는 듯한 후설모음인 점에 주의할 필요가 있다.

또한 「キク」의 「キ」, 「本 デス」의 「ス」등 [Ki] [Sɯ]의 모음 [i] [ɯ]는 호흡만으로 모음

이 나오지 않는 무성화 현상도 유의할 점의 하나이다.

자음으로는 모음의 영향으로 「サ」행에서 「シ」가 「スィ」가 되거나, 「タ」행의 「ツ」가 「チュ」에 가까운 음이 되거나, 「ナ」행과 「ラ」행의 이해가 어렵거나 하는 학습자가 있기 때문에 시작할 때 적절한 지도가 요구된다. 발음은 일단 익혀버리고 나면 나중에 교정하기가 아주 어렵기 때문에 초기 단계에서 바른 발음을 정착시킬 필요가 있다.

[특수 박(特殊拍)]

특수 박에 대해서는 대부분의 학습자에게 특수한 것이기 때문에 초기단계에서 확실히 익혀둘 필요가 있다.

촉음(つまる音)/Q/는 뒤에 이어지는 음에 따라

① 「カ」 행의 앞 : ikkai(1回) kekkyoku(結局)
② 「サ」 행의 앞 : issatsu(1冊) kessoku(結束)
③ 「タ」 행의 앞 : otto(夫) ittai(一体)
④ 「パ」 행의 앞 : ippo(一歩) ippiki(一匹)

와 같이 다른데 각각 한 박자의 길이가 있다는 것을 「イッカイ/ イッキ/ イッコ」「イッサツ /イッショ/ イッセンマン/ イッソク」「イッタ / イッツー/ イッテ / イットー」등의 단어와 같이 발음하여 박자 감각을 가질 수 있도록 하는 지도가 필요하다.

발음(はねる音)/N/은 뒤에 이어지는 음에 따라

① (마)행 (바)행 (파)행 앞에서는 [m]음 :
samma(さんま), kombam(こんばん), sampo(さんぽ)
② (타)행 (다)행 (나)행 (라) 행 앞에서는 [n]음 :
hantai(反対), konndo(こんど), annai(案内), konran(混乱)
③ (카)행 (가)행 앞에서는 [ŋ]음
[geŋko :](原稿), [oŋgaku](音楽)
④ 어말에서는 [N]음 :
hon(本), kaban(かばん)

발음은 이와 같이 뒤에 이어지는 음에 따라 달라지는데 각각 한 박자의 길이를 가지는 음이라는 것을 「サンマイ/ サンビキ」「カンタイ/ カンドー / カンナイ/ カンラン」, 「サンコー / サンゴー」, 「フトン/ ウドン」등의 단어와 같이 발음해서 정착을 꾀하게 된다.

발음(撥音)이 한 박자 길이를 가진 것을 확실히 익히지 않으면 다음에 모음이 왔을 때

그 음에 이어서 se-n-e-n 「センエン」을 se-ne-n 「セネン」처럼 발음해 버리기 때문에 주의해야 한다. 그리고 발음(撥音)은 ①-④처럼 다른 발음을 하는데 문자는 「ん」뿐이고 다른 문자와 음처럼 한 음 한 자의 대응이 아니다.

장음(끄는 음)/R/은 모음을 같은 입 형태로 한 박자 계속해서 발음하는 것으로 「アー, イー,ウー,エー,オ」가 되고, 각각의 자음을 붙이면 「カー,サー,ター‥‥」가 된다. 「オジサン/ オジーサン」「オバサン / オバーサン」「キョカ / キョーカ」등 장음인 것과 아닌 것의 짝을 만들어 단어로서 전혀 다르다는 것을 나타내면서 한 박자를 늘리지 않고 발음하면 다른 단어가 되어 발음자의 의도가 전해지지 않는다는 것을 지도하게 된다.

[악센트]

일본어의 악센트는

ハシ(橋) 와 ハシ(箸),
カンキ(換気)와 カンキ(乾期、寒気),
センセイ(専制)와 センセイ(先生)

처럼 고저 악센트로 동음어를 악센트로 구별하는 경우가 있다는 것과 영어 스페인어 등의 강약악센트와는 다르다는 것을 지도한다.

[인토네이션과 프로미넨스]

인토네이션에는

① ソーデスカ↘ : 하강조
② ソーデスカ↗ : 상승조
③ ソーデスカ→ : 평조

와 같이 ①하강조 ②상승조 ③평조의 세 가지 타입이 있고 하강조는 단정, 명령, 힐문(詰問 : 잘못을 따져 물음) 등, 상승조는 의문, 확인 등 다른 표현의도로 나타나게 된다.

프로미넨스는 (卓立)라고도 하는데,

① ◆キノー ツキマシタ。
② キノー ◆トモダチト アイマシタ。

에서 ◆표시가 있는 곳처럼 문절 속에서 높은 음성으로 말해지는 것으로 문장 중에서 강조되는 부분에 나타나는데 특별히 강조할 의도가 없는 문장 속에서도 어느 부분인가에 그것이 나타나고 있는 경우가 많다.

3.2 회화교육의 내용과 지도법

일본어 교육에서 맨처음 가르치는 것이 말하기로 초급은 말하기 교육의 기간이라고 해도 과언이 아니다. 학습자들에게 있어서 우선 필요한 것은 일본어를 사용해 자신의 의사를 전달하고 요구를 충족시키는 것이다.

그 때문에 일본어의 발음을 익히고 문형과 어휘를 습득하여 그것을 자기의 음성으로 표현할 수 있도록 하는 것이다. 이야기하기 위해서는 상대가 필요하고 그 상대의 이야기를 알아듣지 못하면 회화는 성립되지 않기 때문에 말하기 지도는 듣기 지도와 앞뒷면의 관계에서 진행되어 간다.

처음단계에서 교사나 테잎의 발화문장을 듣고 그대로 반복하는 발화연습을 실행하는 경우가 있다. 일본문장의 리듬과 발음하는 방법에 익숙해지기 위해 효과적이지만 상대도 장면도 없는 부자연스러운 발화이기 때문에 많이 사용할 수 없다

교실에서는 교사의 발화에 응해 적당한 발화로 바꾸는 일로 말하기 능력을 키우게 되는데 항상 교사↔학습자와 같은 방식만으로는 학습자가 말하는 기회를 조금밖에 만들 수 없다. 학습자↔학습자의 조합에 의해 각각의 학습자가 말하는 기회를 많이 가지도록 고려하여야 한다. 이때 교사는 학습자에게 "적당히 말하세요."와 같은 지시가 아니라 말할 때 사용하는 문형이나 화자로서의 역할 등 지시를 적절히 하고 그 지시대로 서로 발화하고 있는지 어떤지 자주 체크할 필요가 있다.

중·상급에서는 스피치, 토론, 인터뷰 방법, 전화 거는 법 등 정리된 내용의 것을 계속해서 말할 수 있도록 임기응변으로 상대와의 회화를 계속 할 수 있도록 하는 지도가 행해진다. 더욱이 상대와의 인간관계를 고려해서 넣은 대우표현의 습득이 큰 목표가 된다. 대우표현 전반이 되면 1-2년간의 교실에서의 일본어 교육만으로 습득하는 것은 불가능하며 교실에서는 경어(敬語), 경비어(軽卑語)의 조직과 용법을 가르치게 될 것이다.

대우표현에 관해서는 그것에 신경을 너무 쓰면 많이 긴장하게 되고 실수를 의식한 나머지생각을 말로 할 수 없게 된다고 하는 학습자가 많다. 또 상하관계, 성별의 차이에 따른 구별사용, 자신을 낮추어 표현하는 겸양표현의 발상에 어색함을 느끼는 학습자도 있다.

경어의 사용이 스트레스가 되어 발화를 꺼리거나 이야기하는 것이 싫어지거나 해서는 일본어 교육의 목적을 달성할 수 없다. 일본어 교육에서는 반말을 사용해서 상대에게 불쾌감을 주는 일이 없을 정도의 수준을 목표로 두는 것이 타당할 것이다. 그 이상에 대해

서는 학습자의 선택에 맡기고 경어를 아주 능숙하게 사용하고 싶어 하는 학습자에게는 그 나름대로의 지도를 하면 될 것이다.

3.3 문자 · 표기의 교육내용과 지도법

[최초의 문자]

교과서에 따라서는 특히 서구에서 만들어진 것에는 회화문 등이 로마자로 표기되어 있는 것이 있다. 또 학습시간이 조금밖에 없어서 단기간에 말하는 능력, 듣기 능력만 기르고 싶은 사람을 위해서 로마자를 쓰면서 가르치는 경우가 있다.

그러나 일반적으로 일본어 교육에서 사용되는 것은 히라가나, 가타카나, 한자이며 문자 지도의 대상이 되는 것은 3종류이다.

히라가나와 가타카나 중에서는 히라가나부터 먼저 가르치게 된다. 해외에서 사용되고 있는 일부 일본어 교과서에 가타카나와 한자가 섞인 문장의 텍스트가 있고 2차대전 전의 일본어 교육에서도 가타카나 쓰기가 사용되고 있었다.

가타카나는 직선의 조합으로 쓰기 쉽다는 것과, 한자의 부분으로 만들어져 있기 때문에 한자지도와 연결하기 쉬운 것 등이 이유였다.

그러나 현재의 일본어 표기는 히라가나와 한자의 혼용이 기본이어서 일본어 교육에서도 히라가나를 먼저 가르치는 입장을 취하고 있다.

[히라가나]

히라가나는 각각의 문자와 그 발음을 대응시키면서 가르치는데 가르치는 문자의 순서는 일정하지 않다. 이미 학습한 단어를 내어 그 발음에 대응하는 문자를 제시하고 단어로서 가르치는 방법도 있고 50음도 순으로 [ア]행부터 가르칠 수도 있다. 전자는 학습자가 이미 알고 있는 말을 표기하는 문자라서 학습자의 흥미를 끌어낼 수 있어 효과적이라고도 하지만 배우지 않은 발음의 문자는 아무리 시간이 흘러도 나오지 않으므로 체계적인 문자의 지도를 할 수 없다.

후자는 처음에는[あ・い・う・え・お]라고 문자만을 쓰는 것으로 지루한 교실 작업에 한정되는 결점이 있다. 하지만 처음 배우는 문자라는 학습자들의 호기심을 끌어내어 단조롭게 되지 않도록 연구를 하면서 지도해 나가면 능률 있게 가르칠 수 있다.

[ア]행의 5문자를 가르쳤다면 [あう] [あおい] [いう][うえ]등 가르친 5문자를 사용하는 단

어를 제시하여 쓰는 것이다. 단 이때는 대부분은 모르는 단어이기 때문에 그 말의 의미를 학습자의 모국어로 나타내든지 하여 의미를 이해하게 해야만 한다. 현재의 관심은 오로지 문자를 외우는 것에 향하게 하기 때문이다.

[ア]행 [カ]행 10문자를 가르치면 [あき] [あかい][かい][かう]등 쓸 수 있는 단어도 많아져서 문자를 배우는 일의 즐거움도 늘기 시작한다. 이때 문자의 모양을 바르게 표기하는 지도가 필요하다.

처음에는 견본을 보면서 정성스럽고 바르게 써도 문자를 외워버린 다음에는 개개인의 버릇이 나와 아주 읽기 어렵게 글자를 쓰는 학습자가 나타나는 경우가 있다. 그렇게 되지 않도록 처음에는 필순에 따라서 같이 손을 움직이면서 손으로 감각을 익힐 수 있도록 하는 지도도 중요하다.

[れ/ね] [く/へ] [し/つ] [め/ぬ] [い/こ] [ほ/ま]등 글자모양이 비슷한 것의 구별도 처음 가르칠 때 주의를 기울여 두어야 할 것이다. 기본적인 제출순서로서는 다음 그림과 같이 청음, 발음, 촉음, 탁음, 반탁음, 요음 순이다.

あ い う え お
か き く け こ
さ し す せ そ
た ち つ て と
な に ぬ ね の
は ひ ふ へ ほ
ま み む め も
や ゆ よ
ら り る れ ろ
わ を
ん
っ
が ぎ ぐ げ ご
ざ じ ず ぜ ぞ
だ ぢ づ で ど
ば び ぶ べ ぼ
ぱ ぴ ぷ ぺ ぽ

きゃ きゅ きょ
しゃ しゅ しょ
ちゃ ちゅ ちょ
にゃ にゅ にょ
ひゃ ひゅ ひょ
みゃ みゅ みょ
りゃ りゅ りょ

ぎゃ ぎゅ ぎょ
じゃ じゅ じょ
ぢゃ ぢゅ ぢょ
びゃ びゅ びょ
ぴゃ ぴゅ ぴょ

촉음인 [っ]와 요음[ゃ] [ゅ] [ょ]는 작게 표기할 것, 세로쓰기를 할 때 요음은 칸의 오른쪽 위에, 촉음은 중앙에 쓰는 것 등의 지도도 잊어서는 안 된다. 각각의 문자 지도를 마치면 문자사용 전체에 대해 지도하게 되는데 이것은 한번에 가르칠 필요는 없고 어휘와 문형지도가 끝난 단계에서 관련 사항으로 수시로 행하게 된다.

예를 들면 [イモートワ　キョートエ　イキマシタ]라는 문장을 배운 뒤 배운 문장을 문자화해서 문형과 문자의 정착을 꾀하는 것인데 이와 같은 때에 조사인 [ワ]와 [エ]가 문자로는 [は] [へ]이라는 것, 여기서는 문자와 발음이 일치하지 않다는 것을 가르치는 것이다.

또 [オーサカ, トーイ/ オーサマ, トーキョー]등 [おおさか,とおい, / おうさま, とうきょう]와 [オ]단의 장음이 [お]로 표기하는 것과 [う]로 표기하는 것이 있다는 것, [トケー, オネーサン]등 [エ]단의 장음이[とけい, おねえさん] 으로 [い]와 [え]로 표기하는 것이 있는 것 등을 해당되는 말을 가르칠 때 이들 단어에는 표기상의 문제가 있는 것을 가르쳐 둘 필요가 있다.

이들은 [현대 가나사용] [오쿠리가나의 법칙]에 따르고 있는 것이고, 그 외 [じ、ぢ、ず、づ]의 네 가나의 문제 , [いう、ゆう]의 표기와 발음이 일치하지 않는 단어 등에 대해서 가르치는 사람이 이 법칙을 숙지하고 있어야 한다.

다음의 히라가나 연상화는 한국인 학습자를 위해서 만들어진 것이다. 히라가나 46자의 발음에 해당하는 각각의 한국어 단어를 그림으로 나타낸 것으로 처음 히라가나를 접하는 한국인 학습자에게 사용하면 좋은 효과를 거둘 수 있을 것이다.

<한국형 히라가나 연상화>

[가타카나]

가타카나는 히라가나에 비해 사용빈도도 낮고 히라가나에 처음 접했을 때만큼의 호기심도 줄어들었기 때문에 단기간에 한꺼번에 마스터시키기는 어렵다. 하지만 대부분의 학습자들에게 있어 자신의 이름, 출신국, 출생지 등의 표기에 꼭 필요한 문자이고 일본어 속에 늘어가고 있는 외래어 표기에 사용되는 것이기 때문에 가르치지 않을 수 없다.

50음도 순으로 청음부터 가르치는 순서는 히라가나의 경우와 같아도 되는데 가타카나만의 독자적인 문제로 글자모양이 비슷한 문자의 구별과 장음 부호의 사용법이 있다. 글자모양이 비슷한 것에는 [ク/ワ] [ソ/ン][ツ/シ][ナ/メ]등과 같이 가타카나끼리 비슷한 것과 [し/レ][り/リ][き/キ][せ/セ]와 같이 히라가나와 닮은 것, [口/ロ][夕/タ][工/エ] [千/チ][二/ニ]와 같이 한자와 비슷한 것이 있다. 가타카나를 배울 때쯤에는 아직 한자는 거의 도입되지 않은 상태이기 때문에 한자와의 혼동은 나중에 주의해도 되지만 히라가나와 또다른 가타카나와의 구별은 처음에 가르칠 때 확실히 해 둘 필요가 있다.

장음을 표기할 때 장음 부호인[ｰ]은 히라가나에는 없기 때문에 이때 처음으로 가르치게 되는데 이 기호의 방향을 바르게 지시해 둘 필요가 있다. 가로쓰기 때는 [コーヒｰ]와 같이 수평선이지만 세로쓰기 때에는

コ
｜
ヒ
｜

와 같이 수직선이 된다는 것이다. 이 지도를 받지 않은 학습자는 세로쓰기에서 배운 글을 가로쓰기로 표기할 때 [コ|ヒ|]라고 써버리거나 세로쓰기의 경우

コ
ｰ
ヒ
ｰ

라고 써버리는 경우가 있다.

또 가타카나는 외래어의 표기에 사용하는데 외래어는 학습자에게 듣기도 받아쓰기도 매우 어렵다는 것을 인식해 둘 필요가 있다. 외래어는 원래언어의 의미 일부를 가지고 있지만 발음이 일본식으로 바뀌고 문자는 전혀 다른 것이라는 원어와 일본어의 양쪽 성질을 가지기 때문이다. 서구 학습자에게 영어, 프랑스어 등에서 유래한 외래어라면 모르는 일본어보다 이해하기 쉬울 거라고 생각해서 즐겨 쓰는 일본인이 있는데 이것은 학습

자에게 있어 상당히 부담을 주는 것임을 알아야 한다.

예를 들면 chocorate를 [쵸컬릿]라고 발음하는 사람에게 [쵸코레-토(チョコレート)]는 전혀 다른 말이며 radio를 [레디오]라고 발음하는 사람에게[라지오(ラジオ)]는 다른 말일 수밖에 없다.

일본어 중 외래어는 일본인에게는 가타카나로 인식되어 바로 들을 수 있지만 일본어를 모르는 학습자는 그 구별을 하기 어렵다. 게다가 외래어는 가타카나로 표기해야 하는 것에 부담이 늘어나는 것이다.

외래어는 원어의 발음과 전혀 다르게 일본어화 한 발음을 하여 그것을 가타카나로 받아 적을 수 있도록 지도해 가는 것이다

[한자]

일본어 교육에서 가르치는 한자의 수는 학습목적과 분야에 따라서 다르지만 하나의 기준으로 외국인 일본어능력시험 레벨설정의 숫자를 생각할 수 있다.

4급--------초급 종료 레벨　　100자 정도
3급--------초급 종료 레벨　　300자 정도
2급--------중급 종료 레벨　　1000자 정도
1급--------상급 종료 레벨　　2000자 정도

로 되어 있고 교과서에서도 초급에서 300-600자 정도, 중급 텍스트에서 1000자 정도를 가르치는 것으로 되어 있는 것이 많다.

1급의 2000자 정도라고 하는 것은 상용 한자표의 1945자가 중심이고 그 외 인명한자, 지명에 사용되는 한자 등이 포함되고 일본의 공문서, 신문 등에서 사용되고 있는 글자수에 합한 것이다.

이러한 한자의 지도에 있어서는 모어의 표기에 한자를 쓰는 학습자(한자계 학습자)와 모국어에서 한자를 전혀 사용하지 않는 학습자(비한자계 학습자)와는 시간이 걸리는 것, 역점을 두는 것, 유의점 등에 있어서 크게 다르다.

비한자계 학습자에게 한자 학습은 한 글자 한 글자의 읽는 법과 쓰는 법, 의미를 배우는 것에 비해 한자계 학습자에게 일본어한자 학습은 모어 속의 한자 발음, 글자체, 의미, 용법 등의 차이를 배우는 것이다.

한자계 학습자라도 중국, 대만, 홍콩, 한국의 학습자, 말레이시아, 인도네시아 등 중국계 학습자와는 습득하고 있는 글자체가 다르며 한국에서는 교육제도에 의해 한자교육을 받아 잘 알고 있는 세대와 그다지 배우지 않은 세대가 있는 등 사정은 다르다.

글자체 차이의 예를 들어보면 다음과 같다.

<일본>	<중국・싱가폴>	<대만・한국・홍콩>
戦	战	戰
団	团	團
変	变	變
辺	边	邊

이들 다른 글자체가 일본어 중에 사용되었다고 해도 团, 变 등 아주 흡사한 것은 유추해서 읽을 수 있고 戰, 變 등도 구 글자체를 배운 세대는 읽을 수 있다. 하지만 간체자(簡体字)[47] 중에는 [习 业 厂 昇]등 일본인이 전혀 읽지 못하는 것이 많고, 번체자(繁体字)를 아는 사람의 수는 점점 줄어들고 있다는 점을 고려한다면 일본어로서의 한자는 일본 글자체로 표기하도록 지도해야 할 것이다. 이때 간체자의 글자체와 매우 닮은 것에 대해 미리 그 상이점을 지적할 필요가 있다. 그 차이점별로 예를 들면 다음과 같다.

	<일본의 문자>	<간체자>
(a) 선, 획의 방향이 다른 것	反, 返	反, 返
(b) 선의 위치가 다른 것	辺, 画, 写	边, 画, 写
(c) 획수가 다른 것	対, 着	对, 着
(d) 흘려 쓴 서체를 사용한 것	組, 東	组, 东

이들은 오독(誤読)할 염려가 있는데 일본의 문자와 미묘하게 다른 점을 처음에 지적하고 일본 한자로서 좌측의 것을 배우게 해야 한다.

읽는 법에 대해서는 중국어에서는 일반적으로 하나의 문자에 하나의 읽는 법밖에 없는 것에 비해 일본어에서는 한 개의 한자에 보통 음독과 훈독이 있고 음독에는 오음(呉音), 한음(漢音), 당송음(唐宋音)이라는 몇 개의 읽는 법이 있다. [48]

또 음독은 중국 유래의 음에 기초를 한 것이어서 중국어 발음과 비슷한 것도 있지만 이것이 학습자의 긴장을 늦추어 부정확한 발음이라도 괜찮겠지 하는 안일한 태도를 낳는

47) 「簡体字」는 지금 현재 중국이나 싱가폴 등지에서 사용되고 있는 한자이다. 车(車)・广(広)・从(従)・电(電) 처럼 한자를 간략화한 것이다. 繁体字」는 획수가 많고 복잡한 한자이다. 일본에서는 「旧漢字」라고 하며 타이완이나 홍콩 등지에서 사용되고 있다.

48) 오음(呉音)은 한자가 처음 건너온 시대의 한자음으로 불교관계 용어나 일상어에 많다. 한음(漢音)은 견당사(遣唐使)가 한족(漢族), 즉 중국 민족이 쓰는 표준음으로서 들여온 것이며, 당송음은 송나라에서 들어온 음으로 현재의 중국음과 매우 가깝다. 「行」를 예로 들면 行列 (ぎょうれつ) 는 오음, 行動 (こうどう) 는 한음, 行灯 (あんどん) 은 당송음이다.

경우도 있다. 다소 비슷하지만 발성법과 조음방법이 다른 경우가 많기 때문에 처음부터 대충 넘어가지 않도록 주의해야 한다.

예를 들면 [論]은 중국어에서는 [lùn]이지만 일본어는 [ron]인 것에 신경 쓰지 않으면 [論文]을 [ルンブン]이라고 읽어 그 잘못을 알지 못하는 경우가 있다. [運]을 중국어의 [yùn]에서 [ユン]이라고 생각해 버리는 경우도 있다

의미도 같은 한자가 다른 의미를 가지고 같은 숙어인데 의미가 다른 것도 있다

	<일본어 의미>	<중국어 의미>
走	はしる	あるく
汽車	汽車	タクシー
新聞	新聞	ニュース
手紙	手紙	トイレットペーパー

각 한자의 의미는 같아도 숙어가 되면 의미가 달라지는 것도 있다. 일본에서 만들어진 숙어와 원래의 한자를 결합한 것의 의미와 유추해 이해할 생각으로 [汚職]을 [더러운 직업]이라고 잘못 생각하는 예도 있기 때문에 신조어에 대해서는 특히 주의가 필요하다.

비한자계 학습자에게 한자학습의 부담은 상당히 크다. 이 비한자계의 학습자가 습득해서 사용하는 문자는 문자수 30개 전후의 표음문자이고 곡선을 겹쳐서 표기하는 것이 많다. 한자는 문자수가 5만에 달하는 표의 문자로 사각형을 중심으로 하여 선의 장단과 수, 점의 위치와 유・무 등으로 다른 문자가 되기 때문에 항상 세심한 주의를 기울여야 한다.

[午/牛][犬/太/大][体/休][未/末]등 처음 한자에 접하는 사람에게는 이 아주 작은 차이로 전혀 다른 음과 의미를 가지는 한자군을 변별하고 익히는 것은 매우 힘든 노력을 요한다.

처음에는 한 점 한 획의 위치, 방향, 장단 등에 주의를 기울이면서 필순에 따라 쓰도록 지도한다. 필순은 성인의 경우 하나하나 그것에 따르기를 귀찮아하는 경우도 많지만 히라가나와 같이 결국은 필순에 따라 쓰는 편이 빠르고 정확히 쓸 수 있다는 것을 이해시켜 지키게 하는 것이 좋다. 단, 필순도 한 종류에 한정되지 않고 다른 획수도 있기 때문에 그것은 특별히 한정할 필요는 없고 너무 자세한 것을 가르치는 것은 반발을 부를 뿐으로 효과가 없다. 필순을 지키는 것이 목적이 아니라 어디까지나 정리된 형태로 보기 쉬운 문자를 쓸 수 있기 위한 수단이라는 것을 이해시켜주길 바란다.

일반적으로 한자지도는 초급단계에서는 텍스트 문장에 사용되는 한자를 그 텍스트 안

의 단어를 표기하는 것으로 이해시키고 그 쓰는 법을 가르치는 순서로 한다. 비교적 평이한 문자부터 제출되게 되는데 텍스트의 문형・회화가 먼저 결정되기 때문에 반드시 쉬운 것에서 어려운 것으로 진행되는 것은 아니다. 획수가 많아서 익히는 것이 어렵다고 생각되는 한자라도 학습자가 일상적으로 접하는 경우가 많고 또 조어력이 강한 듯한 한자는 먼저 가르치는 경우도 있다. 사용빈도가 높은 것은 학습자에게 필요한 것이고 한자 학습의 동기를 명확하게 하는 것이기도 하다 그러나 이러한 텍스트내용과 일상생활의 관련으로 선택된 한자는 한자 상호의 관계는 없으며 한자체계 속의 자리매김도 없다. 그때마다 나오는 한자를 익힌다는 일은 성인에게는 불안감과 저항감을 주는 것이다

한문자씩 하는 습득은 의미와 읽는 법을 이해하고 그 형태를 눈과 손으로 익히는 것인데 뭔가 강한 인상이 있으면 기억도 하기 쉽기 때문에 육서 중 상형문자, 지사문자에 대해서는 그 성립을 설명해 흥미를 끌도록 하는 게 좋다.

다소 억지라도 좋으니 기억하기 쉬운 단서와 함께 제시해 주면 좋다고 동유럽의 어느 일본어 교사는 주장했다.

텍스트의 제출 순서나 생활면에서의 필요 순에 따라 어느 정도의 한자를 가르쳤다면 그것을 체계적으로 정리해 둘 필요가 있다. 여기서는 육서 중의 회의(会意), 형성문자가 중심이 되어 편(扁)이나 조합이 공통적이며 음이 유사한 것을 제시하여 한자에 조금이라도 친근함을 느끼도록 해야 한다.

단 같은 편(扁)이나 조합만을 정리해 기계적으로 가르쳐도 효과는 적다. 새로운 한자는 각각의 의미와 음을 이해함으로서 익혀지는 것이기 때문이다. 중국의 어느 초등학교에서 예를 들면 나무목편이라면 木扁, 언편이면 言扁이라는 편으로 정리해 가르친 적이 있는데 비슷한 것으로 혼란만 주고 이득은 없었다고 그 학교 선생님으로부터 들었다.

비한자계 학습자에게 의미를 가진 문자를 배우는 것은 새로운 체험이다.

익히기는 힘들지만 문자를 보면 대강의 의미를 상상할 수 있기 때문에 한자는 재미있다고 하는 표의문자-엄밀하게는 표어문자-에 대한 흥미를 학습자가 가지도록 하는 것이다.

어떻게든 괜찮으니 반복해서 외우세요라고 해서는 학습자는 반발하고 알레르기에 걸려버린다. 교육의 방법에 따라 한자 공포증, 한자 거부증, 혹은 한자도전자, 한자예찬자가 양성될 수 있기 때문에 가르치는 쪽의 노력이 특히 요구되어지는 부분이다.

여기서 초급텍스트에 자주 사용되는 한자를 제시해 두겠다.

『일본어 초급』『일본어 초보』『COMPACT JAPANESE I, II』[49]『IMJ』의 네 종류의 교과서에 공통되어 사용되고 있는 것이다. 이를 음독으로 50음도 순으로 배열한 것이

다음의 한자리스트 A인데 이 중에서 ○표시를 한 것은 신문에서 자주 쓰이는 상위 100위에 드는 문자이다.

【한자리스트 A】

ア행

安, 以, ○一,○員, 院, 雨, 運, 泳, 駅, ○円, 音

カ행

○下, 火, 何, 夏, ○会, 海, 外, 画, ○学, 楽, ○問, 館, ○気, ○九, 休, 急, 強, ○教, ○業, 近, ○金, 銀, 空, 兄, 形, ○月, ○見, 元, 言, 古, ○五, 牛, 後, 口, 行,○校, ○高, ○国, 今

サ행

○三, ○山, ○子, 四, 仕, 使, 思, 紙,○ 自,○事, 持, ○時, ○七, 白, 室, 写, ○社, 車, ○者, ○手, 習, 週, ○十, 住, ○出, 所, 書, 女, ○小, 消, ○上,○場, 食, 植, 心, ○新, 真 ,親, ○人, 図, 水, 数, 正, ○生, 夕 ○千, 川, 先, 船, ○前, 早, 足

タ행

体, ○大, 男, 茶, ○中, ○長, 第, 鉄, 天, 店, 転, 電, 土, ○度, 動, 冬,○動 堂, 道, 読

ナ행

○肉, ○二, ○入, ○年

ハ행

売, 買, ○八, ○発, 半, 晩, 病, 父, 風 物, ○分, 聞, ○米, 勉, 母, ○本

マ행

毎 ○万, 味, 名, 木, ○目

ヤ행

夜, ○野, 有, 予, 用

ラ행

来, ○理, 両, 料, ○六

ワ행

話 이상 160자

위의 한자 리스트를 보면 초급에서 가르치는 한자상이 보인다. 가장 획수가 적은 것은

---

49)『COMPACT JAPANESE』凡人社 1988

[一]의 1획이고 가장 많은 것은[親] [館]의 16획이다.

여기서 『図説日本語』50)에 의한 신문에서 사용되는 빈도가 높은 상위 100자까지 비교해보면 신문과 초급 일본어 교육에서 배우는 한자가 일치하는 것과 하지 않는 것을 알 수 있다.

○표시를 한 것이 100위까지의 것이다 그리고 신문의 상위 100위에 들지만 일본어 교육 160자에 들어가지 않는 것은 이하와 같은 한자이다.

【한자리스트 B】 ( )안의 숫자는 순위

東(13), 同(20), 京(27), 方(32), 田(33), 地(36), 合(40), 的(44), 部(45), 政(50), 議(53), 対(56), 代(58), 定(60), 立(61), 回(62), 全(63), 力(67), 相(69), 通(70), 区(72), 市(75), 周(76), 百(77), 開(79), 第(80), 現(81), 明(82), 家(83), 実(85), 戦(86), 主(88), 都(89), 民(90), 運(92), 作(93), 当(94), 決(96), 化(97), 機(99),

A B두개의 표를 보면 A의 초급 일본어 교육에 자주 사용되는 한자는 [雨, 駅, 画, 官, 校 ,室 ,堂, 病]와 같은 구체적인 사물을 나타내는 숙어의 일부, 또 [泳, 体, 言, 持, 食, 読, 聞 売, 買]등 일상의 동작을 나타내는 문자가 많다는 것, 한편 신문에서 자주 사용되는 한자로 초급 일본어 교육에 그다지 사용되지 않는 한자는 [化, 的, 第, 区]등 접사로서 사용되는 것이 많다는 것, [案 ,政, 議, 決, 対]등 정치에 관련되어 사용되는 것이 많은 것 등이다. 이러한 한자 분포의 차이에서도 초급일본어 교육에서 사용되는 한자가 어떤 것인지 그리고 또 그 한자의 배후에 있는 어휘가 어떠한 것인지 살펴볼 수 있다.

다음은 일본어능력시험 4급에서 출제되는 한자 리스트를 정리한 것이다. 능력시험 4급에서는 한자를 100자 정도로 설정하고 있는데 초급 교과서에 다루어지고 있는 한자와 거의 비슷하다.

<일본어능력시험 4급 한자 리스트>

一 二 三 四 五 六 七 八 九 十 百 千 万 金 円 年 月 日 時 間 分 半
今 毎 午 火 水 木 土 人 子 男 女 学 校 先 生 父 母 上 下 中 外 前
後 左 右 東 西 南 北 天 気 雨 白 大 小 高 長 行 来 食 話 見 入 出
聞 読 書 休 電 車 名 友 川 山 何 本 国 語 安 飲 駅 花 会 魚 空 言
古 口 耳 社 手 週 少 新 足 多 店 道 買 目 立

50) 林大監修『図説日本語』角川書店 1982

3.4 독해교육의 내용과 지도법

일본어를 읽는 것과 쓰는 것을 포함하여 일본어 모어 화자와 가까운 레벨까지 도달하는 것을 목적으로 하는 학습자, 즉 유학생, 취학생, 일본(어) 연구자 등을 위한 교과서에는 초급 후반에서 독해문장이 들어가게 되고 중급・상급에서는 독해 중심으로 편집되는 것이 많아진다. 대학에서 교육을 받거나 일본이나 일본어를 연구하는데 일본어 독해력은 불가결한 것이기 때문이다.

독해력이라는 것은 일본 문장을 읽고 거기에 쓰인 단어와 문법사항을 이해할 수 있고 그 문장 전체의 내용을 파악 할 수 있는 능력이다.

초급 후반의 독해력은 문항 속이나 장면 속에 설정된 회화문과 같은 내용의 것을 문장체로 바꾼 것인 경우가 많다. 구두로 회화문의 방식을 연습하고 그 문장의 내용을 완전히 이해 한 뒤 그 독해 문장을 [읽는] 것이 된다. 여기에서는 회화체와 문장체의 문체적 차이를 자연스럽게 익히게 하는 것이 목적이기 때문에 새롭고 특별한 내용을 포함시키는 일는 없다.

[よみます, よみました, いい天気です, いい天気でした]의 [です, ます]체가 각각 [よむ,よんだ, いい天気だ, いい天気だった]라고 평상체로 바뀌는 것, 회화체에서는 [じゃない]가, 문장체에서는 [ではない]인 것 등 회화체와 문장체의 양쪽 문체를 사용할 수 있도록 지도하는 것이다.

중급이상이 되면 긴 문장에서 추상적인 내용의 것을 취급하게 된다. 어휘도 어려워지고 문형도 복잡하게 된다. 문장과 문장, 단락과 단락의 접속관계가 어떻게 되어 있는지, 지시어가 나타내는 내용은 무엇인지, 비유 표현의 진의는 무엇인지 등을 명확히 파악할 수 있도록 하는 지도가 이루어진다.

어휘는 일상생활, 신변사항에 관한 것에서부터 우주, 사회, 진리, 인생, 심리와 같은 추상적이고 깊이 있는 사항을 표현하여 논하는 것으로 넓어진다. 또 그들 각각의 어휘의 이해에 머물지 않고 특정 어휘의 결합에 의한 관용표현의 구로써 정리된 의미 파악이 요구된다.

문형도 기본적인 조사, 조동사의 용법이 중심이었던 초급에서 더 나아가 문장표현에만 사용되는 새롭고 난해한 것도 다루게 된다. 예를 들면 다음과 같은 것이다.

~ずにはいられない/ ~ないわけにはいかない/ ~からには違いない/ ~に限ったことではない/ ~てさしつかえない

이러한 표현에는 몇 가지의 유사표현이 있기 때문에 상호의 의미와 용법의 차이에 대해 지도하게 된다.

한 문장씩의 의미에서 단락 단위의 의미, 그리고 전체 문장의 의미 파악으로 진행해 가는 데 각 단락에서 학습자가 문의를 이해하고 있는지를 확인하면서 진행해야한다. 그 방법에는 문장의 요약, 설문에 대한 답의 요구(구두나 필기), 내용에 대해 토론, 응용작문 등의 여러 가지를 생각할 수 있다. 장문이 되거나 문의 내용이 복잡해지면 구문상의 지식, 문의 배열 패턴에 대한 지도도 필요하게 된다. 게다가 각각의 어휘의 의미와 용법도 사물에 대해 설명하는 것이 많은 초기단계와는 달리 내부에 깊이 파고 들어가는 어프로치가 요구된다. 그때에는 유의어 차이의 이해, 뉘앙스 차이를 감지하는 것, 접속어구의 접속관계에 따른 용법의 차이의 이해, 관용구, 고정표현의 정리로서의 의미 파악 등, 사전의 도움을 빌릴 경우가 많아진다.

단계에 따라 조사할 내용에 따라, 사전 선별 이유도 필요하고, 2개국어 사전, 일본어(국어)사전, 한자사전, 관용구, 속담사전, 유의어사전, 고어사전 등 사전에 관한 정보를 적절하게 전달해서 학습자가 필요에 따라 적절한 사전을 고를 수 있도록 지도하는 일이 요구된다.

3.5 청해교육의 내용과 지도법

단음을 구별하여 듣기부터 단음이 연속으로 되는 단어 단위의 듣기, 단어의 집합인 문장을 듣고 그 문장을 파악하기까지의 지도이다.

듣기연습은 청음, 탁음의 구별. 촉음, 발음의 듣기 등, 발음 연습과 관련시켜 행하는 경우가 많다.

음이나 단어를 정확히 알아들을 수 있는지 없는지를 문자로 쓰게 해서 시험하는 경우가 있는데 이것은 엄밀히 말하면 듣기능력을 알 수 있는 것은 아니다. 알아들을 수 있어도 그 문자를 모르면 문자는 쓸 수 없기 때문에 표현능력과 청취능력을 혼동하고 있는 것이 된다.

각 문장의 청해는 하나의 문장을 듣고 그 문장에서 나타난 지시, 요구, 명령, 의도 등에 따른 동작을 할 수 있는 것, 물음에 대해 적절히 대답 할 수 있는 것으로 청해력의 유무를 판단한다. 하지만 질문의 의미는 아는데 그것에 답하기 위한 어휘나 문형을 몰라서 대답을 못하거나 지시된 의미는 아는데 그것에 대응하는 동작을 못한다는 경우도 있어서 그 판단은 상황을 충분히 고려하여 진행하지 않으면 안 된다.

더 나아가 몇 가지 문장의 집합인 정리된 화제를 듣고 거기서 말하고 있는 사실 전체를 파악하는 힘을 기르게 된다.

여기서는 말해진 단어 대부분을 듣는 것이 아니라 몇 가지 중요한 어구를 중심으로 듣도록 지도 한다. 초급에서는 교사가 학습자에게 맞춘 내용과 레벨의 문을 읽어주고 듣게 하는 것이 일반적인데 중급이상이 되면 라디오, TV, 스피치 등 녹음한 것을 들려주게 된다. 처음으로 학습자가 듣기 교재로 할 때는 듣기 전에 거기에 사용되는 어휘와 문형의 리스트를 읽게 하거나 내용에 대한 힌트를 주고 어느 정도 예비지식을 제시해 주는 경우도 있다. 또 레벨에 따라서는 스피드를 조금 늦추거나 짧게 끊어 들려주거나 반복을 많이 하는 등 다양한 방식을 생각 할 수 있다

알아듣고 내용을 이해할 수 있는가를 조사하는 방법으로는 (a) 내용에 관한 설문을 같은 테잎에 녹음해 들려주어 내용과 일치하는 것을 고르게 한다. (b)들은 내용을 구두로 발표시킨다. (c) 문장으로 표현시킨다. (d)쓰여진 것에서 같은 내용의 것을 고르게 한다. 등이 있는데 이 (b)(c)(d)는 듣기능력 외에 구두 표현력, 문장 표현력, 읽어서 이해하는 능력이 더해져 있기 때문에 청취 능력만을 알기에는 적합하지 않다. 그러나 네 기능을 종합적으로 신장시키는 것을 목표로 할 경우는 (b)(c)(d)는 많은 효과가 있다. 화제 속에서 수치에 따른 데이터가 지시되는 경우에 그 그래프를 제시해서 어느 것과 일치하는지 고르게 하는 등, 듣기와 그래프 읽기를 종합시킨 것과 같이 여러 가지 취향을 가미하는 것도 필요하다.

3.6 작문교육의 내용과 지도법

초급에서는 배워 익힌 히라가나, 가타카나, 한자와 문형을 사용해 짧은 문을 쓰는 것이 중심이다. 일부분만을 제시하고 그것을 완성시키거나 일부 공백을 두고 메우게 하거나 지시에 따라 바꿔 쓰게 하는 등 표현력보다 문형의 정착, 활용형의 확인, 어휘의 응용을 목적으로 이루어진다.

초급 후반이 되어 기존에 배운 문형이나 어휘가 늘기 시작하면 그들을 구사해 작문을 쓰게 하는 것이 가능해진다. 그러나 이때 자유 작문 같은 것을 해서는 안 된다.

주어지는 테마는 학습자의 일상생활, 가까운 사람, 학습자 자신에 관한 일 등 구두로 충분히 표현 할 수 있는 제재부터 선택하는 것이 좋다. 우선 쓰기 쉬운 것, 써보려고 생각

하는 것으로 하여 쓰기의 저항감을 없애는 것이다. 또 처음에는 학습자에게 어제 일요일에 무엇을 했는지, 누구와 어디에 갔는지, 몇 시에 집에 왔는지, 집에 와서 무엇을 했는지 등 구두로 이야기시키고 그것을 써보라고 유도해서 가벼운 마음으로 쓸 수 있는 분위기를 만드는 것도 중요하다. 모어로도 작문이 서툰 학습자에게 배운지 얼마 안 된 미숙한 외국어로 작문시키는 경우도 있기 때문에 가르치는 쪽은 학습자 심리의 이해와 공감을 게을리 해서는 안 된다.

이 작문지도에 들어가기 전에는 원고용지의 사용법을 가르친다.

원고지를 실제로 사용해서 제목과 이름을 적는 위치, 시작과 행을 바꾸는 곳에서 한 칸 비울 것, 구독점과「 」에 각각 1칸 사용할 것, -, …… 등등의 부호의 사용법을 지도한다. 이때「 」의 방향과 독점과 콤마의 차이 등이 있기 때문에 각각의 원고지로 제시하면서 진행할 필요가 있다.

중・상급이 되면 작문의 테마도 사회, 국가, 환경, 인간관계, 전문분야에 관한 것 등 추상적인 것이 많아진다. 여기서는 읽는 사람에게 표현자의 의도나 주장, 감회가 충분히 전해지는 어휘나 문형의 선택을 해야 하며, 논지의 전개가 명확하지 않으면 안 된다. 제재의 선택법, 주제의 전개방법, 설득력을 강화시키기 위한 구체적 예나 인용문의 사용법, 결론을 이끌어내는 방법 등 문 전체의 구성에 관한 지도도 요구된다. 또 자료나 문헌을 사용해 리포트를 쓸 때를 위한 요약문 쓰는 방법도 여기서 가르치게 된다.

이들 작문된 것은 첨삭해서 돌려주게 되는데 첨삭은 쓴 본인의 의도를 확인하면서 행해야 한다. 일방적으로 교사가 추측하고 판단해 주를 넣어 돌려주어도 표현자의 진의를 오해한 작업을 하게 되면 학습자는 혼란해서 자신감을 상실할 뿐이다. 또 같은 오류가 많을 경우는 그 오류만을 끄집어내어 클래스 안에서 다같이 다시 생각해 보는 방법도 있다. 어쨌든 같은 잘못을 반복하지 않는 것이 중요하다.

중・상급이 되면 문법적인 잘못이 줄어들고 문의를 오해하는 것은 적어지지만, 읽는 측에 표현자의 의도를 충분히 전하기 위해 보다 적당한 어휘의 선택과 보다 자연스러운 표현력을 익히기 위한 지도가 필요해진다.

제4절 「간약(簡約)일본어」와 교육내용

이상에서 종래 사용되고 있는 교과서를 중심으로 그리고 주로 초급, 중급, 상급과 1년 이상 걸쳐 이루어지는 일본어 교육의 지도내용을 살펴보았는데 학습시간이 조금 밖에 없는 학습자를 위해 현재 연구개발 중인 「簡約日本語」51)에 대해 언급해 보겠다. 이것은 현재 국립국어연구소에서 연구개발이 이루어지고 있는 것으로 그 생각은 「국제공통어로서의 일본어를 세계에 보다 널리 보급시키기 위해서는 어려운 일본어를 없애고 에센스로서의 일본어를 창출할 필요가 있다」라는 것이다.

단기간 밖에 학습할 수 없는 사람에게도 기본항목을 전부 담은 체계적인 교육은 필요하고 이를 위해서 우선 무엇이 중요한가, 어느 부분을 간략화 할 수 있는가를 다시 보는 관점이 요구되고 있다. 이런 종류의 연구가 진행되어 그러한 성과에 기초를 둔 구체적인 교재개발이 기다려지는 때이다.

현재 제시되어 있는 step I ~ X까지의 교수항목은 이하와 같다.

<table>
<tr><td rowspan="2">스텝 I</td><td>제1과
(~です/~ます)</td><td>1. 명사문
2. 형용사문, 형용동사문
3. 동사문
4. 존재문
5. 조사 (を、に、から、まで、で)</td></tr>
<tr><td>제2과
(표현의도)</td><td>1. 희망의 표현
2. 의지의 표현
3. 소극적 행위 요구의 표현
4. 적극적 행위 요구의 표현</td></tr>
<tr><td rowspan="2">스텝II</td><td>제3과
(장면)</td><td>1. 인사
2. 소개 등
3. 쇼핑 등
4. 수</td></tr>
<tr><td>제4과
(デス·マス
그 외의 형)</td><td>1. デス·マス의 활용
2. 다른 동사가 계속되는 형
3. 경어
4. 명사</td></tr>
<tr><td>스텝III
태의 표현
てform</td><td>제5과</td><td>1. 약변화(弱変化) 동사에 대해
ています
ております</td></tr>
</table>

51) 『簡約日本語の創成と教材開発に関する研究』 国立国語研究所 1994

		ておきます てあります てしまいます 2. 불규칙 동사에 대해 きて… して…
	제6과	1. 강변화(強変化) 동사에 대해 て형의 음편형을 가르친다
스텝Ⅳ てform을 사용한 표현의도	제7과	1. 희망의 표현 2. 의지의 표현
	제8과	1. 적극적 행위요구의 표현 2. 소극적 행위요구의 표현 3. 중간 행위요구의 표현
스텝Ⅴ 부정	제9과	1. 약변화 동사에 대해 Vません-Vないです 2. 불규칙 동사에 대해 きません-こないです しません-しないです ……약변화 동사와 같음
	제10과	1. 강변화 동사에 대해 Vません-Vaないです
스텝Ⅵ 수동·가능	제11과	1. 약변화 동사에 대해 수동-가능 Vひられます-Vられます 2. 불규칙 동사에 대해 こられます-こられます されます-できます
	제12과	1. 강변화 동사에 대해 Vaれます-Vaれます/Veます
스텝Ⅶ 사역	제13과	1. 약변화 동사에 대해 Vさせます(Vせます) 2. 불규칙 동사에 대해 こさせます させます
	제14과	1. 강변화 동사에 대해 Vaせます Vwaせます
스텝Ⅷ 부정의 표현의도	제15과	1. 희망의 표현 Vたくありません(既出) Vたく(は)ないです Nがほしく(は)ありません(既出) Nが/はほしく(は)ないです 2. 의지의 표현 Vない/Vaないつもりです

<table>
<tr><td></td><td>제16과</td><td>1. 행위 요구의 표현
Vないでください
~Vaないでください
Vないでくださいませんか
~Vaないでくださいませんか</td></tr>
<tr><td rowspan="2">스텝IX
수동의
표현의도</td><td>제17과</td><td>1. 희망 의지의 표현
Vられたいです
されたいです
Vaれたいです</td></tr>
<tr><td>제18과</td><td>1. 행위 요구의 표현
Vられください
Vaれください</td></tr>
<tr><td rowspan="2">스텝X
사역의
표현의도</td><td>제19과</td><td>1. 희망 의지의 표현
Vさせたいです
こさせたいです
させたいです
Vaせたいです</td></tr>
<tr><td>제20과
행위 요구의 표현</td><td>Vさせてください
こさせてください
させてください
Vaさせてください</td></tr>
</table>

(遠藤織枝)

과제1

자신이 한자를 어떻게 습득했던가를 상기하면서 효과적인 한자지도 방법을 생각해 보자.

과제2

초급 학습자가 아파트를 찾으려고 할 때 필요한 표현, 문형, 말하는 능력, 듣기 능력에는 어떠한 것들이 있는지 생각해 보자.

과제3

중급 학습자가 고향 친구에게 근황을 알리는 편지를 쓸 때 필요한 어휘, 문형, 표현 등에는 어떠한 것들이 있는지 생각해 보자.

【참고도서】

加藤彰彦、他（1988）『日本語概説』おうふう社 1989
武部良明編（1988）『講座日本語と日本語教育 8 日本語の文字・表記（上）』明治書院
寺村秀夫編（1989）『講座日本語と日本語教育 13 日本語教育教授法（上）』明治書院
森田良行、他（1989）『ケーススタディ 日本語の語彙』おうふう社
鈴木忍『文法 I 助詞の諸問題』国際交流基金編 日本語国際センター
阪田・倉持（1993）『文法 II 助動詞を中心にして』国際交流基金編 日本語国際センター
今田滋子著 （1993）国際交流基金編『発音』日本語国際センター
富田・真田著（1993）国際交流基金編『表記』日本語国際センター
玉村文郎（1992）『日本語学を学ぶ人のために』世界思想社

제8장 교수법과 코스디자인

교수법과 코스디자인

この章ではまず、「教授法」について、それがなにを意味するかを考察する。つぎに日本語教育に影響を与えた外国語教授法を、オーディオリンガル・メソッド、コミュニカティブ・アプローチ、ナチュラール・アプローチの3つに焦点をあてて概観する。教授法については論争があるが、はたして最高の教授法というものはあるのかについて論じ、また、教師がよいと思って選んだ教授法が学習者の好む方法と一致しないときには、どう対応したらよいかを考える。さらに、もうひとつのテーマであるコース・デザインについて、それがなぜ必要か、どのようにして設計されるかを、構成要素をもとに検討する。

제1절 교수법

1.1 교수법이란?

「교수법」이라고 하면 일반적으로 무언가 특별한 방법이 있어서 그 방법으로 가르치면 학습자가 아주 효과적이면서도 능률적으로 배울 수 있을 것이라는, 다시 말하면 '구체적으로 가르치는 기술'이라고 생각하기 쉽다. 그러나 일본어 교육에서 자주 거론되는 「오디오링걸 어프로치」「커뮤니커티브 어프로치」「직접법」「번역법」「오럴메서드」「오럴 어프로치」「TPR」등은 모두 이러한 '가르치는 방법'을 말하는 것일까? 또한 왜 어떤 것은 「메서드(method)」라고 하며 어떤 것은 「어프로치(approach)」라고 부르는 것일까?

이러한 혼란을 피하기 위해서도 여러 교수법을 표기할 경우에 어떤 수준에서 서로 다른지, 즉 그 이론이나 원칙의 수준에서인지 거기에서 추출해 낸 구체적인 방법의 수준인지를 구별하는 것은 중요하다. 언어교수는 어프로치(approach), 방법(method), 기술(technique) 등 3개의 관련된 측면을 가지고 있다[52].

각각을 정리해 보면 어프로치(approach)란 언어의 본질이나 그 습득・학습에 대해 가

52) Anthony, E.M., 1963, 'Approach, method and technique'. English Language Teaching 17 : 63-7

설을 세워서 그것을 근거로 체계화된 언어학습이론이다. 예를 들면 오디오링걸 어프로치는 '언어는 구조체(構造体)이다' 라든지 '언어는 본질적으로 음성이다'라는 등의 가설을 근거로 하고 있다. 한편 네추럴 어프로치에서는 '제2언어능력은 습득에 의해 달성되며 학습은 그것을 보충하고 정정(訂正)하는 종속적인 역할밖에 못한다'는 가설이 그 이론의 기초로 되어 있다. 이 어프로치에 따라 고안된 더 구체적인 교수법 수단이 방법(method)인데 이 두 가지는 종종 혼용되기도 한다.

방법(method)이란 기술이론인 어프로치에 근거하여 개발된 언어교수법이다. 오디오링걸 어프로치의 '언어 습득은 습관형성의 과정'이라는 이론에서 '모방・암기'라는 밈・맴 연습(Mimicry-Memorization Practice)이나 문형연습이 개발된 것이 그 예이다.

그리고 기술(technique) 이란 효과적인 수업을 하기 위한 기법이다. 대화에서 발음교육을 할 때 무엇을 해야 할지, 드릴을 어떻게 진행시킬 것인지 등 구체적인 지도기술이나 비결을 말한다.

이상과 같이 언어교수를 이론, 교수방법, 지도기술의 단계로 나눈 뒤 다시 「교수법」을 이 세 개의 총체로 간주하면 정리하기 쉽다. 다만 현실적으로는 언제나 이와 같이 나뉘어 사용되고 있다고는 할 수 없다. 그러나 어떤 식으로 불리든 간에 우리가 언어교수에 대해 배울 때는 항상 상기의 체계를 염두에 두고 정리해서 이해하는 것이 중요하다.

1.2 외국어 교수법의 발전

교수법은 교육을 효과적으로 실시하기 위한 방법론이라고 할 수 있다. 교수법의 역사는 비판의 연속이다. 즉, 어떠한 교수법도 장점과 단점이 있기 마련이다. 지금까지의 교수법의 흐름을 간략하게 정리하면 다음과 같다.

1) 1880년 이전의 고전학습 시대

고대 로마제국시대부터 중세까지는 라틴어가 유럽의 공통어였다. 문헌연구나 문학작품의 이해와 감상을 위해서는 라틴어 학습이 필요했다. 여기서 문법역독법의 기초가 형성되었다. 문법 역독법 (Grammar Translation Method)은 정확한 독해력의 습득을 목표로 하고 문법지식을 강조한다. 일반적으로 단어 암기→문법 규칙의 이해→작문과 번역의 과정으로 진행이 되는 문법중심의 교수법으로 라틴어 이외의 외국어교육에도 응용되었다.

2) 1880~1940년 유럽 중심의 직접법 도입시대

문법 역독법은 문법 규칙의 교육을 통한 읽기와 쓰기 능력 배양이 교육 목표였으므로 실제 언어생활에서 필요한 구어적인 능력을 기르기에는 역부족이었다. 이러한 문법 역독법에 대한 비판으로서 19세기 후반에 직접법(Diret Method) 계통의 교수법[53]이 탄생하였다. 이러한 교수법들은 발달심리학의 입장에서 유아의 모어 습득 과정을 모방한 교수법으로 학습자의 모어를 사용하지 않고 학습목표 언어만을 이용한다. 교실 활동의 중심은 문형의 구두연습으로 듣기, 말하기 중심의 교수법이다.

3) 1940~1970년 미국의 구조언어학 응용시대

제2차 세계대전 중 미국에서는 군사적 목적에서 언어학자, 심리학자, 문화인류학자가 모여 단기간에 회화 능력을 향상시킬 수 있는 구어 중심의 군대식 교수법(Army Method)을 개발하게 되었다. 여기에서 얻어진 성과와 행동주의 심리학, 구조주의 언어학 이론을 토대로 한 것이 오디오링걸 메서드 (Audio- Lingual Method)이다.

기계적인 반복과 습관의 형성을 강조하여 교사의 발화를 따라하거나 모방기억, 문형연습을 주된 방법으로 활용하여 구두회화 능력 양성에 역점을 둔다.

4) 1960년 후반~1980년 인지학습이론 시대

오디오링걸 메서드가 기계적 반복 훈련을 통한 언어학습 만을 강조하여 인간의 인지능력을 도외시한 점을 비판하면서 1960년대 후반 인지심리학과 촘스키(Chomsky)의 언어학(변형 생성문법 이론)에 바탕을 두고 인간의 언어습득 능력과 인지 체계 활용을 내세우면서새로운 언어교수법이 개발되었다. 가장 널리 알려진 것이 커뮤니커티브 어프로치 메서드 (Communicative Approach Method) 로 회화중심형 교수법이다.

이 교수법은 개념(Notional)실러버스와 기능(Funtional)실러버스를 주로 사용하는 의사소통 중심의 교수법으로 커뮤니케이션 능력의 획득을 목적으로 한다. 현장 적응력을 높이기 위해 과제(타스크)나 게임, 롤플레이 등의 교실 활동이 중심이 된다.

5) 1980~ 학습자 중심주의 시대

오디오링걸 메서드가 교사중심의 방법인데 반해서 커뮤니커티브 어프로치 메서드에서는 학습자의 학습 목적에 맞는 실러버스를 고안하고 학습자가 주가 되는 교실활동이 중

53)パーマ-(H.E.Palmer)のオーラル・メソッド(OralMethod),グアン(F.Gouin)のサイコロジカル・メソッド(Psychological Method)、ベルリッツ(M.D.Berlits)のナチュラル・メソッド(Natural Method)、などがある。

심이 되었다는 점에서 어느 정도 학습자중심의 방법을 취했다고 할 수 있다. 이후 학습자가 스스로 학습해나가는 학습자 중심주의 교수법들이 많이 개발되고 있다.

가장 잘 알려진 것으로 내추럴 어프로치 (Netural Approach) 가 있는데 언어를 자연적으로 습득시키는 것을 목표로 하는 이 교수법은 제2언어 습득에 관한 다섯 가지 가설이 이론적인 뒷받침이 되고 있다. 습득-학습가설, 자연 순서가설, 모니터가설, 인풋가설, 정의(情意)필터가설에 따라 언어교육이 이루어진다.

그 다음으로 내용중심 교수법(Content Based Instruction)이 있는데 이 교수법은 1980년대 중반 「Bernard Mohan Language and Content」가 출판되면서 「CBI」로 불리게 되었다. 목표 언어를 사용하여 다른 교과 내용이나 지식 내용(content)을 학습자에게 가르치면서 그 과정 속에서 목표 언어를 자연스럽게 습득시키려는 교수법이다.

즉, 학습자에게 흥미 있고 실제적인 가치가 있는 내용에 접하게 함으로써 언어를 가르치게 되는데 이때 지식 내용이 주가 되고 지식 내용의 학습을 통해서 부수적으로 언어를 학습하게 된다. 이 교수법의 가장 큰 특징은 학습자가 학습 과정의 전체 단계에 적극적으로 참가하게 하는 학습자 중심주의라는 것이다. 학습은 교사로부터의 인풋에 접하는 것뿐만 아니라 과제를 해결해나가는 과정에서의 동료나 친구로부터의 인풋이나 상호작용에 의한 학습도 중시된다.

제2절 일본어 교육에 영향을 준 외국어교육 교수법

현대 일본어 교육의 방법이 구미에서 개발된 외국어・제2언어교육의 교수법에 대단히 영향을 받아왔다는 것은 부인할 수 없다. 오래 전의 교수법으로는 문법역독법, 프랑스의 고전학자 구안(F.Gouin)에 의해 제창된 구안식 교수법 등이 있다. 또한 1920~50년대에 영국에서 광범위하게 도입된 오럴 어프로치 (Situational Language Teaching라고도 한다)는 영국의 파머(H.E.Palmer)에 의해 오럴 메서드(Oral Method)로 일본 영어교육에 소개되어 일본어 교육에도 적지 않은 영향을 주었으며 그 전통은 지금도 존속되고 있다. 오디오링걸 메서드(Audio-Lingual Method), 커뮤니커티브 어프로치(Communi cative Approach)에 대해서는 말할 필요도 없다. 이하 일본어 교육에 영향을 주었던 주요한 외국어교수법으로 오럴 메서드, 오디오 링걸 메서드, 커뮤니커티브 어프로치, 내추럴 어프로치 (Netural Approach) 의 4개를 선택해 그 이론과 방법을 요약해서 기술해 보겠다.

2.1 오럴 메서드(Oral Method)

1920년대에 문법역독방식에 비판적이던 영국의 응용언어학자 파머는 언어를 규범으로서의 언어(code)와 운용으로서의 언어(speech)로 나누어 speech의 지도를 오럴 메서드의 주요한 목적으로 했다. 그리고 speech를 조직적인 훈련을 필요로 하지 않는 「듣기·말하기」와 조직적인 훈련이 필요한 「읽기·쓰기」로 나누었다. 이 방식에 기초해서 교수법을 편성하고 교수 내용의 선정, 단계설정, 도입 방법을 체계화했다.

입문기에서는 바른 언어습관의 확립이 중시되었다. 주요한 문법적구조는 문형으로 분류하고 빈도나 복잡한 것에 의해 단계 지어져 제출순서가 결정된다. 어휘는 소수로 한정되며 교실에서는 그것들이 장면 안에서 제시된다. (예를 들면"여기에 사과가 하나 있습니다."는 사과를 한 개 보여주면서 말한다).

교실활동의 중심은 문형의 구두연습이며 읽고 쓰기는 문법과 어휘의 기초가 완성된 다음에 시작한다. 교실에서는 학습자의 모어는 되도록 사용하지 않고 단어(語)나 문(文)의 의미는 실물이나 그것들이 사용되고 있는 문맥, 장면에서 학습자가 추측하게 한다.

오럴 메서드는 모어의 매개 없이 신변에 있는 실물을 사용한 직관적인 방법을 취하는 다이렉트 메서드(Diret Method)와 공통점을 가지고 있다. 또, 문형연습을 중시하는 점에서는 뒤에 서술할 오디오 링걸 메서드의 개념과 비슷하다. 그러나 파머의 신출어나 신출 문형의 제출, 구두연습은 장면과 연결시켜야 한다는 주장에는 언어구조가 언어의 사용장면과 연결되어 언어의 기능적인 면도 고려되고 있다는 점을 엿볼 수 있다. 오럴 메서드는 현재도 일본어 교육에 광범위하게 도입되어 있다.

2.2 오디오 링걸 메서드(Audio-Lingual Method)

오디오 링걸 메서드는 외국어·제2언어 교육에 그때까지의 다른 어떤 교수법보다도 큰 영향을 미치고 있었다고 할 수 있다. 이 교수법의 특색은 지금까지의 교수법과는 달리 행동주의 심리학과 구조언어학의 이론을 현장의 교수활동과 연결시켰다는 점에 있다.

'학습은 자극에 대한 반응이 강화되는 것에 의해 일어난다'라는 행동주의 심리학의 이론과 '언어는 음성의 대립으로부터 이루어진다. 언어는 구조적으로 세분화된 것의 총화이다.'라는 구조언어학 이론이 언어교육에 응용되었다. 따라서 학습목표는 먼저 말하는 능력을 키워주는 것이고 읽기, 쓰기는 뒤로 돌려진다.

말하기는 행동심리학에 의하면 습관형성에 의해 습득된다. 즉, 체계적인 발음연습을 하고 언어의 형태(예를 들면, 「—에 —가 있습니다」)를 자동적으로 말할 수 있게 될 때까지 연습하는 것에 의해 습득이 일어나고, 나아가 이 축적에 의해 언어가 습득된다고 생각되었다. 이 개념에서 교실에서 새로운 문형을 기계적으로 연습하는 패턴・프랙티스에 의한 문형연습 중심의 지도가 전개되어 많은 신봉자를 낳았다.

역사적으로 1940년대에 귀납적으로 문법을 지도하는 다이렉트 메서드를 거부하는 미국의 미시건대학의 프리즈(C.Fries)나 그 외의 다른 대학의 언어학자들에 의해 구조언어학을 응용한 문법중심의 교수법이 개발되었다. 그것들은 오럴 어프로치 (Oral Approach), 오럴 오럴 어프로치(Aural-oral Approach) 또는 스트럭쳐 어프로치 (Structural Approach) 라고 불렸다.(파머의 오럴 메서드와 혼동하지 않도록 주의) 그 후에 이 어프로치에 행동심리학이 도입되어 오디오 링걸 메서드라고 불리게 되었다[54]. 이 교수법은 1960년대까지 미국을 중심으로 융성했다. 구미에서는 일반적으로 오디오 링걸 메서드라고 불리고 있는데 일본에서는 오럴 어프로치로 알려져 있다. 1956년에 일본영어교육연구위원회(ELEC의 전신)의 성립과 함께 본격적으로 도입되어[55] 새로운 영어학습지도법으로서 전국적으로 알려졌다.

일본어 교과서에서는 이 교수법을 도입한 것으로 Elenor H.Jorden 의 Beginning Japanese(1963)가 잘 알려져 있다. 새로운 과는 그 과의 기본대화 도입에서 시작하여 신출 문법사항 등의 설명이 이어지고 그 후 문형연습에 의한 문장구조의 도입, 연습, 보충연습, 마지막으로 여러 가지 구두연습의 순으로 진행된다. 교실활동의 중심은 대화와 연습이다. 대화가 도입되어 암기되면 그 과에서 새롭게 학습하는 문장구조의 패턴연습이나 다양한 형태의 연습이 집중적으로 이루어진다. 구문, 음성, 어휘학습이 중시되어 비로소 정확함이 추구되었다. 수업은 면밀히 조직된 방법으로 교사의 통제 아래 행해진다.

그러나 이 방법에서는 학습자는 문법적으로는 정확한 문장을 만들 수 있어도 배운 문형을 어떤 장면에서 어느 때에 사용하면 좋을지 모르고, 또 실제의 대화에서 배웠던 대화대로 진행되지 않을 때에는 대응하기 어려웠다. 결국 이 방법으로는 커뮤니케이션 활동 능력은 육성되지 않았던 것이다. 이것이 문제가 되어 오디어링걸 메서드에 대한 불만이

---

54) Richard J.C. & Rodgers, T.S., 1986, Approach and Methods in Language Teaching. CUP.
55) 伊藤健三・金谷恵 編『英語科教育法』明治図書 1984

높아졌을 때 영국에서도 문형연습 중심의 오럴 메서드에 대한 반성이 일어났다.

일본어 교육에서도 1960년대에 들어와서 오디어 링걸 메서드에 의한 문법교육을 중시하는 장면을 제외한 문형연습이 중심이 되어 갔다[56]. 그 결과 커뮤니케이션의 룰에 관한 지도나 학습의 기회를 잃고 있다는 점이 지적되고 있다.

2.3 커뮤니커티브 어프로치 (Communicative Approach)

1970년대에 EC의 여러 국가간의 교류가 활발해지자 의사전달 수단으로서의 외국어능력이 요구되어 성인학습자의 외국어에 대한 요구를 분석해서 개념과 언어기능을 중심으로 한 실러버스가 작성되었다. 이 실러버스의 이론적 배경은 오스틴(Austin), 사르(Searle) 등의 발화행위(Speech Acts)이론, 장면에 따른 적절한 표현이 필요하다고 주장한 하임즈(D.Hymes) 등의 사회언어학의 영향, 그리고 말리노위스키(Malinowski), 할리데이(M.Halliday) 등의 기능주의의 언어관이 있다[57].

이렇게 해서 시작된 언어행동을 중시하는 커뮤니카티브 어프로치의 개념에 의하면 언어학습의 목적은 문법적으로 바른 문장을 말할 수 있을 뿐 아니라 커뮤니케이션 능력(communicative competence)의 양성에 있다. 그러기 위해서는 발음, 문법, 어휘 등의 언어적 능력만으로는 충분하다고 할 수 없다. 커뮤니케이션에 필요한 능력이란 어떤 것인가를 음미할 필요가 대두되었다.

Canale[58]은 다음과 같이 주장했다. 즉, 커뮤니케이션 능력이라는 것은 발음이 정확하다거나 문법규칙이나 어휘의 지식이 풍부할 (어휘문법능력)뿐만 아니라, 그 장면이나 말하는 상대에게 적절한 말을 사용할 수 있고 (사회언어학적 능력), 문과 문의 관계나 문장레벨을 초월한 전체정리를 파악할 수 있으며 (대화능력), 커뮤니케이션이 잘 진행되지 않을 때에 대처할 수 있는 (대체적 능력) 총합적 능력을 말한다. Bachman[59] 은 나아가 의사표현능력을 첨가하여 새로이 보다 세분화된 정리를 제시했다. 의사표현능력이란 예를 들어 「춥군요.」라는 발화(発話)는 「창문을 닫아 주세요.」라는 의뢰의 의미이거나, 「한잔하지 않겠습니까?」라는 권유하는 것을 이해하며 발화할 수 있는 능력이다.

커뮤니커티브 어프로치는 일반적으로는 「정보의 내용을 이해하고 전달하는 능력을 양

56) 木村宗男외 編『日本語教授法』おうふう 1989
57) 安藤昭一 編『英語教育 現代キーワード事典』増進堂 1991
58) Canale, M., 1983, 'From communicative competence to communicative language pedagogy' in Richards, J. & Schmidt, R. (eds.), Language and communication. Longman
59) Bachman, L.F., 1990, Fundamental Considerations in Language Testing. OUP

성하는 것을 목표로 한 외국어, 제2외국어 교수법의 이론이나 원칙」을 가리키는 것이라고 해도 좋을 것이다. 어프로치라는 단어를 보면 알 수 있듯이 이것은 하나의 이론이며 구체적인 교수방법이 아니라는 것이 미국이나 영국의 학자 사이에서 일치된 견해이다[60]. 분명히 커뮤니커티브 어프로치라고 말해지는 것에도 여러 가지 개념이 있고, 그들 사이에서는 때때로 일치하지 않는 부분이 보이는 것에도 주의하고 싶다.

이 어프로치에서는 언어학습의 도달목표는 커뮤니케이션 능력에 있고 언어와 커뮤니케이션은 상호의존의 관계에 있다는 인식 위에 서 있다. 그리고 언어라는 것은 학습자가 현실적인 상황 속에서 사용함으로써 가장 효과적으로 습득된다고 생각한다. 언어를 사용할 때는 무언가를 하려고 해서 사용하는 것이고 학습의 장에서도 어떤 목적을 가지고 의미를 가진 언어를 사용함으로써 습득이 촉진되는 것이다.

또한 언어는 학습자가 가설을 세워 그것을 시험해가는 것에 의해 개인과 개인 사이에서 구축되어 간다는 견해에 입각하여 언어 습득 연구의 성과를 도입하고 있다. 그리고 언어학습과정에서 언어적인 면, 사회적인 면, 인식적인 면, 또 개인적인 면에 있어서 다양한 차이가 있다는 것에도 주목을 하고 있다. 그리고 학습자의 요구에 맞춘 커뮤니케이션 능력의 양성을 위한 방법을 제안하고 있다.

일본어 교육에서도 커뮤니카티브적인 시점을 도입한 실러버스가 편성되어 그것을 기초로 한 교재가 작성되었다. 그들은 기능적으로는 문법항목을 결합한 교과서에서 타스크를 중심으로 한 교재까지 넓은 폭을 가지고 있다. 당연히 이 교재들을 사용해서 가르치거나 학습하는 방법에 대해서도 같은 정도의 폭이 나온다.

프로젝트 워크처럼 처음에 학습내용을 정하지 않고 학습 후에 실러버스를 완성해가는 것도 나왔다. 이것은 학습자가 그룹으로 프로젝트의 테마를 정하여 일본어를 다양하게 학습하면서 그것을 수행해 가는 활동이다[61].

커뮤니커티브적인 언어학습에서는 학습자가 놓인 환경 아래에서 각각의 필요에 따른 커뮤니케이션 능력을 익히는 것에 중점이 놓여진다. 또한 학습자의 개인적인 차이를 인정한다. 따라서 그런 의미로도 다양한 방법이 취해지는 것은 이상한 일이 아니다. 이러한 것으로부터도 커뮤니커티브 어프로치에서는 고정된 교수방법은 없다고 자주 말해진다.

---

60) Nunan, D., 1988, The Learner-Centered Curriculum. CUP.

61) 田中望 저 『日本語教育の理論と実践』大修館書店 1993

2.4 내추럴 어프로치 (Natural Approach)

내추럴 어프로치는 외국어습득을 모어의 습득 과정에서 찾아 외국어교육에 적용하고자 한 미국의 스페인어 교사 테렐(Terrell)과 제2언어습득에 관한 다섯 가지 가설을 세운 응용언어학자 크라센(Krashen)의 공동연구에 의해 개발되었다. 그 기본 원리는 어린이가 모어를 자연스럽게 배우는 원리를 적용하여 의사소통 상황 속에서 목표언어를 자연스럽게 습득하도록 한다는 것이다.

이 교수법의 이론적인 뒷받침이 되고 있는 것은 제2언어습득 이론 중 습득·학습가설, 자연순서가설, 모니터가설, 입력가설, 정의(情意)필터가설이다.[62)]

이 교수법의 교육 목표는 학습자가 목표로 하는 언어를 모어로 하는 사람들과의 의사소통이 가능한 능력을 키워주는 데에 있다고 할 수 있다. 여기서 의사소통이 가능한 능력이라는 것은 전달능력이라고 할 수 있는데 전달능력을 키우기 위해서는 우선 목표언어에 대한 이해능력을 높이는 것이 필요하다. 학습자가 불안이 없는 편안한 상태에서 학습자가 이해할 수 있는 적절한 양의 인풋이 부여되면 이해능력이 향상되고 자연스러운 표현력이 습득될 수 있다.

이를 위해 교사는 기본적인 어휘나 표현을 사용하여 말하거나 다른 말로 바꾸어 설명하는 등의 교수 용어(teacher talk), 그리고 일러스트나 실물 교재와 같은 학습자의 이해를 돕는 다양한 보조 자료를 사용하여 학습자에게 적절한 양의 인풋을 부여한다.

초보단계에서는 학습자의 청해 활동을 신체적 동작과 연결시켜 기억을 강화시키는 청해 우선 교수법인 전신반응 교수법(TPR)을 사용한다. 학습자가 교사의 지시문(예를 들면「立ってください」) 을 듣고 그 지시대로 행동하게 함으로써 학습자가 교사의 발화를 이해했는지를 확인한다. 이해했다는 것이 확인되면 교사의 발화를 문자화해서 학습자에게 보여서 음(音)과 문자의 대응을 알게 한다.

이해 가능한 인풋이 충분히 부여되고 학습자가 발화에 대한 준비가 되면 학습자 스스로 자발적인 발화가 시작된다. 즉 학습자에게 목표언어를 사용한 발화(말하기)를 강제화하지 않고 교사와 학습자 간의 전달내용에 초점을 둔 인풋을 통해 학습자는 발화를 준비할 수 있는 여유를 가지면서 발화나 문자 표현이 자연스럽게 습득될 수 있다.

습득과정에서 자연 표출되는 학습자의 발화나 문장에는 많은 잘못이 있게 마련이다. 내추럴 어프로치에서는 전달에 지장이 없는 잘못은 허용하며 오류를 즉각 수정하지 않고

---

62) 다섯 가지 가설에 대한 자세한 내용은 제12장 제4절 「제2언어습득에 관한 이론과 모델」을 참조할 것.

정정을 할 때에는 간접적인 방법으로 행한다. 예를 들면 다른 학습자에게 질문하여 바른 발화를 이끌어내거나 교사가 그에 관련된 예문을 많이 들어서 학습자가 스스로 정정을 할 수 있게 한다.

실러버스는 학습자의 자연스러운 전달능력 양성을 위하여 가족, 친구, 의식주, 여행, 쇼핑 등과 관련된, 학습자가 일상에서 접하는 화제나 학습자가 자주 직면할 것이라 예상되는 커뮤니케이션 장면을 중심으로 구성한다.

목표언어에 의한 전달능력이 어느 정도 향상되면 교실 활동은 주위 친구들을 대상으로 조사하는 활동, 비행기 스케줄 등을 이용한 읽기, 쓰기, 물건 사기 등의 단순한 의사소통 활동을 하며, 확장 단계로 가면 역할놀이나 소극 등 다양한 형태의 상호 작용적인 활동을 통해 습득을 증진시킨다.

이와 같이 내추럴 교수법에서는 이해 가능하고 의미 있는 언어 자료의 입력을 강조하고 있는데 교사는 릴랙스한 교실분위기 만들기와 학습자의 연령, 목표, 지식 등에 맞게 습득과 학습의 발란스를 유지하도록 하는 역할을 해야 한다.

다음은 위의 네 가지 교수법의 장점과 단점을 표로 나타낸 것이다.

<일본어 교육에 영향을 미친 교수법의 장·단점>

교수법	장점	단점
오럴 메서드	* 설명이나 도입은 그림이나 사진, 실물 등을 사용하기 때문에 학습자는 유추할 수밖에 없어 목표언어에 빨리 정착 할 수 있음. * 비교적 레벨에 관계없이 응용가능	* 학습자가 성인으로 이미 외국어 습득 경험이 있는 경우 시간적, 경제적 손실 초래가능 * 단조로운 수업의 진행가능성 * 학습자전원 주의를 집중시키기 어려움 * 교사주도형 수업되기 쉬움.
오디오 링걸 메서드	* 철저한 구두연습을 통한 듣기와 말하기연습 가능 * 학습자 사이의 실력 차가 있어도 사용가능 * 초급, 중급에서도 사용가능 * 정확한 발음 습득 가능	* 기계적인 문형연습으로 인해 학습이 단조로워 의욕을 상실할 가능성 있음. * 연습이 꽤 빠른 속도로 진행되기 때문에, 실력이 없는 학습자의 부담이 크다. * 학습자의 상상력, 자주성 살릴 수 없음 * 교사는 항상 그 모국어의 화자가 아니면 안됨 * 현장적응력 부족
커뮤니커티브 어프로치	* 문법이 아닌 학습자의 목적, 필요성에 따라 현실생활에 유용 할 수 있는 학습가능 * 학습자 흥미, 학습에 대한 의욕 * 문맥, 장면에 맞는 적절한 표현과 행동 가능	* 기능항목이 주가되고, 문법항목은 부차적인 것이 되어 단계적, 체계적으로 도입하기 어려움. * 현실 장면에서 언어사용목표로 인해 표현형식이 복잡해 초급레벨에서 사용하기 어려움 * 의미 전달 중시한 나머지, 문법적 정확성이 경시되기 쉬움
내추럴 어프로치	* 학습자가 목표언어의 음성에 충분히 익숙해 졌을 때 발화활동을 시작하게 되므로 학습에 대한 부담감이 적다. * 적정한 양의 학습량이 주어지므로 심리적으로 편안한 상태에서 학습을 할 수 있다.	* 목표언어 달성까지 많은 시간을 요하므로 단기간에 많은 양의 학습이 필요한 경우에는 부적절하다.

이상에서 일본어 교육에 많은 영향을 미친 교수법에 대해서 알아보았다. 일본어교수법으로서 절대적인 것은 존재하지 않는다. 일본어 교육의 역사는 유럽의 언어 교육에 비하면 역사가 짧기 때문에 독자적인 교수법은 없고 이상에서 살펴본 외국에서 개발된 교수법을 응용하고 있는 경우가 대부분이다.

앞에서 제시된 교수법들은 그 나름대로의 특징을 지니고 있다. 즉 어떠한 교수법도 장점과 단점이 있게 마련이며 완벽한 교수법이란 있을 수 없다. 그러므로 현장에서는 학습자의 학습목적이나 조건 등을 고려하여 적절히 활용하는 것이 중요하다고 할 수 있겠다.

제3절 그 외의 교수법

일본어교육에 커다란 영향을 미친 교수법에 대해서는 앞에서 말했지만 그 외에도 여러 가지 다양한 교수법이 있다. 몇 가지를 간단히 정리하면 다음과 같다.

1) 베르리츠 교수법(Berlitz Method)

Berlitz에 의해서 제창된 교수법으로 귀로 듣고 그대로 반복하면 된다고 생각하였다. 학습자의 모국어는 사용하지 않으며 학급은 소수인제, 음성언어를 중시하고 어휘는 일상생활에 관련된 것을 선택한다. 기술적으로 훈련된 교사를 고용하고 교재나 지도체제는 조직적이며 여행이나 용무등 실용적인 외국어를 배우고자 하는 학습자를 대상으로 한다.

2) 구안식 교수법(Gouin Series Method)

동사를 중시하고 어떤 동작의 순서대로 표현하는 것이 가장 기억하기 쉽다고 생각함. 어떻게 하면 외국어를 능숙하게 할 수 있을까, 효과적으로 학습할 수 있는 방법은 무엇일까 등의 생각의 의해 개발되었다.

3) 단계적 교수법 GDM(graded Direct Method)

문(sentence)과 그것이 전개되는 장면(situation)의 결합을 SEN-SIT라 부르고, 이 문과 장면을 함께 제시하는 것이 곧 가르치는 것이다. 교사는 새로운 것을 도입할 경우 동작을 사용해서 제시한다. 다음에 그것을 선이나 그림으로 나타내고 학습자가 발화하도록 한다. 마지막으로 그 내용을 문자화한다. 즉 행동과 이미지와 문자를 합친 방법을 취하여 가르치는 교수법이다.

4) 침묵식 교수법(Silent Way)

미국의 심리학자 가테뇨(C.Gattegno)에 의해 개발된 학습자 중심의 교수법이다. 교사는 수업 중 가능하면 발언을 피하고 수업시간에는 주로 학습자의 발언에 맞추고 학습자들끼리 서로 문제를 해결할 수 있도록 도와 주어야 한다. 그와 같은 습관이 형성되면 학습 동기가 강화되고 효과도 상승한다고 하는 교수법이다.

5) 전신반응 교수법 (Total Physical Response)

이 교수법은 유아의 제1언어 습득과정을 응용한 것으로 학습자의 청해 활동을 신체적 동작과 연결시켜 기억을 강화시키는 교수법이다. 교사는 주로 동작과 함께 명령형을 사용하여 지시를 하고 학습자는 교사의 흉내를 낸다. 일본어로는「~てください」의 형태로 표현하는 것이 일반적이다. 학습자의 발화의욕이 왕성해지면 교사와 역할을 교체하게 된다.

6) 써재스트페디아(Suggestopedia)

불가리아의 정신 병리학자 로자노브(G.Lozanov)에 의해 제창되었다. 이 방법에서는 외국어를 학습할 때의 불안감, 긴장감을 없애기 위한 학습환경을 마련하여 학습자가 릴렉스한 상태에서 배울 수 있도록 한다. 교실에 아름다운 포스터를 붙이고 바로크음악을 틀어 암시에 의해 학습자의 잠재능력을 끌어내는 것이다.

7) 커뮤니티 랭귀지 러닝(Community Language Learning)

카운슬러였던 미국의 캐런에 의해 형성되었으며, 카운셀링 이론을 언어의 교수법에 응용했다. CLL에서는 교사(카운셀러)는 먼저 따뜻하고 서로 의지가 되어 주는 학습자(클라이언트)의 커뮤니티를 만들어 내지 않으면 안 된다. 그러는 사이에 학습자는 완전히 교사에게 의존한 상태에서 서서히 자립상태로 이행해 간다.

오랫동안 어학교사들은 좋은 교수법을 추구해 왔다. 어떤 학습자에게도 어떤 상황에도 적합한 절대적인 교수법이 있을 것이다. 그것은 "바로 이것이다"라고 할 교수법이 어떤 것인가를 알면 교사의 고민은 모두 해결될 것이라고 생각해 왔다. 그러나 연구결과에서도 현실에서도 그와 같은 교수법은 발견되지 않았다. 그리고 어떤 하나의 교수법이 다른 교수법보다 뛰어나다는 확증도 발견되지 않았고 교수법이 언어습득을 일으킨다는 확증도 없었다. 나아가 현장교사의 입장에서 보면 이들 교수법의 원칙이나 순서를 그대로 순수하게 교실에서 실현한다는 것은 불가능에 가깝다. 다른 교수법에 근거한 수업을 몇 개 분석했을 때 상이점보다도 공통점 쪽이 많았다는 보고도 있다.

언어학습은 일반적으로 생각하고 있는 만큼 단순하지 않으며 교사가 현장의 교실활동에 임할 때에는 하나의 교수법만으로는 대처할 수 없다. 숙련된 교사는 오랜 기간의 교수경험과 또 과거에 학습자로서의 경험에 의해 배양된 학습에 대한 깊은 통찰을 가지고 있다. 교수법에만 의존하는 것은 이와 같은 교사의 특성을 부정하기 쉽다. 현재는 특정한 교수법만 계속 고집할 것이 아니라 그 장면에 따라 필요한 지도방법을 도입하는 유연성이 요구된다.

교사가 학습과정 안에서 담당클래스의 학습자의 학습특성, 요구, 도달목표, 학습목표에 맞추어 가장 적절하다고 판단한 후 교실활동, 교재 등을 선택하는 것이다.

학습자중심의 커리큘럼에서는 가령 학습자의 목표에 맞는 학습항목이 정해졌다 하더라도 만약 교사의 교수법과 학습자가 희망하는 교수법이 서로 일치하지 않는 경우에는 문제가 일어난다. 예를 들면 교사가 사회언어학이나 언어심리학의 이론에서 이끌어낸 커뮤니카티브적인 개념으로 가르치려 해도 지금까지 전통적인 문법중심의 언어학습에 젖어 있는 학생은 그것을 환영하지 않을 것이다.

해결책으로는 교사와 학습자의 대화나 단계적인 이행에 의해 학습자를 서서히 새로운 교수법에 익숙해지도록 하는 것 등이 있는데 이 문제는 통상 간단히 해결되지 않는다. 그것은 때때로 학습자는 자기 자신의 요구를 명확히 진술할 수 없었거나 적절한 교수법을 선택할 능력이 없었기 때문이기도 하다. 학습자는 이와 같은 상태에서는 코스 디자인의 과정에 참가할 수 없다.

학습자가 자신의 요구에 적합한 교수법을 선택할 수 있도록 하기 위해서는 '어떻게 하면 언어가 효과적으로 학습될까?' 하는 것을 배울 필요가 있다. 따라서 학습자 중심의 코스에 있어서는 학습자는 배울 것이 두 가지 있다. 즉 목표언어에 의한 전달 학습 및 언어학습을 위한 기술(스킬) 학습이다. 그리고 그것이 학습자중심의 코스디자인의 대전제가 되고 있다.

제4절 코스 디자인

4.1 코스 디자인이란?

외국어로서의 일본어를 가르칠 경우에는 어떤 식으로 계획이나 준비를 하면 좋을까? 집을 지을 때에 설계도 없이는 잘 해갈 수 없듯이 일본어코스를 실시하려고 한다면 그 설계가 필요하다. 그리고 아무리 멋진 아이디어가 설계에 들어가더라도 그것이 사는 사람의 요구에 맞는 것이 아니라면 그리고 실제로 건축 가능한 것이 아니라면 도움이 되지 않는 것과 마찬가지로 일본어 코스의 설계에도 학습자의 목적에 맞춘 것이고 실시 가능한 것이어야 할 필요가 있다.

종래의 외국어교육의 교과과정작성은 가르치는 언어의 분석 작업에서부터 시작된다.

학습어휘나 문형을 그 빈도, 난이도, 가르치기 용이함, 친숙해지기 쉬움 등을 기준으로 해서 선택하고 그것들의 제출 순서를 정한다. 그리고 그것에 근거하여 교재를 구성하고 교수법을 선택한다. 거기에는 교육적인 면보다도 언어 면에 중점이 놓여져 문법 지식이나 어휘 습득이 중요시되어, 실질적인 면에서의 언어사용에 대해서는 그 후 일본어에 익숙해짐에 따라 자연스럽게 익힐 수 있다고 생각되고 있었다.

그러나 근년에 학습자가 다양화된 점도 있고 종래와 같이 가르치는 사람의 교수법에만 의존한 방법만으로는 대응이 힘들게 되었다. 현재 일본어 교육의 현장에서도 학습자가 유학생뿐만 아니라 비즈니스맨, 기술 연수자, 외국인노동자, 중국에서의 귀국자등 다양하다. 또 하나의 클래스 안에서도 학습자의 배경, 능력, 학습스타일 등에서 다양성이 보이게 되었다. 거기에는 다른 형태의 다른 목적을 가진 학습자에게 정해진 기간 내에 학습자가 추구하는 목적에 맞추어 효과적이면서도 효율적으로 가르치고 또 배우게 하는 것이 요구된다. 현실적으로 일본어 학습에 걸린 시간이 2, 3주간의 단기간에서 길어도 1, 2년의 기간인 학습자가 대부분이다.

거기에서 먼저 학습자와 그것을 둘러싼 실태를 파악하여 그 기점에서 목표를 세워 전개시키는 과정인 설계, 즉, 학습자의 다양한 요구에 대응한 새로운 「코스디자인」이 필요하게 된다.

다음은 코스디자인의 개요를 표로 나타낸 것이다.

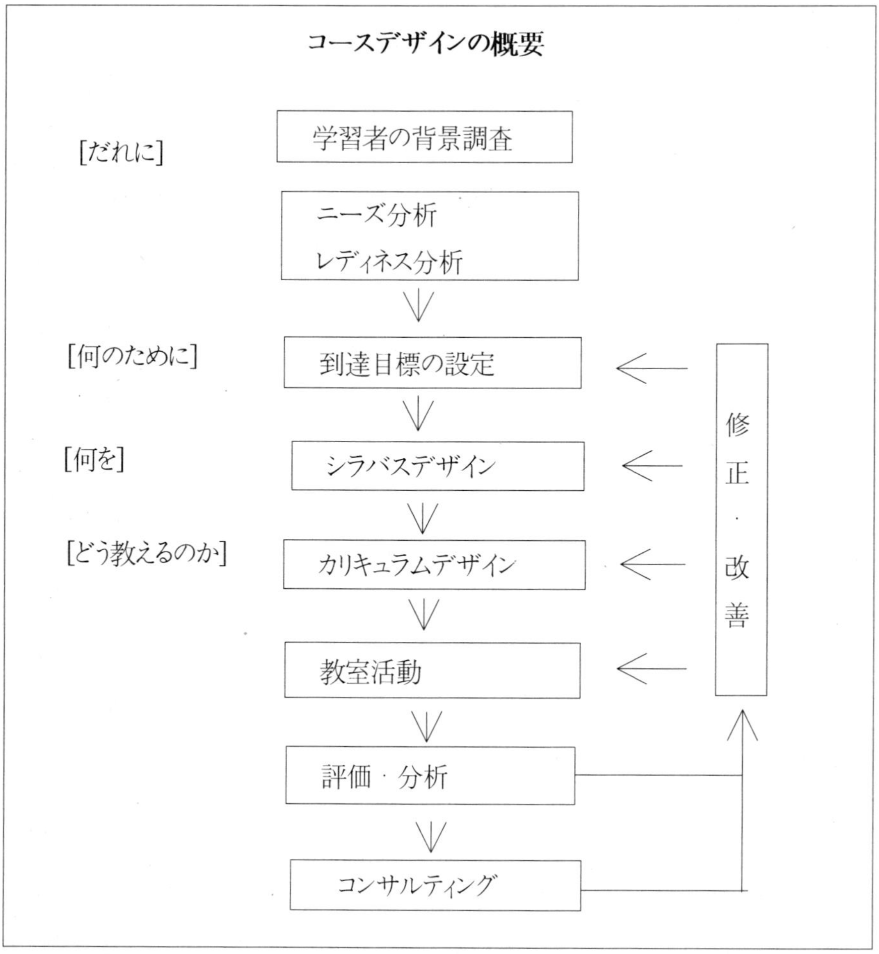

出典：日本語教育学会編『日本語教育機関におけるコースデザイン』凡人社

4.2 코스 설계(Course Design)

4.2.1 코스설계의 단계

여기에서는 코스의 설계를 크게 6단계로 나누어 보자. 제1단계는 요구분석의 단계인데 거기에는 학습자의 요구를 알기 위해 자료가 될 정보를 모은다. 제2단계는 준비도 분석 단계로 학습자가 가지고 있는 학습조건을 조사한다. 제3단계에서는 면밀한 요구분석 및 준비도 분석에 근거하여 도달목표와 학습목표를 결정한다. 제4단계에서는 교재를 준비하고 학습활동을 계획한다. 제5단계는 실시단계로 수업이 행해진다. 제6단계는 평가로 학습자의 학습성과의 평가, 코스 전체의 평가가 이루어져 그 결과 필요하고 가능하면 수정이 행해진다.

그러나 일단 코스가 진행되기 시작하면 이 흐름은 항상 직선적으로 한 방향으로 진행되는 것이 아니라 어떤 부분에서는 거꾸로 되돌아가 수정이 이루어지는 식으로 각 요소는 끊임없이 서로 작용하는 것이다. 예를 들면 코스 도중에서 테스트에 의해 어떤 학습목표가 너무 높이 설정되어 있다는 것을 알았을 경우에는 그 시점에서 학습자에게 맞춘 정리가 행해지고 학습항목이 수정된다. 코스 도중에 요구분석이 행해져 그 결과 학습자의 요구가 변했다는 것을 알게 되면 도달목표가 바뀌게 된다. 그것은 당연히 다른 구성요소에도 영향을 미친다.

이와 같이 코스는 가르치는 쪽이 가지고 있는 언어학습적 지식이나 경험에 기반을 두고 설계가 고정되는 것이 아니라 학습자의 요구, 학습환경, 주변에서부터의 요청 등의 자료를 기초로 해서 코스의 설계자에 의해 선정된 내용, 방법에 의해 유연한 수정 가능한 코스가 설계된다는 것이다. 그리고 실시과정에서 끊임없이 설계의 수정이 행해진다. 그것은 영속적인 고정화된 코스 디자인이라는 것은 존재하지 않는다고 생각되기 때문이다. 실제로 교사는 매일 가르치고 있는 도중에도 조직적이지는 않지만 많든 적든 이와 같은 것을 행하고 있는 것이다.

아래에서 코스디자인의 구성요소, 또는 관련이 있는 사항에 대해서 조금 더 자세히 서술하겠다. 단 수업의 실제에 관해서는 다음 장으로 돌린다.

4.2.2 요구분석(Needs Analysis)

(1) 요구 분석이란 무엇인가

코스 디자인을 함에 있어서 요구분석을 행한다. 요구분석이란 현실상황의 제약 아래에서 어떤 코스에 있어서 학습자가 필요로 하는 언어학습의 실현가능한 목표를 정하기 위해 학습이나 교수에 관련된 정보를 체계적으로 수집, 분석하는 것을 말한다. 그리고 학습이 시작된 후 요구가 바뀌는 일도 있기 때문에 코스 진행 중에도 요구분석을 할 필요가 있다. 따라서 여기서는 요구분석이라는 것은 단순히 학습자가 필요로 하는 언어사용의 조사, 분석에 한정되지 않고 더 넓은 의미로 해석해서 예를 들면 학습자의 동기, 기대, 개성, 학습 스타일 등 학습이나 교수에 영향을 준다고 생각되는 정보도 수집해서 종합적인 분석을 하는 것이라고 생각된다.

(2) 어떠한 정보를 어떻게 모을 것인가

코스의 목적이나 목표를 정하기 위해서는 학습자의 요구에 대해서 정보를 수집하는 것이 필요하다. 이들의 정보수집방법에는 현존 자료에 의한 조사, 면접, 설문지, 테스트, 관찰, 미팅 등이 있고 각각 다른 정보를 얻을 수 있다.

학습자는 여러 가지 다른 요구를 가지고 있다. 한마디로 일본어학습자라고 하더라도 그 중에는 지금부터 일본대학에서 공부할 사람도 있고, 일 년간 일본공장에서 연수할 사람이나 중국에서 몇 십 년 만에 귀국해서 일본에 영주를 희망하는 사람도 있을 것이다. 학생에게 강의를 들을 능력은 불가결하지만, 공장 연수생에게는 현장에서 상사의 지시를 정확하게 들을 수 있는 능력이 요구될 것이다. 영주희망자는 먼저 일상생활에서 어느 정도 자립할 수 있기 위한 일본어 능력이 필요하게 된다.

먼저 학습자에게 있어서 어떠한 (구어체, 문어체, 예사체, 경어체 등) 일본어가 어떠한 장면에서 (장면, 누가 누구와) 어떠한 활동을 하기 위해 (목적) 어느 정도 (언어능력 수준) 필요한가를 학습자에게 묻는다. 그러나 특히 처음 일본어를 배울 경우 등은 학습자는 자신의 요구를 확실히 의식하지 못하는 경우가 있기 때문에 그 학습자를 받아들이는 관계자 —예를 들면 대학생이라면 지도 교수, 일본인 학생, 학생과의 사무원, 일본어 교사 등— 을 대상으로 같은 형태의 조사가 필요하다.

또한 필요에 따라 목표언어조사, 목표언어 사용조사가 이루어질 때도 있다. 목표언어조사에서는 실제로 학습자를 만나게 되는 것인데, 일본어를 필요로 하는 장면이나 장소에서 어떠한 일본어가 사용되고 있는 지를 조사한다. 목표언어 사용조사에서는 외국인 중에서 그 영역에서 이미 일본어를 사용하고 있는 사람이 어떠한 일본어를 사용하고 있는 지를 조사한다.

그리고 학습자자신에 관한 정보, 학습자의 배경(국적, 모어, 이미 습득한 언어, 연령, 교육경력, 일본에 온 경험, 흥미, 관심, 학습에 대한 생각, 좋아하는 학습 스타일등), 현시점에서의 일본어능력, 학습에 부여되는 시간, 소지하고 있는 학습기구 등— 을 필요에 따라 모은다. 학습자의 일본어능력은 코스 디자인의 출발점이 되는 것이며 또한 학습자간의 능력의 폭을 알 수 있는 중요한 정보이다. 단 이들 정보는 개인의 프라이버시를 침해하지 않도록 신중하게 취급하지 않으면 안 된다.

학습자가 놓인 학습을 하는 장소의 환경에 대해 물적 상황, 사회적 상황을 조사하는 것도 필요하다. 현존하는 정보는 이제까지의 언어교육의 실태나 배경을 아는 데에 중요하다. 사용교과서, 수업계획, 수업기록, 출석부, 시험, 평가 등을 손에 넣는 것은 그다지 어렵지 않을 것이다. 교사 연락회, 협의회 때 등에 나온 화제의 내용, 기록도 귀중한 자료가 된다.

<요구도 조사의 주요한 항목>

① 학습을 바라는 사람은 누구인가? (학습의 기획자인가, 본인인가, 근무지 기업인가)
② 무엇 때문에 배우는가? (학습목적)
③ 목표언어를 사용할 대상은 주로 누구인가? (상대)
④ 주로 어디에서 목표언어를 사용하는가? (사용장면)
⑤ 어떤 기능이 필요한가? (필요기능)
⑥ 어떤 레벨까지 학습이 필요한가? (도달목표)
⑦ 학습이 달성되면 어떤 보수가 기대되는가? (보수)

4.2.3 준비도 분석 (Readiness Analysis)

(1) 준비도 분석이란 무엇인가

준비도란 '준비되어 있는 상태'라는 의미로 학습자가 학습을 시작하기 전에 그 학습에 필요한 능력으로서 이미 가지고 있는 모든 것을 의미한다. 외국어학습에서 준비도는 다음의 세 가지로 나눌 수 있다.

① 목표언어에 대한 준비도
② 이문화 접촉에 대한 준비도
③ 학습방법에 대한 준비도

단, 준비도에 관한 조사와 분석은 앞으로의 학습에 대한 준비도에 관한 문제이므로 원칙적으로 이 코스로 공부할 학습자를 대상으로 해야 하며 잠정적인 코스디자인으로 하는 것은 아니다. 실제로는 학습자가 코스에 들어와서 곧 행하게 된다. 단 준비도 분석, 특히 ③번의 학습방법에 대한 준비도는 1회의 조사나 분석으로는 확실한 결과가 나오는 것이 아니므로 몇 번이나 반복해야 한다. 그런 의미에서는 코스 진행 중에 코스디자인 개선을 목적으로 몇 번이나 준비도 분석이 이루어지는 것이며 당초의 분석은 역시 잠정적인 것일 수밖에 없다.

(2) 목표언어에 대한 준비도

어떤 코스로 학습을 할 학습자가 그 코스의 도달목표 즉 학습목표에 관해 이미 가지고 있는 언어능력을 목표언어에 대한 준비도라고 한다.

목표언어에 대한 준비도 조사는 종종 테스트 형식으로 이루어지고 플레이스먼트 테스트로 일반능력 테스트(proficiency test)를 이용하여 이루어지는데 본래는 그 도달목표 또는 학습목표와 관련하여 생각해야 한다.

그런 점 때문에 이 준비도에 관한 조사 분석은 커리큘럼 디자인이 어느 정도 진행되어 목표가 설정된 다음에 진행해야 할 것이다.

(3) 이문화에 대한 준비도

외국어학습과 이문화 적응능력에는 깊은 관계가 있다는 것은 잘 알려져 있다. 특히 목표언어가 사용되고 있는 사회에서 그 언어를 학습할 경우에는 그 사회 문화와 자신을 어떤 식으로 자리매김하는가에 따라 학습이 자연스럽게 진행된다든지 반대로 정체된다든지 하는 일이 있다.

코스디자인을 할 때에 그 코스에 참가하는 학습자의 이문화 적응 준비도를 분석해 두는 것은 중요한 것인데 사실은 이 준비도에 대해 조사하기 위한 방법은 지금까지 적절한 것이 없다. 자주 이루어지는 것은 이문화 접촉시의 트러블 사례를 제시하여 그에 대한 대응을 묻는 앙케이트를 하거나 이문화 접촉에 관한 테마로 소논문을 쓰게 하기도 한다.

이문화 접촉에 관해서는 코스 개시 전에 조사 분석해서 결과를 내는 것보다 코스 진행 중에 몇 번이나 준비도 분석을 하여 그에 따른 학습자의 이문화 접촉에 관한 의식을 높이는 것이 중요하다.

이문화 접촉에 관한 준비도 분석결과는 코스디자인에서 (오히려 실제로는 디자인 개선 단계에서) 학습활동이나 교재 테마, 토픽 선정을 위한 중요한 정보가 된다.

(4) 학습방법에 대한 준비도

학습자는 이제까지의 여러 학습경험에서 어떤 것을 학습하는 데에 어떤 학습방법을 취하면 좋을지에 대해 어느 정도의 지식을 가지고 있는 것이 보통이다.

그것은 반드시 그때까지의 외국어학습 경험에 의한 것뿐만 아니라 학교교육이나 가정교육 등 각종 학습의 결과로서 학습자 개개인이 가지고 있는 것으로 일반적으로 학습전략이라고 부르는 것이다.

학습자가 어떤 언어를 학습해 가는 중에 단기간에 다량의 어휘를 기억하지 않으면 안되는 일은 자주 있다. 그러한 때에 교사는 보통 기억방법까지 지도하지 않기 때문에 학습자는 자신이 이미 가지고 있는 기억에 대한 여러 전략 중에서 이 경우의 기억에 적당한 것을 골라서 적용하게 된다. 어휘를 외울 때 뿐만 아니라 외국어학습에서는 이렇게 학습자에게 맡겨지는 학습의 국면이 자주 나온다.

학습방법에 대한 준비도를 조사해 두는 것은 코스에서 구체적으로 어떠한 학습활동을 할 것인가를 선택하는 정보를 수집하는 것이다. 코스디자인 중에서 가장 어려운 것은 학습활동을 어떻게 연결시켜 어떻게 조합해 가는가 하는 것인데 그를 위해서는 코스에 참가하는 학습자의 학습전략의 개략을 파악해야 한다. 교사가 자신이 있는 과정만을 조합하여 코스를 디자인 하면 학습자에게 있어서는 자신의 전략과 맞지 않아서 쓸데없는 고생을 하게 되거나 최악의 경우에는 학습을 포기해 버릴 수도 있다.

단 학습전략에 대해서는 교사가 학습전략의 선택에 관해 학습자의 전략에 맞추는 면만이 강조되어서는 안 된다. 그 코스의 도달목표 학습목표를 생각할 때 가령 어떤 활동이 그 코스의 많은 학습자에게 맞지 않아도 선택할 수밖에 없는 경우가 있다. 다시 말하면 학습자가 가지고 있는 전략으로는 대응할 수 없어서 새로운 전략을 적용해야 하는 활동이 필요하게 된다. 이런 때는 학습자에게 새로운 전략의 지도를 하게 된다.

어떤 코스에 참가한 학습자의 대부분이 시각형(문자에 의지하는 전략을 중심으로 학습을 진행하려는 타입)일지라도 요구도를 생각해서 꼭 청해 중심의 활동을 겸하게 되는 케이스가 이에 해당된다.

잠정적인 코스디자인 단계에서는 요구분석에 따라 학습목표가 설정되었을 때 비슷한 코스의 종료자들이 채용했던 학습전략과 거기에서 다시 익혀야 했던 전략에 대한 정보로부터 학습활동을 선택하여 코스를 만들어가게 된다. 그러나 새로운 코스에 들어온 학습자 개개인이 학습전략에 대해서는 코스가 개시되고 나서 몇 번인가 준비도 분석을 반복함으로서 학급활동을 개선하여 조정해 가야한다.

이 외에 학습자의 개인적인 조건을 묻는 '개인적인 준비도'와 학습자 자신의 사정만으로는 정할 수 없는 '외적인 준비도' 등으로도 나눌 수 있다.

<준비도 분석의 주요 항목> 63)

-개인적인 준비도-

① 일본어 레벨은 어떠한가? (현재의 일본어능력)
② 어떤 텍스트로 일본어를 학습했는가? (사용교재)
③ 다른 외국어를 학습한 적이 있는가? (외국어 학습경험)
④ 어떤 교수법・연습법이 효과적이라고 생각하는가? (좋아하는 교수법・연습법)
⑤ 어떤 학급형태가 좋은가? (선호하는 학급형태)
⑥ 어떤 타입의 교사를 좋아하는가? (선호하는 교사타입)
⑦ 언어습득에 필요한 것은 무엇이라고 생각하는가? (언어습득의 중요 포인트)

-외적인 준비도-

① 어느 정도 학습할 예정인가? (학습예정기간)
② 한 주에 어느 정도 수업에 출석할 수 있는가? (주당 학습시간 수)
③ 어떤 시간대에 수업에 출석이 가능한가? (학습시간대)
④ 자습시간은 확보되는가? (자습 가능성)
⑤ 어떤 교육기기를 이용할 수 있는가? (사용가능한 기기)

4.2.4 도달목표(Goals)와 학습목표(Objectives)

이상과 같이 수집된 정보, 즉 언어학습의 요구와 학습환경을 자료로 해서 코스의 종합적인 목표인 도달목표와 그것을 더욱 명확하게 구체화 한 학습목표가 결정된다. 학습목표의 총체는 즉 코스 종료 시에 학습자가 목표언어를 사용해서 가능한 행동이나 언어기능, 또는 습득해야만 하는 문법, 어휘 항목 등에 대해 또 그 레벨을 상세하게 서술한 것이다.

도달목표나 학습목표의 기술방법은 어떠한 관점을 도입하는 가에 따라 달라진다. 예를 들면 도달목표에 대해 말해보면 구조적인 관점에서의 설정에서는 「일본어 초급단계의 문법, 어휘체계의 습득을 목표로 한다.」고 할 수 있을 것이다.

운용면을 중시하면 「일본어를 일상생활에서 장면, 기능, 의미에 따라 적절하게 사용할 수 있다.」라고 쓸 수 있을 것이다.

도달목표와 학습목표는 이 이후에 교재의 선택이나 작성, 시험 및 평가를 행할 때에 항상 참조할 만한 기준이 된다. 그러나 이 목표들은 영속적으로 고정된 것이 아니라 학습

63) 高見沢孟 (1997)『はじめての日本語教育　基本用語事典』アスク講談社 p.41

자의 요구인식이 변화하거나 학습자의 타입이 변했을 때에는 쉽게 변화할 수 있는 유연성이 필요하다.

제5절 실러버스(Syllabus)

실러버스(교수요목)라는 것은 어떤 코스에서 가르쳐야 할 항목 전체를 말한다. 기본적으로는 도달목표와 학습목표가 무엇인가에 따라, 다시 말하면 학습자가 무엇을 어떻게 학습할 필요가 있는지의 인식 방법에 따라 실러버스를 결정하게 된다.

그리고 실러버스의 타입에는 크게 나누어 두 가지가 있는데 하나는 언어형식이나 기능을 중심으로 한 언어적 실러버스이고, 다른 하나는 토픽이나 테마장면을 중심으로 한 내용적인 실러버스이다. 각기 다른 관점을 가진 실러버스와 그 특성을 서술해 보겠다.

5.1 구조(構造) 실러버스

앞에서도 기술한 것처럼 전통적인 실러버스로 알려져 있다. 가르쳐야 할 항목을 「~は~です」「~は~じゃありません」「~は~でした」와 같이 문형으로 제시하는 실러버스로 학습할 언어를 문법과 어휘 면에서 분석하여 그 결과 리스트 업된 학습항목이 언어적인 복잡함, 규칙성, 빈도 등에 의해 가르치는 순서로 배열된다.

이 실러버스의 근저에 있는 언어관은 다음과 같은 것이다. 언어의 규칙은 유한하고 이들 규칙이 다양하게 조합되어 의미를 나타낸다. 따라서 언어습득은 이들 문법규칙을 하나하나 개별적으로 그리고 단계적으로 습득해 가는 것이다. 학습자가 문법체계의 주요한 부분을 습득하기까지는 제시하는 어휘는 필요를 충족시키는 것에만 머물게 한다.

이와 같은 제약 아래에서는 학습자에게 제시된 언어는 당연히 실제적으로 사용되는 단어와는 차이가 있을 수밖에 없다. 학습목적이 언어체계를 배우는 것이기 때문에 문법을 체계적으로 학습하기 위해서는 유용하지만, 언어가 과연 이렇게 단순히 가산적(加算的)으로 학습되는 것인지 또 학습한 지식이 바로 언어사용에 연결되는 것인지는 문제가 된다.

5.2 장면 (場面) 실러버스

학습자가 경험하게 될 것이라 여겨지는 실제의 장면 (인사, 물건 사기, 병원 등)을 학습 단원으로서 각 장면에서 사용되어 지는 어휘, 문형을 배열한다. 실제로는 구조적 실러버스와는 확연히 구별할 수 없는 점이 있다.

장면 실러버스에서는 배열순서의 기준은 따로 없으며 장면에 계획되어 있는 언어의 난이도에 의해 배열순서가 결정되는 것도 있지만, 장면에 따라서는 처음부터 상당히 어려운 구조, 표현, 어휘가 소개되기 때문에 쉬운 것에서 어려운 것으로 이행해가는 체계적인 교육을 하기에는 어려운 점이 있다.

또 채용된 장면에서의 회화는 능숙하게 할 수 있게 되므로 여행자 등 단기간에 한정된 장면에서 필요한 언어표현을 학습하기에는 적합하지만 다른 장면으로의 응용이 잘 안되는 경우도 있다. 여행용 회화집 등에서 자주 볼 수 있다.

5.3 기능·개념 (機能 · 概念) 실러버스

언어철학자나 사회언어학자에 의해 제창된 광의의 언어관이 1970년대에 언어교육의 관계자들에 의해 「언어가 가지고 있는 기능을 언어교육에 도입해야 한다」라는 의견이 받아들여져 실러버스나 교과서에 영향을 미쳤다.

기능, 개념 실러버스는 전통적인 문법항목 중심이 아니라 언어기능이나 개념과 거기에 필요한 언어항목 (어휘, 문법)에서 성립된다. 제출순서는 실러버스 설계자의 직관에 의한 복잡함, 난이도, 유용성 등에 의해 결정된다. 기능이라는 것은 커뮤니케이션 상에서 언어를 어떠한 목적으로 사용할지 (예를 들면 인사한다, 동의/반대한다, 신청이나 초청을 받는다/거절한다 등) 을 표시하고 개념이라는 것은 학습자가 커뮤니케이션을 행하기 위해 필요한 의미나 개념 (예를 들면, 시간, 시점, 계속, 빈도 등)을 말한다.

과거의 문법(구조) 실러버스에서도 기능이나 개념의 측면이 전혀 도입되지 않았던 것은 아니지만 의도적으로 게다가 통계를 내어서 기능면, 개념 면을 언어 실러버스에 도입했던 것은 이것이 처음이다. 기능분류에 대해서는 상기의 예 이외에도 여러 가지 분류법이 행해지고 있다. 이 실러버스의 문제점으로는 기능과 문형이 일대일의 관계가 아니라는 점이다. 또한 기능을 중시함으로써 언어의 형식면을 체계적으로 지도하는 것이 곤란해지며 입문기의 학습자에게는 상당한 부담을 주게 된다는 비판이 있다.

5.4 화제 (話題) 실러버스

학습자의 흥미, 필요성을 근거로 해서 선택된 화제 (국민성, 무역, 교육제도) 중에서 사용되는 어휘, 문형, 표현을 학습한다. 일본어학습을 통해 동시에 무언가(예를 들면 일본문화)를 배울 수 있다는 이점이 있다. 화제의 선정이나 배열순서는 언어 면에서의 배려에 의한 것이 아니라 화제의 내용에 의한 것이 많기 때문에 장면 실러버스와 마찬가지로 필요한 것을 우선적으로 학습할 수 있다는 이점도 있으나 체계적으로는 학습할 수 없다. 따라서 화제 실러버스는 중급이상의 교재에 많이 보인다.

5.5 기능 (技能) 실러버스

기능(技能)이라는 것은 말하기, 듣기, 읽기, 쓰기의 언어의 네 가지 기능을 말한다. 이 기능들은 다시 미시적 (micro) 기능으로 분류된다. 예를 들면 듣기기능 안에 포함되어 있는 회화에서 듣기기능이라는 것은 목표언어의 의미를 구별하는 음의 최소단위 (음소)의 변별, 말의 액센트를 구별하는, 말과 말 사이를 나누는 화제에 관련된 키워드를 찾아 맞추고 맞장구를 치며 담화의 흐름을 파악하는 일 등이다. 기능 실러버스는 이와 같은 기술 중심으로 편성된 실러버스를 말한다.

일반학습자를 대상으로 하는 실러버스에서는 어느 쪽인가 하면 초급단계에서는 말하는 것에, 중・상급단계에서는 읽는 것에 중점을 두기 쉬웠다. 그러나 학습자의 다양화와 함께 학습자의 목적에 맞추어 네 기능 및 각각의 하위기능의 필요도나 사용범위가 다르다는 것이 밝혀져 왔다. 예를 들면 점원이라면 듣는 기능은 손님의 요구를 정확히 아는 데에 중요하지만 쓰는 기능은 보통 그다지 요구되지 않는다.

또한 최근에 심리언어학, 사회언어학 등의 발전과 함께 읽는 것, 쓰는 것, 듣는 것, 말하는 것에 대한 견해가 달라졌다. 예를 들면 읽는 것은 단순히 부여된 텍스트 중에서의 어휘나 문을 이해하는 등의 수동적 행위가 아니다. 결국 읽는 사람이 자신이 가지고 있는 배경지식을 구사해서 텍스트에서 얻은 정보를 바탕으로 의미 내용을 구축해 간다는 적극적인 행위이다. 이러한 생각을 기초로 새롭게 기능별 실러버스가 개발되고 있다.

5.6 과제 (課題) 실러버스

이제까지의 실러버스가 많든 적든 간에 어휘, 문법 등의 언어의 구성요소와 관련되어 있었던 것에 반해 타스크 실러버스는 학습자의 커뮤니커티브적인 목표를 달성하기 위해 필요한 과제(타스크)나 기능은 무언가를 특정한다. 이 근저에는 어떤 언어의 학습은 그 언어에 관한 지식(어휘문법체계)을 익히는 과정이 아니라 그 언어를 사용해서 하나의 사실(신청용지에 필요사항을 기입하고 레스토랑에서의 요리를 주문하는 등)을 달성하는 능력을 배양하는 과정이라는 견해가 있다.

타스크는 문형, 어휘 항목이나 기능을 학습하기 위해 과제를 수행하는 교육적인 것(물건사기에 관한 회화를 듣고 여러 가지 물건의 가격을 기입하는 등)에서부터 현실사회의 과제(레스토랑에서 요리를 주문하는 등)를 수행하기까지 폭넓게 있다.

타스크의 순서배열은 반드시 종래와 같은 언어적인 요소에 의해서만 결정되는 것이 아니라 타스크의 인지학습적 복잡함의 정도, 다시 말하면 어떤 타스크를 완성시키기 위해 학습자에게 부여되는 부담이 고려된다.

타스크를 하는 과정에서 학습자는 단순암기로 목표언어를 사용하는 것이 아니기 때문에 언어학습에 불가결한 창의성, 유연성을 배양할 수 있다. 또한 타스크 실러버스에서는 다른 실러버스와는 달리 「무엇」을 가르칠 것인지와 「어떻게」 가르칠 것인가가 타스크 자체에 의해 동시에 명확화하게 된다.

5.7 복합 (複合) 실러버스

단일 실러버스가 아니라 학습자의 다양한 요구나 교사의 언어관에 맞추어 기능 실러버스나 화제 실러버스, 스킬 실러버스 이외에 정의(情意)에 관한 실러버스, 이문화 실러버스 등을 조합해서 다양한 요구에 대응하는 것을 지향한다[64]. 산만하게 되지 않게 하기 위해 중심이 되는 실러버스를 설정해서 몇 개의 실러버스를 그 안에 도입해 간다. 일반적인 목적을 위한 일본어 클래스에서 학습자의 다양화 (능력, 배경, 학습 스타일등의 차이)에 대처하기 위한 한 세트의 교재를 다양하게 나누어서 사용할 수 있다.

64) 岡崎敏雄『日本語教育の教材』アルク 1989

다음은 위에서 서술한 각각의 실러버스의 특징과 예를 표로 정리하여 간단히 나타낸 것이다.

<각 실러버스의 특징과 예>

실러버스의 명칭	특징	예
1) 구조 실러버스	◎일본어 교육에서 채용되고 있는 가장 일반적인 실러버스. ◎문법항목과 어휘를 쉬운 것에서 점차 어려운 것의 순으로 제시하므로 학습하기 쉬우며 문법적 분석능력을 배양 할 수 있다.(일본어 전공자에 유용)	第1課　私は金です。 第2課　これは何ですか。 第3課　部屋に人がいます。 ・・・・・・・
2) 장면 실러버스	◎실제로 유용하게 쓸 수 있도록 각 장면에서 사용되어지 는 어휘와 문형을 배우는 것. (교양, 회화를 목적으로 하는 경우에 유용)	第1課　食堂 第2課　図書館 第3課　郵便局 ・・・・・・・
3) 기능·개념 (機能·槪念) 실러버스	◎구조 실러버스와 장면 실러버스를 절충한 것이라 할 수 있다. ◎언어기능, 표현의도를 중심으로 교수항목을 배열하거나 몇 개의 개념을 설정하여 그 개념에 따라서 일상생활의 표현을 종합 정리한 것. (유학 등 커뮤니케이션을 목적으로 하는 학습자에게 유용)	第1課　依頼する 第2課　誘う 第3課　お礼を言う ・・・・・・・
4) 화제 실러버스	◎화제별로 종합 정리하여 관련어휘나 문형표현 등을 풍부하게 제시한 것. (외국어능력이 중급 이상인 학습자에 적용할 수 있다.)	第1課　日本の住宅事情 第2課　フリーターとは？ 第3課　いまどきの高校生って ・・・・・・・
5) 과제 실러버스	◎학습자가 무엇을 달성할 수 있을까라는 관점에서 학습항목을 배열한 것. ◎도달목표가 구체적으로 설정되기 때문에 언어만 학습하는 것보다 효과적이며 언어학습에 창의성과 유연성을 배양할 수 있다.	①「言われた指示に従って地図を書く」 ②「電話をかけて情報を得る」 ・・・・・・・

제6절 교재

6.1 교재의 작성과 선택

여기에서는 교실활동에서 학습상 학습자가 이용하는 재료를 「교과서」, 교구도 포함한 것을 일괄해서 「교재」라고 부른다[65]. 교과서도 포함해서 기제(既製)의 시판교재, 교사가 작성한 교재뿐만 아니라 주변에서 사용방법에 따라 교재로서 이용할 수 있는 것은 적지 않다. 수업을 알기 쉽고, 즐겁고, 단조로움을 피하기 위해서도, 또한 학습자의 자주적인 학습을 돕기 위해서라도 다양한 교재의 작성・선정 및 사용은 교사의 중요한 일이다.

여기에서는 교재작성에 대해 자세히 언급할 여유는 없으나 작성・선정시에 그것이 사용하는 목적에 합치되는 것인지, 어떤 학습활동 속에서 어떻게 사용할 것인지, 사용하기는 쉬운지, 학습자의 기호에 맞는 것인지 등을 생각할 필요가 있다.

6.2 교과서

교재 중에서 가장 큰 위치를 차지하는 것은 무엇보다도 교과서이다. 근년에 학습자 요구의 다양화에 맞추어 이전의 교과서의 역할이 조금씩 달라지고 있고 교과서불요론(教科書不要論)도 보이지만, 그래도 여전히 교과서는 특히 초급코스 안에서는 없어서는 안 될 존재이다. 그것은 최근에 각 기관에서 각각 요구에 맞는 교과서작성이 활발히 시도되고 있는 점에서도 알 수 있다.

이와 같이 교과서에 대한 의존이 강한 것은 역시 교과서는 학습내용을 갖추어 교수방법을 나타내어 주는 것이기 때문이다. 구조 실러버스를 중심으로 한 교과서에서는 학습항목 (무엇을 가르칠까)이 가르치는 순서에 따라 배열되고 본문 중에서 그것들이 제시되어, 설명, 연습, 확인, 질문 등의 교실활동 (어떻게 가르칠까) 으로 이어진다. 무엇을 어떻게 가르칠지가 한 눈에 알 수 있다는 것은 교사에게도 학습자에게도 안심감을 주는 것일 것이다. 또한 교과서를 사용하면 복수의 교사가 하나의 클래스를 교대하고 담당할 때에는 담당부분을 나누는데 편리하다는 등의 이점도 있다.

그러나 일본어 교육에 있어서도 학습자의 요구가 다양화되어 「언어」 면만이 아니라 「학습」과정 면이 중시되게 되었다. 이와 같은 상황 아래에서는 고정화된 내용이나 교수법

65) 日本語教育学会編『日本語教育ハンドブック』大修館書店 1993

을 가진 교과서만으로는· 충분한 대응이 될 수 없게 되어 그 역할에 변화가 일어났다. 지금에 이르러서는 교과서는 종래와 같이 그것만으로는 만족한 교재가 아니라 그 때 그 때의 학습자의 요구에 근거한 수정이 필요하다. 목적별 교과서의 종류도 늘어나서 교과서에는 없는 교실활동을 포함시킨 부교재가 만들어져 교과서의 사용방법도 일률적이지 않게 되었다.

또한 종래의 수업에서는 학습자는 능력이 균일하고 학습의 방법이 같다는 것이 전제가 되었지만, 근년에 학습자의 개인적인 차이에 눈을 돌리게 되어 다목적교재나 자립학습을 위한 교재개발이 시도되게 되었다.

6.2.1 교과서의 선정

어떤 코스에서 교과서를 선정할 경우에 그 교과서가 코스 실시 상의 제약, 소속기관의 교육방침, 코스의 기간, 1회 수업시간의 길이, 교육 설비 등의 조건, 학습자의 요구 {내용(예를 들면, 예비교육, 기술자의 일본어, 점원의 일본어 등), 학습레벨 (초급, 중급, 상급), 목표기능(듣기, 말하기, 읽기, 쓰기), 등}, 교사가 고른 교수법 (직접법인지, 매개어를 사용할지, 로마자로 쓸지, 한자를 섞어 쓰는 가나(仮名)쓰기인지, 문법 설명이 어떤지, 등) 에 맞춘 것인지, 등이 선정의 기준이 된다. 따라서 여기에서도 학습자 요구분석의 결과 얻어진 학습목표, 도달목표가 참조된다.

교과서의 내용에 지적요소, 재미, 정리 등이 있는지, 내용 이해를 돕는 일러스트나 사진 등이 있는지, 색인이 있는지, 카셋트 테이프가 딸려 있는지, 보조교재가 있는지, 사용하기 쉬운지, 가격은 적당한지 등의 체크도 필요할 것이다.

그러나 어떤 경우에도 절대적으로 좋은 교수법이 존재하지 않는 것처럼 어떤 코스에도 절대적으로 좋은 교과서도 존재하지 않는다. 따라서 기존의 교과서를 사용하려 한다면 때로는 교사는 학습자나 상황에 따른 수정, 보충 또는 생략을 할 필요가 있다.

6.2.2 교과서의 종류

앞에서도 언급한 바와 같이 다양한 실러버스를 근거로 해서 교과서가 만들어지고 있다. 초급교과서를 보면 구조실러버스와 장면 등의 다른 실러버스를 조합한 것이 많다. 중・상급교과서가 되면 내용 이해의 면에 중점이 옮겨진다. 문자학습에 대해서는 가나(仮名)나 한자만을 취급한 『가나입문(かな入門)』『Basic Kanji Book vol. 1, 2』 등이 있다.

교과서 및 그 외의 교재에 대해서의 단계별・대상별・목적별 분류나 소개에 대해서는

木村宗男 외 편『일본어교수법(日本語教授法)』中西家栄子・ 芳野直子 著『실천일본어교수법(実践日本語教授法)』등에 자세한 설명이 있다. 그리고 근년에 교재개발이 활발히 이루어지고 있기 때문에 이 장의 끝에 소개한 참고도서 이외의 최신도서에도 주목하기 바란다.

6.3 교과서이외의 교재

학습자 개별의 교재로서는 사전(최근 전자사전도 자주 사용된다), 참고서 (문법서, 연습장등), CAI (Computer Assisted Instruction) 가 있다. 그러나 앞에서도 언급한 것처럼 사용방법에 따라서는 교재가 될 수 있는 것은 그 외에도 많고, 여기에 소개한 것은 그 몇 가지 예이다. 시판되고 있지 않은 교사가 직접 만든 교재도 있다. 그 중에는 학습자 자신의 손에 의한 자율학습용의 카드 등도 있다.

수업에서 사용되는 시청각교재로는 실물, 표, 사진, 그림, 플래시 카드, 흑판, VTR, 카셋트 테이프, OHP 등이 대표적이다. 장면이나 인물, 사물, 언어 등이 시각화・영상화・음성화됨에 따라 학습자는 현실에서의 경험과 유사한 것을 맛볼 수 있다.

또한 언어가 어떤 장면에서 누구에 의해 말해지고 있는지, 화자의 표정은 어떤지 등을 알 수 있어서 이해하기 쉽게 된다. 카셋트 테이프는 교실 외에서의 개별학습, 테스트에도 이용된다. 게임, 카르타, 노래, 퀴즈, 읽을거리 등도 수업이나 그 연장으로서 가정학습, 숙제 등에 이용된다. 시청각교재는 학습자의 주의를 끌고 학습의욕을 높이는 데에 효과적이다.

6.4 학습에 도움이 되는 리소스

한편 학습자 중심의 관점에서 학습에 도움이 되는 것은 교실활동을 할 때에 그 보조가 되는 교재, 즉 교재만이 아닌, 교실 외의 자율적인 학습활동을 포함해 일반적으로 학습활동을 하는 데에 도움이 되는 환경이라고 생각한다. 그것은 리소스라고 불리는데, 1) 물적 리소스, 2)인적 리소스, 3)사회적 리소스의 세 종류로 분류된다 (타나까(田中) 1993). 물적 리소스라는 것은 어떤 실러버스를 기초로 작성된 교재나 현실세계에 있는 살아있는 실재 소재(예를 들면 신문기사)에서 학습할 때 도움이 되는 것을 말한다.

그러나 학습자에게 있어서 실제의 커뮤니케이션의 다양한 면을 배우는 데에는 교실내의 활동이나 교사와의 대화만으로는 불충분하다. 더욱이 교실 밖에서 일본어를 사용해서 일본인과 교류하거나 학교나 지역 활동에 참가하거나 하는 것에 의해 현실 장면에서의 커뮤니케이션체험이 되어 학습이 이루어진다. 이 상호교류의 상대를 인적 리소스, 언어학습의 장이 되는 학교 서클, 세미나 등 또 지역의 활동 집단을 사회적 리소스라고 한다.

제7절 평가

평가는 학습자의 성적을 결정하거나 자격을 부여하거나 할 때 이루어지는데 교육활동 전반을 체크하여 문제점에 대한 대책을 강구하고 교육을 개선한다는 의미로 사용된다. 평가는 결코 마지막에만 행해지는 것은 아니고 코스 전체에 관련을 가지는 것이다. 평가라고 하는 단어를 듣고 먼저 머리에 떠오르는 것은 학습자가 어느 정도 학습했는지를 시험하는 테스트일 것이다.[66] 분명히 테스트는 학습자의 현재상황에 대한 정보를 제공해 주고 평가의 중요한 일부를 이룬다.

그러나 어떤 코스에 대해서의 평가라는 것은 그 코스가 효과적으로 효율적으로 달성되었는지 어떤지를 체계적으로 파악하는 것이며 그를 위해서는 코스를 구성하고 있는 모든 요소가 평가의 대상이 된다. 그런 경우에 평가의 대상이 되는 것은 학습자뿐만 아니라 교육방침, 교재, 교수법, 연습법, 교육시설, 교사 등이 모두 포함된다.

평가에는 진단적 평가(diagnostic evaluation)와 형성적 평가(formative evaluation), 그리고 총괄적 평가(summative evaluation) 가 있는데 각기 다른 목적을 가진다.

진단적 평가는 학습 개시 전에 혹은 필요한 경우에는 학습도중에 학습자의 그 시점에서의 능력을 분석하여 학습자에게 맞는 학습내용이나 교수법을 정하기 위한 평가이다. 면접이나 테스트 형식으로 이루어지는데 그것들은 학습자가 종래에 학습했던 내용과는 관계없이 그 시점의 능력과 장점, 단점 등을 알아서 합리적인 학습계획을 세우기 위한 것이다. 플레이스먼트 테스트나 입학시험도 진단적 평가의 하나이다.

---

66) 평가(evaluation)와 테스트(test) : 평가란 학습자·교사·교육과정·교수법 ·시험 등을 교육목표를 기준으로 가치를 판정하여 차기의 교육개선을 위해 학습자와 교사 등 관계있는 당사자에게 피드백 하는 것이라 할 수 있다. 즉, 평가란 학습자뿐만 아니라 교사와 교육과정에 대한 평가를 포함한 넓은 개념이며, 테스트는 학습자의 능력이나 지식을 측정하는 방법으로 평가 및 측정의 구체적인 수단이다.

형성적 평가는 코스의 개선을 위해 코스의 진행 과정에서 행해진다. 테스트는 학습자의 도달정도를 평가하기보다는 학습상황의 평가이며 거기에 나타난 지도상의 문제나 개개의 학습자의 약점을 인식해서 그 후의 코스 디자인의 수정을 하는 데 지침이 된다. 이런 의미에서 보다 좋은 코스를 만들어 가기 위해서는 형성적 평가가 매우 중요하다.

총괄적 평가는 코스가 끝난 시점에서 그 코스 등이 어느 정도 도달목표를 달성했는지를 평가하는 것이며, 그 결과는 금후 이 코스를 계속할 것인지, 폐지할 것인지를 결정하는 자료가 된다. 학습자에 대한 평가는 통상 테스트에 의혀 행해지고 그 결과는 성적판정에 사용된다.

마지막으로 테스트에 대해 간단히 언급하겠다.

적성 테스트 (aptitude test)는 학습자가 목표언어학습에 대한 적성을 어떤 점에서 어느 정도 가지고 있는 지를 측정하는 테스트이며 그 결과는 가능한 한 질이 균등한 클래스를 편성하기 위해 코스 개시 전에 클래스분반 자료로서 사용한다. 학습자에게 최적인 교수방법을 고르는 데에도 참고가 된다.

예를 들면, 언어적성 테스트로는 MLAT(Modern Language Test)가 유명한데 MLAT에서는 1)외국어 음성을 듣고 구별해내는 테스트, 2)외국어 음성을 흉내내는 테스트, 3)문법이나 용법규칙을 유추하는 테스트, 4)문자의 특징을 식별하는 테스트, 5)문자를 모방하는 테스트, 6)새로운 말을 암기하는 테스트와 같은 항목에 의해 외국어 습득능력을 판단한다. 일본어 교육에서는 본격적인 적성테스트는 개발되어 있지 않다.

능력 테스트 (proficiency test) 는 어떤 개인이 가지고 있는 언어능력을 그때까지 받은 그 언어의 교육내용과는 관계없이 측정하기 위한 테스트이다. 어떤 기관의 프로그램에 학생을 새롭게 받아들인 때 등에 사용되며 일본어능력시험이나 TOEFL 등이 그 좋은 예이다.

플레이스멘트 테스트 (placement test)는 학습자를 가장 적합한 레벨의 클래스에 넣기 위해 코스 개시 전에 행하는 것이다. 능력테스트가 일반적인 능력을 측정하는 것임에 반해, 그 코스의 목표에 관련된 내용을 가진다. 독해 클래스의 플레이스멘트 테스트라면 한자를 포함한 독해에 관련된 필기 테스트로 하는 경우 등이다.

학력테스트 (achievement test)는 도달도(到達度)테스트라고도 불려지는데 능력테스트와 달리 학습자가 그 코스의 도달목표를 어느 정도 달성했는지를 시험하는 것이다. 코스의 마지막에 실시되어 성적자료가 되는 테스트와 코스 도중에 몇 번이나 행해지는, 진보의 정도를 보는 테스트가 있다. 어떤 코스에서 학습자가 어느 정도 진보했는지를 측정하기 위해서는 그 코스의 도달목표 모두에 대해 테스트를 코스가 시작되기 전과 끝난 뒤에 행해서 그 차이를 보는 것에 의해 알 수 있다[67]. 이 결과는 성적을 매길 때에 사용될 뿐만 아니라 코스 개선의 참고자료로도 된다.

진단 테스트 (diagnostic test)는 학습자의 개인적인 약점을 밝히고 그 점에 대해 지도가 필요하다는 것을 명확하게 하기 위한 테스트로, 코스의 개시 시나 기간 중에 행해진다.

좋은 테스트는 타당성, 신뢰성, 실용성을 겸비하고 있다. 테스트를 사용하는데 있어서는 어떤 목적으로 무엇을 측정할지, 어떠한 형식을 취할지, 채점방법, 결과처리는 어떻게 할지를 고려하는 것, 또 실시에 필요한 시간, 장소, 설비, 인원 등을 사전에 확인하는 것이 필요하다.

다음은 코스디자인의 흐름을 종합적으로 정리한 도표이다.

67) Brown, J.D., (in press) The Elements Of Curriculum : A Systematic Approach to Program

코스디자인의 개요 표

어느조직이 (경영자)	어디에서 (장소)	누가 (교사)	누구에게 (학습자)	왜 (목적, 목표)	무엇을 (교수항목/실러버스)	어떻게, 언제 (커리큘럼/교육과정)	교실활동 (구체적지도 · 연습)	시험·평가	기록/관리
교육발생지역(국가) 교육장소 학교의 종류 교실의 형태 클래스의 규모 설비		전공 능력 성향 인원수	학력 모국어 연령 한자계 · 비한자계 경제력 학습환경 일본어학습경력 외국어학습경험 所持機器	학습자의필요성 교사의 기대치	구조 실러버스 機能 실러버스 장면 실러버스 화제 실러버스 技能 실러버스 과제 실러버스	구성 이념과 大綱 기간 週 시간 반편성 교수법 교과서·교재의 작성과 선택	클래스의 규모 및 교육환경의 제조건에 따라 차이발생	종류 실시, 채점 평가방법 분석 개별지도	

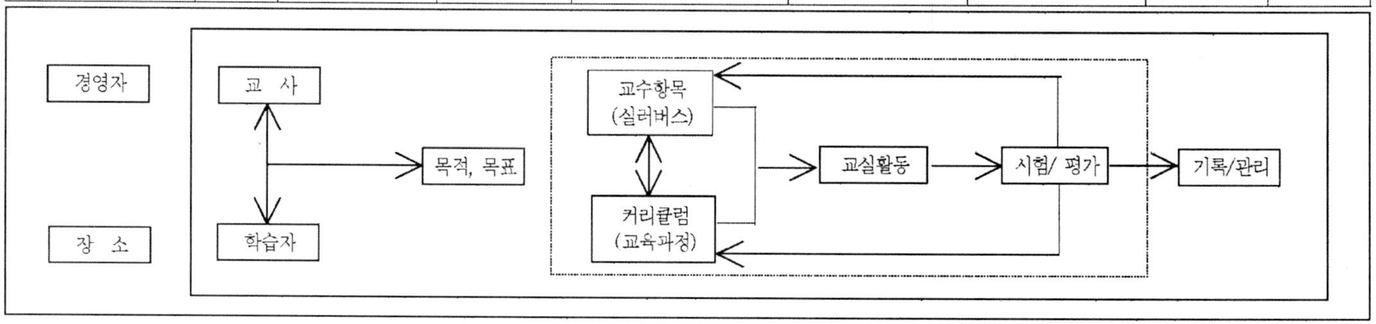

(横山杉子・鄭起永)

과제1

일본어 교육에 크게 영향을 미친 교수법의 장점과 단점을 조사해보자.

과제2

일본 대학에서 공부하기 위해 일본어를 공부하려고 하는 사람들에게는 어떠한 일본어가 필요할까요? 일본이 아닌 자국에서 일본인을 상대하는 선물가게에서 일할 경우는 어떨까요? 이들 학습자들의 학습목표, 도달목표를 세워봅시다.

과제3

일본어교과서 중에서 세 권을 골라 그 교과서들은 어떤 타입의 실러버스에 의한 것인가를 토의해 봅시다. 그들 교과서에서는 어떠한 학습활동이 추구되고 있는 것일까요?

【참고도서】

Elinor H. Jorden (1974)「Beginning Japanese」Part1,2. Charles E.Tuttle Company.
岡崎敏雄・岡崎眸 (1990) 『日本語教育におけるコミュニカティブ・アプローチ』凡人社
国際交流基金編 (1978) 『日本語かな入門』凡人社 1978
Kano, C. et al. (1989)「Basic Kanji Book vol. 1,2」凡人社
中西家栄子・茅野直子 (1991)『実践日本語教授法』

제9장 수업지도안 작성과 수업의 실제

수업지도안 작성과 수업의 실제

この章では教案をもとに授業の進め方を考える。教室活動に入る前の学習者を受け入れる準備から教案作成、習得と運用、実際の授業例、授業を終えたあとの作業までも考える。教案を作成することによって教室活動が効率的に流れていくかどうかを事前に客観的に見ることができる。教案をもとに授業が行われる際、起りうる困難点や留意点など具体的な授業の進め方を日本と韓国の実際例で提示する。

제1절 수업지도안이란?

수업지도안은 교안 또는 학습지도안이라고도 하는데 단원의 지도계획 또는 매시간의 실제 지도 계획을 일정한 순서와 항목에 따라 정리, 기술한 것으로 수업을 위한 대본이라 할 수 있다. 이러한 수업지도안은 학습자의 학습활동과 이를 보조해주는 교사의 교수활동으로 이루어진, 교실활동을 성공적으로 수행하기 위해 필요한 것이다.

즉, 수업지도안은 구체적이고 세부적인 교실활동 계획서이므로 사전에 치밀한 준비하에 작성되어야 한다. 이 장에서는 구체적인 수업지도안의 실례를 중심으로 수업지도안 작성의 의의와 방법 등을 고찰해보기로 한다.

제2절 수업준비 및 수업지도안의 작성

2.1 수업준비

여기서 말하는 교실활동은 학습자의 학습활동과 그것을 도와주는 교사의 교수활동으로 이루어진다. 학습자가 주체적으로 학습하도록 환경을 만드는 것이 교사의 역할이다.

교실활동이 성공할 지 못할 지는 그 준비에 있다고 해도 과언이 아니다. 교실활동이 1시간이면 그 준비에 걸리는 시간은 적어도 2배에 달한다고 한다. 그러나 이것은 수업에 들어갈 태세가 준비된 후에 필요한 시간이며 그 준비가 될 때까지 거치지 않으면 안 되는 과정이 있다. 여기에서는 학습자가 등록을 마친 상태에서 실제로 수업을 하기 위해 준비를 하는 전 단계에 대해 간단히 말하겠다.

학습자를 받아들이기 위해서 각 일본어 교육기관은 입학안내, 팜플렛 등에서 기관이 지향하는 일본어 교육목표나 방침, 내용 등을 밝히고 있다고 생각된다. 학습자는 여러 교육기관으로부터 정보를 얻고 선택해서 등록을 하기 때문에 일단 그 기관의 취지에 맞는 학습자가 모인다고 생각할 수 있다. 그러나 그 중에는 학습기관, 통학거리의 문제로 희망하는 곳에 들어가지 못하고 할 수 없이 입학했다는 사람도 있을 것이다. 가장 희망하는 기관의 입학시험에 떨어졌다는 학습자가 있을 지도 모른다. 그렇기 때문에 먼저 신입생의 학습목적이나 목표를 파악하기 위해 요구(니즈)분석을 할 필요가 있다.

또 입학할 때 일본어 능력을 파악하기 위해 플레이스먼트 테스트(placement test)를 한 후 코스디자인 결정을 위한 자료를 얻을 필요가 있다. 일본어 교육기관은 학습자의 요구에 맞는 코스를 제공해야 하는데 그러기 위해서는 일본어능력 실태를 가능한 정확하게 파악해야 한다. 플레이스먼트 테스트의 결과에 따라 기초능력을 양성하는 부분부터 시작할 것인지, 기초 부분은 대강 복습하는 정도로 하고 표현력을 익히는 것부터 본격적으로 시작할 것인지 등의 대체적인 목표와 기준을 세울 수 있다. 그러나 실제로 수업을 시작해 보면 반 편성의 변경이나 수업계획의 일부를 다시 고치지 않으면 안 되는 경우도 있다. '이만하면 됐다'라는 준비는 좀처럼 어렵지만 끊임없이 담당자끼리 서로 연락을 취하며 협의하여 궤도수정이나 개선을 해나가야 한다.

2.2 수업지도안의 작성

수업지도안에는 교사이름, 일시, 학급명, 장소, 교재명, 단원명, 본시의 목표가 차례대로 기입되며 그 아래에 시간분배, 학습목표, 활동내용(지도사항), 유의점, 교구(教具), 부교재, 비고 등이 더욱 자세하게 적혀 있다. 정해진 시간 안에 얼마만큼 효율적으로 학습자의 일본어능력을 향상시킬 수 있을 것인가는 현장에서의 교사의 능력으로서 요구되는 부분이기 때문에 시간배분에 신경을 쓰면서 우선은 전시간의 복습을 하고, 수업에 들어갈 수 있도록 짠다. 복습은 쪽지 시험의 형태를 취하는 경우도 있다. 새로운 학습목표의 의미나 내용이 이해되면 실제로 활용해 보는 연습을 하고, 그 후에 응용연습에 의해 정착을 꾀하고 이해됐는지 확인한다. 숙제를 제시하고 한 시간을 끝내는 것이 초급의 일반적인 케이스이다.

초급에서는 예습을 전제로 하지 않는 경우와 예습을 학습자에게 하게한 후 교실작업 중심으로 연습을 하는 경우가 있는데, 일보전진(도입)하기 위해서는 이보후퇴(복습)라고 할 정도로 기습(既習)사항의 확인은 중요하다.

교사는 학습되지 않은 말이나 문형으로 학습자를 혼란시키지 않도록 자기의 발언이나 질문에 주의해야 하며 수업지도안에는 교사의 발언이 설명에 치우치지 않도록 하고, 또한 학습자의 발언에 대해 너무 개입하지 않도록 하며 지명이 균등한지, 주의뿐만 아니라 칭찬이나 격려나 자극이 발언 안에 있었는지까지 비고란에 적어두면 좋다. 학습자에게 숙제나 과제를 제시할 경우에도 이미 학습한 어휘의 범위내에서 작성지시를 하는 것이 좋으므로 지시에 요구되는 어휘와 문형도 수업지도안을 생각할 때 확인해둘 필요가 있다.

요구분석에 따라 듣기, 말하기, 읽기, 쓰기의 네 기능 중 어느 곳에 중점을 두고 지도할지가 분명해지겠지만, 문자지도나 작문에 걸리는 시간의 배분도 수업지도안을 쓰는 시점에서 구체적으로 제시해 두는 것이 좋다.

판서는 「언제」「어디에」「어느 정도의 크기로」「무슨 색으로」「어떤 문자로(히라가나, 가타카나, 한자, 로마자)」「어떻게 (세로쓰기, 가로쓰기로)」쓸 것인지를 정해야 한다. 학습자에게 그것을 베껴 쓸 시간을 언제 줄 것인지 또는 주지 않을 것인지, 쓰고 나서 전원에게 합창을 시키고 지워 버릴 것인지 등에 대해서도 생각해 두어야 한다. 판서의 시간을 절약하고 싶은 경우나 이후에도 사용 가능성이 있는 경우에는 플래쉬 카드(flash card)나 표를 사용할 수 있도록 준비를 해둔다.

이처럼 수업지도안을 작성하면 교실 작업이 얼마나 효율적으로 흘러갈 수 있을지를 사전에 객관적으로 볼 수 있다. 코스 디자인에 따라 수업지도안의 제목이나 항목은 다소 달라지겠지만, 중요한 것은 제3자가 봐도 교실활동의 흐름이나 내용이 손에 잡히듯 잘 알 수 있도록 해야 한다는 것이다. 수업지도안 작성을 통해서 교사는 자신의 교실활동을 이미지화하고 객관화 하는 것이다.

그리고 교실활동에 들어가기 전에 가능한 한 교사끼리 수업지도안을 검토하면 좋다. 여러 명의 교사가 같은 학급을 담당하는 경우에는 특히 수업 후의 반성 등도 수업지도안을 기본으로 해서 연락을 면밀하게 하면서 보다 좋은 수업을 할 수 있는 환경이 되도록 해야 한다.

2.3 수업의 실제

실제의 수업에서 듣기, 말하기, 읽기, 쓰기의 4가지 기능의 습득과 응용은 도달목표에 맞추어 지도해야 한다. 수업은 쉬운 내용에서 어려운 내용으로, 이미 학습한 사항을 발판으로 해서 아직 배우지 않은 사항의 도입으로 이어지는 것이 원칙이다. 학습자의 학습활동은 「이해」와 「표현」으로 나누어진다. 「이해」는 듣거나 읽어서 이해하는 것이다. 「표현」은 교사를 따라 되풀이하는 반복모방과 응답이 있다. 응답에는 대입드릴(drill), 변형드릴, 확장드릴, 통합드릴, 응답드릴 등이 있다. 각 드릴의 예는 다음과 같다.

(T : 는 교사 S : 는 학생)

1) 대입드릴은 교사가 지시한 문장의 일부를 다른 것과 바꾸는 연습이다.

T : 李さんはいま教室にいます。図書館

S : 李さんはいま図書館にいます。

T : 食堂

S : 李さんはいま食堂にいます。

2) 변형드릴은 교사가 제시한 모델의 형태를 바꾸는 것이다.

T : 読む

S : 読みます

T : 書く

S : 書きます

3) 확장드릴은 교사가 제시한 모델에 덧붙여 긴 문장을 만드는 것이다.

T : 行きました。

S : 行きました。

T : デパートへ

S : デパートへ行きました。

T : 友達と

S : 友達とデパートへ行きました。

4) 통합드릴은 교사가 제시한 모델을 조합하여 하나로 만드는 것이다.

T : 日本語を勉強します。テニスをします。

S : 日本語を勉強してから、テニスをします。

T : 顔を洗います。朝ご飯を食べます。

S：顔を洗ってから朝ご飯を食べます。

5) 응답드릴은 교사가 지시한 어구를 사용하여 질문의 답을 만드는 연습이다.

T：この本は金さんの本ですか。はい

S：はい、その本は金さんの本です。

T：その本は先生の本ですか。いいえ

S：いいえ、これは先生の本ではありません。

이들 드릴을 교실에서 구두로 행할 때는 여러 가지 방법이 있다.

1) 교사가 질문하고 학습자 한명이 대답한다.
2) 교사가 학급전원에게 질문하고 전원이 대답한다.
3) 학습자가 다른 학습자에게 질문하고 상대가 대답한다.
4) 학습자가 페어로 연습한다.
5) 학습자 한 명이 교사에게 질문하고 교사가 대답한다.

어느 것이든 연습의 목적, 종류, 난이도를 생각하고 동시에 연습이 단조롭게 흐르지 않도록 한다. 이외에 받아쓰기, 문자를 소리 내어 읽는 연습, 문자를 쓰는 연습 등이 있다.

학습자가 정확함을 목적으로 한 연습으로 익힌 문형이나 어휘는 그대로 실제의 생활 속에서 사용할 수 있다고는 할 수 없기 때문에 매끄럽게 운용할 수 있도록 하는 연습이 필요하다. 그림을 보면서 페어로 질문과 응답 연습을 시키는데 예를 들면 「図書館でしてはいけないことを話してください」를 연습시키는 것이 그 예이다. 좀 더 자연스러운 말하기를 위한 연습으로 롤 플레이(role play)가 있다. 롤 플레이는 실제에 가까운 상황을 주고 학습자가 그 속에서 나누어준 역할을 연기한다. 줄거리가 주어진 경우도 있지만 완전히 즉흥적으로 연기하는 경우도 있다. 롤 카드의 한 장에 "당신은 아파트 1층에 사는 사람입니다. 2층이 소란스러워서 집주인에게 말해 주의를 시키려고 합니다. 집주인에게 부탁해보세요"라고 써둔다. 두 번째 장에는 집주인과 2층 사람의 역할과 상황을 써 두고 세 사람의 학습자에게 이 상황이 원만히 끝날 수 있도록 대화를 이끌어가도록 시킨다.

어느 정도 학습이 진행된 단계에서는 "夫婦別姓の是非（부부별성에 관한 시비）"나 "いじめはなぜ起るか（이지메는 왜 일어나는 것인가）"등 테마를 정해서 토론을 시킬 수도 있다. 타스크(과제) 연습은 여행 안내나 차 시각표, 지도 등을 준비해서 여행계획을 세우게 하는 등 실제와 가까운 상황으로 과제 해결 연습을 한다. 과제에는 인포메이션 갭(information gap:정보를 정확하게 전달한다), 리wm닝 갭(reasoning gap:추론에 의

해 새로운 정보를 끌어낸다), 오피니온 갭(opinion gap:주어진 상황에 대해 의견을 말하거나 태도를 명확히 하도록 한다) 이라는 유형이 있다. 타스크 연습에서는 타스크 시트를 준비한다.

이와 같이 여러 학습의 형태가 있는데 실제의 교실작업은 좀처럼 생각한 것처럼 흘러가 주지는 않는다. 교실작업을 관리하려는 마음이 너무 강해서 교사만이 일방적으로 말하고 학습자는 수업시간 동안에 한 번도 입을 열지 않았다는 말을 듣지 않도록 확실히 수업지도안을 작성해 두어야 한다.

읽기 지도에 있어서는 독해의 목적이 무엇인가에 따라 정독인가 속독인가를 정한다. 속독에는 전체를 읽고 대의를 파악하는 스키밍(skimming)과 자기가 원하는 정보를 얻는 스캐닝(scanning)이 있다. 다른 작업과의 관련 속에서 독해가 어느 정도의 위치에 있는가를 고려해야 한다.

쓰는 작업은 초급에서는 일기나 작문을 숙제로 하는 경우가 많은데 학습자가 성인인 경우에는 단조로운 일기나 작문을 좋아하지 않는 경우도 있으므로 교실활동 속에서 쓰기의 의미를 확인해서 동기마련을 해둔다. 진학을 목표로 하는 학습자나 유학생에게는 레포트・논문 쓰는 법의 지도가 필요하다.

제3절 수업지도안 작성의 실제

3.1 일본의 수업지도안과 수업실시의 예

◈ 수업지도안의 예 (1)

여기에서는 장면을 연립주택으로 선정해서 각 방의 주인이 지금 무엇을 하고 있는가에 관한 표현을 연습한다. 방에는 번호를 쓰지 않았으나 「2층 가운데 방 사람」라는 표현이 어렵다면 방에 번호를 붙여도 된다. 또, 어떤 방에는 양쪽으로 열리는 덧문을 붙이고 그것을 열면 안이 보이도록 해 놓으면 학습자는 더욱 더 판넬에 흥미를 보일 것이다. 어떤 방을 공백으로 해두고 따로 작은 그림 판넬을 자석으로 준비하여 흥미 있는 판넬을 학습자에게 고르도록 해서 공백의 방에 붙이게 해서 「~しています」라고 말하게 하는 것도 한 방법이다.

모두 자석 붙이기로 만들어서 움직일 수 있는 방으로 하는 것도 가능하다. 또한 같은 아파트를 몇 채 준비해서 이야기하면서 자석으로 붙이는 것도 좋다. 그 외에 학습자가 약간 기계적・수동적으로 되기 쉬우나 동사의 「ます형」이나 「사전형」이 쓰인 플래쉬 카드를 이용해서 「て형」의 연습을 하거나 한 장의 그림 판넬에 한 개의 동사만을 표시하고 교재로 연습하는 작업 등을 생각할 수 있다. 그림 판넬을 사용하는 경우에는 그 판넬이 그 과에만 사용되는 경우는 드물고 동사의 그림 판넬은 특히 사용빈도가 높다. 지난주까지 「アリさんはコーヒーを飲みます」라는 교재였던 것이 이번 주에는 「アリさんは今コーヒーを飲んでいます」로 되는 경우에 학습자가 명확히 이쪽의 의도를 깨닫도록 면밀하게 수업지도안을 짤 필요가 있다. 또한 다음주에는 같은 그림 판넬이 「アリさんはコーヒーがすきです」라는 것이 된다면 학습자가 혼란스러워지지 않을까 하는 의구심이 생기겠지만, 교사와 학습자간의 약속대로 수업을 진행한다면 그렇게 걱정할 일은 없을 것이다.

연습은 자기 주변에서 밖으로, 구체에서 추상으로 응용해 가는 것이 중요하다. 구두연습이 기계적이고 수동적으로 되지 않게 하기 위해서는 개별로 지명하는 경우에 좌석 순으로 지명해서 교사와 멀리 떨어진 좌석에 있는 학습자가 안심해 버리는 일이 없도록 다 같이 합창을 한다거나, 주도권을 학습자에게 주는 등의 연구가 필요하다.

그리고 동작을 동반하는 동사에 관한 표현을 도입하고 연습할 때는 장면설정이 있는 비디오 교재가 효과적이다. 응용 연습이 끝날 무렵에는 정착되었는지를 확인한다. 그때 판서나 자석보드, 표, 차트 등을 이용하여 문자를 통해서 확인하고 정리를 한다. 교과서도 펼쳐보게 한다. 처음에 동사의 「て」형의 표를 흑판에 제시해 버리면 학습자는 아무래도 문자에 주의를 돌리기 쉬우므로 듣거나 말하는 것을 소홀히 하게 된다. 그러므로 문자는 구두 연습 중심의 단계에서는 확인의 과정에서 사용하는 것에 그치는 것이 좋다.

마지막으로 숙제를 내게 되는데 학습자가 부담스럽지 않을 정도의 분량을 내어서 잘 제출할 수 있도록 한다. 숙제나 복습 등을 위한 소테스트는 매시간 학습자가 어느 정도 이해되었는가를 알기 위한 자료로서 필요하다. 그 평가는 다음 시간에 피드백해주고 보충하는 것이 중요하다.

예 (1)

<table>
<tr><td>10月4日(月曜日) Cクラス</td><td rowspan="5">学習目標：既習動詞を中心に、進行中の動作が
自由に言えるようにする。
学習項目：(動作動詞) ~ています。

(Tは教師, Sは学習者を示す。 以下同様)</td></tr>
<tr><td>1時限目6時半 ~ 7時10分</td></tr>
<tr><td>担当者：＊＊＊＊</td></tr>
<tr><td>テキスト：日本語初歩</td></tr>
<tr><td>課：16課(1時間目)</td></tr>
</table>

時間配分	活動(流れ)	活動内容	教材教具	備考
6：30	復習	・教室に入って全員に目礼。 T：「みなさん、こんばんは。きょうはむし暑かったですね。朝から雨がふっています。リーさん、お元気ですか。」 (リーさんの元気な答えを期待) T：「このまえ、いっしょにリズムたいそうをしましたね。もう一度たいそうしましょう。いかがですか。」 (反応を見ながら)「それではすみませんが立ってください。テープを聞いてください。」 ・動作チャートを見せながら音楽のテープで軽いたいそうをする。 手をあげて、おろして、歩いて、前をみて、座って、など「~てください」の形で「て形」を復習。	チャート テープ	体操で疲れをとって学習にむかえるよう配慮
	出欠確認	・リズム体操をしながら欠席者を確認しておく。 T：「こんどはタスクシートで練習してください。」	タスクシート	「~てください」の課でこのタスクはしたことがあるので時間をとらないよう気をつける。
6：35		・シートを与え、2人1組ペアになって「~てください」と言われたらもう1人はその動作をする。 タスクシート例：今あなたは友達といっしょに映画に行きます。 でもあなたは出かけるまえにトイレに行きます。 何か言ってください。		
6：40	導入	・タスクシートにある例が場面に出ているビデオを見せる。 T：「アリさんは今何をしていますか。」 S：「アリさんは友達を待っています。」	ビデオ	「~ています」が出るように発問を明瞭に

6：45	練習	T：「そうですね。チンさんは『ちょっと待ってください 。』とアリさんに言いました。そして、トイレに行き ました。アリさんは今チンさんを待っています。」 ・「～ています。」の形を全員に確認させる。 いろいろな場面の動作をビデオで見せながら発言させる。 ・チンさんが遅いので待っていたアリさんは自分の部屋に戻ってドアを閉めてしまう。 T：「アリさんは今何をしていますか。」 S：「・・・・・・」 T：「アリさんは今何をしているか知りません。」 S：「アリさんは今何をしているか知りません。」 ・意味づけができたら絵パネルで口慣らしを行なう。 T：「では、今度は絵を見てください。ここはわたしの アパートです。これがわたしです。今本を読んで います。 きょうは天気がいいです。雨はふっていません。 風もふいていません。隣の人は洗濯をしていま す。ほかの人は何をていますか。」 S：「掃除をしています。」「ごはんを食べています。」 T：「そうですね。食事をしています。 屋根の上の人は。」イエンさん イエン：「屋根の上の人は歌を歌っています。」 T：「じゃ、この男の子は。」 ジャイディーブさん ジャディーブ：「その男の子は月と星を見ています。」 T：「よろしい。こんどは、～ていますの形で言って ください。」 「ビールを飲む。」 S：「ビールを飲んでいます。」(変形ドリル) T：「ピアノをひく。」ユンさん ユン：「ピアノをひいています。」	絵パネル	既習語彙を 確認しておく

		T：「そうです。みんなで。ピアノをひいています。」 S：「ピラノをひいています。」(反復模倣) T：「タニアさん、 サムさんに質問してください。」 ・タニアとサムは黒板の前にでる。 タニア：「サムさん、 この人は何をしていますか。」 サム：「電話をかけています。」(Q&A) T：「そうです。いいですよ。では、だれに電話をかけていますか。」 S：「4階の人に。」 ・サムに挿入するよう合図をする。 サム：「この人は4階の人に電話をかけています。」(拡張ドリル) T：「座って電話をかけていますか。 立って電話をかけていますか。」 S：「立って。」 ・挿入の合図 S：「男の人は4階の人に立って電話をかけています。」(拡張ドリル) ・2人は席にもどる。 T：「この人は何を飲んでいますか。」 S：「ビール」「ワイン」「お酒」「ウイスキー」 T：「いろいろな飲み物を飲んでいますね。 では順に言ってください。」 T：「ウイスキー」 S：「ウイスキーを飲んでいます。」(代入ドリル) T：「ビール」 S：「ビールを飲んでいます。」 T：「それではカードを配ります。隣の人と練習してください。」(ペアワーク) T：「テープを聞いてください。」	動詞の辞書形のカード 16課のテープ	ドリルが単調にならないよう気をつける 頭出しと音量調整をしておく。
7：00	確認	・場面に応じた状況を絵で見せる。 ・きょうは天気がいいですか、悪いですか。 雨は降っていますか、風は? など、本文の内容理解を中心に進める。	絵パネル	
7：05	文字	・新出漢字の導入「風」「立」	フラッシュカード	
7：10	宿題	・プリント「～ています」の 練習問題		次回提出を指示

◈ 수업지도안의 예 (2) 68)

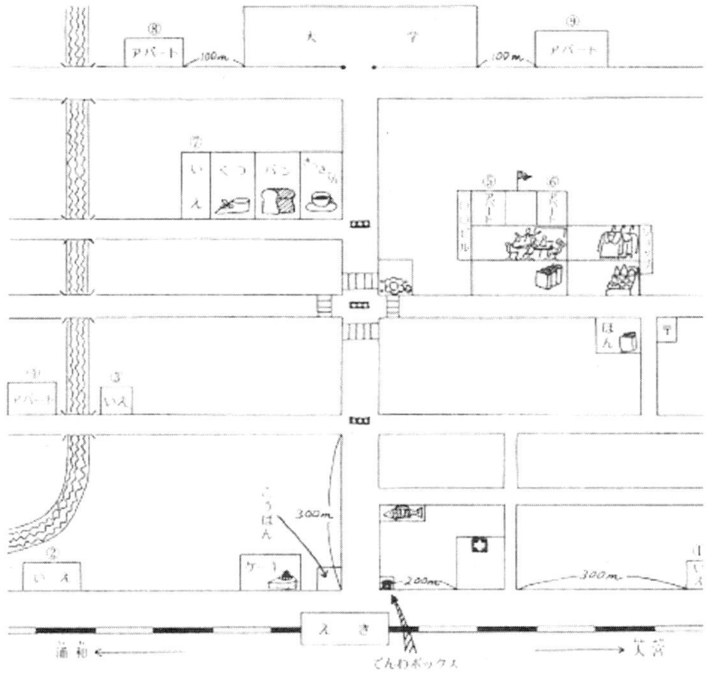

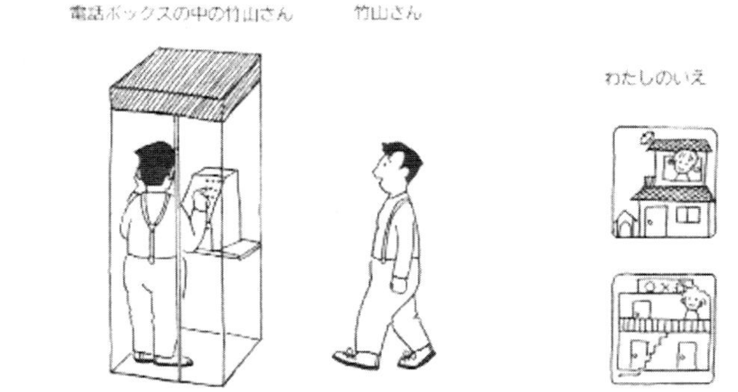

---

68) 수업지도안의 예(1)과 (2)는 平成5년年度, 일본어 교육학회 주최의 일본어 교육연수회 실습과정에서 연수의 일환으로 작성, 사용된 것을 참고했다. 관계자의 허락 하에 샘플로 게재한 것이다. 학습자는 회사원, 영어교사, 주부 등이며 한 클래스의 인원 수는 16,7명이며 1시간 30분 수업 주 3회로 1년간이다.

이 수업은 수업지도안에 나타나 있는 것처럼 「일본어회화 중급 I」(TIJ동경 일본어 연구소 발행)을 교재로 사용하고 있으나 수업 중 교재를 펼치지는 않고 표현 문형을 이용해서 학습자가 일본어로 목적을 달성하는 것에 중점을 두고 있다. 테이프도 지도도 직접 만든 교재이다. 수업의 담당자는 미리 교재 속에 중요사항, 표현, 어휘를 한정하여 장면설정과 학습자의 신변에 관한 Q&A 등을 준비한다.

예를 들면 처음 일본어 학교에 올 때 헤매지 않고 올 수 있었는지 등에 대해 물어 보아도 좋다. 테이프는 교사 이 외의 일본인의 음성에 익숙해지는 것도 중요하므로 도입이나 응용에 모두 유효하게 사용할 수 있어야할 것이다.

드릴(drill)은 기초적인 드릴과 과제시트(task seat) 속에서 알맞은 지도를 고르는 응용드릴이 있다. 입에 익숙해지게 하기 위하여 기초적인 패턴 프렉티스(pattern practice) 등을 채택하여 사용할 때는 학습자가 수동적으로 되기 쉽고 또 단조로워서 싫증내기 쉽기 때문에 좀더 연구할 필요가 있다. Q&A도 개별로 하거나 합창(전체)으로 하고 교사 對 학습자에 치우치지 않고 학습자 對 학습자, 학습자가 교사에게 질문해서 교사가 대답하는 등의 변화도 필요하다. 정확하게 대답했을 때 충분히 칭찬해 주는 것도 잊지 않도록 한다.

교사의 수만큼 교수법이 있다고들 하지만 학습자의 수만큼 되지 않으면 안 될지도 모른다. 수업의 실시는 '이것으로 됐다'라고 말할 수 없는 것이다. 매일 매일의 반성과, 창의, 궁리가 담겨진 수업지도안 작성에서 보다 좋은 수업이 행해질 수 있는 것이다.

참고로 여기에서 드릴에 사용할 수 있는 관련 표현과 어휘를 뽑아 본다면 다음과 같다. 이것들을 효과적으로 사용하면 한층 더 자연스러운 일본어회화가 되며 일상생활에서 바로 사용할 수 있기 때문에 학습자의 일본어 능력에 맞추어 적절하게 도입하면 좋다.

① 来たときと反対の方の人
② ～方面
③ ～につきあたる
④ 線路沿いに歩く
⑤ 雑居ビル
⑥ ～に向かって
⑦ ～の手前を～へ曲がる
⑧ その先
⑨ 曲がって～軒目
⑩ そのまままっすぐ
⑪ 道が2つにわかれる。
⑫ ～の向かい側
⑬ ～を目印にして
⑭ どうもよくわからないんですが・・・
⑮ ～にいるんですけど・・・

지도상에서의 표현이 익혀지지 않으면 교실의 바닥에 도로, 선로, 건널목, 강, 다리, 건물 등을 그려서 실제로 걸어 보는 방법도 있다. 숙제는 집에 돌아가서 전화로 시청이나 병원 등 무슨 일이 있을 때 도움이 되는 장소에 대해서 조사해서 실제로 가서 장소를 확인해 오는 등의 실용성을 겸한 과제가 좋을 것이다.

그리고 어느 정도 수업이 진행되면 교실 작업은 기본적인 지식을 확대 시켜가는 단계의 작업이 된다. 따라서 교재도 신문이나 뉴스 등 살아있는 교재가 차지하는 비율이 많다. 어휘수도 일본인 성인이 사용하는 어휘 수인 약 5만어에 가깝도록 지도한다. 대학생이라면 전문 리포트나 소논문을 쓸 수 있을 정도의 레벨이다. 문어표현이나 관용구 등도 필요에 따라서 습득시키지 않으면 안 된다. 논쟁(debate)이나 토론(discussion)등을 일본어로 일본인 학생과 할 수 있을 정도의 실력을 익힐 수 있도록 한다. 독해력이 향상되면 일본사정에 관한 내용도 넣고 일본이나 일본인의 사고양식의 이해를 깊게 할 수 있는 교재도 사용하도록 한다.

학습자의 흥미를 끌 수 있는 내용을 들어서 이야기를 여러 가지로 발전시키는 것도 상급이 되면 할 수 있다. 전문적인 화제를 다루는 것도 가능하다. 구체적인 이야기에서 꽤 추상도가 높은 이야기로 진행하면서 보다 자연스러운 일본어에 가까워지도록 한다. 어휘나 표현도 무리가 없는 범위에서 늘려가도록 한다.

예 (2)

6月2日(水曜日) Cクラス 1時限目6時半 ～ 7時10分 担当者：＊＊＊＊ テキスト：日本語会話 中級1 課：第3課 会話2, 3	学習目標：語彙だけで道順の説明ができるようにする。 相手がどこにいるかを確認し、客が訪問先である自分の家に無事着けるよう進む方向を指示する。 学習項目：～を背にして ～が見えるところ ～のほうへ行く ～てください。そうすると～

時間配分	活動（流れ）	活動内容	教材教具	備考
6：30	復習 出欠確認	前の時間で用いた地図を示し、表現練習をする。 (省略)	北浦和駅周辺の地図	宿題返却と講評
6：35	導入	T：「これは皆さんが知っている北浦和の駅前の地図です。わたしはここに住んでいます。 (地図上で家を示す) きょうは友達の竹山さんがうちへ遊びにきます。 今竹山さんは駅に着きましたが、道を忘れてしまったのでわたしに電話をするところです。 皆さんは何と言って説明しますか。 言ってみてください。」 S：口々に既習表現を用いて説明する。 T：「竹山さんはたぶん電話ボックスの中から外を見ながらこうやって電話をかけます。 ここから何が見えますか。そうですね。 右を方に病院が見えます。竹山さんは病院が見えるところにいます。 駅を背にしてどちらへ行きますか。 そうです。右の方へ行きます。 あっ、竹山さんから電話です。聞いてください。」	指示棒 竹山さんのマグネットつき人形 電話ボックスの中の竹山の人形	竹山とわたしの位置をマグネットの人形(可動式)で示す。 「～を背にして」の意味を人形や体で示す。
6：40	練習	・「リーン、リーン」という電話の呼出し音で会話が始まるテープを聞かせる。 ・①「右(左)の方に～が見えます。 ～があります。」 ②「～に～が見えるところです。 ～が見えるところにいます。」 ③「～を背にして右(左)のほうへ行きます。」 ④「～てください。 そうすると～。」 などの表現が入った電話のやりとりをテープで聞かせながら竹山さんが進む方向を指示棒を使って地図上でなぞり、わたしの家へ着くところまでを示す。	テープ	既習語彙で説明するよう気をつける。

		(竹山の位置は駅前の電話ボックスの中で駅を背にしている) T：「竹山さんは今どこにいますか。」(Q&A) S：「電話ボックスの中にいます。」 T：「電話ボックスの中から何が見えますか。」 S：「右のほうに病院が見えます。」 T：「竹山は・・・・」 S：「・・・・」 ・ 統合ドリルの合図をする。 T：「竹山さんは病院が見えるところにいます。」 みんなで。 S：「竹山さんは病院が見えるところにいます。」 (反復模倣) T：「マリオさん、 ラオさんに質問してください。」 マリオ：「竹山さんは今何していますか。」 ラオ：「電話をかけています。」 T：「ソンさん」 ソン：「竹山さんはどっちを向っていますか。」 「チョウさん」 チョウ：「竹山さんは駅を背にしています。」 ・統合ドリルの合図をする。 チョウ：「駅を背にして電話をかけています。」 T：「竹山さんはそこからどうやって私の家へ来ますか。」（私の家は ①) S：「病院のあるほうへ約500メートル歩きます。」 T：「さあ、みなさんも地図の中の自分の家(アパート)をさがしてください(①～⑨の中から) ・それぞれ自分の家を決めたら訪問する人と招待する人のペアワークをさせる。	家とアパートのマグネットつき絵パネル	ペアワークの間は個別に見てまわる。
	応用	・地図を見せながら、駅から実際の自宅までの説明ができるようにする。		
7：00	確認	・3枚の絵を見ながらテープで会話を聞く。 3人の人物はそれぞれどこにいるのか当てさせる。	テープ 絵(3枚)	
	文字で確認	・地図の番号順に家のマグネットを移動し何組か指名して、駅から家までの道順を言わせ、ポイントとなる表現はフラッシュカードを貼って文字で確認する。	フラッシュカード	
7：05	宿題	・最寄りの駅から自宅までを文で説明する。 (地図も添附させる。)		次回 提出提示 試験範囲予告

3.2 한국의 수업지도안과 수업실시의 예 69)

◈ 수업지도안의 예 (3)

한국의 고등학교에서의 일본어 수업은 2학년과 3학년이 그 대상이다. 교과서는 12종 교과서 중에서 선택할 수 있는데 대부분 8~9과(단원)로 이루어져있다. 그리고 각 과마다 듣기, 말하기, 읽기, 쓰기 파트로 나누어져 있는데 각각은 독립적인 것이 아니라 특히 중점을 두어 학습할 부분을 가리키는 것이다. 교과서에 따라서는 준비학습-듣기-말하기-읽기-쓰기-확인평가-보충・심화학습으로 구성되어 있는 경우도 있다.

다음에서 예로 드는 수업지도안은 고등학교 2학년을 대상으로 한 말하기 연습을 중심으로 한 지도안이다. 학습목표는 い형용사와 な형용사에 대해 학습한 후 선생님의 질문에 적절한 형용사를 사용하여 대답할 수 있도록 하는 데에 있다. 학생들의 흥미와 이해를 돕기 위하여 게임 활동을 적절히 활용하여 형용사 표현이 익혀지도록 한다.

수업시 사용되는 학습 자료로서는 프린트물, 단어카드, 그리고 학습자의 흥미유발과 학습의욕 고취를 위하여 사진 등을 넣어 작성한 파워포인트가 활용된다.

수업의 흐름을 보면, 도입단계에서는 전시에 배부한 형용사에 관한 프린트물에 대한 예습유무를 확인하고 본시 수업에 관한 소개를 한다. 전개단계에서는 먼저, 형용사의 종류, 기능 등에 대한 전반적인 설명을 하고 교사와 학습자 간의 문형연습, 학습자 간의 페어연습을 통해 형용사 문형을 익히게 한다. 문형연습이 어느 정도 이루어지면 게임 활동을 통해 형용사를 익히면서 일본의 문화도 같이 배울 수 있도록 유도한다. 정리단계에서는 본시학습을 정리한 후 과제 및 차시예고를 하고 나서 수업을 마치게 된다.

지도상의 유의점으로는 교사의 질문에 답하는 형식을 통한 말하기 연습을 할 때 질문에 대하여 학습자 전원이 함께 대답할 경우는 적극적으로 수업에 참여하지 않는 학생이 있을 수 있으므로 한사람씩 지적을 하여 대답하게 하는 등의 방법도 고려한다. 학습자간의 페어 연습시에는 원활하게 연습이 되고 있는지 교사는 교실을 돌면서 잘 관찰하여야 한다.

그리고 학습을 위한 게임 활동을 할 때에는 자칫 수업자체가 어수선해지거나 소란스러워질 우려가 있으므로 교사의 적절한 통제가 필요하다. 즉, 게임 활동은 어디까지나 학습의 이해를 돕기 위한 차원이므로 놀이자체에 열중하지 않도록 교사는 잘 컨트롤해야 할

69) 기타 수업지도안의 예는 부록에 있는「학습지도안의 예시」참조 (p.408~413)

것이다.

또한 가능하면 정리단계에서 간단하게 본시학습에 대한 형성평가를 실시하는 것도 필요하다. 과제는 학습자에게 부담이 가지 않을 범위 내에서 다음 시간의 수업과 연계되는 과제를 제시하여 학습자중심의 수업이 될 수 있도록 한다.

예 (3) [70)]

<table>
<tr><td colspan="2">일시</td><td>10월25일 월요일 5교시</td><td>대상</td><td>2학년7반</td><td colspan="2">지도교사</td><td>이동경</td></tr>
<tr><td colspan="2">교과</td><td>일본어</td><td>단원</td><td colspan="4">7과 さむくてながいです</td></tr>
<tr><td colspan="2">본시주제</td><td>말하기</td><td>교과서</td><td>P.106</td><td colspan="2">차시</td><td>2/4</td></tr>
<tr><td colspan="2">학습목표</td><td colspan="6">1. 여러 형용사를 익히고 그 뜻을 이해할 수 있다.
2. 형용사를 이용한 대답을 할 수 있다.
3. 게임을 이용해 일본사정에 접할 수 있도록 한다.</td></tr>
<tr><td colspan="2">학습자료</td><td colspan="6">교과서, 프린트물, 파워포인트, 단어카드, 상품(일본디즈니엽서)</td></tr>
<tr><td colspan="2">학습방법</td><td colspan="6">강의식, 문답법, 게임</td></tr>
<tr><td rowspan="2">학습 단계</td><td rowspan="2">학습 의 흐름</td><td colspan="3">교수 학습 활동</td><td rowspan="2">시간</td><td rowspan="2">학습 자료</td><td rowspan="2">유의점</td></tr>
<tr><td>교사</td><td colspan="2">학생</td></tr>
<tr><td>도입</td><td>도입 학습</td><td>▷ 학생들과 서로 인사하기
みなさん、こんにちは。
일상적인 대화로 학습분위기 조성

▷ 출결점검

▷ 전시에 배부했던 프린트물의 예습유무 확인 및 학습목표 설명
- 저번 시간에 내주었던 프린트물 모두 읽어 오셨겠죠?
- 그럼 오늘은 형용사의 종류를 익히고, 물음에 형용사로 대답 할 수 있도록 선생님과 같이 공부를 해 보겠습니다.
- 그리고 오늘 선생님과 게임도 해 볼 건데, 제일 열심히 하는 학생에게는 상품도 준비되어 있으니깐, 오늘 수업 열심히 해봅시다.</td><td colspan="2">▷ 반갑게 인사하기

せんせい、こんにちは。

▷ 대답하기

▷ 대답하기

- 네

- 네

- 와 신난다</td><td>5분</td><td>출석부

프린트물</td><td>오늘의 수업 내용을 학생들이 전체적으로 파악할 수 있도록 한다.</td></tr>
<tr><td>전개</td><td>본시 학습 시작</td><td><프린트물>
▷ 형용사에 대한 전반적인 설명

- 형용사의 기능
- い형용사, な형용사

▷ 반대말을 이용해 형용사의 종류와 뜻을 익히고, 읽어보기
おおきい/ちいさい
ひろい/せまい
たかい/やすい
たかい/ひくい</td><td colspan="2">▷ 주의해서 듣는다.

▷ 큰소리로 따라 읽는다.</td><td></td><td>프린트물

파워포인</td><td>학생들이 이해할 수 있도록 쉽게 설명한다.

선생님의 발음에</td></tr>
</table>

		あつい/さむい ながい/みじかい しずか/にぎやか じょうず/へた すき/きらい			트	유의해서 따라 읽도록 한다.
		<교과서 P.106> ▷ "どうですか"의 질문에 형용사를 이용해 "~です"체로 대답하는 설명 - 선생님이 읽으면 따라 읽어 보세요 - 잘했습니다. 그럼 이번에는 짝이랑 번갈아서 연습해 봅니다. ▷ "どうおもいますか"의 질문에 형용사를 이용해 "(だ)とおもいます"로 대답하는 설명 - 선생님이 읽으면 따라 읽어 보세요 - 그럼 이번에도 짝이랑 같이 연습해 봅니다.	▷ 주의해서 듣는다. - 따라 읽는다. - 짝을 이루어 연습한다. ▷ 주의해서 듣는다. - 따라 읽는다. - 짝을 이루어 연습한다.		교과서	짝과 원활하게 연습활동이 이루어지고 있는지 교실을 돌아다니며 관찰하도록 한다.
전개	응용학습 | 게임	<게임> ▷ 게임의 방법 설명 - 선생님이 사진을 보고 묻는 질문에 해당하는 형용사 단어 카드를 먼저 선택해서 대답을 합니다. 나중에 제일 많은 카드를 가진 사람에게는 상품이 있습니다. ▷ 게임시작 ① 일본의 まつり사진 - ここはどうですか。 - 그럼 にぎやか의 반대말은 뭡니까? - 일본 まつり에 대해 간단히 소개하기 ② 일본의 요코하마 사진 - ここはどうですか。 - 그럼 ひろい의 반대말은 뭡니까? - 일본 요코하마에 대해 간단히 소개하기 ③ 일본 카마쿠라의 불상사진 - これはどうですか。 - 그럼 おおきい의 반대말은 뭡니까? - 일본 카마쿠라에 대해 간단히 소개하기 ④ 일본 후지산 사진 - これはどうですか。 - 그럼 たかい의 반대말은 뭡니까? - 일본 후지산에 대해 간단히 소개하기	▷ 주의해서 듣고 게임 방법 이해하도록 한다. ①카드를 선택하고 대답한다. - にぎやかです。 - しずかです。 ②카드를 선택하고 대답한다. - ひろいです。 - せまいです。 ③카드를 선택하고 대답한다. - おおきいです。 - ちいさいです。 ④카드를 선택하고 대답한다. - たかいです。 - ひくいです。	40분	파워포인트 단어카드 상품	모든 학생이 활발하게 게임에 참석하도록 유도한다.

		⑤ 일본 신칸센 사진 - これはどうですか。 - 그럼 ながい의 반대말은 뭡니까? - 일본 신칸센에 대해 간단히 소개하기 ⑥ 일본 삿포로 사진 - ここはどうですか。 - 그럼 さむい의 반대말은 뭡니까? - 일본 삿포로에 대해 간단히 소개 하기 ▷ 게임종료 - 여러분, 재밌었나요. 그럼 오늘의 상품의 주인공은 누굴까요? 카드를 가장 많이 가지고 있는 사람 나오세요. - (상품전달) 잘했습니다.	⑤카드를 선택하고 대답한다. - ながいです。 - みじかいです。 ⑥카드를 선택하고 대답한다. - さむいです。 - あついです。 - 모두 박수를 쳐 준다.			상품은 일본과 관련된 것을 선택함으로써 학생들에게 일본에 대한 관심을 유발 시키도록 한다.
정리 와 평가	평가 정리 및 차시 예고 과제 제시	▷ 평가 -여러분, 다음 형용사의 반대말을 찾아 선으로 연결하세요. ▷ 정리 및 차시예고 - 오늘 수업은 즐거웠나요? - 이번 시간에는 형용사를 이용해서 질문에 대답하는 방법을 배웠죠? - 다음시간에는 형용사를 이용해서 명사를 수식하는 용법을 배워보도록 하겠습니다. ▷ 과제제시 - 다음 시간까지 교과서 P.107을 한번 읽어 오도록 합니다. ▷ 마치는 인사하기 - みなさん、またあした。	- 네 - 예 - 네, 선생님 - ありがとうございました。	5분	프린트물	밝은 인사로 마무리한다.

70) 본 수업지도안은 부산외국어대학교 교육대학원 「일어과 교재연구 및 지도법」 수업에서 수강자가 제7차 교육과정에 따른 고등학교 일본어 교재를 사용하여 수업지도안을 작성하여 발표한 것으로 본인의 허락을 얻어 일부 수정하여 게재하였다. <교재명 : 유길동외 3인 「고등학교 일본어1」(2004) 진명출판사>

제4절 수업 후

각 수업의 마지막에 숙제를 내거나 한 과마다 시험을 침으로써 학습자의 이해도를 확인할 필요가 있다. 학습자의 평가는 그대로 교사의 교수법에 대한 평가라 할 수 있다. 수업을 돌이켜 보고 문제가 된 점을 분석하여 그 원인을 밝히고 대처법을 생각해서 다음 수업에 대비해야 한다. 학습자의 평가는 지도법이 적절하였는지를 생각하게 해 주는 귀중한 자료이다. 수업 중에 학습자로부터 나온 질문은 귀중하기 때문에 메모를 해 두면 좋다. 수업지도안대로 진행하려고 할 때 갑자기 학생이 질문을 할 경우 대답이 궁할 때도 있으나 질문은 교사 자신의 교수법에 대해 반성하게 해 준다.

담당자가 복수인 경우는 자기가 담당한 수업의 결과를 서로 비교해 보고 보충・정정해야 할 점은 곧 고칠 수 있도록 하는 준비가 필요하다. 보다 좋은 수업을 위해 자기 수업을 비디오로 찍어서 다른 담당자에게 보여주고 조언이나 비판을 받는 것도 좋다. 그리고 교사는 항상 해이해지지 않게 하기 위하여 끊임없는 연구가 필요하다고 생각된다.

(山下暁美(やましたあけみ)(絵 阿部(あべ)はるひ)・羅福順(なぼくすん))

과제1

학습자의 요구와 교재의 선택에 대해 생각해 보자.

과제2

초급 학습항목의 제출 순서를 교재를 사용해서 비교해 보자.

과제3

일본어교재에서 한 과를 선택하여 수업지도안을 작성해 보자. 교재, 학습자의 니즈나 교수법, 클래스편성 등은 각자가 정하기로 한다.

과제4

예시로 든 일본의 수업지도안과 한국의 수업지도안의 차이점은 무엇인지 비교해보자.

【참고도서】

木村宗男、他 編 (1989)『日本語教授法』おうふう社
田中望 (1989)『日本語教育の方法』大修館書店
日本語教授法研究会(1988)『ロールプレイで学ぶ会話 (1)(2) 』凡人社
Rivers, W.M. (1968)『Teaching Foreign-Language Skills』 The University of Chicago Press ; 天満美智子訳 . (1972)『外国語習得のスキル―その教え方』
Rivers, W.M. & Temperley, M.S., . (1978)『A Practical Guide to the Teaching of English as a Second or Foreign Language』; 天満美智子訳 『英語教育実践ハンドブック(上)(下)』桐原書店. (1985)「第8章 第二言語としての日本語の習得研究」

제10장 일본어 교육과 평가

일본어 교육과 평가

評価とは、教育全般について資料を集め、それを検討して問題点があれば改善策を考え、学習者や教師など、関係する当事者にフィードバックすることである。評価は教師と学習者、教育課程に重大な影響力を持っているため、教師も学習者も後にある評価のことを考えながら、授業に参加しているのである。評価は学習者だけでなく、教師や教育機関に対しても行われ、また、教師だけが評価者であるのではない。学習者が評価者になり、教師を、学習者自身を、又は他の学習者を、評価することもある。このような評価は、目的や実施時期、方法など様々な観点から説明することができる。本章では、「教師による学習者評価の方法」としてa)客観的方法、b)主観的方法、c)代替的方法と「教師による教育自己評価」、「アクションリサーチ」に区別している。第7次教育課程での評価の意義やテスト作成及び実施時の注意事項、基本用語などは、実例を挙げながら説明している。

제1절 평가란?

1.1 평가의 중요성

Q：評価とは学生をテストして成績をつけることだから、別に勉強しなくてもいいんじゃありませんか。それより 授業の方法や日本語などの方をもっと勉強すべきじゃないでしょうか。

A：보통 수업이 있고 나서 테스트가 있다. 수업이 끝난 뒤에 테스트가 있기 때문에 수업이 테스트보다 중요하게 여겨진다. 그러나 그렇다고 해서 테스트가 수업에 종속되어 있는 것은 아니다. 교사도 학습자도 나중에 따라 올 테스트를 염두에 두면서 가르치고 배우는 것이다. 즉 테스트가 수업에 커다란 영향을 미치고 있다고 말할 수 있겠다.

특히 한국 학생들은 테스트의 성적을 중요하게 여기기 때문에 어떤 테스트를 하느냐에 따라 학생들의 수업태도 역시 달라진다. 예를 들어 수업에서 회화연습을 많이 하였다고 해도 테스트에서 단어나 문법 문제만 출제된다면 학생들의 회화연습에 대한 관심도는 떨어질 것이다.

이와 같이 어떤 테스트를 하느냐가 수업, 아니 교육 그 자체에 어느 정도까지 영향을 미치는가에 대해서는 측정하기 어렵다. (단지 엄밀히 따지면 테스트는 '평가'의 한 수단에 지나지 않는다. 이것은 테스트 성적뿐만 아니라 출석과 리포트를 포함하여 학생의 성적을 매길 수 있다는 점에서도 확인 할 수 있다. ('평가'와 '테스트'의 차이에 관해서는 제7절 「기본용어의 정리」를 참조할 것).

평가는 수업이나 교육 그 자체에만 영향을 미치는 것은 아니다. 입학시험이나 자격시험, 입사시험 그리고 학교의 성적 등 그 당사자의 인생에 대해 많은 영향을 미친다. 만약 교사가 마구잡이로 성적을 산출하게 된다면 학습자는 교사에 대해 불신감을 가지게 될 것이다.

이상과 같이 평가가 교육과 교육을 받는 사람의 인생에 대해 중요한 영향력을 가지고 있으므로 평가의 역할을 경시할 수 없다. 이런 점에서 평가 공부의 중요성을 알 수 있을 것이다.

1.2 평가의 정의

Q：では、「評価」とは何ですか ?

A：코지마(小島)(2001)는 평가란 "학습전반에 관해 자료를 수집, 검토한 뒤 문제점이 있으면 개선책을 생각하여 학습자와 교사 등 관계있는 당사자에게 피드백하는 것" 이라고 정리하고 있다.

평가라고 하면 중간고사이나 기말고사와 같은 테스트나 수능시험과 같은 입학시험을 떠올리는 경우가 많을 것이다. 그러나 학습자만을 대상으로 하는 이런 평가는 평가의 일부에 지나지 않는다. 평가란 학습자만을 대상으로 하지 않고 교사나 교육기관에 대해서도 이루어진다. 또 교사만이 평가자가 아니다. 학습자 역시 평가자가 되어 교사와 학습자 자신 또는 다른 학습자를 평가 할 수도 있다.

단, 평가가 어떤 것인가에 대해서 자세하게 설명하기란 어렵다. 왜냐하면 설명하려는

관점에 따라 다양한 견해가 있기 때문이다. 일본어 교육학회의『日本語教育ハンドブック』(1990)을 보면 평가를 다양한 관점에서 설명하고 있다. 예를 들면 ①평가의 목적 ②실시 시기 ③평가방법 등이 있어서 평가를 설명하는 일이 얼마나 복잡한가를 알 수 있다.

이상과 같이 다양한 정의방법이 있으나 여기서는 라도(1971)에 의한 평가의 정의 및 분류를 이용해 보겠다. 라도는 다음과 같이 평가를 정의, 분류하고 있다.

본서의 주된 독자인 현직 교사와 앞으로 교사가 되려는 사람들에게는 교육기능 중 교사에 의한 평가 (a) 学習者への評価와 (b)教師自身への評価가 교사가 담당하는 일의 일부이기에 특히 중요하다. 이 두 가지의 평가에 대해 아래에서 상세히 다루어 보도록 하겠다.

제2절　교사에 의한 학습자의 평가

Q ：「教師による学習者への評価」には、どんな方法がありますか。

A ：'교사에 의한 학습자에 대한 평가'의 평가법은 小島(2001) 와 Brown and Hudson(1998)을 참고로 하면 세 가지로 분류할 수 있다.

① 客観的方法：正誤法 · 多肢選択法 · 組み合わせ法 · 単純再生法 · 訂正法 · 配列法 ② 主観的方法：空欄補充 · 変換法 · 短答式 · 翻訳 · パフォーマンス ③ 代替的方法：ポートフォリオ · ジャーナル/ログ · 自己評価 · 観察 · 他学習者에 의한 評価 · コンファレンス

다음에 각각의 방법 내에 있는 구체적인 방법에 관해 설명하도록 하겠다.

2.1 객관적 방법

학생들에게 언어자료를 주고 바른 답을 복수의 선택지문에서 고르게 하는 방법이다. 학습자는 대개 문제를 고르기만 하면 된다. 따라서 이해기능(listening 이나 reading)이나 언어지식(문법이나 어휘)의 측정용이다. 산출기능을 측정하기 위해서는 사용하지 않는 편이 바람직하다. 객관적 형식은 실시시간이 짧고 채점도 빠르고 간편하며 객관성이 있다는 점이 장점이다. 그러나 작성하는 것이 어렵고 산출능력 측정이 가능하지 않다는 단점이 있다.

客観的方法

●正誤(○×)法：正しいか間違いかを判断する形式。大きなテストより日々の小テストに向いている。読解力や聴解力を試す問題によく使われる。ある特定のポイントを理解しているかどうかを簡潔かつ直接に教えてくれる。弁別性を求める結果、学習者をわざとひっかけさせようとする問題が多くなってしまいがち。
当て推量の危険性が50%。細かい部分やあまり重要ではない部分を問題として取り上げてしまう危険性。

●多肢選択法：選択肢の中から設問の答えになるものを選ぶ。実生活では選択肢を選ぶということはない。
比較的当て推量の危険性が低い。幅広い種類の細かい学習ポイントを測定するのに適切。ライティングの能力を測定するために多肢選択が使われるなど、歪められて使用されることが多い。

例）正しいものを1つ選びなさい。
顔を洗って（1　くっきり、2　さっぱり、3　ふんわり、4　ぴったり）しました。

●組み合わせ：関連のある単語動詞を組み合わせたり、文章の前半部分と後半部分を組み合わせたりする。語句の意味や反対語、慣用表現、類義語の理解などを見るのに用いられる。スペースが少なくて済み、また当て推量の危険性が低い。

例）左と右を線で結びなさい。
1　洋服を・　　　・はきます
2　めがねを・　　・きます
3　くつを・　　　・かけます
4　時計を・　　　・します

●単純再生法：学習した内容を思い出して解答する。動詞の活用、漢字の読み・書き、反意語、同意語の使い分けなどを測定するのによく使われる。

●訂正法：誤りの部分を訂正する。出題意図とは全く異なる箇所を訂正したり、予期しない解答が出て、採点がしにくくなることもある。よって、訂正箇所に下線を引くなど工夫をする必要がある。

例）_______の部分を正しく書き直しなさい。
1　ソウルで住んでいます。
2　朴さんはビールを好きです

●配列法：ばらばらに語句を並べ替えて、正しい文章にする。
例：文が正しい順序になるように、（ ）内に番号を入れなさい。
（ ）買った、（ ）キムさんに、（ ）おみやげを、（ ）あげました、（ ）東京で

2.2 주관적 방법

主観的方法

●空欄補充：作成が簡単。実施が楽。産出能力を測定でき、産出と理解技能の両方を必要とする能力も測定できる。一方、語や句しか測定できない。正解の可能性が複数ある。
●変換法：指示に従って、与えられた文を書き換える形式で、否定形、受身形、敬語などの理解を見る。　例：＿＿＿＿の部分を尊敬語にしなさい。
A：先生はもう帰りました。
B：いいえ。まだいます。
●短答式：設問を読んで語句や文で解答する。作成するのが楽で比較的実施もすぐ終わる。語句や文レベルの測定。複数正解の可能性。
●翻訳：韓国語を日本語にしたり、日本語を韓国語にする。
●パフォーマンス：実際に日本語によるコミュニケーションをさせる。インタビューや作文など。評価基準の設定が難しい。

산출능력(speaking, writing)을 측정하는데 적합하다. 또한 이해기능과 산출기능의 양쪽 모두를 사용하는 능력(예를 들어, 구두 인터뷰 등)도 측정할 수 있는 유용한 방법이다. 객관적 방법과 주관적 방법 이 둘 중 어느 것을 택하는 가에 따라 장・단점이 나누어진다.

전자는 대충 어림짐작으로 문제를 푸는 등의 문제점이 있으나 객관성은 높다. 한편, 후자는 어림짐작의 문제점은 줄어드나 주관성의 문제가 생겨난다. 단, 주관적 방법이라 해도 학습자가 문제 본문의 키워드를 적당히 사용하여 해답을 작성하였을 경우에 그것이 높게 평가되는 문제점도 있다.

2.3 대체(代替)적 방법

대체적 방법이란 학습자가 평가에 참가하는 평가방법을 말한다. 커뮤니커티브 어프로치(communicative・approach)가 외국어 교육에서 주류를 차지하게 되어 학습자 중심이라고 하는 말들이 들려오기 시작했다. 그 결과 당연히 학습뿐만 아니라 평가에도 학습자를 참가시켜야 한다고 제안되었다.

(1) 객관적 방법이나 (2) 주관적 방법은 성적을 매기거나 점수에 의해 학생의 능력 순위를 결정짓는 등의 평가에 사용되어져 왔다. 그러나 평가에는 순위부여의 기능뿐만 아니라 '학습을 위한 조언', '학습 도움'과 같은 진단적 기능도 있어 이 기능은 지금까지 과소

평가 되어져 왔다(토사쿠(富作) 1999). 또한 교사가 학습자의 학습을 도와주는 개념에서 한 발 더 나아가 학습자는 자신의 학습을 관리하는 자율적 학습자가 되어야만 한다는 사고가 생겨났다. 자율적 학습자라고 하는 것은 '자기 모니터 능력(스스로 자신의 학습을 파악하는 능력)'과 '학습자가 オートノミー (autonomy) ; 무엇을 어떻게 학습하여, 그 성과를 어떻게 평가할 것인가에 관한 의사결정과 그대로 실행하는 능력)'를 가진 학습자를 말한다. (요코미조(横溝) 2002b). 자율적 학습자를 양성하기 위해서는 학습평가도 교사에게 일임할 것이 아니라 실제로 학습자도 학습평가를 하게 할 필요가 있다.

다음은 대체적 방법의 구체적인 방법이다. 대체적 방법에는 아래와 같은 구체적 방법이 있다.

代替的方法

●ポートフォリオ：学生が書いた日本語の手紙やレポート、学生のスピーキングを録音したテープ、などを集めてファイル(＝ポートフォリオ)に入れて保管する。そして集めた資料を基に教師と学習者が話し合いをし、評価する。
●ジャーナル/ログ：学習者に学習日記(＝ジャーナル)や学習記録(＝ログ)を取らせる。取ったジャーナルやログを基に教師と学習者が学習について話し合う。
●自己評価：アンケートやプログレスカード*を使用し、自分自身を評価する。
●観察：タスク中心の活動を学習者に与え、活動過程や結果をビデオに撮り、学習者と教師が一緒に見て、評価する。
●他学習者による評価：アンケートや他学習者の作品やパフォーマンスを見て評価する。
●コンファレンス：ポートフォーリオ、ジャーナル、ログ、またはプログレスカードで得たデータなど学期中に集めた資料を見ながら、教師と学習者が日本語学習について話し合う。

여기서 별로 익숙하지 않은 대체적 방법 가운데 '자기평가'의 일례로써 'progress card*(계속적 평가 카드)' (요코미조(横溝)2002b, 마츠자와(松沢)2002)를 소개하도록 하겠다.

프로그래스 카드(progress card)라고 하는 것은 학습자가 학습을 해 감에 따라 어떤 것이 가능하게 되었는가를 자기평가 하도록 하여 그것을 기록하게 하는 것이다. 제 7차 교육과정을 기본으로 하여 작성된 日本語 I교과서를 이용하여 progress card에 관해 설명해 보겠다.

progress card는 한 과 마다 작성할 수 있으며 한 과를 작은 단위로 나누거나, 또는 복수의 과를 묶어 1장의 card에 작성할 수도 있도록 하였다. 지금은 한 과 전체의 progress card를 만들어 보자. 이용하는 교과서와 과는 柳吉東 外著(2001)『高校日本

語 I(進明出版社)』의 제 2과이다. 2과에서는 사물의 위치를 표현하는 'います, あります' 와 몇 개의 위치사를 학습한다.

progress card에서의 자기 평가 항목은 "います, あります 문형을 학습한다."라는 언어 지식 습득을 중심으로 기술하는 것보다 "사물의 위치를 말한다"와 같이 학습내용과 현실에서의 언어사용과의 관련성을 확실히 부각시키도록 기술하겠다. 이렇게 기술하는 편이 학생들도 이해하기 쉽고, 실제 자신이 어떤 것이 가능하게 되었는가를 실감할 수 있으리라 본다.

후에 더 기술하겠으나 제7차 교육과정의 평가는 다음의 표와 같이 네 가지 기능별로 행하여지므로 예에서도 네 가지 기능별로 구체적으로 어떤 것이 가능하게 되었는가를 묻는 항목을 두었다. 또한 언어기능에 관한 것뿐만 아니라 학습태도나 수업 외의 학습에 관해서도 자기 평가가 있는 것은 학생이 자신의 일본어 학습에 관하여 되돌아봐 주기를 기대하고 있기 때문이다.

プログレスカード例

	言語技能	自己評価			学生のコメント	先生のコメント
		A	B	C		
話す	・周りにあるものを日本語で言える。 ・自分の部屋にあるものとその位置を友達に説明できる。 ・部屋にあるものとその位置について友達に質問できる。					
聞く	ものの位置を説明したり質問したりする会話を聞いて理解できる。					
読む	どんなものを所有しているかに関するアンケートを読んで答えられる					
書く	ものの位置を説明する文章が書ける					

	自己評価			学生のコメント	先生のコメント
授業中の態度	A	B	C		
授業以外の学習	A	B	C		

先生からの全体的なコメント

여기까지 대체적 방법의 평가에 관해 살펴보았고, 아마 대체적 방법 자체는 그다지 새

로운 내용이 아니라고 느꼈으리라고 생각한다. 예를 들어 포토폴리오(portfolio)는 제출물의 평가나 그룹 내의 프로젝트워크(project work)의 평가 등에서 종래 사용되어져 왔던 것이다.

그렇지만 대체적 방법이 종래의 평가방법과 다른 점은 평가의 과정에 학생들을 참여시킨다는 점이다. 왜냐하면, 종래의 제출물의 평가나 그룹 내 project work의 평가는 학습자가 평가의 과정에 참가하지 않고 교사만이 평가하여 왔기 때문이다.

마지막으로 목적에 맞는 평가방법을 선택하는 것이 중요하다고 강조하고 싶다. 여기서는 평가방법으로서 3가지의 방법을 들었지만, 이 3가지 방법 중 어느 것이 가장 효과적이라고 하는 것은 아니다. 어느 방법에도 장점과 단점을 지니고 있어서 교사는 자신의 목적에 맞추어 어느 방법을 사용할 것인가, 혹은 병용할 것인가를 생각할 필요가 있다. 예를 들면 자기평가는 객관성에 문제가 있기 때문에 자기평가에 한정한 테스트만을 행할 수 없다. 그러나 학습자에게 자신의 능력이나 학습에 관해 생각하게 하기 위해서나 학기말의 성적으로 참고자료로서 사용하는 데에는 가능할 것이다.

또한 가능한 한 복수의 데이터를 이용해서 평가하여 순위부여 뿐만 아니라 학습 진단이나 자율학습을 촉진시키는 방향의 평가를 하는 것이 중요하다. 대학의 입학이나 회사의 채용에서는 단지 한 가지의 테스트나 자료만 가지고 하는 게 아니라, 복수의 자료를 이용하여 수험자를 다방면으로 평가해서 입학 및 채용의 결정을 내려고 한다. 학기말의 성적평가에서도 전통적인 객관적・주관적 형식에 의한 데이터와 대체적 형식에 의한 정보를 합친 것이 학생의 능력 및 노력, 진도에 관해 보다 완벽한 그래프를 그릴 수 있을 것이다.

제3절 교사에 의한 교사 자신의 평가

> Q : なぜ「教師による自己への評価」が必要なんでしょうか？教師は学生を評価すればいいんじゃありませんか？また、教師が自分自身を評価するなんて、具体的にどんなことをすればいいのか分かりません。

A : 다나카(田中)・사이토(斎藤) (1993) 는 다음과 같이 말한다. "평가는 학습자에게 있어서는 학습의 개선, 교사에 있어서는 교수법의 개선과 연계되지 않으면 완전한 의미로서 성립되었다고 말할 수 없다" 즉, '교사의 자기에 대한 평가'

란 자신의 수업을 개선시키기 위한 것이다.

그럼 수업을 개선시키기 위해서는 어떠한 방법이 있을까?

정기 테스트의 결과나 학습자 앙케이트, 비공식적인 인터뷰 등을 통해 교사는 자신의 수업을 평가하여, 그 문제점을 찾아 낼 수 있다. 예를 들어 정기 테스트를 분석하여 어느 학습항목의 성적이 부진했는가를 파악하여 그 부분에 자신의 교수법에 문제점이 없었는가를 생각해 볼 수 있는 기점이 된다. 또한, 앙케트나 일상의 대화 속에서 수업에 관해 학생과 이야기를 나누는 것에 의해서도 교사로서의 개선책을 발견할 수 있는 계기가 될 것이다.

앞서 진술한 방법도 자신의 수업을 재평가하는 효과적인 수단이다. 그러나 몇 개의 문제점도 있다. 우선, 정기테스트의 결과분석이나 앙케트 결과분석은 수업이 끝난 후에 행하여지는 경우가 많기 때문에, 결과로 얻어진 보완점을 즉시 수업에 반영시키는 데에 어려운 면이 있다. 게다가 '오늘의 수업은 잘 되었다', '오늘의 수업은 잘 안되었다'라고 교사라면 누구나 수업에 관해 평가 및 반성을 하지만, 바쁜 나머지 그러한 반성이 그 자리를 끝으로 마무리 지어져 버리는 경우도 많다. 따라서 바쁜 교사라도 가능한 계속적, 체계적, 효율적인 수업개선 의 방법이 필요하다.

제4절 액션리서치 (Action Research)

Q：では、多忙な現場の教員でもできる授業改善の方法はありませんか。

A： 바쁜 현직 교원을 위해서, 계속적이고 보다 체계적이면서 효율적인 수업개선을 이룰 수 있는 'Action Research'의 방법을 소개하겠다.

그럼, '액션리서치(Action Research)'란 무엇인가? 사노(佐野) (1998) 는 다음과 같이 정의 내리고 있다.

그 다음은 Action Research의 순서에 관한 것이다. Nunan(1993)과 요코미조(横溝)(1999a)가 구체적인 순서를 제시하고 있으므로 이를 참고로 설명하도록 하겠다.

우선 Action Research의 순서는 아래와 같이 크게 6가지의 단계로 되어있다(설명만으로는 이해하기 어렵기 때문에 단계별로 구체적인 예를 들었다).

アクションリサーチの定義

「アクションリサーチは教師が教えながら同時に調査や実験を繰り返すことにより、自らが抱えている問題を解決し、指導力をも高める研究である。自分が授業で感じている問題点を明らかにし、対応する計画を立てる。それに基づいて実践を行い、観察して記録をとる。一定の期間行ったら、結果を評価して、次の計画を立て直し、さらに実践と観察、省察、というサイクルを繰り返し、次第に問題の解決に向かっていく。」

アクションリサーチの手順

1) 問題の発見 ：リサーチのトピックを見つけるために、自分の教授活動に問題点や気になることを探す。 探した問題点をできるだけ具体的に明確にする。
(例：最近どうも学生の学習意欲が低くなった)

2) 予備調査 ：リサーチトピックが決定したら、そのトピックに関する先行研究をチェックする。同時にアンケートやインフォーマルなインタビューを利用して、具体的に学習者の行動のどこが問題で、どうなっているのか、なぜそうなって いるのか、授業の実態はどうかなどを調査する。
(例：学習意欲を高める方法はないか、本や論文を読んで探す。また学生に直接授業について意見を聞いたり、授業中どんなことをすると学生の反応がよくなるかなどを観察する)

3) 仮説の設定 ： 予備調査で集めたデータを分析し、情報収集で得た情報に基づいて原因を考察し、問題点を改善させるリサーチ計画を考える。
(例 ： 学生へのインタビューや観察を通してなぜ学習意欲が低くなったのか、どうすると学生の授業中に反応がよくなるかを整理する。そしてこの現状を踏まえて本や論文にあった方法の中で自分の学生に効果があると思われるものを考える。例えば、授業中、学生に何かをさせると学生の学習態度が良くなることに気がついた。そして先行研究から学生中心の授業方法として内容中心教授法という方法を知る。内容中心教授法の中にプロジェクトワークというものがあり、自分のクラスでも試してみることにする。)

4) 計画の実施：立てたリサーチ計画を実施し、その過程を記録する。
(例 ：グループごとにどんなプロジェクトワークをするか具体的に決める。
グループワークをしている間の学生の反応を観察する。)

5) 結果 ：リサーチ計画実施の結果を観察・分析する。実態調査やアンケートでリサーチ計画の効果を調べる。
(例 ：プロジェクトワークが学習意欲向上に役に立ったのか調べる。プロジェクトワーク終了後に学生にアンケートやインタビューをして感想を聞く。またプロジェクトワーク中の観察ノートを分析する。)

6) 報告：リサーチの結果を論文や口頭で発表する。

2) 予備調査나 4)計画の実施를 할 때에는 데이터를 수집하지 않으면 안 된다. 데이터를 수집하는 방법에는 어떤 것이 있을까?

요코미조(横溝)(1999d)는 데이터를 수집하기위한 관점으로 '교사의 관점', '학습자의 관점' '(중립적인) 제3자의 관점'을 들고 각각의 관점에 대응하는 데이터 수집방법을 분류하고 있다. 어느 방법을 사용하는가는 리서치 목표에 따라 달라지지만 가능하다면 복수의 방법을 사용하는 것이 연구자체의 객관성을 높이는 길이다.

● 教師の観点のデータを取る方法 요코미조(横溝)(1999b · c · d)

教師の観点
●フィールドノート：授業中に起こった出来事について書く。できれば、関心のあることや知りたいことを決めてから、書いたほうが良い。 ●ティーチングログ：授業中に起こった出来事を書くが、フィールドノートより組織化されている。横軸に授業時間を置き、縦軸にその時間における授業の評価(A~D)を置く。授業時間の経緯に沿って授業を評価する。 ●ダイアリー：授業中に起きたことについて、教師が考えたことや感じたことを記録する。教師の感想や考えを書く点が授業中の出来事や授業の評価を記入するフィールドノートと ティーチングログと異なる。

● 学習者の観点のデータを取る方法

学習者の観点
●学習者の内省ダイアリー：授業中の出来事やそれに対する考えや感情を学習者が記録しているノートを集めて、学習者の考えを知る。 ●インタビュー：学習者の考えや感情に関する情報を得ることができる。インタビューは観察観点が決めていない方法と観察観点が決めてある方法がある。 後者の場合、リサーチの目的に合うように観察観点を設定する必要がある。 ●アンケート調査：インタビューに較べて短時間に大量に必要なデータを集めることができる。ただし、アンケート用紙の作成に時間がかかる点が短所。アンケートの質問形式には多肢選択式と自由回答式の2種類がある。

● 中立的な第3者の立場から見たデータを取る方法

第三者の観点
●他の人による授業観察：授業を行う教師とそれを受ける学生以外の人が、授業を観察し授業中のできごとを記録する。 授業後、観察者と授業をした教師が授業記録を通してディスカッションをする。 記録の方法は観察観点が決めていない方法と観察観点が決めてある方法がある。後者の場合、リサー チの目的に合うように観察観点を設定する必要がある。 ●録音：教室に録音機を置いて、授業内の聴覚情報を記録する。 ●ビデオ録画：教室にビデオカメラを置いて、教室内の視聴覚情報を記録する。

다양한 방법으로 얻어진 데이터는 수집한 것만으로는 아무런 의미가 없다. 리서치 목적을 달성하기위해서 분석해야 한다. 데이터를 분석할 때 가장 중요한 것은 정확히 데이터를 읽어 내는 것이며, 그 다음으로 중요한 것은 데이터를 어떻게 분류하고 정리하는가이다. 데이터간의 관계성을 발견하게 되면 데이터의 정리 및 분류는 쉬워진다.

데이터간의 관계성을 발견하기 위해서는 정보끼리의 관계성 패턴을 파악하는 것이 좋을 것이다. 토고(東郷)(2000)는 정보간 관계성에는 4가지의 패턴이 있다고 한다.

データ間の関係性パターン
●対立関係：お互いに相容れない ●一致関係：お互いに一致する ●包含関係：一方が他方に含まれる ●相補関係：お互いに補い合う

데이터의 수집, 분석을 거쳐 논문이나 보고서를 작성하는 것으로 Action Research는 마무리 된다.

그런데 Action Research는 단순한 실천보고로 논문으로는 되지 못한다는 목소리도 있다. 그러나 최근 Action Research와 같은 '질적 연구'도 연구로서 인정하자고 하는 경향이 짙어지고 있다. 게다가 일본의 영어교육전공의 대학원에서는 석사논문으로 Action Research에 의한 논문을 인정하고 있는 곳도 있다(사노(佐野)・우키타(宇喜田)1999).

제5절 제7차 교육과정에서의 평가

Q：第７次教育課程ではどのように評価すればいいのでしょうか。

A： 제 7차 교육과정에서는 평가의 목적이나 방법에 관해 상세히 기술하고 있다. 여기서, 그 모든 것에 대해 언급할 수는 없으므로, 특히 제7차 교육과정 중 평가의 특징이라고 부를 수 있는 것들을 골라 기술하겠다.

제 7차 교육과정의 평가에 있어서 주목해야 할 것은 ①구두능력평가 중시와 ②태도 평가 이 두 가지이다.

5.1 구두능력 평가

우선 구두능력 평가, 이 평가의 중요성에 대해서는 새삼스레 설명할 필요가 없을 것이다. 그러나 문제는 이 능력을 어떻게 측정할 것인가이다. 구두능력 중 listening은 이해기능이기에 측정이 그렇게 어렵지 만은 않다. 그러나 산출기능인 speaking은 측정하기 어렵다. 특히 일관된 채점을 하기위해서는 평가기준을 설정하지 않으면 안 되고, 이 설정하는 작업이 대단히 어렵다.

말하는 능력의 평가기준으로 일본어 교육에서 가장 유명한 것이 OPI평가기준이다. OPI평가기준은 다양한 상황 혹은 수험자에 대응할 수 있도록 특정의 curriculum에 근거를 두기보다 보편적 사용을 지향한 척도에 두었다. OPI의 척도를 보면 특정 레벨에 속한 수험자의 발화 특징을 레벨마다 기술하고 있다. 예를 들면 OPI 초급레벨의 기술을 보면 "예측하기 쉽다. 일상적으로 종종 있는 상황 하에서 상대방의 물음에 완전히 암기한 어구를 사용할 수 있다. 그러나 스스로 대화를 진행시키지는 못함" 이라고 되어있다. 이와 같은 보편적 척도는 특정의 학습내용을 습득했는가의 측정을 목적으로 하는 학교 내의 정기테스트에서 사용하기에는 무리가 있다.

그래서 Tuner and Upsher(1998)가 제안한 EBB척도(empirically derived, binary-choice, boundary-definition scales：실증적으로 작성된, 2가지 선택식, 경계정의 형식척도)를 이용할 것을 권하고 싶다. EBB 척도는 레벨과 레벨의 경계가 되는 행동기준을 기술하고 있어, 그 기준에 도달했는지 여부를 판단하여 그 결과에 맞게 어느 레벨에 속하는 가를 정한다. 중요한 특징으로 레벨간의 차이가 명시되어 있기 때문에 채점기준이 명확하며, 따라서 신뢰성이 높고 또한 채점이 용이하며, 채점방법을 배우는 데에도 특별한 훈련이 필요하지 않다.

말로서는 쉽게 설명하기 어렵기 때문에 예를 들어보도록 하자. 柳吉東 外著(2001)『高校日本語I』(進明出版社) 의 제1과에서는 자기소개(인사하기, 이름과 학교, 학년을 말하기, 좋아 하는 것 말하기)를 다루고 있다. 이 과의 EBB 척도는 아래와 같이 되어있다.

(테스트의 상황설정)

자매학교인 일본의 고등학교로부터 일본인 고교생이 당신의 학교에 왔습니다. 당신은 일본인 고교생을 처음으로 만나 자기소개를 합니다.

EBB尺度の利用例

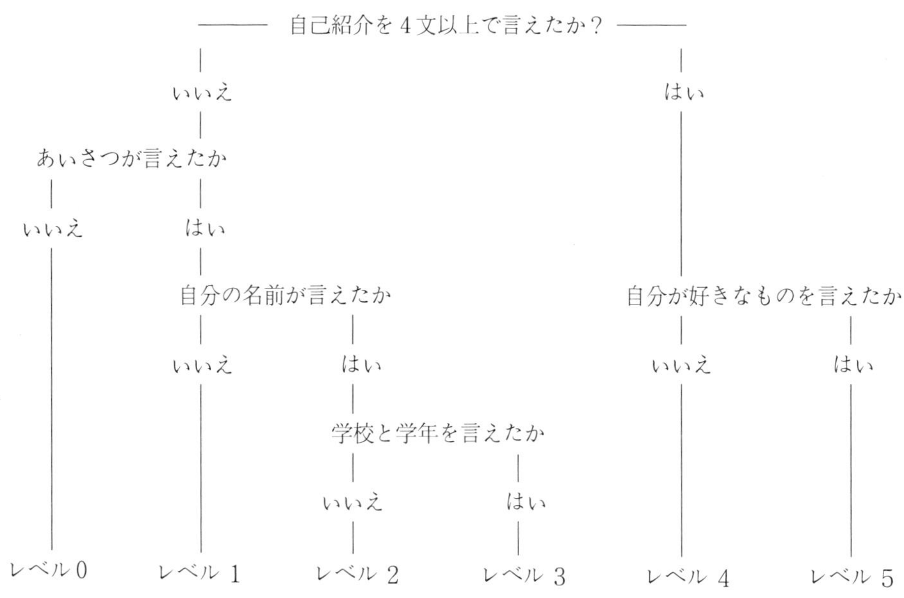

Tuner and Upsher(1996) 이 본래 제안한 EBB 척도의 작성방법은 실제 수험자의 발화를 수집하여 그 중 특정 레벨의 전형적인 발화를 하고 있는 수험자를 골라 그 수험자의 발화에 근거하여 레벨의 경계가 되는 중요한 특징을 기술해 나가는 순서를 취하고 있다.

단, 여기서는 미리 척도를 설정해 두었다.

5.2 태도 평가

제 7차 교육과정에서는 '태도' 평가를 하도록 지시하고 있다. 여기서 말하는 '태도'란, 열심히 선생님의 말씀을 듣고 있는 학생을 높이 평가하고 있는 것은 아니다. 일본인과 교류하기 위해, 혹은 일본어 학습을 위해서는 적극적인 태도가 요구되어지기 때문에 적극적 태도를 긍정적으로 평가하자는 말이다. 따라서 태도를 평가하는 데에는 교사중심의 수업이 아니라, 학생에게 무엇인가를 하도록 하는 학습자중심의 수업을 하면서 그 학습과정을 평가하는 일이 필요하다.

학습자중심의 수업은 말로는 간단하지만 실행에 옮기는 일은 좀처럼 쉬운 일은 아니다. 또한 학습자중심의 수업을 한다고 해도, 그 평가 방법이 이해하기 어렵다. 그래서 수업 구성방식에서 평가법까지 확립되어져 있는 오픈메서드(Open Method・李2000)를 소개하겠다.

Open Method의 특징은 아래의 3가지이다.

オープンメソッドの特徴
●自律学習：学習者が学習過程(学習内容の決定・学習・評価)のすべての段階にかかわる。 ●体験学習：語彙や文法など言語知識だけを教えるのではなく、生の言語資料に触れさせることにより、言語の様々な面を体験し、言語への関心を高め、その結果言語を使用する能力を習得させる。 ●協力学習：グループ単位で活動する。

다음은 구체적인 예를 제시하면서 Open Method에 의한 수업 진행방식을 소개하겠다. 수업 예로써 '길 묻기'라고 하는 기능을 학습 목표로 한 상황을 예로 들겠다.

オープンメソッドによる授業の進め方

① 動機付け：学習目標に対応した資料を教師が学生に提示。
（例：学習目標が「道を聞く」なので、日本人が道を聞く場面が 紹介されているビデオを見せる）

② 課題発見：グループで与えられた資料を見て話し合いながら分析する。
（例：ビデオ内の登場人物が使う表現やする行動を観察する）

③ 学習計画：グループで何を学習するかを決める。
（例：グループごとに「道を聞く」に関連する学習内容を決める。例えば、「道を聞く」に関連する対話文作成・漫画製作・ビデオ撮影などが考えられる。）

④ 作業(練習・体験)：グループで練習し、実際に体験する。
(例：対話文の場合、教室で作成した対話文を練習する。それから、教室で作成した対話文を実際に学生同士で役割決めてやってみたり、教室の外に出て日本人観光客に実際に話しかけたりする。)

⑤ 発表：グループごとに作業の過程や結果を紹介する。
(例：対話文の場合、クラスで対話文を実演したり、日本人との対話の場面を撮ったビデオを紹介する)

⑥ 評価：他のグループと教師が評価する。前者の場合、ほかのグループが表現・行動・方法など様々な面について意見を言い、そのコメントに対して発表グループが意見を言う。後者の場合、グループ内の参加の度合い・作業の出来や内容(創造性)から評価する。

⑦ 修正補完：⑥「評価」を基に、作業の結果を修正したり、反省する。

Open Method의 특징은 학습내용을 학습자 그룹이 정할 수 있다는 데 있지만 이로 인해 평가에 문제점이 발생한다. 왜냐하면 학습내용이 그룹마다 다르기 때문에 평가기준도 그룹별로 달라지게 되어 평가의 일관성, 객관성을 유지하기가 어렵게 된다.

이 문제점에 대한 대처법으로써 2가지 방법을 생각할 수 있다. 한 가지는 준비도, 참가도 등의 학습내용과는 관계가 없이 평가 가능한 평가항목을 세워 평가하는 방법이다. 나머지 한 가지는 평가방법과 평가기준을 미리 교사가 학습자에게 제시하는 방법이다. 후자의 경우, 학습내용의 선택에 일정의 제한을 가하여 버리는 위험성이 있는 한편, 평가의 일관성 및 객관성은 높아지게 된다.

태도를 평가하는 이유의 하나로 외국인과의 교류에는 적극성이 요구되어지기 때문이라는 것이 있다. 교류를 위한 적극적 태도의 평가라면 실제로 교류를 하도록 시키는 것이 좋을지 모른다. 마침 제 7차 교육과정의 평가에서는 정보검색이나 통신의 이용을 내세우고 있으므로 인터넷을 이용한 교류활동을 하여, 그 과정을 평가하는 것 역시 가능하다.

또한 영어교육에서의 교류 실천예로 Travel Buddy 라고 하는 교육 프로젝트가 있다.(스기모토(杉元)・아사오(朝尾) 2002) 이 프로젝트에서는 학교간 클래스간 교류의 상징으로써 봉제인형을 교환한다. 이 봉제인형이 학생 대신에 상대 학교에 보내진다. 봉제인형을 교환할 때에는 이 봉제인형을 소개하는 패스포트와 소개장, 일지, 학교나 학생을 소개하는 사진 및 그림을 함께 보낸다. 봉제인형은 일정기간 상대 학교에서 관리하면서 그 동안 있었던 일들에 관해 상대 학교 학생들이 일지에 기록한다. 그래서 일정기간이 지나면 원래의 학교로 봉제인형을 반송한다. 이러한 프로젝트를 하도록 하면서 학생들의 프로젝트에 대한 참가도를 평가하는 것도 가능할 것이다.

제6절 테스트작성・실시시의 주의사항

Q：定期テストを作成・実施する際、注意しなければならないことは何ですか。

A：마츠자와(松沢, 1996)와 시즈(静, 2002)를 참고로 해서 정기테스트 작성 및 실시시의 주의사항을 살펴보자.

1) 정기테스트의 제1의 목적은 학생의 성적을 매기기 위한 것이 아니라, 테스트에 의해 학생이 공부하도록 하는데 있다. 테스트의 준비를 하는 과정에서 공부하도록 하기위해서는 사전에 무엇을 공부하면 좋을까를 명확히 알려둘 필요가 있다. 공부하도록 하려면 테스트의 문제와 답안(혹은 채점기준)을 테스트 전에 알려줘 버려도 상관없을 정도이다. '이 정도라면 수업에서 가르쳐 주지 않아도 풀 수 있겠지' 라고 생각하여 문제를 출제하는 교사도 있다. 이러한 문제는 잘 하는 학생과 그렇지 않은 학생을 구별하는 데에는 도움이 된다. 그러나 무엇이 출제될 것인가가 알 수 없는 테스트에서 테스트 전에만 공부하는 학생은 공부하려해도 무엇을 해야 될지 몰라 하기 때문에 테스트 직전의 공부조차 하지 않게 되어 버린다.

2) 어떤 테스트를 출제할 것인가를 생각 하고나서 한 학기의 수업계획을 세우는 것이 바람직하다. 왜냐하면 무엇을 테스트 할 것인가를 생각하는 것에 따라 무엇을 가르치고

싶다 라는 것이 보다 명확해지기 때문이다. 게다가 테스트 내용과 수업내용이 일치하는 것이 된다. 수업에서 이루어진 활동을 테스트에서 실시한다고 하면 학생들은 수업에 보다 적극적으로 참가하고, 또한 수업에서 학습한 내용을 테스트에 출제한다고 하는 정기테스트의 원칙도 지킬 수 있게 된다(거기에다 수업에서 학습하지 않은 내용을 정기테스트에서 출제하는 행위는 '속임수' 와도 같은 것이다).

3) 테스트는 가능한 한 실제의 언어사용에 가까운 상황을 설정하여 학생의 동기부여를 돕도록 한다. 이를 위해서는 수업에서의 클래스 활동도 실제의 언어사용에 가깝도록 노력한다.

4) 테스트의 결과를 학생에게 피드백 한다. 테스트만 시행한 채 피드백이 없으면 학생들이 자신의 학습에 관해서 생각해 볼 수 있는 좋은 기회를 놓쳐버리게 하는 것이다.

제7절 기본용어의 정리 및 평가관련 참고서적

Q : 評価には色々専門用語が出てきて分かりにくいことがあります。用語の整理をしてもらえませんか。

A : 평가에는 전문용어가 많이 있어서 이해하기 어려운 경우가 있다. 여기서는 모든 내용을 설명할 수는 없지만 중요한 용어를 몇 개정도 골라 설명하도록 하겠다.

7.1 기본용어의 정리

7.1.1 **평가**(evaluation) · **측정**(assessment) · **테스트**(testing)

위 본문에서는 정확히 구별하여 사용하고 있지 않았지만, '평가', '측정', '테스트' 에는 다음과 같은 구별이 있다.

● 평가(evaluation) : 평가는 교육활동 전체에 관한 교육적 판단을 내리기 위해 계통적으로 정보를 수집하는 것이다. 요구한 정보는 수치화된 자료가 아니더라도 상관없기 때문에 평가는 테스트와 직접 연계하지 않는다. 의사결정을 목적으로 한다.

● 측정(assessment) : 측정은 지표(테스트)를 사용하여 수험자의 특성을 수량화하는 방법이다. 양적으로 표현하는 것이 가능한 만큼만 관련짓는다. 학습자의 학습 성과를 대상으로 한다. 정보 제공을 목적으로 한다.

● 테스트(testing) : 테스트는 학습자의 능력이나 지식을 측정하는 방법이고 평가 및 측정의 방법이다. 학습자 개인에 관해 결정을 내리는 것이 목적이다.

7.1.2 신뢰성 · 타당성

● 신뢰성 : 신뢰성에는 테스트 문제의 신뢰성과 평가자의 신뢰성 두 가지가 있다. 테스트 문제의 신뢰성이라는 것은, 그 테스트가 수미일관하여 동일한 것을 측정하고 있는가에 관한 것이다. 또한 시험관이나 평가자의 신뢰성이라는 것은 그 측정결과가 시험관이나 평가자에 따라 달라지지 않는 것을 의미한다. 신뢰성은 타당성과 달리 통계적으로 수치화하는 것이 가능하다.

● 타당성 : 전통적으로 타당성이라는 것은 테스트가 측정하려고 하는 능력을 실제로 어느 정도 측정하고 있는 가하는 것이다. 그래서 타당성은 '내용적 타당성', '기준관련(병존적) 타당성', '구성개념 타당성', '표면적 타당성', '예측적 타당성' 등으로 구성되어 있다고 본다. 그러나 최근의 테스팅(testing) 분야에서는 타당성이라는 것이 테스트의 질의문제가 아니라 테스트의 결과에서 추출된 해석과 테스트의 사용이 그 목적에 부합되고 있는 가라고 본다. 즉, 특정테스트에 타당성 유무를 따지지 않고, 예를 들어 어느 클래스 배정 테스트의 결과를 이용하여 수험자를 적정한 클래스로 배정하는 것이 가능하다고 하면 그 테스트의 결과로부터 얻어진 해석과 테스트의 사용은 타당했다고 말할 수 있는 것을 의미한다. 또한 전통적인 타당성의 정의와 같이 타당성을 복수의 요소로 이루어져 있다고는 생각하지 않는다. 타당성은 '구성개념 타당성'을 중심으로 한 단일의 개념으로 상기의 다양한 종류의 타당성은 '구성개념 타당성'의 증거에 지나지 않는다고 생각한다. 덧붙여 말하면 신뢰성조차도 타당성의 증거의 일례로 본다.

7.1.3 적성테스트(aptitude test) · 도달도 테스트(achievement test) · 숙달도 테스트(proficiency test) · 배정 테스트(placement test)

① 적성테스트(aptitude test) : 외국어학습의 적성이 있는지 여부를 측정하는 테스트이다. 테스트 내용은 a) 새로운 언어의 새로운 음을 식별하며 기억할 수 있는가, b) 문장의 다른 부분의 문법적 기능을 식별할 수 있는가, c) 새로운 언어에 관해 설명 없이라도

의미를 추측할 수 있는가, d) 새로운 언어의 규칙을 익힐 수 있는가 등 이다. 일본어 교육에서는 일반적으로 그다지 사용되어지지 않지만 영어 교육에서는 Modern Language Aptitude Test(Carroll and Sapon 1958)이나 Pimsleur Language Aptitude Battery(Pimsleur 1966)이 유명하다.

② 도달도 테스트(achievement test) : 학습기간 내에 학습한 내용을 어느 정도 습득하였는가를 측정하는 테스트이다. 정기 테스트는 도달도 테스트가 된다. 이미 학습한 항목에 관하여 출제한다.

③ 숙달도 테스트(proficiency test) : 수험자의 수업 코스나 교과서의 내용에 관계없이 학습 시점에서의 능력을 측정한다. 일본어 교육에서는 일본어능력시험이나 JPT 등이 대표적인 예이다.

④ 배정 테스트(placement test) : 학습자의 일본어 능력을 측정하여 가장 적정한 레벨의 클래스를 배정하기 위한 테스트이다.

7.1.4 **진단평가 · 형성평가 · 총괄평가**

① 진단평가 : 학습자의 현재의 일본어 능력을 측정하여 거기에 따른 적절한 수업내용과 교수법, 클래스의 형태를 조정한다. 방법으로써는 배정 테스트, 학력 테스트, 면접이 있다. 코스 개시 전에 실시한다.

② 형성평가 : 수업이 진행되고 있는 도중에 학습의 습득상황을 측정한다. 측정방법으로는 단위테스트, 소테스트, 수업 태도관찰 등이 있다. 교사의 지도법이나 지도내용이 적절했는가를 판단하는 자료로 사용한다. 코스진행 중에 실시한다.

③ 총괄평가 : 학습목표가 어느 정도 달성되었는가를 평가한다. 기말테스트, 학년말 테스트, 리포트, 구두시험, 평상점 등이 평가에 이용되어 성적결정이나 교육활동의 개선 등에 사용되어진다. 코스가 종료된 후 실시한다.

7.1.5 **집단기준준거**(NRT) · **목표기준준거**(CRT)

① 집단 기준 준거(norm-referenced test : NRT) : 타 학습자와 비교하여 특정 학습자가 어느 수준에 도달했는지를 판단한다. 전체의 평균을 기준으로 하여 특정 학생의 점수가 어느 정도에 위치하고 있는지 조사한다. 일반적으로는 '상대평가'라고 일컫는다.

② 목표 기준 준거(criterion-referenced test : CRT) : 목표기준(criterion)이라고 하는 것은 '~이 가능하다'라고 하는 것처럼 달성목표를 구체화한 것이다. 대개의 경우, '유

창성', '문법능력', '어휘력' 등과 같은 능력을 기준으로 하거나 '신문의 광고 읽기' 와 같은 구체적인 행동을 기준으로 하기도 한다. 학습자가 어느 정도 커뮤니케이션 능력을 몸에 익혔는지는 타 학습자들과 비교하는 집단기준준거평가보다 '무엇이 가능하고 무엇이 가능하지 않은가에 대해 명확한 정보를 제공하는 목표기준준거 평가 쪽이 확인하기 쉽다. 일반적으로는 '절대평가' 또는 '도달도 평가' 라고 일컫는다.

7.2 평가관련 참고서적

Q： 評価についてもっと勉強したくなったんですが、適当な参考書を教えてください。

A： 일본어 교육에서의 평가관련 서적에 관해서는 잘 알고 있으리라 생각하기에 영어교육에 있어서의 평가관련 서적이면서 일본어로 되어 있는 것을 선별해 놓았다(Open Method는 제외).

① 구체적인 테스트 예

ヒートン.J.B(1992)「コミュニカティブ・テスティング」研究社(語学教育研究所テスト研究グループ訳、Writing English language tests 1988 Longman)

根岸雅史(1993)「テストの作り方」 研究社

田中正道編(1999)「伝達意欲を高めるテストと評価」教育出版

② 테스트항목 분석·통계

中村洋一(2002)「テストで言語能力が測れるか」 桐原書店

清川英男・浜岡美郎・鈴木純子(2003)「英語教師のためのExcel活用法」大修館書店

③ 테스트 이론

バックマンL.F.(1997) 「言語テスト法の基礎」(池田央・大友賢二監修、Fundamental considerations in language testing 1990 OUP)

バックマン、L.F.・パーマー,A.S.(2000) 「実践言語テスト作成法」(大友賢二／ランドルフ・スラッシャー監訳 Language testing in practice 1996 OUP)

ブラウン,J.D.(2000)「言語テストの基礎知識」大修館 (和田稔訳 Testing in language programs 1996 Prentice Hall)

④ 용어집

静哲人・竹内理・吉沢清美(2002)「外国語教育リサーチとテスティングの基礎概念」関西大学出版部

⑤ Action Research

佐野正之(編著)(2000)「アクションリサーチのすすめ」大修館

横溝紳一郎 (2000)「日本語教師のためのアクションリサーチ」 日本語教育学会編 凡人社

リチャーズとロックハート(2000) 「英語教育のアクションリサーチ」 研究社 (新里真男訳 Reflective teaching in second language classroom 1994 CUP)

⑥ Open Method

李徳奉(1996) 「오픈메소드(OM)식일본어교수법」『月刊日本語(韓国版)9月号』時事日本語社

李徳奉(1997)「학습자 주도형 외국어 교수법 시론 : 『가르치지 않는 교수법』으로서의 오픈메소드」Foreign Language Education, Vol3, No2,1997여름. [KAFLE3/2]. 한국외국어교육학회.

(谷(たに)　誠司(せいじ))

과제1

이 장을 읽기 전에 당신은 평가에 관해서 어떻게 생각하고 있었습니까? 그리고 이 장을 읽은 후에, 평가에 관한 생각이 어떻게 바뀌었습니까?

과제2

이 장에 있는 [교사에 의한 학습자 평가방법]의 분류표를 이용하여 지금까지 당신이 사용했던 평가방법이 어떤 것이었는가를 조사해 봅시다. 조사 결과, 평가방법이 한쪽으로 치우친 것이 있었다면 어떤 부분입니까?

과제3

당신은 수업을 할 때 어떤 문제점이 있습니까? 문제점을 리스트업 해 봅시다. 리스트업 한 문제점 중에서 몇 가지를 선택해서 액션리서치의 순서대로 그 문제점을 어떻게 해결해 갈 것인가를 생각해 봅시다.

【참고문헌】

佐野正之(1998)「教師の指導力を伸ばすアクションリサーチの進め方」『英語教育4月号』40-41

佐野正之・宇喜田宣穂(1999)「教師の指導力を伸ばすアクションリサーチの進め方」『英語教育1月号』44-45

静　哲人(2002)「英語テスト作成の達人マニュアル」大修館書店

杉本卓・朝尾幸次郎(2002)「インターネットを活かした英語教育」大修館書店

田中望・斉藤里美(1993)「日本語教育の理論と実践」大修館書店

東郷雄二(2000)「東郷式文科系必修研究生活術」夏目書房

当作靖彦(1999)「アメリカの外国語教育における評価の動向―代替的評価を中心として」『平成１１年度日本語教育学会秋期大会 予稿集』日本語教育学会　17-27

日本語教育学会(編)(1990)「日本語教育ハンドブック」大修館書店

松沢伸二(1996)「『テスト』作りの技術：理想的な『テスト』とは」英語教育9月増刊号 31-33

松沢伸二(2002)「英語教師のための新しい評価法」大修館書店

ラド.R (1971)「言語テスト」大修館 (門司勝・本田漠・吉田一衛　松畑煕一訳　Language Testing. 1961 McGraw-Hill)

横溝 紳一郎(1999a)「アクションリサーチのススメ」『月刊日本語５月号』62－65

横溝 紳一郎(1999b)「アクションリサーチのススメ」『月刊日本語７月号』62－65

横溝 紳一郎(1999c)「アクションリサーチのススメ」『月刊日本語8月号』62－65

横溝 紳一郎(1999d)「アクションリサーチのススメ」『月刊日本語９月号』62－65

横溝 紳一郎(2002a)「ポートフォリオ評価と日本語教育」『日本語教育107号』105-114

横溝　紳一郎(2002b)「学習者参加型評価と日本語教育」細川英雄編『ことばと文化を結ぶ日本語教育』凡人社 172－187

李徳奉(2000)「総合的日本語学習のための学習者主導型教授法―オープンメソッド」『月刊日本語３月号』24－31

Carroll,J.B. and S.Sapan.(1956).Modern language aptitude test-Form A. Psychological Corporation.

Brown,J.D. and T.Hudson.(1998). The alternatives in language assessment. TESOL Quarterly 32/4 : 653-678.

Nunan,D.(1993).Action research in language education. In Edge,J. and K.Richards(eds.) Teachers Develop Teachers Research. Heinemann.

Pimsleur, D. (1966). The Pimsleur language aptitude buttery. Harcourt Brace Jovanovich.

Turner,J.A. and C.E.Upsher.(1998).Constructing rating scales for second language tests. ELT Journal 40/1 : 3-12.

제11장 이문화 이해와 일본사정

제1절 이문화로의 접근

제2절 이문화 접촉과 학습

2.1 이문화와의 접촉

2.2 이문화 학습

제3절 일본어 교육에서의 이문화 이해

3.1 일본어와 일본문화

3.2 일본어교사가 교실에서 체험하는 이문화

3.3 학습자가 체험하는 이문화

제4절 일본어 교육에서의 일본사정

4.1 일본사정이란?

4.2 일본사정 교육의 실제

이문화 이해와 일본사정

この章では異文化理解という観点から、日本語教育の一環として日本事情をどう扱うかについて考える。教育の現場では教師自身がまず日本人のサンプルとして、日本事情をどう体現するかの選択が求められる。日本語教育はその時代の日本の文化、軍事、経済と相手の国家との関係と密接に結びついている。

제1절　이문화로의 접근

현대사회는 국경을 초월하여 교류를 확대해 가고 있으며, 민족이나 종교를 불문하고 상호간의 거리를 좁혀가고 있다. 그만큼 문화의 다양성과 이질성에 대한 이해력이나 허용심이 요구되게 되었고, 세계가 글로벌화되면서 「이문화」에 대한 관심이 고조되고 있다. 그러므로 다른 문화와의 관계를 주체적이고 의식적으로 생각해가는 것이 중요한 시대가 되었다. 「이문화」는 엄밀히 말하면 한 개인이 태어나서 몸에 익힌 「문화」이외의 모든 것을 말한다.

문화의 공통점으로서는 (a) 누구나 태어나서 몸에 익힌 것, (b) 역사적 소산일 것, (c) 지역의 기후, 풍토, 지리에 크게 영향을 받고 있을 것, (d) 세련되고 형식화되어 있는 것과 일상생활이나 행동양식으로 나누어질 것 등을 들 수 있다. 기후 풍토가 비슷해 지리적으로 가까운 지역은 문화적으로도 같은 뿌리를 가지고 있다. 일본은 섬나라이기는 하지만 한반도나 중국대륙으로부터 일본에 필요한 부분을 기후나 풍토에 맞도록 받아들여 왔다.

일본문화는 가부키(歌舞伎), 노(能), 다도(茶道), 화도(華道)로 대표되는 전통예술을 중심으로 한 부분과 일본인의 일상생활이나 행동양식을 가리키는 문화로 나누어진다.

'言語をなくしたものはその文化を失う(언어를 잃어버린 자는 문화를 잃게 된다)'라는 말이 있듯이 언어와 문화는 따로 떼어서 생각하기 어려운 관계이다. 언어를 습득하는 것은 그 문화를 이해하는 일이라고 할 수 있다. 은연 중에 심중을 표현하는 이심전심의 문화를

가진 일본인은 태어나서 배운 말로 커뮤니케이션을 세련되게 하는 노력을 게을리 해왔는지 모른다. 모어를 더 잘 알고자 하거나 소중하게 생각하는 마음가짐도 희박하다.

'ことばとは裏腹な(말과는 정반대의)'라고 생각하고 있는 일본인을 이상하게 생각하는 사람들이 많다. 'いちいち言わなくても当然わかっているものと思っていた(일일이 말하지 않아도 당연히 알고 있는 것이라 생각하고 있었다)' 라고 하는 일본인의 독선은 문화가 다른 사람들에게는 전혀 통하지 않는다. 'ことばは少なめに(말은 적게)'라고 하는 것에 가치를 둔다고 한다면 그 사람은 감정이나 사실 전부를 말로 표현하여 서로 확인하는 문화와 직면했을 때 과연 어떤 커뮤니케이션 수단을 취할 것인가. 이문화와 접촉할 기회가 증가하는 현대인에게는 언어에 의한 직접적이고도 간단명료한 커뮤니케이션 화술이 요구되고 있다.

물론 상호이해에는 언어에 의한 언어행동 커뮤니케이션뿐만 아니라 비언어에 의한 비언어행동 커뮤니케이션도 있다. 이문화가 문제가 되어 표출되는 것은 커뮤니케이션이 이루어지는 현장에서 언어행동과 비언어행동 중 어느 쪽인가에 이해하기 곤란함을 느낄 때이다. 발상은 같아도 언어・비언어로 표출했을 때 다르면 오해나 마찰을 낳는다. 물론 말뜻은 알지만 받아들일 수 없는 경우도 있다.

그러나 우리들은 모두 같은 인간이라는 점, 문화에 우열은 없다는 점, 이문화를 접해봄으로써 비로소 자기 문화를 알게 된다는 점, 마찰은 이해의 첫걸음이라는 점 등을 근거로 이문화를 접할 필요가 있다. 일본어교육에서는 일본어뿐 아니라「일본사정」수업을 하는 것이 일반화되어 있다. 그러나 무엇 때문에 일본사정을 가르치는가에 대해서는 공통된 인식이 없기 때문에 그 수업 내용은 제각각 다르다.

자칫하면 가볍게 이해되어 일본문화의 '정수'인 노(能), 꽂꽂이, 다도 등이 수업에서 다루어지기도 한다. 그러나 현실적인 관점에서는 이들 전통문화는 거의 불필요한 것이다. 현대 일본의 일상에서는 노(能)를 의식한 회화나 다도(茶道)를 다룬 생활이란 극히 드물기 때문이다. (일본을 이해하고 싶거나 전통문화를 지키고 싶다는 바램은 별도의 문제다.)

그럼 일본사정이란 무엇을 위해 무엇을 가르쳐야 할까? 이 분야를 체계화한 이론은 아직 확립되어 있지는 않다. 단지 다른 문화를 가진 사람들이 문화의 차이를 뛰어넘어 커뮤니케이션을 하고자 하는 전 세계적인 현상과 관련된 것이라 할 수 있다. 거기서「이문화 커뮤니케이션」이라는 새로운 학문 영역과 관련하여「일본사정」을 생각하는 경향이 정착되고 있다.

제2절 이문화 접촉과 학습

2.1 이문화와의 접촉

한국의 일본어교육 현장에서는 일반적으로 교사와 학습자는 동일문화권에 속해 있지만, 때로는 파견된 일본인교사 혼자서 일본문화의 전달자인 경우도 있다. 이문화가 한 교실에 모이게 되므로 오해나 서로 부딪침이 생기는 것은 당연하다. 서로의 거리감를 최대한으로 줄여 원활한 커뮤니케이션을 하기 위해서는 수업에 참가하고 있는 사람들 전원의 양보와 서로의 문화를 이해하려는 자세가 필요하다. 동시에 지도자로서의 교사 자신의 이문화 적응능력이 요구된다.

일반적으로 태양이 새빨갛다는데 의심이 없지만 다른 문화권에는 노란색 태양이나 흰색 태양이 자연스럽다고 생각하는 사람도 있다. 무지개 색깔은 일곱 색깔에서 다섯 색깔도 되고 세 가지 색깔도 된다. 이문화에 대한 융통성 있는 적응이 요구된다. 또한, 커뮤니케이션이 자연스럽게 이루어지지 않는 것을 감정적으로 불쾌하게 여겨 그만 둔다든지 문화의 가치에 차이를 두는 사고방식이나 태도는 고쳐야 한다.

한국인 일본어교사의 입장에서는 일본의 문화, 정치, 경제, 지리, 국민성, 일본에서의 생활 등의 전반적인 부분을 학습자에게 소개하기 위해서는 교사 자신이 먼저 충분한 이해와 식견을 가지고 있어야 하기 때문에 부담감이 크다고 할 수 있다. 그러나 학습자는 교사가 전달하는 일본문화를 전적으로 수용하는 입장이므로 학습자가 일본이라는 나라의 이문화를 어떻게 받아들이고 이해하려고 노력하는가에 대해 고려할 필요가 있다. 또한 일본어 지도 또한 일본어를 통한 이문화 이해에 일조가 되도록 하는 배려도 필요하다. 「외국인 교환 유학 고교생이 일본에서 적응해 가는 과정」(長井進、1988)[71]에서는 이문화의 적응과정에 관해 다음과 같이 분석하고 있다.

(a) 꿈속 단계 (비몽사몽 단계):주위의 모든 것이 새로우며 즐거운 나날을 보낸다. 그 사회에 녹아들지 못하고 외부자로서 방관하고 있다.

(b) 욕구불만 단계:그 사회와의 관련이 깊어지나 지금까지의 상식이 통용되지 않아 초조함이나 긴장감이 높아진다. 부정적인 측면이 눈에 띄기 쉽다.

---

71) 長井進共著 (1993) 「第６巻高校留学のとらえ方３異文化適応について」『国際教育交流実務講（全12巻）』44~51p.p. アルク

(c) 자율성회복 단계:그 사회의 상식을 배워서 맞닥뜨린 문제에 자신이 대처할 수 있게 된다. 객관적으로 자신을 바라보는 여유가 생긴다.

(d) 현실수용과 자기평가 단계:일반적으로 그 사회의 현실적인 여러 가치를 수용할 수 있게 된다. 자신의 이문화 체험을 긍정적으로 평가하게 된다.

가능한 한 자연스럽게 이문화에 적응할 수 있도록 오리엔테이션을 실시하고 시뮬레이션 방식의 경험학습을 실시하여, 의식하지 않았던 문화적 차이를 알게 한다든지, 자문화의 가치판단이 일본에서는 통용되지 않는다는 사실을 납득시킬 필요가 있다. 일본어교사도 교실밖에 있는 여러 기관과 연계하여 학습자를 지원할 수 있도록 해야 한다.

2.2 이문화 학습

이문화 학습은 내면과 표면(외면)으로 나눠 생각할 필요가 있다. 눈으로 관찰할 수 있는 부분은 쉽게 받아들일 수 있지만 이문화를 완전히 자기 것으로 하기에는 시간이 걸린다. 학습한 이문화는 상대방에게 커뮤니케이션을 시도할 장면에서 표출되지만, 외부에 표출되는 부분은 자국이나 타국 어디에 있는가에 따라 다르게 사용되고 상대가 같은 문화권인지 다른 문화권인지에 따라서도 달라진다.

새롭게 학습한 외면적인 이문화는 쉽게 상실되지만 내면에 있는 문화는 그렇게 쉽게 흔들리지 않는다. 일본어학습자 중에 가끔 일본인보다 더 일본인이라 여겨지는 행동이나 사고를 하는 사람과 만나게 되는데, 언어학습과 이문화 적응이 잘 어우러져 양자가 함께 발달할 수 있는 동기를 가지고 학습한 결과라 생각된다. 이 둘의 균형을 잘 맞춰 발달시키면서 꾸준히 목적을 향해 나아가기는 상당히 어렵다.

이문화란 자문화와 타문화간의 차이를 나타낸 것이라고 생각되지만 차이라기보다 자문화에서 본 거리감같은 것일 것이다. 문화적 쇼크란 그 거리감을 깨닫고 아연하게 마냥서 있는 모습을 말한다. 일본어 교사에게 요구되는 것은 학습자의 일본어능력 향상을 위해 도움을 주는 사람임과 동시에 일본문화에 거리감을 느끼고 있는 학습자의 불안을 완화시키며 이해할 수 있도록 이끌어 주는 일본문화의 전달자로서의 역할이다.

제3절 일본어 교육에서의 이문화 이해

3.1 일본어와 일본문화

3.1.1 커뮤니케이션을 위한 이문화 교육

(1) 일본어의 이해

일본어를 잘 이해하기 위해서는 그 배경에 숨어 있는 습관이나 사물에 대한 사고를 알아야 한다. 예를 들면 국제교류기금이 발행하고 있는 일본어교과서인 『日本語初歩』에는 「妻にでかけられて困りました。(처가 외출해 버려서 곤란했습니다)」라는 문장이 있다. 구미의 학생은 그 의미를 「처의 바람기」로 이해할 수 있다. 이것을 올바로 이해하기 위해서는 일본인 남성이 가정에서 차지하는 위치를 설명하지 않으면 안 된다. 여기에 일본사정이 존재하는 것이다. 또 상급에서는 역사나 문화를 모르면 이해하기 어려운 표현이 나온다. 「敵は本能寺」라는 말 등이 그렇다. 일본어 그 자체를 이해하는 언어교육의 본래의 목적을 위해서 일본사정이 필요한 것이다.

(2) 언어생활

발음・문법・어휘・숙어를 마스트해도 현실에서 커뮤니케이션을 할 때에는 또 다른 지식이 필요하게 된다. 일본인의 입에서 「ちょっとむずかしいですね」라는 말이 나오면 그것은 거절을 뜻한다 그러나 사정을 모르는 사람들은 그것을 문자 그대로 「조금 어렵다」고 이해하여 「노력하면 가능하다」고 긍정적으로 해석한다. 이러한 오해를 피하기 위해서는 어떤 장면에서 무엇을 어떻게 말할 것인가 라는 언어성활학습을 일본어 교육 안에 넣지 않으면 안 된다. 그것을 담당하는 것이 일본사정이다. 덧붙여 말하면 어느 장면에서는 아무말도 하지 않는다는 걸 가르치는 것도 중요하다. 예를 들면 가게에 들어갔을 때 「いらっしゃいませ」라는 말을 듣고 거기에 대해 어떻게 응답을 하면 좋을지 몰라 곤란해 하는 외국인은 의외로 많다. 이 경우 응답은 하지 않는 것이 일본 습관이다.

(3) 비언어행동 커뮤니케이션

커뮤니케이션은 언어에 의해서만 이루어지는 것은 아니다. 눈의 움직임, 몸짓, 표정, 상대방과의 거리 등도 중요한 의미를 가진다. 이들 요소는 민족마다 다르다. 오해를 일으키지 않기 위해서는 일본습관을 가르쳐 두어야 한다. 이것도 일본사정 분야에 들어간다.

3.1.2 생활의 적응을 위한 이문화 교육

(1) 일본어교사의 일본사정

일본사정은 학습자의 필요에 의해 교육되어야하는 부분이지만 교사에게는 단순한 교수항목은 아니다. 교육현장에서는 교사자신이 먼저 일본사정의 실천을 교실 안에서 실천해내야 하는 과제이며 한국의 정서를 고려하여 다소의 자유를 용인하는 방식도 있다. 일본사정은 교사 자신에게도 직면한 문제를 묻고 있는 것이다.

(2) 이문화 커뮤니케이션

일본사정을 아직 충분히 모르고 있는 학습자를 대할 때 교사도 상대의 언동에 초조함을 느낄 때가 있다. 이러한 상황에서 벗어나기 위해서는 교사자신을 일단 높은 곳에서 객관화 시켜야하고 하고 문화의 차이를 초월한 커뮤니케이션이 어떤 것인가를 이해해 두지 않으면 안 된다. 커뮤니케이션의 방해가 되고 있는 것 중에서 문화의 차이에 관한 요소를 연구하는 것이 이문화 커뮤니케이션학이다. 여기서 중요한 것은 문화나 습관의 차이를 한 방향에서만 보는 것이 아니라 쌍방의 이해를 찾는 시점이다.

일본어교사도 일방적으로 일본어・일본사정을 가르치는 것만이 아니라 상대의 언어나 문화를 배우는 자세도 가지지 않으면 안 된다. 그것은 수업을 원활하게 진행하고 때로는 학생이 언뜻 나타내는 불쾌한 언동에 냉정하게 대처하기 위해서이다.

자세한 설명과 구체적인 사례는 다음에 들기로 한다. 먼저 학문으로서의 짜임새가 그 형태를 정립하기 시작하는 이문화 커뮤니케이션부터 설명해 가기로 하자.

3.2 일본어교사가 교실에서 체험하는 이문화

새 학급이 시작되는 날 교실에 들어가는 순간은 경험을 쌓은 교사라도 긴장이 최고조에 달하는 때다. 사전에 플레이스먼트 테스트나 개인표에 의해 학습자 각각의 대략적인 환경을 파악하고 있다고 해도 첫 대면은 매우 소중한 순간이다. 학습자에게도 앞으로 시작하려고 하는 공동작업의 상대가 어떤 사람인지 기대와 불안이 몰려온다. 처음에는 교사든 학습자든 입을 열 때까지의 일순간은 비언어행동・커뮤니케이션에 100퍼센트 의존하고 있다. 넥타이 모습이나 티셔츠, 상의나 스웨터 등이 섞인 교실은 그것만으로 이문화간의 거리를 말하고 있는 듯하다.

일본어교사에게 요구되는 자질로서 쿠보타(窪田, 1989)[72]는 다른 민족・문화에 대한 편견이 없는 국제적 감각을 몸에 익힐 것을 첫 번째 조건으로 들고 있다. 특히 일본에서 이루어지는 일본어 교육에서는 아시아계, 구미계, 아프리카계, 중남미계 등 다국적의 여러 사회 계층의 학습자들 앞에서 교사가 얼마나 편견없이 국제적 감각을 가진 사람인가가 요구된다 .한국에서 이루어지는 일본어 교육은 대부분의 교사가 한국인인 점을 감안하면 교사와 학습자간의 문화적 차이는 그리 크다고는 할 수 없다. 그러나 일본인교사가 수업을 담당하는 경우에는 한국과 일본의 문화적 차이점 때문에 당황하거나 오해를 불러 일으키는 경우도 적지 않으므로 교실수업 중에 만나게 되는 한국과 일본 간의 문화적 차이에 대해 알아두는 것도 필요하다. 한국과 일본의 문화적 차이점를 다음의 표로 정리하였다.

<표1 교실에서 체험하는 한・일간 문화비교>

형태와 상황	한 국	일 본
학습자와의 관계	사제관계를 중시	사제관계를 중시
수업중의 태도	복장과 수업중의 태도가 엄격	
시간과 약속	5분 정도의 여유를 갖는다.	시간을 엄격히 지킨다.
맞장구	맞장구를 많이 치지 않는다.	맞장구를 많이 친다.
사람을 부를 때	손으로 그 대상을 지시한다.	거리를 두어 부른다.
평가	자신의 평가에 대해 애착심이 남다르다.	교사의 평가에 맡긴다.
개인적 화제	교사에게 관심이 많다.	사적인 질문은 사양한다.
종교	종교는 문제 삼지 않는다.	
자기주장과 사죄	사죄와 해명이 동시에 따름.	사죄의 표현을 우선시 한다.
성명	학습자의 이름을 부름.	이름 뒤에 칭호(~さん)를 씀.
구미지향	그다지 구미지향적이지 않다.	구미인에 대해서 동양인보다는 인식이 좋음.
청결감각	화장실 휴지의 사용법(식당에서도 이용)	구미와 일본에서는 사용하지 않음.

72) 窪田富男(1989)「第１章　日本語教育の目的と歴史」『日本語教授法』桜楓社 7 ~16p.p.

3.3 학습자가 체험하는 이문화

일본어를 학습하는 목적은 다양하지만 학습한 후에 유학을 가거나 여행, 또는 비즈니스 등으로 일본을 방문할 기회가 생겼을 때, 일본어학습자에게 일본인의 행동양식을 이해하는 것과 일본사회에 적응하는 것이 연구와 비즈니스, 일본체재 성공의 열쇠를 쥐고 있다고 해도 좋다. 일본어능력을 충분히 갖추었다고 해도 일본과 일본인에 관한 지식이 결여되어 있거나 이해가 없으면 일본에 온 것을 후회하게 될 것이다. 여기에서 말하는 일본사정, 일본문화란 카부키와 다도보다는 일상생활 양식이라는 수준을 말한다.

「언어습득 및 이문화 적응의 이론적 · 실천적 연구」(上原麻子, 1988)[73]에 의하면 유학생을 대상으로 한 앙케트 조사결과에서 유학생이 가장 곤란해 하고 있는 문제로 "일본인의 표현이 솔직하지 않고 완곡하기 때문에 짜증나는 경우가 있다"가, "일본어를 읽어도 알 수없다"와 같은 21%, 다음으로 "재정곤란"이 17%, "일본인은 집단의식이 강하기 때문에 그들처럼 집단에 참가하기가 어렵다"와 "연구가 생각과 같이 진전되지 않는다"가 각각15%, "자주 향수병에 걸린다"가 12%라고 보고하고 있다.

회답자는 일본체재 기간이 2년에서 4년을 중심으로 최단 3개월에서 6년 10개월이다. 국적은 아시아를 중심으로 한 약 30개국(무기명이 있다)의 유학생이다. 우리는 일본인의 표현과 인간관계 때문에 고민하고 있는 비율이 일본어학습과 연구에 관한 고민과 같은 비율을 차지하고 있다는 사실에 주목하지 않으면 안 된다. 일본과 일본인에 대한 기대가 크면 클수록 곤란을 느꼈을 때의 고민은 커지게 된다. 이 조사결과는 학습자가 일본인의 언어행동과 행동양식에 관한 지식을 가지고 이해할 필요성을 시사하고 있다.

다음은 일본어학습자가 일본에 체재하게 되면서 경험하게 되는 일본문화, 혹은 일본사정이라는 관점에서 일본인과 학습자 사이에 일어나는 문화마찰(文化摩擦)에 대한 이해를 깊게 하고자 한다.

(1) 일본인의 인사

매일 아침 「どこかお出掛けですか」 라고 아파트 관리인에게 인사를 받기 때문에 견딜 수 없어 이사를 해버렸다는 유학생이 있다. 일본인이라면 「ちょっとそこまで」이라고 대답한다. 상대로부터는 「まぁ、いいですね」라고 외국인으로서는 이해하기 어려운 대답이 되돌아온다.

---

73) 上原麻子 (1988) 「言語習得及び異文化適応の理論的 · 実践的研究」 広島大学教育学部111～124p.p.

이 학생은 매일 아침 행선지를 자세하게 설명하는 것에 지쳤을 뿐만 아니라 경찰과 같은 심문에 견딜 수 없었으며 프라이버시 침해라고 화를 내고 있다. 이런 종류의 질문은 처음 외국인과 회화를 하는 일본인이라면 흥미본위일 수도 있지만 대개는 대답을 기대하지 않던지 대답이 돌아와도 바로 잊어버릴 정도의 것이다. 인사대신에 마땅한 다른 표현을 찾아내지 못한 때에 무심결에 「どこへ行くの」라고 인사를 해버리는 경우가 많다.

「日本へ来たら、きっと家に来てね」라는 외국에서의 일본인의 인사도 이것과 유사하다. 들은 쪽은 "きっと"이라고 말했기 때문에 정말로 초대받았다고 생각한다. 그렇지만 일본에 도착했다고 연락을 했지만 도무지 불러주지 않는다. 「日本人はなんと冷たいんだろう」라고 생각한다. 말한 쪽은 만남과 이별의 감격에서 귀국하면 바쁜 생활과 좁은 주택사정이 기다리고 있다는 것도 잊고 엉겁결에 마음에도 없는 말을 해버린 것이겠지만 약속했다고는 생각하지 않고 있다.

홈스테이에서 日本のお母さんの "냉장고 안의 쥬스는 언제든 마음대로 마시세요." 라고 말했기 때문에 마셨는데 최근에는 냉장고에 전혀 음료수를 사 넣어 주지 않았다고 하는 학생이 있다. 호스트 어머니의 말은 그 학생을 처음 만나서 가족으로서 "그 정도로 너를 환영하고 있다는 기분이 있다." 라는 표명이었던 것이다.

(2) 이웃과의 사귐

일본에서는 'ひとつ屋根の下(한 지붕 아래)', '長屋づきあい(이웃사촌)', '袖触れ合うも他生の縁(옷깃스침도 전생의 인연)' 등 서민들의 인정이야기에 나올 것 같은 표현이 있는가 하면 '近所迷惑(이웃에 끼치는 폐)', '隣は何をする人ぞ(옆집은 무엇을 하는 사람이야)'라는 냉정한 표현도 있다. 학습자가 귀국선물을 가지고 안면이 있는 옆집에 인사하러 갔을 때, 선물은 받으면서도 현관문의 체인을 건 채로 의아한 듯한 표정을 지었다고 한다. "선물 등 물건을 매개한 사귐이 일본인 사회의 특징이라고 듣고 있었기 때문에 더욱 기뻐할 것이라고 기대했는데 유감입니다. 더 이상 사귀려고 하는 따위는 생각은 하지 않는 것이 좋을까요."라고 상담하러 왔다.

인사정도의 관계에서 한 걸음 더 나아가 친구로서의 관계를 가지고 싶어 하면 거부당한다. 좀처럼 거리가 좁혀지지 않는다. 모국을 떠나서 외롭고 누군가와 친구가 되고 싶어도 처음 한번만은 친절하지만 그 다음엔 바쁜 듯이 차갑게 대한다. 시골에 가면 조금은 다를 것이라고 생각하지만 학교와 아르바이트 때문에 쉽게 이사할 수는 없다.

'旅は道連れ、世は情け(여행에는 길동무, 세상살이에는 인정)'이라고 하지만 신칸센으로 도쿄역에서 하카타까지 계속 옆 자석에 앉아서 와도 한마디도 말을 걸지 않는 경우도 있다. 일본인끼리라 하더라도 레스토랑에서 혼자서 먹고 있는 사람에게 "맛있겠군요."라고 누가 말을 걸겠는가. 만원통근전차 안은 아무도 타고 있지 않은 듯 정적이 계속된다. '孤独を感じたいなら新宿駅へ行きなさい。(고독을 느끼고 싶으면 신쥬쿠역에 가라)'고 말하는 사람도 있다. 언어에 의한 표현을 억제하는 듯한 일본문화와 근대화 도시화라고 하는 시대가 이런 현상을 현저하게 했다. 학습자에게 있어서 일본인과 친구가 될 기회를 찾는 것은 어렵겠지만 쇼크가 이해의 출발점이 된다는 것을 희망하면서 초조해 하지 말고 노력하도록 격려하고 싶은 것이다.

(3) 부정적인 표현

학습자에게 부정을 수반하는 표현은 여러 커뮤니케이션 문제의 원인이 되고 있다. 학습자는 간접적 완곡적 표현에 자주 쓰이는 부정표현을 이해하는 것에 대해 고민하게 된다. 또「はい」는 맞장구로서 까지 사용하고 있으면서「いいえ」를 분명히 말하지 않는 일본인을 이해할 수 없다고 한다. 학습자는 '歯に衣を着せぬ(솔직히 말한다)' 라는 표현이 딱 맞을 정도로 분명히「노」를 표출하는 경우가 많다.

물론 일본어 운용능력과도 관계가 있겠지만,「いいえ、今度の土曜日はダメです」라고 분명히 거절해 버리기 때문에 권유한 쪽에서는, 어쩐지 오만한 태도다. 두 번 다시 권유하는지 봐라 라고 생각해 버린다. 학습자로서는 우선 거절하는 것을 명확히 전한 다음 이유를 설명하는 것이 친절하다고 판단하고 있다. 일본인 쪽은 친절히 초대한 쪽의 입장을 생각해서「すまないけれど」이라고 말하는 태도를 기대하고 있다.

어느 쪽도 친절하게 라고 생각해 하는 것이겠지만 그 표현 방식과 표출 순서가 달라서 오해를 낳고 만다. 일본인에게 있어서는 '이심전심'이 세계에서 통한다면 이처럼 좋은 것은 없겠지만, 현실은 위에서 서술한 바와 같이 그렇지는 않다. 그런 세계 속에서의 일본을 생각할 때 일본인은 좀 더 솔직하게 생각한 것을 말하고 요점을 간략화해서 서술하는 훈련을 하는 것이 좋지 않을까라고 생각된다.

(4) 미소

비언어행동・커뮤니케이션・갭의 하나로 일본인의 미소 내지는 웃음은 이해하기 힘들다는 것이 지적된다. 조소와 수줍은 웃음과 '心で泣いて、顔で笑う(마음은 울고 얼굴은 웃는다)'등은 이해하기 어렵다. 표정이 빈약하다고 여겨지는 일본인인 만큼 자기가 무엇인가를 잘못했을 때 띄우는 미소 등 학습자에게 있어서 여러 가지로 판단할 수 있는 요소를 포함하고 있다고 생각된다.

『일본어교과서 상급Ⅱ』(와세다대학 일본어연구교육센터)에서도「일본인의 감정표현」에대해 芥川竜之介의『手巾』을 예로 들고 있다. 자기 아들의 죽음을 보고하러 온 어머니가 입가에 미소마저 띄우고 있는 것이 황제가 돌아가셨다고 말하며 독일 국민이 엉엉 울었다고 하는 것과 비교하는 예가 있다.

해외에서 아이콘탁트가 있으면 미소짓게 되기도 하고 마음이 온화해지기도 하는 것이지만 일본인의 미소도 상대를 상큼하게 감싸는 듯 이해하기 쉬운 미소이기를 바라는 것이다.

일본에 체재하고 있는 학습자는 일본을 비춰내 주는 거울이다. 일본문화와 일본인을 특수화시킬 작정은 아니지만 이상과 같이 예를 든 것은 어떻든 학습자로부터 들은 실화임을 덧붙여 말해 둔다. 학습자는 모국의 문화를 가지고 들어와 일본인과 접촉하는 것에 의해 일본의 어디에 국제화를 방해하는 문제가 있는가를 가르쳐 준다. 일본인의 생활양식 그 자체를 알기 쉽게 설명하는 노력과 이해하기 쉬운 모습으로 해 가는 것이 필요하다.

학습자에게 이해하기 어려운 과제는 많지만 일본인이 일본에 대해서 잘 아는 것에서 일본 다시 보기가 시작되고 학습자에게는 비교하며 관찰하는 것에서 모든 것이 시작된다고 지도하고 싶다.

제4절 일본어 교육에서의 일본사정

4.1 일본사정이란?

'일본사정'이란 도대체 누가 붙인 이름일까. '사정'이란『학연국어대사전』(学研)에 의하면「어떤 사물이 그 상태로 된(되는)것. 또는 진행하고 있는 사물의 상태, 일의 순서」라고 설명되고 있다. '무언가 사정이 있는 것 같다' 라든지, '자세한 사정은 모른다' 등의 뉘앙스로 사용되는 경우도 있다. 에도(江戸)말기인 1866年에 후쿠자와 유키치(福沢諭吉)가 저술한『서양사정』이 있다. 또 일본이 해외진출을 생각하기 시작한 쇼와초기인 1927年에는 외무성이『식민지사정』제11권을 발행하고 있다. 이와 같이 해외와의 교류가 번성하게 되는 것과 병행해서 '사정'의 필요성이 높아진다.

일본사정은「일본연구개론」,「일본학 서설」등으로 부르며 연구분야의 하나로서 더욱 발전해야 한다고 생각되는데, 일본어 교육에서는 최근에 그 내용의 검토가 이루어지기 시작했다. 여기에서는 종래의 '일본사정'이라고 부르는 방식으로 이야기를 진행하기로 한다.

바깥에서 일본을 보면 일본인 자신이 자각하지 못하고 외국인에게 밖에 보이지 않는 일본문화가 있다. 외국인에게 물어도 일본의 위치와 지형을 거의 정확하게 쓸 수 있는 사람은 드물고, 일본이 중국대륙 속에 위치한다고 여겨지기도 해서 바깥에서 보는 일본을 새삼스럽게 의식하게 된다.

일본문화는 좁고 긴 국토의 지형을 반영해서 아이누문화, 야마토문화, 류큐문화로 구분하는 경우도 있고, 방언연구에서는 산맥을 낀 일본해측, 태평양측 이라고 하는 것과 같이 종 분할의 구분이 도움이 되는 경우도 있다. 여기에서의 「일본사정」은 일본을 하나의 문화권으로서 생각하기로 하고 광의의 언어와 문화학으로 범위를 정하고 일본어 교육에 있어서 '일본사정'라고 하는 것으로 생각해 보기로 한다.

일본어 교육은 미국의 언어학, 교수법 그리고 ESL(English as a Second Language)의 영향을 많이 받아 왔다. 그렇지만 다민족, 다언어, 다문화의 미합중국의 「미국사정」은 그대로 '일본사정'에 적용할 수 없으며, 미국이 「미국연구」를 학문으로서 생각하게 된 것은 1975년쯤부터라고 하므로 역사가 얕다. 일본사정의 연구가 늦어지고 있는 것은 참고로 해 온 미국연구가 도중에 있는 것과 크게 관계가 있다고 생각된다. 「미국연구」는 영화, 신문, 잡지 등을 교재로 하고 있는 수업도 있고, 인종차별과 남녀평등의 문제 등 특정의 테마에 대해서 의논과 토론을 하면서 진행하는 수업도 실시되고 있지만 미국과는 문화를 달리 하기 때문에 JSL(Japanese as a Second Language) 안의 문제로서 독자적인 연구가 진행되지 않으면 안 된다.

문화를 생각할 때 앞에서 서술한 바와 같이 전통예능인 가부키(歌舞伎), 노(能), 다도(茶道), 화도(華道)등과 일상생활에서 일본인의 행동양식이라는 수준으로 분류할 수 있지만 대상은 누구인가에 따라 또한 목적과 자리매김에 따라서 내용이 변해 왔다. 또 일본어학습 안에 자연스럽게 들어오는 내용과 한 과목으로서 독립되어 있는 경우 등이 있다. 일본사정이 일본어학습 안에 포함되는 경우는 일본어교사가 담당하고 일본어 운용능력을 고려하면서 부교재 등을 사용해서 도입하는 경우가 있다. 독립되어 있는 경우에는 각 전문분야의 교사가 일본어와 영어로 강의를 하고 그것에 대해서 토론을 하는 형태가 취해지기도 한다. 언어교육의 일환이기도 하고 이문화 사이의 커뮤니케이션 교육의 일부이기도 하다고 말할 수 있다.

일본사정은 일본어학습자, 일본연구자에게는 물론 2~3일간의 여행자에게도 필요하다. 장기간 체재자에게는 주민으로서 지장없이 생활하기 위한 지역정보를 담은 내용이 필요하며, 여행자에게는 계절에 따른 기온의 변화와 지리, 교통기관의 이용법이 우선된다. 여행자 누구나가 일본의 정치와 경제를 먼저 알아야만 되는 것은 아니다. 유학생은 대학에서 정치, 경제, 지리, 역사, 사회, 문화, 행사 등 넓은 범위를 학습한다. 또, 중국귀국자와 인도차이나 반도 난민은 취로수칙, 건강 등 신변내용이나 사회와의 관계를 학습할 필요가 있을 것이다.

또한 교사는 일본사정 수업의 중요성을 인식하여 일본어 교육과의 관련을 생각하면서 진행할 필요가 있다고 생각된다.

일본은 대륙문화의 영향을 받으면서 농경, 벼농사문화를 기반으로 일본문화를 형성해 왔지만 한편 스페인이 실시한 것과 같이 식민지정책에 의해서 고래(古来)의 문화가 외래문화에 의해 바뀌거나 복수의 이문화와의 공존이 부득이하게 된 경우가 없었다. 자기 나라의 시대에 맞추어 필요한 해외문화를 도입은 했지만 그것들은 거의 문화의 일부분을 도입한 것에 지나지 않는다. 형식과 개념은 이입했지만 내용은 일본에 맞도록 변화되어 있다. 일본에 맞게 만들어 변화된 부분을 아는 것은 일본이해의 도움이 되겠지만, 우선 학습자가 알고 싶어 하는 일본사정은 일본인 일반의 행동양식과 지금의 생활 실태라는 것에 있다.

싫든 좋든 학습자가 이미 가지고 있는 일본에 대한 이미지가 있어서 기대를 하고 일본에 왔지만, 체재일수가 늘어남에 따라 어긋났다고 실망하는 경우도 나온다. 일본어 학습자에게 일본사정은 미화된 것에 지나지 않았던 일본 이미지의 수정을 포함한 일본이해와 새롭게 가지는 학습의욕 사이에 상승효과를 낳도록 배려하는 것이 바람직하다.

4.2 일본사정 교육의 실제

일본어수업에 일본사정을 포함해 갈 경우는 어휘수준이나 일본어 운용능력과 대조하면서 진행시켜 갈 필요가 있다. 학습자의 일본어표현이 상호이해에 걸림이 되는 듯한 운용을 하고 있거나 표현자체에 오해를 불러일으킬 요소가 있다고 한다면 그것을 지도하는 것도 '일본사정'의 범주에 들어간다. 의식적으로 일본사회의 성립 이해에 도움이 되는 교재를 준비하지 않으면 안 된다.

교사가 일방적으로 설명하는 것은 피하고 퀴즈나 게임감각으로 즐겁게 또, 한국과 간단히 비교할 수 있는 제출 방식을 연구한다. 눈으로 보고 알 수 있는 표와 그래프, 숫자에 의한 비교자료를 준비하기도 하며 교외실습에 데리고 나가 현실 속에서 즐겁게 배우는 환경을 만드는 것도 필요하다. 실습 때는 한국어의 사용을 너그러이 봐주는 등의 배려가 필요할 것이다.

'일본사정' 은 문화의 차이, 또는 멀리 떨어짐, 모국의 문화적 가치기준으로는 잴 수 없는 것이 있다는 것, 어느 정도 학습자 쪽에서도 다가가는 노력이 필요하다는 것 등을 인식하게 한다는 목적이 있다. 인식과 쇼크가 있어야 비로소 깊이 있게 의식을 하는 것이기 때문에 학습자의 체험을 우선시키고 거기서부터 주체적으로 변해가기 위한 방법을 모두 생각해 가는 것도 효과적이다.

일본사정을 일본어 교육의 일환으로서 다루는 경우, 일본어능력이 상당히 되지 않으면 어렵다고 생각하는 경향이 있지만, 초급에서도 다음과 같은 내용으로 문화에 대해서 입문적인 일본사정을 다룰 수 있다.『日本語初步』(국제교류기금) 안의 일본사정에 관한 어휘와 내용에 대해서 조사해 보면

(지명) 도쿄(東京), 후지산(富士山), 긴좌(銀座), 신쥬쿠(新宿) [10종]

(학교명) 도쿄대학(東京大学)[19과]

(생활)기모노(着物)[17과], 차왕(茶碗) [18과], 된장(味噌), 간장(醤油), 게타(下駄) [20과]

(기후) 사계(四季)[7과]、태풍(台風)、지진(地震)[21과]

(예술) 일본화(日本画) [25과]

(인사)「잘 먹겠습니다」(いただきます)「잘 먹었습니다」(ごちそうさまでした)[15과]

(사회) 선배 (先輩)[30과]

등으로 분류할 수 있다. 어휘나 문형도 함께 제출되어 있기 때문에 일본사정으로서 화제를 확대해 갈 수도 있다. 실제로는 학습자의 요구에 맞게 수작업으로 만든「일본사정」교재를 연구, 준비하지 않으면 안 된다.

일본의 문화를 이해할 수 있도록 전체적인 개요와 연중행사를 다음에서 소개하고자 한다.

(1) 일본의 위치와 면적

일본은 아시아 대륙의 동쪽에 길이 3,000km에 걸쳐서 활 모양으로 위치한 섬나라이다. 거기에 오끼나와까지 포함하면 5,000km를 넘는다.

그리고 혼슈(本州), 시코쿠(四国), 큐우슈(九州), 홋가이도(北海道)의 4개의 주된 섬 외에 산재해 있는 7,000개의 섬으로 되어 있다. 위치적으로 보면 일본열도는 북위 24도에서 북위 46도에 위치하고 있다.

(2) 일본의 행정구역

현재 일본은 여덟 개 지방과 47개현으로 나눠져 있다. 다만 홋카이도(北海道)는 겐(県)이라고 부르지 않고 도(道)라고 하며 그것이 한 지방이 되고 있다. 또 도쿄(東京)는 도쿄도(東京都)라 하며, 오사카(大阪), 교토(京都)는 오사카후(大阪府), 교토후(京都府)라고 한다.

(3) 일본의 인구

일본의 인구는 2002년 현재 약 1억 2,700만 명으로 이것은 중국(12억 8천만 명), 인도(10억 5천만 명), 미국(2억 9천만 명), 인도네시아(2억 천만 명), 브라질(1억 7천만 명), 파키스탄(1억 5천만 명), 러시아(1억 4천만 명), 방글라데시(1억 4천만 명), 나이지리아(1억 3천만 명)에 이어 세계 제 10위이다.

(4) 기후

일본 열도는 남북으로 약 3,000km에 걸쳐 있으므로 남북의 위도차가 22도나 되고 연평균 기온도 홋카이도(北海道)의 와카나이(稚内, 6.3℃)에서 오키나와 (沖縄)의 나하(那覇, 22.3℃)까지 16℃의 차이가 난다.

일본은 북반구 온대에 위치하고 있으므로 기후는 비교적 따뜻한 편이나 여름과 겨울의 기온차가 크다. 겨울에는 한랭하고 눈이 많이 내리며 여름에는 고온 다습 하다.

봄, 가을에는 날씨 변화가 심하고 여름에서 가을에 걸쳐 태풍이 분다. 일본의 지형은 거의 산이 차지하고 있어서 경작이 가능한 땅은 16% 정도이다. 주거 지역이 상당히 제한되어 있음에도 불구하고 인구는 세계에서 10번째로 많은 나라이고 인구 밀도는 세계 4위다. 일본 열도는 지구상에서 가장 지층이 불안정한 지역에 속해 있어서 지진과 화산 활동이 활발하다.

다음은 일본 각 지역의 최고기온과 최저기온을 비교한 것이다.

삿포로(札幌) - 여름 24.8C 겨울 -8.4C
센다이(仙臺) - 여름 25.6C 겨울 -2.6C
도쿄(東京) - 여름 28.8C 겨울 1.2C
나고야(名古屋) - 여름 30.3C 겨울 -0.2C
교토(京都) - 여름 31.3C 겨울 0.3C
히로시마(廣島) - 여름 29.3C 겨울 0.4C
다카마쓰(高松) - 여름 30.4C 겨울 0.7C

후쿠오카(福岡) - 여름 30.6C 겨울 2.5C
가고시마(鹿兒島) - 여름 31.4C 겨울 2.6C
나하(那覇) - 여름 31.1C 겨울 13.6C

(5) 교통

일본은 항공로, 철도망, 도로망, 해운로 등이 체계적으로 잘 갖춰져 있어서 국내에서 빠르고 안전하게 여행할 수 있다. 그러나 교통 경비는 무척 비싸므로 여행 목적이나 지역, 그리고 예산을 고려해 가장 저렴하면서도 여러 곳을 돌아볼 수 있는 최선의 교통수단을 이용하는 것이 바람직하다.

<버스> 대부분의 도시나 관광지에 연결이 되어 있지만 지하철을 이용하는 것이 더 유리하고 대도시간의 버스는 대개 신칸센 (新幹線)보다 늦고 비싸므로 기차를 이용하는 편이 좋다. JR 패스를 가진 여행객은 JR에서 운행하는 버스를 무료로 탈 수 있다.

<비행기> 도쿄에는 나리타(成田) 국제공항과 하네다(羽田) 국제공항이 있는데 하네다 공항은 주로 국내선이 이용한다. 오사카(大阪)에는 신간사이(関西) 공항이 있고 각 지방 공항에는 일본항공(JAL), 젠닛쿠(ANA), 일본 에어 시스템 (JAS) 등이 있다.

<철도> 7개의 여객 수송 업체의 공동 명칭 JR(Japan Rail)과 시테쓰(私鉄), 그리고 각 지방 자치단체가 운영하는 지방선이 일본 전역을 연결한다. JR 열차에는 신칸센(新幹線), 도큐(特急), 큐코(急行), 가이소쿠(快速), 후쓰(普通) 등이 있으며 철도 티켓은 JR 패스와 청춘 18 티켓, 슈유켄(周遊券)등이 있다. JR 패스는 외국인들을 위해 마련된 저렴하고 편리한 패스이다.

<페리> 일본은 섬나라이기 때문에 선박 교통이 무척 발달해 있다. 배 안에서 숙박을 할 수 있고 각 도시 마다 연결된 노선이 많이 있는 반면에 여행 시간이 많이 든다는 단점이 있다.

(6) 일본의 축제와 연중행사

일본은 축제의 나라이다. 시골 뿐만 아니라 크고 작은 도시에서도 다채로운 의식과 잔치들 (종교적인 취지 혹은 역사적인 사건에 경의를 표하는)이 연중 열린다. 연중 어느 때라도 일본을 방문하면 이러한 행사들을 상당수 즐길 수 있다.

그리고 군중들과 어울려 일본의 지나간 역사를 피부로 느끼며 일본 고대의 문화와 전통을 엿보는 스릴과 즐거움을 체험할 수 있을 것이다.

1) お正月(しょうがつ) : 설. 새해 첫날을 元日(がんじつ), 元旦(がんたん)이라고 한

다. おせち料理(설 음식)와 おぞうに(떡국)를 먹고「あけましておめでとうございます」라는 새해 인사를 나누며, 새해 첫 참배인はつもうで를 간다.

2) 節分(せつぶん) : 입춘 전날, 신사나 사원에서는 鬼(おに)에게 콩을 뿌리며「おにはそと、ふくはうち」(귀신은 밖으로, 복은 안으로)라고 외치는 豆(まめ)まき 행사가 열린다.

3) ひなまつり : 3월 3일. 여자 아이의 건강과 행복을 기원한다.

4) お花見(はなみ) : 벚꽃이 피면 가족, 친구, 직장 동료들과 함께 음식을 장만하여 먹고 마시며 벚꽃놀이를 즐긴다. 벚꽃놀이는 서민들의 대표적인 즐거움 중의 하나이다.

5) 端午(たんご)の節句(せっく) : 5월 5일. 남자 아이가 있는 집에서는 헝겊으로 잉어모양을 만들어 대나무에 걸어 장식하는 こいのぼり를 세우고 어린이의 건강을 기원한다. 1948년에 어린이날로 제정되었다.

6) 梅雨(つゆ 또는 ばいう) : 6월 10일 경부터 한 달 이상 계속되는 여름 장마.

7) 七夕(たなばた) : 7월 7일. 칠석. 대나무 가지를 색종이로 장식하고 그 종이에 소원을 적어 놓으면 그 소원이 이루어진다고 한다.

8) お盆(ぼん) : 8월 15일. 대부분의 회사에서는 여름 휴가를 겸하고 있다. 조상들의 영혼을 위로하고 묘소에 참배하는 お墓参(はかまい)り를 하고 花火(はなび)大会와 盆(ぼん)おどり를 추며 즐긴다.

9) 運動会 : 1964년 東京 올림픽 개막을 기념하여 10월 10일을 체육의 날로 정하고 이 무렵에 각급 학교와 마을, 회사에서는 운동회를 실시한다.

10) 七五三(しちごさん) : 11월 15일. 3, 5, 7세 어린이의 성장과 건강을 축하한다.

11) 大晦日(おおみそか) : 12월 31일. おおそうじ와 おせち料理를 준비한다. 대부분의 가정에서는 年越(としこ)しそば라는 장수를 기원하는 국수를 먹으며 除夜(じょや)のかね소리를 듣고 はつもうで를 간다.

12) 祭(まつ)り : 축제 또는 제사를 의미하며, 원래 풍작 기원과 추수 감사의 성격을 띠고 있었으나, 현대에는 연중 전국 방방곡곡에서 다양한 목적의 마쓰리가 행해지고 있다.

(7) 일본의 공휴일

1) お正月(しょうがつ) : 설날. 1월 1일

2) 成人(せいじん)の日 : 만 20세의 남녀가 성인이 됨을 축하한다. 1월 둘째 주

월요일

3) 建国記念日(けんこくきねんび) : 건국기념일. 2월 11일
4) 春分(しゅんぶん)の日 : 춘분. 3월 21일경
5) 緑(みどり)の日 : 자연의 날. 4월 29일 원래는 쇼와(昭和) 천황 탄생일이었음
6) 憲法記念日(けんぽうきねんび) : 헌법기념일. 5월 3일
7) 子供(こども)の日 : 어린이 날. 5월 5일
8) 海(うみ)の日 : 바다의 날. 7월 20일
9) 敬老(けいろう)の日 : 경로의 날. 9월 15일
10) 秋分(しゅうぶん)の日 : 추분. 9월 23일경. 조상을 숭배하고 기림.
11) 体育(たいいく)の日 : 체육의 날. 10월 둘째 주 월요일
12) 文化(ぶんか)の日 : 문화의 날. 11월 3일. 메이지(明治) 천황의 탄생일이었음.
13) 勤労感謝(きんろうかんしゃ)の日 : 근로 감사의 날. 11월 23일
14) 天皇誕生日(てんのうたんじょうび) : 현재의 아키히토 천황 탄생일. 12월 23일

(8) 연호

일본인끼리 주고받는 서신이나 문서에는 서기 대신 연호를 사용하는데 근세 이후의 연호는 메이지(明治, 1868~1912), 다이쇼(大正, 1912~1926), 쇼와(昭和, 1926~1989), 헤이세이(平成, 1989~현재)로 나뉜다. 따라서 2005년은 平成 17년이다.

이상은 일본어 교육의 일환으로서의 일본사정을 고찰한 것이지만 앞으로 일본문화학과 언어 문화학, 이문화 교육이 더욱 연구 발전되면 일본사정을 전문으로 담당하는 교사가 필요하게 될 것이다. 언어와 문화는 따로 떼어서 생각할 수 없으며 언어 그 자체가 문화라고 할 수 있다. 일본어학습과 병행해서 일본사정 수업이 실시될 수 있는 환경을 만들어가는 것이 중요하다.

(山下暁美(やましたあけみ)・桜井隆(さくらいたかし)・安貞子(あんじょんじゃ))

과제1

주위의 일본인에게 인터뷰해서 한국인과의 사이에 어떤 이문화간 커뮤니케이션의 어

려움을 느끼고 있는지 정리하시오.

과제2

일본과 한국의 비언어 행동 커뮤니케이션의 차이를 정리하시오.

과제3

일본어교사로서 일본문화를 도입할 때 일상생활에 대해서 어떤 교수항목이 필요한가를 생각하시오.

【참고도서】

異文化間教育学会 (1987)『異文化間教育』アカデミア出版会
細川英雄 著 (1994)『日本語教師のための実戦「日本事情」入門』大修館書店
佐々木瑞枝 ほか 著 (1991)『日本社会再考 Japanese Society : An Update』北星堂書店
梅棹忠夫編 (1989) "Seventy-seven keys to the civilization of Japan 日本を知る77の鍵" 創元社
Michael Byram & Verorica E.S., (1991) "Investigating Cultural Studies in Foreign Language Teaching" Multilingual Matters Ltd.

제12장 제2언어로서의 일본어 습득연구

제 2언어로서의 일본어 습득연구

ここでは、第二言語としての日本語の習得研究を概観し、日本語の学習者がなにをどのようにして習得するのだろうかという問いに答えるためのヒントを得ることを目的とする。そのためにまず、第二言語としての日本語の習得研究の具体例を見るなかで、研究方法を学び、つぎに、研究内容を学ぶため、第二言語習得研究（中間言語研究）全般の歴史を概観する。最後に第二言語としての日本語の習得研究の現状を知るため、その歴史を概観し、最近の研究の内容を学習する。

제1절 제1언어습득과 제2언어습득

사람이 태어나서 처음으로 습득하는 것이 제1언어(First Language) 즉 모어(Mother Language)이다. 그리고 제1언어가 습득된 이후에 이루어지는 것이 제2언어(Second Language)습득으로, 제2언어는 외국어일 가능성이 높고 '목표언어(Target language)' 라고도 한다. 그러므로 제2언어습득은 많든 적든 간에 제1언어의 영향을 받을 수 밖에 없고, 또 제1언어의 습득과정과 비슷한 경로를 거쳐 습득이 이루어질 것이라는 생각 때문에 제2언어습득 연구에서는 제1언어습득과 제2언어습득과의 관계에 연구자들의 관심이 집중되었다. 이 절에서는 제1언어습득과 제2언어 습득의 차이점과 공통점을 통해 서로의 관계를 생각해 보기로 한다.

1.1 차이점과 공통점

제2언어습득 연구에서 문제시되는 것은 습득이 시작되는 시기, 즉 나이에 관한 것이다. 제1언어습득에 비해 제2언어습득은 대부분의 경우 제2언어와 접촉을 시작하는 연령이 높고 이미 커뮤니케이션의 유효한 수단(모어)을 가지고 있으며 인지적으로도 일정한 영역을 확보한 후에 이루어진다. 제1언어를 사용하는 사회의 일원으로서 이미 학습자 자신의 정체성도 확립되어 있는 상태이다. 따라서 제2언어의 입력과 학습자와의 관계는 제1언어의 입력과는 크게 다르다는 것을 처음부터 예측할 수 있다. 어린 아이의 언어습득 과정에 대한 연구에 의하면 제1언어가 일정한 기초수준에 도달하지 않은 상태에서 제2언어습득이 시작된 경우에는 양 언어 모두가 충분히 발달되지 못한 케이스가 관찰되지만 제1언어가 충분히 발달된 다음에 제2언어습득이 시작된 경우에는 이러한 케이스는 별로 보이지 않는다는 결과도 나와 있다.

제1언어습득과 제2언어습득의 또 다른 점은 제2언어에 접촉할 기회가 얼마나 많은가 하는 점이다. 제2언어습득에서는 접촉할 기회가 한정되어 있고 학습자가 가지고 있는 학습조건이나 성격, 학습스타일 등도 습득의 결과에 영향을 주기 때문에 원어민 정도의 언어능력을 획득하는 경우도 있기는 하지만 대부분은 도중에서 정체되거나 그 이상 언어능력이 신장되어 가지 않는 현상, 즉 화석화라고 불리는 상황에 직면하게 된다.

그러나 이들의 차이점으로 제1언어습득과 제2언어습득의 과정이 본질적으로 다르다고는 간단히 결론지을 수 없다. 예를 들면 학습자의 모어와 상관없이 공통된 오용을 보이기도 하는데 그것은 제2언어와의 접촉이 계속되고 제2언어 능력이 높아짐에 따라 없어진다는 것을 알 수 있다. 즉 학습자 자신에 의해 어느 사이엔가 정정되어 가는데 언어사용이 계속되어감에 따라 오용이 정정되어 간다는 점은 제1언어습득과 공통된 점이라고 할 수 있다.

1.2 제1언어습득과 제2언어습득의 관계

언어교육 현장 연구의 결과 제1언어습득과 제2언어습득은 서로 어떤 영향을 주는가에 관한 문제에 대해 두 가지의 견해가 있다.

제1모델은 분리심층능력(separate underlying proficiency)모델로 제1언어능력과 제2언어능력은 전혀 별개의 것으로 상호간에 분리되어 있고 가정이나 학교에서 한 언어와 접촉하면 할수록 그 언어능력은 신장된다는 생각이다. 즉 양 언어의 능력은 서로 분리되어 있기 때문에 제1언어를 통해 학습된 내용이나 기능은 제2언어에 전이되지 않고 역방향으로의 전이도 일어나지 않는다.

두 번째 모델은 공통심층능력(common underlying proficiency)모델로 특히 읽기와 쓰기에서 제1언어나 제2언어 중 어느 하나를 사용하고 학습동기가 있으며 학교 가정 지역사회에서 그 언어와 충분히 접촉할 수 있다면 그 언어뿐 아니라 다른 쪽 언어능력도 발달된다는 것이다. 즉 한쪽 언어의 발달은 다른 쪽 언어의 발달에 공헌하고, 양 언어 사이에 상호의존적인 발달관계가 성립된다.

이들 두 모델에 관한 연구에서는 연소자의 제1언어와 제2언어 습득 사이에는 상호의존관계가 성립되어 있다는 결과가 나왔다. 성인의 경우에도 제1언어의 읽기능력이 뛰어난 경우에는 제2언어의 읽기 능력도 뛰어나다는 점과 쓰기에서도 같은 경향이 있다. 또한 제1언어 상황에서 이미 형성되어진 개념이나 개념조작이 제2언어를 습득할 때도 영향을 주어 제1언어의 개념이나 개념조작 위에 제2언어의 라벨이 덧씌워진다는 구조로 두 언어 습득 사이의 상호의존관계를 설명할 수 있을 것이다.

제2절　제2언어습득 연구의 구체적인 예

다음은 형용사 과거형의 습득연구라는 구체적인 예를 들어서 제2언어로서의 습득연구가 어떤 식으로 이루어지는가를 설명해 보기로 하자.

일본어교사가 아무리 주의해서 일본어 규칙을 가르친다 하여도 일본어 학습자(이하 단순히 학습자로도 표현한다)의 「오용」(error)은 현실적으로 자주 일어나고 있다. 즉 교사의 교수법이나 교재의 불충분과 같은 외부적인 요인에 의한 오용이 아니라 학습자의 내적인 습득 메카니즘이 요인으로 생각되는 오용이다.

예를 들면 형용사의 과거형을 「*楽しいだった」(*표시는 오용을 나타낸다)로 하는 예이다. 다음 일기는 예비교육의 일환으로 국내의 어느 유학생센터에서 약 3개월간 300시간의 집중 일본어학습을 마친 단계의 유학생(스페인어 모어 화자)이 쓴 것이다(이 유학생은 겨울방학 숙제의 일부로 이 2일간의 일기를 누구의 도움도 받지 않고 썼다).

이 일기에는 많은 오용이 보이는데 밑줄 친 형용사의 과거형에만 주목해서 살펴보면 이 학습자는 12월 27일 일기와 그 9일 후인 1월5일 일기의 전반부에서 「行きたかった」「たのしかった」「よかった」「なかった」「行きたかった」라고 바른 형태를 쓰고 있었음에도 불구하고 1월5일 일기의 후반부가 되면 「高いだった」「楽しいだった」라고 과거형을 잘못 쓰고 있다는 사실을 알 수 있다.

여기에서 오용 「*高いだった」「*楽しいだった」만을 주목해서 고찰해보면 이 학습자는 같은 일기에도 있는 「天気だった」(명사 술어) 「大好きだった」(형용동사[ナ형용사]술어)인 「だった」를 형용사에도 적용시켜버린 「과잉일반화」(over generalization)를 일으켰다고 추측할 수 있다. 과잉일반화는 어떤 규칙을 과잉으로 일반화해서 그 규칙이 적용되지 않는 언어 환경에도 적용시켜 버린 것이다. 즉 여기에서는 과잉일반화라는 학습자의 내적 메카니즘이 오용의 요인이 되었다고 생각할 수 있다.

十二月 二十七日 日曜日 (天気 晴れ)
きょうは いい 天気だった。わたしは マリアデル マルと いっしょに 海へ行きたかった。それでは うじなへ行った。 うじなへ行って電車に のって 十五分ぐらいかかった。うじなで 歩いて いった、いろいろできれいな所にたずねた。海のそばにたくさんつりの所と しずかな はま ある。きれいな 水毎だ。そして多い魚を 見た。風をふいて,歩いていったの ことは たのしかった。 おそくなった、家へ帰った。きょうは とてもよかった。また 行きたい。
一月 五日 火曜日 (天気 雨)
きょうはいい天気では なかった。あすから 雨が ふいている。それでは 家で いろいろな物を した。かべに画をかけた、せんたくをした、日本語の勉強を した。しかし夕方で 友だちとすしの しょくどうへ行きたかった。午後七時ごろ 友だちと会った。いろいろな 食べ物を食べて ビールを 飲んで わたしは たこの すしは 大好きだった。友だちと いろいろな おもしろい ことは 話して 食べて いった。九時ごろ 食べおわ 少し高いだった、しかし、とても 楽しいだった。後で わたしたちは 友だちと いっしょに きっさてんへ 行って コヒを飲んで。 いつも、 友だちと 会う ことは 樂しいだ。

오용을 조직적으로 분석하는 「오용분석」(error analysis)은 이와 같이 해서 오용의 요인을 밝힐 수 있다. 그러나 관점을 바꿔보면 오용분석은 오용의 요인 이상의 것은 밝힐 수 없다고도 할 수 있다.

위의 일기를 예로써 말해보면 12월 27일 일기에는 형용사 과거형의 오용은 없다. 따라서 여기에서는 오용분석은 불가능하며 자칫하면 이 학습자는 형용사 과거형을 습득했다고 잘못된 판단을 내려버릴 가능성까지 있다. 1월 5일의 일기를 보고 비로소 오용분석이 가능해지며 과잉일반화라는 오용의 요인, 즉 습득 메카니즘의 측면을 생각하게 된다. 그러나 정용과 오용이 동시에 표출되는 이 학습자의 습득의 총체적인 메카니즘 및 12월 27일부터 1월5일에 이르는 습득 과정을 오용분석은 설명할 수 없다.

언어습득 메카니즘을 총체적으로 밝히기 위해서는 오용분석만으로는 불충분하며 정용을 포함한 학습자언어의 총체와 그 총체의 변화과정을 분석 대상으로 하지 않으면 안 된다는 점을 이 사례는 보여주고 있다.

그런데 같은 언어 환경에서 나타나는 두개 또는 두개 이상의 형태를 「자유변이」(free variation)라고 하는데 이 일기는 형용사 과거형 습득에 있어서 그 정용과 오용이 거의 같은 시기에 「자유변이」(free variation)로 표출되는 것을 보여주고 있다. 이러한 자유변이는

(a) 일본어 학습자에게 일반적으로 관찰되는 것일까?

(b) 일반적으로 관찰된다면 언어습득 메카니즘과의 관계에 있어서 그것은 어떻게 설명될 수 있을까?

다음 표는 두 그룹(각10명분)의 일기에서 형용사 과거형의 사용상황을 분석하여 비교한 것이다. 그룹Ⅰ은 위의 일기를 쓴 유학생과 마찬가지로 약 3개월간 300시간 집중적으로 일본어 교육을 받은 그룹이며, 그룹Ⅱ는 약 4개월간 400시간 집중적으로 일본어 교육을 받은 그룹이다. 분석 대상으로 한 일기의 양은 위의 일기와 거의 같은 양으로 한 사람당 2일분의 일기다. 양 그룹 모두 약 1개월 100시간의 학습단계에서 형용사 과거형을 도입하고 있다.

<표 1> 일기에 나타난 형용사 과거형의 사용상황

그룹 Ⅰ 학습시간 300시간			그룹 Ⅱ 학습시간 400시간		
학습자	오용	정용	학습자	오용	정용
A	2	0	a	1	0
B	1	0	b	1	1
C	1	2	c	0	1
D	2	5	d	0	1
E	0	1	e	0	2
F	0	1	f	0	3
G	0	0	g	0	3
H	0	0	h	0	4
I	0	0	I	0	0
J	0	0	j	0	0
합계	6	9	합계	2	15
誤用率=40.0%			誤用率=11.8%		

데이터의 양이 매우 한정되어 있어서 이 데이터만으로 일반화하는 것은 위험하지만 이 표에서 형용사 과거형의 습득은 학습 시간이 300시간 쯤(오용 비율 40.0%)이 가장 과도기적 단계로 자유변이가 일어나기 쉽고, 학습시간이 300시간에서 400시간(오용 비율 11.8%) 사이에 형용사 과거형 습득은 급속히 진행되는 것이 아닐까라는 가설이 성립될 것이다. 그러나 이 표에서 자유변이를 관찰할 수 있는 것은 그룹Ⅰ의C, D와 그룹Ⅱ의 b의 3명의 학습자뿐이며 다른 학습자에게도 자유변이가 나타나는가, 혹은 나타났는가, 각 학습자의 습득과정에 대해서는 이 분석으로는 알 수 없다.

이러한 한계는 서로 다른 레벨의 데이터를 동시에 수집하여 분석하는 연구인 「횡단연구」(cross-sectional study)가 필연적으로 가지는 한계이며, 이 한계를 타파하기 위해서는 학습자 개개인의 습득과정을 일정기간동안 면밀히 추적하는 「종단연구」(longitudinal study)를 하지 않을 수 없다. 다음에 소개할 것은 형용사과거형에 관한 그러한 종단연구의 사례다.

다음 표는 4명의 학습자 (학습자 A, B, C는 영어를 모어로 하는 화자, 학습자D는 네덜란드어를 모어로 하는 화자)를 대상으로 매주 약 2시간의 일본어 수업을 하면서 데이터를 수집・분석하여 그 습득 과정을 좇아가는 종단적 연구의 일환으로 학습개시 후 10주째(형용사 과거형 도입 시)에서 32주째까지의 일기에 나타난 형용사 과거형의 활용어미를 학습자별로 정리한 것이다. 1회분 일기의 양은 B5용지 1장분으로 학습자는 평균 2주일에 한 번의 비율로 일기를 썼다. 표 안의 흑점은 그 주에 그 활용어미가 한번 이상 사용된 것을 나타내고 있다. 「か(っ)た」라는 활용어미가 나타났는지 여부를 정오(正誤)의 판단기준으로 분류해서 각각 점선 위가 정용(正用)과 그 바리에이션, 점선 아래가 오용(誤用)의 바리에이션으로 분류되어 있다.

학습자 B, C, D의 경우 점선 위의 정용(과 그 바리에이션)과 점선 아래의 오용의 바리에이션이 겹쳐져 있고 형용사과거형의 정용과 오용이 명백히 자유변이로서 표출된 것을 알 수 있다. 학습자 A의 경우 예를 들면 12주에서 14주에 걸친 기간을 거의 같은 시기로 생각하면 자유변이가 표출되었다고 할 수 있고, 「*~かたでした」도 정용과 오용이 일체화되어 표출된 자유변이라고 생각할 수 있다. 이 네 명의 학습자에게 공통된 오용은 「*~いでした」라는 형이다. 즉 「~か(っ)た(です)」와 「*~いでした」의 자유변이를 중심으로 여러 가지 변화가 자유변이로 표출되면서 형용사 과거형의 습득이 진행되었다는 사실을 알 수 있다. 이것은 4명이라는 한정된 학습자의 습득과정에 관련된 것이지만 가설이 아니라 사실이다.

<표 2> 일기에 나타난 형용사 과거형의 활용어미의 변화

	주	10		12		14		16		18		20		22		24		26		28		30		32	
학습자 A	~かたです						■	-	-	-	-	-	-	-	-	-	-	■							
	~かった																		■	-	-	-	-	-	■
	~かた								■	-	-	-	-	-	-	-	-	-	-	-	-	-	■		
	~いでした			■	-	■																			
	~かたでした			■	-	■																			
학습자 B	~かったです												■	-	■										
	~かった															■	-	-	-	-	-	■	-	-	■
	~かた										■														
	~いでした			■	-	-	-	-	-	-	-	-	-	-	-	-	■								
학습자 C	~かったです												■	-	-	-	-	■							
	~かった															■	-	-	-	■					
	~いでした						■	-	-	-	-	-	-	-	-	■									
	~いだった																				■				
	~くだった																			■	■				
	~かっただ																						■		
학습자 D	~かったです																			■	-	■			
	~かたです			■																					
	~かった										■	-	-	-	-	-	-	-	■						
	~いでした									■	-	-	-	-	-	-	-	-	-	-	-	■			

따라서 위의 첫번째 질문(a)에는 자유변이는 사실로서 일반적으로 관찰된다고 할 수 있다.

자유변이는 어떤 식으로 설명될 수 있을까라는 다음 질문(b)에는 제2언어습득은 완만한 확산과정을 거친다는 「확산모델」(Diffusion Model)에 의해 어느 정도 대답할 수 있다. 위의 형용사 과거형의 습득과정에서 나타나는 자유변이를 이 모델로서 파악해 보면 대략 다음과 같이 나타낼 수 있다.

<표 3> 형용사 과거형습득의 확산모델(Diffusion Model)

	導入 (Introduction)		習得段階 (Acquisition Phase)		復位段階 (Replacement Phase)
形容詞 (イ形容詞)	[楽し]かった(です)	→	~か(つ)た(です) ---------- ~かただ/でした ---------- ~いだった/でした ~くだった	→	~かった(です)
名詞 形容動詞 (ナ形容詞)	[天気] だった/でした [元気]	→	~だった/でした	→	~だった/でした

이 습득모델은 「습득단계」(acquisition phase)에서 나타나는 자유변이가 각각 적절한 언어 환경상에서 정용(正用)으로 사용되는 「복위단계」(replacememt phase)로 완만히 이행된 것을 나타내고 있다. 제2언어습득모델로 일컬어지는 것에는 여러 가지가 있는데 이 모델은 자유 변이 모델이 나타나는 음운법칙이나 통어규칙의 습득과정을 설명할 수 있다는 점에서 언어습득과정을 설명할 수 있는 유효한 모델 중의 하나라고 생각되고 있다.

여기서는 형용사 과거형의 습득연구라는 구체적인 예를 들어서 제2언어로서의 습득연구가 어떤 식으로 이루어지는가를 데이터의 수집, 분석, 사실로서의 습득과정의 명시, 습득모델에 의한 그 습득과정의 설명이라는 순서로 설명해 왔다. 그 과정에서 다음과 같은 점도 밝혀졌다.

(1) 오용분석이 제2언어 습득연구의 계기가 된 점

(2) 오용분석에는 한계가 있다는 점

(3) 오용분석을 초월한 습득연구가 필요하고 또 가능하다는 점

제3절 제2언어습득의 역사

1960년대는 제2언어습득 연구에서 다양한 발전을 보이는 시대였다. 1940년대부터 시작된 음성학이나 구조주의의 영향을 받은 '청각구두 접근법(Audio-Lingual Method)'이라는 교수법이 교육현장에서 한계를 드러내면서 그때까지의 교수법 위주의 언어교육관에 대한 반성이 일어났다. 또한 언어습득 이론의 주류를 이루었던 대조분석이 많은 비판을 받게 되었고 Chomsky의 보편문법이론에 근거한 제1언어습득 이론의 발전은 제2언어습득에서도 그와 유사한 습득과정을 보일 것이라는 생각을 하게 되어 제2언어습득 이론의 발전으로 이어졌다.

1960년대에 Chomsky의 언어능력 배양을 목표로 한 '인지적 접근법'이 나오고, 1970년대 사회언어학 발달의 영향으로 언어지식보다 언어사용 능력의 함양을 강조한 '의사소통적 접근법'과 인본주의심리학의 영향으로 학습자의 정서적영역과 교육과의 관련성을 중요시하는 학습자 중심의 '정의적 접근' 등 여러 교수법들이 나타나게 되었다.

이러한 언어교육의 변천과정을 배경으로 제2언어습득 이론 연구(Second Language Acquisition)가 활발하게 이루어졌는데 제2언어습득 이론은 Chomsky의 언어습득 이론에 입각해서 이루어졌던 제1언어습득 이론(First Language Acquisition)의 맥을 이어온 학문이라고 할 수 있다.

3.1 대조 분석

제2언어습득 연구자들이 제일 먼저 관심을 가진 것은 제2언어습득에 있어서 제1언어의 관여에 관한 것이었다. 1940년대 이후 언어습득 연구의 주류를 이루었던 대조분석은 행동주의심리학과 구조언어학(structural linguistics)이 언어교육에 응용되면서 발전되었다. 대조 분석에서 언어학습은 시청각 자극에 대한 행동적 반응에 불과한 것으로 간주되었고, 제1언어 즉 모어가 제2언어습득을 방해하는 존재이므로 두 언어의 차이점과 유사점을 발견하여 문제점을 해결하는 것이 효과적이라고 했다. 그러므로 대조분석은 두 개의 언어체계를 음성, 음운, 통어 등 여러 가지 관점에서 비교하고 같은 점과 차이점을 밝힘과 동시에 그것을 제2언어교육에 응용하는 것을 목적으로 하는 연구 분야라고 할 수 있다. 대조분석은 다음의 가설을 근거로 발전되었다.

(1) 제2언어를 습득하는 중에 일어나는 주된 「곤란점」(trouble spot)은 제1언어(모어<mother tongue>)의 「간섭」에 원인이 있다.

(2) 대조분석에 의해 모어간섭에 의한 곤란점을 예측할 수 있다.

(3) 대조분석을 이용한 교재를 통한 집중적인 훈련을 하면, 간섭의 영향을 억제하고, 제2언어의 학습효과를 고조시킬 수 있다.

그리하여 대조분석 최대의 특색은 오용으로 이어지는 제1언어(모어)의 간섭에 의한 제2언어학습의 곤란점을 예측할 수 있다는 것이었는데, 제1언어와 제2언어와의 차이가 간섭의 원인이 된다는 사실에 근거하여 대조분석에서는 제1언어와 제2언어의 공통점보다도 오히려 그 차이점을 밝히는 데에 역점을 두게 되었다. 예를 들면 일본인 학습자의 영어습득 과정에서 예측할 수 있는 것은

(1) 일본어에는 /θ/발음이 없기 때문에 일본인 학습자는 발음하기 어려울 것이다.

(2) 일본어는 주어가 없는 문장이 많기 때문에 일본인은 영어로 작문을 하거나 말할 때에 영어의 주어를 생략 할 것이다.

라는 것인데, 실제로 (1)번은 예측이 사실로 나타났으나, (2)번의 예측은 그렇지 않은 결과가 나타났다.

간섭은 특히 음성, 음운상에 현저히 일어난다는 점에서 당시 구조언어학의 융성을 배경으로 음성, 음운체계의 대조연구가 활발하게 이루어져 그 나름대로의 성과를 올렸지만 형태, 통어 등 문법체계의 대조연구에서는 그다지 성과는 오르지 않았다. 또 오용예의 분류분석이 진행됨에 따라 예측하지 못했던 오용이 빈번히 나타나고 모어가 다른 학습자 사이에서도 같은 종류의 오용이 보고되거나 언어학습에 관여하는 것은 모어의 영향만이 아니라는 연구 결과가 나오면서 쇠퇴의 길로 접어들었다. 또한 대조분석은 그 예측력이 불충분하고 일부의 오용밖에 설명할 수 없다는 점이 밝혀지게 되었다.

그 결과 많은 오용의 원인은 간섭이 아니라 목표 언어의 규칙에 대한 불완전한 습득방법에 있는 것은 아닐까라는 의문이 생겨나 그 해명을 위한 오용의 조직적 검토와 재검토를 하지 않을 수 없게 된다. 이렇게 해서 1960년대 말기부터 70년대에 걸쳐서 활발하게 행해진 오용분석의 기반이 구축되어진 것이다.

3.2 오용분석

대조분석의 뒤를 이은 오용분석에서는 제2언어 학습자는 계통적인 오용을 낳는 공통된 언어습득 시스템을 보유하고 있어서 제2언어습득자가 범하는 오류는 체계적이므로 학습자의 오용을 분석하여 그 원인을 밝혀내고 지도법을 연구하는 것이 제2언어습득에 도움이 된다고 생각했다. 오용분석은 그 기본적인 작업으로 오용을 주시하여 분류하고 원인을 찾아내기 위한 분석을 행하며 필요한 경우에는 교육적인 관점에서 오용에 관한 평가도 해 왔다. 그 과정에서 다음과 같은 사실을 밝혀내었다.

(1) 오용은 제1언어의 간섭에 의해서만 이루어지는 것이 아니다.

(2) 제2언어습득과 제1언어습득 사이에는 많은 공통점이 있다.

(3) 모어가 다른 학습자들이 같은 계통의 오용을 낳고 있다.

위의 사실들 중에서 (3)은 제2언어 학습자가 계통적인 오용을 낳는 공통된 언어습득 시스템을 보유하고 있다는 것을 의미하는데, 이 시스템을 제1언어와 제2언어 사이를 중간적이고 과도적인 자연언어체계라는 의미에서 중간언어(interlanguage)라고 부르게 되었다. 중간언어라는 말도 이와 같은 오용분석 안에서 생겨난 것이다.

중간언어가 제1언어에서 목표언어인 제2언어에 이르기까지의 언어습득 시스템이며 두 언어와 관련되어 있다는 의미에서 하나의 언어에만 관련된 제1언어의 습득과정 시스템과는 구별된다. 또 제2언어 습득과정에서는 어느 정도까지 습득이 진행되면 그 이상 좀처럼 나아지지 않기도 하고, 나아진다고 해도 전달하고 싶은 의미내용에 주의가 집중되었을 때나 과도하게 긴장하거나 반대로 릴랙스한 때에 「퇴행」(back sliding)되어 버리는 현상이 있다. 이 현상은 「화석화」(fossilization)라고 불리는데 이러한 화석화 현상이 제1언어습득에서는 일어나지 않는다는 점에서도 제1언어와 제2언어의 습득과정은 구별된다.

오용의 종류는 여러 부분에 걸쳐서 표기, 음성, 음운, 형태소, 통어, 커뮤니케이션 등 각 레벨의 오용을 생각할 수 있다. 오용을 원인별로 크게 두개로 나누면 모어의 간섭에 의한 오용과 비간섭에 의한 오용으로 나누어진다. 예를 들면 영어를 모어로 하는 학습자가 일본어의 ラ行자음의 「はじき音」(flap)을 영어의 「そり舌音」(retroflex)으로 해버리는 오용이나 「*ごろ8時」와 같은 어순의 오용 등은 간섭에 의한 오용으로 여겨진다.[74]

비간섭 오용에는 외적인 요인에 의한 오용과 학습자의 내적인 요인에 의한 오용이 있

74)또한 언어 습득과정에서 다른 언어의 영향을 일반적으로 言語轉移(language transfer)라고 부르는데, 언어전이에는 오용으로 이어지는 負의 言語轉移(negative language transfer), 즉 간섭과 언어습득을 오히려 촉진하는 正의 言語轉移(positive language transfer)가 있다.

다. 외적인 요인이라는 것은 교사의 교습법이나 교재 등이며, 예를 들면 영어의 “you”에 해당되는 말을 「あなた」로 밖에 가르치지 않는 교사와 “you”가 「あなた」로 빈번하게 나타나는 구조 실러버스 교재가 원인으로 학습자가 윗사람에게 「*あなたはおいくつですか」라는 표현을 해 버리는 오용 등이 이런 종류의 오용이라고 생각된다. 이러한 오용은 「誘発에 의한 오용」(induced error)이나 「훈련상의 전이」(transfer of training)에 의한 오용이라고 불려진다.

내적인 요인에 의한 오용에는 학습자가 「유추」(analogy)나 과잉일반화 때문에 범하는 오용이 있는데 「학습전략」(learning strategy)에 의한 오용이라고 불려진다. 예를 들면 「です」의 부정형을 「ではありません」이라고 일반화해 버린 나머지 「*ここは寒いではありません」으로 해버리는 오용 등이 이에 속한다.

내적인 요인에 의한 오용에는 또한 의사소통 전략(communication strategy)에 기인한 오용도 생각할 수 있다. 전달상의 문제에 직면했을 때, 예를 들면 모어에 의지한다든지 불충분한 어휘범위 내에서 새로운 것을 표현하려고 「口頭試験」(oral examination)이라고 말해야 할 부분을 「口の試験」이라고 말해버리는 오용 등이 바로 그것이다.

이와 같이 어떤 오용이 어떤 원인으로부터 생기는가를 찾아가는 가운데 오용분석은 언어습득상의 학습자의 내적 매카니즘도 밝혀내었다. 그 결과 오용은 언어습득상 자연스럽고 불가피한 것이라는 점일뿐 아니라 언어습득이 진행되고 있다는 확실한 증거이기도 하다고 생각하게 되었다. 이것은 학습자 측에 선 발상이며 오용 분석은 학습자 중심의 언어교육을 촉진시켰다고도 할 수 있다.

그러나 형용사 과거형 습득연구의 구체적인 예에서도 지적한 바와 같이 오용분석이 밝힌 계통적 오용은 중간언어라는 학습자언어 총체의 일부에 지나지 않는다는 점에서 오용분석은 중간언어의 일부밖에 진단할 수 없다는 비판이 나온다. 이미 구체적인 예에서 지적한 바와 같이 오용과 동시에 정용도 만들어내는 학습자언어의 총체적인 매카니즘 및 습득과정을 오용분석은 설명할 수 없다는 비판이다.

또한 오용분석이 「언어전이」라는 사실을 과소 평가한 경향이 있었다는 점과 오용의 판정이 어렵다거나 학습자의 회피는 분석을 할 수 없다는 등의 한계가 드러나게 되었다. 결과 1970년대 중기 이후에는 오용과 정용, 또 오용과 정용의 바리에이션 변화의 과정을 단순히 음성, 음운, 형태소, 통어의 레벨뿐 아니라 언어행동이라는 커뮤니케이션 레벨에까지 확대해서 관찰하고 제2언어 습득과정을 밝힘과 동시에 그 습득과정을 설명하기 위한 제2언어 습득이론의 구축을 목표로 한 학습자 언어인 ‘중간언어(interlanguage)’연구로 넘어가게 되었다.

<표 4> 오용의 원인에 따른 분류

종류		특징
간섭에 의한 오용		모어의 간섭에 의한 오용
비간섭에 의한 오용	외적인 오용	유발에 의한 오용, 훈련상의 전이
	내적인 오용	학습전략에 의한 오용(과잉일반화, 유추) 의사소통전략에 의한 오용

<표 5> 오용의 범위에 따른 분류

	종류	특징
제1분류	실수(mistake)	우발적이며 일시적으로 문제 삼지 않는다.
	오류(error)	체계적이며 장기적으로 문제가 된다.
제2분류	글로벌에러(global error)	오용이 큰 장해가 되어 문장이 이해되지 않는다.
	로컬에러(rocal error)	문장의 이해에는 거의 영향이 미치지 않는다.
제3분류	言語間에러	모어의 영향에 의해 생겨나는 오용
	言語內에러	학습하는 언어 중에 활용을 잘못해서 생겨난 오용

3.3. 중간언어

제1언어와 제2언어 사이의 중간적이고 과도적인 자연언어체계라는 의미에서 '중간언어'라는 말을 사용하였는데 이것도 이와 같이 오용분석 안에서 생겨난 것이다. 1960년대 후반에서 70년대 초반에 걸쳐서 Selinker를 비롯한 여러 연구자들은 학습자의 언어체계에 관심을 가지고 학습자특유의 언어체계를 관찰하여 제2언어습득 과정을 밝히려고 했다.

중간언어라는 말 그대로 모어에도 목표언어에도 속하지 않은 그 중간에 위치한 언어로서 목표언어의 바른 체계에 다다를 때까지 끊임없이 수정되고 재구조화되어 가는 '변화하는 체계'라고 할 수 있다. 중간언어는 일정한 체계성을 가지고 있으며 새로운 형식이나 규칙을 받아들여 또 다른 형식을 만들어 가는 것으로 한 개인의 언어체계 내에서도 같은 의미를 표현하는데 다른 형식이 존재하기도 한다.

또한 중간언어의 발달과정에서 과잉일반화나 모어의 영향을 받기 쉬우며 때로는 습득되었다고 생각했던 항목이 긴장 등에 의해 다시 이전의 틀린 상태로 돌아가는 '퇴행

(backsliding)현상' 이나 불완전한 채로 정착되어버리는 '화석화(fossilization)'현상을 겪기도 한다. 화석화현상은 오류에 대한 긍정적인 강화 때문에 발생하는 것이 일반적이다. '긍정적 강화' 란 목표언어와 똑같지 않은 발음이나 표현일지라도 서로 잘 통하게 됨에 따라 강화되어 버리는 경우로 이민자들 언어에 많다. 이민자들의 중간언어 형태중 하나로 모어와 목표언어를 섞어 쓰는 혼합어, 즉 '피진(pidgin)'이 있다. 피진 사용자들의 2세는 이러한 언어를 모어로 사용하게 되는데 이를 '크레올(creole)'이라고 한다.

중간언어는 학습자가 의사소통목적을 달성하기 위해 자기가 알고 있는 모든 언어지식을 이용하는 과정에서 자신의 언어체계를 바탕으로 스스로 새로운 언어체계를 창조하기도 한다는 점은 아이가 제1언어를 습득할 때와 유사한 발달단계를 보이기도 한다. 그러므로 제2언어를 학습한다는 것은 단순한 재구조화과정이 아니라 재창조적인 과정이라고도 할 수 있다. 학습자는 실수투성이의 불완전한 언어를 만들어내는 존재가 아니라 유의적인 상황에서 학습자가 목표언어의 형태와 기능에 직면할 때 자기의 언어 환경에 따라 창조적으로 행동해 가면서 논리적으로 체계적인 습득단계를 거쳐 계속 밀고 나가는 존재이므로 중간언어 연속체는 '발전적인 연속체'로 간주할 수 있고 제2언어 학습자는 '논리적이고 체계적인 습득단계를 거쳐 가는 지적이고 창조적인 존재' 로 보아도 좋을 것이다.

Selinker는 중간언어를 만들어내는 요인으로 화석화를 지적했는데 화석화의 요인을 다음의 5가지로 요약했다.

(1) 언어전이(language transfer)

학습자의 모어가 제2언어습득에 영향을 끼치는 것을 '언어전이'라고 한다. 대조분석 연구에서는 모어가 제2언어습득에 나쁜 영향을 주었다고 생각했기 때문에 '모어의 간섭'이라는 표현을 썼는데 언어전이에는 좋은 영향을 끼치는 경우와 나쁜 영향을 끼치는 경우 모두를 생각할 수 있다. 한국인의 일본어습득을 예로 들어 보면 한국어와 일본어는 어순이 같고 한자를 사용하는 문화권이라는 점에서는 한국어가 일본어습득을 도와주는 역할을 하지만, 한국어에는 장음과 단음의 구별이 거의 없으므로 일본어의 장음발음을 습득하기에는 곤란하다는 것이 그것이다. 이와 같이 모어가 제2언어습득에 좋은 영향을 끼칠 때를 「정(正)의 언어전이」라고 하며 나쁜 영향을 끼칠 때를 「부(負)의 언어전이」라고 한다. 부의 언어전이가 일어난 말이 상급수준에 달해도 없어지지 않고 남아서 학습자의 오용을 유발하는데 이것이 화석화의 요인이 되는 것이다.

(2) 과잉일반화(overgeneralization)

학습자가 제2언어의 특정한 규칙이나 항목을 다른 말에도 확대 해석하여 일반화시켜

버림으로써 나타나는 언어내 오용의 하나다. 일본어 형용사 과거형의 습득을 예로 들어 보면 'さむかったです'라고 해야 할 형용사 과거형을, '명사 + ～です'의 과거형이 '명사 + ～でした'라는 문법을 배우 후에 'さむいでした' 라고 형용사에도 적용시켜 버림으로써 오용을 일으키는 것으로 한국인 학습자들에게서 자주 보이는 오용의 예다.

(3) 훈련상의 전이(transfer of training)

교실에서의 지도나 연습 등이 학습자의 습득이 부정적인 영향을 끼치는 것을 훈련상의 전이라고 한다. 원인에는 교사의 교수법이나 부적절한 교재 등이 있는데 예를 들면 'you'가 'あなた'로 빈번하게 나타나는 구조 실러버스 교재가 원인으로 학습자가 윗사람에게 '*あなたはおいくつですか'라는 표현을 사용해 버리는 오용 등이 있다.

(4) 학습전략(learning strategy)

학습전략이란 학습효과를 높이기 위해서 취하는 구체적인 행동이나 태도를 칭하는데 화석화의 원인이 되는 학습전략이란 부적절한 행동이나 적용방법이 서툴기 때문에 오용으로 이어지는 전략을 가리킨다.

(5) 의사소통전략(communication strategy)

의사소통전략이란 학습자가 의미를 표현하는데 있어서 언어 지식이나 능력이 부족하여 말이나 표현이 떠오르지 않아 의사소통에 문제가 생길 때 사용하는 전략으로 의사소통을 원활하게 하는 것이 목적이다. 예를 들면 의사소통 중에 자신의 생각이 의도대로 전달되지 않을 때 다른 표현을 쓰거나 얼버무림 등으로 대화를 이어가는데 이것은 성공적인 전략으로 작용하기도 하지만 모어를 써 버리거나 메시지 전달을 적당히 회피해버리는 전략은 화석화되면 오용으로 이어지는 부정적인 전략이 되는 것이다.

1970년대 중기 이후에는 오용과 정용, 또 오용과 정용의 양상 변화의 과정을 단순히 음성, 음운, 형태소, 통어의 레벨뿐 아니라 언어행동이라는 커뮤니케이션 레벨에까지 확대해서 관찰하게 되었다.

먼저 음성·음운습득 연구는 「중간언어 음운론」(interlanguage phonology)을 발전시켜 그 분야에서의 「유표성」(markedness)의 개념을 확립함과 동시에 학습자가 언어전이라는 영향을 받으면서도 공통된 음성·음운적 발달과정을 거친다는 사실을 밝히는 등 많은 성과를 낳았다.[75)]

형태소 습득연구에서는 「형태소의 자연스러운 습득순서」에 관한 일련의 연구가 나왔

---

75) 有標(marked)와 無標(unmarked)라는 개념은 언어연구의 여러 영역에서 사용되는데 언어 습득 연구에서는 일반적으로 습득이 어려운 것을 유표, 그렇지 않은 것을 무표로 하고 있다.

다. 이 자연스러운 습득순서라는 생각은 통어규칙의 습득연구로도 확대되어 부정문이나 의문문, 관계절의 습득에서도 자연스러운 습득순서가 있다고 하는 연구 성과를 낳는다. 또한 그 외에 많은 연구 성과와 더불어 제2언어 습득과정을 설명하기 위한 여러 가지 습득모델, 습득이론이 구축되게 된다.

언어가 구체적인 상황 아래 행동으로 이어지는 가운데 담화로서 어떠한 의미・기능을 가지는가라는 연구는 「語用論」(pragmatics)이나 「談話分析」(discourse analysis)이라는 것인데 화용론이나 담화분석의 발전과 함께 커뮤니케이션 레벨에서의 중간언어 연구도 여러 분야에 걸쳐서 발전했다. 문어체 말과 회화체 말의 혼동, 부적절한 대우표현이나 맞장구의 사용, 그 외에 회화가 일방적이기 때문에 상호적이고 부드러운 커뮤니케이션이 성립되지 못하는 문제, 한번 성립되지 않은 커뮤니케이션을 어떻게 회복하는가 하는 문제, 또 모어 화자와 교사가 학습자 언어에 맞추기 위해 모어 화자끼리의 그것과 다른 말을 사용하는 경우가 있는데 그것을 「フォリナー・トーク」(foreigner talk) 또는 「ティーチャ・トーク」(teacher talk)라고 부르는데, 그것이 학습자에게 입력되는데 어떻게 기능하는가 하는 문제 등이 거론되어 여러 관점에서 중간언어 발달과정의 해명이 시도되고 있다.

제2언어습득에 있어서 불가피하게 일어나는 언어전이의 문제도 그 중요성이 재인식되게 되어 그 문제의 소재를 밝히는 대조분석이 새로운 발전을 이루게 된다. 오용분석 이전의 대조분석이 오용의 요인이 된 간섭인 「負」의 언어전이에만 관심이 있었던 것에 비해 새로운 대조분석은 언어습득을 오히려 촉진시키는 「正」의 언어전이에도 관심을 돌리게 됨과 동시에 그 영역을 음성・음운론이나 통어론에서 담화분석, 화용론으로까지 확대시켜 「언어전이」로 이어지는 언어 간의 공통점과 차이점을 밝히려고 한다. 대조분석을 하는 주체에 관해서도 가르치는 쪽만 아니라 학습하는 쪽에도 그것을 인식시켜 학습자가 모어능력을 활용해서 스스로 행하는 대조분석의 의의가 제창되어지고 있다.

그러나 중간언어 연구에서는 연구자마다 중간언어를 칭하는 용어가 달랐으며 중간언어의 실체를 확립이 어렵다는 등의 문제점이 대두되기도 하였다.

제4절 제2언어습득에 관한 이론과 모델

4.1. 보편문법 이론(Universal Grammar Theory)

Chomsky의 변형생성문법이 주류를 이루던 1960년대 후반 이후 언어습득연구에 가장 큰 영향을 끼친 이론이 보편문법 이론이다. Chomsky에 따르면 보편문법이라는 것은 인간내부에 선천적으로 타고나는 언어습득장치(Language Aquisition Device; LAD)가 있어서 그것을 바탕으로 언어를 습득하게 된다는 것이다. 즉 언어습득장치 덕분에 어린 아이가 주위에서 보고 듣는 한정된 입력만으로도 인간언어를 구성하는 매우 복잡한 체계를 습득할 수 있게 되는 것이다. 보편문법이론에 의하면 인간의 언어는 핵심문법(Core grammar)과 주변문법(Peripheral grammar)으로 이루어져 있다. 핵심문법은 원리(Principles)와 매개변항(Parameter)으로 구성되어 있는데, 원리는 모든 사람들이 모어를 습득하기 전에 가지고 태어나는 능력이며 매개변항은 언어간의 차이를 가지고 오는 몇 가지 특징적인 자질이라고 한다. 주변문법은 어떤 한 언어만이 가지는 독특한 특징이므로 연구자들의 관심의 대상이 되지는 못했다.

보편문법이론은 종래의 자극-반응의 반복에 의해 습관이 형성되어 그것이 학습으로 이어진다고 생각했던 행동주의적인 학습관의 문제점을 설명했고 언어학의 새로운 이론을 형성하는데 기여했다. 그러나 보편의 원리나 매개변항은 복잡한 내용이며 추상적이어서 그 실체를 관찰할 수 없으며 제2언어습득에서 보편문법의 역할 등이 문제점으로 제기되고 있다.

4.2. 문화변용 모델(Acculturation Model)

Schumann이 제창한 모델로 '문화적동화 모델'이라고도 한다. 그는 "제2언어습득은 학습자가 목표언어의 문화에 적응하는 과정이다"고 생각하여 습득정도는 학습자와 목표언어문화의 사회적 거리와 심리적 거리에 의해 정해진다고 주장했다. 즉 제2언어학습자가 목표언어 집단의 문화습득 과정에서 목표언어 사용자로부터 느끼는 사회적 심리적 거리는 목표언어 사회에 대한 유대감을 촉진시키거나 저해시키는 요소로 나타나 제2언어습득에 영향을 주게 된다는 것이다.

이 문화변용 모델을 더욱 발전시킨 Andersen은 제2언어습득을 피진(pidgin)화 되거나 크레올(creole)화 되는 것과 마찬가지로 동화작용의 일종으로 생각하여 습득 초기단계에서는 모어화(nativization) 현상이 존재하나 습득이 진행되어감에 따라 탈모어화(denativization) 현상이 보인다고 하였다. '모어화'란 피진과 같이 학습자가 목표언어를 자신이 내적으로 간소화시킨 규범에 맞추어 수정해 가는 것이며 '탈모어화'란 외적인 규범 즉 목표언어의 규범에 맞추어 수정해 가는 것이라고 했다. 그리고 학습자가 목표언어의 문화에 대해 심리적, 사회적 거리를 좁혀가는 것이 탈모어화(습득)를 촉진시킨다고 생각하여 이것을 문화적응의 단계라고 하였다.

Schumann을 비롯한 이들 연구자들의 생각은 그때까지의 제2언어습득 연구에서 다루지 않았던 사회적 심리적 요인에 초점을 맞추어 그 역할을 각자의 입장에서 주장했다는 점이 평가받을 만하다. 그러나 모두 학습자 언어인 중간언어가 변화해 가는 언어체계라는 점과 학습자에 의해 언어습득의 성공여부가 결정된다고 주장하는데, 학습자 내부에서 목표언어가 어떤 식으로 채워져 가는지에 대해서는 설명이 없다. 그리고 '사회적, 심리적 거리'를 어떤 식으로 측정하는가에 대한 객관적인 회답을 얻을 수 없다는 문제점도 남아 있다.

4.3. 모니터 모델(Monitor Model)

1970년대부터 1980년대 초반에 걸쳐 언어습득 분야에 영향을 끼친 이론으로 Krashen에 의해 주장된 언어습득 모델이다. Krashen은 1970년대에 발표된 형태소의 습득 순서 연구와 읽기테스트, 쓰기테스트 등 과제의 차이에 따라 습득순서가 달라진다는 연구(Larsen Freeman 1975)에 흥미를 가지고 제2외국어습득의 내면화 과정을 기술하기 위하여 5가지 가설을 내세우고 있다 .

(1) 습득-학습가설(The Acquisition-Learning Hypothesis)

습득(acquisition)이란 어린 아이가 모어를 배울 때 자연스러운 상황 속에서 사용하면서 무의식중에 말을 배워가는 과정과 마찬가지로 의미에 초점을 맞추어 자연스러운 커뮤니케이션의 결과로서 무의식언어를 배워가는 것이다. 반면 학습(learning)이란 학교에서 이루어지는 외국어교육과 같이 문법형식을 의식적으로 배운 결과로 일어나며 '학습'과 '습득'은 서로 독립된 것으로 서로 영향을 주는 일은 없다고 주장했다.

(2) 자연 순서성 가설(The Natural Order Hypothesis)

서로 다른 모어를 가진 학습자를 대상으로 서로 다른 지역에서 영어습득을 조사한 결과 그들이 습득한 영어의 형태소순서에는 상관관계를 볼 수 있었다. 이 결과로부터 Krashen은 어른이든 아이든 모어에 차이가 있든 어디에서 누구에게 배웠든 간에 제2언어를 습득할 때는 어형변화나 문법규칙 등을 익히는데 일정한 보편적인 순서가 존재하며 그것은 예측 가능한 것이라는 가설이다.

(3) 모니터 가설(The Monitor Hypothesis)

언어의 실제적인 운용능력은 '습득'에 의해 획득되지만 '학습'에 의해서 체계적으로 배운 문법규칙이나 지식은 어느 정도 시간이 주어지는 경우에 자신의 발화나 작문의 오용을 체크하거나 정정하는 경우에 도움이 된다. 즉 모니터의 역할을 한다는 것이다. 모니터로서 활동하기 위해서는 3가지 조건을 충족시켰을 경우에 가능한데 그 조건은 충분한 시간과 언어행동의 초점이 의미가 아니라 형식에 있을 것, 그리고 그 규칙을 알고 있을 것이라는 조건이다. 또한 '모니터'는 '학습'에서 얻어진 문법규칙을 토대로 '정확한 문장'을 만들려고 하는 의식이므로 모니터 기능이 과다하면 학습자는 언어사용장면에서 너무 '정확함'만을 추구한 나머지 자연스러운 대화를 이어가지 못한다. 그런 의미에서도 제2언어 운용능력을 육성하기 위해서는 '습득'이 중요하다는 가설이다.

(4) 입력 가설(The Input Hypothesis)

언어습득을 촉진하기 위해서는 이해 가능한 입력(comprehensible input)을 충분히 받을 필요가 있다는 생각이다. 입력이란 학습자에게 어떤 형태로 들어온 목표언어에 대한 정보이며 교사로부터 배운 지식이나 주위사람들의 회화나 텔레비전이나 테이프에서 흘러나오는 목표언어회화, 읽은 책이나 신문내용 등이다. 이해할 수 없는 입력이란 듣거나 읽어도 이해할 수 없을 정도로 난해한 입력으로 학습자에게는 잡음에 지나지 않으며 습득으로 이어지지 않는다. 그에 비해 이해 가능한 입력이란 학습자의 현재의 레벨보다 조금 높은 단계의 입력을 가리키며 'i+1'의 입력이라고 했다. 'i'란 현재의 학습능력을 가리키며 'i+1'이란 그것보다 조금 높은 레벨을 나타내고 있다. 이해 가능한 입력은 모니터 모델 중에서도 중요한 생각으로 학습촉진의 기반이 되고 있다. 즉 학습을 촉진하기 위해서는 말하기보다 이해하기가 중요하다는 생각, 그 후에 이해 가능한 입력을 충분히 해 주는 것을 중심으로 한 언어 교수법인 'Natural Approach'를 제창했다.

(5) 정의필터 가설(The Affective Filter hypothesis)

정의필터란 습득을 방해하는 '심리적 장벽'을 말한다. 학습자가 불안한 상태에 있을 때에는 입력이 여과장치인 필터를 통과하기 어렵게 되므로 기억되지 않아서 습득으로 이어지지 않는다. 즉 동기부여가 높고 자신감이 있으며 불안감이 없는 편안한 상태라면 정의필터의 벽이 낮아서 많은 입력을 받아들이기 쉽게 되어 습득이 이루어진다고 생각하고, 반대로 자신감이 없고 불안한 상태라면 정의필터가 높아서 입력을 받아들이기 어렵기 때문에 습득이 늦어진다고 생각했다. 학습자가 입력을 효과적으로 하기 위해서는 교사가 교실에서 학습자의 불안을 제거하고 학습자가 스스로에게 좋은 이미지를 가지게 하여 학습동기를 강화할 수 있도록 지도하는 것이 중요하다고 주장했다.

4.4. 유표성 차이 가설(Markedness Differential Hypothesis)

'유표성'이라는 개념을 제2언어습득 이론에 적용한 것은 Eckman(1977, 1984, 1985)이다. 그는 모어와 제2언어의 차이가 제2언어습득에 영향을 끼치는 것이 아니라 학습항목의 유표성이 높은가 낮은가에 의해 학습의 어려운 정도가 정해진다고 했다. '무표'라는 것은 형태가 더 단순하고 더 많은 언어에서 볼 수 있으며 각 언어에서 사용빈도가 높은 항목, 즉 '당연한 것'을 가리킨다. 예를 들어 "見る"와 "見ます"를 비교하면 "見ます"에는 "ます"라는 특별한 표식(marked)이 더 있으므로 '표식이 있다'는 의미에서 '유표'라고 한다. 반면 "見る"는 "見ます"에 비해 더 일반적인 표현이며 "ます"라는 특별한 표식이 없으므로 '무표'라고 하거나 '유표성이 낮다'고 한다. 형용사의 쓰임에 있어서도 "長い"와 "短い"라는 말을 비교해 보면 "長い"가 "短い"보다 더 일반적으로 사용되므로 "長い"를 '무표'라고 하고 "短い"를 '유표' 또는 '유표성이 높다'고 하여 "短い"의 습득이 더 늦어진다고 하였다.

그러나 '유표성'이란 하나의 경향에 불과하므로 '유표'와 '무표'를 확실하게 구분 지울 수 있는 근거가 부족하다는 문제점이 지적되고 있다.

제5절 제2언어습득과 일본어 교육

일본어 교육학계에서 오용분석이 활발하게 이루어지기 시작한 것은 1970년대 후반부터인데 당시의 오용분석은 주로 다음 두 개의 목적을 위해 이루어지고 있었다. 하나는 오용분석을 교재나 교수법 개발에 활용하려는 것이고 또 하나는 오용분석을 일본어 문법

체계의 해명에 활용하려는 것이었다. 교재나 교습법의 개발이라는 점에서 오용분석의 두드러진 성과는 볼 수 없었지만 일본어 문법체계의 해명에 공헌한 오용분석의 성과에는 최근의 것을 포함해서 평가할 만한 것이 상당히 많다. 그러나 제2언어 습득 매카니즘의 해명에 기여할 만한 오용분석의 모습은 제시되지 못했다.

일본어 오용분석에서 또 하나의 특징적인 사실은 중국어, 한국(조선)어, 영어 등 특정한 언어를 모어로 하는 학습자를 대상으로 한 연구가 비교적 많다는 사실이다. 이들 연구에서 공통된 특징은 학습자의 모어와 일본어와의 음성・음운, 어휘, 혹은 통어적인 차이점을 찾아내어 그 차이점이 어떠한 오용으로 이어지는가를 밝히고 있는 점이다. 역사적으로 오용분석이 모어의 차이에 관계없이 계통적인 오용을 낳는 언어습득 매카니즘에 주목했다는 점을 생각하면 보면 이들 오용분석의 대부분은 이론적으로는 오용분석 이전의 대조분석에 근거하고 있고, 그 테두리 안에서 모어의 간섭에 의한 오용을 지적한 것이라고 말할 수 있다.

일본어 학습자의 습득과정의 해명이라는 명확한 목적을 가진 오용분석이나 중간언어 연구를 촉진시킨 것은 일본 동화「桃太郎」를 이용해서「が」와「は」의 습득연구를 한 라셀(Russell, 1985)[76]이라고 할 수 있는데, 이런 종류의 연구가 특히 눈에 띄게 된 것은 1960년대에 들어와서부터다. 음성・음운 레벨에서는 외래어의 일본어화 규칙이나 엑센트, 억양의 습득연구, 형태소, 통어 레벨에서는 일본어 형태소나「が」와「は」를 시작으로 한 여러 조사의 습득순서 연구가 주로 횡단연구로서 이루지고 있다. 또한 학습자 개개인의 습득과정을 총합적으로 쫒는 종단연구도 이루어지게 되었다. 또한 커뮤니케이션 레벨에서의 중간언어 발달의 여러 모습을 해명하는 연구로서 foreigner talk, teacher talk나 모어에서의「感謝」와「詫び」등의 방법이 목표언어에도 전이된「プラグマティック・トランスファー」(pragmatic transfer) 연구도 활발히 이루어지게 되었다. 마지막으로 최근에 이루어지고 있는 일본어 습득모델・습득이론을 몇 개 소개하고 이 장을 끝내고자 한다.

도이(土井)・요시오카(吉岡)(1990)[77]의 연구는 피네만 존스톤 모델(Pienemann-Johnston Model)이라는 습득모델을 일본어 학습자에 의한 조사「は」「を」「が」의 습득순서 해명에 응용한 것이다. 이 모델은 언어운용상의 제약이 약한 것부터 습득된다는 것인데 土井・吉岡(1990)는 일반적으로 자주 사용되고 운용상 제약이 약한「は」에서 제약이

76) Russell , R . A.,1985, “An analysis of student errors in the use of Japanese-WA and -GA.” Papers in Linguistics 18 : 2 : 197-221.

77) 土井利幸・吉岡薫「조사습득에 있어서 언어운용상의 제약 - 피네만 존스톤 모델의 일본어 습득연구로의 응용」Proceedings of the 1st Conference on Second Language Acquisition and Teaching pp.23-33. International University of Japan. 1990

강한「を」→「が」의 순서로 습득이 진행된다는 가설을 실험적인 데이터에 의해서 나타냈다.

나가토모(長友)(1991년)[78]는 우선 소설「雪国」을 이용한「が」와「は」에 관한 실험에서 일본어 모어화자 간에「が」「は」의 선택에 가변성, 즉 동요(動揺)가 관찰된다는 사실, 그리고 동시에 그 가변성이 세대간에서 대단히 높은 통계적 상관성을 나타낸다는 사실을 보고 계통적인 것이라는 사실을 밝혔다. 그리고 그 후 같은 실험을 일본어 학습자에게도 행하여 일본어 학습자의「が」와「は」의 습득과정이 이 계통적 가변성에 근접해 가는 과정이라는 사실을 밝혔다. 長友(1993)는 이것을「계통적 가변 모델」(Systematic Variation Model)이라고 부르고 있다.

인간이 태어나면서부터 가지고 있는 언어능력을「보편문법」(Universal Grammar)라고 부르는 경우가 있는데 이 보편문법이 제2언어습득에 있어서도 활성화되는가 아닌가 하는 물음은 제2언어 습득 연구에서 극히 중요한 물음이 되고 있다. 토마스(Thomas, 1991)[79]의 연구는 이 물음에 대답하고자 한 것으로 영어나 중국어를 모어로 하는 화자가 일본어를 습득 할 때 이 보편문법이 활성화된다는 실험 데이터를 제시했다. 이러한 제2언어 습득이론은「보편가설」(Universal Hypothesis)이라고 불려지고 있다.

사사키(Sasaki, 1991)[80]는 주어라는 것의 인정에 관한 언어 심리학적 실험을 한 결과 영어를 모어로 하는 화자가 어순이라는 통어적인 것을 힌트로 주어를 고르는 데에 반해, 일본어 학습자뿐만 아니라 영어 학습자도 일본어 모어 학습자와 마찬가지로 생물인가 무생물인가라는 어휘 의미를 힌트로 주어를 선택하는 것을 발견한다. 즉, 어휘 의미에 근거한 전략 쪽이 어순에 근거한 전략보다 우선된다는 말이다. 바꾸어 말하면 토픽+코멘트라는 일본어 같은 언어형성이, 주어+술어라는 영어 같은 언어형성에 선행된다는 것이다. 이러한 제2언어 습득모델은「경쟁모델」(Competition model)이라고 부르고 있다.

이 외에도 예를 들면 일본어 학습자에게 공통되는 부정표현의 발달단계가 있다는 사실을 밝힌 카나기(Kanagy, 1991)[81]의 습득모델 등이 주목받고 있다. 그러나 여기서 소개한 습득 모델·습득이론은 어느 것이나 아직 확립된 것은 아니다. 앞으로 이들 습득모

---

78) 長友和彦「담화에 있어서「が」「は」와 그 습득에 대해 - Systematic Variation Model-」『日本語심포지엄 : 언어이론과 일본어 교육의 상호활성화』子橋集 pp.10-24 津田日本語教育センター1991

79) Thomas, M., 1991, "Universal Grammar and the interpretation of reflexives in a second language." Language 67 : 2 : 211-239.

80) Sasaki, Y., 1991, "English and Japanese interlanguage comprehension strategies : An analysis based on the competition model." Applied Psacholinguistice 12 : 1 : 47-73.

81) Kanagy, R., 1991, Developmental sequences in the acquisitiol of Japanese as a foreign language : The case of negation. Unpublished Phd dissertation, University of Pennsylvania.

델・습득이론이 다시 검증되고 세련되어 감에 따라 새로운 습득모델・습득이론이 구축되기를 기대하고 있다.

본 장은 주로 오쿠다(奥田 編, 1992)[82]와 나가토모(長友, 1993)[83]를 정리한 형태로 제2언어로서의 일본어의 습득연구를 개관하고, 안정자의 제2언어습득 연구의 정리를 추가하여 구성하였다.[84]

(長友和彦・安貞子)

과제1

다음 작문은 태국인 일본어 학습자가 쓴 것이다.

(1) 오용을 찾아내어 분류하고 그 오용의 원인에 대해서 고찰하시오.

(2) 가능하다면 태국어 모어화자에게 협력을 받아 태국어 간섭에 의한 오용으로 생각되는 것에 대해 고찰하시오.

(3) 이 학습자는「行く」와「来る」를 어떠한 규칙으로 구별하고 있는지 고찰하고 가능하다면 그것이 태국어의 규칙과 같은지 알아보시오.

---

82) 奥田邦男(編)『교직 과학강좌 제25권 : 일본어 교육학』福村出版 1992
83) 長友和彦「일본어의 중간언어연구-개관-」『일본어 교육』81호 pp.1-18 日本語教育学会 1993
84) 안정자(2005)「한국인 일본어 학습자의 학습전략에 관한 연구」부산외국어대학교 박사논문

　　日本へ行く前に私は外国へ行ったことが
ありませんでした。それで日本へ行くのは私
の外国へ行くのはじめでした。うれしかった
です。日本へ行く前に、母は私に日本へ行く
時は日本の秋と冬ですよ。日本のきこうは寒
いからたくさん洋服を得ってくださいと言い
ました。私は十月二日に広島へ来ました。そ
の時は秋でした、ときどきちょっと赤葉を見
えました。きれいだったと思いました。外い
は夏と雨がふりきせつと冬があって秋はない
から私は赤葉を見たことがありませんでした
　　日本ではむしがあまりいないことがすき
です。でもpriratayはあまりないのがきらいで
す　たとえば私のへやはかぎをかけられない
のです。はじめ日本語を習った時に　たいへ
んむずかしだと思いました　でもとてもやさ
しい先生がかんたんに教えてくださって　い
つもかんばってくださいと言って　私はたの
しくておもしろくてよくわかりました。
　　日本の冬になって、あつい国から来た人

がとても寒かったと思いました　私はよるま
でヒターをつけたのに、あまり勉強をできま
せんでした。でも今なれていました。
　　私は日本の料理が食べられますが、すき
ではありません。外の料理のほうが日本の料
理よりからいです。そしてときどき私の友だ
ちの家で私は友だちといっしょうに外の料理
を作って食べます。
　　日本へ行く前に私は外で少し日本語を習
ったことがあったのに、読むことと書くこと
ができませんでした。五か月ぐらい習って、
今私は日本語を読むことや書くことや話すこ
とができるようになったのは　　　先生と
　先生にはずいぶんお世話になっておもしろ
くてたのしく教えていただったからです　ど
うもありがとうございました。さいごは　私
(finally)
がMONBUSHOに日本へ来るの機会をもらって　あ
りがとうございます。

과제2

다음 일기는 뉴질랜드인인 일본어 학습자가 쓴 것이다.

(1) 오용을 찾아내어 분류하고 그 오용의 원인에 대해서 고찰하시오.

(2) 가능하다면 뉴질랜드인(혹은 영어를 모어로 하는 화자)에게 협력을 받아 영어의 간섭에 의한 오용으로 생각되는 것에 대해서 고찰하시오.

(3) 이 학습자에 의한 「형용사 과거형」의 습득과정을 밝히고, 어떤 습득모델이 그 습득과정을 설명할 수 있는지를 생각하시오.

10月 29日
せんしゅうは いそがしいでした。どよびはすぎとのぎょこうこうへいきました。すぐそのあとせんせいのうちへいきました。 をすしを たべました。おいしでした。わたしは すかれたでした。にちよびはあきはばらへいきました。christmasのかえものをしました。あきはばらは いそがしいでした。 げつよびは がっこうへ いきました。 さむいでした。がっこうは じゅにじはんまだでした。 すぐ そのあと chrisamasパレゼントをつつみました。 すいよびはてんきでした。テンニスを しました。

10月 30日
きのは もくようびでした。 さむかたでした。 しちじごろに おきました。コーヒーをのめました。がっこうへいきました。 ひまでした。がっこうでにほんごのべんきょうをしました。 ごじごろ Makさんにあいました。わたしは すかれたでした。てれびをめました、でも、わかりませんでした。 しゃわをしました。 じゅじごろに によした。えいごのほんをよみました。さむかたでした。

11月 6日

きょうはさむいでした。 がっこうへいきました。にじごろからでした。 でむ
わたしはしごとをしました。
さんじはんにうちへかえりました。てぐみがありました。てぐみをよみました。てぐみは
ちょせいでしたが おもしろいでした。こちゃをのみましたと
さんどをたべました。おいしかたでした。
しんbuんをよみました。すまらないでした。ビデやを いきました。にほんごのくらすへ
きました。
にほんごは むずかしでしが おもしろいでし。

11月 13日

きょうはいそがしかたです。じゅじごろ草加ぶんかかいかんへいきました。
がっくせえとせんせいいきました。おろけすたらをききました。 おろけすたらは
じょしかたですが ちょっとすまらなかたです。しゅうにじはんごろまででした。いちじごろ
うちへ かえりました。テープを ききましたと とまと さんどを たべました。にじに
草加へいきました。草加　でかえました。スーパーでかえものをしました。

과제3

다음은 한국인 일본어 학습자 세 사람의 일기이다.

(1) 오용을 찾아내어 분류하고 그 오용의 원인에 대해서 고찰하시오.

(2) 한국어의 간섭에 의한 오용으로 생각되는 것에 대해서 고찰하시오.

(3) 각각의 학습자에게 공통적으로 나타나는 오용이 있다면 그 원인에 대해서 생각해 보시오.

학습자 A
<ショッピング>
きょうは　アルバイトに　いきませんでした。
そして　わたしは　おそく　おきました。　とても　よかったです。
きょうは　ははと　やくそくが　ありましたから... きょう、ははと　市内に　いきました。
ふくを　かいました。　くろい　スボンと　きいろい　スカトを　かいました。
とても　きれいです。　そして、　きぶんが　よかったです。　くろい　くつも　かいました。
やすくて、きれいでした。　しかし、ふくを　たくさん　かいましたから　おかねが　ないです。
また、　おいしい　ごはんを　たべました。　おいしいですが、　ちょっと　たかかったです。
ひさしぶり　やすみでしたから　とても　たのしいでした。
あ... にほんご　べんきょうは　しませんでした...　すみません...
がっこうで　いっしょうけんめいに　べんきょうします...
きょうは　とても　たのしかったです。

학습자 B
<わたしの ハンドポン>
がっこうの じゅぎょうを おわって、 バースに のりました。
バースの なかに にほんごの テイプをききながら、むさくるしい かばんを 整理を しました。
じょうりを して いろいろ かんがえをしました。
いろいろ かんがえをし、バースに のる ときに なりました。
いえに いって いました。 そのとき、わたしの ハンドポンが ないのを わかりました。
バースの なかに 置いて のりました。 はやく ハンドポンで 電話を かけました。
ハンドポンが 消えて ありました。 ハンドポンはありませんでした。
わたしは ひじょうに 悲しいでした。

学습자 C
<たんじょうび>
きょうは わたしの たんじょうびだ。とても たのしい 日だ。ともだちたちから いわいの
あいさつを 受けた。きもちが とても よかった。がっこうの じゅぎょうが おわって
ボイプランドと いっしょに さしみを たべに いった。 わたしは さしみを とても このむ。
きもちが よかった。おいしかった。 りょうきんは ボイプランドが 出した。
価格が すこく たくさん 出た。 それで ボイプランドに すまないと おもった。
それから くるまを のって うちへ かえった。 うちの まえで ボイプランドが
ケーキの うえに 火を つけて うたを うたった。かんどうを 受けて、ありがたく
おもった。 こんど たんじょうびは ほんとう きおくに 伝わるであろう。

【참고도서】

Ellis, Rod. (1985) Understanding Second Language Acquisition. Oxford : Oxford University Press. 牧野高吉訳(1988)『第二言語習得の基礎』ニューカレント・インターナショナル
Larsen-Freeman, D. and M. H. Long. An Introduction to Second Language Acquisition Research London and New York : Longman

제13장 일본어 교육과 컴퓨터

일본어 교육과 컴퓨터

近年の著しい情報通信技術の発達は、コンピュータの教育メディア化を急激に進行させている。本章では日本語教育にコンピュータを如何に導入し、応用すべきか、さらにマルチメディア日本語教材のあるべき姿と日本語教育への応用についての提言を行う。

まず、コンピュータ支援による言語教授一学習システムに関する用語を整理するとともにそのシステムの発達過程を考察する。次に、言語教育におけるマルチメディア活用の理論的背景について考察したあと、今後画期的な学習効果をもたらすものと期待されているマルチメディアを日本語教育に導入する意義と必要性、その有効性や弱点について考える。

そして、韓国の中学・高校・大学での日本語教育におけるコンピュータ活用の現状と可能性を通し、マルチメディアを韓国の日本語教育で有効に活用していくためにはどのような教材を作成すれば良いのか、またそのインターフェイスとコンテンツの構築はどのようにすればいいのか、その教材のあるべき姿、それに伴う望ましい教師の役割についての考察を行う。

제1절 컴퓨터를 이용한 일본어 교육

요즈음 외국어 교육계에서의 교육 중심은 이해에서 표현중심으로 이동되고 있다. 이제까지 커뮤니케이션 능력 향상을 위하여 보조도구로써 이용되었던 것은 오디오나 비디오가 대부분이었지만, 최근 컴퓨터와 멀티미디어의 결합으로 과거에는 상상도 할 수 없었을 만큼 다채롭고 흥미로운 방법으로 외국어 학습을 할 수 있는 환경이 조성되게 되었다. 많은 교사들은 컴퓨터를 외국어 교육에 어떻게 활용할 수 있을지, 또한 어떤 코스웨어가 커뮤니케이션을 중심으로 하는 교육과정 목표성취에 도움이 될 것인가에 관심을 모으고 있다.

그 영향으로 멀티미디어를 어떻게 활용할 것인지에 대한 연구가 활성화되고 있으며 그 기술을 구사한 외국어학습용 코스웨어가 CD-ROM이나 인터넷상에서 다양하게 개발되었다.

이러한 교재의 멀티미디어화는 지금까지 외국어를 가르칠 때의 난점이었던 「시간 · 공간적 제약」 「음성 · 동영상 · 문자정보의 랜덤엑세스와 무한한 반복 연습의 불가능」 「모국어 화자 교사의 부족이나 생활 · 문화적인 정보와 체험 부족」 「불충분한 학습자중심 교육」 등의 여러 가지 문제를 해결할 가능성이 높을 것으로 기대된다.

따라서 이번 장에서는 일본어 교육과 컴퓨터에 대해서 다음의 4가지를 정리하고자 한다.

첫 번째는 컴퓨터를 이용한 언어교육이 어떻게 발전해 왔는가를, 두 번째는 멀티미디어 일본어 교육의 이론적인 배경을 교육학, 시청각교수이론, 심리학, 제2언어습득이론, 컴퓨터공학 등의 측면에서 살펴본다. 세 번째는 일본어 교육에 있어서 멀티미디어는 어떠한 부분에서 유효하며 교사의 역할은 종래와 비교해서 어떻게 변화되고 있는가, 네 번째는 한국의 일본어 교육에 있어서의 컴퓨터 활용 현황과 가능성을 명확하게 하고자 한다.

제2절 컴퓨터 지원에 의한 언어교수·학습 시스템의 발전과정

컴퓨터는 원래 인간이 행하고 있는 수치 계산의 업무를 자동적으로 처리하는 기계로써 고안되었다. 초기의 컴퓨터는 수학의 수식 계산이나 탄도의 궤도를 정확하게 산출할 목적으로 전후에 곧바로 고안 · 개발되었다고 한다.

그 후 1970년대 후반 마이크로컴퓨터의 발명과 80년대의 보급은 지금까지의 자동처리 기계나 계산기라는 컴퓨터의 이미지를 완전히 바꾸어 놓았다. 이 퍼스널컴퓨터의 보급이래, 정보통신 기술의 발달과 함께 컴퓨터는 상당한 발전을 이룩해 왔다. 결국, 80년대를 컴퓨터가 업무를 자동화시킴으로써 인간의 생산성을 대폭적으로 증대시킨 「생산성의 시대」였다고 한다면 90년대는 인터넷에 의해서 세계가 연결되고 세계각국의 다양한 정보가 순식간에 개인에게 전달되는 「인터넷」시대였다.

그리고 2000년을 경계로 모든 정보가 디지털화 됨으로써 통합된 「디지털 시대」를 맞이하고 있다. 컴퓨터는 업무를 도와주는 도구에서 정보를 전해주는 도구로, 앞으로는 감성을 전해주는 도구로도 변화를 이루려하고 있다.

컴퓨터가 본격적으로 외국어 교육현장에서 이용되었던 것은 1960년대 미국에서였으며 당시에는 고가인 대형 컴퓨터를 이용한 실험이 시도되었다. 그후 1970년대 후반부터 80년대에 걸쳐서 마이크로 컴퓨터의 보급에 의한 CAI/CALL의 연구・개발이 진행되었고, 80년대 중반부터는 일본어 교육계에 있어서도 CAI/CALL의 연구나 실천이 활발하게 행해졌던 것이다.

한편 일본어 교육 분야에 있어서 컴퓨터를 활용한 교재의 연구는 80년대 후반에 플로피 디스크에 의한 일본어 학습용 프로그램이 개발되었고 90년대에 들어와서부터는 CD-ROM이, 90년대 중반 이후에는 인터넷에 의한 교재개발도 행해지게 되었다.

2.1 용어의 정의

최근 외국어교육 분야에서 컴퓨터 활용에 관한 연구가 급속히 진행되고 있다. 교육분야에 있어서의 컴퓨터 이용은 크게 두 가지로 나눌 수 있다.

첫 번째는 CMI(Computer-Managed Instruction)의 이용으로 수업계획, 교재작성, 성적관리 등의 수업 개선을 위해서, 그리고 학급경영・사무처리 등 수업활동 전반에 걸쳐서 교사를 지원할 목적으로 컴퓨터를 이용하는 것이다.

두번째는 CAL/CALL(Computer-AssistedInstruction/Computer-Assistedlanguage learning)이라는 것으로 실제 학습 현장에서 컴퓨터를 이용하는 것이다. [85]

이 외에도 컴퓨터를 보조수단으로 이용하는 언어교수・학습에는 일선 일본어 교사에게 익숙하지 못한 전문용어가 많다. 그러므로 컴퓨터보조 언어교수・학습에 관한 용어의 정의를 다음과 같이 정리하여 제시한다.

< CAI / CAM / CAL / CALL / MALL>

① CAI(Computer-Assisted Instruction : 컴퓨터 지원수업)

CAI시스템에 관하여 管井(1983)는 「컴퓨터를 중심으로 한 기계 장치군으로 된 시스템과 인간인 학습자가 상호작용을 하면서 교수・학습과정을 진행시켜 학습자의 학습을 지도하는 것을 목표로 한 교육시스템」이라고 정의하였다. 또한 木村(1977)는 「컴퓨터를 이용한 교수・학습 시스템」이라고 지적하고 있다. 결국, CAI는 컴퓨터를 보조적인 것으

85) 그러나 최근의 CAI/CALL시스템 일부에는 CMI기능이 들어있는 것도 있으므로 양자의 구별이 어려운 경우도 있다. 자세한 것은 ②번의 CMI항목을 참조하기 바람.

로 받아들여서 교육활동에 이용하는 것이며, 컴퓨터가 가진 여러 가지 기능을 이용하여 학습자가 자신의 실력에 맞게 자신의 페이스로 납득해 나가면서 학습을 진행해 가는 방식이다.

CAI(Computer-Assisted Instruction 또는 Computer Aided Instruction)라는 용어는 주로 미국에서 사용된 것으로 영국에서는 보통 CALL(Computer-Assisted Language Learning) 또는 CAL(Computer-Assisted Learning)이라는 용어가 사용되어 왔다. 최근의 언어교육에 서는「학습」이 중시되는 면도 있어 미국에서도 CALL이 사용되고 있다. 일본에서는 CAI라는 용어가 언어교육에서도 일반적으로 이용되고 있으며, CALL과 동의어로서 CAI를 사용하고 있는 경향이 많다. 또한 CBI(Computer-Based Instruction)도 CAI와 같은 의미로 사용된다.

그러나 엄밀하게 말하면 CAI가 교사 중심의 가르치는 일(Instruction)에 중점을 둔 것이라면, CALL은 학습자 중심의 개별 또는 자율학습(Self-Learning)에 중점을 둔 것이다. 또한 CAI는 언어교육뿐만 아니라 교육 전반에 컴퓨터를 보조도구로써 사용할 때에, CALL은 언어교육에만 한정하여 사용되는 느낌이 있다. 더욱이 언어교육에 사용될 경우의 CAI는 CALL 보다 광의의 뜻으로 사용되거나 CALL의 전 단계의 것으로써 이해되는 경우가 많다. 이 점에서「언어(Language)」라는 말을 중간에 넣은 CALI (Computer-Assisted Language Instruction)라는 용어를 사용하는 경우도 있다.[86)]

② CMI(Computer-Managed Instruction : 교수활동지원시스템)

CMI(Computer-Managed Instruction)라는 것은 컴퓨터를 이용한 교수지원시스템으로 컴퓨터가 교육 및 학습지도를 위하여 학습자에게 유효한 정보를 학습자 측에는 직접 지시하지 않고 교사에게만 제공하는 시스템이다.

CMI는 위에서도 언급한 것처럼 워드프로세서, 퍼스널 컴퓨터에 대표되는 것과 같이 수업계획, 교재작성, 성적관리 등의 수업개선을 위하여, 또는 학급경영・사무처리 등의 수업활동 전반에 걸쳐서 교사를 지원할 목적으로 컴퓨터를 이용하는 경우를 말한다.

즉 CMI에서 학습자를 직접 상대하여 가르치는 교사는 인간인 교사이며, 교사는 교재의 선택, 학습코스의 설정, 학습기록의 관리 등을 컴퓨터의 힘을 빌려서 행한다. 여기에 비하여 CAI는 컴퓨터가 인간인 교사를 대신하여 학습자를 직접 지도하는 시스템이다. CAI는 외관상으로는 교사 없이 진행되지만 실제적으로는 교사가 학습 프로그램을 미리

86) 여기에서는 기본적으로「CALL」을「컴퓨터지원에 의한 언어교수・학습시스템」이라는 의미로 사용한다.「CAI」는 교육전반에 걸쳐 컴퓨터를 보조도구로서 이용하는 경우를 말한다.

정성스럽게 만들어서 컴퓨터에 입력시켜 두어야만 한다. CDI(Computer Directed Instruction)라는 용어는 CMI와 동의어이다. 언어교육에 한정시켜 말할 경우에는 CMLT(Computer-Managed Language Teaching : 언어교육관리시스템)라는 용어도 사용한다.

그러나 최근에는 CMI에서도 컴퓨터가 직접 학습자를 지도하며 인간인 교사는 컴퓨터의 보조적 역할을 수행하는 형태이거나, CMI적 기능이 들어있는 교재 데이터 베이스를 이용한 CAI/CALL소프트도 나오고 있지만, 양자를 구별하기 어렵고 그 경계선이 없어지고 있다고 할 수 있다. CMI와 CAI/CALL을 포괄하는 상위개념으로서는 CBE(Computer-based Education)라는 용어가 있다.

③ CAL(Computer-Assited Learing : 컴퓨터 지원 학습)

CAL은 CAI/CALL과 동의어로서 사용되고 있다. 그러나 정확하게 말하면 CAI가 가르치는 것(Instruction) 즉, 교사 중심의 교수(Teacher-Oriented Instruction)라고 한다면 CAL은 배우는 것(Learning), 즉, 학습자 중심의 학습(Learner-Centered Learning)에 기초를 둔 것이다. 특히 CAL은 ESL(English as a Second Language : 제2언어로서의 영어) 교육 현장에서 학습자 중심의 학습과정에 초점을 맞추어서 생각하는 컴퓨터 이용시스템을 가리킨다.

또한 영어 명칭 CAL은 언어교육에 한정된 CALL 보다 광의의 뜻으로 이용된다. 즉, CAL은 외국어 · 외국문화의 학습은 물론 사회문제 연구, 자연관측, 시뮬레이션에 의한 수학 문제의 연구, 창작 활동 등에, 시판 또는 독자적으로 개발한 어플리케이션 · 소프트를 컴퓨터와 짝지어서 이용하여 학습자의 문제의식, 자기 표현력을 자극하여 자발적인 학습 활동을 촉진시키는 것이 목적이다.

CAI/CAL은 기본적으로 컴퓨터를 이용하여 학습자의 개별화를 진행하면서 학습자를 지원하는 교육시스템이며, 컴퓨터를 중심으로 한 기계 장치군으로 된 시스템과 인간인 학습자가 서로 주고받으며 교수-학습과정을 진행시켜 학습자가 학습목표를 달성할 수 있도록 이끄는 교육시스템이라고 정의할 수 있다.

④ CALL(Computer-Assisted Language Learning : 컴퓨터 지원 언어학습)

CALL은 CAI/CAL과 동의어로 사용된다. 그러나 CALL은 기본적으로 언어교육 분야에서 컴퓨터를 이용한 교육 · 학습 방법을 연구 · 실천하는 의미로 한정되어 사용된다. 교사와 학습자의 양자의 관점에서 교육 · 학습 방법을 이론적 · 실천적으로 적용한 것이며

LL시스템 등과 통합화된 것을 이용한 경우도 포함한다. CALL은 컴퓨터가 교사를 대신하지만 일제수업이 아니라 각각의 학습자의 능력과 학습 스피드에 맞춘 개별 어학학습의 스타일을 제공하는 시스템이다. 이는 세계적으로 공통적인 표현이지만 CAI/CAL보다 새로운 개념이다. 87)

⑤ ICAI/ICALL

ICAI(Intelligent Computer-Assisted Instruction : 지능형 컴퓨터지원 수업 또는 지적 CAI)와 ICALL(Intelligent Computer-Assisted Language Learning : 지능형 컴퓨터지원 언어학습)은 종래의 단조로운 CAI/CALL보다 더 발전된 형으로, 보다 인간에 가까운 지적 컴퓨터를 이용한 교육・학습시스템이다. ICAI/ICALL은 학습자의 특성을 분석하여 정보 제공 방식을 조정할 수 있는 인공지능의 원리를 컴퓨터를 이용하여 교육에 응용한 것이다. 이 ICAI/ICALL에 의해서 학습자가 단조로움으로 싫증내기 쉬운 종래의 시스템을 학습자의 레벨과 개성에 보다 맞게 개별지도가 가능하게 된 것이라고 할 수 있다.

⑥ MALL(Multimedia-Assisted Language Learning : 멀티미디어 지원 언어 학습)

MALL은 CAI/CALL에서 더욱 발전한 새로운 개념으로 90년대의 눈부신 정보통신 기술의 발달에 의하여 문자, 음성, 화상, 동영상 등 많은 종류의 정보를 컴퓨터 상에서도 통일적으로 처리할 수 있게 되어 있으며 이것을 충분히 활용한 언어학습을 가리킨다. MALL은 종래의 CAI/CALL과 비교하면 보다 많은 음성, 동영상 등의 사회적 정보를 취급할 수 있기 때문에 학습자의 이해를 돕는 것이 더욱 더 용이하다고 할 수 있다.

<멀티미디어 / 하이퍼텍스트/ 하이퍼미디어>

① 멀티미디어(Multimedia)

일반적으로 멀티미디어라는 것은 문자, 음성, 그래픽, 동영상 등 다양한 종류의 미디어를 동일한 컴퓨터 상에서 동시에 유기적으로 연결시켜 통일적으로 처리할 수 있는 기능이라고 정의할 수 있다. 일본의 문부성에서도 멀티미디어를「음성, 문자, 영상 등의 정보를 학습자 또는 지도자가 필요에 의해서 선택하고 연관지어서 활용할 수 있는 융합형 미디어 또는 기법」이라고 정의하고 있다.

---

87) 일반적으로 CAI,CALL이라는 용어가 잘 쓰이지만, 반드시 코스웨어의 존재를 전제로 하지 않으며, 컴퓨터의 모든 기능을 교육에 이용할 경우에는 CBE(Computer-Based Education)라는 용어도 사용한다.

그러나 管原(1997)은 단지 다수의 미디어가 일시에 사용 가능하게 되는 상태를 멀티미디어라고 부르는 것이 아니라「멀티미디어란 복수의 매체를 가지고 각각의 정보, 경험이 더욱 발전성을 가지고 확대해 가는 가능성을 가지고 있다. 또한 받는 측의 반응에 대해서 회답해 오는 양방향성도 가지고 있는 것이라고 말할 수 있다」라고 정의하고 있다.

즉, 종래의 TV나 비디오, OHP 등도 문자・음성・동영상 등이 통합되어 있는 복수 매체이지만 그것만으로는 멀티미디어라고 말할 수 없고 ①미디어의 연결성 ②미디어의 발전성 ③다수의 미디어 이용 ④상호작용성・양방향성을 복합적으로 가지고 있어야 한다.

여기서「미디어의 연결성」이라는 것은 각각의 미디어에서 구성된 정보가 서로 어떠한 관련성을 가지고 하나의 화면에 통합되거나 버튼 등으로 연결되어 있는 것을 말하며,「미디어의 발전성」은 각 미디어에서 구성된 정보가 유기적으로 연결되며, 더욱 자세한 정보로 발전해 가는 것이다. 또한「다수의 미디어 이용」이라는 것은 불러낸 화면의 문자정보를 사진이나 음성, 동영상 등의 복수미디어를 통합해서 이용할 수 있을 뿐만 아니라 각각 개별적으로도 이용할 수 있는 것을 말한다.「상호작용성・양방향성」은 정보가 일방적으로 부여되는 것이 아니라 자신의 행동에 대하여 반응이 되돌아오는 것이다.

이러한 멀티미디어는 능동적인 학습을 가능하게 하며 다양한 형태의 학습 상황을 연출할 수 있기 때문에 어학교육 분야에서의 활용 가능성이 크다. 그 구체적인 학습 형태는 크게 세 가지로 나눌 수 있다.

첫 번째는 문자, 음성, 그래픽, 동영상 등의 멀티미디어 자료를 이용한 학습 형태를 들 수 있다. 두 번째는 LAN・인터넷 등과 같이 네트워크에 연결된 학습형태이다. 그리고 세 번째는 일대일, 다대다, 일방・양방향, 원격수업, 재택수업 등 피교육자의 능력이나 공간, 시간에 맞춘 형태로 개별 학습 및 일제교육 형태로의 학습이 가능한 것이다.

본 연구에서는 문부성의 견해를 도입하여「음성, 문자, 영상 등의 정보를 학습자 또는 지도자가 필요로 의해서 선택하고 연관지어서 활용할 수 있는 융합형 미디어 또는 기법」이라는 의미로 멀티미디어라는 용어를 쓰기로 한다.

② 하이퍼텍스트(Hyper Text)

원래는 전자 정보 시스템의 복수의 텍스트(문자를 중심으로 한 텍스트 정보)를 상호 관련 지어서 곧 참조할 수 있도록 하는 기능이지만 그 기능을 이용하여 만들어진 텍스트를 말하는 경우도 있다. 사전에서 어느 항목을 찾을 때 해설문에 나오는 단어를 찾는 것을 컴퓨터 상에서 실현한 것이 www의 하이퍼링크이다.

③ 하이퍼미디어(Hyper Media)

하이퍼미디어는 음성이나 영상 등의 복수의 미디어를 링크하여 정보의 형태나 정보가 있는 장소를 뛰어 넘어서 여러 가지 지적 정보에 빠른 시간 내에 접속할 수 있는 미디어를 가리킨다. 예를 들면 하이퍼미디어 버전에서 영화를 보고 있다고 하면 영화를 보면서 텍스트의 일부분을 뽑아서 어떤 단어나 표현을 참고하기도 하고, 그 표현만을 화면에서 몇 번이고 반복해서 볼 수도 있고, 음성만을 들을 수도 있는 등의 여러 가지 가능성이 있다. [88]

하이퍼미디어는 같은 하이퍼텍스트의 기능을 포함하고 있는 멀티미디어와 성격이 유사하기 때문에 일반적으로 같은 뜻으로 쓰이는 경우가 많다. 그러나 정확하게는 멀티미디어가 문자·음성·영상을 통합해서 처리하는 미디어 자체의 「이용」에 그 의미가 한정된다면 하이퍼미디어는 링크를 통해 순식간에 다른 미디어로 이동할 수 있는 각 미디어간의 「기능」에 중점을 두었다고 말할 수 있다. 멀티미디어와 하이퍼텍스트, 하이퍼미디어의 개념도를 나타내면 다음의 그림1과 같다.

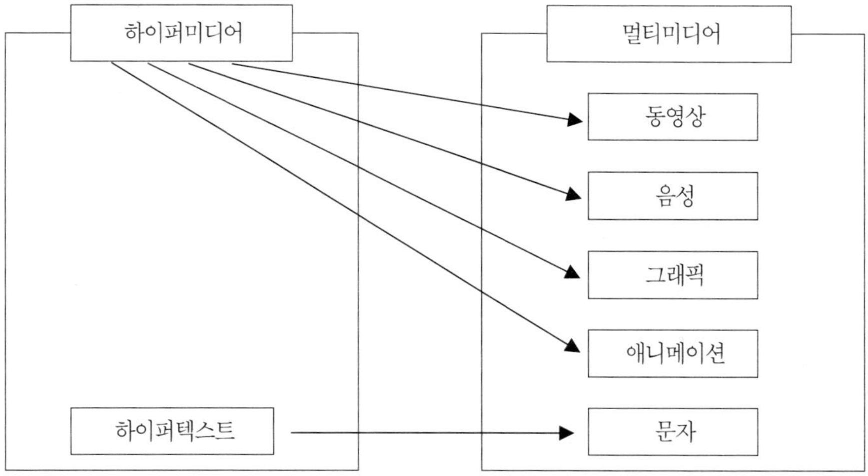

<그림 1> 멀티 하이퍼미디어 개념도

<그 외 용어의 정의>

① 코스웨어(Courseware)

코스웨어라는 것은 특정한 교과에 관한 CAI/CALL 학습용 소프트웨어를 의미하는 말

88) 이때, 넓은 의미에서 텍스트(문자정보)가 하이퍼미디어에 포함되는 경우도 있지만, 좁은 의미에서 보면 텍스트는 하이퍼텍스트에 포함되며, 하이퍼미디어는 음성과 영상미디어 만을 뜻하는 경우도 있다.

로서 사용된다. 코스웨어에는 통상 학습내용 외에 학습제어와 KR정보[89] 데이터도 포함된다.

② 타이틀(Title)

멀티미디어의 형태로 출판된 결과물을 가리키며 주로 CD-ROM의 형태로 보급된다.

③ 디지털화

컴퓨터는 모든 데이터가 0과 1로 조합되어 2진수로 표시・기억되며 처리된다. 이것은 본래의 데이터가 수치일 때에도 그림이나 음성일 때에도 같은 형태이다. 이와같이 각 미디어의 정보를 컴퓨터로 취급할 수 있도록 수치화하는 것을 디지털화라고 부른다.

④ CAT/CBT

CAT(Computer-Assisted Testing)라는 것은 테스트를 하기 위한 도구로서, 컴퓨터를 이용하여 테스트 문제를 제공하기도 하고, 테스트의 스코어를 기록하기도 하는 시스템이다. CBT(Computer-Based Testing)는 동의어이다.

⑤ CL/CALLL/MALLL

CL(Computer Laboratory : 컴퓨터 연구실)은 외국어 교육에 있어서 LAN(Local Area Network) 기능과 성적관리나 학습자 관리가 주가 되는 CMI기능 CAI기능으로 구성된 연구실을 말한다. (그림2) CL에서는 개인・그룹학습 등과 일제학습이 가능하다.

CALLL(Computer-Assisted Language Learning Laboratory : CALL 연구실)은 CL에 LL기능을 통합하여 각각 독자적으로도 일체화된 형식으로도 이용할 수 있는 시스템이다.(그림 3) CALLL시스템은 종래의 CAI개념을 초월한 텍스트・그래픽・사운드 등을 컴퓨터로 통합한 연구실이다.

MALLL(Multimedia-Assisted Language Learning Laboratory : 멀티미디어 연구실)은 CALL 연구실의 기능이 보다 발전한 형태로 텍스트나 음성,동영상 등을 자유롭게 편집할 수 있는 기능이 있다. 또한 교실도 개별 학습실과 일제학습실, 그룹학습에 대응할 수 있는 다목적 학습실, 멀티미디어 교재 작성실 등의 기능도 갖추고 있다. 그 구성을 나타내면 그림4와 같다.

---

89) KR정보(Knowledge of Results)라는 것은 학습자의 해답과 학습목표를 비교하여 정오판정을 행함과 동시에 컴퓨터를 통하여 교사의 평가를 학습자에게 전달하는 메세지를 뜻한다.

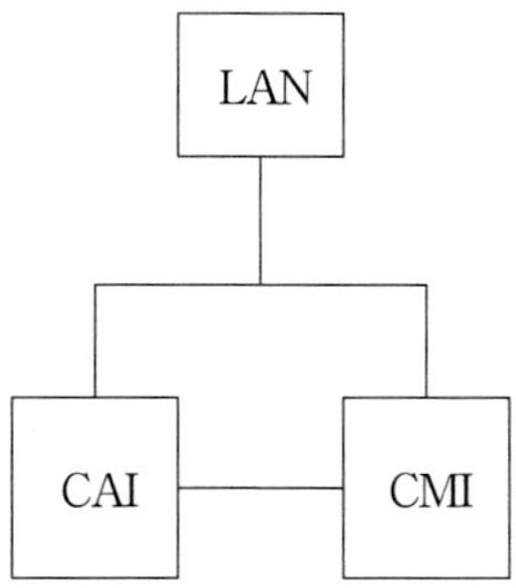

<그림 2> 컴퓨터 연구실 (CL)

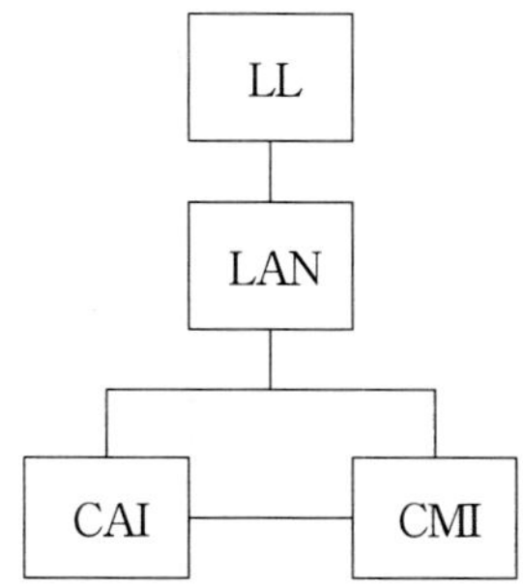

<그림 3> CALL 연구실 (CALL)

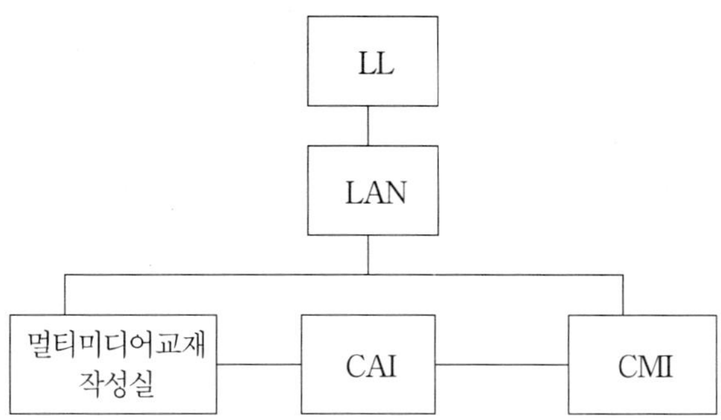

<그림 4> 멀티미디어 연구실(MALL)

2.2 CAI/CALL시스템의 시대별 발달과정

Warschauer(1996)는 CAI/CALL의 발달 과정을 다음의 3가지 단계로 나누고 있다.

첫 번째 단계는 1950년대부터 60,70년대에 걸쳐 행동주의 학습이론의 영향을 받아 반복훈련 · 연습(dill and practice)을 행한 행동주의형(Behavioristic) CALL이다. 두 번째 단계는 1970년대 후반부터 80년대에 걸친 컴퓨터와 학습자의 상호작용을 촉진시킨 의사소통형(Communicative) CALL이다. 이것은 실제 회화를 경험하는 것으로 목표언어를 연습시키는 커뮤니카티브 어프로치(Communicative Approach)를 응용한 것이라고 할 수 있다.

그리고 세 번째 단계는 1990년대의 정보통신기술의 발달에 힘입은 멀티미디어와 인터넷의 출현에 의한 통합형(Integrative) CALL이다. 결국, 이 시기의 CD-ROM은 각 미디어의 통합 처리를, 또한 인터넷은 컴퓨터를 통하여 의사소통(Computer-mediated Communication)을 가능하게 한 것이다. 이상의 컴퓨터지원 언어교수-학습 시스템의 발달과정을 시대별로 구체적으로 살펴보면 다음과 같다.

(1) 1950년대 이전 : CAI의 전신-티칭머신

CALL은 응용언어학(Applied Linguistics), 프로그램학습이론·개별교육(Programmed Learning Theory), 컴퓨터공학(Computer-Science : 계산기과학)이라는 각기 다른 세 분야의 결합에 의해 탄생되었다.

역사상 최초의 티칭머신은 1924년 프레시(S.L.Pressy)에 의해 고안된 자동학습기(teaching machine)였다. 이 자동학습기에는 창이 있고 그곳에는 답이 쓰여진 4개의 선택시가 있었다. 그 옆에는 4개의 키가 있으며, 학습자는 4개 중 가장 적당하다고 생각되는 것을 골라 그것을 아래로 눌러 해답하는 것이다.(그림5) 이 티칭머신에는 티칭모드와 테스트모드의 2개의 모드가 있어서 티칭모드의 경우는 학습자의 해답이 맞으면 맞는 키가 눌려지기까지 다음 문제로 나아갈 수 없게 장치되어있다. 그러나 테스트모드의 경우에는 학습자의 해답이 맞든 틀리든 정답이 제시되지 않은 채 다음 문제가 제시되는 구조로 되어있었다.

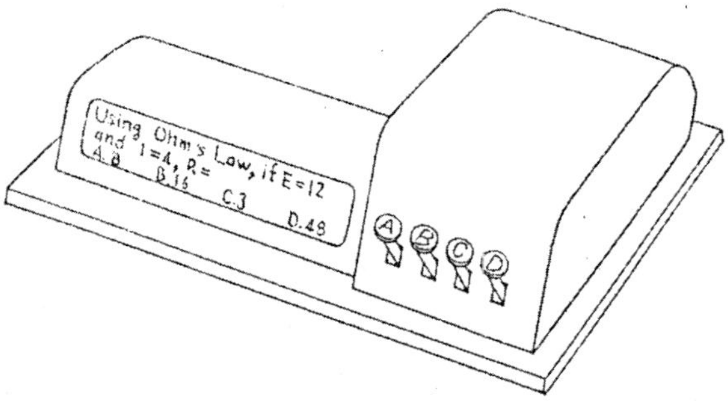

<그림 5> 학습프로그래밍과 티칭머신

이 티칭머신에 대하여 프레시는, 이제까지의 필기시험에 의한 학습 성과의 판정은 그 자리에서 피드백할 수 있는 효과를 기대할 수 없었으나 티칭머신은 그 자리에서 오답을 수정할 수 있으므로 「즉시효과」라는 중요한 교육효과를 가져올 수 있으며, 또한 이 학습

법은 각 개인의 페이스에 맞추어 학습을 해나갈 수 있는 「개별학습」의 가능성이 있다 라고 주장하였다.

그러나 부여된 몇 개의 답에서 맞는 것을 고른다는 능력은 정답을 써넣는다는 능력과는 매우 다르므로 프레시 방식의 선택형 머신은 매우 단순한 학습이나 테스트모드로서 사용할 경우라면 모를까 교육이라는 면에서 정말 좋을지 어떨지가 의문시되었다.

이 프레시의 티칭머신은 1950년 스키너(Skinner)의 학습기계(learning machine)에 의해 단순한 다지선택식이 아니라 오히려 학습자가 해답을 만들어가는 방식으로 개량되었다. 스키너의 기계는 학생에게 재인식시킨다는 역할보다 상기시키는 구조로서 학습의 즉시적인 강화를 목적으로 한 것이었다.

이상의 프레시와 스키너의 티칭머신은 직선적 강화방식인 것과 스피드가 떨어진다는 점에서, 아직은 기계의 영역을 못 벗어난 CAI의 전신인 컴퓨터인식의 시대였다 할 수 있다.

(2)1960년대~1970년대 : 행동주의형(Behavioristic)CALL

CALL의 역사는 1960년대에서 시작되었다고 할 수 있다. 본래 군대 사병들의 교육수단으로서 개발된 CAI는 1960년대부터의 급속한 컴퓨터기술의 발전과 함께 언어교육에 있어서도 자유와 개성을 존중한 교수·학습시스템의 필요성에서 언어학자들에 의해 CALL이 구축되게 된 것이다.

이 시기는 행동주의심리학의 영향하에서 언어교육에 있어서는 오디오링갈·메소드(Audio-lingual Method)가 적용된 시대였다. 즉, 어린이가 제1언어를 습득해나가는 과정을 응용하여 언어학습이란 자극-반응(모방)-강화-습관형성의 과정이라 보고 LL등을 이용한 기계적인 습관형성을 시도한 시기였다. 따라서 초기의 CALL시스템은 반복과 연습(drill and practice)의 코스웨어가 주류였다.

이 시기에 개발된 대표적인 CALL시스템에는 IBM System, PLATO System, Stanford System, Work at Dartmouth등의 프로젝트가 있다. 이 시대의 CALL은 행동주의적 언어교육관에 기반을 두고 있어 컴퓨터는 학습자에게 반복과 연습을 위한 학습자료 제공 수단에 지나지 않았다. 즉, 이시기의 컴퓨터는 대형이었으므로 실용화라는 점에서는 난점이 있었지만, 컴퓨터를 이용한 언어교육에의 활용이 여러 형태로 시도된 CALL의 초기실험시대였다고 할 수 있다.

(3)1970년대후반~1980년대 : 행동주의형(Behavioristic) CALL에서 커뮤니케이션형

(Cammunicative) CALL로

이 시기의 컴퓨터산업의 기술적인 발전은 1980년대의 초두에 대형컴퓨터(mainframe computer)에서 소형 컴퓨터(micro computer)로의 변화를 가져왔다. 1980년대의 마이크로컴퓨터의 대중화는 소프트웨어의 측면에도 영향을 끼쳐 퍼스널컴퓨터를 위한 교육용 소프트웨에의 개발이 급격히 진행되게 되었다.

즉, 이 시기는 70년대부터 80년대 전반에 걸친 스키너의 행동주의 학습이론에 기반을 둔 CALL시tm템이 80년대 후반부터는 인지주의적인 학습이론에 의한 CALL시스템으로의 변화를 이룬 시대였다고 할 수 있다. 이 시기에는 이제까지의 반복과 연습을 위한 행동주의형 CALL에 덧붙여 새로이 인지학습이론과 커뮤니커티브 · 어프로치에 기반을 둔 의사소통능력을 중시한 커뮤니케이션형(Cammunicative) CALL이 등장하게 된 것이다.

이 커뮤니케이션형(Cammunicative) CALL은 인간의 커뮤니케이션에 필요한 4가지 기능인 듣기, 말하기, 읽기 ,쓰기 능력의 조화된 육성을 목표로 하였다. 또한 기계적인 반복과 연습은 의미가 없으며 조작과 상호작용을 통해 학습목표에 도달하는 방법을 채택하고 있다. 이 시기에 개발된 대표적인 Authoring Program에는 PRACTICADO, DASHER등이 있다.

이들 소프트웨어는 아직 컴퓨터 전문가에 의한 개발이 중심으로 문법의 공란메우기나 단어번역 연습등과 같은 것이 많았으며 당시의 교육학 · 언어학 이론을 충분히 반영할 수 없었다. 그로인해 기계적인 언어학습은 언어의 창조적인 면을 살릴 수 없어 단순한 암기에 그침으로써 교육학자들의 비난을 받게 되었다.

즉, 이시기의 CALL은 과잉학습 · 단순암기 · 모방을 통한 습관형성에 의한 학습이 아닌 언어학습에 있어서의 인지적인 과정의 역할에 의한 창조력을 중요시한 촘스키의 이론을 배경으로 하는 인지학습이론과 언어의 의미와 경험을 강조한 커뮤티카티브 · 어프로치의 영향을 받았다. 바꾸어말하면 이 시기의 언어학습 프로그램은 행동주의형CALL에서 커뮤니케이션형CALL로의 변모를 이루려한 것이다. 마이크로컴퓨터의 등장과 대중화에 의한 성장과 변화의 시대였다고 할 수 있다.

(4)1990년대 이후 : 종합형(Integrative)CALL

80년대의 커뮤티카티브 · 어프로치에 의한 CALL이 언어의 4가지 기능인 듣기, 말하기, 읽기, 쓰기를 각기 구별해서 교육했다고 한다면, 90년대의 CALL은 4가지 기능을 구별한 교육은 실제의 커뮤니케이션 활동에 있어서 의미가 없다고 간주하여 언어의 4가지 기능을 통합시킨 교육을 꾀하게 되었다.

이러한 언어교육에 있어서의 기능통합적인 어프로치를 가능하게 한 것이 멀티미디어였다고 말할 수 있다. CD-ROM등의 대용량 기억 매체의 개발이 퍼스널컴퓨터에서의 멀티미디어의 이용을 실현시킨 것이다. 또한 이 시기에는 인터넷의 등장으로 새로운 시도가 시작된 시대이기도 하다. 교실환경을 이루는 하드웨어에 있어서도 80년대 중반까지의 LL어학실에서 컴퓨터장치가 설치된 멀티미디어 학습실이 일반화되게 된다.

즉, 90년대에는 급속한 컴퓨터 기술의 발전과 함께 실로 컴퓨터는 필수품인 시대를 맞이하게 된 것이다. 더욱이 다종다양한 언어학습용의 프로그램이 출현한 시대이다. 이시기에 어학교육용 프로그램수도 급격히 증가하였다.

(5) CALL에서 MALL로

전술한 바와 같이 90년대 후반 이후의 CALL교수・학습 프로그램은 종래의 것과 비교하여 그 개발 방향에 상당한 변화를 보였다.

컴퓨터지원 언어교수-학습은 문자・음성・그림・그래픽・애니메이션・동영상 등의 통합된 멀티미디어에 의한 교재가 중심을 이루게 된 것이다.

즉, CALL에서 MALL로의 변화이다. 이 시기에 등장한 멀티미디어 외국어학습용의 다양한 CD-ROM Title과 인터넷 환경은 외국어 학습의 기본개념을 뒤집을 정도였다.

MALL에 이론적인 근거로서는 Krashen의 「Second Language Acquisition Theory」, Asher의 「TotalPhysicalResponse」,Terrell의 「NaturalApproach」,Wilkins의 「Communicative Approach」, Gumperz and Hymes의 「proficiendy movement and communicative competence」등의 이론을 들 수 있다.

이상의 컴퓨터지원 언어교수-학습 시스템의 발달과정을 정리하면 다음의 표1과 같다.

<표1> 컴퓨터지원 언어교수-학습 시스템의 발달과정

	1950년대이전	1960년대~70년대	1970년대후반~80년대	1990년 이후
배경이론	프로그램 학습이론	행동주의 언어학습이론, 오디오링걸·메소드	인지학습이론 커뮤니커티브 어프로치	인지주의적 학습이론 제2언어 학습이론 comunicative appaoach natural approach 내용중심 교수법 수준별·개별화교육
CALL 프로그램의 유형	CAI전신 티칭머신	행동주의형 CALL	행동주의형 CALL에서 커뮤니케이션형CALL로	통합형CALL
CALL의 시대적 변천	computer인식의 시대	CALL의 초기실험시대	CALL의 성장과 변화의 시대	CALL에서MALL에로의 시대
computer의 변화	계산기로서의 컴퓨터의 개발(1946)	대형컴퓨터의 개발 인공지능의 탄생 인지과학·지식공학의 탄생(1975)	마이크로·컴퓨터의 등장과 대중화 인공지능의 실용화에의 단계(1980)	CD-ROM과 인터넷의 보급 멀티미디어의 실용화

제3절 멀티미디어 일본어 교육의 이론적인 배경

멀티미디어 일본어 교육의 이론적인 배경으로서는 교육학에서의 여러 가지 학습이론, 시청각교수이론, 심리학과 관련된 학습이론, 제2언어습득이론, 컴퓨터·사이언스와 관련된 연구 등을 들 수 있다. 먼저 언어교육의 패러다임의 변화를 고찰한 후 멀티미디어 활용의 이론적 배경을 이루고 있는 이론들에 대해 간략하게 살펴보기로 한다.

3.1 언어교육 패러다임의 변화

최근들어 언어교육의 패러다임[90)]은 행동주의의 패러다임에서 인지주의, 정의주의, 혹

90) 여기에서 말하는 패러다임이란 견해나 사고의 틀이란 의미로 사용한다.

은 개별학습 패러다임으로 변화하고 있다.[91] 加藤清方 (1996) 가 지적한 것처럼 일본어 교육계에서는 전후 오랫동안 언어구조에 착목한 교육방법, 이른바 구조 실라바스에 근간을 둔 교육이 주류를 이루었다.

그러나 그 후 언어행동에 시점을 둔 교육, 이른바 커뮤니카티브·어프로치라고 불리는 교육법이 대두되었다. 또한 90년대 전후부터는 이공학일본어, 비지니스일본어 등 전달내용에 착목하는 입장(content based)이 등장하고, 90년대 중반 이후부터는 일본어 교육을 이문화커뮤니케이션의 문제로 받아들이는 입장도 나타났다. 이 이문화커뮤니케이션 교육은 외국인에게 일본어를 일방적으로 강요하는 것이 아니라 쌍방이 서로의 언어와 문화를 습득하여 호혜와 공생에 의한 이문화 적응을 목표로 한다.

① 행동주의 패러다임

행동주의에서는 인간의 행동을 연구함에 있어서 사고 등의 내적·정신주의적인 개념을 대상으로 삼지 않고, 외적·객관적으로 관찰 가능한 행동만을 분석하여, 이들을 상황(자극)에 대한 반응으로 환원함으로써 언어학습을 설명하고자 한다.

언어교육에 있어서 1950년대부터 70년경에 걸쳐 융성한 오디오링걸·교수법으로 대표되는 구조주의적 언어관에 대해서 스캐너류의 행동주의 심리학의 영향 아래에서, 모든 학습은 자극→반응→강화의 연쇄에 의한 습관형성이며, 학습자가 몇 번이고 발화하게 함으로써 습관형성을 이루어 언어를 습득시키는 것이 목표였다.

이 행동주의 패러다임에 의한 언어학습 모델에서는, 교사에 의해 면밀히 계획된 수업 프로그램에 따라 습관을 형성하기 위한 패턴연습이라 불리는 모방·반복 등의 기계적인 드릴을 행하여 학습자를 철저하게 훈련시키려는 색채가 강하다. 이 방법으로는 한 학급의 인원수가 많거나 학급내의 학습자의 능력차이가 다소 있더라도 학급을 이끌어나갈 수가

---

91) 모방과 강화를 근간으로 하는 행동주의 학습이론에서 체험과 인지구조 형성을 근간으로 하는 인지학습이론으로의 학습 패러다임시프트의 변화.
행동주의 학습이론 : 어린이가 모어를 습득하는 과정처럼 모어 화자의 음성 모방과 강화를 통 하여 학습하는 방법으로 주요문형의 반복적인 연습에 의해 익혀가는 학습방법. 문형을 행동과 함께 반복 연습하는 것에서 행동주의라 불리게 되었다. 그러나 이러한 문형의 반복연습과 기억에 의존하는 방법으로는 종합적인 언어습득 능력을 기르는 데에 효과적이지 못하다는 비판에서 인지주의 학습이론이 대두하게 되었다.
인지주의 학습이론 : 인간의 뇌에는 생득적으로 그 나름대로의 문법이 내재해 있으며 스스로의 가설에 맞추어 새로운 언어를 생산해 낼 수 있으므로 그 인지 활동을 반복함으로써 외국어 학습을 행하는 방법이다. 인지주의 학습법에서는 문형이나 단어를 하나하나 암기하는 것이 아니라 어떤 행동 목적을 직접 외국어로 체험하여 시행착오를 거치면서 인지해 나간다. 과제학습법이 대표적인 학습법이라 할 수 있는데 이것은 어린이의 인지발달 과정처럼 언어의 인지 구조를 형성해 나가는 방법이다. 이러한 인지주의 학습이론은 언어가 단순히 기호의 나열이 아니라 감정과 의사를 동반하는 종합적인 행동이라는 점에 주안점을 둔 방법으로, 현지 체험을 통하여 외국어를 학습하는 방법도 이 방법을 응용한 것이다.

있고, 철저한 구두훈련도 가능했다.

그러나 기계적인 모방·반복학습이 수업의 중심이 됨으로 인해 학습이 단조롭게 되고 학습자의 학습의욕이 줄어들거나, 초기 단계에서 모어화자와 동일한 발음과 스피드가 요구됨으로 인해 능력이 뒤떨어지는 학습자는 자신감을 잃게 되거나 수업하는 동안 계속되는 긴장감으로 인해 조금도 릴랙스 할 수 없는 점 등의 결점도 지적되었다. 또한, 학습자는 강력한 교사주도하에서 훈련을 받는 입장에 처하게 되어 학습자의 창조성과 자주성이 수업에는 전혀 반영되지 않았고 학습자의 자발적·자율적인 학습이 존중되지 않았다.

② 인지주의 패러다임

행동주의에서 인간의 언어학습 행동을 기계적인 연쇄에 의한 학습형성으로 파악하는 입장과 반대로 1970년대 이후, 언어학습에는 인지적·정의적인 측면이 깊이 관여하고 있다는 인지심리학적 언어관이 대두되었다.

인지심리학이란, 기억이나 사고분야에서 이루어지는 지식의 획득과 이용에 관한 정신작용을 과학적으로 분석하여 인간의 개인행동이나 사회행동을 이해하는 학문으로, 이 인지심리학의 다양한 연구방법을 이용하여 인간의 기억 메카니즘을 해명하여 언어습득의 과정과 모국어화자의 언어능력을 분석하여 그 성과를 언어학습에 응용하려는 것이다.

즉, 언어학습에 있어서는 오디오·링갈메소드에서와 같은, 기계적인 무의미한 반복연습을 되풀이하는 것이 아니라 학습자가 먼저 목표언어의 언어규칙이나 모국어와의 상위점을 충분히 이해하여 학습항목을 충분히 파악한 후 유의미적인 드릴을 행한다. 구체적으로는 연역적인 문법설명, 이해증진을 위한 모국어의 적극적인 이용, 문자의 활용, 스피드를 낮춘 이해를 위한 청해 등, 의미있는 학습을 중시하고 있다.

또한 새로운 학습항목의 도입 시는 기존의 항목, 이미 배운 어휘를 사용하여 인지를 깊이 있게 하여 학습효과를 높여가는 것이다. 실제의 수업에서 교사는 학습자의 니즈와 흥미에 맞는 유익한 인푸트를 얼마나 제공하느냐가 필요요소로 지적된다. 이 인지주의 심리학의 학습모델에서는 학습자의 교실활동에의 적극적인 참가가 필요불가결 요소이다.

이 인지주의의 패러다임에 의한 교수법으로서는 인지학습이론(Cognitive Core-Learning Theory)과 커뮤니카티브 어프로치(Communicative Approach)등을 들 수 있다.

③ 정의(情意)주의 패러다임

위에서 설명한 인지심리학에 있어서의 인간의 학습에는, 인간본래에 내재된 사고력과 인식력이 깊이 관련되어 있음을 지적했다. 그러나 이 학습모델에서는 인간의 사고력을 중시한 나머지 학습자체가 정의적인 요인에 좌우된다는 사실을 인식하지 못했다. 즉, 인지주의의 패러다임에서는, 학습을 지식이나 지적기능을 습득하는 행위로서만 파악할 뿐 학습자의 인격전체가 관여되는 행위로서 파악하려는 시점이 결여되어 있었던 것이다.

정의주의의 패러다임에서는 로져스의「인간은 본래 정서적인 존재이다. 인간은 누구나 자기 자신의 문제를 건설적으로 처리하려는 능력과 의욕을 잠재적으로 가지고 있으므로 그것을 촉진하는 환경이 주어지면 자주적으로 학습하며, 또한 그렇게 하여 발생되는 학습이야말로 학습자의 인간적 성장에 의미가 있다」라는 논을 배경으로 학습자의 자주성에 중점을 둔 언어교육의 중요성을 강조하였다.

즉, 학습의 과정보다 학습을 촉진시키는 조건을 중시하여 그 조건만 충족된다면 학습자는 본래적인 자기실현을 향해서 학습을 증강하게 된다는 것이다. 이 정의주의의 패러다임에 의한 학습모델에서는 학습의 조건을 마련하는 것이 교사의 커다란 역할이이며, 교사는 학습의 지도자라기보다 학습의 촉진자·조언자로서의 역할을 담당한다. 이러한 사고는 이제까지의 교사의 역할, 지도기능, 교재의 본연의 모습 등에 커다란 변혁을 가져오게 되었다. 이 패러다임에 의한 교수법으로는 내추럴 어프로치 (Natural Approach)의 정의필터가설(the affective hypothesis)과 사이런트웨이 (Silent Way), 써제스트페디아 (Suggestopedia) 등이 있다.

④ 개별학습 패러다임

학교교육으로서의 언어교육을 행하려 할 경우, 한 학급을 대상으로 교사 한 명이 복수의 학습자를 일제히 가르쳐야하는 숙명을 피할 수 없다. 한 학급을 구성하는 학습자가 능력적으로 커다란 차이가 없으며 공통의 인생관·가치관, 백그라운드 등을 가지고 있어 특이성이 없을 경우에는 이러한 집단형 교수 형태가 학습의 효율화를 꾀하는 데에 매우 효과적이다

그러나 대부분의 경우 한 학급을 구성하는 학습자 한 사람 한 사람의 능력과 특성은 각기 다르며, 교사는 다양한 학습자의 흥미와 니즈에 응할 수 없는 것이 현실이다.

개별학습의 패러다임에서는 학습자는 원래 다양한 특성, 흥미, 니즈와 스트라테지를 가지고 있으므로 개인차에 따른 적절한 지도법과 학습법이 선택되지 않으면 학습효과는 오르지 않는다고 보고 있다. 즉, 기존의 집단적인 일제수업에서 발생되는 문제를 해결하기

위해서는 학습자 개개인의 학습목표와 니즈, 학습 준비도에 응할 수 있는 학습프로그램을 준비하여 각각의 학습자의 능력과 적성에 따른 최적의 학습 환경을 만들어 어떤 학습자에게나 최대의 학습 성과를 이룰 수 있도록 교재와 교육기능의 고안을 해나갈 필요가 있음을 지적하고 있는 것이다. 이 개별학습의 패러다임에 의한 교수법으로서는 내용중심(Content Based)교육, 얼터너티브(Alternative)교육, 발견학습 등을 들 수 있다.

이상을 개관해보면, 어학교육의 패러다임은 직접교수모델(행동주의심리학)에서 간접교수모델(인지심리학)로 그 흐름이 변화하였으며 최근에는 종합적인 언어교육의 패러다임으로 변모하고 있다. 종합적 언어학습이란 학습이 어떤 하나의 요소 즉, 하나의 교육패러다임에 근거한 방법만으로 교육성과를 가져오는 것이 아니라 언어구조의 분석, 인지의 문제, 학습자의 심리문제, 교사·교수법, 교육환경, 사회·문화 등 모든 요소가 종합적으로 중첩되어서야 비로소 성과를 나타내는 방법이라 할 수 있다. 전술한 여러 가지의 패러다임에 의한 CALL프로그램이 이미 존재하고 있지만, 멀티미디어 교재는 특히 인지·정의주의의 패러다임과 개별학습의 패러다임에 적절하다고 할 수 있다.

3.2 교육학에서의 접근

교수(教授)라는 것은 어린이가 교재에 몰두하여 학습할 수 있도록 교사가 지도하는 역할을 말한다. 교수에서 가장 중요한 것은 「교재」 「학습」그리고 「지도」이다. 교재란 교수해야할 내용을 포함한 구체적인 소재를 말한다. 학습은 학습자가 이미 가지고 있거나 새로운 지식과 기능을 개선·획득하는 것을 말한다. 학습에서 필요불가결한 것은 학습자의 자기활동이며 외적인 지도는 불가능하다. 또한 지도란 것은 교사의 학습자에의 동기부여이다. 교사의 지도에는 두 가지 양식이 있는데, 교사가 학생에게 직접 작용하는 직접적인 지도양식과 어린이가 학습하기 위한 활동장면을 준비하여 설정하는 간접적 지도방식이 있다. 교사의 지도 목표는 어린이의 자주 활동이 가능하도록 하는 것에 있다.

전후에서 오늘날까지의 일본과 한국의 대표적인 교육이론에는, 듀이의 경험주의의 교육사상을 배경으로 하여 사회생활의 현실문제에 주체적으로 관여하고 협력하여 문제를 해결해나가는 실천적 능력을 육성하려는 「문제해결학습」, 과학성과로서의 지식계통에 의거하여 교수내용을 구성하고 이를 어린이에게 확실하게 학습시키려는 「계통학습」, 교수기기와 학습을 연결시켜 학습자 한 사람 한 사람의 개인차에 대응한 개별학습을 목표로 하는 「프로그램학습」, 교재의 구조를 이해하는 것을 축으로 하여 발견에 의해 학습을 진행시켜가는 「발견학습」, 범례로서 선택한 교재를 중심으로 어린이가 테마를 스스로 탐구하여 교과의 기초적인 내용을 이해하여 그 근간을 이루는 기본적인 의미를 경험하도록 하는 「범례학습」,이제까지의 공간적·시간적인 틀에서 벗어나게 하여 어린이가 스스로 계획을 세워서 자주적으로 학습을 진행해나가는 방식의 「오픈학습」등이 있다.

이외에도 교수목표를 구조화하고 완전히 습득할 수 있는 기준을 정하여 습득에 필요한 시간을 충분히 부여하고 적절히 도와서 전체어린이가 높은 수준의 학습이 달성되는 것을 목표로 하는 「완전습득학습」, 교과의 틀을 벗어나 테마를 설정하고 어린이들이 능동적으로 스스로 과제를 발견하고 생각하여 주체적이고 창조적인 자세로 문제를 해결하는 능력의 육성을 목표로 하는 「종합학습」이 있으며, 이들 학습이론은 서술 순서대로 발전·변화되어 간다.

3.3 시청각교수 이론에서의 접근

1950년대에 「Saint-Cloud의 시청각, 구조 · 총괄교수법(Lamethode audio-visuelle structuro-globale de Saint-Cloud」이란 이름으로 등장한 시청각 교수법은 「Saint-Cloud교수법」이라고도 불린다. 이 교수법의 고안자들은 시청각교수법의 유효성 뿐만 아니라 그 필요성을 강하게 주장한다.

이 교수이론은 오디오링갈법과 같이 구어가 언어의 주요 전달수단이라 생각하므로 장면·문맥·그림 등과 일련의 단어·의미가 항상 연결되어야만 효과적인 외국어학습이 이루어진다고 본다. 특히 초급자는 외국어단어를 모르기 때문에 시각적인 보조가 없으면 단어를 들어도 쓸모가 없다는 견해이다.

전통적인 외국어교수법이 처음에 단어만 학습자에게 제시하고 다음에 의미를 부여하는 순서로 실시되는데 반해 시청각, 구성총괄교수법에서는 화상을 통해 먼저 의미를 전달하고 다음에 그 의미나 현실성을 나타내는 단어가 제시된다. Guberina(1964)에 의하면 이 교수법은 생리음성학과 뇌의 시뮬레이션에 관한 원리에 근거를 두고 있다고 한다.

일상생활 장면에 관한 구어 텍스트를 테이프로 들려주고 동시에 장면의 전개를 나타내는 화상을 스크린상에 비춤으로써 이론이 실제로 된다. 각 화상은 현실적인 것을 중시하여 작성되며, 또한 현실적이기 위해 귀와 눈이 효과적으로 사용되고 양자가 연결됨으로써 언어기호는 쉽게 기억된다고 한다. 이 경우의 모든 교수이론에서 그렇지만 유사한 구조장면에의 학습의 전이가 생기는 것이 당연시된다.

최근 멀티미디어 기기로의 발전을 이루고 있는 컴퓨터는 시청각적인 요소를 포함하는 것 뿐만이 아니라 각 시청각에서의 각각의 정보를 개별적 혹은 통합적으로 처리할 수 있으므로 금후 시청각교육분야에서 중요한 역할을 해 나갈 것으로 생각된다.

3.4 심리학에서의 접근

CAL/CALL에 영향을 끼친 심리학에서 탄생된 이론은 행동심리학과 인지심리학 이외에 제2언어습득이론이 포함된다. 제2언어습득이론은 2.5에서 다루기로 한다.

① 행동주의심리학과 그 학습이론

행동주의 학습이론에서는 일정의 자극에 대하여 일정의 반응을 연합시키는 과정을 학습이라 간주하고, 적절한 동기부여가 이루어진 상태에서 자극-반응의 연합이 반복될 때 그 연합은 정(正)의 강화를 받아 학습이 효과적으로 촉진된다고 본다.

컴퓨터를 이용한 언어교육에 행동주의 학습이론이 끼친 영향은 학습자가 제1언어를 습득해나가는 과정을 응용하여 언어학습이란 자극-반응(모방)-강화-습관형성의 과정에 있다고 보며, 컴퓨터는 기계적인 반복과 연습(drill and practice)에 의한 습관형성에 매우 유익한 메디아라는 점이다.

② 인지주의 심리학과 그 학습이론

인지주의 학습이론에서는 부여된 장면에서의 인지, 즉, 학습과정에 포함된 각 자극 간의 내적관계와 구조를 학습자가 바르게 인지하여 적절한 행동을 취하는 것이 기본적인 학습조건이다. 학습재료의 의미를 이해하여 인지체계와 관련시키거나 통합하거나 하는 학습이다.

언어학습에는 인간의 인지적·정의적인 측면이 깊이 관여되어 있으며 이 인지심리학의 다양한 연구방법을 이용하여 인간의 기억 메카니즘을 해명하여 언어습득의 과정과 모어화자의 언어능력을 분석하여 그 성과를 언어교육에 응용하려는 것이다. 즉, 새로운 학습항목을 도입할 때에 멀티미디어를 활용함으로써 학습자의 인지를 깊게 하여 학습효과를 높이는 것이 가능하다고 지적하고 있다.

3.5 제2언어 습득 이론에서의 접근

1960년대 중반의 Chomsky의 생성문법의 출현 등으로 인한 언어학 전반에 걸친 변화와 심리학의 발달, 제1언어 습득 연구의 활성화, 제2언어 습득 연구의 등장으로 교수법보다는 학습에 대한 관심이 높아졌다. 이러한 변화는 언어교육에 있어서 교수법의 비교연구 자체가 결론을 이끌어 낼 수 없었음에 기인한다. 교수법의 연구보다 학습자의 개인차와 학습 스테라테지에 관한 연구가 중심적인 위치를 차지하게 된 것이다. 인간의 언어습득은 생물학적인 언어습득 요인, 환경적인 요인, 교육적 요인의 유기적인 결합에 의해 일어나는 종합적인 행위라 할 수 있다. CAI/CALL과 관계가 있는 제2언어습득이론을 들어 이론적인 근거를 알아본다.

1) 모니터 이론 (Monitor Theory)

모니터이론은 Krashen이 제창하는 제2언어습득 이론이다. 그는 1970년대의 제2언어 습득에 관한 기술적 연구 성과를 바탕으로 다음의 5가지 가설을 제창했다.「성인이 제2언어 능력을 어떻게 습득하여 운용하는가」를 구체적으로 제시한 이론이다. 5가지 가설과 CAI/CALL의 이론적인 배경을 간단히 소개한다. 교수법은 내추럴어프로치이다.

① 습득-학습가설(the acquisition-learning hypothesis)

성인에게는 습득과 학습이라는 제2언어 능력을 신장시키는 방법이 있다. 양자는 상호간에 명확히 구분된다. Krashen은 습득과 학습은 서로 독립되어 있으며 학습된 지식이 습득으로 전이하는 것은 아니라고 본다. 그리고 습득이야말로 중요하며 학습은 보조적인 것에 지나지 않는다고 본다. CAI/CALL에서는 습득(사용)과 학습(이해)을 동시에 행하는 것이 가능하다.

② 자연순서 가설(the natural order hypothesis)

이 가설은 문법구조는 예측 가능한 순서로 습득되며, 그 습득 순서는 학습자의 제1언어와 연령 등과 관계없이 유사성을 가진다는 것이다. CAI/CALL은 단계별로 학습자의 레벨에 맞추어 구성할 수 있다.

③ 모니터 가설(the monitor hypothesis)

이것은 성인의 제2언어운용(performance)시에 학습이 모니터(Monitor)또는 에디터

(editor)라는 매우 제한된 기능밖에 하지 않는다는 가설이다. 습득된 지식은 학습에 의해 모니터 되면서 발화된다.

④ 인푸트 가설(the input hypothesis)

이 가설은 현재의 습득 레벨보다 조금 높은 레벨의 인푸트를 이해함으로써 언어가 습득된다는 것이다. 즉, 언어의 4가지 기능 중 습득에 중요한 것은 인푸트로서의 듣는 것과 읽는 것이며, 아우트푸트로서의 말하기와 쓰기는 아니다. 아우트푸트는 이해가능한 인푸트가 충분히 부여되면 이윽고 「자연스럽게 표출된다」라고 생각하는 것이다. 즉, 말하기와 쓰기는 습득의 원인이 아니라 결과에 지나지 않는다.

습득의 발전은 현 단계의 다음 단계에 해당하는 문구조가 포함되는 인푸트가 이해될 때에 이루어진다. 즉, 학습자의 현 단계의 레벨을 「i」라고 한다면, 자연적인 습득 순서인 다음의 단계 「i+1」에의 발전은, 그 때 그 때의 상황이나 발화자의 제스쳐 등, 언어이외의 정보의 도움을 받으면서 「i +1」를 포함한 인푸트를 이해할 때 이루어진다. CAI/CALL은 「i +1」의 단계별 학습내용을 구축할 수 있다.

⑤ 정의(情意) 필터 가설(the affective hypothesis)

정의 필터(인푸트를 언어습득에 사용하지 않도록 만드는 태도요인)가 높으면 인푸트가 언어습득장치에 도달하는 것을 방해한다. 습득은 이해 가능한 다량의 인푸트를 필요로 하므로 이상적인 학습태도란 정의 필터가 낮은 상태이다. CAI/CALL은 학습자의 잘못에 대한 심리적인 불안감을 해소시킬 수 있다.

2) 프로그램 학습(Programmed Instruction)

프로그램 학습은 스키너(Skinner,B,F)가 제창한 이론으로 교수기기와 학습을 연결시켜, 일제학습이 행해질 때에도 학습자 한 사람 한 사람의 개인차에 대응한 개별학습이 가능하다는 이론이다. 프로그램학습의 목적은 기초적인 지식과 기능을 확실히 습득하는 데에 있다. 이것은 행동주의 학습이론을 중심으로 개발된 학습방법으로 엄밀한 이론구조를 가지는 기초적인 내용에 많이 적용된다. 초기의 CAI/CALL은 프로그램 학습을 컴퓨터기술과 연결시킨 것이다. 학습 프로그램을 컴퓨터에 기억시킴으로써 교실에서의 일제학습과 인쇄 교재에 의한 프로그램하에서는 곤란했던 개인별 학습도의 파악, 즉시적인 피드백, 학습반응의 파악과 학습결과의 기록이 용이하게 된 것이다.

이 프로그램 학습법을 일본어 교육에 응용하면 학습자에게 새로운 언어자료를 투입하여 그에 대한 기계적인 연습과 훈련을 통해서 새로운 언어습관을 형성할 수 있다는 이론에 기초한다. 학습자에게는 단계별 교수내용을 제공하고 학습자는 자신의 페이스에 맞추어 학습을 진행해 나간다. 학습과정에 있어서도 강화를 부여하여 면밀하게 행동형성을 진행시켜 나아가는 방법을 사용한다. 이 견해를 근간으로 프로그램 학습은, ①쉬운 학습에서 어려운 학습으로 진행시켜가는 스몰 스텝의 원리, ②스텝의 반응에 대한 정오판정을 즉시 시행하는 즉시강화의 원리, ③학습자가 각 스텝에서 관찰 가능한 반응을 적극적으로 나타내는 적극적반응의 원리, ④각 스텝을 자신의 진도(스피드)로 진행시켜나가는 자기페이스의 원리, ⑤실시결과에 따라 프로그램의 수정과 개선을 행하는 학습검정의 원리라는 다섯 가지의 원리로 구성된다.

이들 원리를 근간으로 하는 학습계획을 세워 사전에 면밀한 프로그램을 작성한다. 프로그램에는 두 가지 종류가 있다. 상세한 스텝으로 이루어지는 직선형(linear : 스키너형) 프로그램은 이것에 따라 학습을 해나가면 자동적으로 목표에 도달하도록 프로그램이 순서대로 되어있는 것이다. 각 스텝에는 구성에 대한 반응을 하도록 조직되어 오답을 하지 않도록 진행한다. 스키너의 이 직선형 프로그램은 세세한 스몰스텝을 밟게 하기 때문에 학습자가 싫증내기 쉬우므로 동기부여가 낮아지는 경우도 있다.

이에 반해 크라우더(Crowder,N.A)의 (branching : 크라우더형 또는 다지선택형)은 프로그램의 순서가 가지로 되어 앞으로 가거나 위로 돌아가거나 하면서 진행된다. 각 스텝은 다지선택식으로 되어 학습자에게 있어서 오답의 의의를 인정하게 함으로써 깊이 생각하도록 만든다. 이러한 프로그램 학습은 단계별 학습과 자기페이스학습, 즉시적인 피드백 등이 장점이므로 이후 많은 CAI/CALL프로그램에 응용되게 된다. 일본어 교육에 있어서는 어휘나 문법 등의 단순한 연습에 이용되었다. 그러나 언어장면에 있어서의 구체적인 상황이 주어지지 않는 단순한 연습은 학습자의 흥미와 의욕을 상실하게 하고 또한 피드백은 스피드보다 질이나 제공방법이 중요하다는 반성도 나왔다.

3) 정보처리 이론(Information Processing Theory : IPT)

정보처리이론은 인간의 뇌에서 정보를 처리하는 과정을 학습에 적용한 이론으로, 학습을 ①외적 환경에서 정보를 들여온다(인푸트) ②그에 대한 일련의 정보처리를 행한다 ③그 결과의 반응으로서 외계에 내보낸다(아우트푸트) ④그것이 결과의 지식으로서 피드백한다 라는 일련의 순환적인 과정으로서 파악하는 견해이다.

정보처리과정에는 감각, 지각, 기억, 사고조작 등의 내적인 요인이 포함되지만 피드백의 활동에 의해 행동의 변용이 일어나는 것이 주요시되며, 그러한 변화를 가능케하는 내적인 생리·심리적인 구조형성이 학습에 있어서는 중요하다는 주장이다.

가니에의 정보처리이론은 학습과 기억의 과정을 정보처리의 입장에서 구조화시킨 것이다. 이 이론에 의하면 눈과 귀 등의 수용기를 통해 들어온 자극은 시각, 청각별로 각 감각저장고에 들어간다. 이 감각저장고는 대량의 정보를 받아들일 수 있으나 저장기간은 짧다. 따라서 감각저장고에 들어온 자극은 대부분 수초에 소멸된다. 그것은 감각저장고 안의 정보에 의미적인 처리가 가해지지 않았기 때문이다. 기억을 유지하기 위해서는 「리허설(복창)」을 계속할 필요가 있다. 이 리허설을 반복하는 동안에 기존의 여러 가지 정보와 관련되어 「부호화 (cording)」되어 그 정보는 최후에 장기기억저장고 에 전송된다. 장기기억에 들어간 정보는 반영구적이다. 이 정보처리이론은 학습자의 내적과정에 착목한 것이지만 학습자의 외적사상에 의해 영향을 받는다. 가니엘에 의하면 교수라는 것은 학습자의 내적과정을 활성화하여 외적사상을 정비하여 배열하는 것이다.

그런 의미에서 멀티미디어는 학습자가 정보처리의 과정에서 시각과 청각감각을 통합할 수 있게 하여 학습내용에 의미를 부여하고 피드백과 리허설에 의한 이해와 기억을 돕는다.

즉, 멀티미디어라는 외적사상을 정비 배열하여 제공하는 것으로써 학습자의 내적과정을 활성화하여 단기기억과 장기 기억 등의 정보처리를 행함으로써 학습을 촉진시키는 것이다.

4) 구성주의 이론

근년에 인지주의 학습이론의 연구가 진행되어 구성주의의 견해가 강조되게 되었다. 구성주의이론에 의하면 학습은, 외부로부터 들어오는 생각에 의미부여를 하여 지식을 스스로 구성케 하는 것이다. 따라서 학습은 환경(상황)이 깊이 관여하여 사회 문화에 참가하여 그 문화의 문맥에 따라 학습이 행해진다. 이런 의미에서 학습은 사회적이고 공동화된 경영이라 본다. 즉, 구성주의는 학습에 있어서 학습자의 역할을 강조하거나 학교에서의 학습행위가 실생활에서도 어떤 의미를 가지도록 구성하는 것을 중시한다.

우리들이 가진 지식은 각각의 경험이 통합되어 구조화 된 것이다. 이러한 구조화의 과정은 근본적으로는 개인에 따라 다르며 효과적인 방법도 다르다. 그리고 학습 목표도 개인의 경험과 필요에 의해 구성되고 설정된다. 또한 학습에 대한 동기나 태도도 개인의 마음속에 내재된 상황이 결정하므로 외적인 통제에 의해 강요되는 것은 아니다.

또한 지식의 전달과 학생의 통제가 이제까지의 교사의 역할이며 그 달성 정도에 따라 교사의 역량이 파악되었다면, 현대의 교사는 정보의 소유량이 아니라 정보의 탐색능력이 요구되게 되었다. 따라서 교사의 역할은 학습자에게 높은 동기부여와 스스로 학습할 수 있도록 다양한 학습경험의 기회를 많이 부여하고 그 경험을 실생활에 연결시키도록 돕거나, 다른 학습자와 협동학습의 장을 효과적으로 만들어가도록 돕는 것이라 할 수 있다.

구성주의의 관점에서 본 바람직한 멀티미디어 교육환경을 정리하면 다음과 같다.

① 학습은 개인의 경험에서 구성된 사물에 대한 개인의 해석이므로 교사가 학습내용을 전달하는 것이 아니가 학습자가 스스로 능동적으로 구성해나간다.

② 많은 수의 다양한 개인적 관점을 수용하는 협동학습을 중시한다.

③ 학습은 실제의 상황에서 행해지는 경우에 가장 효과적이므로 학습 환경은 실제와 유사하게 구성되어야한다.

④ 평가는 학습의 수행과정에서 연속적으로 행해져야한다.

이런 의미에서 멀티미디어를 활용한 일본어 교육의 이론적 근거를 구성주의의「학습자 중심의 개별학습」「지식·경험의 내재적 구성」「실생활과의 연계」「학습태도와 동기부여」에서 찾을 수 있다. 즉, 멀티미디어 교육환경이 제공하는 중요한 특징 중의 하나는 수많은 교수·학습내용을 체계적으로 정리하여 각 학습자의 요구에 대응할 수 있는 개별학습이 가능하다는 데에 있다. 이 개별학습의 중요성은 구성주의 이론과 관계되는 부분이다.

3.6 컴퓨터 사이언스의 연구

① 인공지능 연구(Artificial Intelligence : AI)

인공지능이라는 용어는 1956년 MIT의 컴퓨터과학자에 의해 최초로 사용되었다. 인공지능연구는 인간의 뇌와 그 인식체계를 연구하는 영역에서 이루어진다. 일반적으로 인공지능연구는 컴퓨터시스템이 인간의 뇌와 동등한 역할을 하도록 발전시키는 데에 그 목적이 있다. 그런 의미에서 현대의 언어과학이 풀어내야 할 숙제중의 하나가 인공지능에 인간의 두뇌와 같이 자연언어를 100%이해하고 처리할 수 있는 이론적인 근거를 부여하는 것이라 할 수 있다.

② 자연언어처리 연구(Natural language processing)

인공지능 연구의 한 분야인 자연언어처리 연구는 컴퓨터가 인간의 언어를 이해할 수 있게 하는 데에 그 목적이 있다. 인간의 언어는 매우 복잡하며 많은 다의성을 가지고 있으므로 단순하게 프로그래밍하여 컴퓨터가 이해하도록 하기에는 간단한 일이 아니다. 언어학에서는 형태론, 구문론, 의미론, 담화론 등의 연구를 도입하고 있다.

③ 인간과 컴퓨터와의 상호작용의 연구(Human-Computer Interaction : HCI)

인간과 컴퓨터와의 상호작용의 연구는 CALL프로그램을 디자인할 때, 학습자의 학습효과를 최대한으로 높이기 위해서는 어떠한 메뉴를 디자인 할 것인가, 혹은 어떤 식으로 그래픽을 배열할 것인가의 결정에 필요한 이론이다. 그 외에도 인간과 컴퓨터와의 상호작용의 연구는 학습자가 CALL프로그램을 사용할 때 나타나는 언어적·행동적인 데이터인 학습자의 입력·출력기록과 학습자와 입력간의 상호작용을 분석함으로써, 학습 스테라테지와 언어습득 단계에 대한 연구 자료로서 CALL에 이용된다.

이상의 멀티미디어 일본어 교육의 배경 이론을 정리하면 표2와 같다.

<표2> 멀티미디어 일본어 교육의 배경이론

<table>
<tr><th colspan="2"></th><th>직접형교수</th><th>간접형교수</th><th>비고</th></tr>
<tr><td colspan="2">교육학</td><td>계통학습,
프로그램학습,
완전학습</td><td>문제해결학습, 발견학습, 범례학습,
오픈학습, 종합학습</td><td></td></tr>
<tr><td colspan="2">교수이론</td><td>문법독해법,
다이렉트·메소드,
오디오링갈·메소드</td><td>TPR, 사이렌트웨이, CLL,
서제스트페디어,
커뮤티커티브·어프로치,
내추럴·어프로치,내 용중심교수법,
얼터너티브(OM)교수법,
이문화커뮤니케이션을 도입한
종합적인 교수법</td><td>시청각
교수이론</td></tr>
<tr><td rowspan="2">심리학</td><td>제2언어습득
이론</td><td>프로그램학습이론</td><td>모니터이론, 문제해결학습,
상호작용적 발견학습, 종합학습,
구성주의이론, 정보처리이론</td><td>내용요소
제시이론</td></tr>
<tr><td>이론적근거</td><td>행동주의 학습이론</td><td>인지주의 학습이론</td><td>인지심리학</td></tr>
<tr><td colspan="2">컴퓨터사이언스</td><td colspan="2">인공지능연구, 자연언어처리연구, 인간과 컴퓨터간의
상호작용의 연구</td><td></td></tr>
<tr><td colspan="2">프로그램의 유형</td><td>행동주의형CALL</td><td>인지주의형CALL</td><td></td></tr>
</table>

제4절 일본어 교육에 있어서의 멀티미디어의 유효성과 교사의 역할

멀티미디어는 외국어 학습·교육에 있어서 종래의 텍스트 중심의 교재나 오디오·비디오가 달성할 수 없었던 언어적·시각적·청각적·촉각적인 기능을 자극하는 음성·동영상·문자·그림 등을 랜덤에 엑세스하면서 컴퓨터와 상호 작용하는 것으로 발화 능력을 향상시킬 뿐 아니라, 문자나 어휘 학습만으로는 이해할 수 없는 사회 언어학적인 정보까지 학습자에게 전달할 수 있기 때문에 일본어 교육에 있어서 향후 획기적인 학습 효과를 가져 올 수 있을 것으로 기대되고 있다. 그러나 멀티미디어를 일본어 교육에 이용하기 전에 어떤 면에서 효과가 있을 것인지, 어떻게 사용하면 좋을 것인지, 또한 교사가 어떤 역할을 하면 보다 교육효과를 높일 수 있을지 등에 대해서 좀더 명확히 해 둘 필요가 있을 것이다.

따라서 여기에서는 일본어 교육에 있어서 멀티미디어가 어떠한 면에서 효과적인지 그 장단점을 정리하고 거기에 따른 바람직한 교사의 역할에 대해서 고찰해 본다.

4.1 의의와 필요성

일본어 교육에 멀티미디어를 도입하는 의의와 필요성에 대해서 정리하면 다음의 4가지로 정리할 수 있다.

① 커뮤니케이션 능력의 양성

왜 멀티미디어를 활용한 어학교육을 실시할 필요가 있는 것일까? 塩見邦雄(1996)의 시청각 교육의 이론을 응용해서 설명하면, 어떠한 교육이라도 단순한 강의나 설명, 교사를 따라 연습하는 것만으로는 학습자의 관심을 끌어내기가 힘들며 동기유발을 일으킬 수도 없으며, 좀처럼 학습자의 머리에 가르치고 싶은 것이 전달되지 않는다는 고민도 있다.

듀이(Dewey, J.)는 경험이야말로 교육이라고 설명하지만 이것은 학습자 자신이 경험하고 학습하지 않으면 안 된다는 것이다. 텍스트와 교사 중심의 교육만으로는 학습자에게 낮은 레벨의 경험밖에 줄 수 없다. 학습자는 배운 것을 적어도 자신의 경험레벨로 가져갈 필요가 있다. 그런 의미에서 어떠한 형태로 환원시키거나, 구체적인 레벨에 접근시켜 경험시킬 필요가 있으며, 멀티미디어는 거기에 가까운 상황을 만들어내는 연습이 가능하기 때문에 최근의 언어 교육에서 중요시 되고 있는 커뮤니케이션 능력의 양성을 위한 적절한 도구가 될 수 있다고 생각된다.

결국 일본어 교육현장에서 CD-ROM과 인터넷, 전자메일과 같은 멀티미디어 자료를 사용하면 모국어 화자 교사를 대신하여 학습자의 커뮤니케이션 능력을 신장시켜 줄 것임에 틀림이 없다.

② 비언어행동 및 이문화의 이해

최근 한국에서는 지금까지의 언어구조 중심의 일본어 교육에 대한 반성으로, 말에 내재되어 있는 문화를 어떻게 가르칠것인가, 또한 일본 문화의 이해와 함께 생활 양식이나 일본인의 비언어행동을 어떻게 가르쳐 갈 것인지가 하나의 과제가 되고 있다. 즉, 어떤 내용의 교재를 이용하여 어떠한 방법으로 가르칠 것인가가 문제시되는 것이다.

加藤清方(1996)의 「일본어를 학문이나 교양을 위해서 배우는 것이 아니라 실제로 일본인과 커뮤니케이션을 하기 위해 학습할 때에는, 단순히 말을 습득하는 것 뿐만 아니라 그 말이 전하는 문화적인 의미의 습득도 필요하게 된다. 바꾸어 말하면 말을 매개로 문화를 구조화시킴으로써 일본인의 견해, 사고방식, 행동 방식, 가치관, 규범, 행동기준 등에 대한 이해를 깊게 하는 것이다. 이러한 문화의 저장고로서 멀티미디어는 훌륭하다」라는 지적은 그 수단을 생각하는 데에 있어서 시사하는 바가 크다.

또한 커뮤니케이션은 말이나 문자와 같은 언어적 요소(verbal elements)와 음성, 자세, 태도 몸짓과 같은 비언어적 요소(non-verbal elements)와의 융합으로 행해지는 복합적인 행위라 할 수 있다. 인간의 커뮤니케이션 행동양식을 연구한 Birdwhistel(1972)에 의하면 우리들이 전하려하는 의미의 65%이상이 비언어적 요소에 의해 표현된다고 한다.

따라서 일본어 학습, 특히 외국에서 행해지는 일본어 학습일 경우, 광범위한 사회 문화적 상황과 비언어행동을 이해시키기 위해 언어만으로 설명하는 것에는 한계가 있다. 가장 이상적인 외국어 학습 환경은 목표언어가 일상적으로 행해지는 환경하에서 가까이 있는 사람들이 쓰는 말을 모방하거나 반복연습등과 병행시켜 비언어행동을 습득하는 일일 것이다.

그러나 그것이 불가능할 경우에는 유사하거나 간접적이라 할지라도 배경이 되는 문화와 비언어행동에 대한 이해가 중요하며, 이를 체험하는 데에 멀티미디어가 필요한 것이다. 사람이 사용하는 언어를 사회와의 관계에서 보는 것이 사회 언어학적 시점이라고 한다면, 멀티미디어를 이용한 일본어 교육은 언어학적인 사실연구와 교육이 중심이었던 한국의 일본어 교육계에 학습자를 위한 심리학적, 사회학적 실제교육에 도움을 주게 될 것이다.

③ 학습자 주체의 교육

컴퓨터를 이용한 일본어 교육은 지금까지 난점이 되어 왔던 시간과 공간의 제약을 초월하였으며, 또한 다양한 기능을 가진 학습미디어를 제공함으로써 한국의 일본어 교육현장에서 문제점으로 지적되고 있던 교사의 일방적인 주입식 교육, 과밀학급, 정보 활용의 제한성 등의 문제점을 개선하는 방향으로 진행될 것이다. 즉, 멀티미디어와 인터넷을 이용한 일본어 교육은 문자・음성・화상이라는 형식이 다른 정보를 일원적으로 관리할 수 있고, 또한 학습자의 개별적인 요구에 부응하여 정보를 양방향으로 유통시킬 수 있는 학습자 주체의 교육을 실현할 수 있을 것이라고 생각된다.

④ 정보화 시대와 일본어 교육으로의 컴퓨터 도입

21세기는 정보화시대라고 불리고 있다. 이러한 정보화시대에 사회가 요구하는 인재는 세계의 컴퓨터망의 수많은 정보 중에서 자신이 필요로 하는 정보를 검색하고 그 정보를 자신의 컴퓨터로 가져와서 적절하게 처리할 수 있는 사람일 것이다. 이러한 미래지향형의 인재를 육성하기 위해서는 정보화시대를 이끌어 나갈 중심축인 컴퓨터의 효과적인 활용이 필수요소이다. 그런 의미에서 외국어 교육에 컴퓨터를 도입하는 것은 정보화・국제화 사회에 있어서 외국어능력과 컴퓨터마인드를 동시에 육성시킬 수 있다는 것에 의의가 있을 것이다.

이상 일본어 교육에 있어서의 멀티미디어의 도입은 학습자에 의한 정보 발신과 창조적인 활동을 지원하기 위한 것이며, 교사를 대신하는 티칭머신을 준비하는 것은 아니다. 「생각하기 위한 교육」「자기를 표현하기 위한 교육」으로 스텝을 밟기 시작하는 것에 그 의의가 있다고 할 수 있다.

4.2 멀티미디어의 유효성

어학 교육에 있어서 왜 멀티미디어의 활용이 유효한 것이지, 다른 미디어에서는 얻을 수 없는 이점과 특징에 관하여 지금까지 명확히 되고 있는 내용을 정리하면 다음과 같이 크게 세 가지로 나눌 수 있다.

1) 동기유발

문자, 음성, 그래픽, 애니메이션, 동영상 등을 통합적으로도 개별적으로도 활용할 수 있는 멀티미디어는 기존의 문자나 문법 중심의 단조롭고 싫증나기 쉬운 교육으로부터 탈피하여 입체적인 학습을 가능하게 했다. 시뮬레이션이나 게임 등을 통하여 학습자의 마음에 보다 강한 임팩트를 주어, 시각·청각·촉각이라는 인간의 감성에 호소함으로써 창조적·적극적인 학습을 기대할 수 있는 것이다. 그런 의미에서 멀티미디어는 학습자의 학습 의욕을 고취시켜서 동기유발을 일으키는데 있어 가장 유효한 미디어라고 말할 수 있을 것이다.

2) 상호 작용과 기억의 정착

① 상호작용 학습

컴퓨터에 의한 멀티미디어 일본어 학습에서는 학습자가 항상 컴퓨터와 상호작용을 하면서 학습을 할 수 있다. 컴퓨터는 학습자의 응답에 대해서 즉각적인 피드백을 행하므로 그 자리에서 오류지도가 행해진다. 또 학습자의 응답, 학습과정(학습한 일자나 시간, 성적 등), 학습결과를 기록하고 분석할 수 있다. 결국 컴퓨터와의 상호 작용으로 학업 달성도를 즉각 파악할 수 있고 평가자료, 오답자료의 체계적인 분석이 가능하게 된다. 그 외에도 학습자 대 교사 및 학습자끼리의 상호작용을 촉진할 수 있다.

② 기억의 정착과 활성화

인지심리학에서는 복수의 감각을 통하여 얻을 수 있는 기억이 정착률이 높다고 밝히고 있다. Heinich 외 3인(1998)에 의하면 인간이 정보를 획득하고 기억하는 것은 직접 경험한 것은 90%, 눈으로 보고 들은 것은 50%, 보는 것만으로는 30%, 듣는 것만으로는 20%, 읽은 것은 10%라고 한다. 이것은 학습 내용이 그림 또는 문자만으로 제공된 것 보다 텍스트와 그림·음성이 동시에 제공될 경우에 보다 효과적인 학습이 된다는 것을 증명하고 있다.

이러한 관점에서 보면 최근의 컴퓨터와 멀티미디어의 결합은 언어학습에 있어서 종래의 텍스트 중심의 교재나 오디오·비디오 교재가 이룰 수 없었던, 간접체험에 의한 언어적·시각적·청각적인 기능 등 복수의 감각을 사용하게 되므로 기억의 정착률이 높다고 할 수 있다.

③ 랜덤엑세스와 무한한 반복연습

어학교육에서 빼놓을 수 없는 것이 학습한 내용의 정착을 위한 반복연습이다. 그러한 의미에서 멀티미디어는 종래의 시청각 교재와 다르며, 음성·동영상·문자정보 등의 랜덤엑세스와 무한한 반복연습을 쉽게 할 수 있기 때문에 어학교육에 있어서는 아주 유효한 교재인 것이다.

3) 개별화 교육

① 학습의 개별화에 의한 학습의 최적화와 효율화

학습의 개별화라는 것은 각 개인의 능력수준과 학습 진도를 고려하며 학습자 개개의 니즈에 맞는 학습이라 할 수 있다. 발음, 어휘, 문법, 의미, 상황 등 언어의 다차원적 요소를 분석하고 총체적으로 지도해야만 하는 언어교육에 있어서 개별화된 학습은, 학습능력이나 학습 진도, 학습목표, 학습방법이 다른 학습자가 혼재하고 있는 경우라도 수업을 구축할 수 있기 때문에 효과적이다. 컴퓨터의 멀티미디어 교육시스템을 활용하여 학습자는 자신이 학습을 선택할 수 있으며 교사는 학습의 최적화·효율화를 꾀할 수 있다. 이러한 학습의 개별화는 기존의 집단적 일제 교육에서는 불가능했지만 컴퓨터에 의해서 가능하게 된 것이다.

② 원격 교육

컴퓨터·네트워크나 인터넷의 이용은 시간과 공간의 제약을 뛰어 넘어 원격교육을 실현하였다. 이것에 의하여 보다 많은 학습기회가 제공될 뿐 아니라 학습종료 후 애프터케어나 자율학습 등이 가능하게 된 것이다.

③ 학습자의 정의성(情意性)

멀티미디어 시스템에 의한 학습의 개별화는 보다 자연스러운 상황에서 언어학습을 할 수 있도록 함으로써 기존의 교실 수업에서 보여지는 정신적인 압박감을 해소하고 학습자를 정신적으로 편안하게 해 줄 수 있다.

그 외에도 컴퓨터의 일본어 교육으로의 활용은 인터넷 등에 의한 발견학습이나 과제해결학습에 효과가 있다고 한다.

4.3 멀티미디어의 단점

1) 기계적인 학습

멀티미디어를 활용한 언어학습의 큰 단점은 컴퓨터라는 기계의 속성상 창조적인 의사소통이 불가능하다는 점이다. 즉, 아무리 실제 상황에 가까운 프로그램이라고 해도 결국 컴퓨터와 인간과의 대화이며, 이때의 커뮤니케이션은 시뮬레이션에 지나지 않는다. 현재의 멀티미디어 교재는 주로 기계적인 학습이 많기 때문에 학습자가 한번 학습한 후에 곧 식상해 버리는 경우가 많다.

2) 실질적인 교육성과 문제

① 실제 상황에 대한 대응능력 부족

멀티미디어 어학학습 프로그램은 실제 회화가 행해지는 상황에 한 가지 혹은 두 가지 패턴을 제공할 뿐 일상생활에서 발생 가능한 많은 장면에 대한 대응능력을 기르는 일 또는 경험에 의한 실용적인 표현학습은 현실적으로 어렵다. 정해진 상황의 질문에 대해서 고정된 대답을 제공할 뿐이며, 그 상호 작용도 융통성이 결여된 경우가 많아서 실제 커뮤니케이션 장면에 있어서 대응능력이 부족하다고 할 수 있다.

② 실질적인 교육 효과에 대한 의문

멀티미디어에 의한 어학 학습에서는 컴퓨터가 모든 일을 해 준다는 막연한 기대로 인해 오히려 수동적인 학습이 되기 쉽다. 또한 발음, 어휘, 문형연습, 청해, 독해 등의 이해 영역은 효과적으로 학습할 수 있지만 회화와 작문 등의 표현 영역은 학습하기 힘든 실정이다. 교육효과는 미디어보다도 교수법이나 교사, 학습자 외의 요소에 의한 경우가 많기 때문에 실질적인 교육 효과의 측면에서 볼 때 기대한 만큼 효과를 보지 못해 실제 교육성과를 측정하기 어려운 점이 있다.

3) 컴퓨터 운용 능력과 호환성

① 컴퓨터 운용 능력

키보드 등 컴퓨터에 익숙하지 못하면 오답을 할 경우가 있다. 즉, 컴퓨터 운용 방법을 확실히 모르면 능률적인 학습을 기대할 수 없다. 많은 학습자와 교사는 컴퓨터에 대해서 거부반응을 가지고 있으며 컴퓨터에 겁을 먹는 경우가 많다.

② 수업 준비와 상호작용의 부담

멀티미디어를 수업에 활용할 때 새로운 수업법의 연구와 설비의 문제 등 교사의 준비가 많아지기 때문에 교사의 부담이 증가한다. 또 학습자의 경우도 끊임없이 컴퓨터와 상호작용을 해야하기 때문에 심리적인 부담으로 거부감을 주기 쉽다.

③ 고비용과 호환성의 문제

CALL프로그램을 효율적으로 실행하기 위해서는 시설 면에서 비용이 많이 든다는 문제점이 있다. 또한 소프트웨어와 컴퓨터 간의 교환성의 문제를 해결하기 위해서는 많은 비용과 시간이 소요된다.

(4) 교사의 역할

멀티미디어 어학학습시스템의 출현에 의해서 학습자 각자가 컴퓨터를 이용하고 각자의 흥미와 니즈에 의한 개인 커리큘럼으로 자율학습과 개별학습을 진행해 나간다면 교사는 필요 없게 되지 않을까 하는 우려의 소리가 있다. 즉, 종래의 교사의 역할을 모두 컴퓨터가 대신하고 인간인 교사는 보조역할로 전락해 버리는 것은 아닌가라는 우려이다.

管原(1997)은 이 문제에 대해서 「CALL/CAI에서 멀티미디어라는 명칭을 바꾸어도 거기에는 학습자가 있고 그것을 지도하는 사람이 필요하다는 것에는 변화가 없다. (중략) 어학교사가 기술적인 것을 쫓아다닐 필요는 없다. 컴퓨터를 사용하는 것도 배우는 것도 인간이며 결코 기계가 가르치는 것은 아니니다. 항상 인간이 주체라는 것을 염두에 두고 학습자가 배우기 쉽도록 학습자가 원하는 것을 반영시키고 기계를 비롯하여 그것에 관련된 소프트웨어를 개선하도록 노력해야 할 것이다. 그것이 멀티미디어화한 어학교육에 있어서 교사의 중요한 역할이다.」라고 지적하고 있다.

즉 무엇보다도 컴퓨터가 가르치는 것이 그다지 만족스럽지는 않다. 그것이 멀티미디어화한 것에서 그 특성이 변할 리는 없다. 실제로는 교사의 역할이 더욱 더 중요하게 된 것이다.

그리고 컴퓨터를 중심으로 학습이 진행될 경우 교사가 종래와는 다른 역할 해 나가야 한다는 것도 확실하다. 전술한 바과 같이 일본어 교육에 있어서의 멀티미디어 활용에는 각각 장점과 단점이 있기 때문에 그 문제점을 해결하여 교육효과를 높이기 위해서는 교사의 역할이 매우 중요하다. 이하 멀티미디어 시스템을 이용한 일본어 교육에 있어서 교사는 어떤 역할을 해야할 것인지에 대해서 정리한다.

1) 학습의 지원자

학습지원자는 학습자 개인의 학력·흥미에 맞는 수업을 하기 위해서 준비하는 역할이다. 「수업준비」와 「교재준비」가 있다.

① 수업 준비

학습자의 학습준비상태와 니즈 분석을 통해서 학습 상황을 체크하여 사전지도, 실제 수업활동, 사후활동을 계획하고 수업전개를 면밀히 고찰한다. 또한 학습자에 대한 동기부여를 행한다.

② 교재준비

학습자 개개인의 니즈를 충족시킬 수 있는 코스웨어를 준비한다. 시판하는 것을 선택하거나 필요시에는 직접 교재를 만든다. 또한 소프트웨어에 대한 사전연구와 이해가 필요하다.

2) 학습가이드

효과적인 수업을 하기 위해서 수업 목표와 학습방법, 교재의 이용법 등을 학습자에게 자세히 가르친다.

3) 학습의 조직자

학습의 조직자라는 것은 학습의 주최자·운영자로서의 역할을 말한다.

① 컴퓨터와 교사의 역할분담의 명확화

컴퓨터가 학습을 맡은 부분과 인간인 교사의 역할을 명확하게 분담할 필요가 있다. 언어학습 과정의 최소대립어나 문형연습 등의 기계적인 기억에 의지하는 부분은 모두 기계에게 맡겨 두고, 인간인 교사에게는 예를 들면 작문의 정오판정이나 상호작용을 요구하는 작업과 같이 인간이 아니면 할 수 없는 일에 힘을 쏟을 것이 요구된다.

② 학습상황 컨트롤

교사와 학습자 또는 학습자들끼리 적절한 방법으로 상호작용을 하고 있는가, 학습내용을 이해하고 있는가, 또한 학습자가 얼마나 정확하고 유창하게 일본어를 듣고 말하고 읽고 쓸 수 있는가를 평가하는 등의 학습상황을 조절한다. 그리고 각기 다른 반응을 나타내는 학습자가 최적의 조건에서 학습할 수 있게끔 그 행동을 조절한다.

4) 학습 파트너

창조적인 수업을 실현하기 위해 학습자와 상호작용을 하면서 함께 생각하는 상대가 된다.

5) 학습 조언자

학습자가 작업중이어도 교사는 교실내를 다니면서 학습자 개개인이 안고 있는 문제 해결을 위해 적당한 조언을 한다. 구체적으로는 컴퓨터의 사용법을 비롯해서 학습자가 교재를 사용해서 그것을 발전시킬 때 어떤 형태로, 어떤 이치로 행하면 효과적으로 학습할 수 있는가를 도와주는 역할, 즉 학습자의 상담상대 혹은 친구가 된다.

이상, 멀티미디어를 활용한 일본어 교육에서의 교사의 역할을 고찰해 보았다. 여기서 우선 생각할 수 있는 것은 컴퓨터도 결국은 기계이고 그 능력에는 한계가 있다는 것이다. 컴퓨터를 어학교육에 활용하는 데 있어서 유의할 것은 로봇과 인간의 관계와 같이 고도의 인간적 판단을 동반한 어학교사의 역할을 완전하게 대행할 수는 없다는 것이다. 현시점에 있어서 컴퓨터는 인간과 같이 새로운 상황에 임기응변식으로 대응해 나갈 능력은 없다. 컴퓨터는 어디까지나 교사의 능력 일부를 보충하는 보조적 도구로서, 또한 일본어 교사가 교육의 질이나 효율을 높이기 위해 이용하는 도구로서 받아들여져야 할 것이다.

그러므로 교사가 어떻게 컴퓨터를 활용하고 어떤 목적으로 컴퓨터를 이용할 것인가, 결국 「무엇을 할 수 있는가」가 아니라 「무엇이 하고 싶은가」라는 주체적 자세가 없으면 도구를 사용하기는커녕 오히려 도구에 이용되어져 버리는 결과를 낳을 지도 모른다. 요는 학습을 하는 데 있어서 최대의 학습 성과를 올릴 수 있도록 교사는 모든 수단을 동원해서 노력을 해야 하며, 이때 교사의 능력을 보충하는 궁극적 방책으로서 컴퓨터의 활용이 중요시되어진다.

그러나 최근의 CALL프로그램에는 인간인 교사의 보조적 수단으로서의 영역을 뛰어넘어 교사의 대용이라는 목적으로 사용하기 위한 것이 많이 나오고 있다. 이와 같은 상황에서 교사는 앞서 제기한 몇 가지 역할 패턴을 기준으로 종래의 수업을 진행해 가면서 학습자의 의문이나 문제점을 해결하고, 질문 등 학습자와의 상호작용에 대답할 수 있는 역할을 해 나가는 것이 바람직하다.

결국 교사의 역할은 학습자와 교재, 인터넷, 컴퓨터와의 중간자적 역할을 하는 것, 즉 인터페이스(interface - 컴퓨터에서 둘 이상의 장치를 접속시킬 때의 상호 접속 장치)의 중개자가 되는 것이 멀티미디어화한 어학 교육에 있어서의 교사의 역할이 아닐까?

제5절 한국의 일본어 교육에서의 컴퓨터 활용 현황과 그 가능성

5.1 최근의 연구 동향

전후 한국의 일본어 교육에서의 시청각교육 기기는, 교사의 발음을 흉내내는 수준에서 카세트테이프, 비디오로 변화되었고, 최근에는 커뮤니케이션 능력을 높이기 위한 가장 강력한 보조도구로서 컴퓨터를 활용하는 것에 관심이 모아지고 있다. 근래 일본어 교육 분야에서도 컴퓨터 활용에 관한 연구가 급속히 진행되고 있다. 이미 일본과 미국의 일본어 교육에서는 CALL[92] 시스템을 개발해서 현장에서 활용하고 있으며 몇몇 대학을 중심으로 많은 연구 성과와 양질의 멀티미디어 일본어 학습용 프로그램이 개발되고 있다.[93] 한국의 일본어 교육 분야에서도 몇 가지의 CD-ROM이 개발되어 시판되었지만 아직 충분히 수업에서 응용할 수 있는 단계에는 이르지 못하고 있다.

최근에는 인공지능을 내재한 컴퓨터의 가상현실을 직접 체험하면서 학습할 수 있는 ICALL시스템에 관한 연구가 진행되고 있다. 이제부터는 한국에서도 컴퓨터를 이용한 일본어 교육이 급속히 발전할 것이 확실하며 그 연구 또한 기대되고 있다.

---

92) 컴퓨터를 이용한 언어교육・학습관련 용어를 정리하면 다음과 같다.
CALL(Computer Assited Language Learning) : 컴퓨터보조언어학습
CAI(Computer Aided Instruction) : 컴퓨터보조교육
ICALL(Intelligent Computer Assited Language Learning) : 지능형언어학습
ITS(Intelligent Tutoring System) : 지능형교육시스템
CMI(Computer Managed Instruction) : 교수활동지원시스템
CMLT(Computer Managed Language Teaching) : 언어교육관리시스템
MALL(Multimedia Assited Language Learing) : 멀티미디어보조언어학습

93) 미국에서는 브라운대학(회화교재 「Introduction to Spoken Japanese」작문교재 「Story Space」,스탠포드대학 「Shogai・生涯」,죠지아대학 「Kanji Master」, MIT(세계의 일본어 교육과 전문가를 이어주는 「JP-NET」),파듀대학,하와이대학등이 중심이 되어있다. 그외에도 캐나다나 오스트레일리아 등지에서도 개발되어 교육에 활용되고 있다.

5.2 컴퓨터 활용 현황

1) 第7차 교육과정과 교육 정보화 계획

한국에서는 2001년(고등학교는 2002년)부터 第7차 교육과정이 시행되었고 그 중 무엇보다도 중학교에 제2외국어가 재량과목으로 도입된 것은 주목할 만하다. 한국은 세계 제1의 일본어 학습자 수를 자랑하고 있지만 그 대부분이 고등학생이었기에 중학교에서 일본어를 배울 수 있게 된다면 학습자는 더더욱 증가할 것이며 그 연령층은 낮아질 것이다.

第7차 교육과정에는 정보화 시대의 도래에 대응하기 위해 인터넷 등을 적극적으로 이용할 수 있는 능력양성이 명시되어 있는 것이 하나의 특징이다. 구체적으로는 인터넷을 이용한 검색이나 정보수집, 전자메일, 채팅을 통한 의사전달, 상호교류 등을 적극적으로 행하는 것을 목표로 이를 위해 컴퓨터 이용 능력의 양성을 추구한다.

그래서 한국 교육부에서는 1997년에 전국의 모든 초・중・고등학교에 멀티미디어 시스템을 구축하고 각 학교를 네트워크로 연결하는 「교육 정보화 계획」에 나서고 있다. 이것은 전 교사, 전 교실에 PC를 배치함과 동시에 각 학교별로 2개의 PC실습실(36학급 이하에서는 1개)을 갖춘다는 것으로 이 계획은 이미 2000년 말에 완료되었다고 보고되었다.

또한 한국 교육부는 2001년부터 2005년까지의 새로운 「제2차 교육 정보화 종합 발전방안」계획을 세우고 2005년까지 5년간 3조 2874억 원을 투입하기로 하였다. 제1차 교육 정보화 계획이 모든 학교에 컴퓨터를 보급하고 그것을 인터넷으로 연결하는 하드웨어에 중점을 둔 사업이었다고 한다면 이번 제2차 교육 정보화 계획은 교사와 학습자의 컴퓨터 활용능력의 향상에 주안점을 둔 소프트웨어적 사업이라 할 수 있다.

구체적으로는 컴퓨터(ICT) [94] 를 활용한 수업을 활성화하기 위해 2001년부터 3년간 33만명의 전 교사를 대상으로 정보 능력에 대한 연구를 하면서 ① 국민의 ICT 활용 능력 향상 ② 전자 교육 행정 구현 ③ 건전한 정보 문화 조성 등을 적극적으로 추진하는 것이다.

2) 중학교에서의 일본어 교육 개시와 멀티미디어

중학교에 있어서 일본어는 2001년 3월부터 시행되었다. 국정 교과서 및 지도 요령에

---

94) ICT라는 것은 Infomation (정보 : 필요한 자료를 정리해 놓은 것) Communication(통신 : 교수・교습에 필요한 자료와 정보를 교환할 수 있는 기술이나 하드웨어) Technology(과학적 지식을 적용한학문)의약자이다.그개념은 정보기술(Infomation Technology)과통신기술(Communication Technology)의 합성이라 할 수 있다. 정보기기의 하드웨어, 운영, 정보관리에 필요한 소프트웨어기술과 그 기술을 이용하여 정보를 수집, 생산, 가공, 보존, 전달, 활용하는 모든 방법을 동원하여 자신에게 필요한 자료를 수집・가공하거나 새로이 만들어내기 위해 필요한 과학적지식과 관련된 학문이다.

의하면 전 10과, 각 과 6시간 구성의 커리큘럼 중 4시간 째 수업이 문화 탐방 수업으로 일본 문화 등 일본에 관련된 부분을 알기 위해 인터넷 사용을 장려하고 있다. 그리고 6시간 째 수업은 자율학습으로 그 대부분이 인터넷이나 PC를 이용한 수업이다. 구체적으로 살펴보면 아래와 같다.

<제1과> ひらがな 학습 사이트를 이용한 ひらがな 학습. PC에서의 ひらがな 입력 방법 학습.

<제2과> 게임이나 트럼프 놀이 사이트 검색. 검색 엔진이나 자동 번역 사용에 대한 학습.

<제3과> 일본의 연중행사나 노래 사이트 검색 및 학습.

<제4과> 야구, 축구, 스모 등 일본 스포츠 관련 사이트 검색.

<제6과> 숫자 익히기 사이트 검색 및 학습.

<제7과> 일본과 한국의 애니메이션 사이트의 검색 및 비교.

<제8과> 일본의 레스토랑, 전통 요리점 등의 사이트를 검색, 일본의 음식 문화 조사.

<제9과> 전자 메일에 의한 교류. 일본어 입력이나 자동번역기 사용을 배우고 일본 중학교나 펜팔 소개 사이트 등의 검색.

<제10과> 일본의 행정구역(都・道・府・県)관련 사이트 검색 및 조사.

그 외 권말부록에는 かな의 로마자 입력 방법이나 일본어 학습에 도움이 될 사이트를 실어놓았다. 또한 지도서 곳곳에 일본어 교육에 필요한 여러 가지 자료를 인터넷 등을 통하여 입수할 수 있도록 배려하였다.

3) 고등학교에서의 일본어 교육과 멀티미디어

고등학교 일본어 수업에서의 PC나 멀티미디어 사용은 PC실습실이나 각 교실에 구비해 둔 PC이용을 권장하고 있다.

일본어 교육에 있어서의 PC나 멀티미디어 사용실태를 보면 우선 CD-ROM 교재를 수업에 이용하는 교사가 많아지고 있다. 그러나 현재 일본어를 가르치는 데 사용되는 멀티미디어 교재는 한국에서 개발, 시판되는 CD-ROM 일본어 교재가 10종정도 뿐이다. 인터넷 사이트가 급증하고 있으나 고등학교에서 사용할 수 있는 것이 결코 많다고는 할 수 없다.

인터넷을 수업에 이용하는 교사도 늘어나고 있다. 이용 내역을 보면 수업 자료 수집으로 이용하고 숙제로 이용하게 하는 등의 간접적인 이용 외에도, 수업에 직접 도입해서

ひらがな를 가르칠 때 かな학습 사이트를 이용한다거나 일본 문화를 소개할 때 관련 사이트를 검색하는 등의 경우도 늘고 있다.

그러나 고등학교에서 일본어 교육에 전자 메일이 활용되는 경우는 아직 그다지 눈에 띄지 않는다. 현재 한국에서 시판되고 있는 PC의 대부분이 그 상태로는 웹상에서 일본어를 입력하거나 읽을 수 없는 일이 많아서 일본어 읽기, 쓰기를 가능하게 하기 위해서는 보통 몇 가지의 조작이 필요하다. 이것이 일본어 사이트를 보거나 일본어로 전자 메일을 읽고 쓸 수 없게 하는 최대의 요인이다.

또한 워드프로세스 소프트로는 MS워드도 사용되고 있으나 훈글이 여전히 압도적인 위치를 차지하고 있다. 최근 각 일본어 교사들은 학생들의 PC능력 향상을 위해 웹상에서의 일본어 읽기, 쓰기, 검색, 워드프로세스 소프트에서의 일본어 입력 방법 등을 수업에서 가르치는 경우가 많아졌다. 또, 파워포인트(MS사)를 교재 작성에 이용하는 교사도 조금씩 늘어나고 있다.

또한 학생들의 자주적 학습을 위해 PC실습실을 학생에게 개방하고 있는 학교도 있다.

이와 같이 일본어 교육에 PC나 멀티미디어가 사용되는 케이스는 꾸준히 증가하고 있으나 반드시 그 이용 비율이 많다고는 할 수 없다. 여전히 오디오기기나 VTR을 사용하는 차원에 머무르고 있는 경우도 적지 않다. 또한 교과서 부교재로서의 리스닝 교재는 제6차 교육과정까지는 오디오 테이프를 사용하였으나 제7차부터는 CD-ROM으로 바뀌었다.

교육부는 1997년부터 시작된 교육 첨단화 정책의 일환으로 교육 정보 종합 서비스 시스템으로서의 사이트 EDUNET을 개설하고 교육 정보의 효과적 전달 체제를 구축함과 동시에 분산하는 교육정보의 key-station(네트워크의 중핵으로 산하에 있는 각 국에 자사의 제작 프로그램을 공급하는 방송국)역할을 다함으로써 교사, 학생 등 모두가 양질의 교육 정보를 PC통신을 통해 이용할 수 있게 되었다. 그러나 EDUNET을 통한 일본어 교육 정보 서비스의 구체적인 내용은 앞으로의 과제로 남아있다.

김영화(1998)씨에 의하면 각 고등학교에는 교육의 첨단화를 위한 멀티미디어 학습실이 1~2개 설치되어 있지만 일본어 수업에 사용되는 경우는 극히 드물며 종래의 문법 대역법 수업이 대부분이라고 보고되고 있다. 그 원인은 자료와 설비의 부족, 교사의 멀티미디어 운용 능력 및 교육 자료 개발 의지 부족, 멀티미디어 교수법과 활용법 부재 등에 있다고 할 수 있다. 이와 같은 문제를 해결하여 보다 효과적인 활용을 위해서는 다음과 같은 과제를 해결하여야 한다.

우선, 교육을 위한 충분한 멀티미디어 교육 자료 확보가 필요하다. 또한 학교 교육용 정보 초고속망의 저가 이용, 컴퓨터 운용 능력 향상을 위한 교사 재교육도 요구된다. 연구회 등을 통한 코스웨어 개발이나 멀티미디어와 네트워크를 활용한 새로운 교수법 개발도 과제로 남아있다. 개발된 소프트는 「EDUNET」등에 공개하고 공유함으로써 정보화 시대에 시간과 노력의 낭비를 줄일 수 있지 않을까? 효과적인 수업을 위해서는 교과서와 연결된 소프트를 제작할 필요가 있으며 이와 같은 작업은 개인의 힘으로 되는 것이 아니기에 학회나 연구 회 등이 중심이 되어 다양한 의견을 받아들이면서 행하는 것이 바람직하다고 본다.

4) 대학에서의 일본어 교육과 멀티미디어

대학에 있어서의 PC나 멀티미디어 이용실태는 약간 다르다. 중등교육에서는 앞서 얘기한 바와 같이 교육부 주도로 점진적으로 설비확충이 진행되고 있지만 대학의 정보화 대책은 각 대학에 맡겨져 있는 경우가 많다. 그렇기 때문에 대학에 따라서는 VOD서버가 있는 주조정실과 각 교실을 네트워크로 연결한 멀티미디어 실습실이 구비되어 있는 곳도 있으나 많은 대학에서는 아직 몇 개의 PC실습실 밖에 없는 경우가 대부분이다.

한편 PC나 멀티미디어를 적극적으로 활용한 수업도 진행되고 있다. 예를 들면, 부산외국어대학에서는 「정보일본어」「인터넷 일본어」「일본어 워드프로세스 실습」등이 개설되어 있다. 작문이나 청해 등의 일본어 수업에 인터넷을 활용하거나 인터넷을 이용하여 수업과 관련된 코스웨어를 제공하는 경우 등도 나타나고 있다. 또한 고등학교와는 달리 전자 메일이나 게시판을 이용하여 레포트를 제출하거나 질의응답을 행하는 케이스도 급증하고 있다.

대학은 유일한 교원 양성 기관이다. 그런 의미에서 일본어 교육학과 등을 중심으로 PC・멀티미디어 운용능력을 갖춘 교원을 양성하기 위한 강좌 개설이 요구되고 있다. 1998년의 조사에서는 대학이나 대학원에 교원 양성 강좌가 보이지 않았으나 2000년도 각 대학 요람을 보면 그러한 예들이 보인다. 건국대학교 일본어 교육학과에서는 「멀티미디어 일본어 교육론」이 개설되는 등 변화가 나타나고 있다. 또한 교원양성을 목적으로 전국 30개 이상의 대학에 설립된 교육대학원에서도 변화가 일고 있는데, 부산외대의 「멀티미디어 일본어 교수법」이나 고려대의 「컴퓨터를 활용한 일본어 교육」 등에서 볼 수 있는 것처럼 교사의 PC・멀티미디어 운용 능력을 높이기 위한 강좌가 계속해서 개설되고 있다.

또한 2001년도부터 인터넷을 이용하여 학사나 전문학사 취득이 가능한 이른바 사이버 대학이 생겨나, 2001년에는 9개교(신입생 6220명), 2002년에는 15개교(신입생 16700명), 2003년에는 16개교(신입생23650명)가 개교를 하였다. 이 중에는 4년제 대학이 14개교

(신입생 21150명), 2년제 대학이 2개교(신입생 25000명)이다.

특히 주목해야 할 것은 서울디지털대학과 한국디지털대학, 열린사이버대학, 경희사이버대학에는 일본어 · 일본전공이 개설되어 있는 것이다. 한국디지털대학과 서울디지털대학은 2001년도에, 오픈사이버대학은 2002년도에, 경희사이버대학은 2003년도부터 시작되었고, 한국디지털대학과 오픈사이버대학은 일본어 전공, 서울디지털대학과 경희사이버대학에서는 일본 지역 전공을 다루고 있다. 그 외의 사이버 대학에서도 교양과정으로 「기초 일본어」나 「일본 문화」등의 강좌가 개설되어 있다.

이상 한국 교육부에서 정식으로 허가된 사이버 대학과 개설 학과, 모집 인원 등의 정보를 정리해서 나타내면 표1과 같다.

<표1> 한국의 사이버대학교 일람

*경희사이버대학교(2450명) ① 02-961-0101 ② www.khcu.ac.kr ③ 미디어문예창작(63), e-비지니스(133), 사이버NGO(78), 호텔·관광경영(40), 일본학과(78)등	부산디지털대학교(600명) ① 051-320-1919 ② www.bdu.ac.kr ③ 사회복지(260), 사회경영(140), 호텔관광(40), 디지털콘텐츠(40) 등	원광디지털대학교(1000명) ① 063-850-5061 ② www.wdu.ac.kr ③ 게임기획(500), 게임컨텐츠(400)
*서울디지털대학교(2400명) ① 051-240-2787 ② www.sdu.ac.kr ③ 법률정보(200), 법무행정(150), e-경영(400), 멀티미디어(600), 국제학부(일본·중국200), 사이버무역(250)	서울사이버대학교(2300명) ① 041-550-3331 ② www.iscu.ac.kr ③ 사회과학부(1100), EC학부(700), IT학부(500)	대구사이버대학교(600명) ① 053-850-4000 ② www.dcu.ac.kr ③ 인터넷(150), e-경영(150), 특수교육(100), 사회복지(100), 법무행정(100)
세계사이버대학(1800명) ① 041-736-6565 ② www.world.ac.kr ③ 사회복지(100), 디지털실용음악(100), 인터넷비지니스(100), 약용건강식품(100), 관광호텔외식(100), 인문사회(650), 자연공학(450), 예체능(450)	세민디지털대학(600명) ① 053-741-5700 ② www.smc.ac.kr ③ 실용영어(150), 관광(150), 디지털애니메이션(150), 사회복지(150)	세종사이버대학교(1600명) ① 02-3408-3506 ② www.cybersejong.ac.kr ③ 호텔관광경영(100), e-비지니스(100), 게임PD(100), 만화에니메이션(100), 인터넷(100), 경영(750), 정보문화산업(550)
한성디지털대학교(950명) ① 031-406-9221 ② www.adu.ac.kr ③ 문화예술(300), 정경(100), 관광(200), 컴퓨터공학(100), 사회(200)	*열린사이버대학교(1900명) ① 02-760-0812 ② www.ocu.ac.kr ③ 외국어(400), 법학(200), 경영(200), 디지털컨텐츠(200), 정보통신(200), 컴퓨터디자인(200)	영진사이버대학(700명) ① 053-940-5500 ② www.ycc.ac.kr ③ 국제공인컴퓨터프로그래밍 (100), 비즈니스인증관리(100), e-비지니스(100), 컴퓨터미디어(100)
*한국디지털대학교(2500명) ① 02-3290-2601 ② www.kdu.ac.kr ③ 실용외국어(200), 디지털경영(250), 디지털정보(250), 미디어디자인(250), 디지털교육학(100), 디지털행정(100), 문화예술(150), 언론학(100), 사회복지(200), 법학(100), 스카우트(100)	한국사이버대학교(1900명) ① 02-567-7235 ② www.kcu.ac.kr ③ 영어(250), 벤처경영(350), 법학(100), 컴퓨터통신(300), 디지털미디어디자인(300), 사회복지(150), 방송엔터테인먼트(200)	한양사이버대학교(1500명) ① 02-2290-1268 ② www.hanyangcyber.ac.kr ③ 경영정보(200), 컴퓨터(200), e-비지니스(200), e-learning(200), 디지털디자인(200)

국제디지털대학교(500명) ① 02-267-0751 ② www.gdu.ac.kr ③ 경영(200), 사회과학(200), 디지털(100)	사이버외국어대학(860명) ① 02-2173-2580 ② www.cufs.ac.kr ③ 영어(300), 중국어(180), 일본어(180), 경영학(100), 언론홍보학(100),	※ 1. 사이트를 볼 경우 guest로 입력한다. 2. 대학명(입학정원) ① 전화 ② 사이트 ③ 학과(정원) 3. *표는 일본어 전공이 개설되어 있는 대학

이 외의 일반 컴퓨터의 이용 현황을 보면, 한국에서는 PC통신이나 인터넷, 게임 등의 모든 것을 탁상용 PC로 처리하는 경우가 많은데 지금은 대부분의 가정에 1대 이상의 PC가 있다.

또 가는 곳마다 이른바 PC방이라 불리는 인터넷 룸이 있어서 학생들이 초고속 인터넷을 1시간 1000~2000원 정도로 이용할 수 있게 되어있다. 그러나 일본어 교육에의 이용을 살펴보면 Global IME 보급 등에 의해 이전에 비하면 훨씬 편리해졌으나 일본판과 한국판 OS호환성 등의 문제나 멀티미디어 교재의 부족, 교사의 컴퓨터 활용 능력의 문제, 멀티미디어 일본어 교수법 개발의 문제 등에서 얼마의 문제가 남아있어서 그것이 해결되지 않는 한 교사나 학생이 PC나 인터넷을 일본어 교육에 자유롭게 활용하는 것은 어려울 것이다.

5) 멀티미디어 이용에 있어서의 문제점

일본어 교육에의 PC나 멀티미디어 보급에 관한 문제에 대해서는 다음의 3가지로 요약할 수 있다.

첫 번째로 일본어 교사의 운용 능력 문제이다. 현재 한국에서는 전 교원에 대해 PC나 인터넷에 대한 교원연수가 실시되고 있다. 또 한국 일본학회 산하의 일어 교육학회나 멀티미디어 언어 교육학회, 한국 외국어 교육학회 등에서 회원 연수 등의 기회를 통해서 교원의 멀티미디어 구사능력 향상에 노력하고 있다. 95)

두 번째로 교재의 문제이다. 하드웨어적인 면에서는 확충이 진행되고 있으나 고등학교 등의 중등교육에서의 일본어 수업에 이용할 수 있는 CD-ROM교재나 부교재, 웹사이트 등이 매우 부족하다. 일본에서 개발된 교재도 나와 있지만 가격이 비싸서 사용이 어려운 상황이다.

---

95) <관련사이트>
EDUNET http : //edunet.nmc.nm.kr/top.html
한국멀티미디어언어교육학회 http : //www.kamall.or.kr
한국일본학회 http : //kaja.or.kr
한국외국어교육학회 http : //kafle.net/

세 번째로 시간적 문제이다. 현재 일본어 교육 커리큘럼을 진행시켜나가는 것만으로도 힘겨운 상황이기에 멀티미디어 교재를 이용해 나가는 것에 대한 시간적 여유가 없으며 사실상 거의 행할 수 없는 실정이다.

5.3 일본어 수업에서의 컴퓨터 활용 가능성

일본어 수업에 있어서 컴퓨터 활용의 가능성은 교실의 설비환경과 교사의 연구에 의해서 여러 가지 방법이 있을 수 있지만 크게 두 가지로 나누어 생각할 수 있다. 하나는 컴퓨터 상에서 일본어 교육용으로 작성된 멀티미디어 교재나 인터넷 일본어 학습 사이트를 작동시켜 교수・학습활동을 행하는 것이다. 또 다른 하나는 컴퓨터 상에서 다른 기능을 이용하면서 일본어를 사용하는 것이 학습에 연결되는 경우이다.

전자는 소위 일반적으로 CAI 또는 CALL이라 불리는 것으로 CD-ROM을 이용한 것이나 인터넷 일본어 학습 사이트, 온라인원격・사이버 일본어 교육 등이 있다. 후자에는 워드프로세스에 의한 일본어 문장 작성, 웹에서의 정보 수집, 인터넷 일본어 자료 활용, 일본어 홈페이지 제작이나 정보의 발신・수신, 전자 메일, 채팅이나 메신저 이용, 컴퓨터 통신, 프리젠테이션 기술의 활용 등을 생각할 수 있다.

1) 멀티미디어 일본어 교재를 사용한 수업

① CD-ROM 타이틀

CD-ROM 교재는 다량의 학습 내용이나 멀티미디어 정보를 체계적으로 수록하고 있기 때문에 교사와 학습자는 레벨에 맞추어 손쉽게 활용할 수 있다. 수업에 이용하기 위해서는 교과목의 특성에 맞는 CD-ROM 타이틀을 선정해서 분석한 후 교수계획을 세우는 것이 필요하다.

수업이 끝난 뒤에도 학습자가 자율 학습할 수 있도록 유도한다. 수업 스타일에는 학생 한 사람 한 사람에게 CD-ROM을 주는 것이라든가, 네트워크를 이용해서 VOD서버의 CD-ROM에 다수의 학습자가 동시에 접속해서 교재 자동관리 시스템을 통해 학습하는 자율 학습과, 교사가 보조적으로 활용하는 보조학습 등이 있다.

② 온라인 일본어 학습 시스템

온라인 일본어 학습 시스템에는 인터넷 상의 일본어 학습 사이트나 사이버 일본어 교실, 컴퓨터 원격조작 시스템의 음성·화상회의를 이용한 수업 등을 생각할 수 있다. 앞서 얘기한 최근 한국에서의 사이버 대학도 온라인 학습 시스템의 한 예이다. 이와 같은 인터넷 상에 공개된 일본어 학습 사이트를 자율 수업으로 활용하는 방법과, 주 1~2시간의 보조 수업으로 교사의 설명과 교실 활동을 통해 학습 내용을 재확인하는 방법이 있다.

이상 CD-ROM과 인터넷을 이용한 멀티미디어 교재에는 주로 일본어의 4가지 기능과 초급에서 상급까지의 일본어 문법교육, 일본 문화·사정 등의 수업을 행할 수 있는 것이 있다.

2) 컴퓨터의 다양한 기능을 이용한 일본어 수업

컴퓨터의 다양한 기능을 이용한 일본어 수업에 대해서 국립 국어 연구소(1995)에서는 다음과 같은 지적을 하고 있다. 컴퓨터의 여러 가지 기능을 이용하는 중에 일본어를 사용하는 일이 있을 수 있다. 이것은 순수하게 일본어를 배우려는 것일 수도 있고 교육 프로그램의 일환으로서 조직적으로 행하는 것일 수도 있다. 어느쪽이든 일본어를 학습하고 있다는 것을 그다지 의식하지 않고 의사소통을 하기 위한 필요에서 일본어를 사용한다는 것은 일본어의 습득상 대단히 의미 깊은 일이기에 앞으로 여러 가지 시도가 이루어질 것으로 기대되는 분야이다.

① 워드프로세스에 의한 일본어 입력

최근에는 일본어 문장도 워드프로세스로 요구되어지는 경우가 많다. 예를 들면, 학교 숙제, 직장에서의 보고서나 각종 서식, 편지까지도 워드프로세스로 작성하는 경우가 많아졌다. 그러나 한국의 일본어 학습자는 워드프로세스에서의 일본어 입력에 익숙하지 않고, 게다가 일본어 읽기에 한글 입력을 사용하기 때문에 인터넷상에서의 일본어 자료 검색이나 일본어로 전자 메일을 보낼 때가 되면 곤란해지는 경우가 많고 학습자의 입력 스피드도 아주 늦다.

따라서 학생들에게 한국과 일본에서 사용되고 있는 각 워드프로세스·소프트의 사용법과 문자 입력방법, 또 소프트 간의 호환방법 등에 대해서 지도할 필요가 있다. 필자는 일본어 워드프로세스 연습을 위한 교재를 개발하여 부산 외국어 대학과 경남 정보 대학의 일본어 수업에서 실제로 사용해 본 결과, 문자(かな·한자)의 정착, 어휘 습득(전자 사전적 역할), 일본어 입력 스피드 향상 등 대단히 좋은 성과를 얻었다.

② 웹에서의 정보 수집 및 일본어 자료 활용

인터넷은 전 세계 컴퓨터를 통신망으로 상호 연결한 미디어이고 수업에 활용할 경우 살아있는 일본어를 접할 수 있을 뿐 아니라 정보화 시대에 맞추어 일본어 관련 정보 처리 능력도 배양할 수 있다. 인터넷을 이용한 일본어 수업에는 웹에서의 일본어 관련 정보 수집과 일본어 교육 자료(읽기 자료 포함)[96]를 활용하는 방법 등이 있다. 그외에도 사용

---

96) 인터넷상의 일본어 교육 리소스는 이용 목적에 따라 다양하게 있지만, 여기서는 대표적인 것만을 소개한다.
http : //www.sla.purdue.edu/fll/japanProj - 일본어 교육자료
http : //www.alc.co.jp/gn/gnhome.html -월간일본어
http : //202.32.192.20/bbs/jedbbsrd.qry?function=search - 일본어 교육포럼
http : //www.alc.co.jp/nihongoji/center - 일본어 교육 정보센터
http : //www.plaza.hitachi-sk.co.jp/~jpnedu - 일본어프라자
http : //www.alc.co.jp/nihonngoji/center/institute.html - 일본어 교육 관련 소개
http : //www.alc.co.jp/jpn/jpgnlink.html - 일본어 교육사이트・링크
http : //www.tjf.or.jp - (재)국제문화포럼
http : //www.sla.purdue.edu/fll/JapanProj-J.html
http : //www.sla.purdue.edu/fll/JapanProj - アメリカ バチュー대학 일본어 교육자료
http : //www.alc.co.jp/vle - VIRTUAL Language EXPO'97. 21C일본어 교육・원격지교육
http : //www.alc.co.jp/bazzar/abc/index.html - 일본어 교육 서적의 최신정보 및 구입
http : //www.info.cop.com - IBM환경에서의 일본어검색・자동번역엔진
http : //www.kaja.or.kr - 한국일본학회
http : //www.jpf.go.jp/j/ - 국제교류기금
http : //www.kokken.go.jp - 국립국어연구소
http : //www.nijl.ac.jp - 국문할연구자료관
http : //www.jpf.go.jp/j/learn_j/jedu_j/test10 : j.html - 일본어능력시험
http : //www.soc.nacsis.ac.jp/nkg - 일본어 교육학회
http : //www.jpf.go.jp/j/learn_j/jedu_j/urawa_j/ - 일본어 국제센타
http : //www.japanem.or.kr - 일본문화원(한국)
http : //www.jsnet.org - JS-net(Japanese Studies Network Forum)
http : //www.townpage.isp.ntt.co.jp - 일본타운페이지
http : //www.unesco.or.jp - 유네스코 세계의 문화유산 (일본)
http : //www.rap.tregami.com/mag2/ - 인터넷 책방「まぐまぐ」
http : //www.hello.hello.nttls.co.jp/ - 하로(ハロ-)다이얼 : 지역별 이벤트정보,점포,이름,전화번호안내
http : //www.nyc.go.jp - 국립올림픽기념 청소년 종합센터 : 청소년교육 관련기관과 링크
http : //www1.nisiq.net/~cpulot/Dic.htm - 불명해약어사전(不明解略語辞典)
http : //www.ke3.ecs.toyama-u.ac.jp/~ohgiya/dic/ - 사전검색
http : //www.ndi.go.jp - 국립국회도서관
http : //www.toyo-bunko.or.jp - 동양(東洋)문고
http : //www.tulips.tsukuba.ac.jp/other/other_libs.html - 세계의 도서관리스트(筑波대학도서관)
http : //www.slis.flet.mita.keio.ac.jp/~ueda/libwww/libwww.html" - 일본의대학도서관・공공도서관
http : //www.asahi.com/ - 아사히신문사(朝一新聞社)
http : //www.mainichi.co.jp/ - 마이니찌신문사(毎日新聞社)
http : //www.yomiuri.co.jp/ - 요미우리신문사(読売新聞社)
http : //www.sankei.co.jp/ - 산케이신문사(産経新聞社)
http : //web.nikkei.co.jp/ - 니혼케이자이신문사(日本経済新聞社)
http : //www.kyodo.co.jp/ - 공동통신사(共通通信社)

자가 어떤 목적과 방법으로 이용하는 가에 따라서 수업에 활용하는 방법은 여러 가지로 생각할 수 있다.

일본어 수업에서의 인터넷 활용은 많은 가능성이 있으나 우선 자료로서 수업에 활용하는 경우, 가령 교과서에 어떤 도시 이야기가 나왔을 때에 교사는 그 도시의 홈페이지를 검색시키거나 테마를 주고 관련 사이트를 조사하게 해서 발표를 시킬 수 있다. 또한 퀴즈처럼 교사가 검색 대상을 지정하여 보다 빨리 지정된 사이트에 접속할 수 있게 학습자의 검색 능력을 길러주는 방법 등을 생각해 볼 수 있다.

그외에도 인터넷 상의 신문이나 잡지, 영화, 드라마 등의 읽을거리나 동영상 자료를 이용해서 Role Play, Information Gap, Project Work, 퀴즈, 게임 등의 교실 활동과 연결시키면서 수업을 진행할 수도 있다. 수업을 할 때에는 일한사전이나 번역 사이트 등도 이용할 수 있고 사전에 관련 자료를 다운로드 할 준비를 해 둘 필요가 있다.

인터넷을 이용한 일본어 교육은 초고속 정보 통신망이 각 가정의 컴퓨터에 연결되고 정보 인프라가 충실해 질 2004~2005년 이후부터는 본격적으로 행해질 것이라 추측된다.

③ 일본어 홈페이지 제작과 정보 발신・수신

홈페이지를 일본어 수업에 이용할 때는 일본어에 의한 홈페이지 제작 과정에서 학습을 할 수 있는 경우와 홈페이지를 의사소통의 도구로서 활용하는 방법이 있다.

일본어 홈페이지 제작 수업은 최근에는 HTML태그를 기억하지 않고도 간단하게 홈페이지를 만들 수 있는 소프트도 보급되어 있으므로 일본어 홈페이지를 만드는 과정에서 학습을 한다면 컴퓨터・능력과 일본어 습득이라는 일석이조의 효과를 볼 수 있다. 의사소통의 도구로서의 홈페이지 사용법에는 교사의 홈페이지를 중심으로 수업 중에 배운 내용을 연습하거나 질문, 숙제를 알리는 등 교육・학습 상에서 발생하는 정보 발신과 수신이 있다.

④ 전자 메일에 의한 문자 통신

E-mail을 이용한 일본어 작문 교육 사례는 일본과 다른 나라에서 시도되어지고 있다.

---

http : //www.jiji.co.jp/ - 시사통신사(時事通信社)
일본의 검색사이트
YAHOO! JAPAN (http : //www.yahoo.co.jp/) 등록계(登録系)
goo (http : //www.goo.ne.jp/) 자동수집계(自動収集系)
infoseek japan (http : //www.infoseek.co.jp/) 자동수집계
NTTDIRECTRY (http : //navi.ntt.co.jp/) 자동수집계

한국과 일본에서서는 지금까지 문자 호환성 문제로 아직 이루어지지 않고 있다. 그러나 최근 MS사의 Explorer에서 Global IME를 사용하면 일본어로 메일을 보낼 수 있도록 문자 지원을 해 주기에 가능하게 되었다. 그러나 OS[97]와 웹 브라우저[98]가 다르면 문자가 깨지는 등 완벽하지는 않으므로 문자가 깨지는 문제를 해결하기 위해서는 좀 더 많은 연구가 필요하다.[99]

수업 방법은 한국과 일본의 학교 또는 그룹과 사전에 테마를 정해서 메일을 교환하고 틀린 표현은 수정해 주고 그 원인을 보고하는 방법, 메일링 리스트를 이용하는 방법 등도 생각해 볼 수 있다. 이 수업은 일제히 행해지는 수업이나 과외 수업의 형태를 취할 수 있다.

⑤ 채팅이나 메신저 등의 컴퓨터 통신 이용

의사소통 도구로서의 채팅이나 메신저, 컴퓨터 통신은 리얼타임 작문수업 등에 활용할 수 있다. 구체적인 방법이나 수업 사례는 아직 보이지 않지만 앞으로 그 활용 가능성은 크다.

⑥ 프리젠테이션 도구 활용

프리젠테이션 도구를 이용하면 가르치는 내용을 자유롭게 구성할 수 있다. 이것은 다양한 색, 그림, 소리, 동영상, 텍스트 등의 내용을 삽입할 수 있는 멀티미디어 교육 자료를 재구성 하기 위한 도구이다. 한국의 컴퓨터 환경에서 일본어 프리젠테이션을 하기 위해서는 「파워포인트」나 「한글 국제판」등의 프리젠테이션 기능을 이용할 수 있다.

이상 제시한 방법만이 아니라 컴퓨터를 활용한 더욱 다양하고 구체적인 수업 방법을 이끌어 내는 것이 지금부터의 과제이다.

---

97) 오퍼레이팅시스템(Operating System). 컴퓨터의 기본 소프트웨어. 퍼스널컴퓨터에서는 MS-DOS, Windows95, Windows98, WindowsNT, Windows2000, WindowsXP, OS/2,MacOS등이 있으며 서버로서는 UNIX 등이 있다. OS는 메모리나 디스크, 주변기기 등의 하드웨어의 관리와 유저가 컴퓨터를 조작하기 위한 프로그램(유저 인터페이스)의 제공 등, 실로 다양한 일을 행하고 있다.

98) 데이터나 파일의 내용을 보기위한 소프트의 총칭. 데이터의 편집은 할 수 없지만 내용을 한눈에 보고 확인할 수 있게 되어있다. 또한, 「인터넷엑스플로라」나 「네스스케이프나비게이터」등과 같은 웹페이지 열람 소프트를 단순히 브라우저라 부르는 경우도 많이있다.

99) 이러한 어학학습은 학습자가 서로의 언어를 가르쳐주는 방법인데, 구미에서는 Language exchange또는, TANDEM(상호자율학습)시스템이라 불리면서 넓게 사용되고있다.

제6절 금후의 과제

최근 의사소통 능력의 양성을 중시하고 있는 일본어 교육에서는 학습자가 능동적으로 학습 활동에 참가하고 체험과 문제 해결을 통해서 일본어를 습득해 가는 학습자 중심의 교육이 요구된다. 이를 위해서는 자신의 레벨에 맞는 진도 조절, 무한한 반복 학습 기능, 개인차를 고려한 개별 학습, 흥미 유지, 다량의 정보 제공 등을 할 수 있는 멀티미디어 일본어 교육의 도입은 필연적이다. 그러나 이상에서 조사해 본 바와 같이 일본어 교육에 있어서 멀티미디어 활용은 아직은 초보적인 단계에 지나지 않는다. 앞으로 하드웨어, 소프트웨어, 휴먼웨어(사용자 운용 능력), 및 교수법의 측면에서 해결해야 할 많은 과제가 남아있다.

하드웨어 면에서는 학습자가 직접 컴퓨터를 조작하면서 학습할 수 있도록 VOD서버가 있는 주조정실과 각 교실을 네트워크로 연결한 멀티미디어 학습실 설치가 필요하다. 이 경우 모든 자료는 주조정실에서 공급하고 학습자는 각 교실에서 검색을 하면서 학습을 진행한다.

소프트웨어 면에서는 교사 개인의 수준에서 시험적으로 제작되어 있는 경우라든가 시판되고 있는 일부 교재에서 보여지듯이 교육 현장에서 바로 응용할 수 있는 것이 거의 없다. 교육・학습 현장에서 효과적으로 활용할 수 있는 다양한 멀티미디어 교재 개발을 해야 하며, 특히 교육 과정과 텍스트가 연결된 코스웨어가 필요하다.

그리고 새롭게 제작된 교재는 인터넷을 통해 「EDUNET」또는 학회 홈페이지 등에 공개하고 다양한 의견을 참고로 하여 문제점을 수정해 나가는 것이 필요하다. 또한 각 교사가 제작한 프로그램을 네트워크를 통해서 공유함으로써 시간과 노력의 낭비를 줄이고 교재의 데이터베이스화를 통해 보다 양질의 교재를 만들 수도 있다.

멀티미디어를 활용한 외국어 교육에서 가장 문제가 되는 것은 교사의 컴퓨터 운용 능력(휴먼웨어)일 것이다. 학습자는 빠른 스피드로 운용 능력이 변화하고 있으므로 교사도 운용 능력만이 아니라 교육 목적에 맞는 교재의 재가공 및 제작 능력이 필요하다. 그러기 위해서는 연수나 재교육이 선행되지 않으면 안 된다.

마지막으로 컴퓨터를 일본어 교육에 적극적으로 활용해 나가기 위해서는 워드프로세스에 의한 일본어 입력, 정보 일본어, 인터넷 일본어, 멀티미디어 일본어 연습 등의 강좌를 커리큘럼으로 채택하고 각각의 다양한 교수법과 평가법의 개발이 요구된다.

앞으로 한국에 있어서의 일본어 교육은 이상의 과제를 해결하는 방향으로 나아갈 것이다. 그러기 위해서는 개인의 힘으로는 한계가 있으므로 공동 연구의 필요성이 있으며 멀티미디어로 무엇이 가능한가가 아니라 무엇을 하고 싶은가, 어떻게 사용해 갈 것인가를 생각해야 할 것이다.

(鄭(じょん) 起永(きよん))

과제1

멀티미디어를 이용한 일본어 교육의 이론적 배경에 대해 정리해 봅시다.

과제2

일본어 교육에 멀티미디어를 이용했을 때의 장단점을 기존의 교육방법과 비교하면서 정리해 봅시다.

과제3

컴퓨터를 이용한 교육을 행할 때, 학습자가 갖추어야 할 자세와 교사의 역할에 대하여 생각해 봅시다.

【참고도서】

Heinich, R., Molenda, M., Russell, J. and Smaldino, S.(1998). Intructional Media and Tecknologies for learning. Englewood Cliffs, NJL prentice-Hall Inc.

Long, M. H.(1981). "Input, interaction, and second language acquisition". In H. Wintiz(Ed.) Native Language and Foreign Language Acquisition. Annals of the New York Academy of Sciences, 379. pp159-278

Merrill, P.(1983). "Component Display Theory". In C. Reigluth (ed.), Instructional Design theories and models. Hillsdale, N.J. : Lea.

石田敏子(1995)「空飛ぶ教室プロジェクト-電子メールを利用した日本語教育と教師養成の可能性と問題点」『日本教育工学会第11回大会講演論文集』

加藤清方(1996)「マルチメディアを利用した日本語教育のあり方」『日本語学』2, 明治書院

北尾謙治(1993)『コンピュータ利用の外国語教育 -CAI動向と実践-』東京 : 英潮社

清水正三朗・小島明(1995)『教育とメディア』教育史料出版会

国立国語研究所(1995)『日本語教育指導参考書21 視聴覚教育の基礎』

才田いずみ (1997)「電子メールを利用した日本語教育」『日本語学』VOL.16

塩見邦雄 (1996)「視聴覚教育の理論と方法」ナカニシヤ出版

菅原安彦(1997)「語学教育のマルチメディア化への提言」『国士舘大学教養論集第45号』国士舘大学教養学会

田島弘司(1999)「自律学習支援ツールとしての電子メール-その特性と利用-」『上越教育大学国語研究』第12号, 上越教育大学

中川良雄(1994)「ＣＡＩ：日本語教育のニューメディアーコンピュータを用いた日本語学習の展開ー」『竜谷大学国際センター研究年報』第3号

鄭起永・河恩愛(1998)「マルチメディア日本語学習用プログラム内容分析」韓国マルチメディア言語教育学会. 創刊号.

鄭起永(1999)「外国語授業における効果的なCD-ROM活用方法」GLE公募課題研究報告書 釜山外国語大学校

鄭起永(2001)「CD-ROM日本語教材の開発現状と分類」『沙平裵俊鎬教授華甲紀念論叢』沙平裵俊鎬教授華甲紀念論叢刊行委員会. J&C

原土洋(1984)「日本語ワードプロセッサーの日本語教育への利用－書くことの反省と訓練－」『日本語教育』54号

松本哲洋(1996)「インターネットを利用した日本語教育-機能の紹介とその活用-」『日本語教育方法研究会誌』

文部省編(1994) 『マルチメディアの教育利用-視聴覚教育におけるコンピュータ活用の手引き-小・中学校編』(株)第一法規出版

李徳奉(2000)「멀티미디어 言語学習의 認知的 特徴」,『2000年度 招請講演 및 学術発表大会/釜山地域日本語教員研修』韓日日語日文学会.

山田真弓(1999)「インターネットを利用した遠隔教育」『CASTEL/J'99 PROCEEDINGS 第2回「日本語教育とコンピュータ」国際会議』University of Toronto, CANADA (トロント大学, カナダ)

山本直三(1984)「日本語ワードプロセッサと言語教育」『日本語教育』54号

김인석(1999)『멀티미디어 言語教育의 理論과 實際』博文閣

김진수, 미야하라히로시(2001)『채팅・이메일 e-일본어』시사일본어사

손정배「멀티미디어를 이용한 영어수업」(1997)『어린이 영어교육』정동빈 편저 홍익 미디어

정기영 외3인(2001a)『정말쉽다! 컴퓨터일본어』시사일본어사

정기영,조태영(2001b)「인터넷을 활용한 일본어 교육 -학습사이트 소개를 중심으로-」『한일어문논집』제5집 한일일어일문학회

정동빈(2000)『멀티미디어와 英語教育』学文出版(株)

부록

Ⅰ. 제7차 교육 과정에서의 고등학교 일본어 교육 과정 해설

Ⅱ. 학습지도안 예시

Ⅲ. 2000~2005년도 일본어교사 임용고시 기출문제 및 모범 해답

Ⅰ. 제7차 교육 과정에서의 고등학교 일본어 교육 과정 해설

1. 성　　격

〈일본어 I, II〉

일본어 과목의 성격에서는 우리와 같은 문화권에 속해 있고 다방면에 걸쳐 빈번한 교류를 수반하는 언어라는 점이 강조되고 있다.

가. 인접 국가라는 지정학적 관계로 한・일 양국의 교섭의 역사는 매우 길다. 일찍이 조선 중기에 제작된 일본어 교재와 사전들에서 알 수 있듯이, 외국어로서 일본어 교육의 역사 또한 길다. 특히, 오늘날과 같이 각 지역을 단위로 한 정치・경제적 통합이 확산되는 시대에는 같은 동북아시아 지역 국가로서의 긴밀한 협력 체제의 구축을 생각할 때, 한국과 일본의 상호 협력과 이해의 필요성은 과거 어느 때보다 높다.

나. 동일 지역 내의 국제 관계는 민관을 초월한 정치, 경제, 문화의 직접적인 교류가 활발한 것이 특징이다. 이러한 다양한 교류 활동을 더욱 활성화하고 원만한 관계를 유지하기 위해서는 서로를 이해할 수 있는 교육의 실천이 필요하다. 일본어 과목은 그러한 시대적 요구에 대응할 수 있는 인재를 양성하는 기초적인 과목으로서의 성격을 가진다.

다. 외국어로서 학습되는 언어는 대체적으로 그 언어의 사용 인구, 경제력, 정치력, 정보력 여하에 따라 위상이 정해진다. 일본어 역시 사용 인구, 경제력, 정보력에 있어 두드러지는 언어로서, 외국어로서의 위상은 매우 높다. 특히, 같은 문화권의 근린 지역에 속한 언어라는 점에서 활발한 교류 실적 또한 일본어의 위상을 결정하는 데 중요한 요인이 된다.

라. 지역 내의 원활한 교류 및 평화적 관계 유지를 위해서는 서로의 문화에 대한 이해를 돈독히 하고 서로의 문화에 대해 애정을 가지는 기본자세를 양성할 필요가 있다. 일본어 과목은 일본 문화에 대한 이해만이 아니고, 한국의 문화를 일본에 소개하여 양국의 상호 이해를 돈독히 하는 기초적 역량을 기르는 과목이다.

마. 양국의 각종 교류에 있어서 긍정적이고 적극적으로 참여하는 자세를 가진 인재의 양성에 역점을 두는 과목이다.

이상과 같이, 제7차 교육 과정 일본어 과목은 그 성격 부분에, 정보 수집과 통신에 대한 흥미 유발, 한・일 두 나라의 국제 관계에 긍정적으로 참여하는 자세 배양, 한・일 양 국민의 상호 이해의 필요성 등이 새롭게 추가된 것이 특징이다.

2. 목　　표

가. 총괄 목표

일본어과의 총괄적 목표는 기능적 목표와 정의적 목표로 구성되어 있는데, 그 체계는 다음과 같다.

(1) 기능적 목표
(가) 일상 생활 일본어의 이해
(나) 일본어에 의한 의사 소통 능력
(다) 일본어 정보의 검색 능력
(2) 정의적 목표
(가) 의사 소통과 정보 검색에 적극적으로 임하는 자세
(나) 일본의 언어와 문화에 대한 관심
(다) 일본인과의 의사 소통 및 국제 교류에 능동적으로 임하는 자세

나. 하위 목표

일본어 과목의 하위 목표는 언어의 네 기능을 중심으로 한 의사 소통 기능 목표 및 정의적 목표를 중심으로 구성되는데, 그 체계는 다음과 같다.

(1) 기능적 목표 : 의사 소통 기능의 항목별 신장
(가) 일상의 의사 소통 기능 수행을 위한 쉬운 일본어를 들어 이해하는 기능
(나) 일상의 의사 소통 기능 수행을 위한 쉬운 일본어를 말하는 기능
(다) 일상의 의사 소통 기능 수행을 위한 쉬운 일본어를 읽고 이해하는 기능
(라) 일상의 의사 소통 기능 수행을 위한 쉽고 간단한 일본어를 글로 쓰는 기능
(마) 인터넷을 통해 일본어로 정보를 검색하는 기능
(2) 정의적 목표 : 일본 문화의 이해와 적극적인 교류 자세
(가) 일본의 일상 생활 문화에 대한 이해
(나) 언어의 네 기능 습득의 필요성 이해
(다) 언어의 네 기능 학습에 능동적이고 적극적으로 참여하는 태도
(라) 일본어에 의한 정보 검색과 통신에 대한 흥미 유발
(마) 일본 문화에 대한 관심과 교류에 적극적으로 참여하는 자세

외국어로서의 일본어 교육의 주된 목표는 일본어에 의한 의사 소통 능력을 기르는 데에 있다. 의사 소통 능력이란, 기계적인 언어 능력 이외에 언어의 실행 가능성, 적합성, 실용성을 포괄하는 개념이다. 즉, 때와 장소, 대화 상대, 주제 등의 제반 상황에 맞는 언어 행위까지를 포함한 화용론적 개념인 것이다. 이러한 화용론적 언어 학습의 목적이 정립된 것은 외국어 학습에 대한 시대적 요구의 변화와 관련이 있다. 즉, 단순한 정보 수집 도구가 아닌 직접적인 교류를 위한 언어 학습이 필요하게 된 것이다. 따라서 제6차 교육 과정부터는 의사 소통 능력을 중심으로 한, 실용성을 중시한 일본어 교육을 지향하고 있으며, 제7차 교육 과정에서도 문화의 이해와 상황에 맞는 언어 사용 능력의 신장을 더욱 강조하고 있다.

외국어 교육의 일반적 목표는 지적 능력과 교양 함양, 문자 및 인터넷을 통한 정보 수집 능력, 다른 언어 및 문화적 틀의 경험, 국제적 인간 유대, 문화 간 의사 소통 등을 들 수 있다. 이 중에서도 외국어 학습의 궁극적인 목적은 빠른 정보 수집과 의사 소통에 있다. 진정한 의사 소통은 상대편의 표현 의도를 제대로 파악하고, 자신의 생각을 상대에게 이해시키고 설득하는 데 있다. 그러나 고등 학교 일본어 학습만으로 이러한 목표를 달성한다는 것은 제한된 학습 시간으로 볼 때 불가능에 가깝다. 특히, 일본어를 학습하는 데 있어 과거 불행했던 한·일 관계사에 따른 학습자의 갈등은 다른 언어에서는 볼 수 없는 경우로서 학습 효과에 커다란 지장을 초래할 수 있고, 향후의 한·일 관계 정립에 있어서도 중요한 요인으로 작용할 수 있는 부분이다. 따라서, 고등학교 일본어 교육에서는 의사 소통을 위한 언어 기능 교육에만 그칠 것이 아니라, 일본어 학습에 대한 흥미를 가지게 하고, 일본에 대한 객관적인 이해와 올바른 일본관을 가지게 하는 태도 교육에도 힘을 기울여야 할 것이다.

3. 내 용

가. 내용 체계 정립의 배경

〈일본어 I, II〉

일본어 I, II의 내용은 일본어의 언어학적 지식을 전달하기 위한 것이 아니다. 일본어에 의한 의사 소통 기능 함양이 주된 목적이므로, 학습 내용 또한 실제 언어생활에서 필요한 의사 소통 기능 중심으로 구성되어 있다. 즉, 종래의 문법 중심이나 장면 중심이 아닌 기능 중심 교수 요목(functional syllabus)에 입각하여 구성된 것이다.

종전의 구조주의적 외국어 교육에서는 문법이나 문형 등 언어의 구조적 이해를 통해 표현할 수 있도록 지도한 결과, 구체적인 기능 및 장면에 적용하는 능력을 기르는 데 소홀하여 실제 언어 사용 능력을 기르는 데에 문제점이 있었다(【그림 1】 참조). 이와는 달리, 기능 중심 교수요목에서는 언어의 구조를 체계적으로 학습하기 어려운 대신, 실제 상황에 맞는 구체적인 언어 표현의 학습이 가능하다는 장점이 있다. 장면 중심 교수요목의 경우, 수많은 언어 장면을 모든 학습 현장에서 재현하는 것은 불가능하다. 그러나 기능 중심 교수요목은 체계적 분류가 가능한 의사 소통 기능을 중심으로 학습하여 다양한 장면에 적용할 수 있는 효율성 높은 교수요목인 것이다.

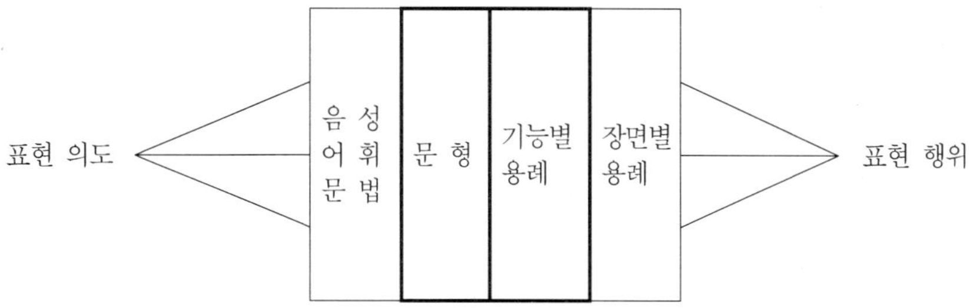

<그림 1> 표현 과정의 계층 구조에서 본 기능별 교수 요목의 위상

나. 내용 체계

〈일본어 I, II〉

(1) 의사 소통 활동(단원별 전개 순서)

(가) 듣기 활동　(나) 말하기 활동

(다) 낭독 및 읽기 활동　(라) 쓰기 및 키보드 입력 활동

(2) 의사 소통 기능(단원별 취급 내용)

(가) 인사 기능　(나) 정보 전달 기능　(다) 요구 기능

(라) 의사 및 태도의 전달 기능　(마) 담화의 전개 기능

(3) 언어 재료

(가) 의사 소통 기능 예시문　(나) 발 음　(다) 문 자

(라) 어 휘　(마) 문 법　(바) 문 체　(사) 문 화

다. 의사 소통 활동(단원별 전개 순서)

〈일본어 I, II〉

의사 소통 활동의 전개가 이해 활동과 표현 활동으로 구분되어 있던 제6차 교육 과정과는 달리, 제7차 교육 과정에서는 종전의 듣기, 말하기, 읽기, 쓰기의 순서로 다시 환원되었다. 제6차에서 이해 활동을 먼저 제시하였던 것은 충분히 이해하게 되면 자연히 표현할 수 있다는 내추럴 어프로치식 이론을 바탕으로 한 것이지만, 수업 시간이 많지 않은 고등학교 학습에서는 이해 활동과 표현 활동을 분리하는 것이 효율적인 통합적 학습 원칙과 위배되는 것이므로, 먼저 구두 언어를 통합적으로 습득한 뒤 문자를 통한 학습으로 이행하도록 학습 활동의 제시 순서를 조정한 것이다. 듣기부터 시작하는 전개 방식은 장면과 관련된 사진이나 그림 또는 영상을 함께 보면서 듣는 것이 효과적이다. 알아들을 수 없다는 이유로 그냥 듣는 것은 무의미하다고 생각할 수도 있으나, 현장의 정보와 언어 표현을 함께 보고 듣는 행위는 언어와 관련된 여러 가지 정보를 통합적으로 습득할 수 있다는 점에서 언어 학습에 크게 도움이 되기 때문이다.

(1) 듣기 활동
〈일본어 Ⅰ〉
(가) 간단한 어구나 문장을 듣고 그 뜻을 알아본다.
(나) 짧은 말이나 글을 듣고 그 뜻을 알아본다.
(다) 의사 소통 기능에 관한 표현을 듣고 그 뜻을 알아본다.
(라) 의사 소통 기능에 관한 표현을 듣고 그대로 행동하여 본다.
(마) 상대편의 말을 바른 태도로 듣는다.
〈일본어 Ⅱ〉
(가) 긴 말과 글을 듣고 그 요점을 알아본다.
(나) 대화 장면을 시청하여 그 뜻을 알아본다.
(다) 의사 소통 기능에 관한 표현을 듣고 그 뜻을 알아본다.
(라) 의사 소통 기능에 관한 표현을 듣고 그대로 행동하여 본다.
(마) 보도를 듣고 중요한 내용을 알아본다.
(바) 상대편의 말을 듣고 그 의도를 알아본다.
(사) 현장의 소음이 섞인 말을 듣고, 그 뜻을 알아본다.

듣기 활동은 들어 이해하는 청해 활동과 들은 대로 행동하기 및 상대방의 말을 듣는 태도 등으로 구성된다. 시각을 통한 학습은 인지에 용이하기 때문에 도입 과정의 학습 방법으로 선택하는 경향이 있으나, 언어를 시각을 통해 학습하는 것은 나중에 듣는 힘을 기르는 데 보다 많은 시간을 필요로 하는 단점이 있다. 듣는 활동을 먼저 제시하는 것은 언어를 인지함에 있어 먼저 청각을 통해 청각 영상부터 형성하는 것이 시각 영상을 형성하는 것보다 효과적이기 때문이다.

(2) 말하기 활동
〈일본어 Ⅰ〉
(가) 간단한 어구나 문장을 자연스럽게 말하여 본다.
(나) 모범 대화의 어조를 따라서 말하여 본다.
(다) 의사 소통 기능에 관한 표현을 자연스럽게 말하여 본다.
(라) 일상의 대화와 관련된 언어 행동을 알고 말하여 본다.
(마) 여러 사람 앞에서 자신의 생각을 자신 있게 말하여 본다.
〈일본어 Ⅱ〉
(가) 모범 대화 장면을 따라 함께 말하여 본다.
(나) 의사 소통 기능에 관한 표현을 말하여 본다.
(다) 자신의 생각을 논리적으로 말하여 본다.
(라) 여러 사람 앞에서 자신의 생각을 말하여 본다.
(마) 여러 사람과 하나의 주제에 대하여 토론해 본다.
(바) 일본인의 언어 행동을 알고 말하여 본다.

말하기 활동에서는 따라서 말하기와 자연스럽게 말하기를 강조하고 있고, 언어 행동과 관련된 문화적 특징을 알고 말하기와 여러 사람 앞에서도 자신 있게 말하는 활동을 주된 내용으로 하고 있다. 즉, 말하기를 지식으로서 익히는 것이 아니고, 실제 언어 장면에 구체적으로 적용할 수 있는 말하기 학습을 제시하고 있는 것이다.

(3) 읽기 활동
〈일본어 Ⅰ〉
(가) 가나와 한자로 된 간단한 어구나 문장을 낭독하여 본다.
(나) 글을 보며 말하듯이 낭독하여 본다.
(다) 간단한 설명을 읽고 그 뜻과 요점을 알아본다.
(라) 의사 소통 기능에 관한 표현을 읽고 그 뜻을 알아본다.
(마) 영상 문자로 된 글을 읽고 그 뜻을 알아본다.
(바) 인터넷을 통하여 일본어로 간단한 정보를 검색하여 본다.
〈일본어 Ⅱ〉
(가) 문자와 발음의 관계를 알고 말하듯이 낭독하여 보기
(나) 긴 글을 읽고 그 요점을 알아보기
(다) 의사 소통 기능에 관한 표현을 읽고 그 뜻을 알아보기
(라) 문장체와 구어체의 글을 읽고 그 뜻을 알아보기
(마) 인터넷을 통하여 일본어 정보를 검색하고 그 뜻을 알아보기
(바) 일본 문화에 관한 글을 읽고 그 뜻을 알아보기

종전의 '일본어 Ⅰ' 과목이 구두 언어 중심으로 구성되었던 것과는 달리, 제7차 교육과정에서는 읽기와 쓰기도 병행하도록 되어 있다. 따라서, 구두 표현의 어조가 정착되기 전에 문자에 의한 낭독조가 간섭을 일으킬 가능성이 크다. 그러한 간섭을 줄이기 위하여, 종전의 언어 네 기능의 제시 방법과는 달리, 읽기의 초기 단계에 글을 보며 말하듯이 낭

독하는 과도적 학습 과정을 설치한 것이 특징이다. 듣기와 말하기 같은, 청각을 통한 학습에서 시각을 통한 학습으로 이행하는 경우, 말하기에서 익힌 어조를 잊어버리고 책을 읽는 어조로 바뀌는 경향이 있으므로 이를 방지하기 위한 과도적 학습 활동인 셈이다. 따라서, 낭독할 때에는 말하듯이 읽을 수 있도록 지도해야 한다.

제7차 교육 과정의 읽기 활동에 새롭게 추가된 학습 활동은 요점 파악과 영상 문자의 독해 및 인터넷 검색 등이다. 독해에 있어서 문장의 부분적인 의미 이해보다 전체적인 요점을 파악하는 데에 중점을 둔 것이다. 특히, 인터넷 검색 활동을 학습에 충분히 활용하여 정보 검색에 흥미를 가지도록 하는 것도 중요하다. 정보 검색의 경우, 학습자의 수준에 따라 번역 엔진을 활용하여 의미 파악에 도움을 주는 것도 좋은 방법이 될 것이다.

(1) 검색 엔진에 의한 정보 검색

인터넷상에서 정보를 검색하는 데 필요한 것을 검색 엔진(검색 사이트)이라 한다.

인터넷상에서 제공하고 있는 검색 엔진은 500여 개가 넘는데, 이들의 공통된 특성에 따라 주제 분류형(디렉토리형) 엔진과 키워드형(로봇형) 검색 엔진으로 나눌 수 있다.

구 분	주제 분류형 검색 엔진	키워드형 검색 엔진
특 징	① 전문가에 의한 수동적인 자료 분류 방법이다. ② 핵심 정보를 검색할 수 있으나 데이터 양이 적다. ③ 일반적인 주제에 관한 정보 검색에 좋다.	① 로봇, 스파이더 등의 검색 프로그램이 검색한다. ② 주제별 검색 엔진의 10배 가까이 검색하므로 데이터 양이 많다. ③ 고유 명사(지역, 이름)와 같은 세분된 주제 검색에 좋다.
일본의 대표적인 검색 사이트	http : //www.yahoo.co.jp http : //navi.ocn.ne.jp http : //www.dragon.co.jp	http : //www.goo.ne.jp http : //www.infoseek.co.jp http : //www.lycos.co.jp

인터넷상에서 올바른 정보를 검색하기 위해서는 우선 한두 번의 검색 결과로 모든 정보를 다 찾을 수 있다는 지나친 기대를 버려야 하며, 찾고자 하는 정보의 개념을 파악하여 정확한 키워드를 선정하는 것이 중요하다. 그리고 검색 엔진의 기능을 올바로 이해하고 정보에 적합한 검색 도구를 선정하는 것이 필요하다.

(2) 정보 검색을 활용한 교수・학습 활동

필요한 정보를 검색한 후 수업에 활용할 때에 여러 방법을 이용할 수 있겠지만 다음

두 가지 방법을 수업에 적용해 볼 수 있다.

(가) 익스플로러의 '즐겨찾기'를 활용

익스플로러의 '즐겨찾기'는 넷스케이프의 '책갈피' 기능과 같은 것으로서, 사이트를 보다 효율적으로 관리하는 방법이다. 일본어 수업에 필요한 좋은 사이트를 문자와 어휘, 문법, 회화, 문화 등 주제별로 구분하여 관리하면, 수업할 때에, 인터넷 사이트 주소를 치거나 검색하는 데 소요되는 시간을 절약할 수 있다. '즐겨찾기'는 c : \windows\favorites 안에 저장되어 있으므로 교실에서 사용할 때는 이 내용을 교실의 컴퓨터에 복사하여 사용하면 된다.

(나) 미러링을 활용한 방법

홈 페이지 내용 전체를 내려받는 것을 '미러링'이라 하는데, 이는 인터넷이 설치되지 않았거나 인터넷 속도가 느린 학교에서 활용할 수 있는 방법이다.

필요한 자료를 미러링하여 교실에 있는 컴퓨터에 복사해 두면 인터넷이 연결되지 않았어도 실제 인터넷을 활용하는 것과 같은 효과를 얻을 수 있다.

미러링 프로그램으로는 웹 시메트릭스(http : //www.leadingtech.com) 등이 있는데, 이를 활용하면 쉽게 원하는 사이트를 미러링할 수 있다. 또, 동영상과 같이 파일 크기가 큰 것은 미리 다운로드 받아 놓으면 빠르고 효과적으로 수업에 활용할 수 있다.

(3) 홈 페이지를 구축하여 수업에 활용

인터넷 사이트를 검색하여 자료를 활용할 때, 자료의 내용이 너무 상세한 경우에는 수업에 필요한 부분만을 재구성하여 파워 포인트 등에서 프리젠테이션을 할 수도 있으며, 직접 나모 웹에디터 등을 이용하여 홈 페이지를 직접 만들어 수업에 활용할 수도 있다.

Global IME가 설치되어 있으면 나모 웹에디터 3 이상 버전에서는 일본어로 된 웹 문서를 작성, 편집할 수 있는데, 여기에서는 나모 웹에디터 4를 기준으로 설명하기로 한다.

나모 웹에디터에서 일본어로 문서를 작성한 다음, 가장 중요한 것은 '문서 속성'을 바꾸어 주어야 한다. 웹 문서가 모두 일본어로만 되어 있을 경우, [서식-문서 속성-일반] 메뉴에서 '인코딩(E)'을 '일본어(Shift-JIS)'로 선택하고 '확인' 버튼을 눌러 주면 된다(나모 웹에디터 3의 경우 [서식-문서 속성-고급] 메뉴의 '문자셋(C)'에서 설정한다.).

그리고 훈글 등에서 일본어로 이미 작성된 문서도 나모 웹에디터에서 불러오기를 하여 편집할 수 있는데, 훈글에서 작업한 문서를 저장할 때 주의할 점은 반드시 파일 형식을 'HTML문서'나 '텍스트 문서'로 저장한 후에 코드 형식을 '일본 SJIS'로 저장해야 한다는 것이다.

혼글의 'HTML 문서' 역시 웹 문서이므로 바로 인터넷상에 링크하여 사용할 수 있으며, 나모 웹에디터 3 이상에서 불러오기를 하여 편집하는 것도 물론 가능하다.

그러나 '텍스트 문서'는 문서를 불러오면 '다른 형식으로 열기'라는 창이 뜨는데, 이 때, '인코딩(E)'을 '일본어(SJIS)'로 맞추어서 문서를 열면 편집할 수 있다. '텍스트 문서'인 경우 나모 웹에디터 3 이하 버전에서는 편집이 불가능하다.

또, 아래 그림과 같이 한 문서 안에 한글과 일본어를 동시에 보이게 할 수도 있다. 이 때는 [서식-문서 속성-일반] 메뉴에서 '인코딩(E)'을 '한국어'나 '일본어(SJIS)'로 해서는 안 되고 'Unicode(UTF-8)'로 설정해야만 한글과 일본어를 동시에 볼 수 있다(나모 웹에디터 3의 경우 [서식-문서 속성-고급] 메뉴의 '문자셋(C)'에서 설정한다.).

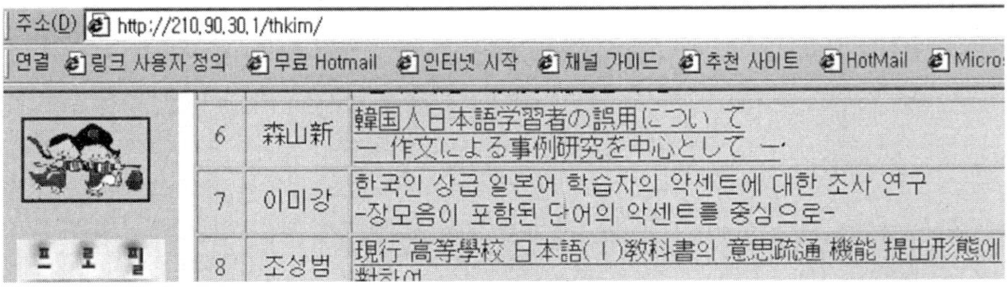

(4) 쓰기 활동
〈일본어 Ⅰ〉
(가) 가나와 한자를 바르게 써 본다.
(나) 간단한 어구나 문장을 듣고 그대로 적어 본다.
(다) 간단한 의사 소통 기능에 관한 표현을 쉬운 글로 적어 본다.
(라) 자신의 생각을 영상 문자로 전달하여 본다.
(마) 일상 생활과 자신의 생각을 기록하는 습관을 기른다.
〈일본어 Ⅱ〉
(가) 의사 소통 기능에 관한 표현을 짧은 글로 적어 보기
(나) 실용문을 양식에 맞게 작성하여 보기
(다) 자신의 생각을 영상 문자로 전달하여 보기
(라) 일상 생활과 자신의 생각을 일본어로 적어 보기
(마) 문장체와 구어체의 특징을 알고 적어 보기

쓰기 활동은 문자를 바르게 쓰기, 듣고 받아쓰기, 의사 소통 관련 쉬운 표현을 글로 적어 보기, 일본어로 전자 우편 보내기, 일본어로 일기 쓰기 등이다.

히라가나와 가타카나를 필순에 맞게 바르게 쓸 수 있도록 지도하되, 글자 지도는 초기에 집중적으로 실시하는 방법과 말을 배워 가면서 자연스럽게 익히게 하는 방법이 있다. 나이 어린 학습자일수록 가나 문자를 배우는 단계에서 어려움을 느끼는 경우가 많으므로,

기계적인 암기식 지도보다는 연상법에 의한 문자 지도를 통해 기억을 쉽게 하거나, 의사 소통 기능 학습을 통해 점차적으로 학습하게 하는 방법을 사용하는 것이 바람직하다.

라. 언어 재료

(1) 의사 소통 기능

〈일본어 I, II〉

의사 소통 능력이란, 문법적 가능성을 파악하는 언어 능력(grammaticality) 이외에 그 문장이 문법적으로 맞으면서 실제 사용 가능한 말인가를 알아보는 실행 가능성(feasibility), 그 말이 사용되는 상황에서의 적합성(appropriateness), 실제 사용할 때의 실천 가능성(practicability) 등을 아는 언어 능력이다(Hymes, 1972).

다른 표현을 빌려 말하면, 의사 소통 능력이란 문법성 판단 능력, 실제 장면에서의 사용이 타당한가를 판별할 수 있는 사회 언어학적 능력, 담화 수준에서 적합하게 언어를 사용하는 담화 능력, 담화를 지속적으로 성공적으로 수행할 수 있는 요령인 전략적 능력이 포함된 개념이다(Canale & Swain, 1980).

이상의 의사 소통 능력의 정의에서 공통적으로 강조되고 있는 것은 문법적 능력과 상황에 맞는 언어 사용 능력이다. 제5차 교육 과정까지의 일본어 학습이 문법성에 중점이 주어졌었던 것과는 달리, 제6차에 이어 제7차 교육 과정에서는 상황에 맞는 일본어를 중시한다.

의사 소통 기능 모델은 전달 행위로서의 의사 소통 기능이 어떠한 구조와 과정에 의해 행해지는가를 나타낸 것이다. 의사 소통 기능 모델은 의미, 음성 등의 정태적 구조를 기술하는 모델과는 달리, 표현, 전달, 이해와 같은 동적인 과정을 대상으로 하는 점에 특징이 있다. Hymes(1972)는 실제 언어 장면에서 의사 소통 기능을 구성하는 요소로서 다음 16가지를 들고 있다.

(가) 정보의 실질적인 발신자　　(나) 표면상의 전달자
(다) 정보의 실질적인 수신자　　(라) 표면상의 수신자
(바) 언어 행동의 기능적인 종류　　(사) 언어 행동의 장르
(아) 언어 형식, 언어 표현　　(자) 언어 표현의 소재, 내용, 화제
(차) 언어 표현의 상태　　(타) 물리적(시간적, 공간적) 장면
(파) 심리적 장면　　(카) 접촉 상황, 전달 매체
(하) 언어 행동의 목적, 동기　　(갸) 언어 행동의 결과, 효과
(냐) 전달 표현에 관한 규범　　(댜) 이해 해석에 관한 규범

의사 소통의 분류는 특정한 언어 사회나 언어 장면에서 의사 소통이 성립되는 것을 가정한 분류이다. 그러나 이들 요소를 나열하는 것만으로 의사 소통의 동적인 과정을 기술할 수는 없다. 이러한 요소들이 어떻게 얽혀 작용하는가는 별개 문제가 아닐 수 없다. 이 점에 관해 현대 언어학에 있어서는 대부분 〔생성적(generative)〕인 견지에서 모델을 설정하는 것이 일반적이다. 예를 들면, 미나미 후지오(1974)의 경우, 언어 표현의 시스템을 선택의 과정으로서 모델화하고 있다. 선택의 대상이 되는 것으로는 언어적인 의미, 단어, 음성 등 기호적 요소가 있고, 표현해야 할 내용이나 언어 형식 등이 조건에 맞추어 선택된다. 이 선택 조건은 언어 형식의 요소, 구조와 같은 언어 내적 조건과, 언어 주체, 언어 장면과 같은 언어 외적 조건으로 구분된다. 갖가지 조건에 따라 실제의 언어 표현이 실현된다는 선택 과정을 상정한 것이다. 여기에서 말하는 언어 내적 조건으로서의 문법, 음성 등과 언어 외적 조건으로서의 장면, 대화 참여자 등은 실제 교실에서도 구현 가능한 사항이다. Wilkins(1972)는 의미의 두 가지 형태를 의미적 범주와 의사 소통 기능적 범주로 나누고, 이를 의미적 교수 요목(Notional Syllabus, 1976)으로 발전시켰다. 제5차 교육과정에서도 의사 소통 능력을 기를 수 있도록 교수 방법에 기술하였지만, 언어 기능에는 포함되지 않았다. 의사 소통 기능은 제6차에서 구체적으로 소개되기 시작한다. 그러나 제6차의 의사 소통 기능은 영어를 중심으로 설정된 기능이기 때문에 일본어의 기능과는 잘 맞지 않는 점이 있었다. 제7차에서는 이를 보안하여 일본에서 행해지는 기능 분류 이론에 입각하여 일본어만의 의사 소통 기능을 설정한 것이 특징이다. 일상생활에서의 언어 기능을 '인사 기능, 정보 전달 기능, 의사 태도 전달의 기능, 요구 기능, 담화 전개 기능' 등 5가지로 분류한 뒤, 보다 구체적인 하위 기능으로 세분하였다. '일본어 II'에서는 하위 기능으로서 '불필요, 자청, 의무와 금지, 보류 및 회피, 유감' 등이 추가된다.

각 기능별 예시문은 【별표 I】과 같다.

(2) 발 음

〈일본어 I, II〉

현대 일본어의 공통어 발음으로 한다.

유창성을 중시하는 외국어 교육에 있어서는 정확한 발음 지도보다는 자연스러운 발음을 지도하도록 권장하고 있다. 의사 소통 중심 학습의 경우, 유창성을 강조하다 보면 정확한 발음 지도가 소홀해지기 쉬우나, 의미 변별에 영향을 미치는 발음은 정확하게 변별력

을 키워 주어야 한다. 그러나 학습 초기 단계에 정확한 발음을 지나치게 강조하다 보면 학습 흥미를 잃기 쉬우므로, 발음 교정을 의식하지 않고 교정할 수 있는 지도 방법을 권장한다.

음성에 의한 의미 변별의 예를 들면, 'くろい'와 'ぐろい'에 있어서의 청탁음은 의미 변별에 별다른 영향을 끼치지 않지만, 'かぐ','かく','がく' 등의 청탁음은 의미 변별에 커다란 영향을 끼친다. 또, 'そうご'와 'そうごう' 같은 장단음도 의미 변별에 매우 중요한 기능을 가진다. 단음 지도의 경우, 청탁음의 대립과 반탁음 및 장단음의 지도는 의미 변별에 큰 영향을 미치는 것들이므로 각별히 주의해야 한다. 그 밖에 의미 변별에는 별 영향을 미치지 않지만, 우리말에 없거나 기능이 약해져 학습이 용이하지 않은 것들로는 'ち,つ' 음이나 어말의 장음, 특수음, 악센트, 모음의 무성화, 축약 현상 등이 있다.

(3) 문 자

〈일본어 I, II〉

문자는 기본적으로 히라가나, 가타카나, 한자를 사용하되, 한자는 일본어의 상용 한자용 글자체를 사용하며, 【별표 III】에 제시된 표기 한자의 범위 내에서 사용한다. 다만, 고유 명사에 사용되는 한자는 예외로 하며, 【별표 III】에 제시된 한자는 학습량을 고려하여 읽기와 쓰기를 구분하여 적절히 선택하여 사용하도록 한다.

현대 일본어 문장은 한자 히라가나 혼용이 기본이다. 초기 단계에서는 히라가나를 먼저 익히게 되는데, 글자 수가 많기 때문에 학습자에게는 상당한 부담이 된다.

문자를 효과적으로 익히는 방법으로는 그림으로 문자를 연상하게 하는 연상화를 활용하는 방법이나, 문자 형태의 구조적 파악을 통해 학습하는 것이 효과적이다.

일본어 가나 문자는 형태적으로 상호 관련성이 높다. 일반적으로는 발음을 중심으로 나열된 50음도의 순서에 따라 외우는 경우가 많지만, 시각적 인식을 용이하게 하기 위해서라면 구조적인 분류에 따라 익히는 것이 가나를 식별하기 위한 보다 효과적인 학습법이 될 수 있다.

가나의 식별을 용이하게 하기 위한 가나 문자의 구조적 계보의 예를 들면 다음과 같다.

う-る-ろ-ら-ち-つ-や-せ

り-け-は-ほ-ま-よ-も

ね-れ-わ

め-あ-ぬ-み
　　の-ゆ
　い-こ-に-た-な
　　さ-き
　　す-お-む-を
　へ-く-し
　そ-て-と-ひ
え-ふ
か-ん

한자는 일반 사회 생활에서의 사용 기준을 정한 상용 한자(1981. 10) 1945자가 정해져 있어서 법령, 공용문, 신문, 방송 등 공적인 자리에 사용되는 한자의 기준이 되고 있다. 그러나 현재의 고등학교 수업 시수로 1945자를 모두 학습한다는 것은 학습 부담이 너무 크다. 따라서, 제7차 교육 과정에서는 최초로 표기용 한자를 설정하여 733자로 제한하였다. 이 한자 수준은 일본의 초등학교 4학년까지 학습하는 교육용 한자에 제6차 교육 과정에 따른 12종 교과서에서 공통적으로 사용 빈도가 높은 한자를 추가하여 선정한 것이다.

표기용 한자란, 교과서에 사용할 수 있는 한자의 범위를 나타내는 것으로서, 반드시 학습해야 하는 한자의 범위가 아님을 주의할 필요가 있다. 표기용이므로 읽을 수 있도록 학습하는 것은 무방하지만, 쓸 수 있는 수준까지 요구하는 것은 학습량 과다의 전철을 밟게 되는 것이다. 그리고 교과서의 가나 표기는 일본의 현대 가나 표기법(1986. 7)과 오쿠리가나 표기법(1973. 6)과 같은 표기법에 따라야 하고, 로마자는 로마자 표기법(1954)에 따라, 외래어는 외래어 표기 원칙(1991. 6)에 따라 표기해야 한다. 단, 한국의 인명, 지명 등의 고유 명사를 가나로 표기할 때에는 한국 교육부에서 정해 둔 『국어의 가나 문자 표기법』(1987, 인문 과학 편수 자료에 수록)에 따르도록 한다. 이는 1991년에 개정된 일본의 새로운 외래어 표기법에도 상치되지 않을 뿐더러, 한국 고유 명사를 표기하는 데 보다 더 구체적이기 때문이다.

(4) 어 휘

〈일본어 I, II〉

〈일본어 Ⅰ〉 【별표 Ⅱ】에 제시된 기본 어휘를 중심으로 500낱말 내외를 사용한다. 〈일본어 Ⅱ〉 【별표 Ⅱ】에 제시된 기본 어휘를 중심으로, 일본어 Ⅰ에서 이수한 어휘를 포함하여 900낱말 내외를 사용한다.

기본 어휘란 특정 방면의 문장이나 담화의 조사를 통하여 얻어진 해당 분야의 골간이 되는 단어군을 가리키는 것으로, 교육 과정에 수록된 기본 어휘는 한국 고등 학교 일본어 교육의 있어서 골간을 이루는 단어군이다.

고등 학교 일본어 교육 과정에 기본 어휘가 선정, 제시된 것은 제4차 교육 과정부터인데, 첫 번째 수정안인 제5차 때부터 일본에서 보고된 일본어 교육용 기본 어휘를 근간으로 작성되기 시작하였고, 제6차 때 두 번째의 수정을 거쳐, 현재의 제7차 교육 과정의 기본 어휘표는 세 번째 수정안이 된다.

그 동안의 기본 어휘와 사용 어휘 수의 변화를 보면 다음 표와 같다.

【표 1】 기본 어휘 수 및 사용 어휘 수의 변천

기본 어휘 수				사용 어휘 수			
제4차	제5차	제6차	제7차	제4차	제5차	제6차	제7차
754	846	771	833	2,200	1,800	1,400	900

제7차 교육 과정에서는 과거 어느 때보다 사용 어휘 수가 적으며, 또 기본 어휘 수와 사용 어휘 수의 차이도 적음을 알 수 있다. 종전에도 교과서를 제작할 때에는 기본 어휘를 중심으로 사용 어휘를 선정하도록 하였으나, 사용 어휘 수와 차이가 커서 제6차 교과서의 경우 여러 출판사의 교과서에 실제로 사용된 어휘는 '일본어 Ⅰ'만으로도 2000단어를 넘는 결과를 초래하였다. 따라서 제7차에서는 사용 어휘 수와 기본 어휘 수의 차이를 줄임으로써 어휘의 양적 확대를 최소화하고자 한 것이다.

어휘 지도에 있어서는 많은 단어의 의미를 아는 것도 중요하지만, 그보다도 쉬운 하나의 단어라도 그 어감과 사용법을 알고 사용할 줄 아는 것이 의사 소통 능력을 기르는 데 도움이 될 것이다. 그러한 지도가 되기 위해서는, 단어를 암기할 때에, 단어장을 외우듯이 하지 말고 장면과 함께 문장 단위로 학습하는 것이 언어의 종합적인 인지 능력을 키울 수 있다.

(5) 문 법

〈일본어 I, II〉

문법에 관한 사항은【별표 Ⅰ】에 제시된 예시문의 해당 사항을 참고한다. 다만, 다음 문법 사항은 다루지 않기로 한다. (가) 고어적인 표현(예 : べし, まい) (나) 지나치게 복잡한 문법 사항(예 : 사역+수동 ; 歌わせられる, ださせていただく) (다) 지나친 존비어(예 : さようでございますか) (라) 지나치게 격식 차린 구어 표현(예 : ほんじつは, ～であります)

문법 사항은【별표 Ⅰ】에 제시된 의사 소통 기능 예시문을 중심으로 다루도록 되어 있다. 그러나【별표 Ⅰ】에는 문법 사항은 명시되어 있지 않고 예시문이 있을 뿐이다. 즉, 문법은 문형을 중심으로 지도하도록 되어 있는 것이다. 제6차 교육 과정에 따른 교과서부터 의사 소통 중심으로 제작되고 나서 교과서가 어렵다는 현장의 목소리가 많다. 기존의 문법 중심, 구조주의적 교과서와는 달리 문법 사항별로 구성되어 있지 않기 때문에 종전처럼 문법을 중심으로 지도하고자 한 데에서 기인한 것으로 판단된다. 제7차 교육 과정의 경우, 제6차와 마찬가지로 의사 소통 중심의 교과서를 지향하고 있음은 물론, 오히려 더 기능 중심을 철저하게 지향하고 있다. 따라서, 문법 사항의 구조에 따라 교과서를 보지 말고 의사 소통 기능에 따른 문형을 중심으로 교과서를 바라보아야 한다. 문법 용어의 사용은 가급적 피하는 것이 바람직하지만, 사용할 때에는 추상성이 높고 체계성에 문제가 많은 일본의 국어 교육식 용어 사용은 지양하고, 일본어 교육계에서 널리 쓰이는 학습자의 이해를 도울 수 있는 용어를 사용하는 것이 바람직하다.

의사 소통 기능 중심 일본어 학습에서는 지식으로서의 문법이 아닌, 표현의 습득으로서의 문법 학습이 되어야 할 것이다.

(6) 문 체

〈일본어 I, II〉

〈일본어 Ⅰ〉 문장체와 구어체 및 남성어와 여성어, 공손한 표현을 고르게 사용한다. 〈일본어 Ⅱ〉 문장체와 구어체, 남성어와 여성어, 공손한 표현과 축약식 표현

의사 소통 기능은 구어 표현에만 국한되지 않고 문자를 통한 의사 소통 기능 또한 중요하다. 일본어는 언어의 사용 장면과 상대에 따라 문체가 달라지는 특징이 있어서 이러한 다양성을 이해하는 것이 중요하다. 그러나 일본어 과목은 듣기와 말하기를 먼저 학습하게 되어 있어서 전체적으로 구어 표현에 중점을 두고 있다. 그러한 결과 구어체만 중시되기 쉬우나 독해와 쓰기 학습을 통해 문장체 또한 익힐 수 있어야 한다.

다만, 문장체의 경우 'である'체와 서간문체를 익히는 정도가 적당하다. 구어체의 경우에는 남성어와 여성어 이외에도 공손한 말과 스스럼없는 사이에 사용하는 'くだけた言い方'와 '축약식 표현'에 대한 이해도 필요하다. 이러한 다양한 표현 양식들은 소화하기 어려워서 학습 의욕을 상실하거나 혼란을 야기할 위험이 있으므로 학습자의 학습 수준에 맞추어 너무 깊게 다루지 않는 것이 좋다. 구어체와 문장체라는 용어는 언어 표현 형식으로 보면 담화와 문장에 해당된다. 잡지에 실린 대담이나 좌담회, 희곡이나 소설 속의 대화문과 같은 경우는 문장체와 구어체의 성격을 모두 띤 것이라고 할 수 있다. 두 문체의 차이를 알 수 있도록 구어체의 특징을 들어 보면 다음과 같다.

① 문장이 짧고 구조도 단순하다.
② 주어의 생략을 비롯하여 생략이 많다.
③ 도치적 표현이 많다.
④ 'これ、それ, あれ'와 같은 지시어가 많이 사용된다.
⑤ 대우 표현이 많다.
⑥ 'ね、さ、よ'와 같은 종조사, 간투 조사 및 감동사가 많다.
⑦ 무의미한 반복이나 군소리(あの、ま)와 같은 접속어가 많다.
⑧ 한자어나 예스러운 표현, 문학적인 표현이 적다.
⑨ 'です, ます, だ'체가 대부분이고, 'ございます'체도 일부 보인다.
⑩ 어순이 흐트러지고 정리되지 않은 표현이 많다.
⑪ 음성이나 몸짓과 같은 언어 외적 요소가 전달에 관여할 가능성이 높다.

⑫ 'ちゃった, ちまう, なきゃ'와 같은 축약 표현이 많다.

⑬ 남성어와 여성어의 구별이 있다.

현대 일본어에 있어서 남성어와 여성어로 명확하게 구별되는 것은 매우 적다. 그러나 아직도 'やるぞ, いくぜ'의 'ぞ, ぜ'와 같은 종조사는 남성어, 'きれいだわ, いいのよ'의 'わ, のよ'는 여성어로 구별하여 사용된다. 인칭 대명사에 있어서도 'おれ, ぼく, おまえ'는 남성어, 'あたし'는 여성어, 감동사인 'よう, よっ, ちぇっ'은 남성어, 'あら, まあ'는 여성어로 구별된다.

▨ 축약식 표현의 예

～ては→～ちゃ : 信じては→信じちゃ

～では→～じゃ : それでは→それじゃ

～てしまう→ちまう, ちゃう : 行ってしまった→いっちまった→いっちゃった

～ている→てる : 何しているの→何してるの

～なければ→なくちゃ, なきゃ : 早く行かなければ→早く行かなくちゃ→早く行かなきゃ

(7) 문 화

〈일본어 I, II〉

〈일본어 Ⅰ〉
일상적인 생활 문화를 소재로 선택하되, 의사 소통 능력 습득에 도움이 되는 것으로 한다.
① 개인 생활과 일상적인 인간 관계에 관한 것
② 교우 관계와 학교 생활에 관한 것
③ 기본적인 사회 생활에 관한 것
④ 취미, 오락, 관광 등 여가 선용에 관한 것
⑤ 일본인의 언어 행동을 이해하는 데 도움이 되는 것
⑥ 일본인의 일상 생활을 이해하는 데 도움이 되는 것
⑦ 우리 문화에 관한 것

〈일본어 Ⅱ〉
일상 생활과 대표적인 문화 소재를 위주로 선택하되, 의사 소통 능력 습득에 도움이 되는 것으로 한다.
① 의사 표현에 관한 것
② 인간 관계와 학교 생활에 관한 것
③ 사회 생활과 국가에 관한 것
④ 취미, 오락, 관광 등 여가 선용에 관한 것
⑤ 일본인의 생활 문화를 이해하는 데 도움이 되는 것
⑥ 일본의 문화와 환경을 이해하는 데 도움이 되는 것
⑦ 우리 문화에 관한 것

문화 항목이 언어 재료에 추가된 것은 제7차 교육 과정의 커다란 특징이다. 의사 소통을 중시하는 언어 교육에 있어 문화적인 이해 없이는 의사 소통을 원활하게 성립시킬 수 없기 때문이다. 일본어는 간접적인 표현이 두드러지는 언어라는 점에서 한국인의 언어 생활과 상당한 차이가 있기 때문에 이러한 언어 생활의 차이를 모르고는 의사 소통을 원활하게 할 수 없다는 것은 말할 것도 없다.

문화 항목을 추가하게 된 또 하나의 의도는, 일본 문화에 대한 올바른 이해와 더불어 우리 문화를 일본에 올바르게 소개하는 능력을 기르기 위해서이다. 인접 지역의 언어는 문화 간의 교류가 필수적이기 때문에 문화 교류가 필연적이어서 외국어 사용자는 문화 중개자로서의 역할을 수행하게 된다. 따라서, 언어와 관련된 문화에 대한 이해가 필수적이다. 고등 학교의 외국어 교육에서는 기호 형식으로서의 언어만을 학습하는 것보다 우리 문화와 다른 문화에 대해 객관적으로 이해하는 자세를 기르는 국제화 교육이 중요하다.

문화 항목은 일상적인 인간 관계, 학교 생활, 기본적인 사회 생활, 취미, 관광 등과 같은 일상적인 생활에 관한 것과 언어 행동에 관한 것이 주된 내용을 이룬다. 우리 문화에 관한 것도 같은 내용이 될 것이다. 따라서, 의식주와 연중 행사, 학교 생활, 교통 기관의 활용, 물건사기, 길 찾아가기, 통과 의례와 같은 것이 일상 생활과 관련된 내용이다. 언어 행동에 있어서는, 초면에는 가족 구성이라든지 수입, 나이와 같은 개인적인 것에 관한 화제를 피하는 것, 유머도 상대방과 관련된 화제를 피하고 발음을 이용한 익살(だじゃれ)이 많다는 것, 맞장구의 빈도가 높은 것, 명령이나 부정을 완곡하게 표현하는 것, 남에게 폐끼치는 것을 싫어하는 것, 악수가 생활화되어 있지 않은 것 등이 언어 생활에 반영되어 있음을 이해시키는 것이 바람직하다. 문화 항목은 '일본어 II'에서 보다 심화되어 의사 표현과 인간 관계에 있어서의 일본인의 행동 양식과 사회 · 문화 전반 및 환경 문제에까지 범위가 확대된다.

4. 교수 · 학습 방법

〈일본어 I, II〉

제7차 교육 과정의 특징 중 하나는 외국어 과목에 대한 학습자의 선택권이 커진 점이다. 즉, 학습에 있어서 학습자의 요구와 관심이 중요시된 것이다. 이러한 취지에 따라 일본어 과목의 교수 · 학습 방법 또한 학습자 중심의 수업이 바람직하다.

가. 수업의 전 과정을 의사 소통 기능의 습득을 중심으로 구성한다.

제7차 교육 과정에 의한 일본어 과목은 교육 과정의 구성에서 교재 내용의 구성에 이르기까지 의사 소통 기능의 습득을 중심으로 일관되어 있기 때문에 수업 또한 의사 소통 기능의 습득을 위한 활동으로 구성되어야 한다. 각 단원마다 설정된 목표 기능을 습득할 수 있도록 하기 위해서는, 어휘나 이론적인 설명 위주의 수업이 아닌 주어진 기능을 실제 상황에 맞게 활용할 수 있는 활동 중심의 수업이 전개되어야 할 것이다.

나. 의사 소통 기능 중심으로 듣기, 말하기, 읽기, 쓰기의 네 기능이 상호 연계성을 가지도록 수업을 구성한다.

의사 소통의 방법은 구어만을 가리키는 것은 아니다. 구두 언어에 의한 의사 소통은 듣고 말하는 기능이 함께 갖추어져야 가능하며, 문자에 의한 의사 소통은 읽고 쓰는 기능을 함께 갖추어야 가능하다. 따라서, 이들 네 기능은 연계성을 가지고 학습되었을 때에 효과적이다. 제6차까지의 일본어는 Ⅰ권과 Ⅱ권이 구어 중심과 문자 중심으로 나뉘어 있었기 때문에 연계성에 있어서 문제가 많았다. 그러나 제7차에서는 Ⅰ, Ⅱ권이 같은 구조를 가지고 있기 때문에 전과정을 통해 언어의 네 기능이 함께 다루어질 수 있게 되었다. 다만, 이들 네 기능은 학습자의 요구를 고려하여 구어 표현에 보다 중점을 두는 것이 바람직하고, 인터넷 검색을 위한 영상 문자 읽기 또한 강조되는 것이 바람직하다.

다. 듣기와 말하기 활동은 따로 분리하지 말고 통합 기능으로 진행될 수 있도록 수업을 계획한다.

듣기와 말하기 활동은 구어 표현 활동에 필수 불가결한 양 방향 활동으로서, 두 기능이 동시에 갖추어졌을 때 구어 표현 능력이 길러진다는 의미에서 통합적으로 수업을 진행하는 것이 바람직하다. 듣기 연습만 한다거나 말하기 연습만 해서는 안 되며, 교사의 말을 따라 하는 것은 듣기와 말하기의 통합적 학습 형태라고 할 수 없다. 이는 이해와 표현으로 이루어진 양방향 활동이 아니고 기계적인 흉내에 불과하기 때문이다. 먼저 청각을 통해 들은 다음에 그와 관련하여 말로 표현하는 연속적인 활동과, 역할 연습처럼 양 방향적 듣기, 말하기 활동 등은 통합적 학습이라 할 수 있다.

라. 수업의 전 과정을 통해 청각 인지에 의한 일본어 습득에 역점을 두어, 구두 언어 습득의 효율성을 높이는 수업이 되도록 구성한다.

'다'항에서는 듣기와 말하기를 통합적으로 실시하도록 하고 있으나, 구어 능력을 보다 효과적으로 신장시키기 위해서는 청각을 통한 인지 훈련을 우선하는 것이 바람직하다. 청각 훈련보다 말하기만을 치중할 경우, 듣기 능력이 부족하여 대화를 원활하게 할 수 없기 때문이다.

마. 창의력 신장을 위하여 학생의 자율성을 최대로 반영할 수 있도록 수업을 계획한다.

창의성의 요인으로는 민감성(Sensitivity to problem), 유창성(fluency), 독창성(originality), 유연성(flexibility), 치밀성(elaboration), 재 정의성(redefinition) 등이 있다. 이러한 제 요인들을 최대로 발휘할 수 있는 학습 환경은 학습자의 자율적인 분위기가 가장 효과적이다.

바. 학생의 흥미와 욕구를 최대로 반영하여 학습 의욕을 높이는 수업이 되도록 구성한다.

자율성을 최대로 반영하기 위해서는 수업의 전개 과정에서 학생들의 의견과 희망이 반영될 수 있는 선택의 여지를 많이 만들어 두는 것이 바람직하다. 그리고 학습자의 의견이 최대로 반영될 수 있는 프로젝트 워크나 소집단 활동을 통한 학습 활동을 많이 활용하는 것도 좋은 방법이다.

사. 일본어 자료를 통하여 표현 형식과 사용상의 특징을 학습자 스스로가 발견하고 학습 계획을 세워가는 학생 중심의 수업을 계획한다.

의사 소통 형식이나 언어 행동의 관찰, 문법적 특징 등 모든 학습 내용은 학습자의 힘으로 발견해 갈 수 있다. 교사가 설명하는 것보다 스스로 찾고자 하는 답을 찾는 데에는 시간은 걸리겠지만, 그 과정에서 얻어지는 부수적인 효과는 외국어 학습 능력에 크게 반영된다. 따라서, 학습자 스스로가 발견하는 발견 학습을 최대로 활용하는 것이 바람직하다.

아. 학생의 동작과 체험을 통하여 습득 효과를 높일 수 있도록 수업을 계획한다.

언어를 효과적으로 습득하기 위해서는, 구어 표현의 경우 직접 동작을 통해 움직이면서 표현하는 것이 바람직하다. 문자 언어의 경우에도 학습자 스스로의 활동과 체험을 통한 학습이 바람직하다.

자. 학생 개개인의 습득 수준에 맞는 학습을 전개하도록 한다.

학습자 개개인의 수준에 맞는 수업의 전형적인 형태는 프로그래밍 학습이다. 그러나 현재와 같은 학생 수로는 교실 수업에서 프로그래밍 학습을 실시하는 것이 현실적으로 불가능에 가깝다. 그러나 컴퓨터를 활용한 자율 학습용 프로그램은 수준별로 프로그래밍 학습을 실시하기가 용이하다. 구시대의 일제 학습에서는 교사가 제시하는 하나의 수준에 의해서만 수업이 진행되었지만, 학습자 중심이라는 수업 형태를 취하는 것만으로도 학습자들의 수준에 따라 그 활동 내용이 다양하게 된다. 따라서, 평소의 수업 과정에서 학습자의 참여도를 높일 수 있는 과제 학습이나 소집단 활동을 최대로 반영하는 것이 바람직하다.

차. 소집단의 구성원끼리 협력 학습이 가능한 수업이 되도록 구성한다.

앞의 여러 항목에서도 여러 차례 언급하였듯이, 제7차 교육 과정에서 일관되게 요구하고 있는 학습 형태는 소집단 구성에 의한 협력 학습의 형태이다. 협력 학습의 형태에는 과제 해결 학습, 프로젝트 워크, 토의 학습 등 여러 가지 형태가 있다. 여기에서는 학생들의 협력 학습을 극대화한 열린 학습 방법을 소개하기로 한다.

예를 들면, 오픈 메소드식 일본어 수업에서는 각 학습 단원을 시작함에 있어 준비 과정으로서 자료 제시 및 이해 과정을 설정한다. 즉, 단원 학습과 관련된 장면을 비디오나 신문, 인터넷 등을 통해 보고 문화적인 특징, 발음과 언어 행동상의 특징 등을 발견한다. 그러한 자극을 통해 해 보고 싶은 학습 내용을 그룹별로 선정한다.

촌극의 예를 들면, 장면 또는 기능과 관련된 여러 표현 자료, 문법적 설명 자료, 사진

자료, 테이프 자료 등을 참조하며 조별로 대본을 작성한다. 작성한 대본은 교사에게 개별 지도를 요청하여 수정을 가하고, 수정된 대본에 따라 촌극 형식으로 장면을 재현한다. 다음 수업 시간에 조별로 제작된 장면을 발표하고, 발표가 끝난 뒤에는 자기 조가 작성한 대본에 대해 설명을 하고 다른 조로부터 질문과 소감을 들어 자체 보완하는 것으로 평가를 대신한다. 문법적인 학습은 교사가 알기 쉽게 만들어 학습 자료로서 제시하게 되고, 대본 작성시 스스로 이해할 수 있게 한다. 오픈 메소드에 의한 일본어 학습 과정을 모델화하면 다음과 같다.

목표 인식 및 자료 관찰 과정	-(동기 유발)-(목표 인식)-(장면 관찰)-(행동 문화 이해)-(발음 인지)-(듣기에 의한 의미 이해)-(종합적 인지)
학습 내용 선정 및 자료 분석 협의 과정	-(학습 내용 선정, 대화문 자료, 문법 자료, 장면 자료, 문화 자료, 시청각 자료)
연습 및 체험 과정 Ⅰ	-(조별로 학습 계획)-(역할 분담)-(연습 또는 체험)-(종합 정리)-(발표)
평가 및 보완 과정 Ⅰ	-(과정 보고 및 학습 내용 설명)-(그룹 간 의견 교환)-(자체 평가 및 보완)
연습 및 체험 과정 Ⅱ	-(개선점 협의)-(수정)-(재연습 및 체험)-(재발표)
평가 및 보완 과정 Ⅱ	-(그룹 간 의견 교환)-(자체 평가 및 보완)

카. 각종 시청각 자료와 멀티미디어 교수·학습 자료를 활용하여 학습 효과를 높일 수 있는 수업을 구성한다.

하타노(1976)는 인식설에 입각하여, 시청각적 교육은 개념적 인식 형성을 위하여 감성적 자료를 의미 있게 체계화한 것으로, 감성적 방법을 사용하여 피교육자의 이론적 인식을 높여 영속적이고 실천적인 것이 되게 하기 위한 기술적 노력이라고 정의하였다.

시청각 교육(Audio Visual Education, A.V. Instruction)이란 실물, 그림, 사진, 모형, 도해, 녹음, 레코드, 환등기, 실물 화상기(OHC), LCD 프로젝터, 시범, 연극, 영화, 견학, 도표, 괘도, 필름, 라디오, TV, 컴퓨터 등 교육의 수단 방법으로서의 시청각적 교재와, 목적과 내용으로서의 교육 매체를 이용하여 사람의 감각 기관에 호소하는 시청각적 커뮤니케이션을 통하여 능률적인 학습 성과를 거두고자 하는 교육 방법이다.

시청각적 교육이 사람의 감각 기관에 의한 시청각적 커뮤니케이션에 의해 성립된다는 점은 멀티미디어 언어 교육과 일치하는 점이다. 멀티미디어 교육 이전의 시청각적 교육은 1960년대부터 학교 교육 현장에 적극적으로 도입되기 시작하였고, 언어 교육 분야에 있어서도 시청각 교수법이라는 방법으로 소개된 바 있다. 시청각적 교육에 이어 1980년대 초부터 CAI라는 용어로 선보이기 시작한 멀티미디어 언어 교육은, 시청각적 언어 교육과 동일 개념으로 보는 견해와 두 개념을 별개의 것으로 보는 견해로 나눈다. 전자의 경우는 멀티미디어의 어의에 입각하여 다매체 사용이라고 보는 넓은 의미의 시청각적 교육이고, 후자는 컴퓨터에 의한 상호 작용이 가능한 다매체로 한정한 좁은 의미의 관점이다. 복수 매체를 사용한다는 점에 있어서 두 개념은 다를 바 없으나, 시청각 언어 교육이 교사 중심이고 수동적인 것인 반면, 멀티미디어 언어 교육은 학습자 중심성이 강하고 조직적이고 능동적인 성격이 강하다는 점에서 두 개념은 별개의 것으로 취급되어야 타당할 것이다. 후자의 경우 다시 두 가지 견해로 나눌 수 있다.

즉, 멀티미디어 언어 교육을 컴퓨터의 프로그램에 따라 진행하는 CALL과 같은 개념으로 보는 견해와 컴퓨터에 의한 멀티미디어를 수업의 보조 도구로 사용하는 수업까지를 포함하는 견해가 그것이다.

컴퓨터의 프로그램에 의한 학습은 컴퓨터가 교사를 대신하는 것이고 컴퓨터를 보조로 사용하는 경우는 교사의 지휘에 따라 진행되는 교실 수업의 형태가 된다. 멀티미디어 언어 학습은 이 두 경우를 총괄하는 것이어야 하며, 전자는 개별 학습 형태이고 후자는 집단 학습 형태가 된다.

CALL 교재와 같은 멀티미디어 시스템은 학습자에게 있어서만 효과적인 것이 아니고 학습 지도 현장에서도 탁월한 학습 지원 능력을 발휘한다. 재현하기 어려운 각종 실물 모양 및 장면들이 동화상으로 검색에 의해 대형 화면에 제공될 수 있다. 또, 발음의 반복 지도와 음성 분석도와 억양의 이미지가 현장에서 시각적으로 제시되고, 문형과 관련된 문례들도 곧바로 제공된다. 이처럼 교사는 학습을 위해 교재 제작이나 교구 준비를 따로 하지 않아도 되고, 학습자의 흥미 유발 또한 최대의 효과를 올릴 수 있게 된다. 물론, 이러한 교재는 누군가에 의해 꾸준히 소프트웨어가 개발되어야 한다는 전제가 따른다.

지도용과 학습용을 막론하고 CALL 학습용 교재의 가장 큰 장점은 동화상의 데이터베이스를 검색할 수 있는 점이다. 마련된 데이터는 대용량의 데이터를 저장, 활용할 수 있는 이점도 크다. 그리고 학습자의 개별 수준과 개개인의 흥미에 따라 학습 자료를 선정할 수 있어서 다양한 학습이 가능하다는 것과, 학습자의 흥미를 유발할 수 있고, 양질의 학습 자료가 제공된다는 것, 교재와 학습자의 상호 작용이 가능하다는 것 등 CALL 학습의 장점은 많다.

타. 실제 장면의 체험을 통하여 의사 소통 기능의 현장 적용력을 키운다.

구두 언어 표현의 학습은 역할 연습과 같은 실제 장면을 가정한 장면 설정을 통해 현장 적응력 및 적용 능력을 키우도록 한다. 의사 소통 능력은 장면을 중심으로 한 실제 상황에 대한 적응 능력을 키우는 것이 중요하기 때문이다. 소집단 단위로 촌극 형식으로 각색하여 연습하는 것도 효과적이다.

〈일본어 Ⅰ〉 파. 듣기 지도는 반복 청취를 통하여 많은 학생들이 의미를 이해할 수 있도록 한다. 〈일본어 Ⅱ〉 파. 긴 말의 듣기 지도는 반복 청취를 통하여 많은 학생들이 의미를 이해할 수 있도록 한다.

언어 능력 습득에서 반복 연습은 모든 학습 항목에 해당되는 것으로, 반복 연습은 습득을 위한 경우와 이해를 위한 것으로 나눌 수 있다. 대개의 경우 기억이나 정정 중심의 습득을 위한 학습 과정에 치중되어 있지만, 듣기 연습의 경우는 이해 과정에 해당된다. 이는 청각에 의한 추상 개념의 파악이 시각에 의한 파악에 비해 어렵기 때문이다. 그러므로 듣기에 있어서는 이해를 위해서, 그리고 듣는 능력의 양성을 위해서도 반복 연습의 중요성이 높다. 다만, 듣기 활동은 말하기와 함께 통합적으로 학습하되 듣기의 반복 기회를 늘리도록 배려하는 것이 바람직하다. 듣기 훈련은 녹음 테이프나 멀티미디어 시스템을 이용하여 자율 학습 형태로 학습하는 것도 권장할 만하다.

〈일본어 Ⅰ〉
하. 문자 단위의 발음보다 문장 전체의 음조를 중시한다.
〈일본어 Ⅱ〉
하. 부분적인 발음 사항보다 문장 전체의 음조를 중시하도록 지도한다.

글자나 단어 중심의 발음 연습은 전체적인 어감을 기르는 데에 별로 도움이 되지 않는다. 음절 단위의 발음을 듣고 발음하는 훈련을 하는 것은 전체적인 음조 습득에 소홀할 뿐만 아니라 분절적인 음을 인지하는 학습이 되어 연속적인 음을 인지하는 데에 방해가 되기도 한다. 따라서, 모든 발음 연습은 구체적인 의미를 가진 문장 단위로 듣고 말하는 것이 바람직하다.

갸. 말하기 지도는 교사와 학생 간의 대화만이 아니고, 학생 상호간의 대화를 활성화하여 개인의 대화량을 늘리도록 한다.

다인수 교실에서 의사 소통 중심의 학습을 실시하는 데 가장 문제가 되는 것이 수업 시간 동안 학습자 개개인의 대화량이 너무 적다는 점이다. 따라서, 두 사람씩 짝을 지어 대화하거나 소집단별로 학생들끼리 대화하는 시간을 주어 대화량을 늘리는 것이 바람직하다.

이 때, 교사는 소집단별로 둘러보기도 하고, 몇몇 집단을 발표시켜 보는 방법을 취하는 것도 좋다. 학생끼리 대화를 시킬 때, 주어진 표현을 그냥 연습하게 하면 학습에 충실하지 않은 집단이 발생할 수 있으므로, 구체적인 질문 내용을 주어 대화에 의해 그 질문에 대한 대답을 적어 제출시키는 것도 바람직하다.

냐. 읽기 지도는 문장 전체의 의미를 요약하는 능력을 키우도록 지도한다.

이제까지의 읽기 지도는 구체적이고 세부적인 의미 파악에 치중한 경향이 있었다. 그러나 의사 소통 활동에 있어 언어 표현은 세부적인 것보다는 전체적인 의미를 파악하는 것이 선결 문제이고 표현자의 의도를 파악하는 것이 더 중요하다고 할 수 있다. 따라서, 부분적으로는 모르는 부분이 있다 하더라도 전체적인 의미를 추론하고 요약하는 능력을 기르는 것이 바람직하다. 소집단별로 주된 내용을 빨리 알아맞히는 게임을 하는 것도 좋을 것이다.

〈일본어 Ⅰ〉 댜. 쓰기 지도는 간단한 문장을 통제 작문 중심으로 지도한다. 〈일본어 Ⅱ〉 댜. 쓰기 지도는 통제 작문과 자유 작문을 병행하여 지도한다.

'일본어 Ⅰ'에 있어서의 쓰기는 대개 통제 작문(guided writing)을 권장한다. 쓰기의 최종 목표는 자유 작문에 있지만, 학생의 수준에 맞지 않으면 오히려 흥미를 잃고 좌절감을 느끼게 되므로 교사의 구체적인 안내를 받아 가며 실시하는 통제 작문이 적합하다. 통제 작문은 낱말이나 문장 구조 선택에 약간의 자유가 허용되기는 하지만, 정해진 틀에 따라 작문하게 되며, 스스로 수정하거나 학생끼리 또는 교사가 정정해 주는 것이 효과적이다.

기초적인 통제 작문으로는 주어진 모범 문장을 필사하는 것에서부터 시작하여 변형, 대치, 결합, 문답쓰기, 완성하기 등이 있다. '일본어 Ⅱ'에서는 자유 작문을 병행하여 주어진 주제에 대한 자신의 생각을 자유롭게 적어 보도록 한다.

랴. 학생의 학습 의욕을 높이기 위하여 즉각적인 오류의 수정은 피하도록 한다.

이제까지 외국어 교육은 입시 평가를 위한 점수 도구로서의 목적이 강했기 때문에 단어나, 문법 사항 하나하나를 정확하게 학습해야 하였다. 즉, 경쟁용 학습이었던 것이다. 그러나 언어는 모어의 경우에도 일상 생활에 있어 오류를 범하는 것은 다반사이지만, 그러한 오류가 의사 소통을 저해하는 경우는 거의 없다. 의사 소통 중심 학습에 있어서 외국어는 언어 자체가 목적이 아니고 의사 소통을 위한 도구에 불과하므로, 도구의 연마보다는 의사 소통을 자연스럽게 하는 데에 목적을 두어야 한다.

물론, 정확한 학습을 통해 외국어를 완벽하게 구사하는 수준이라면 자신 있게 의사 소통 활동에 능동적으로 참여할 수 있을 것이다. 모름지기 언어 행동은 언어의 사용 자체에 열등감을 느껴서는 성공할 수 없다. 따라서, 학생들에게 정확한 일본어를 가르치기 위하여 즉석에서 정정한다든지 창피를 준다든지 하게 되면 학습 흥미를 잃는 것은 물론이거니와, 학습 자체를 거부하는 심리적 요인을 제공하는 셈이 되는 것이다.

오류는 습득 수준 향상과 더불어 학습자 스스로 수정하는 능력이 늘어날 것이며, 학습자들이 자주 범하는 오류는 전체적인 지도를 통해 간접적으로 수정해 주는 방법이 효과적이다.

〈일본어 Ⅰ〉
마. 목표와 내용에 따라서는 수업을 일본어로 진행하도록 한다.
〈일본어 Ⅱ〉
마. 수업의 전 과정을 가급적 일본어로 진행하도록 한다.

일본어 수업 시간에 의사 소통 활동을 전개하려면 교사와 학생들이 일본어를 사용하는 것은 당연하다. 일본어를 사용할 수 있는 환경과 분위기를 조성하고, 학생의 흥미를 높이기 위해 교사는 가급적 일본어로 수업하는 것이 바람직하다.

초기 단계에서는 인사, 출석, 질문, 지시, 평가 등 수업 진행시 자주 사용하는 용어를 중심으로 사용하여 점차 사용량을 늘려 가는 것이 좋다. 특히, '일본어 Ⅱ'에서는 수업의 전 과정을 일본어로 진행하는 것이 바람직하다.

의사 소통을 중시하는 일본어 수업이라고 하여 교사나 학생이 모두 정확한 일본어 구사력이 있어야 하는 것은 아니다. 교실에서 사용하는 일본어는 중간 언어이기 때문에, 교사가 사용하는 언어의 문법적 정확성보다는 자연스럽게 표현하는 유창성이 더 중요하다. 그러나 주의할 점은, 알아듣기 어려운 표현을 많이 사용하면 학생들이 좌절할 염려가 있으므로 용어와 표현의 선택은 학생들의 수준을 고려해야 한다.

바. 개별 학습과 자율 학습이 가능하도록 개별화된 학습 자료를 적극 활용한다.

개별 학습이나 자율 학습이란 일제 학습이나 타율 학습의 반대 개념으로, 학생 개개인의 수준이나 능력에 맞추어 진도를 나갈 수 있도록 수업을 진행하고 학습을 유도하는 방법을 말한다. 연습 문제나 과제 또한 학생들이 자신의 수준에 맞는 학습을 하도록 도와주어야 한다. 이러한 목적을 달성하는 데는 멀티 미디어 언어 학습 교재나 인터넷을 이용한 학습 자료 등을 활용하는 것이 바람직하다.

샤. 교과용 도서의 내용은 학생의 능력과 지역 환경 및 상황에 따라 재구성하여 지도할 수 있다.

지금까지의 학교 교육에서는 교육 내용과 교수 방법의 선정, 평가 항목의 개발 등에 있어서 교과서가 차지하는 비중이 거의 절대적인 것이었다. 즉, 교과서는 경전과 같은 것이었다. 그러나 이제 교과서는 많은 교재 중의 일부에 불과하며, 교과서의 내용은 반드시 그 순서대로 모두 지도해야 되는 것도 아닌, 자료집에 가까운 것이 되었다. 그리고 교과서에 수록된 내용은 교과서가 발행되기 이전의 내용이므로 시대적으로 뒤떨어진 것일 수도 있고 지역적 특성에 맞지 않을 수도 있다. 특히, 지금같이 일반적 성격으로 개발된 소수의 교재 체제로는 다양한 학생들의 전공이나 취향, 목적 등에 맞는 교재를 기대할 수도 없다. 그러므로 교사는 시대적 변화와 학생들의 요구에 맞추어 교재 이외의 생생한 현장 자료들을 개발하여 교재로 활용하는 등 교재를 재구성하는 노력이 있어야 할 것이다.

야. 일본인의 행동 양식에 대한 이해를 깊게 할 수 있는 영상장면을 적극 활용한다.

앞의 언어 재료 부분에서도 언급하였듯이, 일본어는 언어 행동에 대한 이해가 없이는 의사 소통을 원활하게 수행하기 어려운 언어이다. 일본어를 습득하는 과정에서 문화적 고정 관념을 가지고 일본인의 행동과 문화적 기반에 대해 오해하게 되면, 일본인에 대한 부당한 경멸과 적의를 품을 수도 있고, 함축된 의미나 저변에 깔린 가치를 이해하지 못하고 피상적으로 관용적 표현에만 익숙해져서 유창한 의사 소통 능력을 발달시킬 수 없게 된다.

외국어 교육의 목표는 의사 소통 능력 신장 이외에 또 하나의 중요한 목표가 있다. 이는 정의적 목표로서, 언어를 통한 외국 문화의 이해가 학생의 교양을 높여 인격 형성에 이바지하며, 타문화에 대한 이해를 통해 세계인으로서의 자질을 함양하는 것이다. 그리고 이러한 문화적 이해가 결여된 기호적 표현 능력만으로는 오해가 증폭되기 쉬우므로, 일본인과의 진정한 의사 소통을 위해서는 문화의 이해가 필수적이다.

그러므로 교사는 교과서 내용 이외에 가치 있는 참고 자료를 많이 제시하여 일본의 지리, 역사, 경제, 사회 등의 제반 현상과, 일본인의 관념, 풍습, 의식 등에 대한 이해를 높이는 데 주력해야 할 것이다. 나아가 일본의 예술, 문학 등을 감상하는 기초 능력을 기를 수 있도록 언어적 바탕을 마련하는 데에도 주력해야 할 것이다.

문화적 차이를 이해시키기 위해서 교사는 자기 민족 중심주의나 지나친 일본 문화 중심으로 치우치는 등 편협된 가치관을 주입하는 일이 없어야 하며, 어느 문화든지 나름대로의 장점이 있음을 알게 하고, 일본 문화와 우리 문화를 객관적으로 파악할 수 있는 자세를 가지도록 유도해야 한다. 이러한 가치 교육을 통하여 외국 문화에 대한 지나친 부정적 태도나 도취하는 등의 편향적 태도를 배제하고, 관용성과 과학적 사고를 갖춘 건전한 국민을 양성할 때에 외국인에게 우리 문화를 객관적으로 설명할 수 있는 능력이 생길 것이며, 더 나아가 우리 문화를 더욱 발전시키는 데에도 공헌할 수 있을 것이다.

〈일본어 II〉
쟈. 습득한 일본어의 능력을 활용하여 정보 검색과 PC 통신 등 직접적인 체험을 통한 문제 해결의 성취감을 맛볼 수 있도록 한다.

인터넷의 주요 기능 중의 하나는 전자 우편의 활용이다. 인터넷의 전자 우편을 활용하여 펜팔 상대와 서신 교환을 하는 것을 'key-pal', 'mail pal'이라고 부르기도 한다. 이러한 활동은 기존의 우편 제도를 통한 펜팔보다는 훨씬 신속하고, 시간과 공간의 제한을 완화시켜 주며, 송수신에 드는 비용도 획기적인 절감을 가져다준다. 따라서 이를 교실 활동에 적용한다면 문화가 서로 다른 학습자들에게는 상호간의 이해 증진에 도움이 될 뿐만 아니라, 쓰여진 글을 매개로 하고 있으므로 일본어의 쓰기 및 읽기 능력 향상에도 효과적인 학습 활동이 될 수 있을 것이다.

가. 전자 우편 사용 방법

전자 우편(E-mail)을 사용할 수 있는 소프트웨어는 여러 가지가 있으나, 여기에서는 다음 두 가지를 예로 들고자 한다.

(1) 아웃룩 익스프레스를 이용하여 직접 보내기

우선 일본으로 전자 우편을 보낼 수 있는 환경 설정이 되어 있어야 한다. 반드시 설정해야 할 것은 아웃룩 익스프레스(Outlook Express) 5를 실행한 후에 '새 메일'을 선택하여 메뉴에서 [서식→인코딩→추가]에서 '일본어(JIS)'를 선택해야 한다. 그러면 제목 표시줄에 '메시지-일본어(JIS)'라고 표시된다. 그리고 글을 작성할 때는 글꼴을 'Ms Gothic'으로 바꾸어 메일을 작성하되 메일 제목은 영어로 하는 것이 좋다.

(2) 혼글에서 작성한 문서를 직접 보내기

혼글에서 작성한 문서를 직접 전자 우편으로 보내려면 한메일 프로그램도 함께 설치되어 있어야 하는데, 아웃룩 익스프레스에서 계정을 만들어 준 것과 같이 한메일 97에서도 환경 설정을 해 주어야 한다. 먼저, 한메일 97을 실행하고 [파일-환경 설정] 메뉴를 선택한 후에 '개인 정보'를 입력한 다음에 '서버' 탭에서 관련 정보를 입력하는 것이 중요하다. '보내기 편지(SMTP) 서버'는 하이텔의 경우 smtp.hitel.net라고 입력한다.

'받는 편지(POP 3) 서버'에는 보내는 편지(SMTP) 서버 이름과 대부분 같지만, 천리안(pop.chollian.net), 하이텔(hitel.net), 오르지오(pop 2.orgio.net) 등은 다르므로 주의해서 입력한다. 그리고 '받는 편지(POP3) 계정'에는 사용자의 전자 우편 아이디(ID)를 입력한다. 예를 들어, kc9351@hitel.net이라면 'kc 9351'을 입력한다. 마지막으로, 암호는 전자 우편 아이디의 암호를 입력한다. 그런 다음 혼글 97 기능 강화판에서 일본어로 문서를 작성한 이후에 [파일-보내기-혼메일 외국어 코드로]에서 코드 종류 '일본(SJIS)'를 선택하면 한메일 97이 실행된다. 이 때, '받는 이'에 상대방 전자 우편 주소를 입력하고 '바로 보내기'를 클릭하면 된다. 한메일 97에서는 일본어가 입력되지 않으므로 한글 97에서 작성해야 한다. 그러나 최근 MS사의 Explorer에서 Global IME를 사용하면 일본어로 메일을 보낼 수 있도록 문자 지원을 해 주는 것이 가능하게 되었다. 그러나 OS (Operating System)와 웹 브라우저가 다르면 문자가 깨지는 등 완벽하지는 않으므로 문자가 깨지는 문제를 해결하기 위해서는 좀 더 많은 연구가 필요하다.

(3) 혼글에서 작성한 문서를 첨부 파일로 보내기

한글과 일본어는 코드가 다르기 때문에 혼글에서 작업한 문서는 저장 방식이 중요하다. 한글 97 기능 강화판의 경우, 저장(Alt+S)할 때 '파일 형식'을 바꾸어 주어야 한다. 기본값이 '한글 문서(*.hwp)'로 되어 있는데, 이것을 '텍스트 문서(*.txt)'로 바꾸어 주고 바로 아래에 있는 '코드 형식'을 '일본 SJIS'로 지정해서 저장해야 한다. 한글 국제판의 경우는 '텍스트 SJIS(*.txt)'로 저장하면 된다. 또 하나 주의해야 할 것은, '파일 이름'은 반드시 영어로 해야 한다는 것이다. 파일 이름을 한글로 했을 경우 일본 윈도 프로그램에서 확인할 수 없기 때문이다.

(가) 아웃룩 익스프레스나 넷스케이프 메신저를 이용하여 첨부 파일 보내기

혼글에서 작성한 문서를 '아웃룩 익스프레스'나 '넷스케이프의 메신저'를 이용하여 보낼 때에는 받는 사람의 전자 우편 주소와 제목을 입력한 후 '파일 삽입' 또는 '첨부 포함'을 클릭하여 혼글에서 작성한 파일을 선택하여 '첨부 파일'로 보내면 된다.

(나) 한글 97 기능 강화판의 한메일을 이용하여 첨부 파일 보내기

[파일-보내기-흔메일 첨부 파일로]를 선택하여 '받는 이'에 전자 우편 주소를 기입하고, 제목은 영어로 쓰고 '바로 보내기'를 선택하여 보내면 된다.

나. 전자 우편을 활용한 교수·학습 활동

(1) 전자 우편 ID 개설

전자 우편을 교실 활동에 적용하기 위해서는 무엇보다 먼저 학생들 개개인의 전자 우편 ID가 있어야 한다. ID는 무료 전자 우편 서비스 사이트에서 발급받는다.

무료 전자 우편 서비스 사이트 중에서 일본으로 메일을 보낼 때에는 Global IME가 지원되는 아웃룩 익스프레스 등에서 일본어를 입력해야 하므로, 보내고 받는 서버(smtp, pop)가 있는 사이트에서 ID를 발급받도록 한다. 그리고 ID를 개설할 때, ID와 비밀 번호를 지나치게 어렵게 하여 ID와 비밀 번호를 잊어버려 메일을 읽지 못하는 경우가 발생할 수 있으므로, 기억하기 쉽게 설정하고, 비밀 번호 힌트를 기입하여 잊어버렸을 경우를 대비하는 것이 좋다.

정보화 사회가 요구하는 새로운 수업 방법을 가능하게 한다는 점에서 인터넷 매체의 활용이 기대된다. 이러한 매체의 활용은 일본어 교과의 모든 수업 장면에 획일적으로 적용하기보다는 매체 사용이 적합한 특정 과제 해결에 적용하는 것이 바람직하다.

5. 평　　가

〈일본어 I, II〉

'평가(evaluation)'란 학습자, 교사, 교육 과정, 교수법, 시험 등을 교육 목표를 기준으로 가치를 판정하여, 차기 교육 개선을 위해 필요한 정보를 수집하여 의사를 결정하기 위한 절차이다. 즉, 평가란 학습자뿐만이 아니라 교사와 교육 과정에 대한 평가를 포함한 넓은 개념의 용어인 것이다. 수행 평가에서 사용되는 'assessment'는 '査定'이라고도 하는 것으로 평가(evaluation)와는 다른 개념이지만, 달리 구별할 만한 용어가 없어 '평가'라고 부르는 것이 일반적이다. 평가의 하부 수단인 '측정(measurement)'이란 '교육 측정'이라고도 하는 것으로, 교육의 제반 성과를 객관적이고 수량적으로 기술함을 목적으로 한다. '테스트(test)'는 측정의 구체적인 한 수단이라고 할 수 있다. 이들 용어들은 개념 범주의 크기가 다르면서도 서로 포함 관계에 있는 유사 개념들이어서, 테스트가 평가의 주축이 되는 교육 현장의 영향을 받아 개념 범주의 구별이 무너진 것으로 해석된다.

다음은 1998년 전국 8개 고등 학교를 대상으로 중간·기말 고사 일본어 출제 문항을 분석한 결과이다. 이 조사는 필기 시험 위주의 정기 고사인 관계로 듣기와 말하기 문제가 상대적으로 출제되기 어려운 면이 있었지만, 말하기와 관련된 문항은 모두 말하기 문제로 분류하였다.

<표 2> 현행 일본어과 시험 문항의 출제 경향 분석(%)

<table>
<tr><th></th><th>발 음</th><th>문 자</th><th>어 휘</th><th>문 법</th><th>듣 기</th><th>말하기</th><th>읽 기</th><th>쓰 기</th><th>문 화</th></tr>
<tr><td rowspan="2">1학년 초 중간 고사</td><td>26.8</td><td>19.7</td><td>7</td><td>12</td><td>0</td><td>11.3</td><td>14.8</td><td>7.7</td><td>0.7</td></tr>
<tr><td colspan="3">53.5</td><td>12</td><td colspan="4">33.8</td><td>0.7</td></tr>
<tr><td rowspan="2">1학년 말 중간 고사</td><td>1.3</td><td>21.2</td><td>9</td><td>41.7</td><td>0</td><td>15.4</td><td>7.7</td><td>3.8</td><td>0</td></tr>
<tr><td colspan="3">31.5</td><td>41.7</td><td colspan="4">27.1</td><td>0</td></tr>
<tr><td rowspan="2">2학년 초 중간 고사</td><td>0.7</td><td>9.8</td><td>9.8</td><td>45.5</td><td>5.6</td><td>12.6</td><td>11.2</td><td>4.9</td><td>0</td></tr>
<tr><td colspan="3">20.3</td><td>45.5</td><td colspan="4">34.3</td><td>0</td></tr>
</table>

<표 2>에서 알 수 있는 바와 같이, 1학년 초에는 단어 레벨의 평가가 53.5%로 가장 높고 중간 고사부터는 문법 관련 문제가 40%를 넘는다. 관련 교육 과정인 제6차 교육 과정에서 강조하고 있는 언어의 의사 소통 기능과 관련된 언어의 네 기능 관련 문제는 3분의 1 수준에 머무르고 있다. 의사 소통 기능에 관한 문제도 인사 기능과 전개 기능만 출제되고 있을 뿐 교육 과정과 교과서의 내용은 다른 출제 경향을 보이고 있다. 이러한 출제 경향은 1994년이전의 대학 입시 문제의 출제 경향과 깊은 관계가 있는 것으로 생각된다. 앞으로는 대학 입시를 포함한 각종 평가에서 의사 소통 기능 측정을 중심으로 한 평가의 비중이 커질 것이므로, 교실 현장의 평가 또한 교육 과정에 충실한 평가가 될 수 있도록 해야 할 것이다.

가. 평가 지침

> 일상 생활에서 사용되는 의사 소통 기능을 중심으로 언어의 네 기능을 모두 평가하되, 말하기와 듣기에 중점을 두고 요점 파악 능력과 능동적 태도 등을 평가한다.

평가는 학습자의 학습 방향을 결정하는 중요한 요인이 된다. 제7차 교육 과정 일본어과의 평가에서 특히 강조하고 있는 것은 말하기와 듣기에 중점을 두어 평가한다는 것과 학습에서의 능동적 자세를 평가의 대상으로 한 것이다. 적극적인 참여 자세는 장차 자율적인 심화 학습을 통해 더 발전할 가능성이 클 뿐만 아니라, 그러한 능동적인 성격이야말로 국제 교류 활동에 적합하다는 점에서 넓은 의미의 언어 기능에 포함할 수 있을 것이다.

따라서, 구체적인 일본어 문장 표현을 익히는 것만큼 적극적이고 능동적으로 수업에 참여하는 자세도 중요하다는 관점에서 그러한 태도를 평가에 반영하는 것이 바람직하다.

나. 평가 내용

(1) 듣 기
〈일본어Ⅰ〉
(가) 간단한 어구나 문장을 듣고 그 뜻을 알아보기
(나) 짧은 말이나 글을 듣고 그 뜻을 알아보기
(다) 의사 소통 기능에 관한 표현을 듣고 그 뜻을 알아보기
(라) 의사 소통 기능에 관한 표현을 듣고 그대로 행동하여 보기
(마) 상대편의 말을 바른 태도로 듣기
〈일본어 Ⅱ〉
(가) 긴 말과 글을 듣고 그 요점을 파악하는 능력
(나) 대화 장면을 시청하여 그 뜻을 파악하는 능력
(다) 의사 소통 기능에 관한 표현을 듣고 그 뜻을 파악하는 능력
(라) 의사 소통 기능에 관한 표현을 듣고 그대로 행하는 능력
(마) 보도를 듣고 중요한 내용을 파악하는 능력
(바) 상대편의 말을 듣고 그 의도를 파악하는 능력

듣기 평가는 청취 능력 평가와 청해 능력 평가로 나눌 수 있다. 청취 능력의 평가는 학습 초기에 실시하게 되겠지만, 한국인 학습자가 듣기에 어려운 발음 요소를 포함한 문장을 이용하여 청취력을 평가하는 것이 바람직하다. 청해 능력의 평가는 요점과 의미 파악, 표현 의도를 파악하는 능력의 평가에 더하여, 듣고 나서 지시대로 행동으로 옮기는 능력을 평가하도록 한 점이 특이하다. 기존의 평가는 문자에 의한 필기 시험이 대부분이었기 때문에 일본어 학습 또한 그러한 평가에 맞추어 지식 중심의 학습이 되고 말았다. 그러나 의사 소통 능력을 신장시키고자 하는 수업에서는 구두 표현의 듣는 힘을 측정하는 평가가 중요하다.

(2) 말하기
〈일본어 Ⅰ〉
(가) 간단한 어구나 문장을 자연스럽게 말하여 보기
(나) 모범 대화의 어조를 따라서 말하여 보기
(다) 의사 소통 기능에 관한 표현을 자연스럽게 말하여 보기
(라) 일상의 대화와 관련된 언어 행동을 알고 말하여 보기
(마) 여러 사람 앞에서 자신의 생각을 자신 있게 말하여 보기
〈일본어 Ⅱ〉
(가) 축하, 칭찬, 격려, 위로 등의 인사 표현을 말하는 능력
(나) 의사 소통 기능에 관한 표현을 말하는 능력
(다) 자신의 생각을 논리적으로 말하는 능력
(라) 여러 사람 앞에서 자신의 생각을 말하는 능력
(마) 여러 사람과 하나의 주제에 대하여 토론하는 능력
(바) 일본인의 언어 행동상의 특징을 알고 말하는 능력

'일본어 Ⅰ' 과목의 말하기 평가 내용은 기초적인 인사 표현, 의사 소통 기능 관련 표현, 자신의 생각을 말하는 능력, 토론하는 능력, 언어 행동 능력 등을 평가하도록 되어 있다. 이 중에서 자신의 생각을 말하는 능력이나 토론 능력의 경우는 '일본어 Ⅰ' 과목의 후반부에서 다루어져야 할 것이다.

말하기 평가를 필기 시험으로 측정하는 것은 용이하지 않으나, 장면을 설정하여 어떤 표현을 사용하는가를 묻는 형식의 문제는 간접적인 말하기 평가법이 될 것이다. 그리고 구두 표현 능력의 측정은 인터뷰를 통해 실시하는 것이 바람직하다. 인터뷰법의 객관성과 공정성을 높이기 위해서는, 교사 자신이 인터뷰를 통한 외국어 평가 능력 자격을 취득하거나 연수를 통해 평가 능력을 길러 두는 것이 좋다.

(3) 읽 기
〈일본어 Ⅰ〉
(가) 가나와 한자로 된 간단한 어구나 문장을 낭독하여 보기
(나) 글을 보며 말하듯이 낭독하여 보기
(다) 간단한 설명을 읽고 그 뜻과 요점을 알아보기
(라) 의사 소통 기능에 관한 표현을 읽고 그 뜻을 알아보기
(마) 영상 문자로 된 글을 읽고 그 뜻을 알아보기
(바) 인터넷을 통하여 일본어로 간단한 정보를 검색하여 보기
〈일본어 Ⅱ〉
(가) 글을 보며 말하듯이 낭독하는 능력
(나) 긴 글을 읽고 그 요점을 파악하는 능력
(다) 의사 소통 기능에 관한 표현을 읽고 그 뜻을 파악하는 능력
(라) 문장체와 대화체의 글을 읽고 그 뜻을 파악하는 능력
(마) 인터넷을 통하여 일본어의 정보를 검색하고 그 뜻을 파악하는 능력
(바) 일본 문화에 관한 글을 읽고 그 뜻을 파악하는 능력

읽기 평가에 새로 추가된 내용은 낭독하는 능력과 요점을 파악하는 능력, 인터넷 검색 문장의 내용 파악, 일본 문화에 관한 문장의 내용 파악 등이다. 낭독이 추가된 것은 듣기, 말하기 학습 다음에 읽기 학습을 진행하는 과정에서 읽을 때의 억양이 말하기의 억양에 영향을 미치게 되는 것을 방지하기 위하여 말하듯이 낭독하는 중간 과정을 설정한 것이다. 따라서, 낭독 평가는 그 목적에 맞게 평가되어야 할 것이다. 글의 세부적인 내용의 파악보다 전체적인 요점을 파악하는 힘을 평가하는 것이 바람직하다. 그리고 앞으로는 인쇄 문자뿐만이 아니고 인터넷과 같은 영상 문자에 의한 의사 소통 기회가 확대될 것이므로 영상 문자를 통한 독해 평가의 비중이 커져야 할 것이다.

(4) 쓰 기
〈일본어 Ⅰ〉
(가) 가나와 한자를 바르게 써 보기
(나) 간단한 어구나 문장을 듣고 그대로 적어 보기
(다) 간단한 의사 소통 기능에 관한 표현을 쉬운 글로 적어 보기
(라) 자신의 생각을 영상 문자로 전달하여 보기
(마) 일상 생활과 자신의 생각을 기록하는 습관을 기르기
〈일본어 Ⅱ〉
(가) 의사 소통 기능에 관한 표현을 짧은 글로 적는 능력
(나) 간단한 실용문을 양식에 맞게 작성하는 능력
(다) 자신의 생각을 영상 문자로 전달하는 능력(정보 통신 능력)
(라) 일상 생활과 자신의 생각을 일본어로 적는 능력
(마) 문장체와 구어체의 특징을 아는 능력

쓰기 평가는 의사 소통 기능과 관련된 실용적인 표현을 글로 적는 능력과 문장체와 구

어체의 특징을 구별하여 작문에 반영하는 능력을 평가한다. 그리고 전자 우편을 통해 일본어로 메일을 보내는 능력을 평가한다.

다. 평가 방법

〈일본어 I, II〉

(1) 학생을 서열화하기 위한 평가보다 학습 진단을 위한 평가가 되도록 한다.

평가는 목적에 따라 진단용과 서열화용으로 크게 나눌 수 있는데, 일본어 학습시에 실시하는 평가는 성적을 매기는 목적보다 학습을 진단하여 다음 학습의 계획에 반영하기 위한 평가가 주가 되어야 한다.

(2) 객관성, 타당성, 신뢰성을 갖춘 평가가 되도록 한다.

모든 평가는 타당성, 신뢰성, 객관성, 실행 가능성 등의 요건이 구비되어야 한다. 타당성이란, 문항이나 내용이 측정하고자 하는 목적과 일치하며, 측정하고자 하는 내용을 정확하게 측정하고 있는지의 여부를 말한다. 신뢰성이란, 측정 결과가 동일한 조건과 동일한 대상에게 다시 시도를 해도 같은 결과가 나올 수 있는지의 여부를 말한다. 객관성이란, 측정 결과를 점수로 환산할 때에 점수나 채점 기준이 시간적, 공간적, 감정적 영향을 받지 않았음을 말한다.

실행 가능성이란, 채점하기 쉽고 시간과 경비가 적게 들어야 하며 관리하기 용이해야 함을 말한다.

평가의 타당성과 신뢰성을 높이기 위해서는 교사 자신이 평가에 대한 이론과 능력을 충분히 쌓도록 해야 한다. 흔히 선다형 평가가 객관성이 높은 평가 방법인 것으로 생각하기 쉬우나 객관성보다는 실행 가능성만을 고려한 방법이라고 할 수 있다.

(3) 평가 목표와 내용에 따라 분리식 평가와 통합식 평가를 실시하되, 특히 말하기, 듣기를 중심으로 한 통합식 평가에 비중을 두도록 한다.

언어의 네 기능과 의사 소통 기능을 평가함에 있어 학습 목적에 따라서는 분리식 평가가 적절한 경우도 있겠으나, 말하기 · 듣기를 중심으로 한 통합식 평가가 중점적으로 이루

어지는 것이 통합적 언어 능력을 기르는 데에 도움을 주는 평가법이 될 것이다.

분리식 평가 방법은 학습자가 가지고 있는 언어 요소에 대한 단편적 지식을 한정된 시험 상황(특히, 지필 검사를 통한 시험)에서 평가할 수 있다는 장점을 가지고 있다. 그러나 이 평가 방법이 가지고 있는 큰 결점은 실제적으로 언어 사용 능력을 반영할 수 없다는 것이다. 이 평가 방법은 실제 상황보다 시험이라는 인위적인 상황에서의 능력을 반영하는 것으로 끝나기 쉽다. 그러므로 분리 평가에 의한 시험을 계속 치르게 하면, 시험을 위한 학습만을 강요하게 하고, 학습 목표인 일본어의 사용과는 무관한, 일본어에 관한 부분적인 지식만을 얻게 하는 결과를 가져오게 될 것이다.

통합 평가는 학습자들에게 어휘, 문법 구조에 대한 지식과 이해, 의미의 구별과 파악, 담화의 흐름, 상황에서의 의미 파악과 언어 사용에 대한 이해를 요구하므로 종합적인 의사 소통 능력을 평가하기에 적절한 방법이라 할 수 있다. 통합 평가의 대표적인 유형으로는 클로tm 테스트(close test), 받아쓰기 등이 있다.

(4) 말하기 평가에 있어서는 필답식 평가를 지양하고 면접법에 비중을 두어 실제의 의사 소통 활동을 효과적으로 평가하도록 한다.

필답식 평가에 의해서도 말하기 평가는 가능하지만, 역시 간접적인 평가라는 한계를 벗어날 수는 없다. 따라서, 말하기 평가는 면접법에 의한 평가의 비중을 높이는 것이 바람직하다.

(5) 의사 소통 활동과 문화 이해에 대한 적극적인 참여도를 평가하도록 한다.

의사 소통 활동이나 문화를 이해하는 학습 활동에 적극적으로 참여하는 태도를 평가하여 학습자의 학습 방향을 유도하는 것이 바람직하다.

(6) 일본어에 의한 정보 검색 및 통신과 같은 언어 능력의 응용력을 평가에 반영하도록 한다.

일본어에 의한 검색 주제를 제시하고, 정보를 검색하여 자동 번역된 자료의 내용을 파악하는 능력을 평가한다. 자동 번역은 http : //japan.hanmir.com과 같은 번역 사이트를

활용하면 된다.

(7) 모든 평가의 결과는 질적 결과와 양적 결과를 분석하여 다음 단계의 학습 및 개별 학습 지도에 반영하도록 한다.

진단 평가에 비중을 두어 학습자 개개인의 평가 결과를 질적 결과와 양적 결과로 분석하여 개별 진단을 통한 수준별 학습 지도에 반영하도록 한다. 평가 방법 5, 6항과 관련하여 수행 평가를 활용하는 것이 바람직하다. 전통적인 교수·학습 이론에서는, 학습이란 객관적인 지식이나 정보를 단계적으로 축적해 가는 과정이었다. 그러나 인지 심리학자들에 의해 제기된 새로운 학습 이론에서는 객관적인 지식이나 정보란 존재하지 않는 것이므로, 교수·학습의 목적은 개별 학습자의 소질이나 특성에 맞추어 보다 조직적이고 체계적인 인지 구조를 가질 수 있도록 도와 주고 격려하는 행위라는 것이다. 즉, 구체적인 정보의 이식이 아닌, 인지 구조의 형성을 학습의 개념으로 보는 것으로, 오히려 습득의 성격에 가까워진 것으로 볼 수 있다.

어려운 대입 관문을 통과한 대학생들이 대학 수학 과정에서 보이는 공통적인 특징으로서, 지식을 기억하는 암기형이 대부분이어서 자발적인 문제 해결력과 창의성이 결여되어 있는 점이 커다란 문제점으로 지적되고 있다. 이는 기존의 평가 방법이 이해와 기억을 중심으로 한 인지 능력에 치중되어 왔던 데에 원인이 있다고 보고, 실행 능력을 중시한 대안적 평가 방법 도입의 필요성이 높아진 것이다. 이러한 대안적 평가는 수행 평가가 대표적이다.

기존의 선택형 평가는 공정성과 편의성이라는 장점은 있으나, 새로운 일본어과 교육과정에서 지향하는 목표 달성의 측면에서는 한계가 있다. 이러한 한계를 극복할 수 있는 수행 평가의 도입은 의사 소통 기능의 함양은 물론, 다양한 문제 해결책을 모색하는 절차나 전략에 관한 수행 능력 함양을 목표로 한 것이다. 학생의 언어적 지식뿐 아니라 지식의 적용 능력, 학습자의 문제 해결 능력 등에 관한 정보는 수행 평가를 통해 가능해진다. 또, 수행 평가는 개별 학습을 촉진시키려는 기능을 가지고 있으므로, 자연히 교수·학습 과정에 통합될 수도 있다. 따라서, 학생의 적극적 참여 동기를 부여하는 데 용이하다.

결론적으로, 수행 평가는 기존의 일본어과 평가에서 간과해 왔던 교수·학습의 목표와 과정의 세부 내용 및 요소들에 대한 중요성을 강조하여 이를 측정함으로써 전체 교수·학습 활동에 균형적이고 긍정적인 효과를 올릴 수 있다는 데 의의가 있다.

<표 3> 종래의 평가와 대안적 평가의 특징 비교

항 목	종래의 평가법	대안적 평가법
학습관	학습의 결과에만 관심	학습의 과정과 결과에 모두 관심
학습자관	수동적 객체	능동적 주체
평가 형태	지필 검사	수행 평가, 참평가, 포트폴리오
평가 실시	일회적 평가	지속적 평가
평가 내용	단일 속성 분리된 지식과 기술을 평가	다원적 속성 통합된 지식과 기술, 메타 인지적 관심
평가 대상	개인 평가 강조	집단 평가 중시(협동)

6. 신・구 교육 과정 비교

가. 성 격

제6차 교육 과정	제7차 교육 과정
〈일본어 Ⅰ〉 ◦일본의 국제적 지위에 대응하고, 우리 나라와의 상호 협력 교류를 지속하는 데 도움을 주는 과목이다. ◦이해 기능과 표현 기능을 고르게 기르되, 듣기와 말하기에 중점을 두어 의사 소통 능력을 신장하는 기초 과정이며, 이러한 과정을 통하여 일본어와 일본에 흥미와 관심을 가질 수 있도록 도와 줄 것이다. ◦일본 문화의 이해를 통하여 국제화 시대에 능동적으로 대처할 수 있는 기초적 역량을 기르도록 한다. 〈일본어 Ⅱ〉 ◦'일본어Ⅰ' 과목의 심화 과정으로, 이해 기능과 표현 기능을 고르게 기르되, 읽기와 쓰기에 중점을 두어 의사 소통 능력을 신장하는 기초 과정이며, 학생들이 일본에 눈을 뜨고 일본을 새롭게 인식할 수 있도록 도와 줄 것이다.	〈일본어 Ⅰ〉 ◦지역 단위의 통합과 협력 단위 구축을 통해 협력하는 국제화 시대를 맞아 한일 간의 각종 교류 활동의 일익을 담당할 수 있는 인재를 기르기 위한 기초 과정으로서, 언어의 네 기능을 기초적인 수준에서 모두 다루어 균형 잡힌 의사 소통 능력을 기르는 기초적인 과목이다. ◦인쇄 매체와 인터넷을 통한 정보 수집 능력의 바탕을 이루기 위하여, 일본어에 대한 흥미와 관심을 높이고 일본어에 의한 정보 수집에 흥미를 가질 수 있도록 도움을 주는 과목이다. ◦일본어를 통해 일본 문화의 특징을 이해하고, 한국의 문화를 일본에 소개하여 한일 양 국민의 상호 이해를 돈독히 하며, 양국 간의 정치, 경제, 사회, 문화적 교류에 긍정적이고 적극적으로 참여할 수 있는 기초적 역량을 기르는 데에 역점을 두고 있는 과목이다. 〈일본어 Ⅱ〉 ◦'일본어 Ⅰ' 과목의 심화 과정으로, '일본어 Ⅰ' 과목보다 다양하고 높은 수준의 의사 소통 능력을 기르는 과정이다.

나. 목 표

제6차 교육 과정	제7차 교육 과정
〈일본어 I〉 가. 일상 생활과 관련된 쉬운 말과 글을 이해할 수 있게 한다. 나. 일상적인 화제와 관련된 내용을 간단하게 표현할 수 있게 한다. 다. 일본인의 일상 생활과 관습을 이해하게 한다.	〈일본어 I〉 가. 쉬운 일본어를 알아들을 수 있고, 일본어 듣기 학습의 중요성을 깨달아, 듣기 학습 활동에 능동적으로 참여하는 태도를 가진다. 나. 쉬운 일본어를 원어민이 알아들을 수 있도록 말할 수 있고, 일본어 말하기 학습의 필요성을 깨달아, 말하기 학습 활동에 적극적으로 참여하는 태도를 가진다. 다. 쉬운 일본어를 읽어 그 뜻을 알 수 있고, 일본어 읽기 학습의 중요성을 깨달아, 읽기 학습에 스스로 노력하는 태도를 가진다. 라. 쉽고 간단한 일본어를 글로 쓸 수 있고, 일본어 쓰기 학습의 필요성을 깨달아, 쓰기 학습 활동에 스스로 참여하는 태도를 가진다. 마. 인터넷을 통하여 일본어에 의한 정보 검색의 기초적인 방법을 알고, 정보 검색에 흥미를 가진다. 바. 일본의 일상 생활 문화에 대해 깊은 관심을 가지고, 일본 문화를 이해하고자 하는 자세를 기르며, 일본과의 국제 교류에 적극적으로 참여하는 태도를 가진다.
〈일본어 II〉 가. 일반적인 화제와 관련된 글을 이해할 수 있게 한다. 나. 일반적인 화제와 관련된 내용을 표현할 수 있게 한다. 다. 일본인의 일상 생활과 문화를 이해하고, 올바른 가치관 형성에 도움이 되게 한다.	〈일본어 II〉 가. 일상의 의사 소통 기능 수행에 따른 일본어를 소음이 수반된 상태에서도 알아들을 수 있고, 일본어 듣기 능력의 중요성을 깨달아, 듣기 학습 활동에 능동적으로 참여하는 태도를 가진다. 나. 일본어를 원어민이 알아들을 수 있도록 자연스럽게 말할 수 있고, 일본어 말하기 학습의 필요성을 깨달아, 말하기 학습 활동에 적극적으로 참여하는 태도를 가진다. 다. 일본어를 읽어 알 수 있고, 일본어 읽기 학습의 중요성을 깨달아, 읽기 학습을 위해 스스로 노력하는 태도를 가진다. 라. 쉬운 일본어를 글로 쓸 수 있고, 일본어 쓰기 학습의 필요성을 깨달아, 쓰기 활동에 능동적으로 참여하는 태도를 가진다. 마. 인터넷을 통하여 일본어에 의한 정보 검색의 방법을 알고, 정보의 수집과 통신에 능동적인 태도를 가진다. 바. 일본 문화에 대하여 깊은 관심을 가지고, 일본인의 행동 양식을 이해하며, 일본과의 국제 교류에 능동적으로 참여하는 태도를 가진다.

다. 내 용

(1) 의사 소통 활동

제6차 교육 과정	·제7차 교육 과정
〈일본어 Ⅰ〉 ◦언어 기능 (1) 이해 기능 (가) 소리와 문자의 관계를 이해하기 (나) 간단한 말을 듣고 행동하기 (다) 간단한 질문이나 대화를 이해하기 (라) 간단한 대화의 내용을 이해하기 (마) 쉬운 내용의 말과 글의 대의를 파악하기 (2) 표현 기능 (가) 소리와 문자를 식별하여 발음하기 (나) 학습한 내용을 간단한 말로 표현하기 (다) 실물이나 그림을 보고 간단히 대화하기 (라) 간단한 질문이나 대화하기 (마) 일상 생활에 관하여 쉬운 말과 글로 표현하기 ◦의사 소통 기능 【별표Ⅰ】에 제시된 의사 소통 기능 항목을 참고로 한다. ◦개인의 생각 가능성, 소망과 의지, 확신, 추측 ◦개인의 느낌 희로애락, 감각적 느낌, 좋거나 싫음, 정서적 느낌 ◦친교 활동 인사, 초대, 약속, 칭찬이나 격려, 말의 중단이나 끝맺음 ◦일상적 대인 관계 소개, 전화, 감사, 사과나 변명 ◦권유와 의뢰 부탁과 요청, 승낙과 거절 ◦지시와 명령 주의나 경고, 허용, 충고, 제안과 설득, 의무 ◦정보 교환 사실 확인, 설명, 경험, 비교 ◦의견 교환 의사 표시, 동의나 반대 ◦문제 해결 물건사기, 안내, 보고	◦의사 소통 활동 〈일본어Ⅰ〉 (1) 듣기 활동 (가) 간단한 어구나 문장을 듣고 그 뜻을 알아보기 (나) 짧은 말이나 글을 듣고 그 뜻을 알아보기 (다) 의사 소통 기능에 관한 표현을 듣고 그 뜻을 알아보기 (라) 의사 소통 기능에 관한 표현을 듣고 그대로 행동하여 보기 (마) 상대편의 말을 바른 태도로 듣기 (2) 말하기 활동 (가) 간단한 어구나 문장을 자연스럽게 말하여 보기 (나) 모범 대화의 어조를 따라서 말하여 보기 (다) 의사 소통 기능에 관한 표현을 자연스럽게 말하여 보기 (라) 일상의 대화와 관련된 언어 행동을 알고 말하여 보기 (마) 여러 사람 앞에서 자신의 생각을 자신 있게 말하여 보기 (3) 읽기 활동 (가) 가나와 한자로 된 간단한 어구나 문장을 낭독하여 보기 (나) 글을 보며 말하듯이 낭독하여 보기 (다) 간단한 설명을 읽고 그 뜻과 요점을 알아보기 (라) 의사 소통 기능에 관한 표현을 읽고 그 뜻을 알아보기 (마) 영상 문자로 된 글을 읽고 그 뜻을 알아보기 (바) 인터넷을 통하여 일본어로 간단한 정보를 검색하여 보기 (4) 쓰기 활동 (가) 가나와 한자를 바르게 써 보기 (나) 간단한 어구나 문장을 듣고 그대로 적어 보기 (다) 간단한 의사 소통 기능에 관한 표현을 쉬운 글로적어 보기 (라) 자신의 생각을 영상 문자로 전달하여 보기 (마) 일상 생활과 자신의 생각을 기록하는 습관을 기르기

◦창조적 활동 가설, 상상, 편지쓰기 문법에 관한 내용은【별표Ⅰ】에 있는 예시문의 해당 사항을 참고한다. 다만, 다음 문법 사항은 다루지 않기로 한다.	
〈일본어 Ⅱ〉 (1) 이해 기능 (가) 소리와 문자의 관계를 추론하여 이해하기 (나) 쉬운 내용의 말과 글을 이해하기 (다) 쉬운 질문이나 대답을 이해하기 (라) 쉬운 글의 대의를 파악하기 (마) 내용이나 사건의 전개 과정을 이해하기 (2) 표현 기능 (가) 간단한 말을 듣고 받아쓰기 (나) 학습한 내용을 적용하여 간단하게 표현하기 (다) 쉬운 우리말을 일본어로 옮겨 쓰기 (라) 실물이나 그림을 보고 간단히 대화하기 (마) 일상 생활과 일반적인 화제에 관하여 간단하게 표현하기 ◦의사 소통 기능 일본어Ⅰ 과목에 준한다.	〈일본어 Ⅱ〉 (1) 듣기 활동 (가) 긴 말과 글을 듣고 그 요점을 알아보기 (나) 대화 장면을 시청하여 그 뜻을 알아보기 (다) 의사 소통 기능에 관한 표현을 듣고 그 뜻을 알아보기 (라) 의사 소통 기능에 관한 표현을 듣고 그대로 행해 보기 (마) 보도를 듣고 중요한 내용을 알아보기 (바) 상대편의 말을 듣고 그 의도를 알아보기 (사) 현장의 소음이 섞인 말을 들어 보기 (2) 말하기 활동 (가) 모범 대화 장면을 따라 함께 말하여 보기 (나) 의사 소통 기능에 관한 표현을 말하여 보기 (다) 자신의 생각을 논리적으로 말하기 (라) 여러 사람 앞에서 자신의 생각을 말하여 보기 (마) 여러 사람과 하나의 주제에 대하여 토론하여 보기 (바) 일본인의 언어 행동을 알고 말하여 보기 (3) 읽기 활동 (가) 문자와 발음의 관계를 알고 말하듯이 낭독하여 보기 (나) 긴 글을 읽고 그 요점을 알아보기 (다) 의사 소통 기능에 관한 표현을 읽고 그 뜻을 알아보기 (라) 문장체와 구어체의 글을 읽고 그 뜻을 알아보기 (마) 인터넷을 통하여 일본어의 정보를 검색하고 그 뜻을 알아보기 (바) 일본 문화에 관한 글을 읽고 그 뜻을 알아보기 (사) 의사 소통 기능에 관한 표현을 짧은 글로 적어 보기 (4) 쓰기 활동 (가) 실용문을 양식에 맞게 작성하여 보기 (나) 자신의 생각을 영상 문자로 전달하여 보기 (다) 일상 생활과 자신의 생각을 일본어로 적어 보기 (라) 문장체와 구어체의 특징을 알고 적어 보기

라. 언어 재료

(1) 의사 소통 기능

제6차 교육 과정	제7차 교육 과정
◦소 재 〈일본어 Ⅰ〉 (1) 일상 생활에 관한 소재를 위주로 선택 (가) 의사 소통 기능 지도에 도움이 되는 것 (나) 개인 생활과 인간 관계에 도움이 되는 것 (다) 교우 관계와 학교 생활 (라) 취미, 오락, 운동, 여행 등 여가 선용 (마) 건전한 사고와 협동 정신 육성 (바) 일본인의 일상 생활 이해 (2) 내용의 구성 (가) 학습 의욕을 유발할 수 있는 것 (나) 의사 소통 의욕을 유발할 수 있는 것 (다) 실용적인 내용 〈일본어 Ⅱ〉 (1) 일반적인 화제를 위주로 의사 소통 기능 지도에 도움이 되는 것 (가) 사회 생활과 국가, 여가 선용 (나) 공동 생활과 가치관 확립에 도움이 되는 것 (다) 문화와 환경 문제 (라) 일본 문화와 우리 문화의 바른 이해 (2) 내용 구성 (가) '일본어Ⅰ' 과목의 응용과 심화 (나) 학습 의욕 유발 (다) 의사 소통 의욕 유발 (라) 실용적이고 적합한 내용	◦의사 소통 기능 〈일본어Ⅰ〉 (가) 인사 기능 : 인사, 소개, 안부, 칭찬, 격려, 축하, 감사, 위로를 위한 표현 (나) 정보 전달의 기능 : 설명, 정보 전달, 제안, 조언, 안심, 사과, 대답, 추측, 주장 등의 표현 (다) 요구의 기능 : 질문, 허가, 확인, 선택, 설명, 의뢰, 지시 등의 표현 (라) 의사 및 태도의 전달 기능 : 반론, 의문 제기, 부정, 비난, 놀람, 희노애락, 반문, 유감 등의 표현 (마) 담화의 전개 기능 : 담화의 시작, 전개, 전환, 종결과 관련된 표현 〈일본어 Ⅱ〉 ◦추가 기능 불필요, 자청, 의무와 금지, 보류 및 회피 등

(2) 발 음

제6차 교육 과정	제7차 교육 과정
〈일본어 Ⅰ, Ⅱ〉 현대 일본어의 표준 발음으로 한다	〈일본어Ⅰ, Ⅱ〉 현대 일본어의 공통어 발음으로 한다.

(3) 문 자

제6차 교육 과정	제7차 교육 과정
〈일본어 Ⅰ, Ⅱ〉 문자는 히라가나, 가타카나, 한자를 사용하되, 한자는 일본의 상용 한자 범위 내로 한다.	〈일본어 Ⅰ, Ⅱ〉 문자는 기본적으로 히라가나, 가타카나, 한자를 사용하되, 한자는 일본의 상용 한자용 글자체를 사용하며, 【별표 Ⅲ】에 제시한 표기 한자의 범위내에서 사용한다. 다만, 고유 명사에 사용되는 한자는 예외로 하며, 【별표 Ⅲ】에 제시된 한자는 학습량을 고려하여 읽기와 쓰기를 구분하여 적절히 선택하여 사용하도록 한다.

(4) 어 휘

제6차 교육 과정	제7차 교육 과정
〈일본어 Ⅰ〉 【별표 Ⅱ】에 제시된 어휘를 중심으로 하여 600낱말 내외를 사용한다. 〈일본어 Ⅱ〉 일본어 Ⅰ과목에서 사용된 어휘를 다시 사용할 수 있다. 【별표 Ⅱ】에 제시된 어휘를 중심으로 하여 800낱말 내외를 추가하여 사용한다.	〈일본어 Ⅰ〉 【별표 Ⅱ】에 제시된 기본 어휘를 중심으로 500낱말 내외를 사용한다. 〈일본어 Ⅱ〉 【별표 Ⅱ】에 제시된 기본 어휘를 중심으로 '일본어 Ⅰ'에서 이수한 어휘를 포함하여 900낱말 내외를 사용한다.

(5) 문 법

제6차 교육 과정	제7차 교육 과정
항목 설정은 없으나 언어 기능에 언급됨. 문법에 관한 내용은 【별표 Ⅰ】에 있는 예시문의 해당 사항을 참고한다. 다만, 다음 문법 사항은 다루지 않기로 한다.	〈일본어 Ⅰ, Ⅱ〉 문법에 관한 사항은 【별표 Ⅰ】에 제시된 예시문의 해당 사항을 참고한다. 다만, 다음 문법 사항은 다루지 않기로 한다. (가) 고어적인 표현 (나) 지나치게 복잡한 문법 사항 (다) 지나친 존비어 (라) 지나치게 격식차린 구어 표현

(6) 문 체

제6차 교육 과정	제7차 교육 과정
없 음.	〈일본어 Ⅰ〉 장면과 상대에 따라 알맞은 표현을 사용할 수 있도록 다음과 같은 문체를 다루도록 한다. (가) 공손한 표현과 친한 사이에 사용할 수 있는 스스럼 없는 표현 (나) 구어체와 문장체 (다) 남성어와 여성어 〈일본어 Ⅱ〉 축약식 표현 추가

(7) 문 화

제6차 교육 과정	제7차 교육 과정
없 음.	〈일본어 Ⅰ, Ⅱ〉 (가) 일상 생활 문화를 소재로 선택하되, 의사 소통 능력 습득에 도움이 되는 것으로 한다. ① 개인 생활과 일상적인 인간 관계에 관한 것 ② 교우 관계와 학교 생활에 관한 것 ③ 기본적인 사회 생활에 관한 것 ④ 취미, 오락, 관광 등 여가 선용에 관한 것 ⑤ 일본인의 언어 행동을 이해하는 데 도움이 되는 것 ⑥ 일본인의 일상 생활을 이해하는 데 도움이 되는 것 (나) 내용 구성은 다음 사항에 유의한다. ① 학생의 흥미, 필요, 지적 수준 등을 고려, 의 사 소통 의욕을 유발할 수 있는 것으로 한다. ② 내용은 실제 생활에서 사용될 수 있는 것으로한다. ③ 내용은 읽기와 쓰기보다 듣기와 말하기에 중점을 두어 구성한다. ④ 듣기, 말하기, 읽기, 쓰기는 연계성을 가지도록 구성한다.

마. 교수·학습 방법

제6차 교육 과정	제7차 교육 과정
〈일본어 Ⅰ〉 (가) 교수와 학생 및 학생과 학생의 활동을 통한 기능 이해와 적용 (나) 반복을 통한 듣기 (다) 개인별, 분단별 역할놀이, 게임 등을 통해 능동적으로 말하기 (라) 자연스러운 발화에 역점을 둔 낭독 (마) 통제 작문 중심의 쓰기 (바) 편협하지 않은 사고 방식과 올바른 가치관을 기르는 문화 (사) 내용에 따라 일본어로 수업 (아) 개별 학습과 자율 학습 (자) 학생 수준과 지역 환경에 따른 교과서의 재구성 (차) 오류의 즉각적인 수정은 피함. 〈일본어 Ⅱ〉 (가) '일본어 Ⅰ' 과목의 심화 (나) 읽기와 쓰기에 중점을 두는 수업	〈일본어 Ⅰ〉 (가) 의사 소통 기능의 습득을 중심으로 구성 (나) 의사 소통 기능별로 듣기, 말하기, 읽기, 쓰기의 네 기능이 상호 연계성을 가지도록 수업 (다) 듣기와 말하기 활동은 통합 기능으로 진행 (라) 인지에 의한 일본어 습득에 역점 (마) 창의력 신장을 위하여 학생의 자율성 중시 (바) 학습 의욕을 높이는 수업 (사) 학습자 스스로가 발견하고 학습 계획을 세워 가는 학생 중심의 수업 (아) 학생의 동작과 체험을 통하여 습득 (자) 개개인의 습득 수준에 맞는 학습 전개 (차) 소집단의 구성원끼리 협력 학습 (카) 각종 시청각 자료와 멀티미디어 교수학습 자료를 활용하여 학습 효과를 높이는 수업 (타) 실제 장면의 체험을 통한 현장 적용력 (파) 듣기 활동은 반복 시행 (하) 발음은 문장 전체의 음조 중심 (갸) 학생 개개인의 대화량을 늘리는 수업 (냐) 문장 전체의 의미를 요약하는 능력 (댜) 통제 작문 중심의 쓰기 (랴) 즉각적인 오류의 수정은 피함. (먀) 목표와 내용에 따라 일본어로 수업 (뱌) 개별 학습과 자율 학습을 위해 개별화된 자료 활용 (샤) 교과용 도서는 지역 환경 및 상황에 따라 재구성 (야) 일본인의 행동 양식에 대한 이해를 위해 영상 장면 활용 (쟈) 직접적인 체험을 통한 문제 해결 〈일본어 Ⅱ〉 '일본어 Ⅰ' 과목과 같으나 다음 항목들이 심화됨. (가) 긴 말의 듣기 지도는 반복 청취 (나) 문장 전체의 음조를 중심으로 한 발음 (다) 장면과 대화 상대에 따라 표현이 달라지는 대화 지도 (라) 문장 전체의 의미를 요약하는 능력 (마) 쓰기 학습은 통제 작문과 자유 작문 병행 (바) 수업의 전 과정을 일본어로 진행 (사) 정보 검색 및 PC 통신 등의 체험을 통한 문제 해결

라. 평 가

제6차 교육 과정	제7차 교육 과정
(1) 평가 지침 (가) 이해 기능과 표현 기능을 고르게 평가 (나) 성취도를 종합적으로 평가 (다) 타당성, 신뢰성, 객관성을 갖춘 평가 (라) 이해 기능과 표현 기능으로 평가 결과 처리 (마) 표현 기능의 평가는 5단계 (2) 평가 목표 (가) 언어 기능 (나) 이해 기능 (다) 표현 기능 (라) 의사 소통 기능 (마) 의사 소통 기능의 이해와 적용 (3) 평가 방법 (가) 분리 평가도 실시하되 통합 평가에 비중 (나) 기능의 효과적인 평가 방법 사용 (다) 종합적인 언어 능력 평가 (라) 참여도를 관찰하여 평가	가. 평가 지침 의사 소통 기능 중심으로 평가. 언어의 네 기능을 모두 평가하되, 말하기와 듣기에 중점을 두고 유창성을 중심으로 일본어 구사 능력을 평가 나. 평가 내용 (1) 듣 기 (가) 긴 말과 글의 요점 파악 능력 (나) 대화 장면을 시청하여 뜻을 파악하는 능력 (다) 의사 소통 기능에 관한 표현을 듣고 뜻을 파악하는 능력 (라) 의사 소통 기능에 관한 표현을 듣고 그대로 행하는 능력 (마) 보도 내용을 파악하는 능력 (바) 말을 듣고 의도를 파악하는 능력 (2) 말하기 (가) 축하, 칭찬, 격려, 위로 등의 인사 표현 능력 (나) 의사 소통 기능에 관한 표현 능력 (다) 생각을 논리적으로 말하는 능력 (라) 자신의 생각을 말하는 능력 (마) 하나의 주제에 대하여 토론하는 능력 (바) 일본인의 언어 행동상의 특징을 알고 말하는 능력 (3) 읽 기 (가) 글을 보며 말하듯이 낭독하는 능력 (나) 긴 글의 요점 파악 능력 (다) 의사 소통 기능에 관한 표현을 읽고 그 뜻을 파악하는 능력 (라) 문장체와 대화체를 읽고 뜻을 파악하는 능력 (마) 인터넷을 통하여 일본어 정보를 검색하고 뜻을 파악하는 능력 (바) 일본 문화에 관한 글을 읽고 뜻을 파악하는 능력 (4) 쓰 기 (가) 기능 표현을 짧은 글로 적는 능력 (나) 실용문을 양식에 맞게 작성하는 능력 (다) 생각을 영상 문자로 전달하는 능력(정보 통신 능력) (라) 생활과 생각을 일본어로 적는 능력 (마) 문장체와 구어체의 특징을 아는 능력 다. 평가 방법 (1) 학습 진단을 위한 평가가 되도록 한다. (2) 객관성, 타당성, 신뢰성을 갖춘 평가 (3) 평가 목표와 내용에 따라 분리식 평가와 통합식 평가를 실시하되, 특히 말하기, 듣기를 중심으로 한 통합식 평가에 비중 (4) 말하기는 면접법에 비중을 두어 평가 (5) 의사 소통 활동과 문화 이해에 대한 적극적인 참여도를 평가 (6) 일본어에 의한 정보 검색 및 통신과 같은 언어 능력의 응용력 평가 (7) 평가의 결과는 질적 결과와 양적 결과를 분석하여 다음 단계의 학습 및 개별 학습 지도에 반영

<고등학교 일본어과 교육과정 부록>

[별표 Ⅰ] 의사 소통 기능 예시문

◦다음은 고등 학교 일본어 교육 과정에서 우선적으로 이수하기를 권장하는 의사 소통 기능 항목과 예시문이다. 기능 항목은 크게 나누어, 인사 기능, 정보 전달의 기능, 의사태도 전달의 기능, 요구 기능, 담화 전개 기능으로 나누고, 각각의 항목에 하위 항목을 설정하였다. 여기에 명기되지 않은 기능도 필요에 따라 첨가하여 사용할 수 있다.
◦다음 예시문은 고등 학교 일본어 교육 과정에 필요한 문장의 구조, 문장의 종류, 기타 어법에 관한 사항을 참고할 수 있도록 의사 소통 기능별로 제시한 것이다. 예시문에 제시되지 않은 문장도 필요에 따라 포함시킬 수 있다.

1. 인사 기능

가. 일상의 인사

(1) 만남
おはようございます。
こんにちは。
こんばんは。
おひさしぶりですね。

(2) 헤어짐
さようなら。
おやすみなさい。
おきをつけて。
失礼します。
じゃ、また。

(3) 자기 소개
南山高校のキムです。
私、韓国のイと申します。

(4) 타인 소개
田中さん、 友だちのパクさんです。
こちらは、 東京高校の田中さんです。

(5) 초면 인사
はじめまして。 キムです。 どうぞよろしく。

나. 안부
お元気ですか。

다. 칭찬
キムさんは歌がお上手ですね。
よくできました。

라. 격려
がんばってください。

마. 축하
たんじょうび、おめでとうございます。

바. 감사	ありがとうございます。
	おかげさまで。
	先日はどうもありがとうございました。
	いろいろお世話になりました。
사. 사과	おそくなってすみません。
	おそれいりますが、～
아. 위로	お気の毒に。
	おだいじに。

2. 정보 전달의 기능

가. 설명

(1) 안내	ここは図書館です。
(2) 보고	きのうは学校で野球をしました。
(3) 사정・형편	水曜日は都合が悪いです。
(4) 행동	日曜日には映画をみたりテニスをしたりしています。
	テープを聞きながら会話を練習しています。
(5) 상태	少しむずかしいですが、 たのしいです。
(6) 증상	おなかが痛いんです。
(7) 예정	大学で日本語を専攻する予定です。
(8) 시간	バスで30分ぐらいかかります。
(9) 행위의 완료	会議は今始まったところです。
(10) 위치	学校のとなりに郵便局があります。
	電話は階段の近くにあります。
(11) 대비	見ることはすきですが、
	やることはあまりすきではありません。
(12) 사정	急に体の具合が悪くなってしまいまして。
(13) 이유	かぜをひいたので病院へ行きます。

나. 정보 전달

(1) 전갈	田中さんも来るんだそうです。
	今日はおそくなると言っていました。
(2) 희망・의향	ワープロを習おうと思っています。
	できるだけ行ってみるつもりです。
	田中さんに会いたいですね。

다. 제안	先生に相談してみるのはどうですか。
라. 조언	はやく帰ったほうがいいですよ。
	日光にしたらどうですか。
	電車のほうがバスより速いと思います。
마. 안심	だいじょうぶだから、心配する必要はありませんよ。
바. 불필요	そんなに考えることはありませんよ。
사. 자청	先生、それお持ちしましょうか。
아. 대답	
(1) 승낙	はい、わかりました。
(2) 거절	いいです。
	もうけっこうです。
	あいにく5時に約束があるんです。
자. 추측	田中さんは来ないかもしれません。
	雨が降りそうもないですね。
차. 의사표시	その問題はむずかしいんじゃないでしょうか。
	その問題はむずがしすぎると思います。

3. 의사·태도 전달의 기능

가. 반론, 의문 제기	広いことは広いですが,すこしきたないですね。
	こちらのほうがいいと思いますけどね。
나. 부정, 비난	そんなことはないですよ。
다. 태도 보류, 판정 회피	来るとは思うんですが。
라. 놀람, 의외의 기분	8月なのに、わりにすずしいですね。
	1つしかないんですか。
마. 희로애락	おあいできてうれしいです。
	きのうの映画は, とてもおもしろかったです。
바. 반문	大阪へですか。
사. 유감	せっかく作ったのにもったいないですね。

4. 요구 기능

가. 질문	ゆうびんきょくは, どこですか。
나. 허가	えんぴつで書いてもいいですか。

다. 확인	いいお天気ですね。
	田中さんの帰国は来週でしたね。
	日本は物価が高いと聞きましたが。
	電話しなくてもいいんですね。
라. 선택	コーヒーとジュースがありますが、どちらがいいですか。
마. 설명	お読みになりましたか。
	どこか近くに安い店はありませんか。
	郵便局へ行くにはどう行ったらいいでしょう。
	ワープロって、何ですか。
바. 의뢰	もうすこし大きいのはありませんか。
	日本の新聞をお願いできますか。
	教えていただきたいんですが、
	明日来るように言ってください。
	少し手伝ってくれませんか。
사. 지시	本は明るいところで読んでください。
	ちょっと待ってください。
아. 의무	約束は守らなければなりません。
자. 금지	夜はおふろに入らないでください。
	ここではたばこを吸ってはいけません。

5. 담화전개기능

가. 담화의 시작	
(1) 서두(주의환기)	あの、ちょっとよろしいですか。
	ちょっとお伺いしたいことがあるんですが。
(2) 화제제시	実は、かんげいかいをしたいと思いましてね。
	勉強のことで相談があるんですが。
	試験のことなんですが。
나. 담화의 전개	
(1) 구어체	ところで、
(2) 문장체	さて、
다. 화제의 전환	話しはかわりますが、
라. 담화의 종결	それじゃ失礼します。
	どうも失礼しました。

[별표Ⅱ]기본어휘표

ㅇ이표에 제시된 기본 어휘는 사용을 권장한다.
ㅇ활용하는 낱말은 기본형을 제시하였다. 낱말은 가나로 표기하되, 외래어의 경우에는 가타카나로 표기하였다.
ㅇ의미의 구별이 필요한 경우에는 괄호 속의 한자를 적되, 표기용 한자 [별표Ⅲ] 안에서 사용하였다.
ㅇ조사, 조동사, 접사류도 교육상의 편의를 도모하기 위하여 기본 어휘 항목에 포함시켰다. 조사, 조동사, 조수사에는 '~'표시를, 접사에는 '-'표시를 하였다.
ㅇ같은 낱말이 품사 또는 발음상 다른 형태를 취하더라도 같은 항목으로 취급하였다.
ㅇ형태는 같으나 의미가 다른 낱말은 독립된 항목으로 취급하였다.
ㅇ두가지 이상의 품사로 사용되는 항목에는 '[ ]' 표시를 붙였다.
ㅇ< > ( ) 속의 한자는 표기용이 아니고 의미 변별을 위하여 표기한 것이다.
ㅇ< > 속의 한자는 [별표Ⅲ]의 표기용 한자에 없는 한자를 가리킨다.
ㅇ인명, 지명, 시설명 등의 고유명사는 제시하지 않았다.
ㅇ수사와 때를 나타내는 명사는 'いち', 'ひとつ', 'ついたち', '日曜日' 등과 같이 첫 번째에 오는 명칭만을 제시하였다.

<あ>	あんな	うかがう	おく(置)
	あんない	うける	おくさま
ああ		うごく	おくる(送)
あいさつ	<い>	うしろ	おくる<贈>
あいだ(間)		うすい	おくれる
あう(合)	いい/よい	うそ	おこる(起)
あう(会)	いいえ/いえ	うた	おじいさん/じいさん
あおい(青)	E・メール	うたう	おしえる
あかい(赤)	いう/ゆう	うち	おす(押)
あがる(上)	いえ	うつ	おそい
あかるい(明)	いきる	うつくしい	おたく(宅)
あき(秋)	いく/ゆく	うつす(写)	おちゃ
あく(開)	いくつ	うつる(移)	おちる
アクセス	いくら	うで	おっしゃる
あける(開)	いけない	うまい	おと
あける(明)	いしゃ	うまれる	おとうさん/さま
あげる(上)	いす	うみ	おとうと
あさ(朝)	いそがしい	うら	おとこ
あさって	いそぐ	うる	おとす
あし(足)	いた(板)	うるさい	おととい
あじ(味)	いたい	うれしい	おとな
あした	いたす	うんてん	おなか
あそこ	いただく	うんどう	おなじ
あそぶ	いち(一)		おばあさん/ばあさん
あたたかい	いつ	<え>	おはよう(ございます)
あたま	いっしょ		おぼえる
あたらしい	いっしょうけんめい	え(絵)	おめでとう(ございます)
あちら/あっち	いっぱい	えいが	おもい(重)
あつい(暑)	いつも	えいせいほうそう	おもう
あつい(厚)	いと(糸)	ええ	おもしろい
あつい(熱)	いぬ	えき(駅)	おやすみ(なさい)
あつまる	[いま]	えらぶ	およぐ
あと	いみ(意味)	えん(円)	おりる
あなた	いもうと	えんぴつ	おる
あに	いや<嫌>		おわる
あね	いや<否>	<お>	おんがく
[あの]	いらっしゃる		おんな
あぶない	いる(居)	お/おんー	
あまい	いれる	おいしい	<か>
[あまり]	いろ	おおい	
あめ(雨)	いろいろ	おおきい	~か
あらう	インターネット	おかあさん/さま	~が
ありがとう(ございます)		おかしい	がいこく
ある(有)	<う>	おきる	がいこくご
ある<或>			かいしゃ
あるく	~う/よう		かいもの
[あれ]	うえ(上)		かいわ

かう(買)	かんたん	くもる	こちら/こっち	<し>
かえる	がんばる	くらい(暗)	コップ	
かお		～くらい/ぐらい	こと	～し
かかる	<き>	くらべる	ことし	～じ(時)
かく(書)		くる	ことば	じ(字)
がくせい	き(木)	くるしい	こども	しお(塩)
かける<掛>	き(気)	くるま	この	～しか
かさ	きいろい	くれる	ごはん	しかし
かじ(火事)	きえる	くわしい	コピ-	しかる<叱>
かしゅ	きく(聞)	-くん(君)	こまかい	じかん
かす(貸)	きこえる		こまる	しけん
かぜ(風)	きせつ	<け>	コミュニケ-ション	しごと
かぜ<風邪>	きた		こむ	じしょ
かぞえる	きたない	けいざい	ごめん	じしん(地震)
かぞく	きって	けいたいでんわ	これ	しずか
かた(方)	きっと	ゲ-ム	これから	しぜん
かた<肩>	きっぷ	けが	～ころ/ごろ	した(下)
かたい	きのう	けさ	こわい	したく
かたかな	きみ	けしき	こんげつ	しっかり
かたち	きめる	けす	こんしゅう	しっぱい
かつ(勝)	きもち	-げつ	こんど	しつもん
～がつ(月)	きもの	けっこう	こんな	しつれい
がっこう	きゃく(客)	けっこん(結婚)	こんにちは	じてんしゃ
かならず	きゅう(急)	～けど/けれど	こんばんは	じどうしゃ
かね	ぎゅうにゅう	ける	コンピュ-タ-	じどうはんばい
かのじょ	きょう	けれども		しぬ
かばん	きょうしつ	げんかん	<さ>	しばらく
かべ	きょうだい	げんき		じぶん
かみ(紙)	きょねん	けんきゆう	-さい(歳)	しま
かみ(髪)	きらい		さがす	しまう
かむ	きる(着)	<こ>	さかな	しまる
カメラ	きる(切)		さがる	しめる(閉)
～かも	きれい	こ(子)	さき	しめる(締)
かゆい	ぎんこう	ご(語)	さく<咲>	しゃしん
かよう		ご-	～させる/せる	シャツ
～から	<く>	こい<濃>	～さつ(冊)	ジャズ
からい		こうえん(公園)	サッカ-	じゃま
カラオケ	くうき	こうこう(高校)	ざっし	じゆう
からだ	くうこう	こうじょう	さとう	-しゅうかん(週間)
かりる	くすり	こえ	さびしい	じゅうしょ
かるい	くださる	コ-ヒ-	-さま/さん	じゅぎょう
かれ	くだもの	こくばん	さむい	しゅっぱつ
かわ(川)	くち	ここ	さようなら/*さよなら	しょうかい
かわいい	くつ	ごご	さら	しょうがつ
かわる	くに	こころ	ざんねん	じょうず
かんがえる	くばる	ごぜん	さんぽ	しょくじ
かんじ(漢字)	くび	こたえる		しょくどう

しらべる	ぜんぜん	たてる	つたえる	ところ
しる		たとえば	つづく	とし
しろい	<そ>	たね	つとめる	としょかん
-じん(人)		たのしい	つまらない	どちら/どっち
しんせつ	そう	たのむ	つめ(爪)	とても
しんぱい	そうじ	タバコ	つめたい	どなた
しんぶん	そうして/そして	たぶん	つもり	となり
	～そうだ	たべもの	つよい	どの
<す>	そうだん	たべる	つれる	とぶ
	そこ	たまご		とまる(泊)
すう(吸)	そこ(底)	ため	〈て〉	ともだち
ス-パ-	そつぎょう	だめ		とり(鳥)
スカ-ト	そちら/そっち	～たら	て(手)	とる(取)
すき(好)	そと	～たり/だり	～て/で	どれ
すぎる	その	だれ	～で	どんな
すく(空)	そば(側)	たんじょうび	デ-タ-	
すぐ(に)	そら	だんだん	テ-ブル	〈な〉
すくない	それ		でかける	
すこし	それから	〈ち〉	てがみ	ない(無)
すずしい	それでは		できる	～ない
すすむ	そんな	ち(血)	てつだう	なおす
すっかり		ちいさい	デパ-ト	なおる
ずっと	<た>	ちかい	～ても/でも	なか
すっぱい		ちがう	～でも	ながい
すてる	～た	ちかてつ	でる	なかなか
すばらしい	～だ/です/でしょう	ちから	テレビ	～ながら
スポ-ツ	～たい	ちず	てん(点)	ながれる
すみません	だいがく	ちち(父)	てんき	なく(泣,鳴)
すむ(住)	だいじょうぶ	ちょうど	でんき	なげる
すもう	たいせつ	［ちょっと］	でんしゃ	なさる
する	だいたい		でんわ	なぜ
すわる	たいてい	〈つ〉		なつ
ズボン	だいぶ		〈と〉	なつやすみ
	たいへん	ついたち		～など
<せ>	たかい	つうしん	と(戸)	なに/なん
	～たがる	つかう	～と	なまえ
せい/せ(背)	たくさん	つかれる	-ど(度)	ならう
せいかつ	タクシ-	つき	ドア	ならぶ(並)
せいと	～だけ	［つぎ］	どう	ならべる
せかい	たす	つく(付)	とうがらし	なる(成)
せき(席)	だす	つく(着)	どうぞ	
せつめい	たすける	つく(点)	どうも	〈に〉
せなか	たずねる	つく(就)	とおい	
ぜひ	ただしい	つくえ	とおる	～に
せまい	-たち	つくる	とき	にいさん/おにいさん
せわ	たつ	つける	とけい	におい
せんせい	たてもの	つごう	どこ	にぎやか

にく	はいる	ひと	ポケベル	みみ
にし	はかる	ひとつ	ほし	みやげ
-にち	はく(掃)	ひま	ほしい	みる
にちようび	はく(履)	びょういん	ほそい	
にっき	はこ	びょうき	～ほど	〈む〉
にもつ	はこぶ	ひらがな	ほとんど	
ニュ-ス	はさみ	ひらく	ほめる	むかし
にわ	はし(橋)	ひる(昼)	ほん(本)	むずかしい
にんぎょう	はし〈箸〉	ひろい	-ほん/ぼん/ぽん	むすこ
	はし〈端〉	ひろう	ほんとう	むすぶ
〈ぬ〉	はじまる			むすめ
	はじめて	〈ふ〉	〈ま〉	むね
ぬう	はじめる			むら
ぬぐ	はしる	ファン	まいる	
ぬる	バス	ふえる	まえ	〈め〉
	パソコン	ふかい	まがる	
〈ね〉	はたけ	ふく(吹)	まじめ	め(目)
	はたらく	ふく(拭)	～ます	め(芽)
～ね	はっきり	ふつう	まず	めがね
ねえさん/おねえさん	はな(花)	ふとい	まずい	めずらしい
ねがう	はな(鼻)	ふね	［また］	
ネクタイ	はなし	ふべん	まだ	〈も〉
ねこ	はなす(話)	ふむ	まち	
ねだん	はなび	ふゆ	まつ(待)	～も
ねつ	はは(母)	ふる(降)	まっすぐ	もう
ねる(寝)	はやい(早)	ふるい	まつり	もうす
ねん(年)	はやい(速)	ふろ	～まで	もし
	はらう	ふん/ぷん(分)	まど	もつ
〈の〉	はる(春)	ぶんか	まにあう	もっと
	はれる(晴)		まもる	もどる
～の	ばん(晩)	〈へ〉	まるい	もの(物)
ノ-ト	パン		まわり	もらう
のこる	ハンカチ	～へ		もんだい
～ので	［はんたい］	へた	〈み〉	
のど		へや		〈や〉
～のに	〈ひ〉	べんきょう	みえる	
のぼる	ひ(日)	へんじ	みがく	-や(屋)
のむ	ひ(火)	べんとう	みぎ	～や
のる	ひ(灯)	べんり	みじかい	やく(焼)
	ひがし		みず	やくそく
〈は〉	ひく(引)	〈ほ〉	みせ	やさい
	ひく〈弾〉		みせる	やさしい(優)
～は	ひくい	ほう	～みたいだ	やさしい〈易〉
は(葉)	ひこうき	ぼうし	みち	やすい(安)
は(歯)	ひざ	ホ-ム・ペ-ジ	みどり	やすむ
～ば	ひだり	ほか	［みな/みんな］	やはり/やっぱり
はい	ひつよう	ぼく	みなみ	やま

やめる
やる
やわらかな
〈ゆ〉
ゆうびんきょく
ゆうべ
ゆうめい
ゆき(雪)
ゆしゅつ
ゆっくり
ゆにゅう
ゆび
ゆるす
〈よ〉
～よ
ようじ(用事)
ようす
～ようだ
ようふく
よく
よこ
よぶ
よむ
より
よる(夜)
よろこぶ
よろしい/よろしく
〈ら〉
らいねん
ラジオ
ラップ
～られる/れる
〈り〉
りっぱ
りょうしん
りょうり
りょこう
〈る〉

るす(留守)
〈れ〉
れきし
れんしゅう
〈ろ〉
ろうか
ロック
〈わ〉
ワ-プロ
わかい
わかる
わすれる
わたし/わたくし
わたる
わらう
わる(割)
わるい
〈を〉
～を

【별표Ⅲ】 표기용 한자

○ '일본어Ⅰ,Ⅱ' 과목의 교재의 표기에 사용할 수 있는 한자를 다음과같이 733자 이내로 제한한다. 표기용 한자는 모두 사용하여야 하는 것은 아니며, 표기상의 필요에 따라 학습단계와 학습 분량을 고려하여 사용 글자 수를 조정한되, 학습량이 과다하지 않도록 유의한다. 표기상의 이유로 이 표에 제시되지 않은 한자를 부득이 사용하지 않으면 안 될 경우에는 일본어의 상용 한자 범위 내에서 사용할 수 있다. 단, 고유명사에 사용되는 한자는 예외로 하며 ,고유명사의 표기는 '국어의 가나 문자 표기법' (편수 자료 Ⅱ-3)에 따른다.

〔あ〕	塩	外	九	君	語	作	自	初	〔せ〕
		害	弓	訓	口	昨	児	所	
愛	〔お〕	街	旧	軍	工	冊	事	書	世
悪		各	休	郡	公	札	治	暑	正
安	王	角	求		功	刷	持	女	生
案	央	覚	究	〔け〕	広	殺	時	助	成
暗	応	学	泣		交	察	辞	小	西
	桜	楽	急	兄	光	雑	式	少	声
〔い〕	横	活	級	形	向	皿	七	招	制
	屋	株	宮	怪	好	三	失	松	性
以	億	刊	救	係	考	山	室	消	青
衣	音	甘	球	型	行	参	質	笑	政
位	恩	完	給	計	孝	産	実	唱	星
囲	温	官	牛	経	厚	散	写	商	省
医		寒	去	景	候	算	社	章	清
委	〔か〕	間	居	軽	校		車	紹	晴
胃		感	挙	芸	航	〔し〕	者	勝	静
移	下	漢	許	欠	高		借	焼	整
意	化	管	魚	血	康	士	若	象	税
育	火	関	御	決	黄	子	弱	照	夕
一	加	館	漁	結	港	支	手	賞	赤
引	仮	観	共	月	号	止	主	上	昔
印	何	丸	京	犬	合	氏	守	乗	席
員	花	岸	供	件	告	仕	取	城	積
院	価	岩	協	見	谷	史	首	場	切
飲	果	眼	強	建	国	司	酒	色	折
	科	顔	教	研	黒	四	種	食	雪
〔う〕	夏	願	橋	県	今	市	受	植	節
	家		鏡	健	根	矢	授	心	説
右	荷	〔き〕	競	験	婚	死	収	申	舌
羽	貨		業	元		糸	州	臣	千
雨	過	気	曲	玄	〔さ〕	私	周	信	川
運	歌	希	局	言		使	宗	神	先
雲	課	汽	極	原	左	始	拾	真	浅
	画	季	玉	現	差	姉	秋	深	船
〔え〕	芽	紀	均		座	思	終	進	戦
	介	記	近	〔こ〕	才	指	習	森	線
永	回	起	金		再	師	週	新	選
泳	会	帰	銀	戸	祭	紙	集	親	全
英	改	喜		古	細	歯	十	人	前
栄	海	期	〔く〕	固	菜	試	住		然
営	界	旗		個	最	詩	重	〔す〕	
衛	械	器	区	庫	際	資	祝		〔そ〕
駅	絵	機	句	湖	在	字	宿	図	
円	開	技	苦	五	材	寺	出	水	祖
園	階	議	具	午	財	次	春	数	組
遠	貝	客	空	後	罪	耳	順		早

争	段	鉄	南	番	〔へ〕	務	葉	
走	談	天				無	陽	〔ろ〕
相		典	〔に〕	〔ひ〕	平		様	
草	〔ち〕	店			兵	〔め〕	養	路
送		点	二	比	米		曜	老
倉	地	転	肉	皮	別	名	浴	労
巣	池	田	日	彼	辺	命		郎
窓	知	伝	入	非	返	明	〔ら〕	六
想	置	電		飛	変	鳴		録
増	竹		〔ね〕	悲	便	面	来	論
束	茶	〔と〕		費	勉		落	
足	着		熱	美		〔も〕		〔わ〕
息	巾	徒	年	鼻	〔ほ〕		〔り〕	和
速	仲	都	念	必		毛		話
側	虫	土		筆	歩	目	利	
測	注	努	〔の〕	百	保	門	里	
族	昼	度		氷	母	問	理	
属	柱	刀	納	表	方		陸	
卒	貯	冬	農	票	包	〔や〕	立	
存	丁	灯		評	奉		律	
村	庁	当	〔は〕	標	宝	夜	流	
孫	兆	投		秒	放	野	留	
	町	豆	波	病	法	役	旅	
〔た〕	長	東	馬	猫	訪	約	両	
	帳	島	配	品	望	訳	良	
他	鳥	湯	敗	貧	貿	薬	料	
多	朝	登	売		北		量	
打	腸	答	倍	〔ふ〕	木	〔ゆ〕	領	
太	調	等	梅		牧		力	
対	直	統	買	不	本	由	録	
体	賃	頭	白	夫		油	林	
待		同	泊	父	〔ま〕	輸	輪	
帯	〔つ〕	洞	博	付		友		
貸		動	薄	府	毎	有	〔る〕	
隊	追	堂	麦	負	妹	勇		
大	通	童	箱	富	枚	郵	類	
代		道	畑	部	末	遊		
台	〔て〕	働	八	風	万		〔れ〕	
第		特	発	服		〔よ〕		
題	低	得	反	副	〔み〕		令	
宅	第	毒	半	仏		予	礼	
達	定	読	犯	物	味	幼	冷	
単	底	届	判	紛	脈	用	例	
炭	庭		坂	分	民	羊	歴	
短	停	〔な〕	板	文		洋	列	
団	的		班	聞	〔む〕	要	連	
男	笛	内	飯			容	練	

II. 학습지도안의 예시

2. こちらは　キム　ナレさんです。

● 단원설정의 취지

새 학기가 시작되거나 새로운 사람을 만나게 되면 자기 자신을 소개하는 일이 생기게 된다. 또 가족이나 친구들에게 소개하는 일도 있다. 이 때 자기 자신에 대한 기본적인 소개와 자기의 가족이나 자기가 좋아하는 것에 대해 이야기하게 되는데, 일본어로는 어떻게 인사하고 소개하는지 익혀서 원활한 인간관계를 유지하는데 도움이 되도록 한다.

● 단원 목표

(1) 언어 기능

・듣기-처음 만나는 사람이 자기 소개하는 말을 듣고 이해할 수 있다.

・말하기-처음 만나는 사람과 명랑하게 인사하며 자기를 소개할 수 있다.

・읽기-다양한 소개 표현에 관한 글을 읽고 이해할 수 있다.

・쓰기-자기소개와 타인을 소개하는 문장을 쓸 수 있다.

(2) 의사 소통 기능

・자기소개 : 日本人の　たなかです。

・타인소개 : こちらは　ナムサン高校の　キム　ナレさんです。

・초면인사 : はじめまして。　キム　ナレです。　どうぞ　よろしく。

(3) 언어 재료

・소재 : 초면인사, 자기소개, 타인 소개, 학년과 가족 및 취미 소개 등

・중요표현

はじめまして。

わたしは　たなかです。

こちらは　ナムサン高校の　キム　ナレです。

二年生です。

ちちと　ははと　わたしの　三人家族です。

アニメが　好きです。

どうぞ　よろしく。

● 단원 배정 시간

차시	범위(쪽)	주요 학습 활동
1	ウォーム　アップ (p.30)	·단원 소개, 의사 소통 기능 소개 ·초면에 나누는 인사말을 듣고 이해하기 ·스스로 자기를 소개해 보기
2	リスニング (pp.31~32)	·자신을 소개하는 문장을 듣고 이해하기 ·가족 명칭과 가족 수에 관한 표현을 듣고 익히기
3	スピーキング (pp.33~34)	·자신을 소개하는 표현 말해보기 ·초면에 하는 인사 표현을 이용해서 친구들과 서로 대화해 보기 ·자신이 좋아하는 것에 관하여 대화해 보기 ·자신의 소개문을 적어서 여러 사람 앞에서 발표해 보기
4	リーディング (pp.35~36)	·자신을 소개하는 글을 큰 소리로 읽고 이해하기 ·타인을 소개하는 글을 읽고 이해하기
5	ライティング (pp.37)	·초면 인사와 소개 인사 표현을 정리하여 써 보고 이해하기
6	フォローアップ (pp.38~39)	·문제 풀이를 통해서 초면 인사와 소개 표현을 정리하기
7	アクティビティー (p.40)	·자신의 이름표를 준비하여 친구들을 찾아 인사하는 활동해 보기
8	カルチャー (p.41)	·일본의 학교 제도에 대해서 알아보기

(1) 지도 계획

단원명	2. こちらは　キム ナレさんです。	대상	2학년	차시	3차시	지도 일시	2003. 4	지도 장소	2-1 교실
학습목표	1. 초면 인사를 상냥하게 말할 수 있다. 2. 자신이 좋아하는 것에 대해 묻고 대답할 수 있다. 3. 학교와 학년에 대한 소개를 할 수 있다.								
준비물	테이프, 관련 어구 단어 카드, CD-ROM								
지도상의 유의점	1. 자신을 소개하는 여러 가지 표현을 지도한다. 2. 상냥하고 자신감 있는 목소리로 자신을 소개하게 한다.								

(2) 지도 과정

과정	학습내용	교수학습활동		학습자료 및 유의점	도달점	시간
		교사	학생			
도입	인사 및 출석확인 전시학습상기 학습목표제시	T：おはよう 교과서 p.32 2-(2) 내용의 테이프를 들려주며 가족 명칭과 사람 수를 기억시킨다. 학습목표를 판서한다.	S：おはよう 내용을 잘 듣고 가족 명칭과 사람 수를 기억한다. 수업 내용에 관해 생각한다.		학습 목표 이해	10분
전개	スピーキング1 초면인사표현	내용을생각하면서 따라서 말해보게 한다. A：はじめまして。 キムナレです。 どうぞ　よろしく。 B：はじめまして。 たなかひろしと　申します。どうぞ　よろしく　おねがいします。 학생들에게 내용에 관해 묻는다. T：누구와 누가 처음 만나 인사합니까? T：처음 만났을 때는 무엇이라고 인사 합니까?	내용을 생각하면서 따라서 말해 본다. A：はじめまして。 キムナレです。 どうぞ　よろしく。 B：はじめまして。 たなかひろしと 申します。どうぞ よろしくおねがいします。 질문에 대답한다. S：김나래와 다나카 히로시가 인사합니다. S：　はじめまして。 라고 인사 합니다	전체와 개인을 적당히 조화시켜 학습한다.	자신의 이름을 소개할 수 있다.	30분

과정	학습내용	교수학습활동		학습자료 및 유의점	도달점	시간
		교사	학생			
전개	スピーキング 2 자기소개표현	자기를 소개하는 두 가지 표현을 보기와 같이 따라서 말해 보게 한다. イ　ミンホ→ イ　ミンホです。 イ　ミンホと　申します。 순서대로 학생을 지명하여 말해보게 한다. (1)キム　ナレ (2)すずき　あや (3)たなか　ひろし	따라서 말해 본다 イ　ミンホ→ イ　ミンホです。 イ　ミンホと　申します。 지명을 받은 학생이 말한다. S：キム　ナレです。 キム　ナレと　申します。 (2)すずき　あやです。 すずきあやと 申します。 (3)たなか　ひろしです。 たなかひろしと申します 。			
	スピーキング 3 초면인사하기	네 명이 한 모둠이 되어 교과서 p.33의 그림처럼 서로 자기 소개를 해 보게 한다.	친구들과 상냥하게 초면 인사를 나눈다.	활발한 활동이 되도록 유도한다.	초면 인사를 할 수 있다.	
	スピーキング 4 자신의 기호 설명	카드의 단어를 기억하게 한다. (スポーツ、アニメ、ゲーム、サッカー、ジャス) 카드를 보이며 좋아하는 것에 대해 따라서 말하게 한다. (1)アニメ、アニメが好きです。 (2)ゲーム、ゲームが好きです。 (3)サッカー、サッカーが 好きです。 (4)ジャス、ジャスが好きです。	카드의 단어를 기억한다. 따라서 말하며 기호 표현을 익힌다. (1)アニメ、アニメが好きです。 (2)ゲーム、ゲームが好きです。 (3)サッカー、サッカーが 好きです。 (4)ジャス、ジャスが好きです。	학생이 좋아할 만한 내용의 단어카드를 준비하여 단어를 기억하게 한다.	단어를 기억해서 기호 표현을 익힌다.	

과정	학습내용	교수학습활동		학습자료및 유의점	도달점	시간
		교사	학생			
전개	スピーキング 4 좋아하는 것에 대해 묻고 답하기	단어카드를 보이며 학생이 좋아하는 것에 대해 묻는다. (1)何が　好きです。 (2)何が　好きです。 (3)何が　好きです。 (4)何が　好きです。 (5)何が　好きです。	단어카드를 보이면 자신이 좋아하는 것을 생각하며 대답한다. (1)スポーツが 好きです。 (2)アニメが　好きです。 (3)ゲームが 好きです。 (4)サッカーが 好きです。 (5)ジャスが 好きです。			
	짝과 기호 표현에 대해 묻고 대답하기	상대방의 기호를 묻고 대답하는 것을 따라서 말하게 한다. A：　Bさんは　何が 　　好きですか。 B：わたしは　スポーツ 　が 好きです。 짝과 함께 자신이 좋아하는 것에 대해 묻고 대답하게 한다.	따라서 말하여 기호 표현을 익힌다. A：　Bさんは　何が 　　好きですか。 B：わたしは　スポーツ 　が 好きです。 짝과 함께 대화하여 상대방이 무엇을 좋아하는지 알아본다.	활발하게 활동할 수 있는 분위기를 조성한다.	자신이 좋아하는 것을 말할 수 있다.	
	スピーキング 5 자기소개서 읽기	보기의 문장을 따라 읽으면서 내용을 생각하게 한다. はじめまして。 ナンサン高校の キム　ナレです。 二年生です。 父と　母と弟と　わたしの 四人家族です。 スポーツが好きです。 よろしくおねがいします 。	읽으면서 내용을 생각한다.		소개문 내용을 이해할 수 있다.	
	자기소개서 작성 및 말하기	자신에 대한 소개문으로 바꾸어 써 보고 짝과 바꾸어 말해 보게 한다. (완성된 소개문은 연습한 후 테이프에 녹음하여 제출해야 된다고 말한다.)	보기의 소개문을 자신의 소개문으로 바꾸어 짝과 바꾸어 말해 본다. (과제를 인식한다.)		자기소개서를 작성 및 발표할 수 있다.	

과정	학습내용	교수학습활동		학습자료 및 유의점	도달점	시간
		교사	학생			
전개	자기소개서 발표하기	학생들 중 몇 명을 지명하여 자기소개서를 발표하게 한다.	지명을 받은 학생은 발표한다.	자신감을 가지고 발표할 수 있도록 격려한다.		
정리	형성평가 제시	형성평가 문제를 풀면서 내용을 다시 확인하게 한다. 다음 우리말을 일본어로 쓰시오 1)무엇을 좋아합니까? 2)○○고등학교의 ○○○입니다.	학습 내용을 생각하며 조용히 풀어 본다.		학습내용을 확인하는 형성평가 문제를 풀 수 있다.	
	학습내용 확인	형성평가 문제를 풀이하면서 학습 내용을 정리하고 설명한다. 정답 : 1)何が　好きですか。 2)○○高校の○○○です。 다음 우리말을 일본어로 쓰시오 1)무엇을 좋아합니까? 2)○○고등학교의 ○○○입니다.	정답을 확인하면서 설명을 듣는다.			
	과제제시	자기 소개서를 작성해서 각자 녹음을 해오게 한다.	과제를 노트에 받아 적는다.			
	차시 학습 예고	다음 시간에는 자기를 소개하는 글을 읽고 이해하는 수업을 한다고 예고한다.	조용히 듣는다.			

III. 2000~2005년도 임용고사 기출문제 및 모범 해답

<2000년도 기출문제>

1. 次の文章を読んで、あとの問いに答えなさい。(총 6점)

1-1. (①, ②)の中に「この、その、あの」のうち、適当なものを入れなさい。(2점)

A：鈴木先生が今度学会で発表なさった論文、もう読みましたか。
B：ええ、ゆうべ一気に読み上げました。
A：（　①　）結論どう思いましたか。
B：そうですね。今図書館から借りてきた（　②　）本の結論とは大分違いますね。

1-2. (①, ②)の中に「しかし、そうすると、そこで、ただし、そして」のうち、適当なものを入れなさい。(2점)

大金持ちになった杜子春はすぐ立派な家を買って、玄宗皇帝にも負けないくらいぜいたくな暮らしをしはじめました。(　①　)、いくら大金持ちでもお金には際限がありますから、さすがのぜいたくやの杜子春も一年、二年とたつうちにはだんだん貧乏になりだしました。そうすると人間は薄情なものできのうまでは毎日来ていた友達も、きょうは門の前を通ってさえ、挨拶ひとつしていきません。(　②　)とうとう三年目の春、また杜子春が以前のとおり、一文なしになってみると、広い洛陽の都の中にも、彼に宿を貸そうという家は一軒もなくなってしまいました。いや、宿を貸すどころか、いまでは碗に一杯の水も恵んでくれるものはないのです。

そこで彼はある日の夕方、もう一度あの洛陽の西の門の下に行って、ぼんやり空を眺めながら、途方にくれて立っていました。

<芥川竜之介『杜子春』>

1-3. (①, ②)に最も適切な言葉を漢字または平仮名で書き入れなさい。(2점)

拝啓　当社の製品「電子伝言板」について詳しく知りたいというお問い合わせに対し、お答えいたします。当社の「電子伝言板」はお宅の電話をできる限り有効に利用して(　①　)ために開発された伝言電話ツールです。あなたがメッセージを伝えられたい相手の方がお留守の時でも、「電子伝言板」を使われると、あなたのメッセージは当社のコンピュータに保存され、コンピュータからメッセージが相手の方に自動的に伝えられます。伝言を希望する時刻の設定など、伝言のために必要と思われる機能も全て備えており、それらが極めて簡単に使えるように工夫されております。さらに一対一の伝言以外にも、複数の相手や不特定のメンバーへの伝言も可能です。また、相手の方も「電子伝言板」をお持ちであれば、あなたからのメッセージを聞きたい時に聞くことができます。…。

（　②　）

2. 次の文の下線部(①, ②)を「目上の人」に言う表現にしなさい。(총 4점)

2-1. 風邪で頭痛が①しますので、②休みます。(2점)

2-2. 都合の①いい日を②言ってください。(2점)

3. 次の文章を読んで、あとの問いに答えなさい。(총 7점)

> 科学技術の進歩がそのまま人間の幸福を増大する、と考える人はいまやごく少数だ。だが科学研究自体は真理の探究として保護されるべきで、問題はその利用方法にあると考える人は多いように思う。そんな考えを支えているのは純粋で①<u>無垢</u>な科学者というイメージではないだろうか。
>
> 本書では、職業としての科学者と学会という名の科学者共同体の誕生に始まり、技術と密接に結び付くことで、科学がほかの学問とは比較にならないほど大きな社会的影響力をもつに至った経緯が語られる。そこからさらに、(a)<u>自らの影響力に目をつぶり</u>、学会内部だけに目を向けて研究する科学者の現状とその現状に潜む危険が、エピソードを交えて浮き彫りにされる。
>
> 学会内での高い評価を求めて熾烈な競争に熱中する科学者の姿を、「ブレーキのない車」と著者は呼ぶ。科学技術の及ぼす影響を考えれば、全人類がその車に同乗していると考えるべきだろう。それでも科学抜きの社会に戻れない以上、この危険な車を制御するすべを探るしかない。
>
> 核エネルギーや遺伝子の発見が及ぼす影響を考えて社会に対する責任を訴える科学者は、科学者間の倫理基準では、自由な研究を②<u>阻害</u>する者と見なされるという。そこには、真理探究に名を借りた、科学者の無責任さが如実に現れている。他方その無責任さを容認し、いわば科学に隷属しつつ貪欲に利用してきた社会の対応も問題だ。
>
> 無責任な科学者とそれを利用する社会という構図の問題点は、環境問題に凝縮されていると著者は言う。そこで環境問題への対処がその構図の転換につながるという立場から、(b)<u>著者の提案</u>が示される。
>
> <『現代』1995年2月号 講談社>

3-1. 下線部①と②の読み方をカタカナで書きなさい。(2점)

3-2. 下線部(a)の意味を韓国語に訳しなさい。(2점)

3-3. 下線部(b)は具体的にどのような提案になるだろうと思われますか。韓国語で書きなさい。(3줄 이내) (3점)

4. 次の文章を読んで、あとの問いに答えなさい。(총 6점)

(A)　ただ、突然やってくる災害と違って、(a)ゴサドウが発生するタイミングは特定されている。大事なのは、最後まで気を抜かずに手を打ち続けることである。

企業や(b)ギョウセイは時間が許す限り、あきらめずに対応をやり切る。とりわけ、対策の遅れが指摘される医療機関や、中小企業、地方自治体にこの点を強く求めたい。併せて、万一の事態に備えた危機管理計画を整備し、連絡体制や人の配置など、周到な打ち合わせも欠かせない。

(B)　２０００年問題の予行演習となったカーナビゲーションのトラブル問題を思い起こしたい。鳴り物入りで行われた事前の注意喚起にもかかわらず、当日はメーカーに問い合わせの電話が殺到した。幸い深刻な事故はなかったが、情報周知の難しさや、無関心の壁の厚さを示した。

対応は着実に進んでいる。だからといってすべての分野で終わったことを確認するのは不可能だ。プログラム対応を済ませても、手落ちが残ることもある。この機会を狙って、システムに悪質な仕掛けが組み込まれる恐れを指摘する専門家もいる。先進国では着々と対応が進むが、十分に (c)손이 미치지 않는 途上国もある。

(C)　重要なのは、消費者や関係者が適切な対応を取りやすくする積極的な情報提供と、行き届いた相談に力を入れることだ。年末ぎりぎりになって、懸念される事態が新たに判明した場合でも、情報開示に二の足を踏むことだけは避けたい。

相手がソフトウェアーという目に見えない存在だけに、個人にはたしかにとっつきにくい。「対策は企業やギョウセイの責任」という受け身の思いも、個人の関心を薄める要因になっている。しかし、災害や事故に対するのと同様、自ら積極的に関心をもって万一に備えるという姿勢は社会生活の基本でもある。

(D) コンピューターが西暦年号を読み違えゴサドウを引き起こす２０００年問題で、政府が初めて国民に１１項目の具体的な留意点を呼び掛けた。

２０００年まであと2カ月。企業やギョウセイの取り組みは最終段階を迎え、かつてのような過剰な不安感は和らぎつつある。だが、完全に安心とは決して言い切れないところに、この問題の難しさがある。政府の呼び掛けは、行き過ぎた不安は無用だが、侮ってはならないというメッセージと受け止めるべきだろう。

4-1. 下線部(a)と(b)のカタカナを漢字に書き改めなさい。(2점)

4-2. 下線部(c)の韓国語を日本語に書き改めなさい。(2점)

4-3. 上の (A)~(D)は順序が違っています。正しい順序に直しなさい。(2점)

5. 次の文章を読んで、あとの問いに答えなさい。(총 4점)

明治37年から38年にかけて行われた日露戦争によって、日本国民の視野は世界的に拡がり、西洋近代精神の特色である個人主義的な自我意識と現実感は、従来の半封建的な因習や道徳を揺り動かし、また、資本主義も、その地歩を固めるにつれて、その内にひそむ矛盾は、日本国民の前に露呈され、深刻な現実問題として取り上げられるに至った。こうした社会情勢を背景として登場した新しい文芸思潮は後の日本近代文学の展開に長くその影響を及ぼした。

5-1. 上記の文の中に出ている新しい文芸思潮の名を漢字で書き、島崎藤村と田山花袋の作品としてこの新しい文芸思潮の成立と関わっている作品名を一つだけ選んで漢字または平仮名で書きなさい。(2점)

5-2. この新しい思潮の暴露的な傾向に反発して官能の美を追求する耽美派が登場するが、当時そのいずれにも属さないで、独自で倫理的、理知的な作品を発表して次の時代の理想主義、理知主義の人々に深い影響を与えた二人の作家がいる。二人の名前を漢字または平仮名で書きなさい。(2점)

6. 次にあげた四つの作品名を参考にして、あとの問いに答えなさい。(총 4점)

A. 須磨には、いとど心づくしの秋風に、海はすこし遠けれど、行平の中納言の関吹き越ゆると言ひけむ浦波、夜々はげにいと近く聞こえて、またなくあはれなるものは、かかる所の秋なりけり。<源氏物語>

B. 夏は夜。月のころはさらなり。闇もなほ、蛍のおほく飛びちがいたる。<枕草子>

C. なほものはかなきを思へば、あるかなきかの心ちする、かげろふの日記といふべし。<蜻蛉日記>

D. あづまぢの道のはてよりも、なほ奥つかたにおひ出でたる人、いかばかりかはあやしかりけむを、いかに思ひはじめけることにか、… <更級日記>

6-1. 上記の四つの作品はすべてが平安時代に書かれたものという共通点を持っているが、四人の作者が持っているもう一つの共通点を指摘し、『源氏物語』の作者の名前を漢字または平仮名で書きなさい。(2점)

6-2. 四人の作者が持っている共通点に留意しながら、そのような人々の文学活動を可能にした背景を韓国語で書きなさい。(3줄 이내) (2점)

7. 次の文章を読んで、あとの問いに答えなさい。(총 4점)

7-1. 下記の①と②に当たる年中行事の名称を日本語で書きなさい。(2점)

①七月にある星のお祭りです。紙に願いごとを書いて、笹に飾ります。

②8月13日から15日まで全国で行われる。これは古い伝統のある仏教の行事で、この日、先祖の魂が戻ってくるというので花や食べ物を供えて祭る。

7-2. 江戸時代初期に生まれ、江戸時代に完成した古典演劇です。女優を使わず、おやまと称する男優が女性の役割をつとめます。この演劇の名を日本語で書きなさい。(2점)

8. 다음 글을 읽고 물음에 답하시오. (총 4점)

8-1. 최근 우리나라는 일본 대중문화를 적극적으로 이해하고 수용하기 위한 가시적인 조치의 하나로 1998년 10월 20일 '문화의 날'을 맞아 일본 대중문화에 대한 제한적인 개방을 하게 되었다. 아직 모든 분야에서 개방이 이루진 것은 아니지만 영상 분야 등이 일차적으로 개방되었다. 이에 따라 수 편의 일본 영화가 일반 극장에서 상영된 바 있다. 개방 조치 이후 우리나라의 일반 극장에서 상영되었거나 상영되고 있는 영화의 제목을 일본어로 2개만 쓰시오. (2점)

8-2. 우리나라의 행정구역은 특별시, 광역시, 도 단위의 광역 자치단체와 시, 군, 구의 기초 자치단체로 나뉘어진다. 일본은 「1都, 1道, 2府, 43県」의 광역 자치단체와 「市, 町, 村」의 기초 자치단체로 되어 있다.

「1都, 1道, 2府」는 각각 어디를 가리키는지 그 이름을 한자로 쓰시오. (2점)

9. 다음 물음에 대해 답하시오. (총 6점)

9-1. 다음 문장 속에 쓰인 밑줄 친 「た」는 각각 서로 다른 의미 용법으로 쓰이고 있다. ①, ②, ③에 해당하는 같은 의미의 용법을 (a)~(f) 중에서 두 개씩 골라 쓰시오.

(3점)

①机の上に飾った花がとても美しい。　②あっ、汽車が来た。　③今朝は五時に起きた。

(a)見つけた時には届け出なさい。	(b)心配していたことがついにやってきた。
(c)よく似た兄弟だ。	(d)ぼくも東京へ行ってきたことがある。
(e)彼が来た時はたしか十二時だった。	(f)南側に面した部屋は暖かい。

9-2. 다음 (a)와 (b)의 문장에서 밑줄 친 「を」의 의미와 용법 차이를 「よむ」와 「とおる」의 동사의 성격과 관련지어 설명하시오. (3줄 이내) (3점)

(a) 本をよむ。

(b) 道をとおる。

10. 한국어는 평음(平音 : ㄱ·ㄷ·ㅂ·ㅈ), 경음(硬音 : ㄲ·ㄸ·ㅃ·ㅉ), 기음(気音 : ㅊ·ㅋ·ㅌ·ㅍ)의 세 가지로 말의 뜻이 구별되는 언어이지만, 일본어는 영어처럼 무성음과 유성음이라는 두 가지로 말의 뜻이 구별되는 언어이다. 따라서 일본어의 음성 교육에서 가장 중요한 것은 무성음과 유성음을 구분하여 발음하는 일이다. 예를 들면 「だいがく」[daigaku]는 '大学'이지만 「たいがく」[taigaku]는 '退学'으로써 서로 전혀 다른 뜻이 된다. 일본어의 오십음도(五十音図)에 나타나는 46개의 음절 중에서 무성자음이 포함되는 음절을 행(行)으로 구분하여 쓰시오. (5줄 이내) (5점)

11. 다음의 밑줄 친 부분은 크게 두 가지 의미로 나눌 수 있다. 두 가지 의미를 쓰고, 그 용법에 따라 (a)~(f)를 나누어 쓰시오. (4점)

(a)さじがなかったので、食べにくかったそうです。
(b)なんだか元気が出そうな曲ですね。
(c)日本の秋はきれいそうなので、いつか行きたいと思います。
(d)ミンホさんは一人で行ってみたいそうです。
(e)韓国語の先生は親切でやさしそうな女の先生です。
(f)上手になるには練習しかいい方法がなさそうです。

12. 커뮤니케이티브 어프로치(Communicative Approach)는 1970년대부터 학습자에게 언어를 지식이 아닌 사용 장면과 결부된 실제 사용능력으로 가르치고자 하는 외국어 교수법이다. 이러한 커뮤니케이티브 어프로치 교수법을 일본어 교수-학습 현장에 적용하고자 할 때 사용할 수 있는 방법 중에서 다섯 가지를 쓰시오. (5줄 이내) (5점)

13. 현재 고등학교 학생들에게 적용되고 있는 제6차 교육 과정의 가장 두드러진 특징은 학생의 자율학습을 중시한 점과 정확성보다 유창성을 중시한 점이라고 할 수 있다. 고등학교 제7차 교육 과정은 제6차 교육 과정의 기본 정신을 계승·강화하여 2002학년도부터 시행하게 된다. 제7차 일본어과 교육 과정은 제6차의 경우와 비교해 보면 특히 내용체제, 어휘, 교수학습 방법, 평가방법 등에서 많은 변화를 보이고 있다. 이 중 어휘와 평가방법 면에서 어떤 변화가 있는지 기술하시오. (6줄 이내) (총 6점)

13-1. 어휘 (4점)

13-2. 평가 방법 (2점)

14. 1997학년도부터 초·중등학교에 교육정보화 기반이 구축되면서 멀티미디어 매체를 일본어 교수-학습에도 활용하고 있다. 멀티미디어 매체는 질 높은 음향과 영상 그리고 방대한 자료를 저장할 수 있다는 일반적인 장점을 가지고 있으므로 다른 교과에 비해 외국어교과인 일본어 교육에서도 보다 효과적으로 활용할 수 있을 것이다. 이러한 멀티미디어 매체를 일본어 교육 현장에 적용했을 때의 장점을 기술하시오. (5줄 이내) (5점)

<2001년도 기출문제>

1. 下の説明を読み、パズルA～Jに当てはまるひらがな(一字ずつ)を書きなさい。(3점)

1)　A	2)	3)	4)	■	■	8)
5)			B	6)	■	C
	■	■	■	7)		
10)		G	■	D	■	■
F	■	■	■	9)		E
11)	H	12)	■	■	■	■
■	■	13)		14)	■	■
■	■	I	■	J	■	■
■	■		■		■	■

● ヨコのカギ
1) 人と会ったとき、礼儀としていうことばや行う動作
5) 人の言ったことに対して、だまっていないで、こちらからも反対するようなことを言う
7) よわいものをわざと苦しめたり、こまらせたりすること
9) (虫が食ったように)、 穴があいたり、欠けたりしている歯
10) 少ない、少し、ちょっと
11) あたま
13) からだ全体に毛がはえていて4本の足で歩く動物

● タテのカギ
1) 前と 同じように、いつものとおり
2) よい
3) 一方が高く、もう一方がひくくかたむいている道
4) 木・竹などで作り、これを手に持って歩くときの助けにするもの
6) 吸って中のほうまで入れる
8) 女の子、年がわかい、まだ結婚していない女の人
12) 自分のほうにきた物を手に取る
14) 屋号などを染め抜いて店頭にたらす布など

2. A)～D)に入る最も適当なものを下の例から選び、書きなさい。(2점)

A：ねえ、ねえ、今日映画見に行かない。
B：ごめん。今日はちょっと。
3時に打ち合わせがあるんだよ。(　　A　　)5時には新宿で約束があるし。
A：ひさしぶりに一緒に行こうとしたのに。
B：邦子さんと行ったら。(　　B　　)尚子さんと行く?
A：いやなの。邦子はおしゃべりだし(　　C　　)二人ともけちじゃ。
B：そうなの。ぼくはそうは思わないけど。
A：(　　D　　)、あんたが一緒に行けば。

(例)　・それから　・それとも　・それなら　・それこそ　・それに

3. 次の問いに答えなさい。(총 4점)

◆ (　　)の中に入る最も適当な言葉を選び、その記号を書きなさい。(1점)

1) 銭湯は夜10時(ⓐまで ⓑまでに)ですが、2) 9時(ⓐまで ⓑまでに)入らなければなりません。

3) 君が寝ている(ⓐあいだ ⓑあいだに)地震が3回もあったよ。

◆ 下線部「れ」の文法的意味を下の例ⓐ~ⓓから選び、その記号を書きなさい。(1점)

1) この絵はあの方がかかれました。

2) この子は、父に死なれて、学校へも行けなくなりました。

3) まだ若いのに気の毒に思われてならない。

例) ⓐ可能　ⓑ自発　ⓒ受身　ⓓ尊敬

◆ 下の会話の場面を考えた上で、下線部A~Dの間違った敬語表現を書き直しなさい。(2점)

> 金「金ですが、先生A)いますか。」
> 先生の妻「ええ、B)待っていました。どうぞ、お入りください。」
> 金「失礼致します。仙台へC)行ってきましたので、これお菓子、少しばかりですが。
> 　　　　D)食べていただこうと思いまして……。
> 先生の妻「それはありがとうございます。さっそく今晩いただきます。

4. 次の問いに答えなさい。(총 6점)

◆ (　　)に接頭語「お・ご」を付けなさい。ただし、両方とも付けにくいのは(×)にしなさい。(2점)

1) (　　)料理　2) (　　)学校　3) (　　)希望　4) (　　)味噌　5) (　　)ゆっくり

◆ 次の下線部のところをひらがなで書きなさい。(2점)

1) 커피 4잔　2) 자동차 2대　3) 소 1마리　4) 비둘기 3마리　5) 볼펜 3자루

◆下線部の品詞名を書きなさい。ただし、学校文法として認められている10品詞の中で答えなさい。

(답은 한글 또는 漢字로 쓸 것) (2점)

1) 彼女はまたふられたね。　2) あの男はおかしな人だわ。　3) うん、私も行くよ。

4) 雨は降らないだろう。　5) さっぱりきれいになった。

5. 次の下線部A~Eのカタカナを漢字に書きなおしなさい。(2점)

> 極めて残念なことであるが、学校において、いまだに児童生徒への体罰が跡を絶たない。文部省の調査においても平成9年度に体罰ではないかとして問題とされ、学校において調査した事件は989件に上っている。
>
> 体罰については、学校教育法により厳にA)キンシされているものであるが、もとより体罰による懲戒は、児童生徒のB)ジンケンの尊重という観点からも許されるものではない。また、教師と児童生徒とのC)シンライ関係を損なう原因ともなり、教育的なD)コウカも期待されないと考えられる。
>
> 文部省では、従来から、各種通知や各種会議等を通じて体罰の根絶について指導を行ってきたが、今後ともその E)テッテイを図っていくこととしている。

6. 次の問いに答えなさい。(총 4점)

◆ 1)~4)の意味に当てはまるものを選び、その記号を書きなさい。(2점)

1) 一点に集中しない　2) 雨が静かに降る　3) 油気なくて、ざらざらする　4) 勢いよく伸びる

例) ⓐ しとしとと　ⓑ ぼんやりと　ⓒ がさがさ　ⓓ もぐもぐと　ⓔ すくすくと

◆ 1)~5)の意味に当てはまるものを選び、その記号を書きなさい。(2점)

1) 口をすべらす　2) 腰がひくい　3) ほらを吹く　4) 歯がたたない　5) 帯に短かし、たすきに長し

ⓐ お世辞がうまい　ⓑ 相手が強すぎる　ⓒ 中途半端である　ⓓ つい言ってしまう ⓔ 大体程度が分かっている　ⓕ 謙虚な態度を示す　ⓖ おおげさなでたらめを言う

7. 次のA~Cに入る最も適当なものを選び、書きなさい。(2점)

一定の年齢以上の人が口にする言葉に、「近ごろの若い者はものを知らない」というのがあります。私もそう思っています。しかし、だからといって「近ごろの若い者は知るべきことを知らない」と思っているわけではありません。(A)、「近ごろの若い者はものを知らない」というのは、「高齢者が知っていることを知らない」ということに過ぎないからです。(B)、「若者が知っていることを高齢者は知らない」という意味では、「近ごろ の高齢者はものを知らない」とも言えるのです。(C)、若者と高齢者とでは、知っていることが違うというだ けのことなのです。

・それで　・なぜなら　・要するに　・たとえば　・逆に

8. 次の問いに答えなさい。(총 4점)

◆ 8-1 同音異意語(ミニマルペア)になっている語の中で1拍(mora)目が高く発音される語をⓐ~ⓗから選び、その記号を書きなさい。(2점)

ⓐ ハシ(橋)　ⓒ アサ(朝)　ⓔ キル(切る)　ⓖ カウ(買う)

ⓑ ハシ(箸)　ⓓ アサ(麻)　ⓕ キル(着る)　ⓗ カウ(飼う)

◆ 8-2 次の単語の音節数と拍(mora) 数を書きなさい。(1점)

1) センセイ (先生)	(音節、 拍)
2) イッタイ (一体)	(音節、 拍)

◆ 8-3 元々はアイ[ai]、オイ[oi]、アエ[ae]の発音が東京方言でエー[e：]に発音される現象(例えば「いたい」が「イテー」になること)を何というのか、書きなさい。(1점)

9. 次の文章を読み、あとの問いに答えなさい。(총 5점)

ルース・ベネディクトの『菊と刀』は、もうA)<u>押しも押されもせぬ</u>古典である。それを疑うものは誰もいないだろう。アメリカでのことは知らないが、日本におけるこの古典の売れ行きは群を抜いていた。古典となることとベストセラーになることはかならずしも重ならないが、ただ、私の手元にある長谷川松治氏の日本語訳(教養文庫版)はすでに百刷を超えている。もっとも古典のなかには、ときにそれを取り巻く賞賛の声とはうらはらに、どこかいかがわしさの影を引きずっているものがないではない。だから、いつしか辛口の批評のB)<u>槍玉にあげられる</u>ことにもなる。ひょっとすると『菊と刀』の出来栄えが鮮やかだっただけに、それにたいする論難の調子もつい熱を帯びたということだったのかもしれない。歴史の無視、資料操作の恣意的偏向、「罪の文化」(西欧)と(　　　)(日本)というあまりにもナイーブにすぎる二元論…、挙げていけばきりもない。おまけにベネディクトは一度も来日したことがなかった。日本と日本人をじかに体験していなかった。そのいわば文化研究のルール違反が、必要以上の反発を招いたのであったのかもしれない。むろん、反発や論難は日本の国内から発せられただけではなかった。やがて当のアメリカからもC)<u>火の手が上がりはじめる</u>。

◆ 例文の(　　)の中に入る言葉を、漢字またはひらがなで書きなさい。(1점)
◆ 下線部A),B),C)の部分を韓国語に訳しなさい。(2점)
◆ ルース・ベネディクトの『菊と刀』とともに戦後、日本人の書いた日本論の中では、土居健郎と中根千枝の書いた日本論が一番よく知られている。二人の書いた日本論の一番代表的な書名を一つずつ漢字またはひらがなで書きなさい。(2점)

10. 次の文章を読み、あとの問いに答えなさい。(총 5점)

現在、世界のどの民族においても、自らの社会の歴史を通史の教科書として叙述しようとするとき、国際的視野をもって自らの社会や文化の歩みへの理解を深め、世界に開かれた自己の社会の現在と将来に、自主的な指針をA)示唆できるよう努力することは、B)立場や視点を超えた共通の課題となってきている。ところで、この三・四年の間に論壇に積極的に登場するようになった「自由主義史観」論者は、一様に戦後、とりわけ一九九〇年代に入ってからの中学義務教育の歴史の教科書が、上の理解やC)指針を全面否定する「自虐史観」で貫かれていると、批判・糾弾している。「自虐史観」とは、同論者の定義を俟つまでもなく、必要以上に自らを責め苛め、他者のいいなりに媚び諂う悪者として描き上げる史観であるから、現行の中学の日本史教科書、すなわち『歴史』のほとんどが、この「自虐史観」で日本の歴史を叙述しているのだとすれば、たんに史実でないというのみならず、国民的歴史D)認識の形成という観点からも、不問に付すわけにはゆかない。

◆ 下線部A)~D)の漢字の読み方をひらがなで書きなさい。(2점)
◆ 최근, 일본 우익세력이 연계된 역사교과서 왜곡 움직임 중에서도,「自由主義史観研究会」를 조직한 藤岡信勝는 이 문제가 일본의 중학교 역사교과서에 실리는 것을 '노예범죄에는 위안소 같은 것이 들어있지 않다'고 반대하였고, 2000년 12월 8일부터 12일까지 일본 東京에서 개최된 '일본군 성노예 전국 국제법정'에서도 중요한 안건이었던 이 문제는 무엇인지 그 답을 한글 또는 漢字로 쓰시오. (1점)
◆ 일본의 역사 교과서 왜곡사건과 함께, 한일 양국간의「古代史論争」은 항상 중요한 쟁점으로 인식되어져 왔다. 예를 들어「任那日本府説」도 그 중의 하나이다. 한일간의「古代史論争」중에서 고대유물이나 유적으로 인해 논쟁이 되고 있는 것 2개를 漢字 또는 한글로 쓰시오. (2점)

11. 次のA~Dに入るものを漢字またはひらがなで書きなさい。(2점)

1) 日本の国旗は日章旗または(　　A　　)といわれている。 2) 日本の国歌として歌われてきた(　　B　　)の歌詞は古今和歌集に収録されている和歌であるが、作者は不明である。 3) 日本では昔から桜が国を代表する花と考えられている。また、皇室の紋章が(　　C　　)であるため、これも日本を代表する花とされている。 4) 神話や昔話にしばしば登場する(　　D　　)が1947年日本鳥学会で国鳥に指定された。

12. 次は日本歴史の流れである。A~Dに入るものを漢字またはひらがなで書き入れなさい。(2점)

弥生時代 － 古墳時代 －(　　A　　)－ 奈良時代 －(　　B　　)－ 鎌倉時代 － 南北朝時代 －(　　C　　)－ 戦国時代 － 安土桃山時代 － 江戸時代 － 明治時代 －(　　D　　)－ 昭和時代

13. 次の文章を読み、あとの問いに答えなさい。(총 2점)

『今昔物語集』は、天竺、震旦、本朝の三部を立て、更に仏法部と世俗部を区分するなど、細部まで整然とした組織によって、一千余の説話を集める。殊に、武士・庶民・盗賊等の貴族の目に隠されていた世界を描き出した功績は高く評価され、漢字仮名交じりの簡潔な独特の文体は、(　　)等の和漢混交文を準備するものである。

◆ 下線部はそれぞれその国を指す言葉である。その国名を順番どおりに漢字またはひらがなで書きなさい。(1점)

◆ 例文の( )に入る作品は、軍記物語の一つで、「祇園精舎の鐘の声、諸行無常の響きあり。」という文から始まる。この作品名を漢字またはひらがなで書きなさい。(1점)

14. 次の文章を読み、あとの問いに答えなさい。(총 4점)

A) 海暮れて鴨の声ほのかに白し (野ざらし紀行)
荒海や佐渡に横たふ天の河 (奥の細道)
B) 時に一人の祖母涙をこぼし「ただ今のありがたいことを承りまして、さてもさてもわが心底の恥づかしうございます。今夜のこと、信心にて参りましたではござらぬ。」(『世間胸算用』)

◆ 例文A)からも味わえるように、芭蕉の文学理念で、「 閑寂枯淡の境地、自然と一体化した内面の情調」を指す言葉を漢字またはひらがなで書きなさい。(1점)

◆ 例文B)の作家は、大阪の町人出身で、近世散文を代表する浮世草子を創始し、それを代表する人である。作家名を漢字またはひらがなで書きなさい。(1점)

◆ 例文B)の作家の書いた「町人物」の中で、例文以外の一番代表的な作品名を一つ漢字またはひらがなで書きなさい。(1점)

◆ 例文B)のような浮世草子には、「共同社会を営む他人に対して果たさなければならない道徳理念」と「人間の封建社会から拘束されない自然の心情」との矛盾と葛藤が文学理念として取り上げられている。この文学理念を指す言葉を漢字またはひらがなで書きなさい。(1점)

15. 次の例文は日本の近・現代小説の代表的作品である。よく読み、あとの問いに答えなさい。(총 9점)

A) こんな夢を見た。
腕組をして枕元に坐っていると、仰向に寝た女が、静かな声でもう死にますという。
女は長い髪を枕に敷いて、輪廓の柔らかな瓜実顔をその中に横たえている。 -「夢十夜」-
B) 私は、その男の写真を三葉、見たことがある。
一葉は、その男の、幼年時代、とでも言うべきであろうか、十歳前後かと推定される頃の写真であって、-「人間失格」-
C) それはまだ人々が 「愚か」という貴い徳を 持っていて、世の中が今のように激しく軋み合わない時分であった。-「刺青」-
D) 堀川の大殿様のような方は、これまでは固より、後の世には恐らく二人とはいらっしゃいますまい。噂に聞きますと、あの方の御誕生になる前には、大威徳明王の御姿が御母君の夢枕にお立ちになったとか申すことでございますが、 ―「地獄変」―
E) 山登りの連れというのは大阪の会社員達で、大社詣での帰途、此山に寄った連中だった。謙作は二三時間昼寝で睡気の方はよかったが、昼飯に食った鯛にあたったらしく、-「暗夜行路」-
F) 張述伊が没したのは、日本の長い戦争がもう十ヶ月もすると終りを告げる冬のある日のことだった。その日のことを僕は鮮明に憶えている。もう九ツになっていたからである。 -「砧をうつ女」-
G) 死者たちは、濃褐色の液に浸って、腕を絡みあい、頭を押しつけあって、ぎっしり浮かび、また半ば沈みかかっている。-「死者の奢り」-
H) 国境の長いトンネルを抜けると雪国であった。夜の底が白くなった。信号所に汽車が止まった。-「雪国」-

◆ 例文の作家の中で、耽美派や白樺派の作家の名前を一人ずつ漢字またはひらがなで順番どおり書きなさい。(2점)

◆ 例文Cの作品を書いた作家の代表的長編小説の作品名を漢字またはひらがなで書きなさい。(1점)

◆ 例文の作家の中で、自殺した三人の作家の名前を漢字またはひらがなで書きなさい。(2점)

◆ 例文Hの作家の書いた作品の中で、1926年『文芸時代』に連載し、「旅芸人と行をともにするなかでの哀歓を美しく描いた青春小説」の作品名を漢字またはひらがなで書きなさい。(1점)

◆ 例文Fは在日韓国人作家としては、はじめて芥川賞を受賞した作品である。Fの作家名とともに芥川賞を受賞した、在日僑胞出身の三人の作家の名前を(合わせて四人)漢字または韓国語で書きなさい。(2점)

◆ 例文Gの作家がノーベル文学賞の受賞式で行った講演の題目を漢字またはひらがなで書きなさい。(1점)

16. 다음 질문에 답하시오. (총 4점)

◆ 일본어 音調중에서, 악센트・인터네이션과 함께 음성교육상 중요한 위치를 차지하고 있는「프로미넨스(プロミネンス)」에 대하여 설명하시오. (한글로 답할 것、50字 내외) (2점)

◆ 일본어 음성교육의 현장에서 50音図의「ア行」과「カ行」을 지도할 경우, 특히 주의해야할 점을 쓰시오. (각각 50字 내외의 한글로 답할 것) (2점)

17. 다음 물음에 답하시오. (총 4점)

◆「思う」와「考える」의 意味上 주된 차이점을 예를 들어 설명하시오.(한글로 답할 것、 100字 내외) (2점)

◆ A)~C)の「ようだ」の文法上の用法をそれぞれ漢字または韓国語で書きなさい。(2점)

A) 彼はまるで白痴のようだ。　B) 君のようなのを怠け者というのだ。　C) とても助からないようだ。

18. 다음 글을 읽고 물음에 답하시오. (3점)

일본어 문법에서 文語와 口語를 비교하면, 文의 구조, 품사의 종류, 작용 등의 문법상 기본적인 것은 비슷하나,「用言의 活用이 다르다」라는 등의 차이가 있다. 이 외의 주된 차이점을 3가지 더 쓰시오.

19. 다음 글을 읽고 물음에 답하시오. (3점)

고등학교 7차 일본어 교육 과정 일본어 I 에서, 우선적으로 이수하기를 권장하는 의사 소통 기능 항목은 크게 나누어 다섯 가지로 분류된다. 그 다섯 가지 항목을 기술하시오.(하위 개념의 항목은 쓰지 말 것)

<2002년도 기출문제>

1. 제7차 교육 과정에서 제시하고 있는 고등학교 일본어 I 의 '목표' 중 3가지를 쓰고, 제6차 고등학교 일본어 I 의 '목표'와 다른 점을 간단히 기술하시오. (4점)

2. 일본어 교육 내용 구성 시 적용되는 교수요목(syllabus)의 종류를 4가지만 들고, 각각의 개념을 간단히 설명하시오. (4점)

3. 다음은 일본어 문자・표기 교육과 관련된 항목들이다. 각 문항을 읽고 답하시오. (총 5점)
3-1. 다음 글을 읽고 답하시오. (3점)

> いわゆる五十音図は平安時代の日本語の音節を示したものだといいますが、すでにヤ行の 「い」「え」、ワ行の「う」は、ア行の「い」「え」「う」と重複しています。ですから「ん」を加えるとすれば、日本語の「かな」は**(a)**＿＿個あるわけです。しかし、現代語音を書き表すための「（　　）」では、その中で、さらに「ゐ」「**(b)**＿＿」の二字は用いられなくなっています。[wi][we]のような音は、現代の標準語では[i][e]と差異がなくなってしまったからです。「を」も、濁音の「**(c)**＿＿」「**(d)**＿＿」も、[wo][di][du]のような音がないので、ア行音やザ行音に統合されてよいのですが、書き表し方の上での便宜のために、なお用いられています。

(1) 밑줄 친 (a)에 들어가야 할 숫자를 쓰고, (b)~(d)에 들어가야 할 가나를 히라가나로 쓰시오.
(2) 윗글의 (　　　)안에 들어가야 할 말을 한자(漢字) 또는 히라가나로 쓰시오.

3-2. 다음 낱말 중에서「者」를「じゃ」로 읽는 것 3개를 찾아 그 기호로 쓰시오. (1점)

> (a)患者　(b)前者　(c)忍者　(d)芸者　(e)作者　(f)学者
> (g)医者　(h)業者　(i)信者

3-3. 다음 (　　) 안에 들어가야 할 말을 한자(漢字) 또는 히라가나로 쓰시오. (1점)

> 語の意味に関係なく、その語と同じ「音」や「訓」を当てはめた用字法が(　　　)である。「めでたい」「やはり」「アジア」などを、「目出度い」「矢張り」「亜細亜」などと書くものである。

4. 다음은 일본어 문법 교육과 관련된 항목들이다. 각 문항을 읽고 답하시오. (총 5점)
4-1. 다음 각 문장에 알맞게「行く」를 활용하여 (　　) 안에 써넣으시오. (2점)

> (1) (　　　　)ぬと言ったけれども、それでは行くとしようか。
> (2) 行こうか(　　　　)まいかと迷ったが、けっきょく行かないことにきめた。

4-2. 다음 문장에서 쓰이고 있는 「ない」가 조동사인 것을 모두 골라 그 기호로 쓰시오. (1점)

(a) ひとりでもさびしくは**ない**よ。	(b) それはよく**ない**からすぐ改めなさい。
(c) 君の親切は決して忘れ**ない**。	(d) そんなことぼくにはでき**ない**ね。
(e) 本がほしかったが金は**なかっ**た。	(f) 勉強し**なけれ**ばだめよ。

4-3. 다음 문장의 (　) 안에 공통으로 들어갈 가장 적당한 말을 히라가나로 쓰시오. (2점)

- 一人17万、つまり3人で50万強かかる(　　　　)です。
- 熱が四十度もあるのですから、苦しい(　　　　)です。
- あんなに小さい関取が横綱に勝てる(　　　　)がない。
- 少々の病気で仕事を休む(　　　　)にはいかない。
- 来月から地方の支社に転勤だ。と言っても左遷される(　　　　)ではないよ。

5. 다음 각 문항을 읽고 답하시오. (총 7점)

5-1. 다음 대화문의 밑줄 친 표현 중에서 잘못되어 있는 3곳을 찾아 바르게 고쳐 쓰시오. (2점)

訪問客：**ごめんください**。
高校生：はあい。
訪問客：私はこの前お電話した**お父さん**の古い友だちですが、お父さん、**いらっしゃいますか**。
高校生：あのう、急用で出かけていて、**おりませんが**…。
訪問客：そうですか…。困ったなあ。いつごろ**お帰りになるか**、わかりませんか。
高校生：すぐ**お帰りになると**思います。お客さんがあるからすぐもどると言っていましたから。
訪問客：あ、そうですか。それじゃあ…。お母さんは**いらっしゃいますか**。
高校生：はい。**お母さん**は裏に**います**からいま呼んできます。ちょっと**お待ちしてください**。

5-2. 다음 밑줄 친 부분을 축약형(縮約形)으로 고쳐 쓰시오. (2점)

(1) それで食べ物やラジオなどを準備しておいたほうがいいわよ。

(2) みんな忙しいから今日は来てはだめだよ。

5-3. 다음 밑줄 친 부분을 일본어로 고치시오. (3점)

(1) 사람은 **부자가 되면 될수록** 인색해지는 법이다.

(2) 대학 교육의 목적은 **전문지식의 습득뿐만 아니라** 인격의 형성에 있다.

6. 다음 글을 읽고 답하시오. (총 9점)

A. 幼い日の生活というものには、その人の人生にとっての大切な根源的なものが**①潜**んでいるものである。そして、その幼い日の遊び友だちというのは、自分にとって大切な幼い日の思い出の中の、欠くことのできない点景人物となって、あるなつかしさにいろどられ、心の中に刻まれているものなのである。なにかのおりに思い出して、今ではわからなくなってしまったその**②消息**を知りたいような気持ちにもなる、自分の心の中に生きている友ということができる。

B. **③オトナ**になりきってから知りあった友だちについてもまた、同様のことが言えるであろう。その友だちもまた、人生をいかに生きていくかということを、共に考えあったことのない人なのである。

C. ところが、心の中の幼い日の思い出の中に生きている友だちというものは、歳月が過ぎてから、たまたま、じっさい再会するチャンスに恵まれたりしてみると、実に**④キタイ**はずれのものだということを経験している人も、少なくないことであろう。そういう友だちに、おとなになってからめぐりあってみると、ただ幼い日の思い出という、いま生きているその人生の広がりからいえば、ごくわずかなところだけで二人の心はつながっているばかりである。その後の体験や思索を加えた自分への理解や共鳴を求めても、通じあうものの何もない他人だということを思い知らされるばかりなのである。つまり、幼友だちというものは、この人生をいかに生きていくかということを、共通した切実な問題として考えあった、そういう時代を持ちあっていない間柄なのである。

D. 終生の友というものは、この人生をいかに生くべきかということを、共に考えあったことのある人の中からだけ得られるものなのである。つまり、若い日の自己形成期を共に生きた**⑤ナカマ**の中からこそ得られるものだと思うのである。この自己形成期に、(a) ＿＿＿＿＿＿を考えあった友だちは、その影響を、お互いの自己形成の中に刻みつけあっているものなのである。

E. 人がその幼い日の思い出を共通にしているということによって、お互いにお互いを**⑥トクベツ**になつかしい間柄にしているということはありうる。**(b)しかし、そのなつかしさというものだけで、人が終生の友になりうるか どうかということは疑問である。**

6-1. 밑줄 친 ①과 ②의 한자 읽기를 히라가나로 쓰시오. (1점)
6-2. 밑줄 친 가타카나로 쓰여진 ③~⑥의 낱말을 한자(漢字)로 고쳐 쓰시오. (2점)
6-3. 밑줄 친 (a)에 들어갈 말을 D단락 안에서 찾아 빈칸에 쓰시오. (1점)
6-4. 밑줄 친 (b)의 내용을 자세히 서술하고 있는 단락은 어느 것인지 그 기호를 쓰시오. (1점)
6-5. 윗글의 A~E 단락을 문맥에 맞게 올바른 순서로 배열하시오. (2점)
6-6. 윗글의 제목으로 가장 적합한 말을 본문 중에서 찾아 쓰시오. (2점)

7. 다음 각 문항을 읽고 답하시오. (총 7점)
7-1. 다음 각 문장이 설명하고 있는 말을 <보기>에서 골라 그 기호를 쓰시오. (3점)

(1) わざわざ苦心してやったのに、それにふさわしくない結果が出て、残念だという気持ちを表す。
(2) ゆるやかで気持ちのよい様子。また、心や体がのんびりして気持ちのよい様子。
(3) これまでと比べてずっとよくなるようす。

<보 기>

(a) ぐんと (b) すっかり (c) ゆったり (d) せっかく
(e) たまたま (f) とっくり (g) ふっつり

7-2. 다음 ( ) 안에 들어갈 가장 적당한 말을 <보기>에서 골라 그 기호를 쓰시오. (2점)

(1) ( )しないで早くやりなさい。	(3) 雨が( )降る。
(2) 地震で家が( )揺れる。	(4) 涙を( )流しながら話した。

<보 기>

(a) ぐらぐら (b) ぐずぐず (c) くすくす
(d) ひらひら (e) ぽろぽろ (f) ざあざあ

7-3. 다음 (1), (2)의 관용구에 각각 공통으로 들어갈 가장 적당한 말을 한자(漢字)로 쓰시오. (2점)

(1)	(2)
□ がおけない (何の気がねもない。遠慮がない) □ がない (関心がない) □ がひける (何かやましい気がして遠慮がちになる)	○ に余る (黙って見ていられないほどひどい) ○ がない (非常にすきだ) ○ がまわる (非常にいそがしい)

8. 다음 각 문항을 읽고 답하시오. (총 5점)

8-1. 다음 문장의 ( ) 안에 들어갈 가장 적당한 말을 <보기>에서 골라 쓰시오.(1점)

話すことはむずかしいという声をときどき聞く。そうだなと思う。と、また別に、いや、書くことはむずかしいという声も聞く。それも、そうだなと思う。わたしはずっと今まで教育に関係のある仕事をやってきたから、話すことや書くことに縁が深いほうの人間だ。( )話すことのむずかしさに共感できるかもしれない。

<보 기>

だから けれども ところで
しかし それとも たとえば

8-2. 다음 문장의 ( ) 안에 들어갈 가장 적당한 말을 <보기>에서 골라 쓰시오. (1점)

言表内容に対する話し手の捉え方、および聞き手に対する働きかけや伝達のあり方といった、発話時における話し手の心的態度に関する情報を( )という。これは、文の中の「事柄」以外の話者の主観的な部分で、たいていは文末に位置する。

<보 기>

テンス	ムード	アスペクト
ヴォイス	ストラテジー	モーラ

8-3. 다음 문장의 (　) 안에 공통으로 들어갈 가장 적당한 말을 한자(漢字)로 쓰시오. (1점)

「語の意味を区別する働きのある最小の音声的単位」は(　　　)と呼ばれる。(　　　)とは、いわば「ある言語の音の組織を考える上での抽象的な音の単位」である。

8-4. 다음의 (a)~(g) 문장 중에서 밑줄 친 부분이 올바른 문장 2개를 골라 기호로 쓰시오. (2점)

(a) ここは高い所だから、大水になっても**安全する**。
(b) このごろのわかい人はあいさつの**方法**も知らない。
(c) **自己**を中心にして物を考える。
(d) あの人は医者であり、また大学の先生**もある**。
(e) 人間は**考えをする**動物だ。
(f) あなたのそばに大きな字引きがありますね。**そのもの**はだれのですか。
(g) 3時以前は会社ですが、**それ**以後は留守になります。

9. 다음 각 문항을 읽고 답하시오. (총 6점)

9-1. 다음 문장의 (　) 안에 들어갈 가장 적당한 말을 히라가나로 쓰시오. (2점)

「有難う」「すみません」は美しい言葉とされているが「すみません」には礼を言う、謝るの2機能があり混用されている。最近では簡単な(「　　　　　　」)で万事すませる傾向があり問題となっている。

9-2. 다음 글을 읽고 □ 안에 들어갈 가장 적당한 말을 히라가나로 쓰시오. (2점)

定義及び機能については諸説あるが、会話場面において聞き手が話し手に話を続けるよう促す機能を持つ。したがって、聞き手が積極的に会話に参加しようとする態度を表すことができる。「ええ」「うん」「そう」「それで」「なるほど」などの他、相手の言葉を聞き手が繰り返す、あるいは言い換えるなどの表現も□□□□と考えられる。

9-3. 다음 관용구의 □ 안에 들어갈 한자(漢字)를 이용해서 4자 숙어를 만들어 한자(漢字)로 쓰시오. (2점)

- □言もない
- □橋をたたいて渡る
- うり□つ
- 足もとから□が立つ

10. 다음 각 문항을 읽고 답하시오. (총 7점)

10-1. 다음은 각각 무엇에 대한 설명인가? 한자(漢字)나 히라가나로 쓰시오. (2점)

(1) 和室の壁面に設けられた、一畳か半畳程度の部分で、掛軸や生け花を飾る場所です。床は板張りで、周囲より一段高くなっているのがふつうです。
(2) バンジョーに似た形の弦楽器で、フレットのないのが特徴です。3本の弦をばちで弾いて演奏し、歌舞伎や文楽、民謡の伴奏に使われます。江戸時代以降、日本の代表的な楽器となりました。

10-2. 다음은 일본 문화와 관련된 설명이다. 밑줄 친 부분 중에서 잘못된 것 하나를 찾아 한자(漢字) 또는 히라가나로 바르게 고쳐 쓰시오. (2점)

- **門松**は、松の枝を組み合わせて作った飾りに竹や梅が添えられたもので、**正月**の間、家の門前に一対置く。
- **鳥居**は**寺**の参道の入口にあり、神のいる聖域であることを表す神道のシンボルとなっている。
- こたつは、日本人の「畳の上に座る生活」にマッチした**暖房**器具である。
- **神道**は日本古来の宗教であり、日本人の自然観と先祖崇拝の念がその中核をなしている。

10-3. 다음 문장의 (a), (b)에 각각 공통으로 들어갈 가장 적당한 말을 히라가나로 쓰시오. (2점)

狭い共同体の中で、その構成員同士が平和に仲良く暮らさなければならないという、日本の地理的歴史的な条件は、人間関係のありかたにも大きく影響を与えている。例えば、(a)○○○を言えば相手を傷つけたり怒らせたりするときは、(b)□□□□を言うことで、共同体の平和を保つことができる。これは皆と違う(a)○○○は控えて、(b)□□□□に順応するという習慣を生み、自分の意見をなかなか言わないという日本人への批判を生む元ともなったようだ。しかしほとんどの日本人は自己主張より和を尊ぶために(a)○○○を控えているといえる。

10-4. 다음에 열거한 내용과 관련된 일본의 시대(時代)를 한자(漢字)로 쓰시오. (1점)

(a)『奥の細道』の成立　(b) 近松門左衛門　(c) 人形浄瑠璃の隆盛　(d) キリスト教禁止令

11. 다음 각 문항을 읽고 답하시오. (총 7점)

11-1. 다음 소설을 읽고 각 문항에 답하시오. (3점)

A. 三四郎が凝として池の面を見詰めてゐると、大きな木が、幾本となく水の底に映つて、其又底に青い空が見える。三四郎は此時電車よりも、東京よりも、日本よりも、遠く且つ遥かな心持がした。然ししばらくすると、其心持のうちに薄雲の様な淋しさが一面に広がつて来た。さうして、野々宮君の穴倉に這入つて、たつた一人で坐つて居るかと思はれる程な寂寞を覚えた。

B. **どこで生れたかとんと見当がつかぬ。**何でも薄暗いじめじめした所でニャーニャー泣いて居た事丈は記憶して居る。吾輩はこゝで始めて人間といふものを見た。然もあとで聞くとそれは書生といふ人間中で一番獰悪な種族であつたさうだ。此書生といふのは時々我々を捕へて煮て食ふといふ話である。然し其当時は何といふ考えもなかつたから別段恐しいとも思はなかった。

(1) 위의 밑줄 친 부분을 우리말로 옮겨 쓰시오.
(2) 위 A와 B의 작품명을 일본어로 쓰시오.

11-2. 다음은 근대 일본 문단의 한 유파(流派)를 설명한 글이다. 그 유파의 이름을 한자 또는 히라가나로 쓰시오. (2점)

それまでの写実的な表現方法を否定した彼らは、擬人法や比喩などを斬新に用いた表現方法によって、特に感覚面で鮮やかなイメージを描き出した流派である。代表作は、川端康成の『伊豆の踊子』『雪国』、横光利一の『日輪』などがある。

11-3. 다음은 시가 나오야(志賀直哉)의『城の崎にて』의 한 구절이다. 우리말로 옮겨 쓰시오. (2점)

鼠が殺されまいと、死ぬに極つた運命を担いながら、全力を尽くして逃げ廻つてゐる様子が妙に頭についた。

12. 다음은 일본 고전문학의 대표적인 작품을 설명한 글이다. 다음 각 문항을 읽고 답하시오. (총 4점)

A. 四代七十四年にわたる長編物語で、虚構を通して貴族社会を写実的に描く。深い思索・内省的態度・深刻な人生批判・流麗繊細な文体が特色である。作り物語の虚構性、歌物語の叙情性、女流日記文学の内面凝視の目を受け継ぎ、総合完成させた、日本古典文学の最高傑作である。

B. 自然や人生についての感想、宮廷生活の回想を集めた随筆である。鋭い感想、客観的態度、印象鮮明な描写、簡潔で気品ある文体である。随筆という文学形態を創始したもので、中古文学の傑作である。

12-1. A 작품의 주인공 이름을 한자(漢字) 또는 히라가나로 쓰시오. (1점)
12-2. B의 작품명과 작자명을 한자(漢字) 또는 히라가나로 쓰시오. (2점)
12-3. A 작품의 주무대이며, B 작품의 배경이 된 곳을 오늘날의 한자(漢字) 지명으로 쓰시오. (1점)

<2003년도 기출문제>

1. 다음 각 문항을 읽고 답하시오. (총 5점)

1-1. 다음 <보기>는 문형 연습의 예를 나타낸 것이다. (1)~(3)의 명칭을 일본어로 쓰시오. (3점)

<보 기>

教師：郵便局へ行きます。
学生：郵便局へ行きます。
教師：デパートへ行きます。
学生：デパートへ行きます。

⇓

反復ドリル

(1) 教師：うどんを食べたことがあります。
　　　　すし
学生：すしを食べたことがあります。
教師：豚カツ
学生：豚カツを食べたことがあります。

⇓

[　　　　　　]

(2)「～たほうがいい」の練習
教師：友だちがお腹が痛いとき、何と 言いますか。
学生：早く薬を飲んだほうがいいですよ。
教師：ほかには。
学生：少し休んだほうがいいですよ。

⇓

[　　　　　　]

(3) 教師：手紙を書きます。 音楽を聞きます。
学生：手紙を書いたり、音楽を聞いたりします。
教師：映画を見ます。 買い物をします。
学生：映画を見たり、買い物をしたりします。

⇓

[　　　　　　]

1-2. 다음은 교실 활동에 관한 내용이다. ①, ②에 들어갈 알맞은 말을 가타카나로 쓰시오. (2점)

場面と役割を与えられた学習者が、その設定のもとで役割を演じる活動を(①)と呼ぶ。(①)練習では、会話の目的、話すべき内容など大枠は決められているが、具体的な語彙、表現、文型などの選択は学習者にゆだねられている。 実際に人と話をするとき、質問する人とされる人では知っていることが違う。この違いを(②)と言う。この(②)があるから、わたしたちはことばを使って人にものを尋ねたり、人に何かを頼んだりするのだ。学習者の間に(②)を作って練習すれば、わからないことを尋ねるという現実の会話に一歩近づいたことになる。

2. 다음 각 문항을 읽고 답하시오. (총 5점)

2-1. 다음은 일본어 교육 평가에 관한 내용이다. 각 설명에 맞는 것을 <보기>에서 하나씩 골라 기호를 쓰시오. (3점)

(1) まとまった文章から一定の間隔で単語を削除し、その空欄を再生する形式のテストである。
(2) 将来、学習者が直面する学習困難点や習得の度合いを予測することから、予測テストと呼ばれることもある。
(3) 学習者がどのような技能や知識を持っていて、今後どのような内容の学習が必要かを明らかにするテストである。

<보 기>

(a) OPI	(b) プレースメントテスト	(c) 主観テスト	(d) 診断テスト
(e) 到達度テスト	(f) クローズテスト	(g) 熟達度テスト	(h) 言語学習適性テスト

2-2. 객관식 테스트 형식의 명칭을 일본어로 세 개만 쓰시오. (2점)

(예 : **真偽法**) ( ) ( ) ( )

3. 다음 교재・교구의 장점과 문제점을 <보기>에서 각각 하나씩 골라 기호를 쓰시오. (총 4점)

<보 기>

(a) 持ち運びが可能なサイズのものに限定される。抽象的な事柄には使えない。
(b) 1枚だけでも数枚連続しても使え、練習のキューに敵している。
(c) 絵や写真では得られない本物のもつ迫力があるため、練習に現実感がもたらされる。
(d) 教室への機器の移動も可能だが重いので少し面倒である。
(e) 一定の順序にしたがって体系的に学習することができない。
(f) クラスサイズが大きいと見えにくくなる。
(g) 簡単に操作できる。最初の文や絵の上に重ねて使用したりその場で加筆することもできる。
(h) 課の順序を入れ替えたり、一部分だけを抜き出して使うことができる。

	(1) 絵カード	(2) レアリア	(3) ＯＨＰ	(4) モジュール型教材
長所				
問題点				

4. 다음은 한국어와 일본어의 차이점에 대한 설명이다. 내용이 맞으면 ○표, 틀리면 ×표를 하시오. (4점)

(1) 言語類型論では、形態論的な観点から世界の諸言語を孤立語、膠着語、屈折語、抱合語に分類しているが、日本語は膠着語に、韓国語は屈折語に分類される。

(2) 母音で終わる音節を開音節、子音で終わる音節を閉音節と言うが、日本語の音節は原則的に閉音節で、韓国語は開音節である。

(3) だれに敬語を使用するかを基準にした場合、日本語の敬語は相対敬語で、韓国語の敬語は絶対敬語であると言われている。

(4) 日本語では、会話への参加を明示的に表現する強い必要性があるから、あいづちの出現頻度が非常に高いが、韓国語では日本語より出現頻度が低い。

5. 다음 각 문항을 읽고 답하시오. (총 4점)

5-1. 다음은 일본어 음성의 특징에 대한 설명이다. 설명한 내용이 맞는 것을 세 개만 골라 기호를 쓰시오. (3점)

(1) 環境により音が決まるものを自由異音という。
(2) ハ行子音の調音点は声門、硬口蓋、 両唇である。
(3) 尾高型とは最後の拍が他の拍より特に高いので尾高型という。
(4) 撥音は前の音によって実際の音が決まる。
(5) アクセントによって単語の意味を区別する機能を弁別機能という。
(6)「日本語能力試験」は８音節で１１拍である。

5-2. 다음 <보기>에서 원칙적으로 모음이 무성화하는 음절(가나)을 모두 찾아 쓰시오. (1점)

<보 기>

くかん　　しがい　　アイスコーヒー　　かきかた　　ちから　　かけふとん

6. 다음 설명에 맞는 것을 <보기>에서 각각 하나만 골라 기호를 쓰시오. (3점)

(1)「団子」は「だんご」と読み、前の字は音読みで、後の字は訓読みが用いられている。 このような読み方を(　　　　)という。

(2)「紅葉」を「もみじ」と読み、漢字を一つずつ読まないで全体を一つの訓で読むのを(　　　　)という。

(3)「円滑」は「えんかつ」、「口腔」は「こうこう」と読むべきところ、誤った類推により「えんこつ」「こうくう」と読まれる場合が　多い。 このような読み方を(　　　　)という。

<보 기>

(a) 熟字訓　(b) 国字　(c) 重箱読み　(d) 字音　(e) 百姓読み

7. 다음 각 문항을 읽고 물음에 답하시오. (총 4점)

7-1. 다음 <보기>에는 원래의 의미로부터 변화한 의미를 갖게 된 것들이 있다. 해당하는 것을 두 개씩 골라 기호를 쓰시오. (3점)

<보 기>

(a) 坊主　(b) さかな　(c) 妻　(d) 瀬戸物　(e) 女房　(f) 果報　(g) おまえ　(h) 僕

(1) 拡大化(一般化)した意味を持つもの　(　　) (　　)

(2) 縮小化(特殊化)した意味を持つもの　(　　) (　　)

(3) 下落した(よくない)意味を持つもの　(　　) (　　)

※ (1)(a)(d)　(2)(b)(c)　(3)(e)(g)의 정답도 가능

7-2. 다음 글의 (　)에 공통으로 들어갈 말을 한자(漢字)로 쓰시오. (1점)

男女、年齢、職業、社会の階層などの違いによって、同一の事物を指示する場合にもそれぞれ特徴的な語が使われる。　この現象を(　　　　)という。そしてその使われる語を(　　　　)語という。

8. 다음은 일본어 문법에 관한 항목이다. 물음에 답하시오. (총 4점)

8-1. ①, ②에 들어갈 알맞은 말을 <보기>에서 골라 기호를 쓰시오. (2점)

「一太郎が仲子を殴った。」のような文は能動文、　「仲子が一太郎に殴られた。」の文は受身文と呼ばれる。日本語文法では「仲子が一太郎に殴られた。」という文は通例(　①　)と呼んで、自動詞からは作ることができないといわれている。このような受身文は典型的には能動文における(　②　)を表す非ガ格名詞を文のガ格<主語>に転換することによって形成されたものである。

<보 기>

(a) 直接受身(まともの受身)　(b) 相手の受身　(c) 持ち主の受身(所有の受身)　(d) 間接受身(第三者の受身)
(e) 能動者　(f) 受動者　(g) 受益者　(h) 第三者

8-2. 다음 <보기>에서 촉음편형「っ」으로 활용하는 것을 두 개만 골라 기호를 쓰시오. (2점)

<보 기>

(a) 寝る　(b) 蹴る　(c) 居る　(d) 甦る　(e) 得る　(f) 似る

9. 다음은 취업 설명회의 안내장이다. 물음에 답하시오. (총 3점)

就職説明会のご案内

①□□

時下ますますご清祥のこととお喜び申し上げます。平素は何かとご支援ご協力を賜りまして、誠にありがたく存じます。

②□□、今年もいよいよ卒業生諸君の進路につきまして、ご相談をいただく時期となって　まいりました。

つきましては来年度の就職説明会を下記のように行いたいと存じますので、ご多忙の中お手数ですが、関係各位にはご来場賜りたくお願い申し上げます。

まずはご案内まで。

③□□

記

日時　　十二月八日（日）午前十時～十二時

場所　　本社ＡＢＣホール（六階）

以上

9-1. ①과 ③에 들어갈 말을 한자(漢字)로 쓰시오. (2점)

9-2. ②에 들어갈 말을 히라가나로 쓰시오. (1점)

10. 다음 각 문항을 읽고 답하시오. (총 4점)

10-1. 다음 글의 (　　　)에 공통으로 들어갈 문헌을 한자(漢字)로 쓰시오. (1점)

『古歌集』『柿本人麻呂歌集』『高橋虫麻呂歌集』『類聚歌林』などが(　　　)以前にもあったことが知られる。 これらは現存していないが、漢詩集にならってまとめられたものと思われる。 こうした動きの中でそれまでの歌を集大成したのが(　　　)で、日本の現存最古の歌集である。

長い期間を経て、何人もの人々によってまとめられていき、最終的に現在の二十巻のかたちに編集したのは大伴家持だといわれている。八世紀後半のことであった。 約四千五百首の歌が収められており、年代は仁徳天皇期から奈良中期まで約四百五十年にわたっている。

10-2. 다음 글을 읽고 물음에 답하시오.

この小説の「はしがき」の文章は、妙に凝った戯作調の文語体で、今日、(　①　)体の最初のこころみといわれているこの小説が、この時代の文章観の中でどれほど孤独な不安なこころみであったかを暗示するものである。

読者は本文を読めば、これが今日の口語文とはちがう、いうならば口語脈をもった一種の文語体であることがわかるであろう。今日の口語文が失った抑揚、めりはりといった文章の節が感じられるのである。知識青年内海文三を通して明治の文明・風潮を批判し，自我の目覚めと苦悩とを写実的に描く。(　②　)体による近代写実小説の先駆である。この小説の作家の『あひびき』などには清新な自然描写と口語体が見られる。

(1) 위 글에서 말하는 소설의 작가와 제목을 <보기>에서 골라 기호를 쓰시오. (2점)

<보 기>

(a) 小説神髄　(b) 坪内逍遥　(c) 雪中梅　(d) 経国美談　(e) 小説総論　(f) 浮雲

(g) 幸田露伴　(h) 二葉亭四迷　(i) 山田美妙　(j) 文づかい

(2) 위 글의 ①과 ②에 공통으로 들어갈 말을 한자(漢字)로 쓰시오. (1점)

11. 다음 각 문항을 읽고 답하시오. (총 4점)

11-1. 다음 글을 읽고 물음에 답하시오.

日本の小学校は６年社会科で歴史を学ぶ。文部省編集の指導書は、①明治28年の日清戦争、37年後の日露戦争や②昭和12年の日中戦争、第２次世界大戦の教え方に新しい見解を付け加えた。例えば昭和については、「これらの戦争において、中国をはじめとする諸国に我が国が大きな損害を与えたことについても触れることが大切である」という点である。

(1) 위 글의 ①과 ②에 해당하는 서기 연도를 히라가나로 쓰시오. (2점)

(2)「昭和」이후의 연호(年号)를 한자(漢字)로 쓰시오. (1점)

11-2. 다음 글이 설명하는 시대를 한자(漢字)로 쓰시오. (1점)

徳川家康が関ヶ原の戦で勝利を占め、徳川慶喜の大正奉還に至るまで約260年間をいう。徳川時代ともいわれる。

12. 다음 각 문항을 읽고 답하시오. (총 3점)

12-1. 다음은 무엇에 대한 설명인가? 한자(漢字) 또는 히라가나로 쓰시오. (1점)

日本では、旅先などから持ち帰る、普通はその土地の産物で、家族・知人に配る物がある。このことばは、広義では、家人を喜ばすために外出先で求め帰る食べ物やおもちゃなどを指し、狭義では、人の家を訪問する時に持って行く贈物を指す。

12-2. 다음 글을 읽고 물음에 답하시오.

子ども社会での(　①　)が、また大きく問題化している。各地で、それが原因となっての子どもの自殺がつづいたためである。学級全体で１人を(　②　)る、といった(　③　)形が増えて、かばう子がいない。やり方の陰湿さ、残虐さの点でも、歯止めがなくなっている。この問題のむずかしさは、教師にも親にも分からないところで進行する点にある。

(1) ①과 ②에 공통으로 들어갈 말을 히라가나로 쓰시오. (1점)

(2) 다음 글을 참고하여 ③에 들어갈 말을 한자(漢字)로 쓰시오. (1점)

村のおきてを破った村人を、他の村人が申し合わせて、のけものにすること。転じて、一般に仲間はずれにすること。

13. 다음 각 문항을 읽고 답하시오. (총 3점)

13-1. 다음 글에서 설명하는 인물의 이름을 한자(漢字) 또는 히라가나로 쓰시오. (1점)

- 日本の明治時代の啓蒙・思想家、教育者である。
- 現在の一万円札の人物である。
- 慶応義塾の創立者で『学問のすゝめ』の著者でもある。

13-2. 다음은 일본의 연중 행사에 관한 설명이다. 행사가 행해지는 순서대로 [ ] 에 번호를 쓰시오. (2점)

① 女の子の将来の幸福を願うお祭りで、雛壇を作って、雛人形を飾り、ひしもち、白酒、桃の花などを供える日.
② 3歳、5歳の男児と3歳、7歳の女児を神社に参拝させる日。その日、各地の神社では着飾った子供たちの姿がよく見られる。
③「鬼は外、福は内。」と言いながら豆まきをする。悪い事を追い払い、幸運を招くという儀式の日。
④ 牽牛星と織女星が年に一度だけであうという中国の伝説にちなむお祭りの日で、竹に歌や願いごとを書いた色紙を結びつける。
⑤ 男の子が健やかに育つことを願うお祭りで、武士の人形を飾り、鯉のぼりをたて、柏餅を食べながら楽しむ日。

[ ] → [ ] → [ ] → [ ] → [ ]

14. 다음 각 문항을 읽고 답하시오. (총 3점)

14-1. 다음 대화 내용에서 (　　) 에 알맞은 지시어를 히라가나로 쓰시오. (1점)

A：昨日山田さんという人に会いました。その人、道に迷っていたので助けてあげました。
B：(　　　)人、ひげをはやした中年の人でしょ。
A：はい、そうです。
B：あの人なら、私も知っています。

[ ][ ]

14-2. 다음 문장의 밑줄친 부분을 일본어로 고치시오. (2점)

(1) 대학을 졸업한 이래, 대학에 한번도 <u>가보지 않았다</u>.

(2) 두 사람의 관계가 <u>악화된 것은</u> 다나카씨가 약속을 지키지 않았기 때문이다.

15. 다음 글을 읽고 물음에 답하시오. (총 13점)

A ______________________

人間的関心は、いつも低俗なもののみに向けられるのではない。人間性を低きに求めることは、究極において人間性の否定となる。人間性は何か積極的なものであって、人間はそれ自体において、すでになんらかの高さに達しているのである。したがって高きに人間性を求めるヒューマニズムも、決して①普遍性を欠くことにはならないのである。人間には②かしつもあれば、弱点もあり、堕落もある。(B)また向上もあれば、美点もあり、成功もある。(C)これこそ積極的に人間的なものなのである。そしてこのような善きものを人間に認めて、人間を信ずることこそひろく人間を愛することの基礎となるであろう。人間愛とは、③漠然と人間を思い浮かべてこれを愛しようとすることではない。それは個々の場合に、人間をあくまで人間として認め、敵のうちにさえ人間的なものを見出そうと努力することにほかならない。かしつを許す場合にもそれが人間愛となるためには、④こんぽんにおいて人間を信ずる心がなければならないのであって、単なる共犯者意識だけでは、我々は ⑤冷酷な悪魔となったであろう。人間のなしとげた善美なるものを見て、我々は人間を信じ、人間であることを喜ぶのである。善美なるものに無関心であるということは、人間的なことではない。 教養が(ⓐ)であるという意味は、このような人間的関心の開拓を指しているのである。ヒューマニズムは、およそ人間のなすことは、自分にはよそごととは思われないという、一個の博大な⑥せいしんをいうのである。(D)ヒューマニズムは、人間の悪とともに、その善をも見うる眼識とならねばならぬ。低きを見ることも必要であるが、高きを見ることは一層人間的なことなのである。 人間性はその高きによって、計らねばならぬ。

15-1. 밑줄친 ①, ③, ⑤를 히라가나로 쓰시오. (3점)

① .... ③ .... ⑤ ....

15-2. 밑줄친 ②, ④, ⑥을 한자(漢字)로 쓰시오. (3점)

② .... ④ .... ⑥ ....

15-3. B~D에 알맞은 말을 <보기> 중에서 하나씩만 골라 기호를 쓰시오. (3점)

<보 기>

(a) しかるに	(b) したがって	(c) やはり	(d) しかし
(e) さて	(f) たとえば	(g) もし	(h) そして

B .... C .... D ....

15-4. ⓐ에 들어갈 알맞은 말을 본문 중에서 찾아 쓰시오. (1점)

....

15-5. 위 글의 취지에 맞는 것을 다음에서 두 개만 골라 번호를 쓰시오. (1점)

① 人間は本質的には善である。	② 人類愛とはひろく愛することである。
③ 人類愛とは人間を信ずることである。	④ ヒューマニズムとは人を信ずることである。
⑤ ヒューマニズムは人間にとって最高のものである。	⑥ ヒューマニズムは人間愛の基礎である。

( ) ( )

15-6. 위 글의 A 에 들어갈 제목으로 알맞은 말을 본문 속에서 찾아 쓰시오. (2점)

16. 다음 대화를 읽고, 밑줄친 부분을 경어 표현으로 고치시오. (4점)

受付：いらっしゃいませ。

木村：木村と申しますが、経理部の田中さんに会いたいのですが。

受付：経理部の田中ですね。失礼ですが、お約束していらっしゃいますか。

木村：いいえ、近くまでまいりましたので、寄ってみたのですけれど……。

受付：そうですか。では、②ちょっと待ってください。

(電話で)

木村様と③いう人が来ていますが、近くまでいらっしゃったのでお寄りになったそうです。

……はい、承知いたしました。

(木村へ)

④今、来るのでここに入ってお待ちください。

木村：はい、では待たせていただきます。

① ②

③ ④

<2004년도 기출문제>

1. 다음 각 문항을 읽고, 물음에 답하시오. [총 3점]

1-1. 다음 글을 읽고, ( ) 안에 들어갈 알맞은 말을 쓰시오. (2점)

> 제7차 교육과정에서의 일본어 과목의 내용은 '의사 소통 활동'과 '언어 재료'로 나뉘어지는데, '의사 소통 활동' 영역에는 듣기, 말하기, 읽기, 쓰기 등 네 가지가 있고, '언어 재료' 영역에는 의사 소통 기능, 발음, 문자, (   ), (   ), (   ), (   ) 등의 일곱 가지가 있다.

1-2. 아래 <보기>의 문제는 위 7가지 '언어 재료' 중에서 어느 영역을 평가한 것인지 하나를 골라 쓰시오. (1점)

<보 기>

◆ 빈칸에 공통으로 들어갈 말로 알맞은 것은? (2004학년도 수능 기출문제)
- イムさんは きれい______、 げんきです。
- あしたは 4月 27日______、 父の たんじょうびです。

① か ② は ③ で ④ へ ⑤ を

2. 다음은 한국인 일본어 학습자의 작문 오용 예이다. 밑줄 친 부분의 일본어 오류를 바르게 고쳐 쓰시오. [총 2점]

2-1. 강원도의 풍경도 유명했다. → 江原道の風景も<u>有名した</u>。 (1점)

2-2. 2층에서 발소리가 난다. → 二階で足音が<u>でる</u>。 (1점)

3. 다음 글을 읽고, (①)과 (②)에 들어갈 알맞은 말을 쓰시오. [2점]

> 한국인은 일본어의 파열음과 파찰음 발음 시, 무성음·유성음을 구별하지 못해 오류를 범하는 일이 많다. 즉「ぎん(銀)」을「きん」으로 발음하여 듣는 사람이 '金'과 혼동한다든지,「また(또)」를「まだ」로 발음하여 '아직'이라는 의미와 혼동하게 된다든지 하는 것이다. 이는 근본적으로는 한국어와 일본어의 음운체계가 다른 것에 기인하지만, 구체적으로는 한국어의 다음과 같은 발음 특징 때문이다.
> · 한국어의 파열·파찰음은 어두에서 (①)으로 소리나는 일이 없다.
> · 한국어의 파열·파찰음은 유성음과 유성음 사이에서는 (②)으로 소리난다.

①		②	

4. 다음 각 문항을 읽고, 물음에 답하시오. [총 7점]

4-1. 다음 (1)과 (2)는 어떤 교수법의 장점과 단점을 설명한 글이다. (1)과 (2)에 해당하는 각각의 교수법을 <보기> 에서 골라 번호를 쓰시오. (2점)

(1)	主な長所	ⓐ無意識のうちに驚くべきほどの記憶力の増加が期待できる。 ⓑ幼児化、 ロールプレイを通じ自己からの解放があり、 その結果学習者はより素直になって学習が促進される。 ⓒ短期間のうちに膨大な内容が学習できる。 ⓓ音楽や学習環境の整備が言語習得に深く関係していることを示した。 ⓔ言語的な能力開発だけではなく潜在する美的感覚を刺激し豊かな感性を育てる。
(2)	主な短所	ⓐ導入形式が命令形ということで、 内容が限定されやすい。 ⓑ抽象的概念の導入が難しい。 ⓒ命令に従って身体を動かすことに対する反感がある学習者も多くいる。ⓓ聴解力から発話力への移行は必ずしも容易ではない。ⓔ発音の指 導・矯正が不十分である。 ⓕ学習者からの自発的発話がない。 ⓖ実際の自然な言語運用からかなりかけ離れている。

<보 기>

① サイレント・ウェイ ② コミュニティ・ランゲージ・ラーニング
③ トータル・フィジカル・リスポンス ④ 認知学習 ⑤ サジェストペディア

(1)		(2)	

4-2. 다음은「コースデザイン」의 흐름에 관한 설명이다. (①)과 (②)에 각각 들어갈 적당한 말을 가타카나로 쓰시오. (2점)

コースデザインを行うための最初の情報は、 学習者の学習目標と目標言語使用の(①)の分析から得られる。 学習者がいったいなんのために目標言語を学習するのか、 また、 学習した目標言語を使用する場面、 状況としてどんなものがあるかなどがここで分析され、 その結果は主としてコースデザインの次の段階である(②)・デザインのために使われる。

① | | | |　② | | | | |

4-3. 문장①~⑩은「オーディオリンガル・メソッド」와「機能-概念アプローチ」의 특징을 나타내고 있다. 전자(前者)의 특징을 나타내는 문장을 6개만 골라 번호를 쓰시오. (3점)

① 意味内容こそ、 最優先する。
② 言語学習とは、 構文、音声、単語を学習することである。
③ ネイティブスピーカーの ような発音が求められる。
④ 学習の最初からコミュニケーションをすることを奨励してよい。
⑤ 生徒の母語を使用することは禁止される。
⑥ 学習者が望むなら、 読むことも書くことも、 最初の日から行ってよい。
⑦ 単元の配列は、 言語学的にみた複雑さの尺度だけを考慮して決める。
⑧ 一番の目標は、 流暢で許容できる言語であって、正確さは観念的に判断 するものではなく、文脈の中でこそ判断できるものである。
⑨ 学習者が相手にするのは、学習機器や練習教材にある言語体系である。
⑩ 教師は、 学習者が使うべき表現をはっきりと示さなければならない。

「オーディオリンガル・メソッド」의 특징						

5. 다음 각 문항을 읽고, 물음에 답하시오. [총 5점]

5-1. 다음 글을 읽고, 물음에 답하시오. (3점)

> 일본어의 「ん」은 하나의 음처럼 인식되지만, 실제로는 뒤에 오는 음에 따라 여러 가지 異音으로 나타나며 그 異音들은 상보분포를 이룬다. 「ん」 뒤에 모음이나 반모음이 오면 「ん」은 그 모음이나 반모음에 가까운 鼻母音으로 발음되는데, 그 鼻母音은 대략 [ǐ]과 [ɯ̌]의 두 가지로 나눌 수 있다.

어떤 음들이 「ん」 뒤에 올 때 「ん」이 [ǐ] 또는 [ɯ̌]으로 발음되는가 히라가나로 모두 쓰시오.

(1) [ǐ]으로 소리날 때 : 「ん」 뒤에 ________________ 가 올 때

(2) [ɯ̌]으로 소리날 때 : 「ん」 뒤에 ________________ 가 올 때

(1)		(2)	

5-2. (　　) 안에 들어갈 알맞은 말을 한자(漢字)로 쓰시오. (1점)

> 二つの語が結合する場合に、後にくる語の頭の清音が濁音になることを(　　　)という。

5-3. 〈보기〉 와 같이 [　　　] 에 알맞은 축약형을 쓰시오. (1점)

<보 기>

> 行けば　→　行きゃ

行ければ　→　[　　　　　]

6. 다음 각 문항을 읽고, 물음에 답하시오. [총 6점]

6-1. 문장 (1)과 (2)의 의미에 해당하는 각각의 외래어를, <보기>에서 골라 번호를 쓰시오. (2점)

> (1) 学生などが、たがいに費用を出しあってする懇親会。
> (2) 食通。美食家。

<보 기>

> ① ワークショップ　② フルーツ　③ ミート　④ コンパ　⑤ グルメ　⑥ ゼミ

(1)		(2)	

6-2. 문장 (1)~(3)의 (　　) 안에 공통으로 들어갈 말을 한자(漢字)로 쓰시오. (1점)

(1) 子どもの使いでは(　　)もとない。 (2) 君が疑われているらしいといわれて、 (　　)なしか彼の顔色が変わったようだ。 (3) 留守番があるので(　　)おきなく出かけられる。

6-3. 문장 (1)과 (2)의 설명에 해당하는 말을 각각 한자(漢字)로 쓰시오. (2점)

(1) 日本語の文の切れ目に付ける符号。 文の最後の字の右下に小さく添える中白の点。 (2) 文章を書くとき、 文中の切れ、 続きを明らかにするために、 切れ目に入れる符号。

(1)		(2)	

6-4. <보기>의 어휘들 중 밑줄 친 「雨」를 「さめ」라고 읽는 것을 모두 골라 번호를 쓰시오. (1점)

<보 기>

① 五月**雨**　② 大**雨**　③ 春**雨**　④ 梅**雨**　⑤ 小**雨**　⑥ 氷**雨**

7. 밑줄 친 부분의 보통어 표현을 겸양어 표현으로, 존경어 표현을 보통어 표현으로 고쳐 쓰시오. [총 2점]

7-1. これからも世界の動向にたえず注目していこうと<u>思います</u>。(1점)

7-2. そんなにお酒を<u>召し上がったら</u>、 お体に毒ですよ。 (1점)

8. 다음 각 문항을 읽고, 물음에 답하시오. [총 3점]

8-1. 문장 (1)과 (2)의 밑줄 친 「ぬ」에 대해 그 의미와 활용형을 <보기>에서 골라 쓰시오. (2점)

	意味	活用形
(1) 風と共に去り<u>ぬ</u>。	(　　　　)	(　　　　)
(2) 言わ<u>ぬ</u>が花。	(　　　　)	(　　　　)

<보 기>

意味：過去　完了　推量　断定　否定　比況
活用形：未然形　連用形　終止形　連体形　已然形・仮定形　命令形

8-2. (　) 안에 공통으로 들어갈 알맞은 말을 쓰시오. (1점)

平安時代に語中のハ行が(　　)に変化したが、この(　　)に変わったハ行を「ハ行転呼音」と呼ぶ。

9. 다음 각 문항을 읽고, 물음에 답하시오. [총 4점]

9-1. ①~⑩의 「작품 - 작가」가 잘못 이어진 것을 3개만 찾아서 번호를 쓰고, 그리고 그 작품에 해당하는 작가를 <보기>에서 골라 기호를 쓰시오. (3점)

① 金閣寺 - 高村光太郎　② 羅生門 - 芥川竜之介　③ 暗夜行路 - 志賀直哉
④ 坊つちやん - 夏目漱石　⑤ 浮雲 - 二葉亭四迷　⑥ 一握の砂 - 石川啄木
⑦ みだれ髪 - 田山花袋　⑧ たけくらべ - 島崎藤村　⑨ 高瀬舟 - 森鴎外
⑩ 俘虜記 - 大岡昇平

<보 기>

ⓐ 三島由紀夫　ⓑ 太宰治　ⓒ 正岡子規　ⓓ 川端康成　ⓔ 永井荷風
ⓕ 与謝野晶子　ⓖ 樋口一葉　ⓗ 横光利一　ⓘ 泉鏡花　ⓙ 有島武郎

번호			
작가			

9-2. 다음은 어느 소설의 모두(冒頭)에 나오는 글이다. (　) 안에 들어갈 적당한 말을 한자(漢字)로 쓰시오. (1점)

国境の長いトンネルを抜けると(　　　)であつた。夜の底が白くなつた。信号所に汽車が止まつた。向側の座席から娘が立つて来て、島村の前のガラス窓を落した。雪の冷気が流れこんだ。娘は窓いつぱいに乗り出して、遠くへ叫ぶやうに、「駅長さあん、駅長さあん。」

10. 다음 각 문항을 읽고, 물음에 답하시오. [총 4점]

(1)	むかし、 をとこ、 初冠して、 平城の京、 (　　)日の里にしるよしして、 狩に往にけり。 その里に、 いとなまめいたる女はらから住みけり。 このをとこ、 かいまみてけり。 おもほえずふるさとに、 いとはしたなくてありければ、 心地まどひにけり。

(2)	(　　)はあけぼの。 やうやう白くなり行く、 山ぎはすこしあかりて、 むらさきだちたる雲のほそくたなびきたる。 夏はよる。 月の頃はさらなり、 やみもなほ、 ほたるの多く飛びちがひたる。

(3)	祇園精舎の鐘の声、 諸行無常の響きあり。 裟羅双樹の花の色、 盛者必衰のことわりをあらはす。 おごれる人も久しからず、 只(　　)の夜の夢のごとし。 たけき者もつひには滅びぬ、 ひとへに風の前の塵に同じ。

10-1. (1)에 해당하는 작품을 <보기>에서 골라 번호를 쓰시오. (1점)

<보 기>

① 源氏物語　② 枕草子　③ 方丈記　④ 平家物語　⑤ 大和物語　⑥ 伊勢物語

10-2. (2)와 관련이 깊은 것(文芸理念)을 <보기>에서 골라 번호를 쓰시오. (1점)

<보 기>

① もののあはれ　② をかし　③ さび　④ 粋　⑤ 義理・人情

10-3. (1)~(3)의 (　　) 안에 공통으로 들어갈 말을 한자(漢字)로 쓰시오. (1점)

10-4. 아래 표의 (1)과 (2)에 각각 들어갈 작품명의 마지막 부분(●표)만 한자(漢字)로 쓰시오. (1점)

作品名	編者	成立	目的	内容
(1) ○○●	稗田阿礼が誦習。 太安万侶が撰録。	712年	国内的に朝廷の権威を示そうとする。	神話・伝説などが多く、 文学的性格が強い。
(2) ○○○●	舎人親王ら。	720年	対外的に国威を示そうとする。	史実に重点を置き、 歴史的性格が強い。

(1)		(2)	

11. 다음 각 문항을 읽고, 물음에 답하시오. [총 4점]

11-1. <보기>의 일본어 복합동사 중에 전항과 후항의 조합이 바르지 않은 것 2개를 골라 번호를 쓰시오. (1점)

<보 기>

① 食べ始まる　② 走り終わる　③ 駆け上がる　④ 這い上げる　⑤ 張り上げる　⑥ 運び上げる

11-2. 다음은 일본어의 주어와 주제에 관한 설명이다. 맞는 것에는 (○)표, 틀린 것에는 (×)표를 하시오. (2점)

(1) 主語と主題は文法的に全く異なる概念である。　(　　)

(2) 一つの文には必ず主語がある。　(　　)

(3) 主語に対応する語は述語である。　(　　)

(4) 主題はすべて「名詞＋は」の形をとる。　(　　)

11-3. 일본어 형용사의 어간에 「~がる」를 붙여서 사용할 수 없는 것 2개를 골라 번호를 쓰시오. (1점)

① 悲しい　② 痛い　③ 太い　④ 懐かしい　⑤ 薄い　⑥ おもしろい

12. 다음 각 문항을 읽고, 물음에 답하시오. [총 4점]

12-1. <보기>의 일본어 표현은 말하는 이의 기분(마음가짐)을 나타내는 것들이다.
문법적 의미로서의 「불필요」를 나타내는 표현이 아닌 것 2개를 골라 번호를 쓰시오. (2점)

<보 기>

① なくてもいい　② ことはない　③ なければいけない　④ ものではない　⑤ 必要はない　⑥ までもない

12-2. 가장 자연스러운 일본어문의 완성을 위해 <보기>의 부사들 중에서 각각 1개만 골라 그 번호를 쓰시오. (2점)

(1) (　　　　)植えた木が、 台風で倒れてしまったんです。

(2) いつまで昔の恋人の写真をとっておくの。 (　　　　)燃やしてしまいなさい。

<보 기>

① つい　② さっさと　③ せっかく　④ ひととおり　⑤ あまり　⑥ かえって

(1)		(2)	

13. 다음 각 문항을 읽고, 물음에 답하시오. [총 3점]

13-1. 두 사람의 대화를 읽고 빈칸에 들어갈 적합한 말을 쓰시오. (1점)

キム ：これ俺のおふくろが送ってくれた韓国のおかしです。 どうぞ。
先生：だけどキムさん、 今「俺のおふくろ」って言っていたけど、 目上の人と話すときは、 その言葉は使わないほうがいいわよ。
キム ：あ、 すみません。「です」を使っているから丁寧でいいと思ったんですが…。
先生：「俺」とか「おふくろ」という言葉と「です」ではバランスが悪くて、 不自然な感じがするの。
キム ：そうですか。
先生：こういう場合は「＿＿＿＿＿＿」などと言ったほうがいいわね。
キム ：はい、 分かりました。

13-2. 일본어 대화체에는 「です・ます体(정중체)」와 「友達言葉(반말체)」가 있다. <보기>와 같이 밑줄 친 부분의 정중체를 적합한 반말체로 고치시오. (1점)

<보 기>

鈴木さんも<u>**来ますよ**</u>。 → 鈴木さんも**来るよ**。

名古屋に<u>**住んでいるんですか**</u>。 → 名古屋に＿＿＿＿＿＿＿。

13-3. 다음 대화체 문장의 밑줄 친 부분을 일본어로 고치시오. (1점)

キム ：先生、 合格しました。 誰よりも先に先生にお知らせしたくて。
先生：おめでとう、<u>**정말로 잘 됐다**</u>。
キム：ありがとうございます。 志望校に合格できたのは先生のおかげです。
先生：ううん、 あなたが努力したからよ。

14. 밑줄 친 우리말을 일본어로 바꿀 때, 빈칸에 들어갈 적당한 말을 히라가나로 쓰시오. [총 5점]

(1) <u>잔디밭</u>에 <u>들어가지 말 것</u>.(「べし」활용형 사용할 것) (2점)

			に	立	ち	入	る				。

(2) 아무리 괴롭더라도 <u>살지 않으면 안 된다</u>.(「ず」활용형 사용할 것) (1점)

い	か	に	苦	し	く	と	も	生						。

(3) 일부러 <u>갔던 보람</u>은 있었다. (1점)

わ	ざ	わ	ざ	行	っ	た					は	あ	っ	た	。

(4) <u>하면 된다</u>. (1점)

な				

。

15. 다음 글을 읽고, 물음에 답하시오. [총 2점]

(1)

唐代(618~907)は文学史上、一般に初唐、盛唐、中唐、晩唐に分けられる。その中唐期のこと。科挙の試験を受けるため都の長安にやってきた買島は、驢馬の背に乗って詩作にふけっていた。「僧は推す月下の門」という詩句を得たが、「推す」という語を「敲く」にすべきかどうかと思索しているうちに、都の長官である韓愈の行列に突き当たってしまった。そこで買島は**(2)<u>無礼を詫びるとともに</u>**、事情を説明した。当時を代表する詩文の大家であった韓愈は、事情を聞くと許すともに、「敲くのほうがよい」と助言してくれた。そして、二人は、そのままくつわを並べて進みながら、詩を論じあったという。

15-1. (1)에 들어갈 글의 제목을 위 글에서 찾아 2자로 된 한자어(漢字語)로 쓰시오. (1점)

15-2. 밑줄 친 (2)를 우리말로 번역하시오. (1점)

16. 다음 글을 읽고, 물음에 답하시오. [총 6점]

(A) 読書の最良の方法は、書物を手紙として読むということ、直接自分にあてて書き送られた手紙として読むということである。手紙として読むことができないのは、書かれたものに魂がないか、読む方に魂がないか、どちらかだろう。その両方であることが近ごろはずいぶん多いように思われる。魂のこもっていないものを読むことは、結局こちらの魂を安く売り渡すことになるだろう。このように自分にとっていちばんたいせつなものを失ってしまう行為は、なかなか気づかれないけれども、(ⓐ)、こういう行為が重なってどんな人間ができ上がるかを思うと恐ろしい気がする。

(B) (ⓑ)。同じようなことが音楽や美術のような芸術の場合にもいえるだろうし、(ⓒ)、私たちの日常生活についてもあてはまるだろう。私たちの人生という布は、いうまでもなく、この**㉠<u>かけがえのない</u>**たいせつな織物も、近ごろはますますお粗末に、安手なものになっていくようだ。

(C) 子どものとき、私たちは二つ三つの友情を大事にしている。(ⓓ)、しだいに大人になり、交際が広くなり、生活が複雑にそして忙しくなってくると、人との関係はそれぞれの奥行きを失って、**㉡<u>とおりいっぺんの</u>**つきあいに色あせてしまう。習慣や利害が簡単に人を結びつけたり引き離したりする。「生まれつき筆不精で」とか「とてもいそがしくて」とか言って、事務的な手紙しか書かなくなる。

(D) 人生というものが私たちにとって、一回限りの織物であるならば、私たちはそれを織る糸を美しくじょうぶなものにしなければならないだろう。

16-1. (ⓐ), (ⓒ), (ⓓ)에 들어갈 알맞은 것을 <보기>에서 골라 쓰시오. (2점)

<보 기>

• たとえば • それだけに • それで • さらに • けれども • それとも

ⓐ		ⓒ		ⓓ	

16-2. 문맥 흐름상 (ⓑ)에 들어갈 가장 알맞은 것을 <보기>에서 골라 번호를 쓰시오. (1점)

<보 기>

① 魂の場合だけではない ② 人間がこわくなるだけではない
③ 読書の場合だけではない ④ 自分にとっていちばんたいせつなものだけではない

16-3. 밑줄 친 ㉠을 우리말로 번역하시오. (1점)

16-4. 밑줄 친 ㉡과 의미가 가장 가까운 것을 <보기>에서 골라 번호를 쓰시오. (1점)

<보 기>

① ほんとうに親しい ② 中身のある ③ むつまやかな ④ 上辺だけである

16-5. 아래 문장은 (A)~(D)의 단락 중 맨 마지막 부분이다. 어느 단락의 마지막 부분인지 그 단락의 기호를 쓰시오. (1점)

こういうことも、 やはり自分の魂を失ってしまう行為ではあるまいか。

17. ( ) 안에 들어갈 알맞은 말을 <보기>에서 골라 번호를 쓰시오. [2점]

(1) 年長者の長い間の経験は尊重すべきである。	—	亀のこうより年の( )。
(2) 水泳の達者な河童でも時には押し流されてしまう。	—	河童の( )流れ。
(3) 風流より実利の方がよいというたとえ。	—	( )より団子。
(4) どれもこれも同じように平凡で、 特にすぐれたものがないこと。	—	どんぐりの( )くらべ。
(5) 不幸や不運が重なることをいう。	—	泣き面に( )。

<보 기>

① 背　② 花　③ 甲　④ 川　⑤ 火　⑥ 劫　⑦ 蜂　⑧ 蝿

(1)		(2)		(3)		(4)		(5)	

18. 다음은 ○○고등학교의 일본문화 연구부가 학교 문화제에 참가하기 위해 조별로 계획한 준비 내용이다. (①), (②), (③)에 들어갈 알맞은 말을 한자(漢字)로 쓰시오. [3점]

日本文化研究部の文化祭参加計画

A組：韓国の「シルム」と似ている日本の伝統的なスポーツである(　①　)について調査する。

B組：日本の三大祭りである東京の神田祭り、(　②　)の祇園祭り、大阪の天神祭りについて調査する。

C組：日本で入学試験の季節になると、合格祈願のために神社を訪れ、(　③　)に志望校と名前を書いてお願いすることのようなイベントを準備する。

①		②		③	

19. 다음 각 문항을 읽고, 물음에 답하시오. [총 3점]

19-1. <보기>는 일본의 근대 이후의 연호(年号)를 순서대로 나열한 것이다. (　) 안에 들어갈 알맞은 연호를 한자(漢字)로 쓰시오. (1점)

<보 기>

明治　—　大正　—　(　　　)　—　平成

19-2. 다음 글의 (　) 안에 들어갈 알맞은 말을 한자(漢字)로 쓰시오. (1점)

江戸時代の統治体制は、幕府の将軍と藩の支配権をもった(　　)が主従関係をむすび、幕府と藩が全国の土地と人民をそれぞれ支配するしくみであったが、これを幕藩体制という。

19-3. 다음 글은 무엇에 관한 것인지 적당한 말을 가타카나로 쓰시오. (1점)

1980年代後半からの日本は、急激な円高によって、大幅な貿易黒字が生まれたものの、設備投資が停滞したために、余剰資金が生じるようになった。多くの企業や金融機関では、余剰資金で土地や株式を投機的に買ったり、資金の貸付を積極的におこなうようになった。そのため、地価と株価は急激に上昇し、企業収益は回復して景気回復をたすけたものの、資産や所得の格差が拡大した。

			経	済

<2005년도 기출문제>

1. 다음 글에서 설명하는 대상을 쓰고, 이것이 적절하게 편성되었을 때의 장점을 2가지만 쓰시오. (3점)

これは、コース・デザインで決定される教授法、練習法、教材などを具体的な教育においてどう扱うかを明示するが、その内容にはコースの時間数、学習すべき教材の順序、教材相互の関係、時間割り、到達目標などが組み込まれ、学習を開始してからどのくらいの期間にどのくらいの教材を消化するかなどの標準的なスケジュールを表しているものである。

• 대상 :

• 장점 :

2. 다음은 평가의 특성과 조건에 대한 설명이다. ①과 ②에 들어갈 말을 한자(漢字) 또는 히라가나로 쓰시오. (2점)

すべての評価は(　①　)、(　②　)、客観性、実行可能性等の要件が要求される。(　①　)とは、そのテストの測定結果が、そのテストの作成目的である特定の目標を、実際にどの程度的確にとらえているかを問うものである。(　②　)とは、同じ測定対象に対して、同じ条件のもとでは同じ結果が得られるという測定の一貫性、または安定性の程度を意味している。

• ① :

• ② :

3. 다음에서 설명하고 있는 교수요목(Syllabus)을 쓰고, 그것의 대표적인 장·단점을 1가지씩 쓰시오. (3점)

言語の機能、表現の意図を重視して教授項目を並べたシラバスである。具体的な項目としては、「依頼」「命令」「拒絶」「感謝」「禁止」などがあり、それぞれの働きをする表現を教えることになる。例えば、「禁止」という項目の場合なら、「～てはいけない」や「～ないでください」や「～な」等が教えられる。

• 명칭 :

• 장·단점 :

4. 제7차 교육과정에서는 인터넷을 활용한 정보 검색, 정보 검색을 활용한 교수·학습 활동, 홈페이지를 구축하여 수업에 활용하는 것 등이 중시되고 있다. 이를 위해 교사는 컴퓨터와 관련된 다양한 지식과 정보를 갖추고 있어야 한다. ① 인터넷 상에서 한글과 일본어를 동시에 보이게 하려면 인터넷 익스플로러

의 인코딩(E)을 무엇으로 설정해야 하는지 쓰고, ② 인터넷이 연결되지 않았거나 속도가 느린 교실에서 인터넷을 안정적으로 활용하기 위해 홈페이지 전체를 내려 받는 것을 무엇이라 하는지 쓰시오. (2점)

- ① : ____________________
- ② : ____________________

5. 다음은 오픈 메소드식(Open Method) 일본어 교수·학습 모델을 제시한 것이다. 빈칸에 공통적으로 들어갈 교수·학습 활동 과정을 쓰시오. (2점)

목표 인식 및 자료 관찰 과정	→	학습 내용 선정 및 자료 분석 협의 과정	→	____________ I	→	평가 및 보완 과정 I	→	____________ II	→	평가 및 보완 과정 II

- 답 : ____________________

6. <보기>는 제7차 교육과정에서 제시한 의사소통 기능 예시문이다. <보기 1>과 같이 <보기 2>의 문(文)을 범주, 항목, 세부항목 순으로 구분하고자 할 때, ①과 ②에 해당하는 내용을 쓰시오. (2점)

<보 기 1>

- はじめまして。 キムです。どうぞよろしく。
  (범주 : 인사기능)(항목 : 일상의 인사)(세부항목 : 초면인사)

<보 기 2>

- 見ることはすきですが、やることはあまりすきではありません。
  (범주 : ①)(항목 : 설명)(세부항목 : ②)

- ① : ____________________
- ② : ____________________

7. 다음 각각의 문(文)을 일본어로 옮기시오. (3점)

① 田中씨는 선생님께 갔습니다.
② 田中씨는 아직 안 왔다고 합니다.
③ 田中씨는 한국에 올 수 있게 되었습니다.

- ① : ____________________

- ② :

- ③ :

8. 일본어는 구어체에서 남성어와 여성어로 분류되는 특성이 있다. 다음을 남성어와 여성어로 분류하여 그 번호를 쓰시오. (2점)

① 相づちが多い。
② 改まった場面での漢字の使用頻度が高い。
③「ぞ」や「ぜ」などの終助詞をよく使う。
④ 1人称代名詞として「あたし」をよく使う。
⑤ 感動詞の種類が多く、その使用頻度も多い。
⑥「きれいね。」のように文末の「だ」を省くことが多い。
⑦「すてき」といった主観的な評価を伴う形容詞をよく使う。

- 남성어 :

- 여성어 :

9. 다음은 실제의 언어 사용 장면에서 많이 사용되는 축약 표현의 예이다. ①과 ②를 축약 이전의 형태로 쓰시오. (2점)

• <u>なにしてんの</u>。<u>やめたきゃ</u>、やめなさい。 ①　　　　②

- ① :

- ② :

10. 일본어 발음을 지도할 때에 유의해야 할 것의 하나로 독립된 음가(音価)가 없으면서도 하나의 박(拍)을 갖고 있는 특수음소(特殊音素)라는 것이 있다. 이들 특수음소의 명칭을 모두 한자(漢字) 또는 히라가나로 쓰고, 각각의 특수음소가 들어 있는 단어를 1개씩만 쓰시오. (3점)

11. <보기 1>의 동사를 자타대응동사(自他対応動詞)라 한다. 동일한 관점에서 <보기 2>의 ①과 ②에 들어갈 동사를 쓰시오. (2점)

<보 기 1>

• 旗があがりました。 대 旗をあげました。

<보 기 2>

• 皆がおどろきました。 대 皆を(①)。
• 部屋が(②)。 대 部屋をかたづけました。

• ① : ....
• ② : ....

12. 어휘의 어종(語種)에서 말하는 '혼종어(混種語)'의 개념을 2줄 이내로 설명하고, <보기>에서 이에 해당하는 단어를 2개만 고르시오. (2점)

<보 기>

話し手、ローカル、本箱、受付、なまたまご、国際関係、なまゴム、田舎者

• 개념 : ....
....
• 단어 : ....

13. <보기>에 제시한 부사를 「情態副詞」「程度副詞」「陳述副詞」로 분류하여 쓰시오. (3점)

<보 기>

ひょっとしたら、ざあざあ、必ずしも、かなり、ずっと、そっと、たぶん

• 情態副詞 : ....
• 程度副詞 : ....
• 陳述副詞 : ....

14. 다음 문(文)을 각각 부정문(否定文)으로 고치시오. (2점)

① 今日は雨が降りそうです。
② 今日は天気がよさそうです。

• ① : ....
• ② : ....

15. 다음 두 문(文)에서 보조동사 「くれる」와 「あげる」가 구분되는 조건을 '話者의 視点'이라는 관점에서 3줄 이내로 설명하시오. (2점)

① 太郎が花子に水泳を教えてくれる。 ② 太郎が花子に水泳を教えてあげる。

16. 다음을 참고로 하여 문맥 지시의 경우, 'そ'계열의 지시어와 'あ'계열의 지시어가 구분되는 근거를 3줄 이내로 설명하시오. (2점)

① A：山田さんが事故で入院したって。 B：うん、その話、鈴木さんから聞いたよ。 ② A：例の話、どうなった？ B：あの話か、あまりうまくいってないようだよ。

17. 다음 예문에서 'ところ'의 공통적인 문법적 기능을 쓰고, 그 문법적 기능이 ①, ②, ③에서 각각 어떻게 달리 나타나는지 설명하시오. (3점)

① ただいま買い物に出かけるところです。 ② ただいま電話番号を調べているところです。 ③ ただいま書類を事務局に出したところです。

• 공통된 문법적 기능 :

• 차이점 :

18. 형용사 'ほしい'와 동사 'ほしがる'가 구별되는 문법적 조건을 2줄 이내로 설명하시오. 단, 적절한 예문을 제시 하시오. (2점)

19. 일본어 '嘘をつけ！'는 표면적 의미와 실질적 의미가 모순된다. 그 이유를 2줄 이내로 설명하고, <보기>에서 이러한 관계를 보여주는 표현을 모두 골라 쓰시오. (3점)

<보 기>

•くよくよするな！	•撃てるものなら撃ってみろ！	•落ち着け！	•元気を出せ！
•勝手にしろ！	•落とし穴に落ちてしまえ！	•バカ言え！	

• 이유 : ……………………

……………………

• 표현 예 : ……………………

20. 일본어의 'ウ' 단(段)에서 모음 /u/가 중설화(中舌化)되어 발음되는 것을 모두 가타카나로 쓰시오. (2점)

……………………

21. 다음 대화문에서 경어의 사용이 잘못된 부분을 찾아 바르게 고치시오. (2점)

A：今日はどこへおいでになりましたか。
B：ひさしぶりに美術館に行ってまいりました。
A：あ、そうですか。いい作品をご拝見なさいましたか。
B：ええ、ほんとうによかったです。
A：お疲れになったでしょう。お茶でもお入れしましょうか。

• 잘못된 부분 : …………………… ➡ 고쳐진 것 : ……………………

22. 다음 대화문의 ①~⑤에 들어갈 자연스러운 종조사(終助詞)를 <보기>에서 하나씩 고르시오. (단, 중복 사용 불가) (2점)

森　：もしもし。山田さんいますか。
山田：はい。私です(　①　)。
森　：ああ、私です。森です。
　　　突然ですけど、今ひまかしら。出てこれない(　②　)。
山田：ええ……いいですけど。どうして？ どうしてうちがわかったの。
森　：どうしても知りたい(　③　)、と思うと自然にわかるようになってる(　④　)。
　　　じゃあ、駅前百貨店の五階の家電売場の所で(　⑤　)。
山田：うん。わかった。じゃね。

<보 기>

な、　ね、　のよ、　が、　かな

• ① : ……………… • ② : ……………… • ③ : ………………

• ④ : ……………… • ⑤ : ………………

23. 아래 작품은 일본 근세의 하이쿠(俳句)이다. 각 하이쿠가 가리키는 계어(季語)와 계절(季節), 그리고 이 작품의 작자와 작자의 대표적 기행문학 작품명을 한자(漢字) 또는 히라가나로 쓰시오. (3점)

> ① 閑かさや岩にしみ入る蟬の声
> ② 草臥れて宿かるころや藤の花

- ①의 계어 : ______________ • 계절 : ______________
- ②의 계어 : ______________ • 계절 : ______________
- 작자 : ______________ • 작품명 : ______________

24. 다음은『万葉集』에 대한 설명이다. ①~④에 들어갈 작자나 노래를 한자(漢字) 또는 히라가나로 쓰시오. (3점)

> 『万葉集』には天皇や貴族から下級の役人、農民、防人、乞食などまでいろいろな層の人の作った約4500余首の歌が集められている。万葉第一期の歌人である額田王、第二期の専門的な宮廷歌人で長歌の様式を完成させた(　①　)、第三期の山上憶良、第四期には 『万葉集』の編纂にかかわったと言われる(　②　)等が代表的歌人である。
> 特殊な巻としては巻十四と巻二十がある。巻十四に収められた(　③　)は、東国の民謡的な歌で、素朴な調べで地方民衆の生活感情をうたっている。(　④　)の多くは巻二十に防人たちの歌として収められている。辺境防備のため、東国から徴発された兵士たちの歌で、肉親との別離の悲しみが胸を打つ。

- ① : ______________ • ② : ______________
- ③ : ______________ • ④ : ______________

25. 다음은 일본 소설의 모두(冒頭)들이다. ①, ②, ③의 작가와 작품명을 각각 한자(漢字) 또는 히라가나로 쓰시오. (3점)

> ①「武蔵野のおもかげは今わづかに入間郡に残れり」と自分は文政年間にできた地図で見たことがある。
> ②それはまだ人々が「愚」という貴い徳を持っていて、世の中が今のように激しく軋み合わない自分であった。
> ③禅智内供の鼻といえば、池の尾で知らない者はない。長さは五六寸あって上唇の上から顎の下までさがっている。

- ①의 작가 : ______________ • 작품명 : ______________
- ②의 작가 : ______________ • 작품명 : ______________
- ③의 작가 : ______________ • 작품명 : ______________

26. 다음은 근대문학 중 예술파(芸術派)로 분류되는 신감각파(新感覚派) 작가가 쓴 작품의 일부분이다. 이 작품의 이름과 작가를 쓰고, 신감각파를 4줄 이내로 설명하시오. (3점)

> 道がつづら折りになって、いよいよ天城峠に近づいたと思うころ、雨脚が杉の密林を白く染めながら、すさまじい早さで麓から私を追って来た。

- 작품명 : ______________ • 작가명 : ______________

• 신감각파 :

27. 다음에서 설명하고 있는 사건을 한자(漢字) 또는 히라가나로 쓰고, 이것이 일어난 연도를 서기(西紀)로 쓰시오. (2점)

> 天皇は神に誓うというかたちで新政府の政治方針を発表した。江戸を東京とあらため、年号を決め、首都を京都から東京にうつした。天皇を中心とする新しい政治の機構を作るためにいろいろな改革をはじめた。

• 사건 :

• 연도 :

28. ①과 ②에 들어갈 말을 한자(漢字) 또는 히라가나로 쓰시오. (2점)

> 일본의 애니메이션은 매우 인기가 있어 세계적으로 인정 받는 감독과 작품들도 상당수 있다. 그 중에서 일본의 애니메이션의 거장 (①)은/는 일본의 애니메이션을 발전시킨 일본의 독보적인 인물이다. 그는 1985년부터 스튜디오 지브리(スタジオジブリ)를 만들어 운영하고 있으며, 2~3년에 한 작품씩 극장용 애니메이션을 선보이고 있다. 그의 대표 작품 중에는 1988년의 '이웃집 토토로(となりのトトロ)'를 시작으로, 1997년 '원령공주'라고 번역되어 한국에서도 상영된 '(②)'에 이르기까지 많은 작품들이 있다.

• ① :

• ② :

【29~31】 다음 글을 읽고 물음에 답하시오.

> 若い女性の元気ぶりがとりわけ目につくにつれ、男性の① ふがいなさが気になる。最近、花嫁学校ならぬ花婿学校ができて話題になった。
>
> 生活ひとつをとってみても、女の子たちはさまざまな洋食の食べ方を覚え、あちこちの有名店で試食、エスニック料理、果ては本場のヨーロッパ旅行でのグルメ体験という具合に豊富な体験をもつ。それにひきかえ、受験戦争ひと筋に脇目も(② ふる)やってきた男の子たちは、「いま輝いている」女の子と見合いをしても、うろうろ、まごまごするばかりで、何もかも母親に任せていた③ マザコンぶりが今さらながら現われて、女の子にすっかり馬鹿に(④ する)てしまう。
>
> かくて、花婿学校の誕生となったのだが、これはもう男の子個人の問題というより、社会自体の問題といえそうだ。というわけで、若者論は男女ごちゃまぜ論ではなく、男女異次元の視点に立たねばならぬと思う。
>
> 男の子たちは、再び(⑤ 이 세상에 태어난다면)女になって生まれたいと思い、今の日本では、男は責任ばかり(⑥ 背負う)て 何もいいことがない、と考えているかのようでもある。
>
> (千石 保『まじめの崩壊』より)

29. ①, ③의 의미를 우리말로 쓰시오. (2점)

• ① : ....

• ③ : ....

30. ②, ④, ⑥의 동사를 전후 문맥에 맞는 형태로 바꾸시오. (3점)

• ② : .... • ④ : .... • ⑥ : ....

31. ⑤를 일본어로 옮기시오. (2점)

....

【32~33】 다음 글을 읽고 물음에 답하시오.

A. 生活していく上で間に合うという数でいえば、三千語あれば間に合う。だいたいは生きていられる。これがいわゆる基本語です。では、三千語知っていればいいか。言語活動がよく営めるには、三千では間に合わない。三万から五万の単語の約半分は、実のところは新聞でも一年に一度しか使われない。一生に一度しかお目にかからないかもしれない。しかし、その一年に一度、一生に一度しか出あわないような単語が、ここというときに適切に使えるかどうか。使えて初めて、よい言語生活が営めるのです。そこが大事です。語彙を七万も十万ももっていたって使用度数１、あるいは一生で一度も使わないかも知れない。だからいらないのではなく、その一回のための単語を蓄えていること。

B. なんでもかんでもむずかしい言葉をたくさん覚える必要があるといっているのではありません。そのときどきに、ピタッと合う、あるいは美しい表現ができるかどうか。それが問題です。それが言語の能力があるということです。歌人や小説家が辞書を読んで単語を覚えようとしたのは、そういうときに備えたいからです。だから、読み手もその細かい心づかいにつきあうだけの感度をそなえていなくてはいい読者といえません。

C. 語彙が多いとか少ないとかいうけれど、人間はどのくらいの言葉を使うものなのか。例えば新聞や雑誌に使われている単語は、年間およそ三万語といわれています。しかし、その50～60パーセントは、年間の使用度数１です。つまり、半分の単語は新聞・雑誌で一年に二度とお目にかかることがない。ちょっと古いけれど、昭和30年代の調査では、高校の上級生が三万語の語彙をもっていたという調査結果があります。今は大学生でも語彙は平均一万五千か二万くらいに落ちているのではないかと思います。読書量がものすごく減っていますから。

D. 例えば「味」についていえば、「味得する」という単語があります。これは確かに使用度数は少ない。今やもう、ほとんど使わなくなっているけれど、なにかの時に 「それが味得できた」と使うことでピタッと決まることがある。「深い、かすかな味わいが分かった」では、文章の調子、文体としてだめなときがある。文章を書くには、一度使った単語や言い回しを二度繰り返さないという文章上の美意識がある。それに触れる。何か別の言い回しが必要になる。そのとき、その書き手がどれだけ語彙を持っているかが問題になる。類語辞典が役立つのはそういうときです。

(大野 晋『日本語練習帳』より)

32. 의미가 자연스럽게 통하도록 A~D를 순서대로 정렬하시오. (3점)

(　　　　) → (　　　　) → (　　　　) → (　　　　)

33. 위 글의 필자가 주장하는 바를 1줄 이내로 쓰되, 우리말로 쓰시오. (3점)

....

- 수고하셨습니다 -

<2000년도 모범 답안>

1-1. ① あの ② この　1-2. ①しかし　②そして　1-3. ①いただく　②敬具(けいぐ)

2-1. ① いたしますので ② 休ませていただきたいんですが　2-2. ①よろしい日　②おっしゃってください

3-1. ①ムク ②ソガイ　3-2. (a) 자신의 영향력을 모르는 체하고

3-3. (b) 과학자는 사회와 인류에 대한 책임을 염두에 두고, 사회와 인류의 행복을 위한 연구가 이루어져야 한다.

4-1. (a) 誤作動　(b) 行政　4-2. (c)「手が回らない」,「手が届かない」

4-3. (D)(B)(A)(C)

5-1. ① 문예사조 : 自然主義 ② 작품명 :「破戒」,「布団」

5-2. 夏目漱石(なつめそうせき), 森鴎外(もりおうがい)

6-1. ① 공통점 : 여류작가 ② 작자명 : 紫式部(むらさきしきぶ)

6-2. 摂関政治의 실시로 여성들의 지위가 불안정해졌으며, 仮名문자의 발명으로 궁중의 여성들을 중심으로 하여 일기, 수필문학이나 和歌 등의 장르에서 여류작가의 활약이 가능하게 되었다.

7-1. ①七夕(たなばた)　②お盆(ぼん)　7-2. 歌舞伎

8-1. 影武者(かげむしゃ), 花火(はなび), 鰻(うなぎ), ラブレター 등

8-2. 東京都, 北海道, 大阪府, 京都府

9-1. ① (c)(f)　② (a)(b)　③ (d)(e)

9-2. (a)의 동사'よむ'는 타동사로 이때의 조사'を'는 동작의 대상을 의미하며, (b)의 동사'とおる'는 자동사 중 이동동사로 이때의 조사'を'는 통과점을 의미한다.

10. カ行, サ行, タ行, ハ行

11. ① 전문(伝聞, ~라고 한다, ~라고 하더라) : (a),(d)
② 양태(様態, ~인 것 같다, ~인 듯하다) : (b),(c),(e),(f)

12. ① 타스크(Task)　② 인포메이션 갭(Information gap)　③ 역할놀이(Role play)
④ 게임(game)　⑤ 시뮬레이션(simulation)　⑥ 프로젝트 워크(project work)
⑦ 드라마(drama)　⑧ 페어(pair)학습 등

13-1. ① 교과서의 사용어휘수 감소 : 1400어에서 900어로
② 기본어휘수의 증가 : 771어에서 833어
③ 표기용 한자 733자 제시

13-2. ① 서열화된 평가보다는 학습진단을 위한 평가
② 의사 소통능력을 중심으로 한 말하기 평가 중시
③ 문화이해에 대한 참여도를 평가에 반영
④ 정보검색 및 컴퓨터 통신 등 언어능력의 응용력을 평가에 반영

14. 반복학습이 용이, 흥미를 유발하여 학습 동기를 부여, 풍부한 학습 환경, 상호작용 학습이 가능, 개별화 학습이 가능, 자기 주도적 학습(자율 학습)이 가능 등

<2001년도 모범 답안>

1.

A	B	C	D	E	F	G	H	I	J
あ	え	と	こ	ば	ら	か	の	と	れ

2. A：それから　B：それとも　C：それに　D：それなら

3. 1)ⓐ 2)ⓑ 3)ⓑ,　1)ⓓ 2)ⓒ 3)ⓑ

A：いらっしゃいますか

B：お待ちしておりました

C：行ってまいりました

D：めしあがって

4. 1)お 2)× 3)ご 4)お 5)ご,　1)よんはい 2)にだい 3)いっとう 4)さんば 5)さんぼん,

1)副詞 2)連体詞 3)感動詞 4)助動詞 5)形容動詞

5. A)禁止　B)人権 C)信頼 D)効果 E)徹底

6. 1)ⓑ 2)ⓐ 3)ⓒ 4)ⓔ,　1)ⓓ 2)ⓕ 3)ⓖ 4)ⓑ 5)ⓒ

7. A)なぜなら　B)逆に　C)要するに

8. ⓑ ⓒ ⓔ ⓗ,　1)センセイ(先生)(2音節、4拍)　2)イッタイ(一体)(3音節、4拍),

音韻同化 中 相互同化

9. 恥の文化,

A：확고한 위치의 B：공격의 대상이 되다 C：비평의 불길이 솟아오르기 시작하다,

甘えの構造, タテ社会の人間関係

10. A：しさ　B：たちば　C：ししん　D：にんしき ,

従軍慰安婦 問題(종군위안부 문제)

1) 광개토대왕 비문　2) 칠지도

11. A：日の丸　B：君が代　C：菊 D：きじ

12. A：大和時代 B：平安時代 C：室町時代 D：大正時代

13. 印度, 中国, 日本 平家物語

14. 寂(さび),　井原西鶴(いはらさいかく),　日本永代蔵,　義理と人情

15. 谷崎潤一郎(たにざきじゅんいちろう), 志賀直哉(しがなおや)

細雪(ささめゆき)

芥川竜之介(あくたがわりゅうのすけ), 川端康成(かわばたやすなり), 太宰治(だざいおさむ)

伊豆の踊子

이 회성, 이 양지, 유 미리, 현 월

曖昧な日本の私

16. 話し手가 제일 강조하고 싶은 부분을 높이 발음하는 것이며, 문맥 속에서 특히 전하고 싶은 부분, 상대방이 특히 듣고 싶어 할 것으로 판단되는 부분, 상대방이 예상하지 못하는 새로운 내용을 전하는 부분,

잘못 알아들을 우려가 있는 부분, 話し手가 중요하다고 생각하는 부분에 나타난다.

ア行 : 일본어의 ア행의 다섯 모음인 'あ,い,う,え,お'를 지도할 때에는 우리나라의 '아,이, 우, 에, 오'에 비하여 전체적으로 입을 덜 벌린 상태에서 몸의 힘을 빼고, 발음하도록 지도해야한다. 특히, 일본어의 'う'는 우리나라의 '우'와 같은 원순모음이 아니므로 입술을 동그랗게 만들고 발음하지 않도록 주의해야 하고, 'お'의 발음도 우리나라의 '오'처럼 입을 동그랗게 힘을 주어 모으지 않도록 주의하여 지도해야 한다.

カ行 : 일본어의 カ행의 'か,き,く,け,こ'와 탁음화 된 'が,ぎ,ぐ,げ,ご'를 지도할 때, 우선 カ행은 연구개 파열음 중 무성음으로 우리나라의 격음인 'ㅋ'이나, 경음인 'ㄲ'으로 발음하지 않도록 주의해야 한다. 또, が행을 지도할 때 우리나라에 없는 유성자음의 발음이므로 평음인 'ㄱ'으로 발음하지 않도록 주의하고, 앞에 '응'을 넣어 유성음의 조건을 만들어 발음연습을 시키는 방법도 쓸 수 있다.

17. 「思う」는 상상, 결의, 걱정, 희망, 변심 등 주관적이고 감정적인 마음의 움직임을 나타내는 것임에 비하여 「考える」는 주관을 세우고 머리를 써서 판단하거나 비교하는 등 객관적이고 지속적인 마음의 움직임을 나타내는 표현이다. 예를 들면, 'このりんご、とてもおいしいと思う。'의 표현 대신에 'このりんご、とてもおいしいと考える。'를 쓰기 어렵다. 또한, 'なぜ失敗したのか考える。'는 가능하지만 'なぜ失敗したのか思う。'는 자연스럽지 못한 표현이 되는 것이다.

A) 比喩(비유) B) 例示(예시) C) 推量(추량)

18. 1) 文語는 口語의 '現代仮名遣い'와 달리 '歴史的仮名遣い'를 사용한다.
2)文語에는 口語에 없는 '係り結び現象'이 있다.
3) 文語에서는 体言 등에 붙는 助詞 'は,が,を'등이 생략되는 경우가 많다.

19. 1) 인사기능 2) 정보 전달의 기능 3) 의사 및 태도 전달의 기능 4) 요구의 기능
5) 담화전개의 기능

<2002년도 모범 답안>

1. (1) 일상의 의사 소통 과정에서 사용되는 쉬운 일본어를 알아들을(말할, 읽을, 쓸) 수 있고, 일본어 듣기(말하기, 읽기, 쓰기) 학습의 필요성을 깨달아 듣기(말하기, 읽기, 쓰기) 학습 활동에 적극적으로 참여하는 태도를 갖는다.
(2) 인터넷을 통하여 일본어에 의한 정보 검색의 기초적인 방법을 알고, 정보검색에 흥미를 갖는다.
(3) 일본의 일상 생활문화에 대해 깊은 관심을 갖고, 일본 문화를 이해하고자 하는 자세를 기르며, 일본과의 국제 교류에 적극적으로 참여하는 태도를 갖는다.

다른 점 : 목표의 기술에 있어서 주체를 교사중심에서 학생중심으로 전환하여 기술하였으며, 기능적 영역의 목표보다는 정의적 영역의 목표에 비중을 두었고, 인터넷을 통한 일본어 정보 검색 및 정보 수집과 통신 등에 흥미를 가지고 능동적으로 참여하는 것이 목표에 추가되었고, 일본어 Ⅰ, Ⅱ 공히 구두언어와 문자언어의 단절이 없이, 구두 표현을 중심으로 언어의 네 기능을 고르게 습득하여 균형 잡힌 의사 소통 능력을 신장할 것을 목표로 두었다.

2. (1) 構造(구조)실러버스 ; 문법 항목과 어휘를 쉬운 것에서부터 점차 어려운 것의 순으로 제시하여 학습하기 쉽고, 문법적 분석 능력을 배양할 수 있는 실러버스 이다.
  (2) 機能(기능)실러버스 ; 언어 기능, 표현 의도를 중심으로 즉, [頼む], [誘う] 등과 같이 교수 항목을 배열한 실러버스로 커뮤니케이션을 목적으로 일본어를 학습하는 학습자에게 유용하다.
  (3) 技能(기능)실러버스 ; 학습자가 필요로 하는 기술이나 능력 등을 감안하여 언어의 4기능을 하위 분류하여 학습항목으로 선정한 실러버스 이다.
  (4) 場面(장면)실러버스 ; 학습자가 행하는 커뮤니케이션의 여러 가지 장면을 분석하여 그 장면에서 사용되는 어휘나 문형을 단계적으로 도입하여 제시하는 실러버스 이다.
  (5) 概念 실러버스 : 시간・양・빈도・순서 등의 사회적인 개념을 중심으로 전개되는 실러버스이다.
  (6) 話題 실러버스 : 특정 화제에 자주 쓰이는 문법・어휘를 중심으로 전개하는 실러버스이다.
  (7) 課題 실러버스 : 쇼핑, 심부름, 전화걸기, 은행가기 등의 실제 생활에서 필요한 구체적인 과제의 수행을 중심으로 구성한 실러버스이다.

3-1. (1) (a) 48 (b) ゑ (c) ぢ (d) づ (2)現代仮名遣い(げんだいかなづかい)

3-2. (a)(c)(i)

3-3. 当て字(あてじ)

4-1. (1) 行か (2) 行く

4-2. (c)(d)(f)

4-3. わけ

5-1. (1) お帰りになると→帰ると (2) お母さん→母 (3) お待ちしてください→お待ちになってください

5-2. (1) 準備しといた (2) 来ちゃ

5-3. (1) 金持になればなるほど (2) 専門知識の習得だけでなく

6-1. ① ひそ ② しょうそく

6-2. ③ 大人 ④ 期待 ⑤ 仲間 ⑥ 特別

6-3. この人生をいかに行くべきかということ

6-4. C

6-5.

E	A	C	B	D

6-6. 終生の友

7-1. (1) (d) (2) (c) (3) (a)

7-2. (1) (b) (2) (a) (3) (f) (4) (e)

7-3. (1) 気 (2) 目

8-1. だから

8-2. ムード

8-3. 音素

8-4. (b)(g)

9-1. どうも

9-2. あいづち

9-3. 一石二鳥

10-1. (1) 床の間(とこのま) (2) 三味線(しゃみせん)

10-2. 寺→神社(じんじゃ)

10-3. (a) ほんね (b) たてまえ

10-4. 江戸時代

11-1. (1) 어디에서 태어났는지 도무지 짐작이 가지 않는다.
(2) A : 三四郎(さんしろう) B : 吾輩は猫である(わがはいはねこである)

11-2. 新感覚派(しんかんかくは)

11-3. 쥐가 죽임을 당하지 않으려고 죽음에 다 달은 운명을 짊어진 채로, 전력을 다해서 도망쳐 다니고 있는 모습이 묘하게 머릿속에 떠올랐다.

12-1. 光源氏(ひかるげんじ)

12-2. 작품명 : 枕草子(まくらのそうし) 작자명 : 清少納言(せいしょうなごん)

12-3. 京都

<2003년도 모범 답안>

1-1. (1)代入練習 (2) 応答練習 (3)結合練習
※ 代入ドリル(置換ドリル), 場面ドリル, 結合ドリル 등도 정답범위에 포함

1-2. ① ロール・プレイ ② インフォメーション・ギャップ

2-1. (1)(f) (2)(h) (3)(d)

2-2. (多肢選択法) (組み合わせ法) (単純再生法) (그 외 完成法, 結合法 등)

3.

	(1) 絵カード	(2) レアリア	(3) O H P	(4) モジュール型教材
長所	(b)	(c)	(g)	(h)
問題点	(f)	(a)	(d)	(e)

4. (1)× (2)× (3)○ (4)○

5-1. (2)(5)(6)

5-2. く き ち

6. (1)(c) (2)(a) (3)(e)

7-1. (1)(d)(e) (2)(c)(f) (3)(a)(g) ※ (1)(a)(d) (2)(b)(c) (3)(e)(g)의 정답도 가능

7-2. 位相

8-1. ①(a) ②(f)

8-2. (b) (d)

9-1. ①拝啓 ③敬具

9-2. さて

10-1. 万葉集

10-2. (1) 작가(h) 제목(f) (2) 言文一致
11-1. (1) ①せんはっぴゃくきゅうじゅうごねん ②せんきゅうひゃくさんじゅうななねん(しちねん)
(2) 平成
11-2. 江戸時代
12-1. お土産(おみやげ)
12-2. (1)いじめ (2)村八分
13-1. 福沢諭吉(ふくざわゆきち)
13-2. ③①⑤④②
14-1. その
14-2. (1)行っていない(行ったことがない) (2)悪化したのは
15-1. ①ふへんせい③ばくぜん ⑤れいこく
15-2. ②過失④根本⑥精神
15-3. B(d) C(h) D(b)
15-4. 人間性
15-5. ④⑥
15-6. ヒューマニズム
16. ①お目にかかりたい(お会いしたい) ②少々お待ちください
③いう方がいらっしゃっています ④ただいま、まいりますのでこちらにお入りになって

<2004년도 모범 답안>

1-1. 어휘, 문법, 문체, 문화 1-2. 문법
2-1. 有名だった。 2-2. する。
3-1. ①有声音 ②有声音
4-1. (1)⑤ (2)③ 4-2. ①ニーズ ②シラバス 4-3. ②③⑤⑦⑨⑩
5-1. (1) い, え, や, ゆ, よ (2) あ, う, お, わ, を 5-2. 連濁 5-3. 行けりゃ
6-1. (1)④ (2)⑤ 6-2. こころ 6-3. (1)句点 (2)読点 6-4. ③⑤⑥
7-1. 存じます 7-2. 飲んだら
8-1. (1) 完了, 終止形 (2) 否定, 連体形 8-2. ワ行
9-1. 번호 : ①⑦⑧ 작가 : ⓐⓕⓖ 9-2. 雪国
10-1. ⑥ 10-2. ② 10-3. 春 10-4. (1)記 (2)紀
11-1. ①④ 11-2. (1)(○) (2)(×) (3)(○) (4)(×) 11-3. ③⑤
12-1. ③④ 12-2. ③②
13-1. 私の母 13-2. 住んでいるの 13-3. 本当によかった
14. (1)しばふに立ち入るべからず (2)生きねばならぬ。 (3) だけのこと (4)なせばなる

15-1. 推敲　15-2. 무례함을 사과함과 동시에
16-1. ⓐそれだけに ⓒさらに ⓓけれども　16-2. ③
16-3. 둘도 없는(다른 것으로 대신할 수 없는
16-4. ④　16-5. ⓒ
17. (1)⑥ (2)④ (3)② (4)① (5)⑦
18. ①相撲 ②京都 ③絵馬
19-1. 昭和　19-2. 大名　19-3. バブル

<2005년도 모범 답안>

1. 대상 : カリキュラム　장점 : ① コースの 목표를 효율적으로 달성할 수 있다. ① コースの 진척도(進捗度)를 파악할 수 있다. 등
2. ① 妥当性　② 信頼性
3. 機能シラバス
   장점 : 실질적인 의사소통능력을 기르는 데 효율적이다.
   단점 : 문법적 분석능력을 기를 수 없다.
4. ① 유니코드(unicode, UTF-8)　② 미러링
5. 연습 및 체험 과정
6. ① 정보전달 ② 대비(対比)
7. ① 田中さんは先生のところに行きました。　② 田中さんはまだ来ていないそうです。
   ③ 田中さんは韓国に来られるようになりました。
8. 남성어 : ②③⑤　여성어 : ①④⑥⑦
9. ① しているの。 ② やめたければ
10. 撥音 : せんせい,　促音 : がっこう,　引く音 : じゅぎょう
11. ① おどろかしました　② かたづきました
12. 개념 : 語種上, 和語, 漢語, 洋語 중 2개 이상의 요소가 결합된 말.　단어 : 本箱, なまゴム
13. 情態副詞 : ざあざあ, そっと　程度副詞 : かなり, ずっと,
    陳述副詞 : ひょっとしたら, かならずしも, たぶん
14. ① 今日は雨が降りそうに(も)ありません。(降らなそうです)
    ② 今日は天気がよさそうで(は)ありません。(よくなさそうです)
15. ①은 花子가 話者側에 속한 人物 ②는 太郎가 話者側에 속한 人物
16. ①과 ②는 文脈的指示語로서, 둘 다 A, B 모두 인지하고 있는 사실을 가리키고 있지만, ①과 같이 A, B 모두 직접 알게 된 사실이 아닐 경우(伝聞 등) 「そ」로 받으며, ②와 같이 A, B가 직접 알고 있는(경험한) 사실은 「あ」로 받는다.
17. 공통된 문법적 기능 : アスペクト　　차이점 : ①始作直前 ②進行 ③完了

18. ほしいは 1人称(主語)의 願望을 나타낼 때만 사용하며, ほしがる는 第三者의 願望을 나타낸다.
19. 反語(화자가 표면적 의미의 반대를 강하게 희망(요구)하는 심리를 나타내는 表現)
    勝手にしろ!, バカ言え!
20. ス, ズ, ツ, ヅ (ヅ는 실제 표기에는 사용되지 않지만 문맥으로 판단하여 포함시킴)
21. ご拝見なさいましたか。 → ご覧なさいましたか。
22. ① が ② かな ③ な ④ のよ ⑤ ね
23. ① 蟬 : 夏 ② 藤 : 春 ＊ 작자 : 松尾芭蕉 作品名 : 奥の細道 등.
24. ①柿本人麻呂 ②大伴家持 ③東歌 ④防人歌
25. ①国木田独歩, 武蔵野 ②谷崎潤一郎, 刺青 ③芥川竜之介, 鼻
26. 伊豆の踊子, 川端康成
    신감각파 : 「文芸時代」(1924) 同人들. 프로레타리아문학에 대항하여 문학의 예술성을 지키려고 하였다. 상식적인 리얼리즘과 탐미파적인 관능미를 부정하고 새로운 문체를 사용하여 감각세계를 지적으로 재구성하려고 했으며 대표작가에는 横光利一, 川端康成, 中河与一 등이 있다.
27. 사건 : 明治維新 연도 : 1868년
28. ① 宮崎駿(みやざきはやお) ② もののけ姫
29. ① 무기력함 ③ 마마보이(마더컴플렉스)성향
30. ② ふらずに ④ され ⑥ 背負っ
31. この世に生まれたら
32. C → A → D → B
33. 그때그때 상황에 딱 맞는, 혹은 아름다운 표현을 할 수 있느냐 없느냐가 바로 언어능력이다.

색인

일본어교육입문

2005년 8월 30일 1판 1쇄 발행
2010년 9월 20일 2판 1쇄 발행

저　자/ 日本：遠藤織枝, 桜井 隆, 多仁安代, 長友和彦,
谷部弘子, 山下暁美, 横山杉子
韓国：鄭起永, 羅福順, 安貞子, 小笹克行, 谷 誠司, 水沼一法

발행인/ **유 선 규**
발행처/ **부산외국어대학교 출판부**
등　록/ 제 카7-53호 (1988. 9. 1.)
주　소/ 608-738 부산광역시 남구 석포로 15
전　화/ 051)640-3439, 3440　팩스/ 051)640-3580
인터넷/ http://press.pufs.ac.kr

편　집/ 주간·서상범,　디자인·배영수
인쇄처/ 세종문화사 (051)463-5898
공급처/ 한국출판협동조합 (02)716-5616~9

ISBN 978-89-8312-341-1　93370

값 16,000원